涵容博大 守正日新
——我眼中的北京大学

杨辛 题

郭建荣 著

社会科学文献出版社
SOCIAL SCIENCES ACADEMIC PRESS (CHINA)

郭建荣　1942年生，河北隆尧人。北京大学无线电电子学系毕业，北京大学校史馆研究员。长期从事自然辩证法、科技史、教育史的教学与研究，发表《元代科技文化发展管窥》《"人定胜天"的变迁》《中国文化是解决生态问题的钥匙》《张伯苓教育思想研究》《蔡元培美育思想探析》《西南联大办学理念初探》等文章百余篇；编著、主编、合主编出版《中国科学技术纪事》《中国科学技术年表》《北京大学史料》《北京大学纪事》《国立西南联合大学史料》《国立西南联合大学图史》《北大的大师们》《北大的学子们》《北大的才女们》《一清如水——徐光宪》等著作。

致　谢

　　承蒙马建钧馆长多年来的大力支持、朱善璐书记给予的极大关爱、美学家杨辛教授欣然题写书名、社会科学文献出版社吴超先生鼎力玉成，更有北京大学人文社会科学出版专项经费和北京市科委科普专项经费的资助，使拙作《涵容　博大　守正　日新——我眼中的北京大学》得以与读者见面。在此一并致以诚挚的谢忱！

郭建荣
2013 年 7 月 20 日于北京大学校史馆

序

郭先生应读者和校友的要求，准备将自己二十多年来撰写的关于北京大学校史的文字结集出版，为关心、研究北大的广大朋友提供方便，是一件令人高兴的事情。但郭先生请我写序，却是我当初万万不敢从命的。就北大校史研究而论，我连做一个合格的学生都尚且妄论。郭先生早就猜到了我的想法，诚恳地对我说：为书作序，本不为借作序人的名声和地位来提升书的规格，而是对书或作者进行介绍，从而对读者的理解有所裨益。就这层意思而言，我便斗胆提笔写写我对郭先生和郭先生文章的认识。

与郭建荣先生的接触，始于2001年。是年3月，学校决定在1998年百年校史展览的基础上，成立北京大学校史馆，馆长由学校主管文科的副校长何芳川兼任，历史系教授郭卫东和我任副馆长，组成人员包括校史馆筹备小组及党史校史研究室的诸位同人。自此，我与郭先生共事至今已有13个年头，其间先生于2004年退休，即接受返聘，继续在校史馆工作。

我得承认，本书给我留下的最深刻印象是郭先生的勤奋和博学。本书所选近80篇校史文章，约50万字，就是一个很好的例证。但这并非郭先生著述的全部，从书后的附录可以看出郭先生超人的勤奋。记得有一年假期值班，正巧郭先生来馆，我随口说假期郭先生可以好好休息休息，但郭先生回答说："我一年四季从未休息过。"此话令我汗颜。郭先生是北大校史专家，我常常为校史问题请教于他，郭先生不仅有问必答，而且还常常将他自己研究相关问题的文章提供给我参考。有时我为自己无知的问题而表示歉意，但郭先生总是鼓励我、安慰我说："回答问题可以督促思考。"郭先生告诉我，从事校史研究以来，尤其是为了编辑出版《北京大学史料》，他查阅了大量的档案材料，同时经常参加校史学术研讨，注意与同行交流，并笔耕不辍。近20年来，他接待国内外、校内外关于北大校史问题的来询者无数。所提问题有大有小，涉及北大的方方面面，郭先生一律尽己所知认真解答，从不在意提问者的身份地位。遇到自己不甚清楚的问题，他就到档案馆、图书馆等处查阅档案和文献，直到把问题搞清楚，然后认真地答复提问者。他说，北大校史内容丰富，一个人的能力有限，不可能什么都清楚，解答别人的问题，也是提高自己。听了郭先生的话，我常常做一种假想：如果我们能详细讲出北大校史馆百年校史陈列展中的700多张照片的故事，也应该算作北大校史专家了。

郭先生这本书所选的文章，涉及北京大学的创建、发展和贡献等方方面面，从校园的变迁到校名、校徽和校训，从管学大臣、总监督、校长到办学理念和历史地位，从学科溯源、专业设立、课程体系演变到学术研究和人才培养，从对外交流、出国留学到政治运动、社团活动和招收女生等，既有史实考证、客观描述，也有概括评论、解疑释惑，文章主旨纵横交错，勾勒出一幅北京大学校史的立体画面。

与大多数从事校史研究者不同，郭先生理科出身，对自然科学和技术科学的教学和学术发展研究很是内行，不像我们这些文科毕业生，往往连自然科学的概念都搞不懂，更别奢谈对科研成果的正确理解和恰当评论。

档案馆和校史馆的工作主要是与北大的过去打交道，"存史、资治、育人"是对这类工作的标准定位。但对我个人而言，与历史打交道，培养的是敬畏感，即对传统的敬畏，对先贤的敬畏。有了敬畏，人才不会无知者无畏，才不敢胆大妄为，才可能审慎地对待我们的历史，循序渐进地求不断之发展，从而避免盲目的破坏和倒行。迪特尔·拉甫在《德意志史》中写道："史学家越是用他所处时代的直接经历作为尺子去度量过去，他对历史的理解就越带有主观性。"愿郭先生严肃的文字可以帮助我们去掉一些主观性，从而离客观的历史更靠近一些。

本书虽不是一部完整系统的北京大学史，但以独特的视角，多层面地揭示、呈现北京大学的传统、精神、特色，读者可从本书所选文章的细微之处，一点一滴地触摸到一个真实的北大。

权作序。

马建钧　谨识

2013年元旦

目　录

引　言 ··· 1

北大纪闻

管学大臣 ABC ·· 3
第一次呐喊：拒俄运动 ··· 6
北大校长说大学 ·· 10
中国地质学家的摇篮 ·· 12
"颜公馆"与全国之冠 ··· 15
来得早不如来得巧 ··· 17
北大二"平" ·· 20
北大人关心支持香山慈幼院 ······································· 23
勤杂工调任文书 ·· 27
蔡元培为《新潮》辩护 ··· 29
"五大使"出洋与"棉纱大王" ···································· 33
爱因斯坦与北京大学的遗憾 ······································· 42
驱彭挽蔡运动 ··· 46
索薪斗争与教育独立运动 ·· 49
九个与六个半 ··· 56
西北科学考查团从北京大学出发 ································· 58
李大钊被通缉之后 ··· 63
徐宝璜：中国新闻学开山祖 ······································· 65
单丕：不接聘书的北大教授 ······································· 67

北大校园的变迁 ································· 69
说大讲堂 ····································· 73
说未名湖 ····································· 75
说北大校徽 ··································· 77
陆平校长与拼搏的年代 ························· 79
北大方正集团公司的崛起 ······················· 87
下辈子还选体操 ······························· 92
燕东园 32 号 ································· 95

北大探寻

张百熙会跪请吴汝纶吗 ························ 103
谁是北京大学首任校长 ························ 107
杨铨是杨杏佛吗 ······························ 110
北大地质学系（门）建于何时 ·················· 112
北大史学系成立于何时 ························ 114
清华教授陈寅恪的北大助手 ···················· 120
中国最早的民俗学研究机构
　　——北大歌谣研究会 ························ 123
北京大学国学研究八十年（1918～1998） ········ 126
北大经济学科的创建和发展 ···················· 149
居高声自远，非是藉秋风
　　——北京大学在中国现代化历程中 ············ 152
老北大出版物述略 ···························· 165
北京大学理科课程体系演变的考察（A） ········· 176
北京大学英文名的变迁 ························ 182
北大无校训 ·································· 184

名师剪影

《北大的大师们》前言 ························ 189

《北大的学子们》前言 ········· 191
《北大的才女们》前言 ········· 193
钦命管理大学堂事务大臣张百熙 ········· 195
京师大学堂首任总监督张亨嘉 ········· 206
北京大学首任校长严复 ········· 215
蔡元培校长 ········· 231
陈百年先生在北京大学 ········· 285
秉志：中国动物学研究的主要奠基人 ········· 294
从务虚到务实的蒋梦麟 ········· 308
钱玄同：汉字革命的旗手 ········· 315
江绍原与迷信研究 ········· 330
疾步人生的曾昭抡 ········· 337
明清史大家郑天挺 ········· 351
江泽涵：将拓扑学引入中国第一人 ········· 367
物理学大师吴大猷 ········· 382
郭永怀：永远值得怀念的人 ········· 398
凡人智者金克木 ········· 411
严倚云：仁爱的化身 ········· 429
用生命译著的赵萝蕤 ········· 445
高小霞：平凡的人生，非凡的探求 ········· 462
国家最高科技奖获得者徐光宪 ········· 475
快乐曹宗巽 ········· 513
健美喜勋 ········· 522
石青云笑靥人生 ········· 534

校史杂谈

编修高等学校志刍议 ········· 547
关于校史体例与写法的思考（提纲） ········· 553
发挥校史在爱国主义教育中的作用 ········· 556

《国立西南联合大学史料》编纂记 ………………………… 562
相期俱努力,天地正烽尘
　——《国立西南联合大学图史》前言 ………………… 568
西南联大办学理念初探 …………………………………… 574
关于西南联大研究的思考 ………………………………… 580
什么值得"北京大学万万岁"的欢呼
　——读李大钊《本校成立第二十五年纪念感言》 …… 586
自省自励,致大致远
　——读《国立北京大学卅一周年纪念刊》 …………… 588
一德立而百善从之 ………………………………………… 591
竞争与竞赛 ………………………………………………… 594
中庸调和是大智慧
　——关于李大钊等"调和论"的思考（论纲） ……… 597

附　　录 …………………………………………………… 607
后　　记 …………………………………………………… 609

引 言

  我来到燕园已有半个世纪。我关注探索北京大学也有二十多年了,北京大学在我心目中,其独具魅力的形象逐渐清晰。我所看到的北京大学,是在清王朝崩溃、外国列强入侵,中华民族沦为半封建半殖民地,华夏儿女奋起抗争力求维新变革中应运而生的,它肩负着求新、求变、求富、求强的历史使命,它的命运与国家的前途、民族的命运紧密地联系在一起。百多年来,北京大学不辱使命,在中国近现代史上贡献巨大,地位突出。它虽不是成立最早,也不是规模最大,但它的领导者们谨记历史使命,怀仁辅义,行之大道,居高视远,与时偕行,使这里成为学术圣地。由于它的涵容、博大、守正、日新,北大总是大师云集,人才辈出,使它在中国近现代史上影响力最大,堪称中国第一学府。

  在"官怕洋人,洋人怕老百姓,老百姓怕官"的清季,首任管学大臣孙家鼐在1898年面对德、意等国的无理要求,能说出"中国开设大学堂乃中国内政,与通商事件不同,岂能比较一律。德国、意国大臣似不应干预",不失民族自尊;1902年,恢复重建大学堂的管学大臣张百熙期待"学者当以天下国家为己任,我能拔尔抑塞磊落之奇才",为国育才之心可见;1904年,首任大学堂总监督张亨嘉到任的训词为"诸生听训,诸生为国求学,努力自爱",十四个字意味深长;1912年,京师大学堂末任总监督、北京大学首任校长严复整顿北京大学,提出大学"理宜兼收并蓄,广纳众流,以成其大";1912年,教育家、北京大学代理校长马良在到任欢迎会上演说"诸位皆系大学生,然所谓大学者,非校舍之大之谓,非学生年龄之大之谓,亦非教员薪水之大之谓,系道德高尚,学问渊深之谓也。诸君在此校肄业,须尊重道德,专心学业,庶不辜负大学生三个字",言简意赅，殷殷期望充满字里行间。

1917年1月9日，著名教育家、思想家蔡元培在就任北大校长的演说词中则指出："大学者，研究高深学问者也。"并说"诸君肄业大学，当能束身自爱"，"诸君为大学学生，地位甚高"，应肩负起国家兴替的责任。为此他提出三项要求，"抱定宗旨""砥砺德行""敬爱师友"；此后，在《北京大学月刊》发刊词中蔡先生又提出"大学者，'囊括大典，网罗众家'之学府也"的看法。他认为大学之所以为大，是在大学中实行思想自由之通则，各种学说相互论争，促进发展，达到"相反而实相成"的效果。他引用《礼记·中庸》中"万物并育而不相害，道并行而不相悖"的古训来说明这个意思；并进一步提出："所谓大学者，非仅为多数学生按时授课，造成一毕业资格而已也，实以是为共同研究学术之机关。"在这里他明确指出了大学的教学和科学研究功能，而在某种程度上更强调了科学研究功能。他还指出了正确的研究方向："研究也者，非徒输入欧化，而必于欧化之中，为更进之发明；非徒保存国粹，而必以科学方法，揭国粹之真相。"这就是要求科学研究应实事求是，古为今用，洋为中用，不可拘泥，要有所发明，有所创见。北大图书馆馆长李大钊教授在1923年恳切地指出："我以极诚挚的意思，祝本校学术上的发展。只有学术上的发展，值得做大学的纪念。只有学术上的建树，值得'北京大学万万岁'的欢呼！"

学校领导者的思想认识对办学起着指导作用，在上述大学定位指导下，百多年来北京大学逐渐形成了广纳众流、兼容并包、学术争鸣、思想自由的空气。这样的空气对学术发展十分有利，因而有力地吸引着海内外学人，所以北京大学总是名师荟萃、学者云集、硕果累累，从这块学术圣地上走出了一代又一代学术大师、各界领军人物，影响着中国近现代的历史进程。"拿世界各国的大学校长来比较，牛津、剑桥、巴黎、柏林、哈佛、哥伦比亚，等等，这些校长中，在某些学科上有卓越贡献的不乏其人；但是，以一个校长身份，而能领导那所大学对一个民族、一个时代，起到转折作用的，除蔡元培而外，恐怕找不出第二个。"杜威此言不虚。

中国第一套现代学制在这里产生；中国第一个分科大学在这里出现；中国第一次大学生运动会在这里举行；这里有最早的就学女生；这里有中国新闻教育"最初的开山祖"、中国新闻学界第一个学术研究团体——北京大学新闻研究会，"在我国新闻界实为破天荒之作"的《新闻学》在这里出版；

中国最早的民俗学研究机构——北大歌谣研究会在这里成立；这里最早开展了有关相对论的系列讲座和最早的物理讨论会；这里建成中国第一个现代方法分类的植物标本室；这里建成中国第一个心理学实验室并出版了中国第一部心理学教科书《心理学大纲》；中国第一部用现代方法写成的中国哲学史著作《中国哲学史大纲》在这里出版；这里有中国最早的大学学报《北京大学月刊》；与外国人在平等的基础上"以我为主"签订的第一个协定——《中国学术团体协会为组织西北科学考查团事与瑞典国斯文赫定博士订定合作办法》在这里签订；北京大学的物理系曾为全国各校之首；这里出版了中国第一部生物学专著《中国北部寒武纪动物化石》、中国第一部化学史专著《化学史通考》……

这里诞生了太多的"中国第一"，如中国第一台百万次电子计算机——150 机，中国第一块硅栅 P 沟道 MOS1024 位随机存储器，中国第一块铝栅 N 沟道 MOS1024 位随机存储器；这里是世界上第一次成功人工合成牛胰岛素的主要参研单位之一；这里是培养中国核人才的第一个基地……

这里被称为中国地质学家的摇篮、核科学家的摇篮……

这里有今日毕昇——王选，开启了汉字录入激光照排的新纪元；有引发了稀土世界"中国冲击"的徐光宪……

23 名"两弹一星功勋奖章"获得者中，12 位是北大人；"国家最高科学技术奖"获得者 20 位中，有 8 位北大人，其中 2 位是在校教师，一个单位先后有 2 位在职人员获此殊荣，目前只有北大……

中国第一次大学生爱国运动——拒俄运动在这里发生；中国最早的马克思学说研究会在这里出现；中国第一个共产主义小组在这里组成；中国新民主主义的开端——五四运动从这里爆发……

改革开放之初，是北大学生第一次喊出了"振兴中华"的口号……

北大值得探寻的实在太多太多。

我所看到的北京大学，仅是一管之见，但愿这一鳞半爪，能抛砖引玉，敬希博雅之士，补苴罅漏，张皇幽眇，使北大精神、北大传统、北大特色得以全面彰显，在现代学校发展建设中发挥其应有的作用。

北大纪闻

管学大臣 ABC

19世纪中后期，中国政府的腐败、外国列强的入侵使中国人民陷入水深火热之中，为救亡图存、民族振兴、国家现代化，中央政府在有识之士的强烈呼吁、建议下，决定开办培养高级人才的大学堂。京师乃首善之区，先建大学堂一所，以为各行省之倡，于是京师大学堂于1898年建立。当时认为"京师为首善之区，不宜因陋就简"，总理各国事务衙门规定了筹办京师大学堂四原则："一曰宽筹经费，二曰宏建校舍，三曰慎选管学大臣，四曰简派总教习。"四条原则中有关"人"的占两条，可见当年对管学大臣及总教习人选是何等重视，故能膺其选者多为海内名士。

首任管学大臣孙家鼐，安徽寿州人，咸丰九年（1859）状元。曾授帝读，历任内阁学士、工部尚书、吏部尚书等职，参与创办强学会，管理官书局，受命创办京师大学堂时已年届古稀。办新式大学，讲授现代科学知识，不能不聘请外国教师（时称教习）。帝国主义列强看准了这一时机，纷纷要求多派些人到大学堂充任教师，一则想培养出亲他们的学生，二则通过这些教习了解中国国情，为其在华利益和侵略服务。于是列强各国要求增聘其国教习，并示以恫吓威胁，如德国驻华大使照会中

管学大臣孙家鼐

要求"……平交各大国……若背此理，必不利于国……京师大学堂须用德文教习三人，专门教习二人，如此方为公允……于中国大局实为幸甚……"，意大利大使则提出，"欧美专门学十种教习，又应请意人教授"，等等。面对列强的无理要求与恫吓，孙家鼐坚持维护国家主权，他回复："中国开设大学堂乃中国内政，与通商事件不同，岂能比较一律。德国、意国大臣似不应

干预。"由于孙的抵制,德意等国列强目的没能实现,于是就攻击他:"其人虽庄严恭敬,而实无一能,何能管理大皇帝专心关系之事(指办大学堂)。"

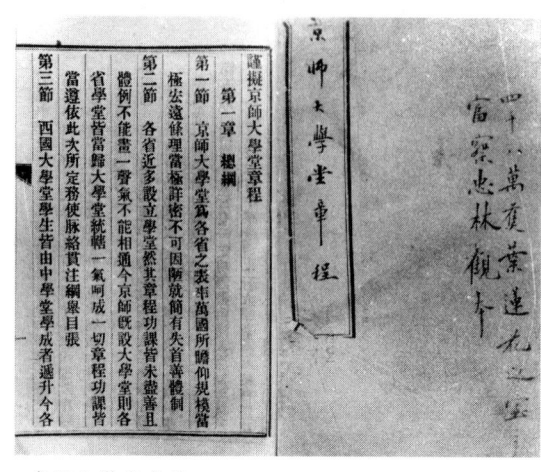

在清末"官怕洋人,洋人怕老百姓,老百姓怕官"的年代,许多朝廷大员在洋人面前毕恭毕敬,有索必予,哪里敢提什么"内政""主权"。在此情况下,孙家鼐能坚持主权办学,不肯听人摆布,而招致洋人攻击,实在是一种光荣,难能可贵。

八国联军入侵,大学堂停办,担负起恢复重建京师大学堂重任的是管学大臣张百熙。张百熙,长沙人,历任礼部、户部、工部尚书等职,具有革新思想。他认为办学校以总教习得人为第一要义。为了聘请"德望具备,品学兼优""允为海内大师""为前大学士曾国藩门人"的吴汝纶为京师大学堂总教习,张奏请朝廷加吴官衔。准加五品衔后,吴仍不应允出任,张百熙则备办好五品官服官帽亲自拜见并授予吴汝纶。在封建社会,身为当朝重臣的张百熙,官阶比吴高出五级以上,能如此礼贤下士实属不易,故一直传为士林美谈。但由于人们崇尚尊师礼贤过殷,而将《清史稿》中"百熙具衣冠拜之"理解为"张百熙在吴面前长跪不起""匍匐地下"等,实误会也。此处"拜"乃"拜访""授予"之意。

与张百熙尊师重道可并称的是第四位大学堂总监督(学部成立后管理大学堂事务大臣改称大学堂总监督,即校长)刘廷琛。刘先生,江西人,著名的理学家、书法家。当时校中惯例,每逢日朔总监督必

奏拟大学堂章程

京师大学堂匾额

公服率众谒圣。身为一校之主的总监督在行拜谒至圣先师孔子时，理应站于正位，但经科教习夏震武每在谒圣时"岸然立于中位"，而刘总监督则"侍立其侧"，听之任之。因为夏震武认为教习乃经师，自己是有名的理学家，在拜孔礼节上经师为尊，总监督不应居其上。对夏先生这种"目无领导"的做法，刘廷琛"不以为忤焉"。

管学大臣改为大学堂总监督后的首任总监督是福建人张亨嘉。张亨嘉进士出身，直入南书房，精通文物鉴赏。光绪二十九年（1903）十二月张亨嘉受命为总监督，走马上任。总监督到堂就职，全校师生均朝冠朝服行礼谒见。礼毕，照例要有训词，但张先生的训词短得出奇，仅有14个字。全校师生工役大忙了几天准备迎接新校长，想听听慷慨陈词，高远宏论，不料只听到14个字，以为未完，而总监督已经坐下了，所以听者回味无穷，印象极深。时隔近半个世纪，当年听训的学生仍能脱口说出这14个字："诸生听训，诸生为国求学，努力自爱。"这言简意赅的训词大约是中国历史上大学校长就职演说中最短的一例。名士风范，于此可见一斑。

第一次呐喊：拒俄运动

　　沙皇俄国一直奉行扩张主义政策，早在19世纪，就迫使清朝政府签订一系列不平等条约，掠去中国150余万平方公里土地。1900年7月，沙俄又派兵侵占中国东北三省。同年10月，沙俄侵略军司令阿列克谢耶夫胁迫清盛京将军增祺签订《暂且章程》。按照这个章程，中国驻东三省的军队必须解除武装；东三省的地方官员也成了傀儡。然而即使这样，沙俄还不满足，为进一步占有中国东北三省，沙俄外交大臣于1901年2月又向中国政府提出约款12条。约款规定中国不得驻兵东北，不得运入武器，不得自行造路等，而俄国在中国东北则有驻兵保护铁路权，还要革办中国官吏权、出兵帮助剿抚权等，并要将俄国势力范围扩大到蒙古、新疆、华北等地。

　　中国驻俄公使杨儒与俄国谈判12条约款的消息一经传出，立刻引起中国人民的极大愤怒。1901年3月15日，上海爱国官绅士商在张氏味莼园集会，认为俄约关系中国存亡，主张"力拒俄约，以保危局"，并拟电致各省督抚。到会签名的有二百余人。

　　沙俄虽有吞下中国东北三省的野心，但也困难重重。一方面中国人民包括海外华侨抗议，反对之声一浪高过一浪，尤其是身受其害的东北人民武装抗俄的斗争如火如荼，给俄国侵略者以重大打击；另一方面沙俄国内爆发了大规模的工人罢工和农民暴动；与此同时，还有英、美、日等帝国主义从各自的在华利益出发，对俄国进行种种牵制。在这种情况下，沙俄不得不于1902年4月与中国政府签订中俄《交收东三省条约》。条约规定在"再无变乱发生，亦无他国之牵制"时，俄军在18个月内分三批撤离中国东北。

　　1902年10月6日，是俄军首批撤兵的最后期限。沙俄做做样子将原驻扎奉天、牛庄、辽阳等地的部分军队调至东北铁路沿线两侧，就算是撤兵了。1903年4月8日，到了俄军第二批撤兵期限，俄军不仅不撤，反而制造借口，派兵重新占领营口等地。4月18日，沙俄又向中国政府提出在东北三省享有特殊权益的7项要求。沙俄的背信弃义、嚣张蛮横再次激起中国人民的极大愤慨。

1903年4月27日，在上海的18省爱国人士再次于张园集会。这次参加的除官绅士商外，"爱国、育才诸学社学生戎服齐队而来，务本、爱国诸女校学生亦皆入座"。会议认为如接受俄要求签约，则中国必招瓜分之祸，"地剖而属人，民奴而各主"。所以即使政府被迫签字，"我全国国民万不承认"。会议进行中，得东京来电，说留日学生准备"结义勇队赴战"，与会者更加情绪激昂。

1903年4月29日，留日学生在留学生会馆集会，讨论组织拒俄义勇队，到会者500余人。4月30日，签名愿入军队者130多人，志愿做后方服务者50余人。留日学生义勇队电北洋大臣准备赴敌，且有学生陆续回国。

腐败的清政府，害怕国人反对，所以许多卖国屈辱条约都是秘密签订的。京师大学堂学生虽然身在帝京，却不得与闻，后因京师大学堂之日本教习纷纷请假，并声言"中国学生俱属亡国性质，我不屑教，当即回国矣！"才得知中俄密约之事，深受刺激。及日本东京留学生拒俄义勇队消息传来，京师大学堂师范、仕学两馆学生"即鸣钟上堂"，举行全校大会，声讨沙俄侵略，掀起爱国学生运动。参加者200余人。大会先由曾留学日本的范源濂（静生）助教宣讲沙俄侵占东北之利害关系，然后学生数十人依次上台声讨沙俄罪行。发言者无不慷慨激昂，义愤填膺，"言至痛哭流涕，同学齐声应许，震撼天地"。"各教习、各职事员均在座点头叹息"。会上决定办四件事：（1）各省在京官绅电告该省督抚电奏力争；（2）全班学生电致各省督抚，请各督抚电奏力争；（3）全班学生电致各省学堂，由各省学堂禀请该省督抚电奏力争；（4）大学堂全班学生上禀管学大臣代奏力争。

大会之后，起草并上呈《京师大学堂师范、仕学两馆学生上书管学大臣请代奏拒俄书》。签名者有两馆学生俞同奎、朱锡麟等73人。师范馆学生又写了《京师大学堂师范馆学生请政务处代奏争俄约疏》。"拒俄书"与"争俄约疏"指出，俄国与我国之交涉"无一事不予我以难堪，无一时不置我于死地"。此次违约不撤兵，反而迫我答应新的无理要求，这是"虎狼之俄""实行大彼得并吞世界之遗策"野心的大暴露，是万万不可答应的。学生们分析形势认为，沙俄对中国东北三省久存吞并之心，1894年乘甲午中日战争之机出兵中国东北。1900年，又借口帮助中国政府平乱，派兵保护铁路，实际上占领了东三省。而今又明目张胆地违犯《交收东三省条约》，拒不撤兵。"生等以为，此次若许俄约，大势遂去，牵一发而动以全身，土崩瓦解，束手可待"。因为如果"东三省既归俄，内外蒙古亦不保"。各列强帝国纷纷效仿，"沿江诸省必归英，福建、浙江必归日，法、德亦必偿其觊觎两广、云、贵、山东、河南之志……二万里幅员，四万万民庶皆将奴隶牛马受压制于他国之下"。书中认为这种担心并非杞忧，因为"自喀希尼条约（应为《旅大租借条约》——笔者）许俄人以不冰之良港，于是各国纷起，援为成例，而割我土地，旅顺、大连湾、威海卫、胶州湾、广州湾相继丧失"。前车之鉴应该记取。

由于清政府是不许学生过问此事的，所以"拒俄书"与"争俄约疏"中说，学生们之所以不避斧钺之诛，冒渎上陈，是因为"生等皆国民之一分子，有报效国家之责任"。而且"国家之设学校也，专以养成忠君爱国之思想为目的，今当危急存亡之秋……而以为不与己事，岂尚复有人心也耶！此生等所以欲言而不得，不言而不能，言之不免有越职之嫌，不言而坐视瓜分之惨而不忍也"。其爱国忧民之情跃然纸上。

京师大学堂学生在上书管学大臣的同时，也发出了《京师大学堂学生公致鄂垣各学堂书》。其中除陈说大学堂声讨沙俄罪行大会之经过情形及拟办四件事外，着重指出东三省一旦割去，扬子江一带、山东、福建、云南等地亦将归英、德、日等国。然而"东三省系我等四万万人之东三省，非政府私有之东三省"，"某等与诸兄同为中国之人，当事中国之事"，"望诸兄发大志愿，结大团体，合禀端兼督电阻政府"，"毋将东三省予俄，是为至要！"

湖北各学堂学生得到京师大学堂公函后，反应很大，纷纷集会演说，振起拒俄热情，对当地的拒俄运动起了推动作用。他们还转致各地学堂及督抚，传播京师大学堂公函之意，进一步扩大了其影响。

尽管京师大学堂学生发出了"国家存亡，间不容发"，"其亡其亡，系于苞桑"的情真意切的呼喊，然而腐败的清政府却置国家利益于不顾，弃民心士气而不用。大学堂副总教习张筱圃布告牌示加以禁止，以为此事非学生分内之事，不准参与。牌示一出即被愤怒的学生扯去。第二天副总教习又挂出牌示："昨敝处悬牌，学生中竟有扯碎弃置者，……有此狂妄举动，殊属不守学律，应由班长、斋长查明，呈管学大臣核办。"然而并无人举报扯去牌示之学生姓名。因此，各班长、斋长"均因未将撕去牌示之学生举出治罪"，

"各记过一次"。并在当月月评分中，"所有递禀管学大臣阻止俄约之各学生及各斋斋长、班长均减去二十分计算"成绩，以此对学生进行惩戒。不仅如此，大学堂当局还企图以繁重的课业来压制学生，规定自5月18日起，学生每天"早晨五钟起床……直至午后五钟始行课毕。每日计上堂九次，共在堂十钟之久，并无温习之暇"。除此之外，还规定对学生的来往信函进行"查阅"。

在这种情况下，京师大学堂部分学生毅然投笔从戎，奔赴关外，与东北人民一起组织革命军，进行武装抗俄。其中名声较大的有大学堂师范馆学生丁开璋（在校名丁作霖）、仕学馆学生朱锡麟、译学馆学生张榕等。他们与当地"绿林领袖"（人称"爱国马贼"）相联络，组织起"小伙数百、大伙数千、最大之伙数万"的抗俄武装，取名"抗俄铁血会""东亚义勇队""关东保卫军"等，与俄兵交战数十次。

在校学生在管学大臣张百熙"躬诣学堂，延集诸生、剀切宣导"下，又照常学习了。1903年12月21日，张百熙为了培养人才，储为日后之用，上了《奏派学生前赴东西洋各国游学折》。在奏折中，他把曾在"上书管学大臣请代奏拒俄书"中签名的俞同奎、冯祖荀、何育杰等，一同列入他所选"志趣纯正，于中学均有根柢"的47位游学生名单之中，送往外国游学。

1903年京师大学堂的拒俄运动，是一次群众自发的反对帝国主义侵略的爱国主义运动，是北京也是全国高等学校学生中首次爆发的爱国主义运动。

北大校长说大学

大学、大学生，今天可说人人都不陌生，但要给出准确定位，又不是轻而易举的，如果在实际中实现它应有的内涵，更要下一番功夫。北大之所以成为北大，与几位大教育家先后主持北大并给予正确定位分不开。

1912年7月，京师大学堂末任总监督、北京大学首任校长严复整顿北京大学时，提出大学"理宜兼收并蓄，广纳众流，以成其大"。

1912年10月21日，教育家、北京大学代理校长马良（相伯）先生在到任欢迎会上演说："诸位皆系大学生，然所谓大学者，非校舍之大之谓，非学生年龄之大之谓，亦非教员薪水之大之谓，系道德高尚，学问渊深之谓也。诸君在此校肄业，须尊重道德，专心学业，庶不辜负大学生三个字。"这演说词的主旨，其意在揭示大学是培养大学生们成为专心向学、学问渊深、道德高尚、效力国家之人的处所。

代理校长马良

1917年1月9日，著名教育家、思想家蔡元培在就任北大校长的演说词中则指出大学的性质说："大学者，研究高深学问者也。"在大学肄业就要研究学问、陶冶品德，以便毕业后服务社会，而不要以大学为升官发财的阶梯。为此他提出三项要求，"抱定宗旨""砥砺德行""敬爱师友"；并说"诸君肄业大学，当能束身自爱"，"诸君为大学学生，地位甚高"，应肩负起国家兴替的责任。此后，在《北京大学月刊》发刊词中，蔡先生又提出"大学者，'囊括大典，网罗众家'之学府也"的看法。他认为，大学之所以为大，是在大学中实行思想自由之通则，各种学说相互论争，促进发展，达到"相反而实相成"的效果。他引用《礼记·中庸》中"万物并育而不相害，道并行而不相悖"的古训来说明这个意思。蔡先生这个提法与前校长严复的思想是一脉相承的。蔡校长还进一步提出："所谓大学者，非仅为多数学生按时授课，造成一毕业资格而已也，实以是为共同研究学术之机关。"在这里他明确指出了大学的教学和科学研究功能，而在某种程度上更强调了科学研究功能。他还指出了正确的研究方向："研究也者，非徒输入欧化，而必于欧化之中，为更进之发明；非徒保存国粹，而必以科学方法，揭国粹之真相。"这就是要求科学研究应实事求是，古为今用，洋为中用，不可拘泥，要有所发明，有所创新。

校长的思想认识对办学起着指导作用，在上述大学定位指导下，百年来北京大学逐渐形成了广纳众流、兼容并包、学术争鸣、思想自由的空气。这样的空气对学术发展十分有利，因而有力地吸引着海内外学人，所以北京大学总是名师荟萃，学者云集，硕果累累，从这块学术圣地上走出一代又一代学术大师。

中国地质学家的摇篮

北京大学地质学系（曾称地学门、地质地理学系）是迄今为止培养出院士最多的学系。中国科学院和中国工程院院士中有49人曾就读于北大地质系，这在中国各大学中是独一无二的。

北京大学地质学系对中国地质学界的贡献之大，只要略举其毕业生中的几个泰斗人物，便可见一斑，这些人大都为人们所熟知。他们中有中国古脊椎动物学研究的奠基人、云南禄丰恐龙的鉴定者杨钟健，有揭示阿尔卑斯推覆体在中国存在的第一位中国学者赵亚曾，有中国古生物学和地层学的奠基人、中国人撰写的第一本古生物学专著《中国北部寒武纪动物化石》的作者孙云铸，有中国猿人头盖骨的发现者、中国古人类学的主要创始人和中国旧石器考古学第四纪哺乳动物学奠基人的裴文中，有主编第一张《中国大地构造图》的张文佑，有把板块构造学说最早引入中国的李春昱，有提出多旋回构造运动说的黄汲清，有四川省江油县"乐氏江油鱼"的发现人乐森琦，有提出中国金伯利岩的分类命名及其含矿性化学成分判别公式的池际尚，有中国地层学研究权威、重新确立了南方志留系的分层和对比的尹赞勋，还有最早提出中国陕北及四川白垩系石油的非海相成因的潘钟祥，等等，等等。

北京大学地质学系能培养出这许多地质学家是有原因的。首先它是中国最早成立的地质学系，它肇始于清宣统元年京师大学堂格致科大学地学门，迄今已将近一个世纪。因为它历史悠久，又是早年中国唯一的地质学系，所以中国地学界的名家、大师都与该系关系甚深。如中国现代地质事业和地质科学的四大奠基人章鸿钊、丁文江、翁文灏、李四光，还有外籍地质学家梭尔格、葛利普都曾在北大地质学系任教或兼系主任。其中拥有中国地质学界多项第一的章鸿钊是中国第一个地质研究所、第一个地质调查所的创办人、所长，是中国地质学会的创建人、首任会长。他完成的《浙江杭属一带地质》是中国地质学家独立完成的第一份地质调查报告，他是中国实地考察地

章鸿钊 　　　　　丁文江

翁文灏 　　　　　李四光

质的第一人,是最早任教于北大的中国地质学家。与章鸿钊一起创办地质调查所,经实地考察并划清了太行山与燕山山脉分界,撰写了中国第一部《徐霞客年谱》,并最早指出《徐霞客游记》地质学、地理学学术价值的丁文江,和"燕山运动"学说的创立者、中国第一部《地质学讲义》的作者、第一个中国人自建地震台的组建者、奠定中国地震研究基础的《中国地质构造对地震区分布之影响》的作者、中国第一张全国地质图《中国地质约测图》的编制者、中国现代第一次石油地质实地调查的组织者翁文灏,他们不仅任教于北京大学多年,而且他任之后,仍非常关心北大地质学系的工作,因为这里有他们的心血、友好、学生。曾任中国地质部部长、中国科协主席的李四光教授,曾先后两次出任北京大学地质学系系主任。他一生对地质学的主要贡献,如古生物蜓科的鉴定法、中国第四纪冰川的发现、地质力学的创立等,都是在北京大学开始的。"名师出高徒",这是北京大学地质学系人才辈出的

北大地质馆

主因之一。

主因之二便是，师生们为国家为民族求学、教学的同志同愿形成的勤奋、俭朴、吃苦耐劳、不惧艰险、坦率热诚及强烈的正义感和同情心等优良风气使然。中国科学院学部委员许杰，1921年投考北京大学，报名时不问哪个系将来能多赚钱，也不问哪个系毕业后好当官，而是问学什么国家最需要。当报名处的老师回答他建设国家，最要紧的是发展实业、开矿筑路时，他说那我就报地质吧。从此，他把一生献给了中国的地质事业，勤奋刻苦，成果丰硕，曾任中国地质学会副理事长、全国地质委员会副主任、安徽大学校长等职。1923年毕业于北大地质学系的杨钟健教授，不仅是中国古脊椎动物学研究的奠基人、世界古脊椎动物学方面第一个专业刊物《古脊椎动物与古人类学报》的创办者，而且是一位热烈的爱国者和进步学者，在北大读书期间曾积极参加五四运动，是冲进赵家楼的闯将，他与早期马克思主义者李大钊、邓中夏、高君宇等同是进步社团《少年中国学会》的主要成员。1921年7月至1923年7月，他曾任两届该会执行部主任，并主编过进步刊物《共进》等，发表过许多抨击反动军阀的文章和抒发强国壮志的诗词。孙云铸教授，1920年毕业于北大地质学系，前后30多年任该系教授，并任系主任多年。孙先生1926年曾代表中国参加在马德里举行的第14届国际地质学大会，他是中国地层学和古生物学的奠基人之一。他自己努力不懈，几乎整天穿着工作服在工作，而对学生、青年教师则是热情奖掖，关爱有加。他认为年轻人前途要紧，常说："是吧，年轻人须要 Push！"（加担子、推上去、促进之意）他把蔡元培先生和葛利普先生的作风综合再创新，使地质学系在相当一个时期形成民主、自由、开诚布公、人人勤进的空气。地质学系师生喜欢野外实习，他们常肩起行装，带上水准仪和铁锤，离开课桌和黑板，到荒山巨谷，向大自然寻求天地的解答，为民族国家富强探索宝藏。他们思维天地，探求宇宙奥秘的举动，蕴涵着鸿鹄之志，惟其如此，北大地质学系才造就了这灿烂群星。

"颜公馆"与全国之冠

从北京大学物理系走出了中国超导研究首席专家甘子钊院士,从这里还走出过航天动力学家郭永怀、两弹元勋邓稼先、氢弹之父于敏等院士,李政道、杨振宁也曾在这里读过书;何育杰、颜任光、吴大猷、王竹溪、饶毓泰等物理学大家曾执教于北大物理系……因此,早在1927年,中华教育文化基金董事会的第三次报告中就写着:"国立北京大学……首推物理系……洵为全国各校之冠……本会补助该系,俾可扩充设备,以树研究之先声。"

北大物理系有如此成绩,被称为全国之冠,人们一致认为该系教授(后兼系主任、仪器室主任)颜任光先生功不可没。颜先生1919年到北大任教授,时年30岁。他来之前物理系的实验室应该叫作仪器室或仪器陈列室,教师只能做粗略的示范,学生无从动手做实验。颜先生来后,不仅与其他教师重订课程,使科目配套,从初级物理到普通物理,再到专门物理,而且他还亲自动手制作仪器设备。颜先生深知物理学是实验科学,没有相应水平的物理实验,物理学是学不好的,所以他非常重视实验仪器设备。因经费困难,只好自己动手做,他制成成套仪器20余种,

颜任光

零部配件更是不计其数。他每天早上八点到校,至晚上七八点钟才回家,人们在学校整天可以见到他,以至于人们把物理系所在地称为"这就是颜公馆"。当年与颜先生一起奋斗的还有何育杰、丁燮林、李书华等教授。

颜先生工作勤勉，贡献良多，深受学生爱戴和尊敬，对其贡献时有赞扬，然而颜先生却谦虚地说："我认为事之办不办，纯在时机，我不过刚在其时。我若不来，别人也一样的办出的。"一个人的功过不因自谦而减少，也不因自夸而加多。"本系同学都认为，非颜先生，物理系无以有今日之小成也。"后来颜任光先生创办了中国第一家科学仪器制造厂——上海大华科学仪器公司，为中国科学事业做出了更多贡献。北大物理系有今天，是经过代代大师的努力而成就的。

（原载于《北京大学学报（哲学社会科学版）》1998年第2期；《文史精华》1998年第2、5、7期）

来得早不如来得巧

北京大学,自从思想家、教育家蔡元培于1917年1月就任校长之后,在他大力改革整顿下,北大"去腐生新""返老还童",遂成为中国新文化运动的主阵地和五四运动的摇篮,成为当时进步青年向往的圣地。受压迫几千年的中国妇女中的先进分子,也做着就学于北京大学的美梦。第一个美梦成真的是王兰女士。

(左起)查晓园、奚浈、王兰

王兰,江苏无锡人。曾就读于无锡竞志女校、保定第二女子师范学校、北京女子师范学校等校。1919年秋冬,她因病在家休养,一日得到消息说有人给蔡元培校长写信,要求大学开放女禁,准其入北大念书。这消息激发了她久存心底的想法,于是她请当时在北大读书的弟弟王昆仑(新中国成立后曾任民革中央主席,全国政协副主席)打听一下校方的意思。得到的回答是："敢来吗？敢来，可以让她来试试。"于是她便在弟弟引导下去见教务长陶孟和教授（新中国成立后曾任中国科学院副院长），不料陶先生慨然应允。因不是招生时间，所以让她先来旁听，等招生时再正式报考。于是王兰喜出望外地在1920年初春成了北京大学有史以来的第一个女生。王兰的到来，犹如迎春花带来了春的信息，在校园里很引起些热闹。不久又有奚浈、查晓园等女生来北大就读。到1920年4月初，已有9位女生在北大就读，另外6位是邓春兰、韩恂华、赵懋芸、赵懋华、杨寿璧、程勤若。女生多了，人们习以为常了，热闹也就渐渐平息。然而教育部并不放心，于是致北京大学公函一封加以关照："……唯国立学校为社会观听所系，所有女生旁听办法，务须格外慎重，以免发生弊端……"

　　教育部的公函也是事出有因。当时的中国，小学中的女生不多，中学里女生更少，大学生则为清一色男子汉。一个女子要踏进这纯男人的世界，是很需要些勇气和社会支持的。所幸的是王兰女士本人有这个勇气和动力，她自己感到"当时我的知识和学问虽比从前高了些，但终是不能支配我的行动"，热切希望进大学深造，以取得自立于社会的能力。她认为："我们现在的青年，应求人生的实际，抛弃旧道德所认可的虚名誉，创造新文化，做后进的榜样才好。"同时因"男女教育太不平等"而"激起的反动"也是王兰想进入这全国最高学府的一个推动力。

　　20世纪之交，东西文化冲突在中国思想界引起震荡，尤其是辛亥革命之后，青年们追求民主、自由和光明的风气日盛一日，所以有这种勇气和要求的不止王兰一人。在王兰之前，已有甘肃省循化县的邓春兰女士上书北大校长蔡元培，要他开放女禁，并登报征求同志。事有不巧，其信到京之时正是五四以后，蔡校长已离京，故未果。不想邓春兰行动在先而未果，却激发了王兰后起而先登，成为北大第一个女生。真是来得早不如来得巧。

　　陶孟和先生何以如此大胆，竟然开全国之先，收女生入北大？原来陶先生也是新文化、新思想的提倡者，更何况蔡校长早有招收女生入校的想法。1919年3月15日，蔡元培在北京青年会的演说中就说到男女共校问题，后来又在答上海《中华新报》记者问中说："……大学之开女禁问题，则予以为不必有所表示。因为教育部所定规程，对于大学生本无限于男子之规定……故予以为无开女禁与否之问题。即如北京大学明年招生时，倘有程度相合之女生，尽可投考。如程度及格，亦可录取也。"当时主张男女共校的不乏其人，其中有影响的人物如李大钊、胡适等都发表过支持倡导的言论。所以王兰女士成为北大的第一个女生，在校方来说，实在是发动于蔡元培，讨论于李大钊、胡适等，而具体促成于陶孟和，并非一人之力也。

  要进入北大，个人有要求，学校也许可，并不一定就能成为事实，还要过非常重要的一关，这就是家庭关。据王兰自述："这次我要进北大，很有许多亲长反对，向我母亲多方劝止。我母亲打定主意，终久不为人言所动，竟许我进去。这实在是成全我入北大第一的要件。"事实一再证明，家庭尤其是母亲的支持或反对，在一个青年成长的道路上往往起着重要作用。可见有一个好母亲将会有一个好家庭，无数个好家庭将组成一个好社会。而好母亲是由好女孩来的，所以在一定意义上说，妇女受教育实在较男子受教育更为重要。

北大二"平"

京师大学堂学生的拒俄运动，可以说是中国青年大学生以国家天下为己任的集体行动的第一次大表现。蔡元培长校之后，随着新文化运动倡民主倡科学之风在北大的兴起，北大学生的时代责任感更加强烈，为了提高国民的文化知识水平，他们利用课余时间从事教育民众、唤醒民众的工作；形式是多样的，其中成果最可称道的是"北京大学平民夜校"和"北京大学平民教育讲演团"，他们都是由进步学生自发创办起来的。

平民夜校女生

北京大学平民夜校最初开班在1918年4月14日，蔡校长亲自到场演说，对北大学生"就学之暇为诸位担任教科"大加赞扬，同时勉励校役珍惜学习机会，学得本领办好事情，也为不得已需另谋生计时有一技之长，如果能力求进步，"亦未尝不可成为学者"。

首批夜校学员为北大全校校役，共计251人，按程度不同分为6个班，年龄最小者18岁，最大者66岁。教学目的是"以引起其道德观念，增进其生活常识为宗旨"，教学目标则是"以与高等小学同程度为限"。高等小学程度在今天看是太低了，但在 20 世纪初的中国，具有这个程度已被称为"秀才"，文化人了。因此北大开办平民夜校的消息一传开，在社会上立即引起反响，而且自北大创办后，中国大学、朝阳大学、法政专科等相继筹办，由于探听要求入学者很多，于是从第二年开始便由只招收北大校役扩展到居住在北大附近的市民。到第三年更有扩展，不得不开办北京大学第二平民夜校，"凡七岁以上四十岁以下之男女，无论识字与否，皆可来校报名……不收学费，书籍文具完全由学校供给"。为了鼓励学生努力求学，平民夜校还设有"优"字奖章和"勤"字奖章，前者奖给各班之前三名，后者奖给从未请假之学生。1922 年毕业的蔡德宪兼得"优""勤"两枚奖章。

北大平民夜校的办学经费主要来自北大教职员、学生自愿的捐款，学校则供给教室及教务用品，夜校教职员全部由北大学生义务担任，知名学者傅斯年、罗家伦、魏建功、丁绪宝、康白情等都是当年热心积极的参加者。

北京大学的学生们为什么有闲暇不去消遣游玩，而要自己出钱出力来办这平民夜校呢？在 1920 年的开学仪式上蔡校长说出了大家的心里话，他说，"平民"的意思是"人人都是平等的"。大学生们自己有了学问，"看见别的兄弟还没有学问，自己心中很难过"，"一个人不但愁着肚子饿，而且怕脑子饿"，大学生看见许多弟弟妹妹的肚子饿，固然难过，看见你们脑子饿，觉得你们很苦，也是很难过的，所以愿为大家尽力，开办这个平民夜校。由此可见北京大学师生为解除民众的痛苦竭尽绵薄的心是相通的，是热的。

北京大学平民夜校在校学生多达七八百人，但北大师生仍不满足，因为他们看到的是一个处处是文盲的北京，处处是文盲的中国，为了使更多的人能受教育，"以学就人"，北京大学学生邓中夏、廖书仓、黄日葵、许德珩、康白情等又发起组织了北京大学平民教育讲演团。讲演团除在市区设有固定讲演所，每星期由团员轮流讲演三四次外，他们还利用春假时间到京郊去讲演。良乡、丰台自不必说，就是河北重镇保定市也留有北京大学平民教育讲演团的足迹。例如 1922 年 4 月 7 日，北大平民教育讲演团一行 12 人来到保定，在育德中学教务主任张纪五先生的帮助下（团员们带去了蔡元培校长给育德中学郝仲青校长的信），经过与保定警察厅的交涉，团员们到工人农民中去讲演，讲题有"不要缠足""迷信""为什么要工作""父母如何待遇他的儿女？""儿女如何待遇他的父母？""下雨的原因""防旱的方法""病菌之传染及其预防""人与国家的关系""勤俭""卫生"等。除讲演外，还向识字者发售《新生活》《工人胜利》《五月一日》等由团员以往讲演录编辑成的小册子。这一切活动都受到听众的热烈欢迎,但也"有四位便衣侦探跟着我们由各庄往来奔走,并时常用言语来挑引非难当场的讲演"。

同学们出钱出力普及文化知识的举动,在反动政府看来是个威胁,平民教育讲演团的活动不仅在保定受到警察的监视,在北京的定期讲演也不是自由的。其实所讲题目不过是"赌博之害""改良家庭""家庭与社会""国民常识""爱国""国民应尽之责任""利己与利他""权利""自尊""青岛问题"等增进民众知识的科普性问题而已,当然民主、科学的思想也贯穿其中,尤其到五四时期的讲演,主题中爱国反帝的特色更为鲜明。

北京大学学生创办的平民夜校、平民教育讲演团是我国现代面向民众的非学历的社会教育的开端,曾在唤起民众觉醒等方面起过重大作用,各大报刊曾予热情报道。

(原文载《文史精华》1998年第2、5、7期)

北大人关心支持香山慈幼院

著名慈善家、教育家熊希龄于 1920 年 10 月创办的香山慈幼院，是一个集家庭教育、学校教育、社会教育于一体，为把孤贫儿童培养成有一技之长、能自食其力、对社会有用人才的特色独具的学校。香山慈幼院成就卓著，蜚声海内外，是与其先进的管理模式分不开的。

中华民国教育部公布的《大学令》第十六条规定，大学设评议会，评议会成员由各科学长及教授互选若干人组成，有关学校的管理规定、教师聘任、学科建设、学生风纪等重要事项的讨论决定，都是评议会的主要职责。并有为校长、教育总长提供建议和咨询的任务，可见当时评议会是很重要的。

香山慈幼院不是大学，但熊希龄在香山慈幼院设有评议会，评议会成员有蒋梦麟、胡适、陶履恭、沈兼士、黎锦熙、何育杰、李大钊、王道元、俞同奎、张伯苓十人。令笔者惊讶的是，此十人中除张伯苓先生一人外，全是北大人，而且蒋梦麟、胡适、陶履恭、沈兼士、何育杰、李大钊、俞同奎七人既是香山慈幼院评议员，又先后担任北京大学评议会成员多年。九位北大

熊院长与学生们在一起（1929 年）

人中俞同奎、何育杰、王道元曾是京师大学堂学生的拒俄运动的积极参加者，在《京师大学堂师范、仕学两馆学生上书管学大臣请代奏拒俄书》的72位签名者中，第一个签名人就是俞同奎，王道元、何育杰分别名列第四和第二十二。他们三人中，俞同奎、何育杰被分别派往英国、日本游学，毕业后回母校任教。

为什么那么多北大人会接受熊希龄的聘请，支持他办理香山慈幼院，其中的道理何在？

原来北京大学虽然是当年北京唯一的国立大学，但自从1917年蔡元培出任北大校长并力行改革之后，北京大学颇具平民精神，而香山慈幼院（The Hsiangshan Children's Home）——孤贫儿童之家，更是面向平民百姓的别具特色的教育模式，与北大道同志合，理应得到北大人的关心与支持，这大概就是熊希龄先生聘请多位北大人为香山慈幼院院评议员的原因所在吧。

说北大具有平民精神，是有历史事实为根据的。

1903~1904年京师大学堂学生的拒俄运动，可以说是青年大学生以国家天下为己任的集体行动的第一次大表现。蔡元培长校之后，随着新文化运动倡民主倡科学之风在北大的兴起，北大学生的时代责任感更加强烈，为了提高国民的文化知识水平，他们利用课余时间从事教育民众、唤醒民众的工作；形式是多样的，其中成果最可称道的是北京大学平民夜校和北京大学平民教育讲演团，他们都是由进步学生自发办起来的。

北大平民夜校的办学经费主要来自北大教职员、学生自愿捐款，学校则供给教室及教务用品，夜校教职员全部由北大学生义务担任，知名学者傅斯年、罗家伦、魏建功、丁绪宝、康白情等都是当年热心积极的参加者。

北京大学师生为解除贫穷民众的痛苦，竭尽绵薄办理平民夜校之心，与熊希龄先生创办香山慈幼院的目的是相通的。

北京大学平民夜校在校学生多达七八百人，但北大师生仍不满足，因为他们看到的是一个处处是文盲的北京，处处是文盲的中国，为了使更多的人能受教育，"以学就人"，北京大学学生邓中夏、廖书仓、黄日葵、许德珩、周炳琳、康白情等又发起组织了北京大学平民教育讲演团。讲演团除在市区设有固定讲演所、每星期由团员轮流讲演三四次外，他们还利用春假时间到京郊去讲演。良乡、丰台自不必说，就是河北重镇保定市也留有北京大学平民教育讲演团的足迹。

因此北京大学毕业生康白情，在1919年10月曾说："北京大学之精神，在平民精神；积极精神。"1923年12月朱务善也说："北大精神，是科学的平民的非宗教的非干涉的，而尤其足令人佩服不置的还是当仁不让之'干'的精神。"而北京大学平民教育讲演团发起人之一、五四运动积极分子、曾任全国学联主席的周炳琳则更进一步认为，"北大去吾人理想中完全之平民大学尚远"，他希望北大能成为完全之平民大学。

不难看出，北大的平民精神，为提高平民的素质，以便他们自立于社会，成为身心健全的现代公民的努力，是与熊希龄制订的香山慈幼院教育宗旨"本院为救济孤贫儿童，施以发达身心之完善教养，使植立德智体群四育之基础，而能独立生计，适应社会需要，以养成健全爱国之国民为宗旨"是一致的。

熊希龄手书校训

不仅如此，北大校长蔡元培与熊希龄曾经同为中华民国临时政府的内阁成员：熊希龄为财政总长，蔡元培任教育总长。熊希龄先生病逝后，蔡元培先生为之题写了墓碑和挽联："宦海倦游还山小试慈幼院；鞠躬尽瘁救世惜无老子军。"蔡元培先生对老友的怀念、褒扬、敬佩和惋惜之情溢满字里行间。

在熊希龄先生的倾力经营下，香山慈幼院很快蜚声中外，许多社会团体、贤达之士或慷慨捐助，或亲临香慈讲演大力支持。捐助者不仅有国内实业、财团、慈善机关等，还有新加坡华侨黄泰源、美国阿及泊夫人等。京城四大名医之一的施今墨先生，常年义务为香山慈幼院的孩子们诊治疾病；抗日名将冯玉祥将军登台向香慈师生悲愤疾呼："我们中国人受外国人欺负，连狗都不如，孙子也不如，我们一定要自强，争一口气……"

在社会贤达的大力支持下，这个集家庭教育、学校教育、社会教育于一体，熔普通教育（含幼儿教育、小学教育、中学教育）、职业教育、师范教育于一炉的香山慈幼院成效卓著，培养出大批优秀人才，南京民国政府行政院院长谭延闿曾对此称赞道："香山慈幼院实为私人创办教育事业之最有成绩者！"民国教育部官员考察后认为，熊院长"将贵院经营得这样伟大的规模和这样完美的组织，在中国教育界上开了一个新纪元"。1929年7月，美国记者团参观香慈，称赞香山慈幼院"较之美国所办幼稚学校有过无不及"，足"以作将来世界幼稚教育之模范"。1992年5月，全国人大常务委员会副委员长雷洁琼回忆时称赞道："香山慈幼院为发展平民教育事业作出卓越的贡献，在国内外产生广泛的影响……"

可惜，这座在国内外有着广泛影响的香山慈幼院，这座特色鲜明独一无二的香山慈幼院，这座在今天应该更有意义和发展前景的香山慈幼院，湮没在"文化大革命""破旧立新"的浊浪之中，至今不得恢复。悲夫！

勤杂工调任文书

学校人员常以师生员工总括，即是说学校是由教师、学生、职员、工人等人员组成。教师、学生的情况比较简单明白，职员和工人则相对较复杂。从校长、教务长等领导到各科室办事员、文书等均属职员；从厨师、门卫到清扫人员都归入工人之列。一般社会习俗对学校师、生、职三者比对工要尊重得多，工人（旧时称杂役、校役等）则被认为是低人一等，受人白眼，但在蔡元培先生长校的北京大学则一反旧习，奖掖勤进，一视同仁地对待在校人员。

1917年末、1918年初，蔡元培校长根据学生来信，将负责学生宿舍扫地、烧水等杂务的勤杂工何以庄调至教务处任缮写文书之职，奖励其勤谨好学，以人尽其才。

何以庄，北京大学学生第一宿舍丙号斋役。河北宛平人，曾读书三年，因家贫弃学，为求生活经友人介绍至北大做杂役。虽在此高等学府为役，但抬头低头所遇，不是教授便是学生，浓厚的文化气氛是他所追求的，所以他很顺畅地做着清扫、生火炉、传达信息等工作，把学生看作老师，恭恭敬敬。每天他麻利周到地做好应做之工后，便读书看报，并常常向学生们请教自己不明白的问题，有时也将自己偶有所得之作请学生们指正。时间长了，第一宿舍的许多学生都认为，斋役何以庄是可造之材，不应长随燕雀于蓬蒿，而宜比鸾凤而高翔。学生查钊忠给蔡校长信中说，何以庄任事以来，咸称勤谨，观其尚志，安贫情切，苟得栽培，正未可量，如假以职守，或转令肄业，庶几玉蕴荆山，显于一旦。陈宝书等24人也联名向蔡校长推荐何以庄，称他在斋服务素来勤谨，每于暇时，常以课作求正，或持书乞解，生等以其身为仆役，不辍于学，因询其家世，答称寒困废学，情辞恳侧，闻之慨然。观其文稿，亦清顺畅达，如此情形为仆役中所仅见。生等素仰先生奖学惠困之心，仅特奉陈，如蒙量才拨调，俾任相当职务，以示激励。成人之美，想吾师所乐从焉。

蔡校长读过信并看过何以庄写的自述家世及志向后，认为一校之中职员与仆役同是做工，并无贵贱之别。他还举出美国大学学生有利用早晨做洒扫之役或有利用晚间为人侍膳者，日本学生有替人送报或拉人力车者为例证，说明"贫而为役本非可耻"，不过所任职务有难有易，所以工资报酬有多少厚薄之别。蔡元培给学生们复信中说："何以庄既文理清通，不可没其所长，已调入文科教务处任缮写之务，酌增月给，藉以励其好学之诚，而欢成诸君之美意。"

勤勉好学者受人赏识，乐于助人者亦受人助，平等待人者人更尊重，北大人沐浴在蔡元培着力营造的见贤思齐的空气中，能无进乎？

蔡元培为《新潮》辩护

蔡元培任北大校长之后,北京大学学生社团林立竞秀、各种刊物百花争辉是一大特色,也是蔡校长努力营造浓厚学术环境,形成人人见贤思齐风气的具体表现,因为教育家都懂得"真正的教育都是风气教育"。在这刊物百花园中,由学生创办、编辑、发行的《国民》杂志、《新潮》杂志等,便是第一批花朵。

《新青年》与《新潮》《国民》杂志

说起《新潮》不能不说《新青年》。《新青年》自从1917年随主编陈独秀受聘北大而迁来北京之后,由于北大师生成为它的主要撰稿人,甚或全部撰稿人,《新青年》的影响空前扩大了,逐渐成为新文化运动的核心阵地。在新文化运动的激荡下,北大学生看到国人"于己身生死、地位、意义,茫然未知",更不知道世界文化、思潮发达到何种地步,和中国的现状与世界文化、思潮有何等遥远的差距,因而也就不知道如何跟上世界潮流。为了唤起国人改变这种"于人于己,两无所知"的浑噩麻木状态,1918年秋,北大学生傅斯年、罗家伦、康白情、徐彦之等以《新青年》为榜样,发起成立新潮社，刊发《新潮》杂志；许德珩、邓中夏等组织学生救国会，编辑发行《国民》杂志。

1918年10月13日，新潮社发起人召开第一次预备会，决定创办个刊物来介绍新的学术、新的文学思想，批评旧的学术、旧的伦理道德，因此刊物定名为"新潮"，相应的英文名为 The Renaissance，并定"批评的精神、科学的主义、革新的文词"为《新潮》的三"原素"。他们期望通过《新潮》的播扬，促使"海内同学，去遗传的科举思想，进于现世的科学思想；去主观的武断思想，进于客观的怀疑思想，为未来社会之人，不为现在社会之人；造成战胜社会之人格，不为社会所战胜之人格"。他们认为要发展新的科学的学术思想，应该遵循蔡元培思想自由、兼容并包的原则，因而主张《新潮》所刊文章应各具个性，只要大家所希望的目标是一致的，所提出的方法、途径、见解即是相互矛盾，致使统观《新潮》有"自相矛盾"之处而引起指责，《新潮》同人"不特不讳言之"，而且还"将引为荣幸"。由此可见当时这些青年学生开创新天地的胆识和勇气。

《新潮》既以批评为精神，就难免被守旧派所指责，甚或阴谋破坏，不仅有人在几家报纸上撰文攻击《新潮》和北大，而且有位"文通先生"还将几本《新潮》杂志加上"非圣乱经""洪水猛兽""邪说横行"等评语之后，送给政府最高当局看，想通过政府来处治北大和新潮社同人。另外还有位张姓议员，要在议会提出查办蔡校长、弹劾教育总长傅增湘的议案。于是在《新潮》刚刚出世不到百天的1919年3月26日（1919年1月1日《新潮》创刊），教育总长傅增湘（字沅叔）致函蔡校长，说自《新潮》出版以来，"辇下耆宿对于在事员生不无微词"，他担心《新潮》的以批评为精神不免会引起争论辩难，如果言辞"稍逾学术范围之外，将益启党派新旧之争，此则不能不引为隐忧耳"。因此，他希望蔡校长能劝导节制学生按照政府的口径、规定来思想来说话，如果"遵循轨道，发为言论"，便能"自足以詟服群伦"。

蔡校长了解学生们的想法，支持学生们的做法（拨给红楼二层一间作《新潮》办公室，出版印刷费用由学校承担等），因此他在4月2日给傅增湘总长的复函中为《新潮》进行辩护，并用大学于各种学说应兼容并包的原则，婉转地驳斥了来函。蔡先生函中说："敝校一部分学生所组之《新潮》出版以后，又有《国故》（1919年3月创刊，由刘师培、黄季刚任总编）之发行，新旧共张，无所缺琦。"如果能把《新潮》与《国故》两杂志进行比较的话，对北大及《新潮》进行责难的大人先生们"则知大学中笃念往日，为匡掖废坠之计者，实亦不弱于外间耆贤也"。而《新潮》杂志是以介绍西洋近代有益之学说为主旨的，其关于批评旧学说旧思想"仅属末节"。既然如此，当局"自不必专徇末节之流波"。办大学取兼容并包之旨，实在是有利于国学的发展的条件。不过《新潮》刚办不久，外界尚不了解，消息辗转相传，难免发生误会，一旦"历日稍久，情实自见"，误会也将消除，在此真相未明期间，"正赖大德如公为之消弭局外失实之言。元培亦必勉励诸生，为学问之竞进，不为逾越轨物之行也"。从此《新潮》所受干扰渐少。

在蔡元培、陈独秀等人的支持下《新潮》杂志办成了当时有影响的刊物之一，并给《新青年》以强有力的呼应，在新文化运动中发挥了应有的作用。但是由于新潮社主要成员"他们最主要的目的，是想通过这个刊物把北大文学院的国粹派骂倒"，因此其言论不无过激之处，甚至有时很极端，常有不分青红皂白把国学（传统文化）一概骂倒的论调出现。《新潮》第一卷第五号上发表的毛子水的《国故和科学的精神》一文就把中华民族的学术和历史说得一无是处，一文不值，说什么中华民族"从前没有什么重要事业，对于世界的文明，没有重大的贡献；所以我们的历史也就不见得有什么重要"等，这种全盘否定祖国文化遗产的观点和态度，显然是错误的，不足取的。当国粹派举出若干切切实实中国独有的优秀文化遗产来辩难时，某些新文化运动的激进者便无以应答。

与激进的新潮成员不同，李大钊则持科学的态度，他在1919年12月《新潮》第二卷第二号发表《物质的变动与道德的变动》一文，紧接着1920年1月《新青年》又发表《由经济上解释中国近代思想变动的原因》一文。在其中，李大钊指出："新道德既是随着生活的状态和社会的要求发生的，就是随着物质的变动而变动的，那么物质若是开新，道德必跟着开新，物质若是复旧，道德亦必跟着复旧。因为物质与精神原是一体，断无自相矛盾、自相背驰的道理。可是宇宙进化的大路，只是一个健行不息的长流，只有前进，没有反顾；只有开新，没有复旧……物质上，道德上，均没有复旧的道理。"而新思想、新道德则是"应经济的新状态、社会的新要求发生的，不是几个青年凭空造出来的"。他在文中指出随着中国经济的变动，中国封建的君权、父权、夫权、大家族制度、孔子礼教等都将不可避免地崩颓破灭。李大钊运用唯物史观从经济基础入手，探讨新思想新文化代替旧思想旧文化在中国发生的必然性的尝试，代表了当时新文化运动理论的最高水平，给人耳目一新之感，具有很强的说服力。

（原载于《北京大学学报（哲学社会科学版）》1998年第2期；《文史精华》1998年第2、5、7期；《文史知识》1998年第5期）

"五大使"出洋与"棉纱大王"

九十年前盛会，今天仍耐回味。

1920年6月底7月初，北京《晨报》连续刊载有关北京大学五位新文化运动干将出国留学的消息，称为"北大欢送留学团之盛会"。同时上海《申报》也随之报道，轰动一时。这些文字眼下读来仍然发人深省，值得寻味。当时人们视此五人为中国青年学生的形象大使，希望他们向世界传播中国的文化，故有"五大使"出洋之说。因距1906年清政府派载泽、李盛铎、戴鸿慈、端方、尚其亨五大臣出洋考察为时不远，亦有"五大臣"出洋一说。

自左至右罗家伦、康白情、段锡朋、汪敬熙、周炳琳

一 来今雨轩壮别离

五千年的中华文明，养育陶冶了无数英雄豪杰、鸿儒硕士。他们志存高远，目光如炬，务虚务实，与时偕行。在中国近代史上具有划时代意义的五四运动一周年之际，北京大学学生会、进德会、平民教育讲演团、新潮社等社团的骨干分子，以及社会名流张庭济等在中央公园（今中山公园）来今雨

轩设茶点，送别新文化运动、五四运动的干将、北京大学的段锡朋、罗家伦、汪敬熙、周炳琳、康白情等。盛会由北大学生会评议部负责人之一的方豪主持。他说："此次诸君之出国留学，同人等实抱无限之希望，……务望此后仍本我辈今日之精神，以谋人类幸福之发展……"好友话别，互相勉励，互致希望。五人在即将出国之前，坦言自己一年来的感受及留学的打算，其心情一承新文化运动的革命精神，其言语犹如五四运动中的呐喊。

段锡朋曾任北大学生干事会总务股主任、北京市中等以上学校学生联合会主席、全国学生联合会主席，在学生界可谓叱咤风云。但现实与理想相去甚远，他首先发言说五四运动之后，自己一年来留心于新思潮下关于经济政治问题，对中国现状深感不满，而"欲谋改造如此切身的现状"，又痛感自身知识之不足，岂止不足，"知识欲望，更起绝大之饥荒，由此决心本时代的精神，赴美国哥伦比亚大学学习经济政治，尔后再赴东欧更加进一步研究"，以"修养精深的学问与伟大的人格，以与恶社会苦战"，来谋社会全体之幸福。他觉得只有这样才不辜负师友及国人的厚望。

新潮社、新文化运动的活跃分子汪敬熙的目标是研究心理学。他说："心理学既是研究行为的科学，自然与各种社会科学有密切之关系。"而心理学实验所用各种仪器又涉及物理、化学、高等数学知识，于此种学科没有相当的了解，是不能做好的，更不用说作为心理学的基本学科的生物学和生理学，它们的学习尤为必要。因为它们都是心理学不可分开的伴侣。因此，他希望朋友们各自选定一专门学问去研究，但不希望"仅见其偏，而不见其全，成为一狭义的、偏侧的、机械的专家"。汪日后成为中央研究院院士，于此可见端倪。

周炳麟是北京大学平民教育讲演团的发起人之一，五四运动积极分子，曾任全国学联主席，五位中最为年长。作为平民教育讲演团文牍干事及刚刚成立半年的"创办平民教育案"筹款委员会委员，他的演说特别注重平民教育及平民经济，希望北大能成为完全之平民大学。他赴美专攻经济学及社会学，以备将来有所贡献。他希望无论在国内或国外的同道，能保持新文化运动之精神而不断进取，不要被外界给北大的赞誉所蒙蔽，因为那样会阻碍北大的进步。

罗家伦是个迷信"教育万能的人"，他打算前往哥伦比亚大学研究教育学，该校教育学发达，杜威在那里创立了实用主义教育学。出国之前，罗家伦念念不忘"完成文学革命之素志""实不忍抛弃此最有兴趣之学科",然而"真正之新文学,决非一般改文言为白话者所可冒充"。他说此次赴美将"细心考察,以谋改造中国教育,有所贡献"。

康白情发表过不少新诗,他的发言自然别具诗人的情感。他除了说明自己将赴美欧研究文学、社会学,并作实地调查外,还特别希望国内外同学互益知识、互励行为、互助事业。"北京大学不仅要多出事业家,更需多出纯粹之学问家",这样"方不掩其本色"。他情真意切、慷慨激昂地说:"予数年归来,而知识行为事业三者,如犹是今日之我,予将不见诸兄。若诸兄于此三者亦无进步,则诸兄亦不必见我。"言毕声泪俱下,颇为悲壮。

社会名流张庭济操英语致辞,他说:"诸君之精神,为求真理之精神。对于合乎真理者,当多多采取,不然者多多排斥……"

此五人曾是新文化运动、五四运动的骁将,认为"五四之局,实开东方历史之新纪元",但一年以来的状况不能令人满意,更感自身"才不足以济用",有此出国深造机会,敢不努力向前。自己的同志多数只能留在国内,因此出国者好像同时负有替国内同人去求学的双重任务。故其责不能不重,其言不能不宏,其志不能不壮,其心不能不诚。

二 为国育才真豪杰

当年北京大学虽为全国著名学府、北京唯一一所国立大学而闻名,但办学经费十分有限,一次资送五名学生出国留学是根本不可能的。那么这五人何以能成行呢?

原来,这五人的留学费用不用北大出一分钱,而是由一位关心民族命运、以振兴国家为己任的实业家出资玉成的。这位殖产为民、为国育才的实业家,就是大名鼎鼎的"棉纱大王"穆藕初。

穆藕初(1876~1943),名湘玥,上海人,祖籍苏州。穆先生青年求学时,甲午之役爆发,中国大败,不得不接受"城下之盟"一事,这大大刺痛了穆藕初年轻的心。他开始认识到不学则无知,无知则不知彼我之长短,无从与他国竞争,于是决心求西学以救国。他曾经在上海海关、龙门师范、江苏省铁路警务司等处任职。其间目睹中国海关主权完全被洋人把持,屡思出国研究经济及关于税则之专门学问,"为他日收回关税主权之预备"。他任苏路警务长之后,

穆藕初先生

有机会到北方考察。当了解到中国西北一带地广人稀，交通不便时，他又感到要国家富强起来莫如振兴实业，而在诸般实业中，占中心者为农业。中国历来以农立国，故必须先改良农业，"跻国家于富庶地位，然后可以图强；国力充实，而后可以图存，可以御侮，可以雪耻。故昔日研究经济收回税权之志愿，一变而定研究农业之趋向，深愿投身于农业"。1909 年 6 月 23 日，34 岁的穆藕初拜别慈母，独自登船赴美留学，先后入威斯康星大学、伊利诺伊大学、坦克塞司农工专修学校等处研修，1913 年获伊利诺伊大学农科学士学位，1914 年获坦克塞司农工专修学校农学硕士学位后回国创业。先后创办有上海德大纱厂、上海厚生纱厂、郑州豫丰纱厂、中华劝工银行、上海华商纱布交易所等，并积极组织植棉改良社，经营棉种实验场，津贴东南大学农科，推广优良棉种和先进植棉技术，均获成功。他为中国的棉纺业做出了巨大贡献，人称"棉纱大王"。

穆藕初先后出任过南京民国政府工商部常务次长、行政院农产促进会主任、中央农业实验所筹备主任、农本局总经理、第一次太平洋商务会议中国首席代表等职。1920 年代以后，穆藕初的名字已远播海内外。

"颂言满堂，黄金满筐"的穆藕初，始终以实业救国为己任。他认为"人才为国之元气"，要救国则需要人才，只有养成大量有用人才，国家方能繁荣富强。所以他自奉俭约，不以自享，恣出其财，以成人才。他深盼"得济济多士，为国家社会尽职务……尤盼我国内青年为国自爱自惜，养成有用之才，则国事前途，庶几有豸！"穆先生的可贵在于他能坐而言起而行，"念国外求学之有得，乃助人出国以成材"。

穆先生依照自己出国留学的经验，认为选派年幼者出国得不偿失，耗费大而成就少。因此，"应选派曾在本国大学毕业之学生出外实习，或做诸种专门之研究，则学业可以精通"，利国利民。

据此，穆氏经过多方考察咨询，认为蔡元培出长北京大学以来，"改革制度，提倡学术，为时不过三载，而全国从风，移风易俗，学术之力大矣。先生提倡苦心为全国人所共知"，是可托之人。于是在 1920 年初，穆藕初致函蔡校长："……窃思吾国学术，尚在萌芽时代，欲求高深之学，非求自欧美不可。是以不揣绵薄，特先捐银一万两，托诸先生个人，为选派留学之用……"随函附有其手订之《穆氏奖学贮金简章》四条，其中"（三）本贮金为选派欧美留学之用，由穆君委托蔡孑民君以个人资格于国立北京大学毕业生中择优选派之……（四）选派学生不拘年岁籍贯，除学术体格之外，能力与道德兼全者，由蔡孑民、胡适之、陶孟和、蒋梦麟四君随时考察而定之"。蔡校长接函后自然高兴，很快便商定了段、罗、汪、周、康五人。当穆先生得知"所派学生备极一时之选，其德性之坚定，教育巨子以曾经百炼之真金目之"后，"大慰快"。

于是便有了来今雨轩的盛会。

此后，受穆氏基金资助留学的还有江绍原、孟寿春、方显廷、张纯明、韩朝宗、万云骏、程景康、朱济等多位。

此外，穆藕初还资助东南大学农科创立农具院，支持创制七七织布机，出资振兴昆剧，发起并资助中华职业教育社，等等。他是为国育才、实业救国的真豪杰。

1943年9月19日，穆藕初病逝于重庆，陪都各界人士隆重举哀，追思这位伟大的爱国实业家。冯玉祥、黄炎培、董必武、蒋梦麟、吴蕴初、章乃器、杜月笙等五百余人到会。蒋梦麟主祭，黄炎培、冯玉祥等相继致辞、恭读祭文。灵堂上摆满了花圈，悬挂挽联、悼诗、唁电无算。兹选数则，以见一斑：

才是万人英在抗战困难中多所发明自出机杼
功宜百代祀于举世混浊日独留清白堪作模范
　　　　　——董必武
儒家之心侠士之气二者实并一体
育才为国殖产为民两事已足千秋
　　　　　——中华职业教育社同人
实业振先声一代沪滨推巨子
农桑遗政绩九秋巴蜀殒长星
　　　　　——中国纺织学会
往事记工曹百折能宏衣被愿

危时策农务一哀竟夺老成人
——孔祥熙

穆先生病逝之日，正值抗战紧要关头。噩耗传至故里上海，各界同深悲悼。只因抗战期间山河遥隔，未便申哀。抗战胜利后，在穆氏灵榇归沪之际，即1947年7月6日，由上海市地方协会、中华职业教育社、中华农学会等十余家团体发起，在上海举行各界追悼公祭穆藕初大会。黄炎培宣读祭文："……君学为国用，义薄云高。有功在民，有策在朝……颂言满堂，黄金满筐，而君萧然，不以自享。恣出其财，以成人才。念幼年未尝入学，乃学舍之宏开。念国外求学之有得，乃助人出国以成材……"

一代豪杰仙逝，渝沪两次追悼，足见穆先生事迹感人至深。冯玉祥的挽联就道出几分：

重农重工为兴实业树模范
立言立德足与后人作典型

三 学成回国践前言

受穆氏基金资送留学者，都能深刻领悟穆先生培育人才强国富民之真意，知道他资送青年学生留学是深思熟虑后的选择。"世人咸知获利难，不知有钱而能施用正当之途为更难。"穆藕初归国创业五年，颇有成效，自思有了钱财"应如何使用，而于国家社会得最大之利益？"他咨询了黄炎培、沈信卿、蒋梦麟、郭鸿声、余日章等社会名流，他们都认为应"……用之于教育"，穆藕初"颇然其说"，遂决定捐资派送学生赴欧美留学。所以，他们在国外马不停蹄地游历于各国大学，如饥似渴地吸吮知识，学有所成均回国效力，无一人滞留海外。他们效仿穆先生"作育人才"以振兴国家，大都投身教育界，并有不俗的表现，举例如下。

罗家伦，浙江绍兴人，1920年赴美欧留学，先后就读于美国普林斯顿大学、哥伦比亚大学、英国伦敦大学、法国巴黎大学、德国柏林大学，1926年回国。曾任东南大学教授、国民革命军总司令部参议、清华大学校长、武汉大学教授、中央政治学校教务主任、中央大学校长、滇黔考察团团长、西北考察团团长、首任驻印度大使等。1928年，出任清华大学首任校长时，罗家伦宣称："我只抱发扬学术的目的，不知有所谓学校派别。我去办理清华，除谋中国的学术独立外，他无目的。"因此，他提出种种措施，使清华廉洁化、学术化、平民化、纪律化。著有《新人生观》《科学与玄学》等。

江绍原，安徽旌德人，北大新潮社成员，积极参加五四运动，与罗家伦两人作为学生总代表与各国使馆交涉。他对宗教学说感兴趣，1919年2月在《北京大学月刊》（《北京大学学报》前身）第一卷第二号上刊载了他的《说明研究宗教学之紧要》一文，是第一个在《北京大学月刊》上发表论文的学生。1921年赴美留学，先后入芝加哥大学、伊利诺伊大学攻读比较宗教学、哲学，1923年获哲学博士学位后回国。曾任北京大学、中山大学、西北大学、山西大学等校教授，科学出版社、商务印书馆编审等。主要从事民俗学的研究和翻译介绍，他在国内首开"礼俗迷信研究"课程，著作有《发须爪——关于它们的迷信》（周作人作序）《乔答摩底死》（胡适作序）《佛家的宇宙分析论》《宗教的出生与成长》等。他与钟敬文、娄子匡等发起组织杭州民俗学会，是中国民俗学研究的开拓者之一。

周炳琳，浙江黄岩人，发起并参与国民杂志社、少年中国学会等社团活动。1920年赴美留学；1922年获哥伦比亚大学文学硕士学位，后入英国伦敦大学政治经济学院学习；1923年入巴黎大学研究政治学、法学；1924年游学法国、瑞士、德国、意大利等国；1925年回国。先后任教于北京大学、武昌商科大学、清华大学、西南联合大学等校。曾任《国民日报》主笔、《中央日报》主笔、河北省政府委员兼教育厅厅长、南京政府教育部常务次长、中央政治学校教务主任、西南联大代理常委和法商学院院长、北京大学法学院院长、全国政协委员、民革中央委员等职。曾参加翻译《政治经济学批判大纲（手稿）》。

方显廷，浙江宁波人，厚生纱厂的学徒工，因好学上进被穆藕初发现，全力资助他求学。方于1921年赴美留学，先后就读于威斯康星大学、耶鲁大学，1928年获经济学博士学位后回国，在南开大学创办经济研究所，先后任南开大学经济研究所所长、西南联大法商学院院长、联合国远东经济委员会《远东经济年报》主编、《远东经济季刊》主编、新加坡南洋大学首席荣誉教授等。

汪敬熙，江苏吴县人，北大新潮社成员，新文化运动的积极分子。1920年赴美入约翰·霍普金斯大学攻读心理学与生理学，获博士学位后回国。先后任河南中州大学、中山大学、北京大学等校教授，中央研究院心理学研究所所长，联合国文教组织自然科学处国际科学合作组主任等职。他是中央研究院首批院士之一，著有《出汗的神经管制》等。

段锡朋，江西永新人，在北大曾参与创办《国民》杂志，是五四运动的组织者之一。1920年赴美留学，获哥伦比亚大学文学硕士学位，后又留学于伦敦大学、巴黎大学、柏林大学。1924年回国，先后任武昌大学教授、中山大学史学系主任、国民党南京特别市党部委员、国民党中央常委、教育部次长和代理部长、中央大学校长、中央政治大学教育长等职。

四　立己立人续新篇

穆藕初资送留学"作育人才"，不为个人牟私利，实寄厚望于青年学子，企盼他们成为可用之材，有所奉献于国家民族。因此，他从不张扬此事以显己名。蔡校长尊重穆先生之意，在《北京大学日刊》上也不宣扬。正如黄炎培先生在《追忆穆藕初先生》一文中所说，穆先生"尝斥巨资选送北京大学高才生出国留学……先生从不暴其事于人前，而人亦不尽知水源之所自，真所谓公子有德于人愿公子忘之矣"。

桃李不言，下自成蹊。身教重于言教，模范、典型示范影响巨大，感人的力量更强。受穆氏基金资送留学的众人，效仿穆先生学成回国服务，一方面敬仰穆先生为国育才，奖掖后学之举；一方面传承中华民族受恩当报之美德，当值穆氏产业被人拖垮，无力继续基金时，他们决定捐资一万元继续该基金，订名为"穆藕初先生奖学基金"，并聘请蒋梦麟、张伯苓、胡适之、周炳琳、方显廷五位任穆藕初先生奖学基金董事会董事。

自1937年3月27日至5月27日，完成认捐情况如下：段锡朋（南京教育部）2000元；罗家伦（中央大学）2000元；汪敬熙（中央研究院）1000元；张纯明（南开大学）500元；方显廷（南开大学）1200元；周炳琳（南京教育部）1000元；程景康（上海华嘉洋行）1000元；江绍原（生病赋闲在家）300元；朱济（黄河水利委员会）500元；孟寿春（四川大学）500元。

穆藕初先生奖学基金董事会首次会议于1937年6月9日在北平举行，会上讨论通过了《穆藕初先生奖学基金章程》八条和《穆藕初先生奖学基金董事会办事细则》八条。"章程"第二条:"本奖学金由曾受穆藕初先生资送留学者自愿担任成数,以奖励大学读书青年,为穆先生培植学子之永久纪念。"这说明本基金完全是受惠者的自愿"反哺"行为,并非向社会募集所得,目的是为纪念并发扬穆先生"作育人才"之善举。

资料显示,认捐者中有位高权重者,也有贫病交加生活拮据者,前者可以2000元一次缴清;后者虽300元,尚需分6个月缴捐。然而宁愿分期缴上,也不愿放弃这一报恩的机会,实有"千里鹅毛"之意和"受恩当报"之诚。也是穆先生人格的感召与熏陶所致。"棉纱大王"穆藕初常旧衣素食,自奉极俭,省下钱来用于社会公益事业,甚至借债办学等事迹传为美谈,感人至深,人们感叹:"有几人能像穆先生那样公正廉明,效忠国家,造福社会?有几人能像穆先生那样谋事之忠,知人之明,肯为国家栽培后进的人才?"(《新华日报》1943年10月6日,第3版)

穆藕初先生奖学基金首次董事会刚刚开完,万元基金之数尚未缴齐,日军在卢沟桥发动了侵华战争,北平很快沦陷,中国人民不得不展开全面抗战,一切正常生活、工作均被打乱。基金会的运行受到了严重干扰,但捐款者不改初衷,不言放弃,而在灾难加身、困苦深重之中,更加感到"作育人才"、强国富民的迫切与紧要。他们克服重重困难,积极推动基金的运行,在抗战最艰苦的1940年冬终于决定了首批获奖者。11月3日,重庆《新华日报》第2版有如下消息:"《穆藕初先生奖学基金》首次获奖者已决定:农科一名,山大刘有成;理科一名,联大杨振宁;经济一名,师大周大晶。计每年领受国币300元。"这种奖励国内在读大学生的做法,是根据《穆藕初先生奖学基金章程》第四条之规定:"本奖学金以资助大学中自然科学与社会科学学生为目的……"与穆氏手订之《穆氏奖学贮金简章》第三条"本贮金为选派欧美留学之用……"不同。

抗战时期,全国人民均处于异常艰难困苦之中,西南联大概莫能外。不少联大学生一件长衫既当衣又当被,一日只能吃两餐。联大许多学生是靠各种奖金、贷金完成学业的。这300元对日后获得诺贝尔物理奖的杨振宁来说,自然是雪中送炭。"穆藕初先生奖学基金"在抗战的非常时期仍在运作,并卓有成效,其精神是值得大书特书、纪念并发扬光大的。

(原载《北京大学校报》第1220、1222期,2010)

爱因斯坦与北京大学的遗憾

京师大学堂从开办起就聘有外国教师，到蔡元培革新后，北京大学对外交流则更进一步展开，各国著名学者被聘来北大任教、讲学者项背相望，络绎不绝，并于1920年8月、10月两次授予法国班乐为、美国杜威等4名外国学者北京大学名誉学位。来北大讲学者大都是世界一流学者、大师，如美国哲学家和教育学家杜威（1919~1921年）、英国哲学家罗素（1920~1921年）、量子论的创立人德国物理学家普朗克（1923年）、发现大气中朗之万离子并提出描述磁体磁化的朗之万函数的法国物理学家朗之万（1931年）、美国数学家控制论创立者维纳博士（1935年）、诺贝尔物理奖获得者丹麦物理学家玻尔（1937年），等等。这些学者大都是某学科、某领域的开创者、发现人，特别是物理学界的世界大师，除爱因斯坦之外，几乎都到北京大学这所闻名世界的学府讲过学。对20世纪物理学影响深远的相对论的创立者爱因斯坦不想访问北大吗？北大能漠视这位科学巨人而不曾邀请吗？当然不会。

爱因斯坦自1905年创立狭义相对论、1915年创立广义相对论之后，名扬世界。有一个故事能说明其知名度。据说有一位少年慕名给他写了一封信，信封上只写了爱因斯坦先生收，并无地址，因为这个少年不知道爱因斯坦是哪国人，更不知其通信地址，然而爱因斯坦居然收到了这封信。这样一位鼎鼎大名的大师怎么能不为北京大学所关注呢？

民国元年任教育部普通司司长、后任江苏省教育会会长的袁希涛（号观澜），是蔡元培的故交，他1919年赴欧美考察教育，1920年自柏林给蔡元培拍电报一通，简略告知他爱因斯坦有访问远东之意，不知北京大学是否愿意招待。蔡元培接电后立即以北京大学名义复电袁希涛："甚欢迎，唯条件如何？请函告。"后来袁先生函告蔡校长，爱因斯坦因事暂时不能出访。

蔡元培自1907年5月首次赴德研修，之后多次游历欧美，而以留德时间最长,对当时的世界科学中心德国的科学进步及学术空气,感受甚深。1921年春,蔡先生再次访德,为1920年爱因斯坦访华未成而亲自前往拜访爱因斯坦,时间是1921年3月16日,陪同前往者有留学德国多年,后任北大理科学长(相当于理学院院长)夏浮筠教授。拜访中,蔡先生询问何时可以访华到北大讲学?当时爱因斯坦告知:"今年已允美国学者之请,且为设立犹太大学事必须往美,恐不能到亚洲。"蔡元培即说:"由美至华甚便,何不乘此一行?"但爱因斯坦说他不能久离柏林,至于访华,他非常愿往,只好另外安排时间了。

时隔一年,即1922年3月,中国驻德国公使魏宸组致电蔡元培:"日本政府拟请Einstein博士于秋间往东讲演,该博士愿同时往华讲演半月,问条件如何。希电复。"接此后,北大立即复电魏公使:"电诵悉,Einstein博士来华讲演,甚表欢迎。各校担任中国境内旅费,致送酬金每月千元,祈转达。"此复电由中国驻德使馆于4月8日转致爱因斯坦。5月3日爱因斯坦复中国驻德使馆函称:"本年4月8日,准贵馆来函,内称各节业经查悉。鄙人深愿于本年冬季至贵国北京大学宣讲,其时以两星期为限。关于修金一层,本可遵照来函所开各条办理,唯近接美洲各大学来函所开各款为数均在贵国之上,若对于来函所开各款不加修改,恐有不便之处。兹拟各款略加修改开列于下,谨请鉴察为荷:(1)一千华币改为一千美金;(2)东京至北京及北京至香港旅费及北京饭店开销,以上各项均须按两人合计……"此复函由驻德使馆魏公使转致北京大学,蔡元培于6月下旬收到。

由于花费较大(当年北大每月经费为5万多元,一般教授月薪200多元),北大一校负担甚为困难,蔡元培乘中华教育改进社在山东开会之机,携带各有关函电前往,与梁启超等协商。梁表示赞同蔡的意见,并说可由讲学社等团体负担部分经费。于是蔡即复电魏公使:"条件照办,请代订定。"5月魏公使复函:"前接惠电,允照安斯坦(即爱因斯坦,当时对Einstein的译法有安斯顿、爱斯坦等)先生条件办理,当即通知前途。兹接(安斯坦)复称,约于新年来华……"至此,爱因斯坦来华讲学的事算定了下来。

为了迎接爱因斯坦的到来,北京大学做了充分的准备,请北大及国内物理学名教授开展有关相对论的系列讲座。现将讲演者及讲题开列于后:丁燮林"爱斯坦以前之力学";何育杰"相对各论";高叔钦"旧观念之时间及空间";夏浮筠"爱斯坦之生平及其学说";王士枢"非欧几里特的几何";

文范村"相对通论";张竞生"相对论与哲学"。7次讲演还感不足,又请北大数学系主任秦汾教授讲演了天文学与牛顿力学;夏浮筠又补充讲了爱因斯坦生平及其学说。从11月24日至12月23日共计讲演9次,由于听讲者众多,座位有限,不得不发听讲券。以往北大的各种讲演都是自由去听并不限制,可见北京学界兴趣之高。与中国首次大规模地举办有关相对论的系列讲座之时,爱因斯坦正在日本讲演。

北大师生及中国学界盼望听听相对论创立者亲自讲演相对论的心愿,最终没能实现。1922年12月17日,爱因斯坦寄发的一封致北大教授夏浮筠的信宣告了这一结果:"夏博士:今日接来书,甚为欣喜。然予恐不能来北京,对于君之盛意,实异常抱歉……游中国、印度之决心竟不能见诸事实。北京如此之近,而予之宿愿终不得偿……现以要事,急需西归……"之后,爱因斯坦又于12月22日致蔡元培一函:"校长先生:虽然极愿意且有从前郑重的约言而我现在不能到中国来……今日接到尊函,我才知道是一种误解……我今希望先生鉴谅,因为先生能够想见,倘我现在能到北京,我的兴趣将如何?如今我切实希望……将来再有弥补的机会。"然而这擦肩而过的机会一失,以后的33年中(1955年4月18日爱因斯坦逝世)再也没弥补的机会。

一位伟大的科学家与一座著名学府之间的缘分竟是如此,不能不令人遗憾。蔡元培接到爱因斯坦12月22日的信后,感到很是意外和不解,他将爱因斯坦来信全文刊登在1923年1月4日的《北京大学日刊》上,并将自己的感受、认识写在信后,作为对北大师生的一个交代。他说读过爱因斯坦的来函"颇多不可解的地方:安斯坦博士定于今年初来华,早经彼与驻德使馆约定,本没有特别加约的必要……我们哪里会想到他还在日本候我们北京的消息,终定行止呢?"看来这误会也许是中国人一言九鼎,说过算数,与西方人办事先有"意向"之约,临近实施时再来"确认"一次的文化不同所造成的。也许还有中国人重情谊,而西方人重经济条件等原因所致。

爱因斯坦曾于1922年四五月间给北大一封信从中或许可看出上述差别,信中称:"……我们以前的谈话(应是指1921年3月16日蔡访爱之谈话——笔者),我现在尚记得很清楚;当时因我所提出的游华时间与我的他种义务相冲突,并且经济的报酬太少,不足我旅行之用,所以我暂时把游华一事作罢。现在的情形……日本约我前往,报酬宽裕……我自己却想先到日本,因为我想,中国天气稍暖,而我到东亚的时期,是11月中到1月初……就权利论，你们诚然是先约我的，但是日本人先提出优厚的条件（我及妇居住费外另报酬二千磅），似乎也有一种优先的权利。我希望我们两方可以满意的协定办法，并亲眼观看东亚文明的发源地……"

文化差异也好，误会也罢，著名学者与著名学府无法结缘的遗憾成为了历史事实。

实际上，爱因斯坦讲学北大未果是一个特例，蔡元培及北大与欧美人打交道不止一次，以往并没有发生这种情况。在现实面前，蔡元培更寄希望于我国学术能有大的进步，他坚定地说："这都是已往的事，现在也不必去管他了。我们已有相对学说讲演会、研究会等组织，但愿一两年内，我国学者对于此种重要学说，竟有多少贡献，可以引起世界著名学者的注意；我们有一部分的人，能知道这种学者的光临比怎么鼎鼎大名的政治家军事家重要的几千百倍，也肯用一个月二千磅以上的代价去欢迎他；我想安斯坦博士也未见得不肯专诚来我们国内一次。我们不必懊丧，还是大家互相勉励罢！"

李大钊与蔡元培有着相同的期待，几乎就在爱因斯坦来信的同时，李大钊的短文《本学成立第二十五年纪念感言》发表在1922年12月17日《北京大学日刊》上，与蔡元培的想法相呼应："……我以极诚挚的意思，祝本校学术上的发展。只有学术上的发展，值得作大学的纪念。只有学术上的建树，值得'北京大学万万岁'的欢呼！"

（原载《北京大学校报》第1232期，2010）

驱彭挽蔡运动

直系军阀曹锟，1920年联合奉系军阀张作霖在直皖战争中获胜，与张作霖共同控制北京政府。1922年直奉开战，打败张作霖后曹锟开始贿选总统。曹以重金收买国会议员，且施以武力威胁，虽遭国人唾骂，但贿选得逞，而操办其事者为众议院议长吴景濂。

吴景濂等人为派系斗争，曾用阴谋手段称罗文干在签订《奥国借款展期合同》中受贿，将罗文干逮捕入狱，后因证据不足而释放。教育总长彭允彝为讨好吴景濂，在罗无罪释放后，重新提出阁议，再次侦捕罗文干，加上彭长教部乏术，拖欠经费日重，引起教育界的反对。胡适先生曾记述当时的情形："邵飘萍要报告给我们的消息，乃是罗文干一案，地检厅已宣告不起诉了，十六日阁议，竟决定由司法总长程克令地检厅逐行侦查，而提议人乃是教育总长彭允彝。彭之动机大概是要见好于吴景濂，以谋得同意票。我们听了，自然很气。蔡先生自去年十月讲义风潮以来，即有去志……曾说自己也要走了，因为不愿在曹锟之下讨生活……蔡先生今日听了飘萍的话，很愤激，他主张邀集国立各校长中可与共事者——法专与农专为彭系的人——以辞职为抗议，不愿在彭允彝下办教育……"①

其实鉴于当时军阀政府的腐败、政治的污浊，且教育经费常被挪用、拖欠，蔡元培先生久已感觉痛苦，早有去意。这次彭氏干涉司法，蹂躏人权只是蔡先生辞职的导火索而已。蔡先生在1月17日的辞呈中说：

> 自从任了半官式的国立大学校长以后，不知道一天要见多少不愿意（见）的人，说多少不愿意说的话，看多少不愿意（看）的信。想每天腾出一两点钟读读书，竟做不到，实在苦痛极了。而这个职务，又适在

---

① 胡适：《胡适日记（手稿本）》第五册，台北，远流出版事业公司，1990。转引自高平叔：《蔡元培年谱长编》（中），人民教育出版社，1996，第610~611页。

北京，是最高立法机关、行政机关所在的地方，只见他们一天一天的堕落，议员的投票看津贴有无，阁员的位置禀军阀意旨，法律是舞文的工具，选举是金钱的决赛，不计是非，只计利害，不要人格，只要权利。这种恶浊的空气，一天一天的浓厚起来，我实在不能再受了。我们的责任在指导青年，在这种恶浊气里面，要替这几千青年保险，叫他们不致受外界的传染。我自忖实在没有这种能力，所以早早想脱离关系，让别个能力较大的人来担任这个保险的任务。

……

罗案初起，我深恶吴景廉、张伯烈的险恶，因为他们为倒阁起见，尽可用质问弹劾的手续，何以定要用不法行为，对于未曾证明有罪的人剥夺他的自由。我且深怪黎总统的大事糊涂，受二个人的胁迫，对于未曾证明有罪的人，草草的下令逮捕，与前年受张勋压迫下令解散国会，实在同一糊涂。我那时候觉得北京住不得了。我的要退的意思，已经狠急了，但是那时候这个案已交法庭，只要法庭依法办理，他们的倒阁目的已达，不再有干涉司法的举动，或者于法律保障人权的主义，经一番顿挫，可以格外昭明一点，不防看他一看。现在法庭果然依法办理，宣告不起诉理由了，而国务员匆匆的提出再议的请求，又立刻剥夺未曾证明有罪的人的自由，重行逮捕，而提出者又并非司法当局，而为我的职务上天天有关系的教育当局，我不管他们打官话打得什么圆滑，我总觉得提出者的人格是我不能再与为伍的。我所以不能再忍，而立刻告退了。[①]

蔡元培先生以其人格学识受人景仰，众望素孚，他的辞职，立即震动了北京大学和整个京师教育界。1月18日，北大全体学生举行大会，一致通过驱逐教育总长彭允彝，挽留蔡校长的决议。1月19日，北大教职员举行全体会议，决定呈请大总统罢斥彭允彝教育总长之职，并请慰留本校校长蔡元培先生。接着，北京国立专门以上八校教职员代表联席会议发表宣言，不承认彭氏为教育总长；各校长表示不接受"人品卑污，学识浅陋"的彭允彝签发的任何文件并相继辞职；北京学生联合会代表呈文国务院请罢免彭氏挽留各

[①] 《申报》1923年1月25日。

校长。呈文说：

> 呈为恳请罢斥彭允彝，挽留各校长，以敦廉耻而维教育事。
>
> 窃维教育为国家命脉，廉耻乃立身根本，教育当局必需品学兼优，声望素著之人始能胜任。彭允彝卑鄙龃龉，不学无术，投降徐段，早已见恶于国人；盗卖湖湘，又复不容于桑梓。不谓举国唾弃人格破产之人，得蒙钧座特达之知，任命为教育总长，为人择事，舆论哗然。综其到任以来，措施悖谬，除逢迎军阀勾结帝党外，如滥用私人，虚耗国帑，摧残教育，压制学生，蹂躏人权，收买报馆，以致清高教部化为买卖商场；法农一中变成私党传舍；凡此事实，早经中外各报披露，国人攻击，谅早在钧座洞鉴之中。现各校校长不忍同流合污，联袂辞职，学校动摇，学生将有失学之虞。小人得志，国人咸抱陆沉之惧。方期钧座顾念教育，尊重民意，准予明命罢斥。乃阅三十一号指令，对于彭氏辞职，反嘉其整顿学风不胜劳怨，南辕北辙不胜惊骇。夫以任用一人之故，而致全国教育动摇，揆诸钧座发扬文化和平统一之至意，岂忍出此。学生等为维持教育，力争人格起见，用是不揣冒昧，具折前来，恳请顾全大局，毅然独断，立将彭允彝教育总长本职罢斥，并派员切实挽留各校长，克日回校视事，以敦廉耻，而维校务。①

驱彭挽蔡与索薪交织进行，一波接一波，至1923年9月4日彭氏去职，"驱彭"一事方为结束。而蔡先生由于对北方政局之黑暗深为不满，已于7月20日由上海乘Porthos号客轮赴欧。经他提议，其校长职务由蒋梦麟代理。京师其他各校校长虽相继复职，但索薪斗争仍时伏时起。

---

① 《晨报》1923年2月6日。

索薪斗争与教育独立运动

1912年中华民国成立后，全国大小军阀仍互相攻战，政府各部门之间也是各自为政，互不协调，握有实权实惠者肥厚，清水衙门自清贫。在相互争夺地盘，不断攻战中消耗了大量财力、物力，一贯清水衙门的教育界被挤到了末路。自1919年下半年开始，北京教育界从小学、中学到大学，政府常常拖欠教育经费，甚至完全停拨。为自身生活所迫，为维持教育事业的进行，1919年12月，北京中等学校以上教职员联合会成立，屡次在国立北京法政专门学校开会，并派出代表向府院及教育部陈请，要求清偿积欠。名为全国最高学府、京城唯一国立大学的北京大学也是朝不保夕，经费数月无着，教职员工屡屡函请予以解决。1920年8月份以后校长蔡元培也屡次致函教育部反映"同人等已有断炊之忧，若不设法维持，于教育前途殊多窒碍……务祈速予设法，以济眉急……""本校辍发薪资已经三月之久，……米面价格昂贵，度日甚为艰难。在校同人……近日已俱沦于艰窘之境而典当一空，告贷无路……"为使教职员工得以安心供职，维持学校正常运转"恳请均部将积欠本校经费从速拨给，俾得转发实为公便"。①

北京大学当年为京师唯一国立大学，情况尚且如此，其他学校情形可想而知。为解决教育经费问题，北大当局经常开会商讨解决办法。在1921年3月12日的会议上，黄佑昌等教授提议"一面罢工，要求政府指定教育经费；一面向法庭起诉，追求积欠薪水"，并指出"教育经费不过占政府支出百分之一，政府反不一为筹措，致国家数千万之收入，尽供彼辈武人政客之挥霍。此时非实行停止职务，诉之国民殆无其他办法"。胡适教授发言认为"现在根本问题，在政府各部各以本部之收入为私产，彼此不能相通。如农商部、交通部皆以本部之收入为其私产。此次国立各校，其经费之支绌为向

---

① 《北京大学史料》（二），北京大学出版社，2000，第2843页。

来所未有。政府于固有之学校不予以维持,而交通部反自新设交通大学。同属国家机关,而畸轻畸重若是……"会议全体赞成"自3月14日起暂行停止职务,要求政府于直辖各铁路收入项下,拨付教职员积欠薪俸及国立六校常年经费……"① 其他国立各校教职员亦于3月14日起暂行停止职务。

经费艰窘状况各校大致相同,为协调行动以求解决。3月15日北京大学、北京高等师范学校、北京女子高等师范学校、北京法政专门学校、北京工业专门学校、北京农业专门学校、北京美术学校、北京医学专门学校等国立八校代表二十余人齐集前京畿道北京美术学校开会。讨论结果是组织成立北京国立专门以上各校教职员代表联席会议,并投票选举马叙伦(北大教授)为主席,由主席指定女高师代表李贻燕为文牍股办事,美术学校代表吴起凡为庶务兼会计股办事,北大代表李大钊和美术学校代表徐谨为新闻股办事。会议议决:"(一)要求指定确实款项,作为教育基金;(二)要求清偿积欠修薪。并推定北大代表马叙伦、陈世璋,法专代表姚憾,于十七日赴府院交涉。会议拟定了停职宣言。与此相呼应,北京学生联合会则在北高师开会,讨论应付办法,与教职员代表联席会议协调行动。"② 《北京国立专门以上各校教职员停职宣言》中指出:"政府本有教育经费的预算,国民本有教育经费的负担,这种经费到哪里去了?……各校的教育经费比从前愈形困迫……学生终日皇皇,觉得学校停闭就在旦夕,不能安心求学。教职员终日皇皇,迫于饥寒,没有法子维持生计,亦不能安心授课。"宣言列举政府种种使用经费不当之处,且独克扣教育经费,并指出:"似乎政府不维持教育,不是没有力量,乃是没有诚意,不是不能,乃是不肯。"

教育经费拖欠,各校校长压力很大,各校教职员屡屡向校长呈函反映,校长对教职员的实际困难看在眼里但无力解决,除转呈教职员函件外,别无办法,不得已校长们也联合行动,组成以蒋梦麟为首的校长团,配合北京国立专门以上各校教职员代表联席会,上书民国总统、国务总理、教育部,说明情况,晓以利害,请速解决。3月30日的校长团呈文如下:

> 为呈请事。窃自各校教职员停止职务以来,迭经设法疏通,无如积欠日深,信用屡失,空言搪塞,未见谅解。前曾报大部,请予维持,瞬

---

① 《晨报》1921年3月13日。
② 《晨报》1921年3月16日。

逾旬日，仍无切实解决之法。数千学子，同时辍业，为作育人才计，为国家前途计，均可令人悲观。梦麟等忝膺校长，既未便坐视，又无法进行，瞻顾彷徨，急切无似。除呈报大总统、国务总理请示谕知外，为此谨呈大部，恳请迅予维持，俾免教育停顿，并乞迅示只遵，事机紧迫，毋任屏营待命之至。谨呈。北京大学代理校长蒋。北京高等师范校长邓。北京女子高等校长熊。北京法政专门校长王。北京医学专门校长张。北京工业专门校长俞。北京农业专门校长吴。北京美术学校校长郑。①

几经交涉，政府拖延应付，经费不得解决，各校教职员生活已无法维持。因此，北京国立专门以上各校教职员代表联席会议第12次会议通过决议，自4月8日起全体向各校校长辞职，并通电全国，发布总辞职宣言，申明不得不辞职之苦衷，指出破坏教育之责在政府不在教职员。在致全国通电中称："对教育经费的解决，政府始以空言应对，继乃置之不问，教职员为国家维持教育之心，遏而莫申，为青年弥补求学之力，用而已尽，在万般无奈之下，不得不涕清离职。"教职员辞职宣言更是情真意切，宣言说：

> 我们上月十四日停止职务的时候，已经郑重的宣告，政府如果没有维持教育的确实办法，我们断然不愿再和政府苟且敷衍，贻误青年学子。近日我们屡次和政府谈判，请他筹拨教育经费，清还从前积欠，政府答复依然是一句空话。我们要求政府切实答复的时期满了，政府依然不理，就可以证明政府实在不要维持教育了。
>
> 两三年来，因为政府不肯设法维持教育，我们在物质上精神上，已经受了很多的痛苦。我们所以隐忍着不肯决然舍去的原故，一则不忍抛开这一般纯洁的青年学子；二则不愿离开了我们多年所做的教育职业。凡可以曲全的，都曲全了；凡可以迁就的，都迁就了。总盼望政府拿出点良心来，维持教育。谁知到了今日，真是山穷水尽，学校亦不能开门了。我们虽要含含糊糊敷衍下去，已不能的了。我们再不忍牺牲着青年学子的宝贵光阴，为政府敷衍门面，为我们敷衍乞丐的生活。
>
> 我们实在惭愧，不能忍着饥饿去为国家尽力于教育事业；我们实在

---

① 《京报》1921年3月31日。

惭愧，不能帮助青年学子成就了他们的学业；我们实在惭愧，不能够特别想出一个维持教育的方法来。想来想去，只有辞职的一路了。我们现于四月八日全体辞职。以后怎样维持教育，全在国人了。①

全体教职员迫于生计不得不停止自己的教育事业向各校校长辞职，各校校长因无法维持校务，于1921年4月15日呈文辞职：

为呈请辞职请迅予派员接替事。窃校长等自上月十四日教职员停职以来，一再呈请大部设法维持，一面尽力疏解，始终未得要领。然犹苦心孤诣，勉为支持。不遽辞职者良以教育为国家命脉所关，苟有解决之法，必当竭尽绵薄，以维国本，校长等区区愚忱，谅邀洞察。惟昨奉次长交到经费及偿还积欠办法两条，恭读之余，以为与教职员所主张相差甚远，贸然转达必无效果。校长等一再思维，委系无法解决，不得已公呈大部，恳请辞职，应请迅予批准，派员接替，俾释重负，毋任迫切待命之至。谨呈

教育部总长

北京大学代理校长蒋梦麟

北京高等师范学校校长邓萃英

北京女子高等师范学校校长熊崇煦

北京法政专门学校校长王家驹

北京医学专门学校代理校长张黻卿

北京工业专门学校校长俞同奎

北京农业专门学校校长吴宗栻

北京美术学校校长郑锦②

八校长总辞职后，北京教育界震动，各中小学校一面为声援八校，一面也因自身经费问题，相继举行罢课。国民北京政府迫于形势于4月30日通过解决办法三条，答应每月拨发八校经费共22万元，分四批清还积欠经费40万元。八校教职员本着维持教育，不使青年学子荒废光阴之苦心，准备勉为复职。但十多天过去了，国务会议通过的解决教育经费办法并未付诸实行，

---

① 《晨报》1921年4月8日。
② 《晨报》1921年4月17日。

稍为缓和的形势再次紧张。5月23日，北京国立八校教职员发表第二次辞职宣言和敬告国人书。历数民国以来，"祸乱迭起，军阀割据，国家统一之局荡然无存，在此分崩离析之中，犹能萃全国之精英于一堂，卓然维系民族精神之统一，而不致随政象颠沛者，惟有教育事业耳"。"今政府不思如何维持教育事业，反而摧残维系民族精神的基础。始以京师各校经费三条办法应付，复以空头支票相欺"，面对如此失信之政府，"吾辈至此，苟不与之决绝，士气何存"。① 于是再次提出全体总辞职。在此期间，八校校长屡屡致函总统、总理及教育部请辞，始终未获批示，北京教界一片茫然和愤怒。在奔走数月卒无效果的情况下，心力俱瘁的师生员工们遂有至新华门请愿之举。1921年6月2日，各校学生代表22人到国务院求见总理张绍曾，请愿维持教育，不但没有见到张，反被卫兵拘留新华门内不得归。消息传开，教育界同人忍无可忍。6月3日，八校校长、教职员、学生数百人同到新华门请愿，求见总统黎元洪，被卫兵拒于门外，并无理推打代表，致同行之教育次长马邻翼，北大代理校长蒋梦麟、教授马叙伦、沈士远、李大钊，法专校长王家驹，医专校长张焕文、教授毛成，高师教授黄人望，女高师教授汤璪真、职员刘兴炎以及法专、美术、女高师学生何玉书、封挺楷、王本仪、梁惠贞、赵树林等30余人重伤，百余人轻伤，史称"六三"事件或"六三"惨案。

受伤住院之马叙伦、张焕文、王家驹、汤璪真等被监禁，由军警严守，不能探视，并扬言要清除激烈分子，解散教联会、学联会等。"六三"之后，各学校周围、教育部门前常有警探活动，形同戒严。因反对袁世凯称帝而辞职的"挂冠教授"马叙伦，不堪忍受非法监视而宣布绝食。

6月7日之后，北京国立专门以上八校辞职教职员全体、八校辞职校长、北京中等各校全体教职员等纷纷发表宣言，通电全国，在社会各界的支援下，政府迫于形势，教育部派专人进行调停并向教育界道歉、慰问，答应经费问题则实行4月30日国务会议议决办法三条……八校教职员遂于7月28日发表复职宣言。该宣言言简意赅备速前因后果，全文如下：

北京国立专门以上八校辞职教员全体复职宣言

同人等前以八校教育经费无着，起而与政府为严重之谈判，嗣以不

---

① 《北京大学史料》（二），第2877页。

得要领而一再辞职,邦人君子,虽曾函电纷驰,以为援应,而终无效果。京内小学以上诸同学,深虑首都教育,从此沦亡,相率呼号请愿于政府,又复屡遭困阻,而无由申。同人等睹此情形,万不能忍,遂于六月三日,与八校校长及京内小学以上诸同学,同赴新华门为最后之请愿,竟至横遭殴击,演成流血之惨剧,此诚国家之不幸,而教育史上之伤心纪念也。六三之后,全国人士,同声愤慨。奋起而为同人等之后援,而教育界二三耆宿,亦出而尽力疏解于其间,政府至此,遂不能不有自忏之表示。关于教育经费之保障,则除按四月三十日,阁议办法,及六月七日财交教三部订明办法办理外,更由政府筹出价值二百万元之证券,存储银行,为京师学款之准备金,存据交教育部取执,而以由民国十一年八月份起,每月由盐余项下拨出十万元作抵。关于六三事件之处理,政府亦于七月二十四日,派员慰问教育界,致其歉忱。此虽不能认为满意之举,但同人等以停职以来,莘莘学子之光阴,所损失者,既已甚巨,而暑假内各校举行升学试验,为期亦复甚迫,若再迁延不决,将由此而益重青年学子之损失,更无以副社会教育恢复原状之期待,故遂委曲求全,于七月二十八日宣告复职。至于停职期间,各校同学所蒙之损失,其责任固非同人等所当负,惟情谊攸关,同人等亦当谋种种方法,藉资补救,以诸君同学求学若渴之殷望。同人等此次为保障教育经费运动,而遭武力之迫压,致劳全国各团体多方支援,以作同人等后盾,同人等谨致其感谢之诚,并望国人此后对于政府,时时加以监督,俾国家教育,不致再有动摇,教育前途之幸,抑亦国家之幸也。①

八校校长蒋梦麟、邓萃英、熊崇煦、王家驹、吴宗栻、俞同奎、张黻卿、郑锦函电全国宣告"北京国立八校,已于二十八日恢复原状,校务照常进行……"至此,历时四月的索薪斗争告一段落。

可是由于国民政府并没有实行解决教育经费的根本办法,只在形势急迫时应付一下,对付三五个月,经费又无着落。因此八校校长于1921年12月27日又呈文辞职,因生活无着,1922年6月8日,八校教职员呈文总统及国务总理要求罢免交通总长兼代教育总长高恩洪。8月23日八校教职员联席会

---

① 《晨报》1921年7月29日。

义全体代表决定总辞职，同时八校校长再三再四向总统黎元洪递辞呈……

这种因教育经费困难，政府有意应付无意解决造成的北京教育界索薪斗争时断时续，直至1930年10月。在此期间，学生学业大受损失。1922年9月10日，国立八校学生代表在国立法专成立八校学生读书运动代表联席会，为争取教育经费维持学习，配合和支持教职员的索薪斗争。京校学生读书运动一直开展到1928年10月。

长达数年的索薪斗争和读书运动表明，如何保障教育经费是个问题，今天是京师教职员索薪，明日也许在他处重演。为避免此恶果，著名教育家北大校长蔡元培于1922年2月发表《教育独立议》一文，主张教育应完全由教育家办理，不受教会、党派干涉，国人因此有教育独立之议，并成立全国教育独立运动会，该会宣言于1922年2月23日刊于《晨报》。宣言称，"教育事业，不仅为一国文化之所系，亦即人类精神生活之所寄托者也。近年以来，兵燹频仍，政潮迭起，神圣之教育事业，竟飘摇荡漾于此卑污龌龊之政治军事之漩涡中，几濒破产。此吾人不能不作'教育独立'之呼声，以期重建精神生活之工具也。掇其大旨，约有三端：教育经费之应急谋独立也；教育基金之应急谋指定也；教育制度之应急谋独立也……"

虽然教育界认为"凡此三端，均吾人精神生活基础之所关，吾国本存亡之所寄"，但在当时的条件下教育独立只能说说而已。

（原载《北京革命史百科全书》）

九个与六个半

七十五年前的 1920 年 2 月，蔡元培为校长的北京大学招收了第一位女生，她的名字叫王兰。这在封建礼教仍很盛行的民国初年是件大事，全国反应激烈，舆论哗然。《少年中国》特刊妇女专号进行讨论；教育部为此专函北京大学要求"务须格外慎重"。然闻风而动，人至函达要求入学者，一月之内竟有数十人，其中九女有幸成为北大学生。她们是王兰、邓春兰、韩恂华、赵懋芸、赵懋华、杨寿璧（以上哲学系）、程勤若（国文系）、奚浈、查晓园（以上英文系）。有趣的是这九位首批北大女生中，竟有六个半攻读哲学。

哲学，智慧之学。它研究整个世界最普遍的问题。培根认为"哲学使人深刻"；毛泽东则把哲学看作关于自然科学和社会科学的概括和总结。也许正是由于哲学的玄奥、深邃、意味无穷，才吸引了多少才华横溢的青年不断追寻、探索。

哲学的魅力固强，北大哲学系名师巨子固多，对青年不乏吸引力，但笔者以为社会的要求，时代的选择，恐怕才是主因。正如今天许多青年投向外语、经济、法律等专业学习一样。

在东西方文化冲突激烈的世纪之交，中华民族内忧外患，兵连祸结，社会动荡，民生凋敝，有多少志士仁人为变法图强、振兴中华而呼号奔走，前赴后继。到 20 世纪初，中国有觉悟的知识分子，在救国救民的道路上，看到过洋务运动的惨败，看到过甲午战争的失败，看到过八国联军的入侵，等等。因此存在过各种各样的认识。鲁迅认为用文学艺术唤醒民众，以去麻木振精神最为重要，所以他弃医就文；毛泽东等则认为只有"从哲学伦理学入手，以精神道德号召天下之心"，从根本上变换全国之思想，使"人人有哲学见解"，以达到"群妄自息"改造社会的目的……在 20 世纪之初的中国文化思想界的活跃动态中，青年们是主力。作为青年一部分的女青年，当然也不例外，她们是怀着"现在的青年，应求人生的实际，抛弃旧道德所认可的虚名誉，创造新文化，做后进的榜样才好"（王兰语）的热情，为冲破世俗，挺身而出。也许是因为她们受旧伦理道德束缚、压迫深重，有切肤之痛，所以对哲学伦理学特别感兴趣。想进哲学系而未果才入了国文系的程勤若女士，自有她的道理："所选科目多窜入哲学范围者"，是因为"文学须以哲学为根柢"，否则"徒攻文学，而不知哲理，则文学无所附丽"。于是她便成了哲学系六个女生之外攻读哲学的那"半个"。

服从时代，服务时代，贡献于时代，无愧于时代，从来就是青年们的追求。而女青年的追求，往往是时代动向的更深层的映射。今天的女青年在追求什么？是浮躁还是深刻？

（原载《北京日报》1995年3月13日）

西北科学考查团从北京大学出发

今年是西北科学考查团成立及开始考察 80 周年,中国科学院相关研究所已立项进行专题研究,北京大学作为此次科学考察的主要参与单位,并做出了重要贡献,是值得纪念和研究的。

1927 年 5 月 9 日西北科考团中方团员在出发时于北大第三院研究所国学门前留影

第一,西北科学考查团是由北京大学研究所发起组成的中国学术团体协会与斯文赫(Sven Hedin)定进行协商后组成的。第二,北大研究所国学门一直是这项活动的地点,包括各次会议、协议的签字以及考察团出发地等。第三,合作协定的三位起草人徐炳昶(徐旭生)、刘半农、马衡均是北大教授、国学门导师,而刘半农先生作为协会理事会常务理事,负责实际工作(其弟子、哲学系助教沈仲章协助)。第四,十名中方团员中除詹藩勋（测量师）、龚元忠（摄影师）外，徐炳昶、袁复礼（兼任）、丁道衡、黄文弼、李宪之、刘衍淮、崔鹤峰、马叶谦八人都是北大师生，北大是参加人数最多的单位。第五，5月9日送考察团出发人员中北大人占了多数……总之，在这次西北科学考察中，北京大学做出了很大的贡献。

事情的经过是这样的。百多年以来，中国积贫积弱，不仅无力抵抗外来的武力侵略，也无力阻止外国的文化侵略。外国人以探险、学术调查等名义，多次由个人或团体组织大规模的远征队，深入我国西北、西南内地私行采集、搜求生物标本，探查矿产，搜集交通资料，甚至盗窃文物。世界各国的著名博物馆中陈列的那些中国壁画、石刻、经卷、书籍……其中不少是外国的所谓"探险队"的强盗式专家，通过骗、抢、盗等不法手段运出中国的，以至于流行"敦煌在中国，敦煌学不在中国"的说法。这些不法行为早为中国有识之士所注意，所痛恨。

1926年底，瑞典人斯文赫定到达北京。1927年初，斯文赫定组织探险队欲赴我国西北各省考察地质、气象及收集文物古董的消息一经传出，立即引起北京学术界的反对。1927年3月5日，由北京大学研究所发起，中华图书馆协会、中央观象台、天文学会、历史博物馆、故宫博物院、北京大学研究所考古学会、清华学校研究院、北京古物陈列所、京师图书馆、中国画学研究会等十多家学术机关代表近二十人，在北大三院国学研究所开会。与会人士一致认为，在我国古物保护法、古物出口法、古物采集法等未经政府出台的情况下，决议成立北京学术团体联席会议（不久改称"中国学术团体协会"），作为永久机关，一方面监视外国人，不准其随意挖掘、购买或假名窃取我国文物及学术上稀少之物品；另一方面，各学术机关应积极相互配合、补助，自觉主动地发掘、采集、保存学术上之材料开展研究。本会根本反对斯文赫定等人的这类行为。此后，该联席会议连日开会商讨办法，并于3月9日发表《反对外人随意采取中国古物之宣言》。

宣言指出，学术材料不可输出国外："凡一国内所有之特种学术材料，如历史材料，及稀有之古生物动植矿等材料，因便利研究，尊重国权等理由，胥宜由本国各学术团体自为妥实保存，以供学者之研究，绝对不允输出国外。"并表示对国权丧失，古物任外人掠夺的痛心："乃近数十年来，常有外人所组织之采集队,擅往中国各处搜掘,将我国最稀有之学术材料,如甘肃、新疆之经卷、壁画及陶品,蒙古之有脊动物化石,陕甘川贵之植物,莫不大宗捆载以去。当时虽亦有人呼号反对,而政府社会,置若罔闻,不惟国权丧失,且因材料分散,研究不便,致学术上受莫大之损失,兴言及此,良勘痛心。"宣言认为斯文赫定探险队所呈申请西文原意不善,是一个独立国家断然不能接受的。因此"同人等痛国权之丧失,惧特种科学材料之攘夺将尽,我国学术之前途,将蒙无可补救之损失,故联合宣言,对于斯文赫丁此种国际上学术上之不道德行为,极端反对"。宣言最后"深望邦人君子,急起直追",联合全国学术团体,并促政府妥筹办法,"庶几中国文化之前途,有所保障。幸甚幸甚"。宣言由北京学术团体联合会、北京大学考古学会等共同签署。(《晨报》1927年3月10日)宣言发出之后,得到学术界的广泛支持,斯文赫定等人只得与我国学术机构进行磋商合作事宜。

4月17日,北京学术团体联席会议,在北京大学研究所国学门召开第8次会议,推定北大教授徐旭生、马衡、刘半农三人负责起草合作办法。

4月中《晨报》连登"西北科学考查团招生广告"面向社会招募团员,4月22日在北大国学门进行考试,李宪之、刘衍淮、崔鹤峰、马叶谦四名北大学生被录取。

4月26日《中国学术团体协会为组织西北科学考查团事与瑞典国斯文赫定博士订定合作办法》十九条,在北京大学第三院研究所国学门签订。4月

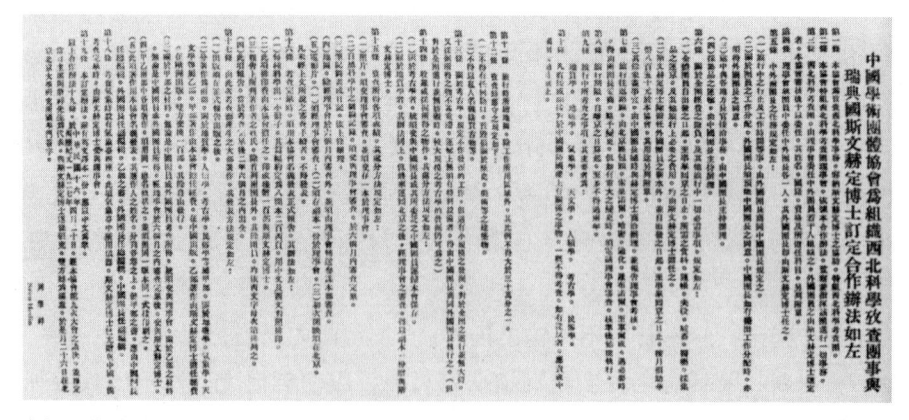

《中国学术团体协会为组织西北科学考查团事与瑞典国斯文赫定博士订定合作办法》

20日，第9次会议的当日主席、北京古物陈列所所长周肇祥，和瑞典学者斯文赫定代表双方签字。这是近代以来，中国人与外国人在平等的基础上签订的第一个协定。

"办法"中规定，考查团由协会理事会委任中外团长各一人，重要事情须中外团长双方同意方可执行（第四条）；而采集品之运输，由中国团长主持办理（第五条）；凡直接或间接对于中国国防国权上有关系之事务，一概不得考查，如有违反者，中国团长有权随时制止（第十条）；收罗和采掘所得之物品，统交与中国团长或其委托之中国团员运回北京，由协会保管。地质学物件经理事会审查，得以副本一份赠予斯文赫定博士（第十四条）；此次考查所产生的著作分为两部：地质学、人类学、考古学、民俗学等为甲部，由中国团长任总编辑，外国团长任副总编辑；地磁学、气象学、天文学等为乙部，由外国团长任总编辑，中国团长任副总编辑（第十七条）；等等。这些维护中国主权的条文第一次出现在中外协约中。

1927年5月9日上午9时，中外合组的西北科学考查团中方团员徐旭生、袁复礼、黄文弼、丁道衡、龚元忠、李宪之等十人齐集北大第三院研究所，10时许由北大三院乘汽车前往西直门京绥车站，与瑞方斯文赫定等人会合，乘火车赴包头等地开始科学考察。到车站送行的中方人士有北大国学门研究所主任沈兼士、导师刘半农以及北大国学门有关教职员、学生徐鸿宝、庄尚严、李振邦、李子开、金希贤、常维钧、冯沅君、刘濬哲、沈仲章等和学术界人士、大批团员亲友。瑞典驻华公使也到站送行。北京学术团体联席会议代表、北京古物陈列所所长周肇祥，亲撰一首《新出塞曲》，送给团员及送行者作为纪念。送行场面颇为热烈隆重。

这次考察历时五年，收获颇丰，丁道衡在包头附近发现了白云鄂博大铁矿；袁复礼在准格尔盆地东部发掘出二齿兽、水龙兽、恐龙等化石；黄文弼发现了高昌砖、高昌陶、楼兰汉简；贝格曼等发现了居延汉简；李宪之通过观测初步形成了影响深远的"东亚寒潮侵袭"影响南半球气候的观点，突破了"赤道无风带"的传统概念；等等，这些都是近代学术上的重大成果。

1932年为了纪念西北科学考查团的成功考察，南京国民政府发行科学纪念邮票，这在中国是第一次。票面图案为"沙漠之舟"骆驼在茫茫沙海中昂首前行的"平沙卓歇图"。发行的简要说明文字中称："中华民国政府为学术团体发行纪念邮票，此为第一次。票中中国文字与拉丁文字对照，此为第一次。票中图画，为故宫所藏元代无名画家所作沙漠散牧图缩本（见《故宫周刊》第五十八期）；以古名画制邮票，亦为第一次。"不仅如此，由于西北科学考查团是在平等的基础上签约行事的，开创了外人来华考察必须与我方签约的先例，刘半农称之为"开我国与外人订约之新纪元"。并且，考察所得标本、实物等，依照约定交由中方保存，而以一份副本赠予斯文赫定……这些在中国近代史上具有重大意义，不局限在科学方面。

（原载《北京大学校报》第1121期，2007）

李大钊被通缉之后

李大钊是在中国传播马克思主义的第一人,是中国共产主义运动的伟大先驱、中国共产党的创始人之一。李大钊1916年5月结束留学日本的生活回国,1917年底受聘出任北京大学图书馆主任,后兼史学系、政治学系、经济学系教授,讲授唯物史观、史学思想史、现代政治、工人的国际运动、社会主义的将来等课程与讲座。他以北京大学马克思学说研究会、北京大学社会主义研究会等群众社团为基地进行共产主义理论的传播。

1924年6月18日,反对孙中山新三民主义的"西山会议派"的张继、谢持等国民党右派为了破坏国共合作、反对共产党而提出《弹劾共产党原案》,于是大批共产党人遭到逮捕迫害,张国焘被捕后供出了李大钊等共产党人,1924年6月28日《晨报》刊出《内务部通缉李大钊等之咨文》称:"……兹经派员将张国焘提讯明确,据称伊等私组工党为名实行共产主义,陈独秀为南方首领,有谭铭三等扶助进行;北方则李大钊为首领……北方党员甚多,大半皆系教员学生之类……李大钊充北京大学教员……查明转令严速拘拿,务获归案讯办……"

北大教职员阅此后深感意外和气愤,代理校长蒋梦麟召开北京大学评议会讨论对策,决议结果以评议会名义致函教育部请转咨内务部要求取消通缉李大钊令:"……李教授大钊,从事大学颇称稳健,就令平时于言论或者著作上有所主张,然大学为讲学之地,研究各种学说,实为大学教授应尽之责任,不能因此遽令通缉。事关国家学术前途,为此恳请大部咨行内务部,请将通缉李大钊明令迅予取消,以维学术……并请大部提出国务会议嗣后对于大学教授,非依据法律确实证明其为现行犯者,绝对不能任意通缉……"为办妥此事,蒋梦麟代校长亲笔给校文牍科(专管拟发公文等)写一手令,要求"备一公函致教育部,请取消李大钊教授通缉"。

但反动的军阀政府并未取消通缉令。其后,李大钊一直秘密活动与反动派进行斗争。1926年3月,民国临时执政府国务总理贾德耀又签署缉拿李大钊、徐谦等命令,李大钊不得不避入苏联驻华大使馆西院的俄国旧兵营,以此为基地领导北方党的工作。

1927年4月2日,国民党中央监察委员会在上海召开紧急会议,监察委员吴稚晖又提出《弹劾共产党呈文》,斗争形势更加严峻。京师警察厅总监陈兴亚积极搜捕共产党,指派该厅行政处二科科长吉世安侦察李大钊的行踪。于是吉世安即往苏联大使馆,"以私人的关系与秘书彼得诺见面"。吉世安自称是李大钊的朋友,现在有一封信(实际是一便条,上写"外面对你风声甚急,请多加注意",并无上下款)要转交给他。彼得诺不知是计,"他当时应允,并即唤其中国佣人,令他转送"。由此吉世安判断李大钊"确在俄国兵营内,后回到警察厅,告知陈兴亚一切。次日由美国兵营备有官兵一百名、东北宪兵三十名、警察厅侦缉队便衣四十名,外有官长四人,并派世安专与美国军官联络",前往搜捕李大钊,于是李大钊等"二十余名押送往警察厅"(以上见"特务吉世安供词",北京市档案馆馆藏档案,全宗号24·目录号1·卷号211)。

原来搜捕李大钊同志过程中有美军参与,因当时并未报道,当时外界不知的。成舍我等创办的民营报纸《世界日报》在1927年4月7日的报道中只说这次搜捕行动"完全得到某某等国公使之消极的谅解,认为中国内部之治安问题……应由中国自行处理,使团方面,概不过问云云"。实际上帝国主义驻华使团不仅仅是默许怂恿奉系军阀的罪恶行动,而且也参与了这一罪恶行动。

李大钊等20多名共产党人及革命同志于4月6日被秘密逮捕的消息传出后,社会各界进行营救活动,北京大学代理校长余文灿、北京师范大学校长张贻惠等北京国立九校校长举行校务讨论会,经讨论认为:被捕学生应尽速释放;李大钊系属文人,应交法庭依法办理;被捕之李大钊之妻女应即释放;并公推余文灿、张贻惠为代表谒见张学良,提出上述各项意见。余、张二人于10日上午、下午两次往访张学良,均因张学良外出未能见到。而后,李大钊等人被奉系军阀杀害,令北大师生极为震惊。

徐宝璜：中国新闻学开山祖

徐宝璜，字伯轩，江西九江人，1916年任北大经济系主任、教授，时年23岁，后曾任注册部、日刊部、新闻研究会、《新闻周刊》等部门的主任及校长室秘书等职。他曾任北平《晨报》编辑，与邵飘萍为友，并两度与李大钊共事。

今天新闻记者被称为"无冕之王"，报纸因其巨大影响被普遍重视。然而在20世纪初"新闻记者在社会上被认为是无聊的文人，新闻纸（即报纸）一般被认为是遣闲的读品"。在这种社会环境中，"众醉独醒"的北京大学教授徐宝璜，哲人卓视，以发展新闻事业为己任，大声疾呼使"国人始知新闻事业之价值"，"新闻记者乃高尚职业"，并于1918年10月14日在北大开始讲授新闻学，成为中国新闻教育"最初的开山祖"。同时北京大学新闻研究会成立，是我国新闻学界第一个学术研究团体。徐先生"主任其事，并兼任导师"，毛泽东为该会学员，领有"听讲半年证书"，回湖南后即创办了《湘江评论》，颇有影响。

徐宝璜

徐先生在讲课基础上，参酌学员质疑问难，四易其稿写成《新闻学》一书，于1919年12月由北京大学出版部出版。蔡元培校长为该书题写书名并作序，称该书"在我国新闻界实为破天荒之作"。这部中国新闻界的第一部专著至今重印5次，在我国新闻学界独领风骚，其学术价值不言而喻。

一个人一生在自己所从事的专业领域中能有一项第一位的工作为世人所

《新闻学》封面

承认已属不易，而徐先生独得教育、科研、专著三项第一，这在中国新闻学界别无第二人，所以世称"开山祖""破天荒""新闻教育的第一位大师"等并非过誉。

徐宝璜教授为发展中国的新闻事业培养了很多人才，他积极筹办北京大学新闻学系，积劳成疾，事业未竟而先逝，给后人留下许多怀念。黄右昌先生等赋诗志哀，称他"学富鱼盐宏马牧"，"师型自足高当世，著作群钦富等身"。徐先生还是经济学家，不仅有开山著作《新闻学》，而且有《货币论》等书行世。所以李白高先生称他为"肃义哲谋，实藉新闻，倏然长往，谁觉天民？……货币一篇，大论是宏，价逾盐铁，学者所崇……"吴平章先生有挽联："经济良师归地府，新闻佳著破天荒。"

在北大像徐宝璜这样"渊雅笃实，艺事多能"，成就宏硕，独开风气的大师在在实多，记不胜记。

单丕：不接聘书的北大教授

1930年3月20日，《北京大学日刊》第2366号上刊出王烈、陈大齐、刘半农、钱玄同等25名教授为已故教授单不庵先生举行追悼会的启事，其中说单先生"性行高洁，学问闳深"，任"北京大学教授多年，循循善诱，不懈不倦……潜心学殖，不事生产，卧病累月，负债綦钜，棺殓之资，胥出借贷，遗孤幼弱，复鲜宗亲。同人等念死者之懿德，悯生者之无怙，并议醵集赙金以充遗孤教养之资……"3月30日举行追悼会，到学界名流数十人，多人发表演说，追怀单先生。一个北京大学的普通教员，何以如此使人追念呢？原来他在人生"名"与"利"两方面均为人师表，克己待人、感人至深。

单丕，号不庵，浙江萧山人，北京大学哲学系教授，其"学问道德不仅为同人所钦佩"，而且"在学界中人，无不对他非常尊敬"。但是从他担任北大教授之日起，到他离校之日止的数年中，校方始终未能将聘书等送到他面前去，因为在单先生看来任大学教授，需学问极宏深之人才可担当，而任北京大学教授则当更高，他自己是不敢当的，到北大教教书则或可商量，若当北大教授，则无论如何不愿受。所以关于北京大学教授聘书，他再三声明一定不受，校方送过几次，单先生先是叫人送还，后来竟欲掷之门外。他认为"这是徒好虚名的事情，决不是我所做的"，虽然他的学识任北大教授当之无愧。单先生大约是北大历史上唯一不受聘书（虽然有许多人对北大聘书的金字招牌梦寐以求）的北大教授。

单先生任北大教授多年，薪资不菲，为何身后竟如此穷困，棺殓之资不得不由同人捐助呢？原来他每月的收入中有大部分用于接济贫苦青年学生求学，受他接济的贫苦学生还不仅仅是北大学生。当他得知某学生需要接济时，就想出许多名目来，比如帮助抄写文稿等，使接受者感到这钱是劳动换来的，不会心中不安。其实单先生是资助了人，又怕人家知道，唯恐人家

"受之无名",所以无论对于何人,始终不提一个字,不愿为人所知。他的至交马幼渔先生体察其情,简述一二,才使我们得窥其真。马先生以为这不过是单先生所作所为的细节琐事,然而"小节如此,大端可知",其实这所谓"小节"正是许多人所难以对待的。在"名"与"利"面前表现如单先生的,当年的北大教授中不乏其人。正是这些名师如时雨春风般的品德,滋润培育出代代栋梁之材,北京大学的名声才得以远播。

(原载《文史精华》1998年第7期)

北大校园的变迁

1898年京师大学堂创办，以和嘉公主府旧邸为临时校舍，校舍主体位于景山东街马神庙一带。中华民国成立后，大学堂改称大学校，校舍扩展至松公府迤东。1916年北京大学借款兴建校舍，位于沙滩12号的红楼1918年8月落成，后来成为中国现代史上的标记，被国务院定为全国文物保护单位。

1949年10月1日，中华人民共和国成立时，国立北京大学的文、理、法、农、工、医六个学院的教学楼、宿舍、附属医院、药厂、农场等建筑，分布在北京12个城区，及郊外四分区的四十余处。农学院、工学院、医学院在京西的罗道庄及西城的恭王府、西什库等处。第五区的沙滩地区（即今天的五四大街一带）集中了文、理、法三院，这里常被看作老北大的象征。

二院内景

理学院（北大二院）在和嘉公主府旧址（即景山东街45号），八字门墙呈旧衙门式。进门一个漂亮荷花池，池中立一典雅的汉白玉日晷，日晷基座雕刻精美，四面篆刻着"近取诸身，远取诸物；仰以观于天文，俯以察于地理"（现在赛克勒博物馆前）表达了中国古代的认识论和方法论。美国哈佛大学数学教授W. F. Osgood在北大任教期间（1936）曾与北大数学系教授赵

涵容　博大　守正　日新

淞、冯祖荀、申又枨、江泽涵等在此处留影。荷花池北面就是著名的大讲堂，是理学院的重要场所，当年北大的重要活动、讲演多在此举行，量子论的创立人德国物理学家普朗克（1923）、发现大气中朗之万离子并提出描述磁体磁化的朗之万函数的法国物理学家朗之万（1931）、美国数学家控制论创立者维纳博士（1935）、诺贝尔物理奖获得者丹麦物理学家玻尔（1937）等曾在此演讲或在大讲堂前留影。

北大一院大门

文学院（北大一院）最著名的标志是红楼（现新文化运动纪念馆，五四大街29号），毛泽东曾在其中的报刊借阅室工作过，李大钊的办公室也在红楼内。红楼后面就是有名的民主广场，广场周边有1930年代北大中兴标志的三大建筑：广场的西面有新建图书馆、地质馆，广场北端是灰楼（红楼由红砖砌成，灰楼由青灰砖砌成），灰楼上的"民主广场"四个大字至今可见，六十多年前师生们争民主、争自由，旗帜招展、口号震天的壮烈场面犹在眼前。

法学院（北大三院）位于东华门北河沿54号，原为京师大学堂译学馆所在地。1919年5月3日下午7时，在三院大礼堂召开学生大会，北京高师、法政、高工等校，均有代表参加。会上北大新闻研究会导师邵飘萍介绍了巴黎和会讨论山东问题的经过和当时的形势，同学们被帝国主义互相勾结、牺牲中国利益的强盗行径所激怒，个个义愤填膺、慷慨激昂，

三院大门

决议次日各校齐集天安门举行游行，于是伟大的五四运动爆发了。1927年5月9日上午9时，中外合组的西北科学考查团中方团员徐旭生、袁复礼、黄文弼、丁道衡、龚元忠、李宪之等十人齐集北大第三院研究所，由此出发，与瑞方斯文赫定等人会合，乘火车赴包头等地开始科学考察。这次考察是根据《中国学术团体协会为组织西北科学考查团事与瑞典国斯文赫定博士订定合作办法》进行的，"办法"于4月26日在北京大学第三院研究所国学门签订。这是近代以来，中国人与外国人在平等基础上签订的第一个协定。由于西北科学考查团是在平等的基础上签约行事的，开创了外人来华考察必须与我方签约的先例，刘半农称之为"开我国与外人订约之新纪元"。

不难看出，中国近现代史上政界、学界的一些重大事件与沙滩地区的北大一、二、三院关系密切，这里走出了一批批革命志士、学术大师，他们对中国现代史产生了巨大影响，难怪至今前往追思、缅怀、凭吊者不断。

中华人民共和国成立后，中国人民长期被压抑的热情迸发出来，斗志昂扬，意气风发，仅用了3年的时间就完成了恢复国民经济的艰巨任务，从1953年开始实施第一个五年计划。为了适应社会主义建设的需要，国家对原来部分地区高校分布不合理，系科设置重复、庞杂，师资及设备分散、利用不充分等状况进行必要的调整。经1952年的院系调整，农、工、医三院等有关系科调出北大，清华、燕京、辅仁、北师大等的相关系科师生调入北大，北京大学由原来包括6个学院的综合性大学，变为以文、理科为主的13个学系及若干专修科的新北大。1952年9月16日，北大开始从沙滩主校区迁入由北大、清华、燕京三校建委会扩建后的燕园（含原燕京大学校址）至今已60个春秋。

原燕京大学的主要建筑集中在未名湖周围，建筑面积约八万平方米，基本都是一二层高，只有工科的笔江楼（俗称"方楼"，燕大学生、胡笔江之子捐资兴建纪念其父的，位于博雅塔东）为五层。这原供千名学生使用的校舍，远不敷北京大学五千多名学生的使用，为了办好北京大学，人民政府在百废待兴的极其艰难的情况下，在原燕大周边，拨款新建了教学楼、宿舍、食堂、托儿所等，建筑面积增加了五万多平方米，校区占地面积扩大了一倍多。

校园文化体现着时代特点，沙滩地区老北大的学生宿舍依惯例取"千字文"的天、地、玄、黄等为号，新北大则将原燕大一至六号男生宿舍，改称德、才、均、备、体、健、全（新建平房）七斋；女生宿舍一院至四院，改以敬、业、乐、群（现一、二、四、五院；三院于1953年建成，1954年六院竣工）为斋号；原宗教楼改称民主楼（现外国语学院）；等等。既体现着老北大传统的传承，又寓对新中国大学生殷厚期望之意。这寓意本来不错的斋名，在"文化大革命"全国山河一片红中，又改为红一楼、红二楼……至今两称并存。

图书馆外貌

生命科学大楼

随着社会主义建设的不断发展，北大的师生逐年增多，校舍建设十年未停，燕园发生了巨大变化，到1959年底，北京大学校园的建筑面积约30万平方米，是原燕大的近四倍。

改革开放以来，北大发展更快，化学与分子工程学院楼群、理科楼群、百年纪念讲堂、燕园科技大厦、生命科学学院大楼、经济学院大楼、光华管理学院大楼、法学院大楼、北京大学医院、北京国际数学研究中心、人文苑等现代化建筑与古朴典雅的水塔等传统风格建筑在风景如画的燕园中交相辉映。在绿草茵茵、花木繁茂的燕园，伟大的教育家、前校长蔡元培先生和伟大的革命家、前图书馆馆长李大钊先生的雕像前的献花四季不断……

说大讲堂

外观壮丽,设备先进的百周年纪念讲堂即将落成,不由得想起此地已拆除的大讲堂。

这个大讲堂是1980年代中期,由原大饭厅改建为有固定座位的,并改称"大讲堂"。它是北大召开大型会议、举行大型演讲、放映电影、演出节目等的最大的室内活动场所。此前的大饭厅始建于1950年代初期的院系调整时期,大饭厅内空空如也,无桌无椅。学生们端着饭碗或同乡或同年,三三两两,随意组合,自由移动,边聊边吃,边吃边走。大饭厅除具有食堂的基本功能外,每逢名人演讲、时事报告等,则师生自带方凳列队,按照系、部、处等单位,自排成行,按顺序入场,食堂顿成会场;如遇放映电影、演出节目,饭厅又变成影剧院,不过坐凳还是自己带来自己带走。只有周末举办舞会时,偌大的空间倒蛮合适。

北大校友之所以对大讲堂、大饭厅念念不忘,是因为凡新生入学的欢迎会,毕业生离校的欢送会大都在此举行,而入学、离校是人生关键的大学生活开始与结束的标志。在这里,新生第一次见到校领导,第一次听到师长、师兄、师姐对自己的欢迎、希望与祝福之词,决心从此起步攀登,为国成材;经过数年攻读、磨炼、熏陶的学子,充满对明天的憧憬、背负着家长和师长的期望,从这里走向社会,离开留恋牵挂的美丽燕园。几十年来,有人在这里表过决心;有人在这里听过校友郭超人亲赴西藏报道平叛的报告;有人在这里为"文化大革命"高呼口号;有人在这里大讲研究传统文

百周年纪念讲堂

化,以创造辉煌的明天;有人在这里宣讲科教兴国;有人在这里做21世纪的展望……

除此之外,人们还留恋这里的"嘘——"声。在鸦雀无声、专注听讲或观看演出时,如果有哪位冒失鬼弄出响动,或是有谁咬耳朵过于大声影响了大家,那嘘声便会像一条无形的鞭子立刻抽响,会场即刻恢复安静,非常有效、非常及时、非常和谐。现在的百周年纪念讲堂里,再也没听到那维护秩序有效而和谐的,甚至有些美妙的"嘘——"声。不无遗憾。

以上说的是北大燕园已被拆除的大讲堂(大饭厅),其实北大最早的大讲堂在景山东街原北大二院(现人民教育出版社)内,至今犹存。它是一座传统古建筑,坐落在高台阶之上,是八公主府的主要建筑之一,俗称"正殿"。1952年院系调整,北大从此迁往燕园之后,这座大讲堂即改作他用,现今是人民教育出版社的老干部处所在地,外观依旧,内部有改,也已装上了空调。说是大讲堂,其实面积并不大,只能容百十人。大是相对于当时的各教室而言的,与能容近两千人的已拆除的大讲堂相比只能算个小讲堂,而与新落成的有2167个座位、功能齐全、设备一流的百周年纪念堂相比,更是不可同日而语了。但这个小小的大讲堂却是值得提一提,因为当年二院(理学院)的理科师生如颜任光、李四光等教授曾为它付出过辛勤的劳动,体现着一种精神。1929年,法学院教授燕树棠先生在此演讲时曾对同学们说:"你们觉得坐在大讲堂内,地下是很平顺的,光线也好,心中很舒服的不?这就是由于前几年那一些物理先生每天在这样所做的。我曾自见那些人每天亲自监督工人,指导,并亲手去磨地砖。二院有了那一些物理教授先生们,才使你们有今日的舒服。"

二院大讲堂

说未名湖

湖光塔影，是人们提及北京大学优美校园时常常乐道的。走在校园里，也时不时会碰到中外来宾打听"去未名湖怎么走？"可见未名湖已闻名遐迩，引来众多宾客的钦羡与光顾。是啊！未名湖一年四季总是那么迷人：春日的俏丽，夏日的婀娜，秋日的安雅，冬日的肃洁，无时无刻不美，令人流连忘返。她能引发身边学子几多灵感、几多畅想、几多创意……难怪国家主席江泽民季春时节在细雨蒙蒙中来到未名湖畔，身临其境，大加赞美。他在与北大学生交谈时，王勃《滕王阁序》的名句脱口而出："落霞与孤鹜齐飞，秋水共长天一色。"引来师生们一片欢腾。

校外来客或北大学子，对未名湖不无好奇和探寻，"'未名'是什么意思"便是人们常问到的问题之一。解释各种各样，有说寓学生求学尚在未名，期日后事业发达有所建树，一举天下知的；有说寓此系藏龙卧虎之地，不鸣（名）则已，一鸣（名）惊人的；有说未名就是未名，并无深意的……见仁见智，莫衷一是。但问到未名湖名何时始有？恐怕能道其详者就不多了。

燕京大学 1920 年末买下部分勺园兴建校舍，1926 年基本建成，学校迁入后仍在续建。1929 年 12 月，燕京大学《燕京学报》第六期特刊为《校舍落成纪念专号》以为纪念。该号刊有燕大教授许地山先生的《燕京大学校址小史》一文，其中说："校里底湖就是万钟当日所浚底勺海或文水陂"，又说"文水陂当在博雅塔前面底湖，同学们名之为无名湖底便是"。燕大校友陈礼颂在一篇文章中提到此湖"有呼之为枫湖者，盖校园内多植枫树也"。这些记述说明，1929 年底此湖尚无定名。

1930 年秋，钱穆先生经顾颉刚先生推荐至燕大任教。在一次校务长司徒雷登举行的招待宴会上，钱先生对"燕大乃中国教会大学中之最中国化者，……乃感大不然"，并具体对文学院和法学院大楼（穆楼）命名为 M 楼，教室楼（适楼）名为 S 楼等之命名非中国化表示异议。当在大家对园中"景色绝佳"

未名雅韵

之湖"竞相提名，皆不适"之后，钱先生建议说，"乃名之曰未名湖"。

钱先生在燕大任教一年，因有数则"无可奈何"之事而于1931年离开燕大而前往北大任教。"未名湖"三字何时被广泛使用，尚待查考，不过1930年下半年钱先生已提出，则是有文字记载的。在1932年《燕大年刊》上有《湖小记》，可见一个名称被人们认可和广泛使用，是要有一个相沿成习的过程的，正如德、才、均、备等诸斋改称红一楼、红二楼等一样，几十年了，两名并用至今。

现在的未名湖，大家都熟悉是指西起办公楼，东到第一体育馆、博雅塔之间的一域水面。其实早年勺海的水面大得多，且是相互连通一气的。曾有"到门唯见水，入室尽疑舟""桥经，路纬，织如梭"等诗句描写这里引人入胜的景色。1962年，笔者踏入北大校门时，现在的勺园大楼一带仍是水洼之地，种有水稻，西校门内北侧仍有泉水涌出地面。

未名湖得名于1930年代，前此无定名，当然也就谈不上出名。燕京大学建校于此，"地以人贵，人以地传"，由于燕大师生在社会上的影响，知燕园者渐多。但直到新中国成立初，燕园四周仍是郊区农村景色，布满稻田、荷塘，就连西校门对面的蔚秀园里也是稻浪滚滚，此地交通不便。园内是本校师生的天地，校外人员绝少光顾，更不用说久经战乱、沦陷的三四十年代了。1952年，随着具有光荣传统和悠久历史的北京大学的名字与秀美雅丽的燕园联系在一起，未名湖便广为人知了。改革开放以来，对外交往日益扩大，尤其是百年校庆之后，未名湖更是闻名天下。

说北大校徽

1962年8月，我从河北农村走进北京大学，报到之后领到一枚毛泽东主席亲题的白底红字的北京大学校徽别在胸前，老师们则佩戴着红底白字的。这校徽佩在胸前，是出入校门的凭证。走在街上，胸前的校徽时刻提醒自己是个北大人，行为举止要符合形象，慢慢地养成了良好的习惯。那时很少有谁忘记佩戴校徽的，因为那是习惯，是责任，也是自豪。不知从何时开始，胸前的校徽渐渐退出了人们的视野，那份责任，那份自豪似乎也随之不见了。今天能见到北大校徽的地方，大概只有校旗、校报、北大纪念物等处，而且大都是老北大的校徽。

北大校徽出自鲁迅先生之手，沿用至今。鲁迅先生当年完成蔡校长交给的差事时，也许只是文字艺术上的考虑，并无他意。然而同一件事物，在不同人，不同时间可能有不同看法，正所谓仁者见仁，智者见智。1933年，本校教授刘半农曾由此校徽发出一番感慨，他说："瞧我们的校徽罢！'北大'两个篆文，

1917年8月鲁迅先生为北大设计的校徽

外面一道圈子，是不是活画了个愁眉苦脸？"是啊，正如蔡元培先生给北大三十五周年纪念刊的题词，1933年是"风雨如晦"的年月。北京学界经过了五四运动，经过了"三一八"惨案，经过了九校合并、北京大学校名被取消及复校斗争，经过了日本侵占东北的九一八事变……国难校苦，何能不愁？

然刘先生的本意却是穷则思变，要在苦难中奋起。他称赞德国人民在欧战后的苦战精神，他认为只有在困苦中不失奋斗之勇气，并脚踏实地埋头苦干，才能振兴学术、振兴国家。所以他说这愁眉苦脸的校徽，正在指示着我们应取的态度、应走的路。那就是埋头苦干，奋勇挣扎，把以往的光荣当作

没有，而努力寻找自己的耻辱，并尽快雪除。向哪里去寻找耻辱呢？刘先生具体指出，我们学校并不是研究飞机大炮的，所以，我们造不出飞机大炮，并不是我们的耻辱。但是，我们研究自然科学，而我们在自然科学上还没有很重要的发明，那是我们的耻辱；我们研究社会科学，而我们对于本国的情状，也许还没有外国学者调查得清楚，那是我们的耻辱；我们研究本国的文史，而我们所考据的东西，也许有时还比不上外国学者所考据的精确，那是我们的耻辱。如此等等学术上的耻辱，是我们应当努力雪除的。

刘先生是实践了他的理想的，刘先生是语音研究的先驱之一。1934年6月，北京大学研究院文史部主任刘半农一行沿平绥铁路经包头转察、晋、陕、甘、宁、青各省赴西北考察方言，刘先生不幸途中染疾而归，诊为回归热，医治无效而逝，年仅44岁。成为北京大学为学术献身的第二人。第一位为学术献身者，是北大地质系青年教师、古生物学家、地质学家赵亚曾，他是1929年11月在云南昭通进行地质考察中遇匪被害的。刘半农病逝后，蔡元培先生亲撰《故国立北京大学教授刘君碑铭》，其中称刘先生"朴学隽文，同时并进；朋辈多才，如君实仅。甫及中年，身为学殉；嗣音有人，风流无尽！"

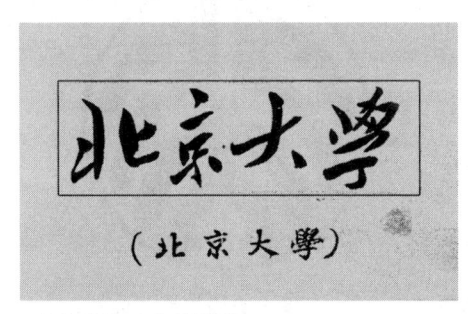

斗转星移，北京大学历经百年沧桑，在中国学界做出过多项第一的贡献，在改革开放的今天，正以高速发展的新面貌展现在世人面前。不仅各种教学设施不断得到改善，更重要的是全校师生的精神面貌、思想观念更趋现代、面向世界。一个上下一致，团结奋斗，自信自强，为使北京大学无愧于世界一流大学而努力实干的风气正在形成。我们今天来看这北大校徽，那不正是振翅高飞，直插云天的雄鹰、春燕吗？积百年深厚底蕴，乘改革开放之风，北京大学必能做翀天飞，正像这校徽。

毛主席题写的新校徽

1950年3月，毛主席为北京大学题写了新校徽。

陆平校长与拼搏的年代

1960年3月28日，国务院全体会议第89次会议，通过决议：任命陆平同志为北京大学校长。于是二十多年前北京大学教育系的学生，如今成了母校的校长。

亲历过九一八苦难的陆平，1934年进入北京大学学习，在北大他又亲耳听到卢沟桥上日本侵略者的炮声。怀着对侵略者的痛恨和对祖国贫弱的忧愤，陆平走上了革命的道路。出身于教育系的他，当然知道"国之强弱，不在兵甲，不在金谷，独在人才之多少"（宋·张孝祥《论用才之路欲广扎子》）。现在他做了校长，培养人才正是职责所在。

一

宋代学者李觏有言："善之本在教，教之本在师。"（《广潜书》）为了培养出高质量的学生，学校编制了《师资培养提高规划》。陆平校长在关于1960年任务的报告中指出："建立一支强大的又红又专的师资队伍，是巩固党的领导，建设共产主义大学的一个关键的问题。"为了尽快建立起这支又红又专的师资队伍，陆平校长认为，首先必须"具有全心全意为社会主义、为广大人民服务的强烈意志"来克服业务基础差、物质条件差等不利因素，勇往直前。其次要贯彻理论与实践相结合的原则，"一方面认真读书，从书本上学习；另一方面，积极参加生产斗争、阶级斗争和科学实验的实践，从实践中学习"。努力成为既有丰富的理论知识，又能将所学知识应用到实践中去，解决有关理论问题和实际问题的"完全的知识分子"。再次提倡老中青年教师互相帮助、集体协作精神的重要性，要求"克服脱离群众、脱离实际、喜欢单干、害怕集体生活，不能接受纪律性和组织性等旧习惯"。此外，他还重视青年教师的使用和培养，表扬了成立不久的无线电电子学系。该系教师平均年龄只有 26 岁，但他们开出了《讯息论》等反映当时最前沿的科技水平的课程，并完成了具有先进水平的自动扫描电离层观测仪、核磁共振波谱仪等科研项目。

陆平校长关于师资队伍培养的工作始终抓紧不放，1963 年 4 月 6 日，他又在全校教师及有关干部大会上专门作了《关于师资培养问题》的报告。再次明确指出"提高教师的思想政治和业务水平，是我校提高教学质量和科学水平的一个极为重要的环节"。希望通过提高教师的教学能力和业务水平，"经过相当长时期的努力，使我们学校成为具有世界现代科学水平的最先进的大学之一"。在这里他提出了把北大建成世界一流大学的关键是教师的见解。这个见解在今天仍然是正确的。

陆平校长

为了达成这一目标，陆平校长提出了具体建议：（一）从工作需要和教师现有业务水平出发，确定业务提高的要求和步骤。对于青年教师，他指出"要加强严格的基本训练，力求把根基打扎实"。并在有经验教师的指导下有步骤有计划地提高教学与科研能力。中年教师则要求起到承上启下的作用，既要培养自己的学术专长，又要学习老教师的经验和指导青年教师，是特别重要的力量。学术造诣深的老年教师，则应充分发挥学术专长，有较多时间从事科学研究、培养中青年教师和指导研究生工作。（二）教师的进修提高一定要从自己的实际情况出发，从具体工作入手，实事求是、踏踏实实、循序渐进，要克服和防止贪多、贪大、急于求成，不愿做具体工作等不良情绪。强调教师的业务水平的提高，主要是通过教学、科研实践和个人努力，并与老教师的指导和集体的互助结合起来。接受指导的教师要尊重有经验的教师，虚心向导师学习；导师则应把培养青年教师作为自己责无旁贷的光荣任务，把自己的学术专长和经验毫无保留地传授给指导对象，同时严格要求他们。陆平校长还特别强调了在遇到学术上的不同观点时"大家应根据追求真理、服从真理的精神，和百家争鸣的方针进行讨论"，不应一言堂。但如果某些学术问题需要做出决定，而经过讨论意见仍难一致时，"导师有权做决定"。

二

《教育部直属高等学校暂行工作条例（草案）》规定高等学校实行"党委领导下的以校长为首的校务委员会负责制"，为了保证建立一支又红又专的师资队伍，提高教学质量，北大党委还大抓了干部训练，受训人员包括党支部委员、团支部书记以上的干部，分批分期对全校处在工作一线的干部进行训练，以保证学校中心工作的顺利完成。

除对一线干部训练外，还加强了校级的领导力量。陆平校长选择任用了哲学家、佛学史家汤用彤教授，爱因斯坦相对论讨论班成员、物理学家周培源教授，历史学家翦伯赞教授，化学家傅鹰教授，理论物理学家王竹溪教授，语言文字学家魏建功教授等作为副校长，协助校长抓教学和科研工作。这些位副校长都是中国科学院首批学部委员（后来称院士），都有代表性的学术创建，是所在学科的英杰人物，而且都从事高等教育多年，是高教战线的行家里手，由他们协助校长抓教学抓科研其效果是指日可待的。校长选择任用大批著名学者做助手，可见校长贯彻教学为主、努力提高教学质量的决心，以及知人善任的眼光。

三

陆平被任命为校长时，正是三年困难时期，困难时期的经历使人们发热的头脑冷静下来，开始反思并总结经验教训。1961年1月，中共中央第八届九中全会正式批准执行"调整、巩固、充实、提高"的八字方针，全国范围内由全面"跃进"转入调整阶段，大兴调查研究之风，讲求实事求是。在教育战线，则开始草拟《教育部直属高等学校暂行工作条例（草案）》（简称《高校六十条》）。《高校六十条》规定高等学校实行"党委领导下的以校长为首的校务委员会负责制"。其基本任务是"贯彻党的教育方针，培养社会主义建设所需要的各种专门人才"。因此，"高等学校必须以教学为主，努力提高教学质量。生产劳动、科学研究、社会活动的时间安排得当，以利教学"。陆平校长作为北京大学的第一责任人（兼党委书记、校务委员会主任），自然努力贯彻这一条例，还在这条例起草期间的1961年3月陆平校长主持的北京大学校务委员会第 83 次会议上,通过了"以教学为主,全面安排好教学、科学研究和生产劳动,进一步提高教学质量,同时,必须继续贯彻执行劳逸结合的政策,保证师生员工身体健康"为总目标的学期教学计划。其精神与半年后颁布的《高校六十条》是完全一致的。经全体北大人一年的努力,到 1962 年 4 月,据统计,在提高教学质量的基础上,形成了约二百项科研成果,包括教材、论文、研究报告、新课程设置等。其中有申又枨教授的"一个非线性特征值问题"、乐森璕教授的"中国华南石炭纪—泥盆纪界线问题及那缪尔地层的存在与否"、杨立铭教授的"关于原子核结构"问题、曹宗巽教授"关于小麦根系营养的研究"、周一良教授"关于日本明治维新问题"、马坚教授"关于阿拉伯语构词法",等等。因此 1962 年的"五四"科学讨论会是北京大学贯彻《高校六十条》,大力提高教学质量的一个新的起点。1961 年上学期全校开课 390 门,到 1962 上学期,全校开课则达到 542 门,一年时间增加 152 门,增长率达 39%,这 542 门课程用书,北大教师自编教材讲义的为 407 门,占 75.1%,采用全国统编教材的只有 135 门课,不足四分之一。而全国统编教材中有相当一部分是北大教师独立编写或参与编写的,北大教师共完成论文、教材、专著等 549 项成果。这充分说明北大教师们为了提高教学质量,培养社会主义建设需要的合格人才,在拼搏,在奋斗。教师们如此,学生们也不甘落后,面对大量作业,只能把该休息的星期日当作星期七。

不仅师生这样,学校领导也是如此,当年,陆平校长每天总是最早站在办公楼前迎接大家上班的。

四

1962 年中共中央的七千人大会,和在广州召开的全国科学工作会议、全国戏剧创作会议等给全国人民以巨大鼓舞。尤其是广州会议上周恩来总理所作《论知识分子问题》的重要讲话,高度评价了三年困难时期知识分子同党同心同德战胜困难的高尚气节,肯定了知识分子的重要作用和地位。陈毅副总理在讲话中宣布取消资产阶级知识分子帽子,并向大家行了"脱帽礼",这种对知识分子在社会主义建设事业中的地位和作用的比较切合实际的评价和对知识分子"脱帽加冕"的诚恳态度,极大地调动了广大知识分子的积极性，促进了教育、科学、文化事业的发展。学校是知识分子成堆的地方，学校的变化是巨大的，人们似乎有用不完的劲。1963年2月，党委书记兼校长陆平在中国共产党北京大学第五次代表大会上作了长达两万字的工作报告，报告中提出必须把提高教学质量作为学校经常的中心任务，文理各科都必须进一步加强学生的基础理论、基本知识、基本技能的训练等。那时全校上下围绕这一经常的中心任务开展活动。后勤、教辅部门也都积极配合，那时的《北京大学校刊》上常有关于"一心为教学服务""修旧利废"的实验员，"克勤克俭"为大家服务的庶务科、房产科工人，"只要是对提高教学质量有利的事就一定把它做好"的教务员，"书库里的有心人"图书管理员，"孩子们的好阿姨"托儿所的保育员，等等先进事迹的报道，全校与全国一样，上上下下拼搏向上，紧张有序，心往一处想，劲往一处使，看来只要这样坚持干下去，国家的富强不会遥远。

　　当年全国上下一心想急起直追，迎头赶上世界先进水平，忘记了"一张一弛"的"文武之道"。然而"过犹不及"，根据全国反映的情况，1964年2月13日（夏历甲辰年正月初一），毛泽东主席主持召开了教育工作座谈会（通常称"春节座谈会"），参加人员有刘少奇、邓小平、彭真、郭沫若、章士钊、杨秀峰、蒋南翔、陆平等16人，包括了从国家主席、教育部长、科学院院长到北大、清华两校校长。可见中央的重视程度非同一般。会议的主旨是学制要缩短，课程要少而精、减轻师生负担，以利德智体全面发展。陆平校长回校后立即传达贯彻座谈会精神，一时间减轻学生负担，贯彻"少而精"成了学校的主旋律。理科、文科分别召开工作会议，研究贯彻"少而精"的问题。陆平校长提出总的要求是"态度积极，步骤稳妥，方法对头"。在"理科教学工作经验交流会"上陆平校长谈了课程太重、注入式教学方法等原因造成学生负担过重，要求提高教师水平，实行启发式避免注入式教学，贯彻少而精等。此后全校开展了摆成绩、摆进步、摆经验，找差距、找原因，定措施的"三摆二找一定"活动，使学校活动进入了一个比较正常的新阶段。

五

　　经过1961年到1963年的调整、巩固、充实、提高时期，国民经济及文教科技各行各业全面好转，即将进入一个全面发展的新阶段。1963～1965年，全国工农业总产值平均年增长率达到15.7%，高于第一个五年计划期间（1953～1957年）的10.9%（而在1959～1962年的困难时期仅为0.6%，其中农业为-4.3%）。由于形势好转，1964年8月21～31日，北京国际科学讨论会召开，我校周培源、张龙翔、周一良、冯至四位教授作为中国科学代表团成员与会，在会上宣读论文的有物理系高崇寿关于理论物理基本粒子的研究、地质系侯仁之关于在所谓新航路的发现以前中国与东非之间的海上交通、化学系与中科院关于人工合成胰岛素的研究等。会议期间，北大11个系的师生500多人次列席了各专业的学术讨论。1963～1965年，北大理科各系承担国家规划项目的科研任务，每年都在160项左右（1963年为158项，1964年为165项），其中32项国家重点项目中，基础科学方面，北大承担了固体能谱及固体电子理论研究、物质结构研究、分子生物学研究、激光发射研究、催化反应及化学动力学研究、半导体物理学、理论物理学、物理化学与胶体化学、扇形聚焦加速器基础、微波信号接收，等等。新开的专业有计算技术、声学、古典文献、生物物理、世界经济、政治、西班牙语等。新建教学与科研机构有物理化学及胶体化学研究室、理论物理研究室、半导体物理研究室、外国哲学研究所、亚非研究所、世界近代现代史研究室、外国高等教育情报资料室、中国科学院世界宗教研究所（建在北大校内，北大教授任继愈、冯定等参加，校长陆平为筹建组组长）等。1962年至1965年间，北大每年完成的科研成果在三四百项，论文五六百篇。这一时期历史学家、北京市副市长吴晗，鲁迅夫人许广平，新华社记者、校友郭超人，著名学者、教育部副部长叶圣陶，全国妇联主席邓颖超等都曾到北大讲学、座谈、作报告，活跃了北大的学术气氛。同时北大的文体活动蓬勃开展，曾获北京市军事工程兵操舟比赛运动会男、女总分两项第一名，西郊区高校运动会团体总分第一名，北京市高校"三好杯"射击比赛团体总分第二名，北京市高校手球联赛冠军，北京市航海多项赛男、女团体和总分三项冠军，北京市高校游泳比赛女队团体第一名、男队团体第二名，北京市高校男女体操比赛女子一级团体冠军，北京市高校排球定级赛男、女甲级队两项冠军，等等。其间完成了十三陵200号分校的建设和搬迁任务，筹备了三线653分校的建设，等等。一切都在轨道上运行。特别是1963年4月制订的《北京大学1963～1972

年自然科学研究发展规划纲要（草案）》是一个有基础有前瞻的规划，该规划如执行完成，北京大学无疑将达到一个更高的水平。但是后来政治形势的变化使得该规划没能完成。

陆平校长与毕业生座谈

"节物风光不相待，桑田碧海须臾改。"（唐·卢照邻《长安古意》）从1965年2月起开始了一系列的批判，批"中间人物论"，批剧本《李慧娘》，批电影《林家铺子》和《不夜城》，批新编历史剧《海瑞罢官》和《谢瑶环》，等等，一场政治风暴的来临，打断了全国和北大的正常发展，陆平校长建设北大的宏伟计划很快变成了泡影。痛哉！惜哉！

2002年春末夏初，在陆校长女儿陆薇的陪同下，我前去拜望了时年88岁在家养病的陆校长。当他知道我是1962年入校的学生时，非常高兴，我们共同回忆了四十年前那拼搏向上、紧张有序的年代，感慨万千。

在三年困难时期刚刚结束的1962年9月，我从河北农村来到燕园，开始了紧张的大学生活。四十多年过去了，但那段拼搏向上、紧张有序的校园生活，至今难以忘怀。

迎新会在大饭厅举行。我们带着方凳整队进入会场，只见主席台上一排坐着十来位老师。听介绍才知道是校长、副校长、校务委员会主任、副主任等人。致欢迎词的是党委书记兼校长、校务委员会主任陆平，其他几位是汤用彤、周培源、翦伯赞、傅鹰、王竹溪、魏建功等学界泰斗。听高年级同学讲，这后四位都是不久前新任命的副校长，是为加强教学，提高教学质量的新安排。

　　陆校长的致辞，记住的不多，至今仍印象深刻的是：北大是为国家培养高级专门人才的重点大学，一定要把教学质量提高上去。并说我们六年学制要培养出相当于研究生水平的毕业生……

　　满台的学术大师和陆校长培养相当于研究生水平的毕业生的目标是互相印证的，也是我们以后只有星期七而没有星期日的生活的序幕，这是后话。除陆校长外，台上这些学者，都是中国科学院的首批学部委员（后来称院士），都有代表性的学术创建，是所在学科的英杰人物，在这些大师面前我们感到了自己知识的贫乏，任务的艰巨和必须拼搏的压力。

（原载《神州》2004 年第 12 期）

北大方正集团公司的崛起

20世纪80年代,中华民族面临着前所未有的严峻挑战,同时也是实现几代中国人求强求富、追求国家现代化的百年梦想的大好发展机遇。中共中央抓住机遇举起了改革开放的大旗,于1984年10月20日公布了《中共中央关于经济体制改革的决定》。以后又陆续做出了《中共中央关于科学技术体制改革的决定》《中共中央关于教育体制改革的决定》等一系列重要改革举措。于是"进一步解放思想,走自己的路,建立起具有中国特色的、充满生机和活力的社会主义经济体制,促进社会生产力的发展",实现中国社会主义现代化的宏伟目标,便成了全中国人民奋斗的方向。

北京大学作为近代中国求富求强、维新变法、追求国家现代化运动的产物,从其诞生的第一天起,便与国家民族的前途和命运紧密联系在一起。在中国近百年历史的每一个时期,北京大学都走在时代潮流的前头,事实已载入史册。作为教学与科研重要基地的北京大学,在改革开放、以经济建设为中心、科教兴国的今天,更是意气风发、奋勇向前。北京大学不仅根据新时期的需要,调整和发展了一大批新学科,而且组建了一大批高新技术公司,以便把科研成果尽快地转化为生产力,转化为产品,直接为经济建设这个中心服务,贯彻中央"经济建设必须依靠科学技术,科学技术工作必须面向经济建设的战略方针"。

从1986年起,北京大学先后抽调骨干力量创办了北大方正(前身为北京大学新技术公司)、北大青鸟、北大未名、北大资源等高新技术公司,与中关村开发区一起发展成长,并成为开发区的重要力量而闻名遐迩。这里记述的北大方正集团公司是北京大学校办产业的代表。

1986年8月,北京大学抽调几十名科技骨干,拨款四十万元,创办"北京大学理科新技术公司",开发电子产品,是中关村地区较早的校办产业之一。随着改革开放的发展,类似的科技事业在全国得到迅速发展。1987年5

月 3 日，中国民办科技实业家协会在北京成立。一年之后，北京市政府根据改革开放的需要和首都建设发展的形势，结合中关村地区大专院校集中、人才密集的具体情况，于 1988 年 5 月 20 日作出决定：以中关村地区为中心，在海淀区划出 100 平方公里左右的地区，建立外向型、开放型的新技术产业开发试验区。并由副市长陆宇澄宣布了"试验区"的暂行条例 18 条。（笔者有幸参加了该条例的讨论制订工作）该条例旨在促进科学技术和生产直接结合，科学技术和其他生产要素优化组合，推动科技经济的发展，扶植新技术产业开发试验区的创建。这一年，北京大学理科新技术公司更名为"北京大学新技术公司"。

随着开发区的建立，中关村地区的高新技术企业得到更快速的发展。为了适应新的形势，使校办产业上一个新台阶，1992 年北京大学新技术公司，调整结构更名为"北大方正集团公司"。如今北大方正集团公司与中关村开发区一样，以其先进的技术、优质的产品、现代化的管理、卓越的业绩享誉海内外。

十多年来，北大方正集团公司经历了创业时期（1986～1992 年）、快速发展时期（1992～1995 年）、有限多元化时期（1995～1998 年）和整合发展时期（1998 年至今）。今天北大方正集团公司已成为国家首批六家技术创新试点企业之一，国家重点支持的五家 PC 生产厂家之一，并是国家认定的国家 120 家试点大型企业集团之一、"北大方正"为国家名牌商标。目前，北大方正集团公司拥有方正控股、方正科技、方正数码三家上市公司；独资、合资公司十七家；海内外分支机构四十余家。北大方正的主要产品由单一的电子出版系统，发展到五大类数十个品种。（1）硬件有：方正电脑（商用台式、家用多媒体、笔记本、服务器等），方正显示器，方正 WYSE 终端，方正飞虹 Modem，激光打印机等。（2）软件有：方正栅格图像处理器，方正字库，方正书版，方正画苑，方正文合，方正智绘，方正超线，方正新闻采编，方正广告管理，方正非线性编辑，方正虚拟布景，等等。（3）系统集成有：印前制版系统，新闻出版综合业务网络系统，广播电视网络综合应用系统，数据可视化信息管理系统，商业流通应用系统，邮电综合业务系统，地理信息系统，公安刑侦指纹系统，刑事犯罪情报资料综合管理系统，指纹身份识别管理系统，多媒体教学网络系统，票据电子化管理系统，电话中心服务系统，等等。（4）精细化工有：

名牌产品方正麝香，并拥有"多环麝香人工合成技术的发明专利"，以及多项世界领先的香精、香料专有技术。(5) 稀土材料有：稀土和燃油添加剂，各种高纯的单一稀土化合物以及金属产品，并进行稀土分离和稀土功能材料的研究，等等。

多年来，北大方正集团公司在文字信息处理、电子出版、数字媒体技术、人体生物特征识别、地理信息科学、金融数学与信息系统、PC和显示器技术、精细化工和稀土材料等领域的研究和开发一直处于国际领先水平，并且绝大部分已形成具有市场竞争实力的规模产业。2001年，北大方正集团的销售额已达116亿元人民币，公司净资产达20亿元人民币，是1986年创办时40万元的5000倍，体现了一个高科技产业的高速发展。多年来，北大方正集团在全国高校校办产业中一直名列前茅。1995~2001年累计向国家交纳税款达5.6亿元人民币，为北京大学提供教学科研资金达2亿多元人民币，有力地支持了国家建设和北京大学的发展。

北大方正集团公司被人称为中关村开发区三巨头之一，它能取得今天这样的卓越业绩，是与方正人在北大的优良传统和学风熏陶下形成的"诚实信用"的方正精神和"求实严谨"的方正作风分不开的。我们知道，北大方正集团的主要领导人和员工主体都是北大的师生，可以说方正人就是北大人。他们之间很少像一般公司那样以职务相称，而仍沿用在校习惯称"老师"。"王老师"就是北大方正的精神领袖王选最喜欢的称呼。一声"老师"就拉近了彼此的距离，增加了信任感和凝聚力。而信任感和凝聚力是事业成功的重要因素。王选教授就十分重视由此形成的团队精神。他认为一个集体能否形成团队精神，往往与该集体的领导人的品德有很大的关系。如果领头人过分追求名利和地位，就很容易自觉或不自觉地把属下的功劳归到自己账上，从而引起内部矛盾；狂妄自大，听不进不同意见，做错了事不承认，谋私，心胸狭隘，记仇，分亲疏，只想自己成功，不愿或不支持同事成功；等等，都会影响一个团队的凝聚力。因此，王选院士很称赞同联想集团总裁柳传志关于企业领导的九字方针"建班子，定战略，带队伍"中强调的"打造一个以德为主的领导班子"的说法。他也很推崇周光召院士将科研战线对将才要求"将者，智、仁、敬、信、勇、严也"(《孙子·卷一计篇》)解释为"智以择向，仁以服众，敬以招贤，言以必信，勇以夺魁，严于律己"。王选说："我认为这是一个领导者所应具备的风范。"其实王选本人就是具备这样风范的领头人。

王选自1954年考入北京大学,至今已近半个世纪。他人生最重要的岁月是在北京大学度过的。他认为,"一个人只有把自己的事业同国家的前途命运联系在一起,才有可能创造出更大的价值奉献予社会"。北京大学以其深厚的文化底蕴、优良的传统滋养着每一个北大学子。王选是其中的优秀代表之一,他不仅以深厚的学识把握并抓住了科学发展的方向(智),而且严于律己,勇于夺魁,善于团结同事。他常说:"吕之敏在电路和使用仪器方面明显比我强,汤玉海在挖空心思查找故障方面比我强,向阳在……比我强……这六七位骨干中的每一个人都在某一方面比我更强从而弥补了我的弱点。""刘志红用一个灵巧的办法否定了我的一项笨拙设计。RIP是团队的产物,整个出版系统更是一大批人创造性劳动的结晶……"他有功不居,他把一批有才华的年轻人推上去,自己退下来,使他们迅速成为技术带头人。他还说:"尽管我没有主观上剥削别人,但恰恰是我剥削得最多,因为最终外界还是认为:什么都是在王选领导下完成的。"他为此而感到不安。写到这里,笔者不由想起公元前165年,晁错在对汉文帝"昭贤良策"中说的一段话:"……臣闻五伯不及其臣,故属之以国,任之以事。五伯之佐之为人臣也,察身而不敢诬,奉法令不容私,尽心力不敢矜,遭患难不避死,见贤不居其上,受禄不过其量,不以亡能居尊显之位。自行若此,可谓方正之士矣。"(《汉书·晁错传》)我们看这段话是不是好像在写王选?

王选现任北京大学教授、计算机研究所所长,三院院士(中国科学院、中国工程院、第三世界科学院),文字信息处理国家重点实验室主任,电子出版新技术国家工程研究中心主任,中国科协副主席,九三学社副主席,全国人大常委,全国人大教科文卫委员会副主任等职。他是中国电子出版系统的发明人,被誉为"当代毕昇",是2001年国家最高科技奖获得者。这些年来,王选获奖几十次,荣誉无数,但他还是那样平实。他认为他和北大方正能有今天的业绩,是"我们赶上了科技发展的春天",是国家改革开放的大好时机和环境,是从邓小平、江泽民到学校各级领导的支持和关怀的成果,是同事们团结奋斗的结晶……他还历数了北大方正的历届领导人和各个协作单位的巨大功绩与牺牲,以及"北京大学"四个字的巨大影响力(无形资产)。看来王选是真正懂得干大事须靠群贤,真正领悟古训"天下之事,非一人所能独知也;海水广大,非独仰一川之流也。是以明主之治世也,急于求人,弗独为也"(《鹖冠子·道瑞第六》)的含义的。

事情要靠大家来做,特别是在大科学时代的今天。

北大方正成绩是卓著的,但放在世界舞台上还嫌太小。

祝愿北大方正明天更加辉煌!早日名列世界多少多少强!

(2002年8月)

下辈子还选体操

2006年12月30日，一场瑞雪把京城变成一片银白，盼望已久的冰雪美景让人们陶醉。有打雪仗的，有照相的，有扫雪铲冰为方便出行的，有匆匆赶路的……雪天有雪天的繁忙。在这人流中，有几位古稀老人兴冲冲地赶往她们的母校北京大学，与自己的望九老师喜勋教授相聚。她们都是20个世纪50年代北京大学女子体操队队员：屈翠辉（地质地理系1953级，队长）；沈玲（化学系1953级）；戴灼华（生物系1955级，队长）；王绍新（中文系1956级，队长）；张立英（数学系1956级）；阎月华（地质地理系1957级，队长）。

早上8点20，已是85岁高龄的喜勋教授，在儿子的陪同下，踏雪第一个来到了校史馆。她仍保持着几十年来上课、开会必提前到的习惯。喜勋教授，1921年出生在江苏南通，从事体育教育60多年，1958年成为国家级体操裁判，1964年成为第一位中国女性国际级裁判。她培养了不计其数的体操运动员、大批运动健将、国家级裁判和国际级裁判，名副其实的桃李遍天下。喜教授的事迹被电视、报纸、杂志等多家媒体报道。

谈起当年在喜先生指导下练习体操，她们个个脸上洋溢着幸福的笑容，喜不自禁。在毛主席为普遍提高中国人民身体素质而题词"发展体育运动，增强人们体质"的号召下，当年她们大都取得了一级运动员或运动健将证书。谈起成就的取得，她们的共同感受就是喜先生教学有方，总在关键的时候用简单但关键的话给予指导。如在做高低杠下杠结束动作时，喜先生一句"抬头！收腹！推杠！"队员就能轻松越下。戴灼华边说边示范，根据喜先生"想象右手用线牵着左脚"，手脚就自然协调起来了，绝不会手先脚后……说起喜先生充满爱心的手，她们更是七嘴八舌，她们忘不了在跳马前、吊环下、高低杠和平衡木边空翻时，总有喜先生那充满爱心的手在保护着她们免受伤害。说到终身受益，戴灼华十分自豪，她得意地说，现在走在路上回头率很高，人们看着一头华发的她，身材匀称，步态轻盈且富有弹性，浑身散发着活力，那目光中充满了惊奇和羡慕。张立英轻松地介绍自己的"飞檐走壁"：她的邻居把钥匙忘在了家里，求她帮忙，从自家的阳台跨到邻居家的阳台进入室内开门，她毫不犹豫地跃上阳台跨了过去，要知道当时她已是知天命之年，且11层楼距地面约30米高，别人都捏着一把汗，她却像当年在吊环上翻飞一样平常。阎月华是其中的小妹，她的死里逃生更见体操训练的功底：1983年的一次车祸中，她被大卡车撞出去16米远，当场昏了过去，当时的目击者包括警察都认为"这人完了！"然而她只是受伤而已。她回忆说，是平时练就的自我保护动作如抱头、团身、前滚翻、后滚翻等，在那一刹那起了作用，那是来不及考虑的本能的条件反射。屈翠辉也讲述了自己骑自行车被撞倒的类似故事……

女子体操团体冠军照

她们感激喜先生的严格训练，尤其是养成公正无私、实事求是的作风，让他们生活得踏实而无遗憾。王绍新讲，记得有一年，北京高校女子体操比赛中场地四角的四个裁判一次打出了完全相同的分数，全场观众对裁判员报以热烈的掌声，惊叹如此的一致，实为少见。原来这四个裁判员都是喜先生的学生，只是不同年级而已。她们从喜先生那里学到了同样的技术要求、统一的标准，更重要的是公平公正，对每个运动员一视同仁。喜先生常说出一点偏差，就对不起运动员、教练员一年甚至几年的辛苦，也会把人引上歧途，所以不能有半点私心。

她们谈得热烈的另一个话题是，感谢当年陆平校长的关怀和重视。她们记得比赛前陆平校长的接见和鼓励，赛后还要请她们会餐。她们更记得陆校长平时要求她们德智体全面发展，强调北大绝不要四肢发达头脑简单的学生做运动员。她们都是普通的学生，只不过爱好体育，课余在操场上多花了一些时间而已，功课是绝不落后于人的。戴灼华眉飞色舞地谈她既是体操队队长，又是学习班长的体会：不仅练出了一副好身体，而且功课扎实，成绩优异；毕业后被分配到北农大，不久被派去讲新课，那时她才25岁，而听讲者中年过半百者有好几位；回到北大后她曾同时讲授遗传学、数量遗传学、群体遗传学、生物统计学四门课，受到同学们的欢迎，直到70岁才离开讲台。她认为体操培养了她"克服困难、勇敢向上，要做就做好"的精神，使她在身体和事业上都受益终身。

　　喜先生细心倾听大家的高谈阔论，然后像当年上课一样讲道，这是因为体操运动员要在一分到一分半的时间内，连贯优美地完成上百个动作，它训练学生精神高度集中、动作协调，在音乐的节奏、韵律中，轻松、舒展、愉快地完成动作，身心都高度的兴奋、和谐，是一种速度、力量、灵巧等比较完美结合的训练的缘故……

　　看着这些身姿挺拔、步伐轻盈、思维敏捷、谈吐爽朗的学姐们和步履稳健、精神焕发的喜先生，哪能想到她们已是古稀和耄耋之年。她们这种身心都得益于体操训练，难怪她们异口同声地说出一个心愿：下辈子还选体操。

　　看着这些幸福快乐的老人，实在让人羡慕。我想今天活跃在艺术体操、健美体操、韵律操场上的青年人的明天大概就是这个样子吧。

（原载《北京大学校报》第 1117 期，2007）

燕东园 32 号

燕东园 32 号位于燕东园南北主路南端的东侧，是一座二层灰砖尖顶、一层带有廊厦的小楼。建成于 20 世纪 20 年代。一层进门是客厅，客厅北边连着卧室，卧室北边是厨房，过杂物间，便到了卫生间。二层有书房、卧室、杂物间、卫生间，设施齐全。中国科学院院士段学复，1965 年由朗润园 158 号迁居于此。

燕东园 32 号

段学复，1914 年 7 月 29 日生，陕西华县人，中国科学院院士，数学家，北京大学教授。1936 年毕业于清华大学算学系，1941 年获加拿大多伦多大学硕士学位，1943 年获美国普林斯顿大学哲学博士学位。1946 年回国，历任清华大学、北京大学数学系系主任，中国数学会常务理事，《中国科学》《科学通报》《数学学报》《数学通报》《数学年刊》等刊物编委，《数学进展》主编、名誉主编，《中国大百科全书·数学》执行副主编等职。段学复的主要研究领域是代数学，在有限 p 群、有限群模表示论、代数及李群代数方面都有重要贡献，有布饶尔—段—斯坦顿原则、布饶尔—段定理等被应用。在中国开辟了代数学群论等研究领域，并形成了富有特色的研究群体。另外，他在区组设计、编码、密码及图论的应用研究方面也取得了卓越的成绩。主要论著有 *On Simple Groups of Order Less Than 10000*，*On Simple Groups of Finite Order*，《关于 p 群的一个定理》《有限群对一个组合问题的应用》《对称》等。有《段学复文集》行世。2004 年，获何梁何利基金科学与技术进步奖。

1952 年，随着高等学校院系调整，段学复教授来到北京大学数学力学系，接替江泽涵先生任系主任。由于当时西方国家对我国的封锁和禁运，学习苏联成了必由之路。段学复主持选派了一批中青年教师赴苏联进修，在微分方程、概率统计、计算数学、程序设计等方面深造。又在苏联力学家别洛娃的支持和帮助下，段学复主持成立了我国第一个力学专业；并在苏联专家、著名数学大师柯尔莫哥洛夫的建议下成立了我国第一个概率论教研室，筹建了分析、几何、方程、代数、计算数学等教研室，翻译编写了教材且有些出版后成为全国高校通用教材或参考书。

段学复先生在 32 号宅前

段学复教授除领导数学系教学和科研工作外，还受国家教育部的委托举办了有限群模表示论讨论班。到"文革"之前，段学复先生培养出了许一超、沈光宇、蓝以中、徐明曜、石生明、洪加威、李慧陵等优秀人才。他们也常到燕东园 32 号看望段先生。在"文革"中，段学复为有关部门进行了若干项有限群论与组合数学的应用研究，其中《有限群论对一个组合问题的应用》（1971）所给出的方法在实际工作中，不仅使计算时效提高了许多倍，同时还为实际工作单位培养了一批专门人才，得到了该部门的奖励。这是他在燕东园 32 号，在"文革"的艰难环境中的卓越贡献之一。

"文革"结束以后，百废待兴，各项事业都提出了更高的要求。人才的断层问题凸显出来，为夺回失去的宝贵时间，不得不招收"回炉班"、研究生以解燃眉之急。这一举措在日后证明是正确的。从1978年起，段学复教授集中力量在有限群及其表示论、计算群论与组合数学方向培养了一批硕士和博士研究生。为提高科研水平，在他的领导下又成立了北京大学数学研究所，并请协助他工作多年的副系主任程民德教授出任所长。同时段学复教授还推动与国际的学术交流和访问学者的交流。1979年上半年，段学复教授赴美参加国际有限群论会议，这期间燕东园32号颇为繁忙。

20世纪80年代初，国家实行改革开放政策，全国上下一派欣欣向荣景象。北京大学的教学、科研、对外交流等工作日益繁重。年近古稀的段先生感到已力不从心，自己久弱的身体不能适应如此繁忙的工作，决心辞去系主任的职务，打破了干部终身制。段先生的决定得到了校领导和数学系同人的支持。经过考虑，他推荐年富力强的丁石孙教授接任系主任职务。这时，段学复就像当年老系主任江泽涵卸任以后全力支持他一样，全力支持丁石孙，为系里的工作出主意、想办法，更为培养研究生多做贡献。回想从清华到北大，前后共担任数学系主任34年，虽经几多波折几多磨难，但培养出不少有用人才，心中颇觉宽慰。从小文学功底深厚，诗词、对联功力不凡的他即兴赋诗一首：

　　三十四年系主任，几度沧桑两鬓斑；
　　举贤辞位奋余生，桃李天下慰心田。

1982年，段学复主持召开了中国数学会第一届全国代数学学术交流会，并作了《关于有限单群分类问题解决情况及其影响》的报告。1984年，段学复主持召开了北京国际群论讨论会，会后他主编了会议论文集。1985年，段学复领导的群论科研集体项目《有限群及其表示论与组合数学》被评为国家教委优秀科技成果……这一时期，是段先生的学术活动的又一个繁忙期，不

段先生陪同来访的陈省身先生（左）在燕东园漫步

仅出席各种学术会议，而且不断有学者来访，其中包括国际数学大师陈省身等。

1985年6月12日，与段先生相识交友半个多世纪的著名数学家华罗庚先生，在日本东京逝世。噩耗传来，段先生既震惊又悲痛。他想起了华先生去日本前还给自己来过电话，让人把亲笔信送到燕东园32号，商量有关大百科全书的事，自清华园初识后的52年交往一幕幕不自觉地浮现于眼前，段先生提笔写下《天才勤奋成大家——悼念华罗庚同志》一文，称赞华先生的伟大贡献"不论教学还是科研，提高则博大精深，普及则具体易懂"，是一位伟大的现代数学家，一位卓越的社会活动家，一个爱国主义者，一个共产党员。其篇首的悼亡诗言简意赅，情真意切：

　　三二清华初相识，餐后漫步喜谈算。
　　三八昆明讨论班，钻研计数群有限。
　　六载分处两半球，普城欣读多复变。
　　四六上海短相会，参商又复三年半。
　　祖国解放回故土，五零首都庆新天。
　　去年九六听报告，数理经济著新篇。
　　赴日行前通电话，手书深意长纪念。
　　天才勤奋成大家，畴人逝今心凄然。

段先生任教几十年，退下来后看到过去的毕业生和助手能够发挥重要作用，心中十分高兴，在燕东园32号挥笔题写了一幅条幅"自己培养指导过的青年同志，做出超过自己的科研成就，应引为自己最大的快乐"，这代表了他一生的追求。

段先生晚年视力很差，家人常给他读报读信。1997年5月29日《北京科技报》转载了《科技经济导报》一篇短文《近代的高考谜题》，其中说到1932年清华大学新生入学考试题，有陈寅恪先生为简捷考察学生的文学水平而出的对联试题"孙行者"，考生答卷五花八门，诸如"猪八戒""牛魔王""沙和尚"，等等，只有一位考生答出了"胡适之"，得了满分，其余全得零分。家人把这一颇为有趣的故事读给段先生听。读到这里，段先生让家人停一停，找出他历年有关此事的记录给家人看。原来，当年陈先生曾出三副对联为题："孙行者""少小离家老大回""清华园内水木清华"。多少年来，三者之中独独关于"孙行者"一事的传说很多，有对"王夫之"的，有对"王引之"的，有对"胡适之"的，有对"祖冲之"的，等等。有的明确说得满分的是周祖谟先生，有的则未说明答对者姓名。家人不解段先生为何会关心此等小事，还一一记下，于是段先生说出了其中的秘密，原来有一个考生答出了陈寅恪先生的对联："祖冲之"。这个考生不是别人，正是1932年算学系新生段学复。揭开了这六十多年前的谜底，燕东园32号发出了一阵笑声。这就是一生苦干实干、默默奉献、不争名、不为利、不张扬的段先生。

（原载《北京名人故居·海淀卷》，北京出版社，2011）

北大探寻

张百熙会跪请吴汝纶吗

中华民族是礼仪之邦,历来有尊师敬贤的优良传统。广泛使用的"礼士亲贤""礼贤接士""礼贤下士"等成语便是对这种美德的赞颂。而"三顾茅庐""程门立雪"更是家喻户晓的求贤尊师的千古美谈。中央政府举办的中国近现代第一所大学——京师大学堂的管学大臣中也有足以膺此美名者,他就是张百熙。他身居尚书高位,颇有尊贤古风,广为流传的张百熙跪请吴汝纶一说很使学界尤其是我们北大人兴奋与乐道。但是张百熙真的会在吴汝纶面前跪下吗?

张百熙　　　　　　　　　　吴汝纶

述及张百熙请吴汝纶的文字约略有以下数处。

1. 《北京大学校史》:"开始,吴汝纶表示不愿意出任,张百熙便穿着大礼服下跪在他面前不起,吴汝纶才应允。"

2. 《中国近代教育文选》:"在延聘吴汝纶出任大学堂总教习时,他竟穿着礼服在吴面前长跪不起……"

3. 《清代名人小传》:"汝纶夙学,初弗出,造其居,九顿首以请,始允。"

4. 《中国大学校长名典》(上):"具衣冠伏拜地下。"

5.《中国近代学制史料（第二辑）》上册："臣素悉吴汝纶……以之充大学堂总教习……可否赏加卿衔，以示优异，出自逾格鸿慈。"

6.《清实录·光绪二十八年正月上》："……吴汝纶，著赏加五品卿衔，充大学堂总教习。"

7.《清史稿·列传二百三十》："百熙奏加冀州知州吴汝纶五品卿衔，总教大学。汝纶辞不应，百熙具衣冠拜之，汝纶请赴日本察视学务。"

8.《桐城吴先生日记》："张野秋尚书又来见过，谈及学堂，仍坚请，吾固辞，则拜跪以请，吾无实而窃虚名，愧恧无似。公卿不下士久矣！尚书之折节下交，近古未尝有也。顾吾退已久，势难再为尚书出耳。"

由以上 8 条，我们可以得到如下认识。

1. 张百熙奏请朝廷破格施以厚恩，加赏吴汝纶官阶，准赏加五品卿衔，所以前此吴的官阶在五品之下。

2. 早期史料无明确记述张跪请吴的字样。（第 5 ~ 8 条）

3. 当代作品有明确记述张跪请吴的字样。（第 1 ~ 4 条）

就此，笔者请教了其中部分著述的作者据何而写"跪请"，答称据《清史稿》。并说："具"为"整理"，"拜"即是"跪"。

《清史稿》可据，其中张百熙列传亦可信无疑。因为《清史稿》主编赵尔巽（1844 ~ 1927 年）与张百熙（1847 ~ 1907 年）是同时代人，且同朝为臣，曾任山西布政使、户部尚书、湖广总督、东三省总督等职。1914 年民国政府设立清史馆，赵尔巽出任馆长开始纂修《清史稿》，至 1927 年完稿，1928 年付梓。

仅就文字而言，如何理解《清史稿》中"具""衣冠""拜"三点是关键。根据《现代汉语词典》《古汉语常用字字典》《汉语大字典》《辞海》《辞源》等的释义，"具"并无"整理"的意思，此处应做"备办"解；"拜"有"跪"的意思，但仅是其诸多词义之一，并不就是"跪"，此处做"拜访""授予"解较合适。至于"衣冠"应指五品衔官服官帽，并非张百熙身上的衣冠"大礼服"（如果张身着大礼服则绝无跪之可能，理由见后）。因此，笔者以为《清史稿》这段文字的含义是：张百熙奏请朝廷加封吴汝纶五品卿衔，出任大学堂总教习一职。初吴辞谢未应允，后张百熙备办好五品衔官服官帽（相当于拿着委任状示其真实，并非空口白话）亲自登门拜访，吴感其诚，应允出山，并要求出洋考察学务。

笔者就此请教北京大学历史系清史专家徐凯先生和郭润涛先生，他们均赞同笔者的见解。从封建礼制上分析，张百熙身居礼部尚书之职，品级应为正一品或从一品，与吴官阶相差数级，不可能违背礼制跪在吴的面前。因为封建社会十分看重礼制，以为社会道德行为的规范。破坏礼制，紊乱纲纪将导致天下大乱、社会不宁。刘备请孔明出山以安天下，其任不为不重，其图不为不宏，"三顾茅庐"也仅躬身侍立而已，并不跪请。为得天下而不跪是因为与礼不合。还有比得天下更大更重值得违背礼制的事吗？故一般人不做"礼坏乐崩"之事，更何况朝廷重臣张百熙。

综上所述，我以为张百熙跪请吴汝纶的说法与礼、理、情均有不合。之所以有此一说大约是人们崇尚尊师礼贤过殷愿望产生的误解，此后出于同样心理而引用传播。其实当朝重臣不用一纸公文调用而亲自登门造访一位名士，已足以令人感动（事实如此）并足膺礼贤下士之美名，何必非要张百熙下跪不可呢？

那么《桐城吴先生日记》中"吾固辞，则拜跪以请"该当如何理解呢？

为了了解《桐城吴先生日记》1902年1月18日记述的真正含义，我们最好将其前后记述连贯来看。

1902年1月14日（辛丑年腊月初五日）汪剑斋大令立元来言张野秋尚书欲聘吾为京师大学堂教习，吾亦辞之。

1月16日　张野秋尚书……面请余为教习，余面辞之。

1月18日　张野秋尚书又来见过，谈及学堂，仍坚请，吾固辞，则拜跪以请，吾无实而窃虚名，愧恧无似。公卿不下士久矣！尚书之折节下交，近古未尝有也。顾吾退已久，势难再为尚书出耳。

1月20日　答张野秋之拜，并申辞意。

1月26日　闻肃王见吾莲池诸生，将代张尚书劝驾，必以学堂事见委，吾老矣，实不能胜大学堂之任，仍守吾志可也。

1月27日（腊月十八）胡云楣侍郎见过，为张尚书劝驾，再三比说，终不敢许……

直至2月3日（腊月二十五）不断有人来劝驾。

2月13日（壬寅正月初六）闻张尚书已奏荐，将终守吾志不改。

2月15日　闻张尚书已荐为学堂总教习，批旨赏五品卿衔，吾不敢就……曾履初（曾国藩之孙）持张尚书函，措辞甚苦，吾终不敢应，因与履初同游厂肆。暮归，中岛在家久候，为张尚书劝驾，因允暂不坚辞。俟章程出后再定，如章程中吾才能任即允就，若才不能及，仍不敢应也……

2月16日 （曾又持张函劝驾，吴复函列出不就的十大理由）薄暮，胡云楣侍郎来劝驾。

……

那么"吾固辞，则拜跪以请"是何意？

"地近则易核，时近则迹真"，先辈们比后辈理解的可能更准确。为帮助今人理解古汉语，王力先生的《古代汉语》其中讲连词、介词，列有"则"字专条（第447页/二）。其下列有19条例句。比较来看，此处即系其中的情形之一：则字连接条件复句。用现代汉语来说即：如果我再坚辞，张就要跪拜以请。吴既未坚持亦未答应，含糊其辞，所以才有其后的不断劝驾。

如果真有一品大员张百熙跪在五品的吴先生面前，吴仍不应允，这样一幅尴尬的历史画面如何收场？果真如此，吴先生岂不是傲慢无礼之极？跪而不允，还会有持续月余的多人多次的劝驾？

因为吴先生不是傲慢无理之人，这种尴尬画面没有出现，所以早期史料均无跪请的记载。

央视播放的三集文献片《走近桐城派》中两位从未见面、互不相识的专家在不同位置做出了同样的解读："如果再不答应，我就要行大礼了。大礼是什么，就是跪拜。"是一个假设句，并非实施。

贯通来看，这样理解似乎较为合乎情理。

谁是北京大学首任校长

北京大学历来被人们所关注。隆重的百年校庆,使人们把更多的目光投向北大。关注的人多了,随之提出的问题也多起来。本来谁是北大校长,历史事实十分清楚,然而近年来报纸杂志上,各种说法时有所闻,甚至用"揭开北大首任校长之谜"为标题吸引人们的目光。笔者就所见史料略陈管见,也谈谈谁是北大首任校长。

一 关于校长

校长乃一校之长,总理校务,是学校最高领导者。对外代表学校,对内主持学校日常工作,主持讨论决定学校一切重大问题。

不过,有学校才有校长。中国近代学校出现之前的学堂、书院、书舍等教育机关的领导者一般称山长、总办、总理等,而不称堂长、院长等。

北京大学原名京师大学堂,1912年5月改称北京大学校,其最高领导者总监督随之改称校长。这个由总监督改为校长的人就是著名学者严复,是明确的北京大学首任校长。

但是历史是不能割断的。北京大学原名京师大学堂,京师大学堂的最高领导者初称管理大学堂事务大臣,简称管学大臣,首任者为孙家鼐。后改称京师大学堂总监督,首任者为张亨嘉。因此,由历史的连贯性,一般说孙家鼐是北京大学首任校长。

二 关于管学大臣与总教习

1. 管学大臣

我们说管学大臣相当于校长,是从他们的职责来说的。《奏拟大学堂章程》和《钦定大学堂章程》中规定:"设管学大臣一员,以主持全学,统属各员,由特旨派大臣为之。"(《北京大学史料》第一卷,第95页)这个大臣的资质一般是当朝一品的"大学士、尚书、侍郎为之"(同上书,第85页)。管学大臣的职责为"管理大学堂事务","其在堂办事各员,统由该大臣慎选奏派",并且还要"节制各省所设之学堂"(同上书,第46页)。这就是说管学大臣不仅负责大学堂章程的制订、人员的选聘、课程的设置等一切重大校务,而且还要管理全国各省的学校。也就是我们常说的管学大臣相当于大学校长兼教育部长。

2. 总教习

总司功课的总教习,对一所学校是十分重要的。因此在派孙家鼐充当管学大臣的谕旨中规定"至总教习,总司功课,尤须选择学赅中外之士,奏请简派"(同上书,第60页)。

我们知道,大学堂是在同文馆、各地方言馆、鱼雷学堂、船政学堂、操炮学堂等开办多年之后,吸取其经验教训,为避免"囿于一才一艺,即稍有成就,多不明大体……欲求一缓急可恃之才竟不可得"(同上书,第23页)的弊端而创办的。因此,在《大学堂章程》中分析说:"同文馆及北洋学堂等,多以西人为总教习。然学堂功课,既中西并重,华人容有兼通西学者,西人必无兼通中学者。前此各学堂于中学不免偏枯,皆由以西人为总教习故也。即专就西文而论,英法德俄诸文并用,无论任聘何国之人,皆不能节制他种文字之教习,专门诸学亦然。故必择中国通人,学贯中西,能见其大者为总教习,然后可以崇体制而收实效。"(同上书,第84页)

据此,1898年7月17日孙家鼐在奏折中说:"大学堂事务,首在总教习得人……工部左侍郎许景澄学问渊通,出使外洋多年,情形熟悉,若以充教习之任,必能众望允符……许景澄未到京以前,总教习之任,即由臣暂为兼办。"(同上书,第305页)但是大学堂毕竟是新式学堂,开设了不少数理化即所谓西学课程,而这些方面的教员需要从国外聘任。孙家鼐兼有多项差事,即兼中总教习已"恐照料未能周到",而奏请调一二员"助臣心力所不及"。(同上书,第305页)聘用若干西教习,孙家鼐自感困难,而需有一西总教习统领。因此,1898年8月9日孙家鼐在奏折中要求设西总教习:"查原奏有中总教习无西总教习。立法之意,原欲以中学统西学。惟是聘用西人……即如丁韪良,曾在总理衙门充总教习多年,今若任为分教习,则彼不愿。臣拟用丁韪良为总教习,专理西学,仍与订明权限,其非所应办之事,概不与闻。"(同上书,第 48 页)

这一奏请被批准:"至派充西学总教习丁韪良,据孙家鼐面奏请加鼓励,著赏给二品顶戴,以示殊荣。"(同上书,第 48 页)

至此,我们知道了京师大学堂的总教习的职责是总司功课,且有中西两位。他们是由管学大臣选聘的。就其职责和地位看相当于现在的教务长。

三 关于 president

英语中 president 有多种含义:大总统、总裁、主席、议长、会长、校长、行长、州长等,与大学相连为 President of Imperial University Peking,可以译为京师大堂的总裁或总头或校长,这是没有错的。但是与 W. A. P. Matrtin(丁韪良)连起来,显然是不对的。因为由上文知道丁韪良的职位明确,他不是大学堂的总头或总裁,他是由大学堂的总头孙家鼐选聘的。这一点丁韪良自己十分清楚,他给总理衙门的折子等正式公文中使用的头衔是"二品顶戴京师大学堂西学总教习丁韪良"。(《京师大学堂档案选编》,第 92 页)明明白白,连"西学"两个字都不敢省。

中外文之间很难字、词、句一一对应,这是大家都知道的。这个"西学总教习"该如何翻译也可能曾使译者为难,造成误译。当然也不排除有意错译,有意夸大欧美人在中国办学中的作用。欧美人中歧视中国人的不乏其人,尤其在 20 世纪初更为突出,这一点在国外的中国留学生感觉特别强烈,如钱学森、江泽涵、郭永怀等前辈都曾以亲身经历有过表述。直至今天,这一状况仍未消除。那种以为"这些西方人当初怀着探险的精神来到中国,不为任何商业或其他功利目的"而作客观的记录或报道的看法,本人实难苟同。

请问敦煌的经卷、壁画是如何到英国、法国博物馆的?那可不是中国人送去的。另外,明清以来外国传教士进入中国,为了接近中国的知识分子打开局面,他们介绍了一些西方的科技知识,在客观上对中国的近代科技发展起了一定的作用,这是事实。但是,不妨看一看当年与之交往密切的徐光启、王征、李之藻等人的有关记述,就可以帮助我们对之有一个较为全面的了解。

杨铨是杨杏佛吗

北京大学名播四海是有原因的，其一便是北大培养的国家栋梁、各界名流、各学科泰斗，一批又一批。桃李的芬芳更增添了母校的光辉，因此在论及北京大学的光荣历史或对国家民族的贡献时，常常自豪地将这些当年的北大学子大书一笔。在一本关于北京大学历史的书中，就选列了民主革命阶段北大毕业生中的先进分子、革命领袖人物、文教界及各学科学术上深有造诣的人物近二百人，诸如秉志、王昆仑、朱自清、许德珩、杨钟健、袁宝华等，其中也有杨铨。这里作者是把杨铨当作著名爱国民主人士、中央研究院总干事、中国科学社发起人之一的杨杏佛列入的（对我询问后的答复）。1917年在北京大学理预科读二年级的杨铨与这个杨杏佛是一个人吗？如果是，自然又是北大的一份骄傲。

据查《中国革命史人物词典》（北京出版社，1991）《民国史大词典》（中国广播电视出版社，1991）《中国现代人名大辞典》（中国国际广播出版社，1989）等载：

蔡元培与杨杏佛

杨杏佛（1893～1933年），名铨，字杏佛，以字行，江西玉山人。中国公学毕业，1911年就学于唐山路矿学堂，1912年留学美国入康奈尔大学，1914年参与发起组织科学杂志及中国科学社，任董事、编辑部长。1918年回国，先后任中国民权保障同盟副会长兼总干事、中央研究院总干事等职，1933年6月18日被国民党特务暗杀。有《杨杏佛文存》《杨杏佛讲演录》等行世。

北大校友杨铨的资料甚少，今所见者有二：一为1917年12月北京大学校庆20周年所编、1918年4月付印的《国立北京大学廿周年纪念册》；一为1948年12月，五十周年筹委会所编《国立北京大学历届同学录》。综合此二文件可知：

> 杨铨，年二十四（1917年），直隶（今河北）清宛人。育德中学毕业，理预科英文乙班，二年级（1917年）。民八（1919年）至民九（1920年）在经济系学习。

由以上史料对照可以清楚地看出：不仅两人籍贯不同，毕业学校不同，而且江西杨铨（杨杏佛）未在北大读过书，亦未在北大供过职。河北杨铨字号未详，当其在北大读书之时（1915～1917年），江西杨铨正在美国。

杨杏佛（铨）为著名爱国民主人士；杨铨北大毕业后不知所向，亦不知所终，更不著名。史料显示两个杨铨虽同名同姓，但籍贯、经历、职业等相异，并非一人。可见北大学生名册中的杨铨不是杨杏佛。

北大地质学系（门）建于何时

北京大学地质学系的历史可以追溯到京师大学堂格致科大学地学门，是中国地质学系历史最久长的学系之一。该系数十年来育成良才甚多，中国现代地质学界的耆宿大都出自该系或与该系渊源甚深。据不完全统计，中国科学院历届院士（学部委员）中有 40 多人出自北京大学地质学系，如此盛况为中国高校各系科所仅见，值得纪念和祝贺。1989 年该系庆祝了建系 80 周年，而与之同日诞生的北京大学化学系（门）却在 1995 年庆祝了建系 85 周年。为何孪生兄弟寿日不同呢？

根据《学部官报》《直隶教育官报》等文献记载，学部遴员派充京师大学堂分科大学（格致科大学设地质门、化学门）监督在宣统元年闰二月二十五日（1909 年 4 月 15 日）。学部奏筹办京师大学堂分科大学并现办大概情形折称："赶于明年二月先行开学。""奉旨，已录"是在宣统元年十一月二十九日（1910 年 1 月 10 日）。学部于宣统二年二月奏分科大学开学日期片称："兹定于本月二十一日（1910 年 3 月 31 日）行开学礼……"以上均见《北京大学史科》第一卷，史料是清楚的，但在定何时为成立日期上却见仁见智，各有标准。

笔者认为，一个学校、学系的成立需具备以下条件：（1）有职员（管理人员），（2）有教员，（3）有学生，（4）有课程（系统配套的），（5）正式开学或开课日期。前四条缺一不可，为充分必要条件；第五条应尽量准确，为充分条件。如果这个判断成立的话，那么北大地质系、化学系的成立日均为 1910 年 3 月 31 日，而非 1909 年。为什么不以 1909 年派定分科大学监督为成立日呢？因为派定监督之后，开设何系（门）尚待确定，而聘教员、招学生、选课本等均需时日，正如胡适在考察京师大学堂成立日期时不以孙家鼐受命为管学大臣之日（光绪二十四年五月十五日，即 1898 年 7 月 3 日）为大学堂成立日一样，因为此时并无教员、学生，更无课本，不过是从此日开始孙家鼐着手筹办而已，直至该年年末才开学，所以在1950年以前的50年间，北大校庆日一直采用12月17日，尽管这个日期是1902年的开学日。1898年的开学日目前刚刚查到应为1898年12月31日。而最明白的莫过于医科分科大学监督屈永秋是宣统元年闰二月（1909年3月）同时任命的八个分科大学监督之一，但1910年3月31日开学的是除医科分科大学以外的七个分科大学。今天北京大学医学院的历史从未自这个日期算起过。

北大史学系成立于何时

一 学校、学系成立的判断

一个学校、一个学系成立的时间自有历史资料为据,不应以个人好恶来牵强附会。鉴于某些学校在校庆时对建校历史大做文章,教育部办公厅特发出教发厅(2002)6号文件《教育部办公厅关于校史和校庆问题的通知》,其中提出:"本着实事求是、尊重历史、尊重科学的态度对校史加以确定,不能仅凭主观愿望牵强附会进行变更。"这个文件针对的是学校,我想其精神对一个学系也是适用的。

对一个学校、学系是否成立我曾给出五条判据:(1)有职员(管理者);(2)有教员;(3)有学生;(4)有课程(学科配套的);(5)最好有明确的开学或开课日期。(《北京大学学报(哲学社会科学版)》1998年第2期)前四条是充分必要条件,第五条为充分条件。

二 朱希祖先生的文章

1929年,《国立北京大学卅一周年纪念册》载有史学系主任朱希祖先生的《北京大学史学系过去之略史与将来之希望》一文,此文开宗明义称:"北京大学于民国六年以前,初无所谓史学系也。民国五年秋至六年夏,此学年内,文本科中仅有中国哲学门、中国文学门、英国文学门,三项而已。至六年秋,始于中国文学门内分出一部分教员,及国史编纂处一部分编纂员,组织中国史学门。……其时史学门尚无主任也。至民国八年五四运动后,乃推康心孚先生为中国史学门主任,始添西洋史各课,而改为史学系……民国十年,史学系始有第一届毕业生。"

朱希祖曾留学日本,专攻史学。治史的人叙事于时间、事件、人物记当

康宝忠　　　　　　　朱希祖

有据。其文可信者一。朱希祖1917年已在北大，亲历了史学系从无到有的过程，其文可信者二。1920年史学门主任康宝忠先生逝世，蔡元培力举朱希祖继为史学系主任。1920年距1917年仅三年，1921年即朱任主任后一年，由朱先生送走史学系首届毕业生，当印象深刻。虽九年后来记述此事，错误的可能性甚小。其文可信者三。

三　已查史料

（一）史料之一

1. 1898年7月3日（光绪二十四年五月十五日）《总理衙门奏拟京师大学堂章程》第二章"学堂功课例"中列有普通学十种：经学第一、理学第二、中外掌故学第三、诸子学第四、初级算学第五、初级格致学第六、初级政治学第七、初级地理学第八、文学第九、体操学第十。语言文学五种：英国语言文字学第十一、法国语言文学第十二、俄国语言文字学第十三、德国语言文字学第十四、日本语言文学第十五。专门学十种：高等算学第十六、高等格致学第十七、高等政治学第十八（法律学归此）、高等地理学第十九（测绘学归此）、农学第二十、矿学第二十一、工程学第二十二、商学第二十三、兵学第二十四、卫生学第二十五（医学归此）。

2. 1902年12月（光绪廿八年十一月）《钦定京师大学堂章程》第二章"功课"中第二节"分科大学门目表"规定，"大学分科，俟预备科学生卒业之后再议课程，今略仿日本例，定为大纲分列如下"：

政治科第一，文学科第二……（共七科）

文学科之目七：一曰经学，二曰史学，三曰理学，四曰诸子学，五曰掌故学，六曰辞章学，七曰外国语言文字学。

第三节"预备科课程门目表"：

政科科目：

伦理第一，经学第二，诸子第三，辞章第四，算学第五，中外史学第六……体操第十三。

艺科科目：

伦理第一，中外史学第二……体操第十。

由上可见"中外史学"在预备科课程中都列有，但是看不出具体课程都有什么。"中外史学"具体内容在课程分年表中才有：

第一年中外史学——中外史制度异同；

第二年中外史学——中外史治乱得失；

第三年中外史学——中外史治乱得失、商业史。

以上是预备科的情况。速成科的情况如何呢？

速成科含仕学馆、师范馆。

第六节"仕学馆课程门目表"：

算学第一，博物第二……史学第六……政治学第十一。

课程分年表：

第一年史学——中国典章制度；

第二年史学——外国典章制度；

第三年史学——考中外治乱兴衰之故。

第九节"师范馆课程门目表"：

伦理第一……算学第六，中外史学第七……体操第十四。

课程分年表：

第一年中外史学——本国典章制度；

第二年中外史学——外国上世史、中世史；

第三年中外史学——外国近世史。

3. 1903 年《奏定大学堂章程》（附通儒院）其"立学总义章第一"规定，"第四节　大学堂分为八科：一、经学科大学分十一门……三、文学科大学分九门……八、商科大学分三门"。

"各分科大学科目章第二、第三节文学科大学"中规定:"文学科大学分九门:一、中国史学门,二、万国史学门,三、中外地理学门,四、中国文学门,五、英国文学门,六、法国文学门,七、俄国文学门,八、德国文学门,九、日本国文学门。"而各门科目中列表如下:

中国史学门科目(略去钟点)

主课:史学研究法;御批历代通鉴辑览;各种纪事本末;中国历代地理沿革略;国朝事实;中国古今外交史;中国古今历代法制考。

补助课:四库史部提要;世界史,中外古今地理;西国科学史;外国语文(英法俄德国选习其一)。

以上各科目外,尚有随意科目如下:

第一年　辨学、各国法制史、中国文学;

第二年　人类学、公益、教育学、中国文学;

第三年　金石文字学、古生物学(指考古发掘)、全国人民财用学、国家财政学、法律原理学、交涉学。

万国史学门科目

主课　史学研究法、泰西各国史、亚洲各国史、西国外交史、年代学。

补助课　御批历代通鉴辑览、中国古今历代法制史、万国地理、外国语文(英法俄德日选习其一)。

4. 1910年1月10日(宣统元年十一月廿九日)《学部奏筹办分科大学情形折》:"一、学科,除医科,须俟总监督屈永秋到堂,再行妥筹办理,计经科、法政科、文科、格致科、农科、工科、商科,分门择要先设。"

同日,奉旨已录的《学部奏筹办京师分科大学并现办大概情形折》:"一、学科。查奏定章程,经科原分十一门,现拟先设毛诗学、周礼学、春秋左传三门……文科原分九门,现拟先设中国文学一门,外国文一门……"

1910年3月25日(宣统二年二月十五日)《学部奏分科大学开学日期片》中称:"……曾于上年十一月,将大概情形奏明在案。现在中外各科教员均已到堂,应行升学各生,业已详加考验,分别录取。兹定于本月二十一日(1910年3月31日)行开学礼……"

据以上史料可知，医科大学因无管理者，未能开办。京师大学堂初期学生只学普通课，史学是课程之一，无专业课。这是由于当时的具体情况决定的，预科、速成科只是分科的准备。分科大学开办后才分专门，中国文学门、地质学门等即此时所建。而此时史学门并未建立，所以京师大学堂时期只有史学课程，没有史学门。章程中虽列有配套史学课程，但实际未开。

（二）史料之二

1913 年 6 月 15 日《政府公报》第三九八号载《北京大学招考》（招生简章）中列有招考分科：文科、理科、法科、工科、农科五科。招考门类中文科下列有中国哲学门、西洋哲学门、中国文学门、中国史学门。

以上史料首次显示，北京大学设中国史学门。如果确实如此，则北京大学史学门的成立应在 1913 年。

（三）史料之三

1. 1918 年 4 月 30 日付印的《北京大学廿周年纪念册》所列"毕业录同学"（自光绪三十三年二月至民国六年六月）在民国二年（1913）五月毕业同学录中列有"文科史学门甲等二十九名陈汉章等人"。如果史料之一第 4 条（1910）有史学门，到此毕业则顺理成章，但是第 4 条没有。史料之三与史料之一第 4 条矛盾。但此后的"民国三年元月""四年六月""五年六月""六年六月"毕业同学录均未出现史学门毕业生。

2. "在校同学录"中文本科列有中国哲学门、中国文学门、英国文学门、中国史学门。而史学门只有一年级同学，二、三年级均无。这与朱文"至六年秋，始于中国文学门内分出一部分教员，及国史编纂处一部分编纂员，组织中国史学门"的记述相合。

如果史料之二所列 1913 年 4 月 15 日北大招考果然招收有中国史学门学业，则 1917 年的在校生不应只有一年级生。显然史料之三第 2 条与史料之二相矛盾。

3. "研究所一览"中列有文科：国文门、哲学门、英文门。无史学门。研究所是为高年级学生和青年教师从事研究而设。1917 年史学门只有一年级学生无高年级学生，不设史学门研究所是符合规定的。

4. "职员一览"中，朱希祖为"文本科教授兼国文门研究所教员"，康宝忠为"文本科教授兼哲学门研究所教员"。这与朱文"其时史学门，尚无主任"的记述相合。

5. "文科大学课程"中"中国史学门课程"所列如下：

第一年 中国通史、历史学原理、法制史、经济史、学术史、第一外国语；

第二年 中国通史、金史及考古学、法制史、经济史、学术史、第二外国语；

第三年 中国通史、民族史及宗教史、人种学、第二外国语。

以上史料再次显示专业门、系必有配套课程。

四 结论

综上所述，我认为采用朱希祖先生文章的记述是合适的，因为它符合5条判据的核心内容。也就是说北京大学史学系成立于1917年秋，至今已85年。

以上陋见仅供参考。

附记：2002年我被《北京大学历史系简史》编写组聘为顾问，特撰本文供参考

清华教授陈寅恪的北大助手

史学家陈寅恪，学识渊博，精通十余种文字，曾游学日、美、欧，在巴黎、柏林的各大学研究讲学十多年，西洋不少汉学家曾从其学。陈寅恪壮年即驰名中外，堪称史学泰斗，在中国现代文化史上占有重要位置，他的《隋唐制度渊源略论编》《元白诗笺论稿》《唐代政治史论述稿》等，几十年来一直是该领域研究成果的代表作。这样一位大师愿从其学、欲得其传者可谓争先恐后。但是1947~1948年间，陈寅恪的助手在北大支薪，而去清华上班，一直被人们看作一件很奇特的事。

陈寅恪　　　　汪籛

1946年7月31日，西南联合大学结束使命，北大、清华、南开三校复员北返，回到平津。在清华大学执教多年的陈寅恪教授因目疾难以复明，非常需要助手，在是年10月间，陈先生给当时主持北大史学系工作的郑天挺秘书长写信求援，其中有"因目疾急需有人助理教学工作"等语，希望郑先生能帮忙寻找合适之人。事有凑巧，1942年毕业于西南联大的北京大学文科研究所（当年三校的研究生教育各自独立设研究所进行）的汪籛，早有从吉林长白师院调到北平的想法,在此之前曾多次写信给当年主持北大文科研究所、现在主持北大史学系的郑天挺先生。为了学术研究的便利和重新回北大的难忘学术空气中,他在信中表示"名义、待遇,在所不计",请郑先生"遇有机缘时,予以提携"。两相需求恰好对上了茬,于是身为北京大学秘书长兼史学系主任的郑天挺先生,便想方设法将汪篯由吉林长白师院调来北京大学史学系任教,薪俸待遇自然全照北大教师一样支给。但他的任务不在北大任课教书,而是去清华大学专做陈寅恪先生的助手,这件事在很长一段时间里不为人们所了解,莫名个中。

其实奇亦不奇,凡事有因。郑天挺先生是个心地善良、待人宽厚、笃念情谊的人。西南联大时期,研究所三校分设,北大的文科研究所由傅斯年任所长,郑天挺副之。傅斯年因社会活动较多,故在昆明的时间较少,文科研究所的工作实际由郑天挺主持。要办好研究所,能否聘到高水平的导师是关键。当时,除北大原有的名师汤用彤、杨振声、罗常培、罗庸、唐兰、姚从吾等人外,学贯中西的史学泰斗、清华大学教授陈寅恪也被聘为北大文科研究所导师,这为北大文科研究所增辉有加。在北大文科研究所,陈先生培养出了汪篯、王永兴等隋唐史专家。对此,郑天挺一直感念不忘,但无以为报。天赐机缘,汪篯本为陈氏得意门生,函求于前;今陈先生因目疾需人相告于后,需求在郑天挺处相应。郑先生感到如果能将汪篯调过来协助陈先生研究,那么既可以满足陈先生的需要,又可作为对陈先生支持北大文科研究所情谊的感谢,更可使汪篯这位才华已露的可造之才学得陈寅恪的真传,为北大史学系储一员大将。一举数得,何乐而不为?于是郑先生在征得学校同意之后,想方设法将汪篯由长白师院调来派去清华大学做陈寅恪教授的助手,直到1948年12月中旬陈寅恪离开北平为止。

这两年的时间,对汪篯的学术成长是至关重要的,因为这时的汪篯已不是学生时代的汪篯,而是投入社会数年之后的汪篯,在实际工作中对自己以往所学知识和治学方法的应用和检验,使这位勤奋自励的青年学者有了比在校时对研究学理更多的自觉性,对史料的选择、取舍、分析、鉴别等有了更强的驾驭能力。这样一位有着高度自觉性、目的性,又有良好素养、天赋和精力充沛的青年人,在堪称世界级大师的陈寅恪身边朝夕相伴,在帮助陈先生研究中,耳濡目染陈先生治学治身治家的一言一行,对其会产生如何深刻的影响,其学术精进如何迅捷而踏实,是不难想见的。以后的事实证明了这一点，据说在协助陈先生著述和修改书稿中，汪篯不仅有时提出自己的见解，而且有些意见还被陈先生所采纳，其研究见解的深入和精到，使40岁左右的汪篯在中国史学界隋唐史的研究领域中的学术地位，为人所公认。

由于郑天挺的远见卓识，养士储才，这位才华不凡的隋唐史专家在北京大学服务20年，直到1966年辞世。他对北京大学史学系的学术贡献有目共睹，除在北大及兄弟院校的授课、讲演受到好评外，他的《唐太宗与"贞观之治"》《汪篯隋唐史论稿》等著作可以作证。

郑天挺之所以把汪篯这样一位得力人才送到陈寅恪身边，还有一个小小的原因，这就是郑先生深知陈寅恪需要什么样的助手，他知道这个职位不是随便一个人可以胜任的。之所以深知陈寅恪，是因为陈郑两家两代人的交往。郑天挺与陈寅恪在西南联大多年同住一楼：先在蒙自分校时，歌胪士洋行楼上是他们的寓所；后到昆明，又同住在青云街靛花巷北大文科研究所楼上，经常交谈和往还。一日晚间，郑天挺持所写《发羌之地望与对音》一文就教于陈寅恪。陈寅恪为之订正梵文对音及佛经名称多处，第二天即送还郑天挺，并对该文给予赞扬。陈先生长郑先生9岁，是师长辈，而陈之父陈三立与郑之父郑叔忱相识相知，陈老先生三立的墨宝"史宬"二字是为郑老先生所书，郑先生一直珍重地高悬于书房之中，以为策励。

至此，对当年汪篯在北大支薪却去清华上班一事，大概可以见怪不怪，有个了解了。

中国最早的民俗学研究机构

——北大歌谣研究会

民俗学是记叙、研究民间习俗、知识，说明人民生活文化现象的学科。民俗中保留着一个民族的古老习惯、风俗、语言、信仰等，对于研究道德、宗教、哲学、世界观、婚姻、艺术等的起源与发展有着重要意义。研究民俗学可以推动民族学的研究，是社会学的重要方面，对于多民族国家来说，更有其重要意义。1982年9月，中国民俗学会成立，一些大专院校的相关系科开设了民俗学课程。然而我国关于民俗学的研究，最早可追溯到1918年2月开始的北京大学歌谣研究。

北京大学研究所国学门导师刘半农、沈尹默、钱玄同、沈兼士、周作人等发起向全国征集近世歌谣的简章，刊载于1918年2月1日《北京大学日刊》第61号上。他们认为歌谣可以反映历史，反映风土人情，"歌谣是民俗学上的一种重要的资料"，"是民俗学中的重要分子"，"在民俗与方言研究上所占地位甚重"，歌谣是"国民的心声"。因为他们相信"民俗学研究在现今的中国确是很重要的一件事业"。北京大学研究所国学门的歌谣研究工作，初定由刘半农教授负责来稿初审，钱玄同、沈兼士二教授负责考订方言，由沈尹默负责一切事务。当收集到相当数量的歌谣需要编辑《歌谣汇编》《歌谣选粹》时，于1920年12月19日成立了北京大学歌谣研究会，这是学界一致公认的中国最早的民俗学研究机构。该会1922年12月17日创刊的《歌谣周刊》为中国最早的民俗学研究专刊。到1926年8月，共收到各地歌谣13908首，公推陈大齐、徐旭生、张竞生、钱玄同、周作人、沈尹默、沈兼士诸先生担任审查，编成歌谣丛书。首先出版的有顾颉刚的《吴歌集》、常惠的《北京歌谣》和《山歌一千首》、刘经庵的《河北歌谣》、白启明的《南阳歌谣》、台静农的《淮南民歌》、孙少仙的《昆明歌谣》等。

《歌谣周刊》　　　　　　　　　　《北大风俗调查会征集各地旧历新年风俗物品之》说明

在歌谣收集、研究有一定基础之后，常惠先生曾提议组织民俗学会。1923年5月24日，北京大学风俗调查会成立，是由张竞生等先生发起的。1924年1月26日，北京大学方言调查会成立，由林玉堂（后改林语堂）先生任主席，参加者有罗庸、魏建功、沈士远、沈兼士、钱玄同、周作人、朱希祖、马裕藻、黎锦熙等教授。这些研究会、调查会的研究成果，也都由《歌谣周刊》发表，这时的《歌谣周刊》实际上已经是《民俗学杂志》了。由于《歌谣周刊》所载歌谣等都是采自各地原汁原味的真货，即使有些方言有音无字，也尽可能采用注音字母注音的方式，而不假造谐音字，所以保留有浓厚的地方色彩，并十分生动活泼，惹人喜爱。不妨略抄几首短歌，读者自看：

> 白纸扇（湖北）
> 白纸扇，折堆折，妻子长我三个月。
> 不搽粉，石灰白，不点胭脂桃花色。
> 外人叫我卖与他，割心割肝舍不得。
> 大月亮（安徽）
> 大月亮，小月亮，照着哥哥念文章。
> 嫂子起来煮白米，姑子起来绣鸳鸯。
> 背时媒人（四川）
> 一章帕子两边花，背时媒人两面夸：

> 一说婆家有田地，二说娘家是大家；
> 又说男子多聪明，又说女子貌如花。
> 一张嘴吧叽哩呱，好似田中青蛤蟆。
> 无事就在讲空话，叫儿叫女烂牙巴，
> 日后死在阴司地，鬼卒拿你去捱叉！

读后使人对其地的习俗、人情、爱情等印象深刻。

1934年6月，北京大学研究院文史部主任刘半农教授，为了实地调查方言（这是民俗学研究的条件之一），他亲率白涤洲、沈仲章等赴包头考察西北方言，抵百灵庙染伤寒病而归，医治无效而逝。刘半农先生曾留学法国，获文学博士学位，回国后任教于北京大学，因所著《汉语字声实验录》荣获1925年度法国最高文艺学院伏尔内奖，是中国荣获此奖的第一人。他的辞世是国学界的巨大损失，北京大学及北京学界为刘先生举行了隆重的追悼会，并厚恤家属，以表对他因公牺牲的崇敬。随同刘先生前往西北考察的白涤洲助教亦染此疾，两个月后死于伤寒。这是北京大学为民俗学研究而献身的两位先驱。

（原载《文史精华》1998年第5期）

北京大学国学研究八十年（1918～1998）

1992年1月6日，北京大学成立了中国传统文化研究中心，旨在"发掘与弘扬中华民族优秀传统文化，促进社会主义精神文明建设和学术事业的发展"①。中心编辑出版学术刊物《国学研究》年刊、《国学研究丛刊》"中国历史文化知识丛书"等，迄今已出版多卷，成果丰硕。北京大学有组织地研究中国传统文化（国学），起于1918年的国文学门研究所，算起来已有80年历史了。

关于国学的研究并非北京大学最早，但因北京大学国学研究的阵容强大、视点高超、成果卓然、影响久远，因此多少年来人们一直误认为国学研究始自五四时期，且"以北京大学为发源地"。② 其实国学的保存与研究开始于20世纪之初。本文从世纪之初国学研究的兴起，北京大学国学研究的回顾，20世纪末国学研究的再度兴起及北京大学的中国传统文化研究等方面，对北大国学研究80年概况及历史大势做粗略的勾勒。笔者非国学中人，只因编纂《北京大学史料》的关系，耳目所及的有关国学资料颇为不少，故不揣浅陋，试撰此文，就教于方家，以有补于《北京大学志》的编纂。

---

① 袁行霈主编《国学研究》第一卷，北京大学出版社，1993，第570页。
② 陈以爱：《中国现代学术研究机构的兴起》，"国立"政治大学历史学系，1999年5月。

一 20世纪初的国学研究兴起

19世纪中叶，古老中华帝国的大门在西方的坚船利炮轰击下被迫打开，割地赔银、丧权辱国之事持续不断，中国已达窘境。窘者穷也，困也。"穷则变，变则通，通则久"（《易·系辞下》），人们开始"师夷长技以制夷""中学为体，西学为用"以求生存。于是了解西方、学习西方的洋务运动、游学兴学运动、维新变法运动等接踵兴起，然而历数十年探索效果不佳。且西方资本主义文化虽较封建文化为先进，但远非完美无缺，西方有西方的困难。对西方文化有较多了解的一批中国学者，看到西方资本主义社会的种种病态之后，由崇拜西方文化转而抵制西方文化，并鼓吹还是要依靠中国固有文化的发扬光大来实现中国的革新。于是便有国粹、国学、国故的保存与研究热潮的兴起。

光绪三十一年正月二十日（1905年2月23日）创刊的《国粹学报》，"以发明国学保存国粹为宗旨"，① 是笔者见到的最早出版的国学研究刊物。编辑该学报的国学保存会于甲辰（光绪三十年）季冬之月成立于上海，该会宗旨为"研究国学，保存国粹"。② 20世纪之初之所以提出保存国粹、研究国学，其原委可于《国粹学报》"发刊词"中窥见一斑。其文曰："海通以来，泰西学术输入中邦，震旦文明不绝一线，无识陋儒，或扬西抑中，视旧籍如粪土……嗟呼！……不揣固陋，拟刊发报章，用存国学，月出一编，颜曰国粹……钩元提要，括垢磨光，以求学术会通之旨，使东土光明广照大千，神州旧学不远而复。是则下士区区保种爱国存学之志也……"③ 文辞慷慨怆然，这是面对资本主义文明冲击的自然反应。黄节（晦闻）被称为"中国国学泰斗"，④ 曾与章太炎等组织国粹导群学会，后任北京大学中文系教授。他所撰《国粹学报》"黄叙"，其感慨更为鲜明。他在历数国兴衰与学兴衰的关系之后，慨叹道："痛吾国之不国，痛吾学之不学。"⑤ 文中"呜呼"

---

① 上海国粹学报馆编《国粹学报》第一年第一号，"略例"，光绪三十一年正月二十日。
② 上海国粹学报馆编《国粹学报》第一年第一号，"国学保会会小集叙"，光绪三十一年正月二十日。
③ 上海国粹学报馆编《国粹学报》第一年第一号，"发刊词"，光绪三十一年正月二十日。
④ 《京报》1935年3月11日。
⑤ 上海国粹学报馆编《国粹学报》第一年第一号，"黄叙"，光绪三十一年正月二十日。

"悲夫""痛哉"之语多出，其为国衰学衰而痛心疾首之情溢于字里行间。然而黄先生并不悲观绝望，他呼吁国人对国学"研究之，期光复"，①他期望着"雄鸡鸣而天地白，晓钟动而魂梦苏"。黄先生情真意切的文字是帝国主义列强侵吞掠夺下，面对国家衰微、民生凋敝局面时，忧国忧民知识分子的心态反映，也是中华民族不甘衰落而必奋起的呼喊。这心态，这呼喊并非出自一人之口，如果我们简略查看当年国学、国粹的保存和研究机构及刊物纷纷涌现便可知一二。

1905年，上海《国粹学报》出版；1907年，上海《国粹丛编》出版；1908年，北京《国学萃编》发行；1911年，北京国学研究会出版《国学丛刊》；1912年，四川国学研究院编辑出版《四川国学杂志》；1914年，北京清华学校国学研究会刊发《国学丛刊》；同年，旅居日本东京的华人国学扶危社印行《国学》；1915年，上海国学昌明社刊行《国学杂志》；1920年，武昌高师编印《国学卮林》；1922年，成都《国学月刊》出版；1923年，北京大学《国学季刊》发行；1924年，北京述学社《国学月报》出版；1925年，《北京大学研究所国学门周刊》发行；同年，北京民国大学国学研究会编印《国学月刊》；1926年，《北京大学研究所国学门月刊》出版；同年，上海大东书局刊行《国学月刊》；1927年，北京清华学校研究院编印《国学丛刊》；1931年，北平中国大学出版《国学丛编》；1932年，济南齐鲁大学国学研究所出版《国学汇编》；1933年，苏州国学会国学论衡编纂部编印《国学商兑》；1937年，天津国学社编发《国学》（月刊）……

由上可见，国学保存及研究机构、刊物遍及华夏大地，甚至远涉海外，凡华人对中华民族的传统文化无不满怀深情。值得注意的第一点是，这些研究机关不仅仅出自爱国学人自发的民间社团，而且有政府参与提倡，如《四川国学杂志义例》说："中华民国元年秋，蜀政府设国学院为全省国学倡，以发扬国粹为宗旨，首编辑国学杂志，以阐发私义，鼓吹群伦，事綦重也……"②

无论官民都知道"天下兴亡，匹夫有责"，这是中华传统文化的一部分。因此，当1914年清华学生组织清华国学研究会时，其宣言庄严宣称："此国

---

① 上海国粹学报馆编《国粹学报》，第一年第一号，"黄叙"，光绪三十一年正月二十日。
② 四川国学院：《四川国学杂志》第一号，1912。

学研究会之所以成立,发宏愿具婆心,将以起新少年于梦之中,于新学外从事于国学也。"并号召凡"具爱国爱种之心者,当急起直追,以求祖国深奥优美渊博精切之学术思想,以培我国本、固我国基"。为此它"大声疾呼唤醒新少年研究国学",并称"此所为今日之急务也"。① 曾在晚清外务部、农工商部任侍郎、署理、尚书等职的唐文治(字蔚芝),由官吏而出任上海实业学校监督、无锡国学专修学校校长,应其门生薛桂轮等自清华国学研究会来函之请,为之作序,盛赞其事。

1921年末,北京大学研究所国学门成立后,曾受聘为国学门导师的国学大师王国维、罗振玉在为《国学丛刊》(北京国学研究会出版,1911)所作序中认为:"学无新旧也,无中西也,无有用无用也。"指出"学问之所以为古今中西所崇敬者",实是由于"苟思之得其真,纪之得其实,极其会,归皆有裨于人类之生存福祉"。只不过是"己不竟其绪,他人当能竟之;今不获其用,后世当能用之"② 而已。

一批著名学者如王国维、罗振玉、唐文治、黄晦闻、刘师培、马叙伦等参与国学运动,或为之作序,或直接撰文。他们的地位和影响力,有力地推动了国学研究的兴起。这是值得注意的第二点。

值得注意的第三点,是一批学兼中西的学者如杜亚泉、梁启超、王国维等人的异常表现。1900年,杜亚泉在上海创办中国最早的数学杂志《中外算学》,创办中国第一个综合性自然科学刊物《亚泉杂志》,并著有《微积问答》《叔本华处世哲学》,编有《动物大辞典》。他既了解自然科学,又了解西方文化,在他主编的大型期刊《东方杂志》(创刊于1904年3月)上发表一系列文章(署名伧父等),批评西方文化滥用科技成果,危害人类,主张以中国固有文化救济西方。他说:"西洋诸国,日以其科学所发明之利器,伐杀其同类,悲惨剧烈之状态,不但为吾国历史之所无,亦且为世界从来所未有。"因此他认为应该慎重审视和对待西方文化,主张"吾人今后不可不变其盲从之态度,而一审文明真假之所在"。在他看来"吾国固有之文明,正是以救西洋文明之弊,济西洋文明之穷……"③ 与杜亚泉间接了解西方文化不同,鼓吹学习西方,宣传维新的梁启超以其亲自经历、所见所闻写成的

---

① 清华国学研究会:《国学丛刊》1914年6月1日。
② 北京国学研究会:《国学丛刊》,1911。
③ 《东方杂志·静的文明与动的文明》第13卷第10号,1916年10月。

《欧游心影录》在中国思想界、舆论界产生了广泛的影响。在书中他认为，"西方文化已经破产"。他呼吁："我们可爱的青年呀，立正！开步走！大海对岸那边有几万万人，愁着物质文明破产，哀哀欲绝地喊救命，等着你们来超拔他哩。"梁启超的维新、保皇、倡导文学革命等表现是他对中西文化认识过程的反映。国学大师王国维则是另一种表现。他曾留学日本学习物理，对19世纪后期西方（主要是欧洲）的哲学思想有着深入而广博的了解。他汲取西方的新观点、新方法，来讲授中国古代典籍，研究《诗经》《尚书》中的成语和古字母等，颇有创见和发明。在中西文化面前他内心的矛盾一定程度上反映在他身着清装、蓄长辫的遗老打扮上，在溥仪被冯玉祥赶出紫禁城后，王先生自沉于颐和园昆明湖，为后人留下了几多猜想。大家熟悉的"怪杰"辜鸿铭，从小学到大学全程在欧洲接受教育，20岁时取得英国爱丁堡大学文学硕士学位，之后又到德国莱比锡大学攻读土木工程。他通晓多种语言，游历过欧洲许多国家，可以说辜鸿铭是先精通西方文化之后，才被中国传统文化的博大精深所吸引而复归于中国传统文化的。他不仅用外语讲解中国古籍，而且译《论语》《中庸》等为英文，以解西方文化之困。

凡此种种，都说明一个事实，学习西方文化与中国固有文化之间存在着一个令众多学者困惑而又积极探寻、求解的题目。为了求解这道题，许多学校、社会团体等参与其中，北京大学国学研究所便是当年国学研究热潮中出力多、成就大、享誉久远的机构之一。

二 北京大学国学研究的回顾

1917年1月4日，新任校长蔡元培到校视事，开始了他对北京大学的改革。蔡元培是中国传统文化养育出来的中学根底很深又善于学习西方文化，并将西方文化精神应用于中国实际的伟大学者，比之同时代的学者，要高明许多。蔡元培受欧美教育特别是德、法两国高等教育的启示，认为只教书不研究是很难提高水平的。为了与欧美大学相齐，他倡议开展科学研究，成立各科研究所。经过一番筹商酝酿，北京大学《研究所通则》七条、《研究所办法草案》四条九款于1917年11月16日公布。"通则"中规定："（乙）本学期所拟设之研究所凡九，1. 国文学，2. 英文学，3. 哲学（以上文科）；4. 数学，5. 物理学，6. 化学（以上理科）；7. 法律学，8. 政治学，9. 经济学（以上法科）。"① 从此，便有了北京大学国文学研究所、国文门研究所、文科研究所国文学门、国文研究所、文科国文门研究所②等称谓。这种名称混乱的现象正是初创不久、尚未相沿成习的表现，后来通行的是北京大学国文门研究所，时间约四年，到1921年11月北京大学研究所国学门成立。

国文门研究所时期的导师主要有刘半农、周作人、陈汉章、田北湖、黄侃、钱玄同、沈尹默、沈兼士等。研究生（当时亦称研究员）有范文澜、冯友兰、陈钟凡、孙本文、顾名、傅斯年、袁振英、崔龙文等约40人。

北大研究所国学门

国学门同人董作宾、陈垣、朱希祖、蒋梦麟、黄文弼、顾颉刚等北大研究所国学门前留影

这一时期的工作大致为三个方面：集会、办刊、调查。集会是这一时期研究活动的主要方式，有讲演会、讨论会等。集会时常常是导师先讲，然后师生讨论，颇具欧美学术活动形式讨论会（Seminer）的意味，当然也有中国

---

① 《北京大学日刊》1917年11月16日。
② 《北京大学日刊》1917年11月16日、11月22日、12月4日、12月27日、1918年4月22日等。

书院的影子。不仅国文门研究所如此，其余八所也大体如此。由于各研究所研究科目众多，所以一天之内可有数场讲演会。现摘编《北京大学日刊》（1918年4月11日）所载集会一览表以见一斑。

集会一览表（4月11日至4月13日）

会　期	时　间	召集者	摘　要
4月11日	13:00~14:00	国文研究所	马寅初：形体
4月11日	16:00~17:00	国文研究所	吴瞿安：曲
4月11日	10:30~12:30	经济门研究所	胡钧：财政学
……	……	……	……
4月12日	13:30~14:30	英文研究所	威尔逊：戏曲
4月12日	15:00~17:00	法律门研究所	王宠惠：比较法律
4月12日	15:00~17:00	经济门研究所	马寅初：银行货币
4月12日	16:30~18:30	化学门研究所	开会讨论
……	……	……	……
4月13日	16:30~18:30	哲学门研究所	刘少珊：老庄哲学
4月13日	15:00~16:00	国文研究所	钱玄同：音韵
……			

由上表（此类一览表在《北京大学日刊》上常见）可见，此时的国学研究主要在文学艺术方面。根据1918年5月27日研究所举行主任会议，出席者有文科学长陈独秀、法科学长王建祖，以及沈尹默、黄振声、胡适、马寅初、陈启修、黄右昌、俞同奎七主任。会议议决，国文门研究科目主要有音韵、形体、训诂、文字孳乳、文、诗、词乐府、曲、小说、文学史、注音字母之研究，以及清代考订学、文学史编纂法、字典编纂法、今韵之研究、方言之研究等。①

经过一段时间研究，成果渐多。由于《北京大学日刊》篇幅所限，不宜刊载长篇研究文章，为了研究成果的发表，遂有《北京大学月刊》之创办。1919年1月北京大学第一份综合性学术刊物《北京大学月刊》出版，文、理、法三科研究文章均刊，全年十期，各研究所主任朱希祖、俞同奎、马寅初、胡适、秦汾、陈启修、陶履恭、张大椿、黄右昌等每人负责编辑一期，

---

① 《北京大学日刊》1918年5月29日。

另有一期增刊由校长蔡元培亲自编辑。当时北大学术空气浓厚，各家学说自由论争，各种刊物如雨后春笋相继出版，与《北京大学月刊》几乎同时出版的是"批评的精神、科学的主义、革新的文词"为特征的《新潮》，之后又有"以倡明中国固有之学术为宗旨"的《国故月刊》创刊，如此等等。

北京大学创办的一批学术期刊

文人在书斋中进行研究习惯易行，向社会作调查进行研究则较为困难，但为了深入社会研究，调查又是必不可少的。由刘半农、沈尹默、沈兼士、钱玄同等先生发起并主持的北京大学歌谣征集处，于1918年2月1日在《北京大学日刊》上登出了《北京大学征集近世歌谣简章》十条。中国一代民俗学研究由此发端，到1918年5月已征集到全国各地歌谣1100多首。1918年5月20日《北京大学日刊》发表的由巴东沈次刚供稿、经刘半农编订的第一首歌谣："一出南津关，两眼泪不干。卖个破砂罐，吆吆喝喝上四川。"在歌谣征集到相当数量，需要系统整理、编辑、研究时，沈兼士、钱玄同、周作人发起组织歌谣研究会，① 于是1920年12月19日北京大学歌谣研究会成立。这是中国民俗学和俗文学研究的最早机构。

1920年7月8日，北京大学评议会（学校最高立法机关）通过的北京大学《研究所简章》中明确规定，研究所的性质及运作方式仿德美两国大学之讨论会（seminar）办法，为专攻一种专门知识之所；研究所的组织暂分四门：国学研究所、外国文学研究所、社会科学研究所、自然科学研究所。

---

① 《北京大学日刊》1920年12月14日。

"北京大学国学研究所"或"北京大学研究所国学门"的称谓从此逐渐代替"文科研究所国文学门"或"文科国文门研究所"的称谓。

北京大学的国学研究，经过了国文学研究所三年时间的初创阶段，积累了一定的材料和经验。为了推进"国学"这个包括传统文化各个方面的科目的深入研究，1921年11月，北京大学研究所国学门正式成立。由蔡元培任委员长，委员有顾孟余、沈兼士、李大钊、马裕藻、朱希祖、胡适、钱玄同、周作人。这九人组成的研究所国学门第一届委员会作为领导机构，日常工作由本门主任沈兼士负责。此时国学门主要由特别阅览室、歌谣研究会、考古学研究室等组成。研究科目分为文字学、文学、哲学、史学、考古学五大类，后发展为名称相应的五个研究室。

这一时期是北大国学研究迅速发展的时期，1922年5月国学门接收清内阁大库档案1502麻袋又62大箱进行整理研究；1922年12月17日，《歌谣周刊》创刊；1923年1月，北京大学四大季刊之一的《北京大学国学季刊》创刊，该刊直属学校不属国学门，但由国学门编辑、内容为国学研究，其编委会由胡适（主任）、沈兼士、周作人、顾孟余、单不庵、马裕藻、刘文典、钱玄同、李大钊、朱希祖、郑奠十一人组成；1923年5月24日，研究所国学门风俗调查会成立；1924年1月26日，研究所国学门方言调查会成立；1925年10月14日，《北京大学研究所国学门周刊》创刊；1926年10月20日，《北京大学研究所国学门月刊》第一卷第一号出版，代替原周刊，这一期为"考古学专号"。

此时的导师队伍盛极一时，除沈兼士、刘半农、钱玄同、周作人、胡适、陈万里、林玉（语）堂、马衡、马裕藻、顾颉刚、常维钧、单不庵等本校教授外，还聘到了国学大师王国维、陈寅恪、罗振玉、陈垣等教授，以及俄国学者伊凤阁（Dr. A. I. Ivanov）博士、德国哲学博士钢和泰（Baron. A. Von. Steel – Holstein）等为导师。毕业研究生有魏建功、罗庸、张煦、郑天挺、段颐、容庚、冯淑兰、董作宾、李正奋等32人。不到校的通信研究员在国内有四川、广东、福建等18个省的34人，在国外有丹麦人吴克德博士（K. Wulff）、日本人泽林专太郎、法国人伯希和（Paul Pelliot）等人。

此时研究题目涉及广泛：语言文字学类有清代小说家书目提要及其治学方法、广韵理董、音义起源考、殷周金文、殷墟甲骨文字、说文读若考、说文羡异考七种；文学类有楚辞研究、晋二俊诗学、元曲发达史、古琴曲谱之系统的研究、三百篇演论、宋玉研究、建安文学七种；哲学类有尹文子校释、公孙龙子注、老子义证、论语研究四种；地理学类有黄河变迁考、中日交涉地理两种；民族交际史类有西北民族对于中国之关系、中俄交涉史两种；年表类有清代文学家年表、历代名人生卒年表两种；学术史类有中国伦理学史、先秦教育思想史、西汉教育思想史三种；政治制度学类有中国刑法思想之变迁、中国刑法之沿革、井田之研究三种；史志类有隋唐五代史、补后汉书艺文志、元代史、宋代史四种及云南风俗志一种；等等。王国维先生指导的题目为"诗书中成语之研究""古字母之研究""古文学中联绵字之研究""共和之前年代之研究"等；陈寅恪先生指导题目为"长庆唐蕃会盟碑藏文之研究""鸠摩罗什之研究""中国古代天文星历诸问题之研究"等；伊凤阁导师之题目为"西夏国之历史文化和古迹""西夏国之地位与东方文化之关系""西夏国之历史、国语、文字"等。

这一时期是北京大学研究所国学门成就卓著的时期，除前述编辑出版的各种刊物外，师生们的著述还有《二十史朔闰表》（陈垣），《尹文子校释》（罗庸），《公孙龙子注》《老子校注》（张煦），《黄河变迁考》（段颐）《金文编》（容庚）《殷虚甲骨文字类编》（商承祚）《三百篇演论》（蒋善国）《楚辞研究》（冯淑兰）《诗书中之联绵字之研究》（吕大桓）《古满洲民族考》（陈政译）《秦筑长城用料考选材》（黄文弼译）《说文读若考》（方勇）《隋代艺文志》《补后魏艺文志》《魏书源流考》（李正奋）《吴歌集》《孟姜女故事研究集》《孟姜女故事的歌曲集》《中国学术年表说明》（顾颉刚）《北京歌谣》《山歌一千首》（常惠）《河北歌谣》（刘经庵）《南阳歌谣》（白启明）《淮南民歌》（台静农）《昆明歌谣》（孙少仙）等。编辑室编辑有《艺文类聚》《艺文类聚引用书籍目录》《太平御览》《太平御览引用书细目》《太平广记》《太平广记引用书籍增订目录》《李善文选注》《郦道元水经注》《刘孝标世说新语注》《十三经注疏》《慧琳一切经音义引用书细目》《慧琳一切经音义引小尔雅》《文选李善注引用书》《郦道元水经注引用书目》《刘孝标世说新语注引用书目》《十三经注疏引用书目》《希麟续一切经音义引用书目索引》《唐玄应一切经音义众经目录》《说文古本校勘记》《白虎通》《释名》《切韵唐韵校勘记》《中国学术年表》《研究所国学门一览》等。明清史料整理会编著有《明季兵部题行稿摘要汇编》《九朝京省报销册目录》《清代官印谱》《要件陈列室目录》等。考古学研究室编著有《甲骨刻辞》《封泥存真》《古明器图录》《金石书目》《大同云岗石刻》《西行日记》等。歌谣研究室编有《直隶歌谣》《山东歌谣》《河南歌谣》《安徽歌谣》《浙江歌谣》《湖北歌谣》《湖南歌谣》《云南歌谣》《北京谜语》《北京歇后语》《谚语选录》等。此外考古研究室还调查了河南新郑和孟津两县出土之周代铜器、大宫山之明代古迹、洛阳北邙山出土之古物、甘肃敦煌之古迹、朝鲜乐浪之汉墓等，并参与燕下都的发掘。收集之古器物计有金、石、甲、骨、玉、砖、瓦、陶等四千余件，金石拓本一万余种等。方言调查会已求得方言四十八种，并开展了《中国比较发音学》的研究等。①

1927年，军阀张作霖进入北京，摧残教育，将北京国立九校合并为京师大学校，北京大学校名被取消，至1929年8月才恢复，其间曾称中华大学、北平大学北大学院。北京大学研究所国学门也一度改为京师大学校国学研究馆，教学科研工作均受到相当的影响，但师生们还是做了一些工作，如国学门特派员黄文弼等参加了1927~1930年的西北科学考查团，并获得木、陶、瓦、泥塑佛像等古物甚多。1929年8月，北京大学恢复后，研究所国学门委员会委员从10月25日开始轮流值班，11月开始招收研究生。1929年末至1932年中，是北京大学研究所国学门在遭受变故之后的恢复期。1930年4月11日，校评议会议决采纳蔡校长来函之意："为发展北大计，与其求诸量，无（毋）宁求诸质，与其普及无（毋）宁提高"及停办预科、加强研究所②等意见后，有所发展。此时的导师有朱希祖、叶瀚、黄节、马裕藻、马衡、沈兼士、刘半农、陈垣、钢和泰、徐炳昶（旭生）、周作人、钱玄同、沈尹默、许之衡等。研究生有张任政、徐景贤、靳德峻、刘淡云、侯植忠、方国瑜、傅振伦、蒋炳南、单士元、谢国桢、高荣魁、商鸿逵、金受申等三十多人。研究科目主要有明清史、雕刻瓷器、汉魏六朝诗、金石学、古声韵学、文字学、语音学、宗教史及宗教美术、中国基督教史、古器物学、中国古代哲学、中国歌谣、唐诗、词曲、音韵沿革、说文研究等。此时除请章太炎等至校讲演、整理明清史料外，出版编著有《顺治元年内外官署奏疏》《清嘉

---

① 《北京大学研究所国学门周刊》第一卷，第三期，1925年10月28日；第一卷，第十一期，1925年12月23日；第二十四期，1926年8月18日。
② 《北京大学日刊》1930年4月12日、14日。

庆三年太上皇起居注》《唐太宗与佛教》《读慧皎高僧傅札记》《欧学者对于匈奴的研究》《中国文艺论》等。①

1932年7月，北京大学研究院成立，下设自然科学、文史、社会科学三部。于是国立北京大学研究所国学门即为国立北京大学研究院文史部所代替，并将原中文系所设之语音乐律实验室归入文史部。聘刘半农为文史部主任。文史部的研究方向略有改变，以中国语言文学和中国历史（含思想史、制度史）为主。文史部导师及指导科目有宋词（许之衡、赵万里）、清代古文（林损、孟森）、甲骨及钟鼎文专题研究（沈兼士、马裕藻、钱穆）、唐代文学专集研究（胡适、陶希圣、周作人）、甲骨文字专题研究（钱玄同、魏建功、马衡）、宋元戏曲专题研究（许之衡、罗庸）、近二十年之文学（刘半农、胡适）、中国古代伦理思想史（胡适、陶希圣、贺麟）、梁武帝以前佛儒道思想史（汤用彤、胡适）、清史专题研究（孟森）、明清之际中外交通史（孟森、陈受颐）、清代哲学专题研究（钱穆、陶希圣）等。在所研究生有陶贤棣、梁崑、谢石麟、黄谷仙、张桂芳、熊正刚、高公润、高庆赐、许汝骥、郝瑞桓、李光信、王维诚、赵泉澄、赖义辉、焦步青、赵何日等人。

北京大学研究院文史部只存在了两年，1934年6月研究院进行改组，文史部即改为文科研究所。文科研究所主任由文学院院长胡适兼职。文科研究所设有编辑室、考古学室、金石拓片室、明清史料室、语音乐律实验室五个部门。

到1937年抗战南迁之前这三年多时间里，文科研究所的导师及指导科目主要有中国语言学（罗常培）、中国训诂学（沈兼士、罗常培）、中国声韵学（马裕藻、魏建功、罗常培）、中国文字学（钱玄同、沈兼士、唐兰）、中国文学史专题（胡适、周作人、傅斯年、罗庸）、中国古代史（傅斯年）、两汉史（钱穆）、辽金元史（姚从吾）、明清史（孟森、陈受颐）、近世外交史（张忠绂）、中国佛教史（汤用彤）、基督教在中国之早期史（陈受颐）、中国思想史专题（胡适）、中国教育思想制度史（邱椿）、中国社会经济史（陶希圣、周炳琳）、中国政治制度史（张忠绂、陶希圣、

---

① 王学珍、郭建荣主编《北京大学史料》第二卷，北京大学出版社，2000，第1436、1448~1454、1495~1497页。

张佛泉)、中国法律史(董康、刘志敫、李祖荫)、专题傅记(胡适)等。在所研究生有侯封祥、阎崇璩、李楼、陶元珍、朱文长、唐景崧、曹延亨等三十余人。这段时间主要成就有《十韵汇编》(罗常培、魏建功)《明南京车驾司职掌》(祁承樸)《史记探源》《春秋复始》(崔适)《中古文学史》(刘师培)《词余讲义》(吴梅)《诗学》(黄节)《明清通纪》《清初三大疑案考实》(孟森)《古音系研究》(魏建功)《切韵闭口九韵之古读及其演变》《唐五代西北方音》《中国方言研究小史》(罗常培)《黑格尔学述》(贺麟)《读太平经书所见》(汤用彤)《崇祯存实疏钞》《封泥存真》《洪承畴章奏文册丛辑》《清内阁旧藏汉文黄册联合目录》等出版。此外还参加了西北科学考察团整理居延汉简、捶拓甲骨、封泥、古钱,并编写释文,整理艺风堂金石拓片,制造最简音高推算尺和音准、音调模拟器等,调查绥远方言、记录江阴方音等。①

这一时期,北京大学国学研究中特别值得纪念的有两件事:一是北京大学国学研究的起点高、方法好、方向明确(以《北京大学国学季刊》"发刊宣言"为代表);二是有理论有实践,甚至为此付出了生命的代价(刘半农、白涤洲等)。

在20世纪初国学研究兴起之初,人们认为国学即国粹;② 做法上更多的是"述而不作",征实多而发挥少,很少有新的发明见解,可谓只采花不酿蜜,只食叶不抽丝。有的甚或停留在悲观慨叹之中。北大的研究者们则不同,在他们看来"'国学'在我们的心眼里,只是'国故学'的缩写。中国的一切过去的文化历史,都是我们的'国故',研究这一切过去的历史文化的学问,就是'国故学',省称为'国学'"。③这篇"发刊宣言"可谓北大国学研究大纲,被称为国故学上的空前伟论。《北京大学国学季刊》"发刊宣言"第一次明确地把国学界定为"中国一切过去的历史文化",这就没有片面性,也省去了"国粹""国渣"之争。"发刊宣言"称,"我们不了解'国渣',如何懂得'国粹'?所以我们要扩充国学的领域"。可以看出,这种认识已含有辩证法的认识论在内,无疑是前进了一大步。基于这种认识,北大的学者反对那种对西洋学说一概排斥、对中国固有文化一概称颂不准改动的

---

① 《北京大学国学季刊》第四卷第一号,1934。
② 上海国粹学报馆:《国粹学报》第一年第一号,"发刊词",光绪三十一年正月二十日。
③ 《北京大学国学季刊》第一卷第一号,"发刊宣言",1923年1月。

糊涂认识与做法。北大的国学研究者指出："有些人还以为西洋学术思想的输入是古学沦亡的原因，所以他们至今还在那里抗拒那他们自己也莫名其妙的西洋学术；有些人还以为孔教可以完全代表中国的古文化，所以他们至今还梦想孔教的复兴；……有些人还以为古文古诗的保存就是古学保存了，所以他们至今还想压语体文字的提倡与传播。"在北大的国学研究者看起来："这些反动都只是旧式学者破产的铁证；这些行为，不但不能挽救他们忧虑的国学之沦亡，反可以增加国中少年人对于古学的藐视。"北大的国学研究者甚至认为："如果这些举动可以代表国学，国学还是沦亡了更好！"那么研究国学的目的是什么呢？其目的"是要做成中国文化史"，"是要依据了事实，就中国全民族各方面加以精详的观察与推断，而找出个五千年来文明进化的总端与分绪来"。[①]这些清醒而准确的认识明明白白地显示了北京大学国学研究者的视点之不同凡响，高人一筹。为了实现国学的使命，使大家懂得中国过去的文化史，北大的国学研究者提出了三点具体的方法，即用历史的眼光扩大研究的范围、用系统的方法整理史料、博采参考资料进行比较研究。

正是由于北京大学的国学研究遵循着建构中国文化史的正确方向，加之方法得当，所以北京大学的国学研究成果斐然，"为国际间所注目，每次日本教育考察团来平，必来所参观"，[②]且吸引了许多国外学者加盟，如法国的著名汉学家伯希和等。

1934年6月，北京大学研究院文史部（原研究所国学门）主任刘半农一行沿平绥线经包头转察、晋、陕、甘、宁、青各省赴西北考察方言，调查得绥西、包头、安北、五原、临河、固阳、武川、陶林、兴和、清水、凉城、大同、雁北、张家口等约三十县

北京大学文史部刘半农等人一行在百灵庙

---

① 《北京大学研究所国学门周刊》，1925年10月28日。
② 《京报》1933年4月25日。

的方音，并录得歌谣十二筒，至白灵庙染疾归，诊为回归热，医治无效而逝，时年43岁。随同刘半农一道的文史部语音乐律实验室助教白涤洲亦染同一疾病逝，成为北京大学为中国方言、民俗研究而献身的二位先驱。当时北平《晨报》《京报》等以"为学术而牺牲""为学术界极大损失"等为题进行报道、褒扬。① 法国驻华公使馆发唁函哀悼。② 北京大学鉴于刘教授在北大服务多年，成绩卓著，且为公逝世，特报请教育部批准给予恤金1.2万元（《教育部指令》第11006号）。③ 这笔恤金的数字在北大历史上是罕见的，此后不久病逝的理学院院长刘树杞教授的恤金为2000元。④ 为纪念刘半农、白涤洲等为学术牺牲，《北京大学国学季刊》（第四卷第四号）特出纪念专号。蔡元培先生所撰《故国立北京大学教授刘君碑铭》称："……君所为诗文，均以浅显词句达复杂思想，于精锐中富诙谐之趣，使读者不能释手。"他在历数刘先生创制音鼓、音准、新日晷仪、调查方音、参加西北科学考察团、整理居延汉简等之后，指出"君尽瘁于科学之成绩已昭然可睹，……如《半农杂文》……所著凡数十册。旁及书法、摄影术，无不精美。可谓有兼人之才者矣！"最后蔡元培写道："朴学隽文，同时并进；朋辈多才，如君实仅。甫及中年，身为学殉；嗣音有人，流风无尽！"⑤

1937年7月，日军侵华威胁平津，北京大学被迫南迁，与清华、南开先组成长沙临时大学，后为西南联合大学，教学、生活秩序均被破坏，直到1939年6月学校工作逐步就绪之后，北京大学研究院文科研究所才在昆明恢复，聘傅斯年为所长（后为汤用彤）、郑天挺为副所长。1939年8月9日，分两次招收研究生10名。研究科目有史学、语音学、中国文学、考古学、人类学五大类。在西南联大期间，北大文科研究所导师先后有傅斯年、汤用彤、郑天挺、姚从吾、罗常培、向达、魏建功、朱自清、唐兰、陈寅恪等十数人。毕业研究生有马学良、刘念和、周法高、王明、杨志玖、任继愈、阴法鲁、逯钦立、董庶、王玉哲、高华年、王利器、王叔岷、李孝定、魏明经、王达津、胡庆钧、阎文儒、李荣、殷焕先、方龄贵、汪篯、王永兴、萧

---

① 《京报》1934年7月16日、9月26日、10月25日；《晨报》1934年7月17日、7月26日、9月19日、9月28日、10月13日等。
② 见北京大学档案·全宗号（一）·案卷号292。
③ 《晨报》1934年9月19日。
④ 《晨报》1935年11月22日。
⑤ 《北京大学国学季刊》第六卷第一号，1936。

雷南等约三十人。抗战期间，昆明物质条件极差，师生们为救国而教、为救国而学，克服艰难困苦，利用地理条件，做了许多考察工作，例如考察阳关、玉门关遗址及敦煌千佛洞、莫高窟等西北史地；调查傈僳、俅子、怒子等西南少数民族语言。此外发表了许多著述如《贡山俅语初探》《绩溪方言述略》《临川音系》等多部（罗常培），《唐代俗讲考》（向达），《音义之辩》（汤用彤），《唐代行用的一种韵书目次》（魏建功），《隋书西域传附国之地望与对音》《隋书西域传缘夷之地望与对音》（郑天挺），《王命传考》《论古无复辅音》《古文字学导论》等六部《唐兰》，《宋故四川安抚制署副使知重庆彭忠烈公事辑》（张政烺），《文选序"事出于沉思义归乎翰藻"说》（朱自清），《张江陵书牍诗文解题举例》（陶元珍），《释纛》（许维遹），《唐贞元册南昭使袁滋题名拓本跋》（容肇祖），《元曲作家生卒新考》（吴晓玲），《金上京考》（姚从吾），《国语中的语音的分配》（马大猷），《周末的音名与乐调》（张清常），《跋谷应泰明史纪事本末》（王崇武），《撒尼倮语语法》（马学良），《理学探源》（任继愈），《论柏拉图巴曼尼得斯篇》（德文，张忠寰）等，实在难能可贵。①

  1946 年 7 月，西南联大使命正式结束，三校复员返回平津。由于校舍紧张，北京大学研究院文科研究所由校本部（红楼及图书馆）迁至翠花胡同，不聘所长，而设置委员会主持工作，委员会由文学院院长、各系主任及本所各室负责人组成。文科研究所下设古器物整理室、明清史料整理室、金石拓片整理室、语音乐律实验室四部分。复员后第一届研究生于 1947 年 7 月招收，科目虽有哲学、史学、中国语文学、东方语文学、西方语文学、教育学六部分，但实际合格录取仅哲学、西方语文学、教育学三部八名：王维贤、晏成书、刘若端、年华瞻、叶根荫、张道一、林毓杉、郭晋华。1948 年 8 月，文科研究所六部再次招生，又取 8 名：哲学部黄枬森，史学部漆侠、殷作彬、吴天南，中国语文学部舒璐，西方语文学部赵少伟、刘慧义、周定文。1946～1948 年，文科研究所的工作主要是恢复重建：（1）修理语音乐律实验室旧有仪器；（2）修理陶器、舞俑；（3）整理艺风堂拓片；（4）编写《北京大学文科研究所藏艺风堂金石拓片草目》八

---

① 王学珍、郭建荣主编《北京大学史料》第三卷，北京大学出版社，2000，第 339～341 页。

册；(5) 清查考古陈列室古物、分类陈列、登录卡片、编制目录；(6) 接收日人久下司由内蒙古所得古物和民间艺术品，并编目；(7) 接收张氏柳风堂所藏古器物、石刻碑版、历代石刻拓片等；(8) 整理燕下都和邯郸两地发掘所得之古物；(9) 调查北京西郊黑山、八宝山、田村一带汉代遗迹，获陶片、瓦当瓷片多种；(10) 整理清顺治、康熙、乾隆三朝题本；(11) 编辑《明史料目录稿》；(12) 编辑《玄应一切经音义引书索引》；(13) 利用语音实验新仪器"为耳通"（Wiretone）灌制方言音档；(14) 整理白涤洲《关中音系遗稿》；(15) 整理河南博物馆藏石、陕西碑志、千唐志斋、北京市碑志拓片，并编目；(16) 开辟周季木先生藏陶纪念室，陈列由孙师白、周叔弢两先生捐赠之建德周季木先生旧藏瓦当、古文字陶片等；(17) 整理本所藏书，设立图书馆；(18) 采购甲骨、古铜器、瓦当陶片等及近代史料。[1]

1949年1月北平解放；5月北京大学校务委员会成立，汤用彤教授出任校务委员会主席，兼文学院院长；9月校务委员会聘请罗常培教授任文科研究所所长。此时文科研究所组织略有变动，原有金石拓片室与旧编室合并后改称文籍整理室；原哲学编译委员会也并入本所，改称新哲学编译室，连同古器物整理室、明清史料整理室、语音乐律实验室、民国史料整理室，共有六个单位。为了配合新民主主义的文化教育政策，文科研究所与全校一样开始努力学习马列主义理论，逐渐将历史唯物主义观点应用于研究之中，学习运用"人民是历史的主人""劳动群众推进历史的发展"[2]等观点，使所内各单位之间、同事之间的联系加强，从个人研究趋向集体研究，互相协作，同时提高了为校内外学者研究工作服务的观念，加快了已有资料的整理。这一时期的工作主要有整理、登记古器物七千余件；编写《清顺治朝题本贪污类目录提要》一千二百余件；编写《清顺治朝题奏启本要件目录》四百余件；整理核对满文黄册七千余件；校对明题行稿钞件一千二百余件；整理明清档案二千二百余件；编订民国史料目录二千余件；整理柳风堂藏拓片一万余种、甲骨卜辞释文九千余片；校对《艺文类聚引书类纂》一千余条；等等。所内同人编著有《语言与文化》《西南少数民族语言略说》（罗常培），《西征小记》（向达），《群书会元截江纲与续资治通鉴长编》（金毓黻），《河

---

[1] 王学珍、郭建荣主编《北京大学史料》第四卷，北京大学出版社，2000，第563、570页。

[2] 《北京大学国学季刊》第七卷第一号，1950年7月。

西考古简报》《汉代人民服饰研究》（阎文儒），《莲山摆夷语文初探》（罗常培、邢庆兰）,《马尔派语言学批判》（王辅世译），《费尔巴哈之宗教本质》《狄德若哲学选集第一辑》（王太庆），《半瓦当文研究》（宿白），《新文字方案研究》（周定一、陈士林、喻世长），《尚书中的古史料研究》（王达津），以及《甲骨文字考释》《汉魏六朝音谱》《明末农民起义史料》《中国共产党初期的报纸》《孙中山与中国共产党》《李大钊传》《民国大事日历》《中日战争史料》等。此外，恢复续编了《北京大学国学季刊》第六卷第四号至第七卷第三号。《北京大学国学季刊》七卷三号（1952年12月出版）刊有"休刊启事"，其中说："我校院系调整后，所有学术性刊物将统一编印。本刊从第七卷第三号后休刊，特此声明。"此时本所有研究生13名。

1952年8月，院系调整，北京大学文科研究所建制被取消。① 自此，国学研究在北大，在全国渐趋沉寂。"国学"一词出现得越来越少，但北京大学对中国传统文化的研究并没有停止，一批学者在国学领域仍取得了相当的成果，一批专著面世。"文化大革命"中止了正常的教学和科研。

三 国学研究的再度兴起与北大传统文化研究

斗转星移，时光到了20世纪80年代，中国进入了以改革开放为主题的历史新阶段。面对世界各国的发展与进步，国人再次要求急起直追，迅速实现国家现代化。

思想文化是政治经济的反映，又是政治经济变革的舆论先导。在改革开放的新时期，面对西方的物质文明和精神文明，如何评价中国传统文化，如何对待中西文化冲突，中国传统文化与中国现代化的关系如何等问题再次成为时代要求解决的重大问题。

在科学技术飞速发展的现在，实现国家现代化，科学技术的作用日益重要。因此，刚刚进入80年代，中共中央就请钱三强等著名科学家给中央书记处的领导同志讲课，总题目定为"科学技术发展的简况"，内容涉及数、理、化、天、地、生各学科的历史及当前最新进展和高新技术、环保等发展趋势，共42讲。讲稿由科普出版社汇集成《科学技术的发展》一书于1982年

---

① 王学珍等：《北京大学纪事》，北京大学出版社，1998，第458页。

9月出版。要实现"四化",科技界自感责任重大,不能迟缓。1982年10月,中国科学院自然辩证法通讯杂志社在成都召开了"中国近代科学落后原因"的学术讨论会,会上提出了从中国传统文化方面探索近代中国科学技术落后原因的课题,讨论涉及中国传统文化与现代化问题。这可以说是20世纪末中国传统文化研究的发端。此后,《西学输入和中国传统文化》①《社会主义与文化遗产》②《关于文化史研究的初步设想》③《中国科技史剖视:我国自然科学由先进变落后原因的探讨》④《"中国文化"研究的勃兴》⑤《改革与传统文化》⑥《发扬优秀文化传统与建设社会主义精神文明》⑦《中国社会与文化传统的再认识》⑧《文化与传统》⑨等大批有关传统文化与现代化的论著陆续发表。同时,有关文化研究的报纸、杂志、专著、丛书纷纷涌现,神州大地处处都有各种文化研究团体及讨论会。⑩另外还重印了国学大师梁漱溟1920年代讨论中西文化的代表作《东西文化及其哲学》(商务印书馆,1987)和国学典籍之一的"四书五经"(中国书店,1989)等。凡此种种都表明中国传统文化研究的再度兴起。

北京大学有着雄厚的学术力量和优良学术传统,它曾经以《北京大学国学季刊》"发刊宣言"为旗帜,打破"儒书一尊",倡导学术平等,使国学研究出现新局面,取得新成就,"引导中国学术从传统迈向现代"⑪并深刻影响了1920年代以后中国国学研究,"开出许许多多古人所梦想不到的好法门"。⑫在国学研究再度兴起之中,北京大学又担起了历史的责任,它的中国传统文化研究也进入了一个新的发展时期。古典文献研究所、中国语言文学研究所、中国中古史研究中心、赛克勒考古与艺术博物馆、美学与艺术研究中心、哲学与文化研究所、中国传统文化研究中心等一大批科研机构建立起

---

① 详见《历史研究》1983年第1期。
② 详见《世界历史》1983年第4期。
③ 详见《光明日报》1983年9月28日。
④ 详见《历史教学》1984年第3期。
⑤ 详见《青年论坛》1985年第6期。
⑥ 详见《世界经济导报》1985年5月20日。
⑦ 详见《光明日报》1985年7月1日。
⑧ 详见《上海社会科学院学术季刊》1986年第1期。
⑨ 详见《复旦学报》1986年第3期。
⑩ 详见《文史知识》1998年第5期。
⑪ 逯耀东:《胡适与当代史学家》,台北,东大图书公司,1998,第148页。
⑫ 《北京大学研究所国学门周刊》第三期,1925年10月28日。

来，出版了大量论著，取得了丰硕成果。

北京大学中国传统研究中心的建立和取得的成就，是新时期北京大学国学研究在一定领域的集中表现。为了继承和发扬北大国学研究的优良传统，充分发挥北大人文学科的学术优势，更深入地发掘博大精深的中国传统文化资源，为促进社会现代化和学术事业的发展服务，1992年1月6日成立了北京大学中国传统文化研究中心，著名学者袁行霈教授任中心主任。[1]当中心成立一年半时，出版了中心编纂的大型学术年刊《国学研究》第一卷。《人民日报》即以《国学，在燕园又悄然兴起》予以长篇报道。文章认为，"国学的再次兴起，是新时期文化繁荣的一个标志"，并对"在社会上商品经济大潮的拍击声中，北京大学一批学者在孜孜不倦地研究中国传统文化，即国学"[2]给予肯定。

北京大学中国传统文化研究中心成立六年来，始终坚持为人民服务的宗旨，贯彻普及与提高相结合的方针，发扬自强不息、开拓进取的精神，以高度的历史使命感和责任感，为弘扬中华优秀传统文化做了大量工作，成就显著。这六年中所做贡献大致可分为三部分：（1）致力于专深学术研究，编辑出版《国学研究》年刊、"国学研究丛刊"及"北京大学百年国学文粹"；（2）利用现代传播技术，把高雅文化普及大众，先后推出电视片《中华文化讲座》100集、《中华文明之光》150集，出版了"中国历史文化知识丛书""中华文化座讲丛书"和《中华文明之光》；（3）加强国际交流，召开了汉学研究国际会议。

《国学研究》已出版五卷，共收入120篇学术论文，计316万字。前两卷所收的50篇完全是校内专家的研究成果。为扩大影响，加强校内外学术交流，从第三卷开始，校内外稿件兼收，并"对所有来稿均一视同仁"[3]。该刊首卷1993年问世，创刊之初，中心主任、《国学研究》主编袁行霈教授即树立了这样一个目标："《国学研究》既要以继承以往国学的优良传统，也要具有当代特色，要将它办成开放的刊物，使它成为新国学的一面旗帜。"[4] 为达到此高标准，编委会坚持质量第一，严格审稿制度，并进一步明确要求

---

[1] 《北京大学中国传统文化研究中心手册》，1998年5月。
[2] 《国学，在燕园又悄然兴起》，《人民日报》，1993年8月16日。
[3] 《国学研究》第三卷，北京大学出版社，1995，第649页。
[4] 《国学研究》第三卷，北京大学出版社，1995，第655页。

"不求一时的轰动效应,而求长久的查阅率和参考价值"。①为了这份刊物,从中心主任到编委会成员,再到秘书处成员,大家殚精竭虑,同心协力。1993年3月《国学研究》首卷出版了,立即引起了强烈反响,一位学者真诚地评论说:"这是我国当代国学研究方面高层次、高水准、经得起历史检验的第一等的学术!"②8月18日,《人民日报》头版发表署名文哲的文章《久违了,"国学"》,赞扬北大开展国学研究的见地和气魄。③除《人民日报》外,《光明日报》《中国青年报》《中国教育报》《人民政协报》《北京日报》《文艺报》《法制日报》等报刊不断报道北京大学中国传统文化研究中心的动态与成就。《国学研究》的影响日益扩大,加上"国学研究丛刊"11种13册:《中国文学简史》(林庚著),《汉唐史论稿》(汪篯著),《来之文录》(季镇淮著),《〈孙子〉古本研究》(李零著),《唐·吐蕃·大食政治关系史》(王小甫著),《唐代财政史稿》(上卷,一、二、三分册,李锦绣著),《三国演义丛考》(周兆新主编),《清一条鞭法》(袁良义著),《义和团史事考》(林华国著),《中国纪传体文献研究》(王锦贵著),《中国兵学文化》(张文儒著)等的出版,为张岱年先生关于"北京大学是中国的文化重镇"④的论断作了很好的注脚。

经过近一个世纪的发展,国学经历了由保存而研究而普及的过程。今天现代化的传播技术更有利于人民大众接受高深学术。北京大学中国传统文化研究中心、中央电视台、美国南海有限公司等单位合作,先后推出的《中华文化讲座》系列片100集,《中华文明之光》电视片150集,借助影视艺术的表现手法,以优美的画面、悠扬的音乐来配合生动的讲解,使高雅而深刻的文字变得通俗易懂,为广大观众所喜闻乐见。两部作品播出后反响强烈,得到各界人士(含海外华人)的一致好评。许多人从中了解了中华文明的久远、灿烂,在人类历史上的伟大贡献,增强了民族自豪感和自信心,激发了爱国热情,被认为是"主题鲜明,知识性强,寓教于乐,是对青少年进行爱国主义教育的生动教材";是格调高雅,深入浅出,不多见的好片子;是为

---

① 《国学研究》第三卷,北京大学出版社,1995,第650页。
② 《北京大学中国传统文化研究中心手册》,1998年5月,第36页。
③ 《国学研究》第二卷,北京大学出版社,1994,第600页。
④ 《北京大学中国传统文化研究中心手册》,1998年5月,第37页。

弘扬中华优秀传统文化做了一件实实在在的好事。①国务院副总理李岚清于1995年4月15日致函北京大学、中央电视台予以鼓励和祝贺："……你们利用现代化传播媒介，把大学课堂延伸到了社会，把高雅文化普及到了大众，以优秀的传统文化去陶冶人的情操，鼓舞人的斗志，这种努力值得充分肯定……"②这套节目曾多次获奖，在社会各界领导与群众的认识、肯定、鼓励下，北京大学中国传统文化研究中心为了充分发挥这套教材的良好作用，除出版发行音像制品外，还与有关出版部门联合分别编辑出版"中华文化讲座丛书"、《中华文明之光》文本及配图本、"中国历史文化知识丛书"等以适应不同层次的需要。这种把中国传统文化以各种方式推向全国，进而使世界一百多个国家可以收看的做法，在普及、传播中华传统文化史上是第一次，影响之大是空前的。

各国各民族的文化是全人类的共同财富，中国传统文化不仅在人类历史上发出过耀眼的光辉，而且其中无数瑰宝至今仍光芒四射，被各国有识之士看作译解人类当前面临资源、环境、人口等重大问题的密码之一。因此，传播、交流中国传统文化研究成果与方法，对促进人类文明的发展有着不可忽视的作用和深远的意义。有鉴于此，中心努力开展对外交流，不仅与国内各有关大专院校、科研院所、报纸杂志、电台、出版社密切合作，或互访讲课，或共同研究，而且中心学者多次应邀出席有关国际会议、访问讲学，从传统文化的角度，让世界了解中国，使中国走向世界。特别是作为北大百年校庆活动之一召开的"汉学研究国际会议"，是北大百年史上规模最大、水平最高的一次有关中国传统文化的国际学术讨论会。约三百名学者与会，他们来自中、日、美、英、法、德、俄等十八个国家和地区。会议从世界各民族文化的大格局角度来研究中国传统文化，获得了许多新的有益的成果。面对日益严重的环境、人口、资源等人类共同的问题，中国传统文化所特有的生命力被世界各国所重视。这次盛会为中外文化交流史增添了闪光的一页。

北京大学中国传统文化研究中心，在取得令人注目、社会各界普遍称赞的成绩之后，定出了更高的目标：1998年后，要进一步组织跨学科的综合研

---

① 《北京大学中国传统文化研究中心手册》，1998年5月，第36页。
② 《北京大学中国传统文化研究中心手册》，1998年5月，第21页。

究项目，力争取得突破性进展，真正推动学科向前发展，同时进一步加强国际汉学交流，努力使本中心成为国际知名的研究中心。①

为了达到这一目标，代表中心研究水平和动向的《国学研究》一方面扩大了编委会，增加了科技史专家，扩大研究领域；一方面向社会开放，广泛吸纳校内外的稿件，注重文章质量，不以人取之。1926年元旦，顾颉刚先生为《北京大学研究所国学门周刊》写了"一九二六年始刊词"，从中我们可以获得些启示。他说："国学是甚么？是中国的历史，是历史科学中的中国的一部分。研究国学，就是研究历史科学中的中国的一部分，也就是用了科学方法去研究中国历史的材料。"而"国学方面的材料是极丰富的"，对这些材料如果"用了新的眼光去看，真不知道可以开辟出多少新天地来，真不知道我们有多少新的工作可做"。②顾先生所说的新眼光是什么呢？是注重事实和学术平等。他指出："我们现在研究学问，应当一切从事实下手，更把事实作为研究的归结。"而"凡是真实的学问，都是不受制于时代的古今、阶级的尊卑、价格的贵贱、应用的好坏的。……所以我们对于考古方面、史料方面、风俗歌谣方面，我们的眼光是一律平等的。我们决不因为古物是值钱的骨（古）董而特别宝贵它，也决不因为史料是帝王家的遗物而特别尊敬它，也决不因为风俗物品和歌谣是小玩意儿而轻蔑它。在我们的眼光里，只见到各个的古物、史料、风俗物品和歌谣都是一件东西，这些东西都有它的来源，都有它的经历，都有它的生存的寿命，这些来源、经历和生存的寿命都是我们可以着手研究的，只要我们有研究的方法和兴致"。③所以国学研究的前景是很广阔的。

附注：北京大学研究所国学门的变迁经历过四个阶段：国文门研究所时期（1918~1921年），北京大学研究所国学门时期（1921~1932年），北京大学研究院文史部时期（1932~1934年），北京大学研究院文科研究所时期（1934~1952年）。

（原载《国学研究》第6卷，北京大学出版社，1999）

---

① 《国学研究》第五卷，北京大学出版社，1998，第625页。
② 《北京大学研究所国学门周刊》第二卷第十三期，1926年1月6日，第10~11页。
③ 《北京大学研究所国学门周刊》第二卷第十三期，1926年1月6日，第1~2页。

北大经济学科的创建和发展

北京大学创办于1898年,原名京师大学堂。她是中国近代第一所国立综合性大学,是中国现代高等教育全面兴起的标志。1900年,八国联军侵占北京,京师大学堂遭到破坏,一度停办。1902年恢复后,设速成、预备两科。速成科分仕学、师范两馆,预备科分政、艺两科。这时,在预备科及仕学馆的课程中便有理财学,当时还没有我们现在意义上的经济学,可以说,是北大也是中国经济学教育的开端。

1910年,京师大学堂开办分科大学,设有经学、法政、文、格致(理科)、农、工、商七科,类似于现在的学院。当时的商科大学和法政科大学,都开设有经济学内容的课程。法政科大学开设政治和法律两个门(类似我们现在的专业),商科大学相当于现在的商学院,设有银行和保险学门,其中便开设了理财学、货币论、银行论、国家财政学等课程。

1912年5月,京师大学堂改名为北京大学,而大学堂的总监督改称为大学校长,严复便是北京大学第一任校长,他对北大进行了初步改革,合经、文两科为文科。严复也是第一位将经济学开山之作亚当·斯密的《国富论》翻译介绍到中国的人。1913年,北大法科正式设立经济学门,到1919年,各学门又改称学系,经济学门也就改称经济学系。这便是北大经济学系的正式开端。当时开设的课程也比较全了,其中包括银行论、货币论、财政史、经济学、经济地理、财政学、统计学、经济学史,等等。

1916年著名学者、教育家、民主主义革命家蔡元培被任命为北京大学校长。此后,北大设立研究所,研究所下包括许多门,其中便有研究所经济学门,这时也就有了相当于我们现在研究生教育的机构。当时授课的课本很多都是从国外书籍翻译过来的,但授课的内容大部分都是以讲义的形式写出来的。教员们很注重联系当时中国的问题,比如联系当时中国的农村经济、货币起源、银行业等进行传授。1916年,马寅初到北大任教授,这样的大学者并不是高高在上的，而是做很多深入细致的调查研究，比如他分析了当时上海的140家交易所的运行情况及有奖储蓄对穷人的弊端等具体问题。当时，很多教授在北大做讲座的海报都刊登在报纸上，任人自由参加听讲。

1918年，北大各学门设立教授会，教授会主任也就相当于现在的系主任，马寅初便是第一届法科经济学门教授会主任。当时经济学门教授会有八位教授，他们是马寅初、陈启修、徐崇钦、陈兆焜、朱祖铄、王启常、熊遂、郑守仁。与其他一些学科相比，经济学门的教学研究实力已经相当有规模了。这些教授都是很有造诣的学者，比如陈启修先生早年留学日本，他用白话文翻译的《财政学提要》，是最早的经济学白话译著之一。1917年受聘到北大讲授财政学和统计学。五四运动时期，他介绍马克思主义观点，在北大开设了马克思主义经济学概论课程。与现在情况很类似，当时学习经济的学生也很多，经济学是北大的一个热门专业。

马寅初

1921年11月，北大经济学会成立，其宗旨是联络感情，研究学术；出版有《北大经济学会半月刊》《北大经济学报》等。他们研究的题目有中国古代货币考、中国货币的本位问题、中央银行论、中国银行概况、中国关税概况、中国田赋问题、营业税研究、中国土地问题、中国农村经济破产的原因，等等。1930年，北大经济学会还对北大学生进行过"北大同学经济生活调查"，调查的结果在北大产生了一定影响。

北大《经济学报》　　北大经济学会

抗日战争爆发后,北大与清华大学、南开大学共同组成西南联合大学。陈岱孙先生兼任西南联大经济系教授、主任。抗战胜利后,北大回北平复校。

复校后的北京大学经济学系是法学院里最忙的系,课程多,要求高。系主任赵逎抟对学生读书督促严,期望大。此外与学生打成一片的樊弘教授、统计学专家杨西孟教授、货币银行学专家周作仁教授、财政学专家秦瓒教授以及 1947 年获得伦敦经济学院 Hutchison 奖的青年教授蒋硕杰等,都在北大经济学系辛勤耕耘,使该系在经济学理论教学和研究方面颇具盛名。

(原载《中华读书报》1998 年 4 月 15 日)

居高声自远，非是藉秋风

——北京大学在中国现代化历程中

易曰："穷则变，变则通，通则久。"（《易·系辞下》）中国近百年来的大变革即是在内外交困的窘迫下开始的。

1840年第一次鸦片战争之后，中国人开始了屈辱的历程，同时也开始了寻求富民强国之路。首先着眼的是防卫手段的革新，或曰防卫手段的现代化，如实行"师夷长技以制夷"，购买洋枪、洋炮、兵舰轮船，派出留学生前去学习驾船操炮，并在国内开办此类学校……这是属于器物层次的。但1894年中日甲午战争中，北洋水师一败涂地，在器物层次上追求自强的洋务运动从此走到了末路。历史是不会中断的，一段的末尾即是另一段的开端。国人鉴于军事、技艺改革的失败，转向教育改革培养新人以促进体制改革。正如梁启超所说："吾国四千余年大梦之唤醒，实自甲午战败割台湾偿二百兆以后始也。"（梁启超《戊戌政变记》）人们检讨过去认识到"西人之强者兵，所以强者不在兵"，而"中国真忧之所在，乃政令之不修，风俗之颓靡"（梁启超《变法通论·论译书》）。李端棻、孙家鼐等也指出泰西各国近数十年来，国势骤兴，威力行于海外，是因为那里学校遍于国中、人才辈出的缘故。他们大声疾呼："亡而存之，废而举之，愚而智之，弱而强之，条理万端，皆归本于学校。"他们指出办学校，尤其是办大学堂是"虽百举未遑"，而应"犹先图之"的大事。于是伴随着维新变法、求新求富思潮的高涨，改革教育、兴学育才的呼声高入云霄。在一片要求革新声中，中国高等教育的现代化开始走上了历史舞台。因此，京师大学堂是肩负着中国现代化的历史使命、作为中国高等教育现代化的标志应运而生的。京师大学堂及其后的北京大学在百年来，始终在中国现代化的历程中发挥着应有的作用。

一　北京大学与中国第一套现代学制

由于京师为首善之区，全国效仿，万国观瞻，京师大学堂又是国家现代化运动中所创办的由中央政府直接管辖的第一所大学，所以朝廷对其寄予殷切期望，大学堂的奏折常常当天即予批复，并要求大学堂为全国做榜样，树风声。

制定章程、选聘教员、编选课本是办学的三大要件，而章程尤为办学的准绳，所以在朝廷谕旨中指出大学堂的一切规条，将来即以通行各省，必须斟酌尽善，损益得当。

1898年7月3日，管学大臣孙家鼐曾奏拟过八章共五十四节的《京师大学堂章程》，这是一个很粗糙的大学堂章程。1902年肩负恢复重建京师大学堂重任的管理京师大学堂事务大臣张百熙熟谙学务，于制订章程一事十分注意，既考虑适合中国国情，又参考欧美各国的时新做法。他说，今"值智力并争之世，为富强致治之规，朝廷以更新之故而求人才，以求人才之故而本之学校，则不能不节取欧美

现代学堂章程

日本诸邦之成法，以佐我国二千余年旧制，亦时势使然"。管学大臣张百熙，经半年努力，制订了包括《京师大学堂章程》《考选入学章程》《高等学堂章程》《中等学堂章程》《小学堂章程》《蒙养学堂章程》共六件的一套现代学堂章程。上奏之后得到朝廷谕允，并命颁行全国各省实行："张百熙奏筹议学堂章程开单呈览一折，披阅各项章程，尚属详备。即著照所拟办理，并颁行各省，著各该督抚按照规条，宽筹经费，实力奉行，总期造就真才，以备国家任使。"这套学制于光绪二十八年十一月以《钦定学堂章程》颁行全国，该年岁次壬寅，故史称"壬寅学制"。这便是由管理京师大学堂事务大臣制订、由中央政府颁行的中国现代第一个从幼儿园（蒙养学堂）到大学的系统的学制章程。从此，中国办学校才有了可资遵循的统一标准，课程中西

并重，分科学习，循级而升，中国教育走上了现代化的轨道。京师大学堂也从此走上了现代化的轨道。因此，诺贝尔物理奖获得者、华人学者杨振宁博士说，京师大学堂是中国现代高等教育的开端。这套学制还规定"京师大学堂主持教育，宜合通国之精神脉络而统筹之……各省学堂，于每岁散学后，将该学堂各项情形照格填注，通报京师大学堂，俟汇齐后，每年编订成书，恭呈御览"。根据这一规定，京师大学堂在学部成立前的几年中，既是全国最高学府，又是全国最高教育行政机关。

二 北京大学：中国第一所现代综合性大学

1902年颁布《钦定学堂章程》之后，1903年由管学大臣张百熙、荣庆会同张之洞又对其进行修订，颁布《重定学堂章程》。《重定学堂章程》比《钦定学堂章程》增加了从初级到高级的师范学校及农工商实业学校的章程，成为包括普通教育、师范教育、专业教育三个系列的完整而系统的教育体系。在这套办学章程指导下，全国各地各级各类学校纷纷建立。而大学堂章程则更进一步，在注意课程中西并重、分科教授的基础上，明确大学堂下设八个分科大学（相当于后来的学院）和通儒院（相当于后来的研究生院）。京师大学堂原定八个分科大学中的经科、法政科、文科、格致科、农科、工科、商科七个分科大学于1910年3月31日开学（医科大学因条件未备未能开学），成为当时全国唯一的学科齐全的综合性大学，这是中国现代大学下设专科学院的开始。后来的北京大学虽几经变化，但其综合性大学的基本格局在这一时期已经奠定。

京师大学堂各分科大学所开课程均参考欧美各国现代大学成例，是中国大学、学院课程现代化的标志。例如格致科大学化学门（相当于后来的化学系）规定课程主课有：无机化学、有机化学、分析化学、化学实验、应用化学、理论及物理化学、化学平衡论等；补助课有：微分积分、算学演习、物理学、物理实验等。地质学门的主课有：地质学、矿物学、岩石学、岩石学实验、化学实验、矿物学实验、古生物学、古生物学实验、晶象学实验、地质学实验、矿床学、地质学及矿物学研究等；补助课则有：普通动物学、骨骼学、动物学实验、植物学、植物学实验等。学制为三年。

京师大学堂在开办后的一段时间里，曾不惜重金聘用日、德、英、俄、意等外国教员几十人来教授现代自然科学及外国语等课程。这些外国教员中有不少是品学兼优堪为师表者，为发展中国现代高等教育做出了贡献。但品劣学浅者也不乏其人，于学生产生不良影响。京师大学堂注意到这一点，为长远计，为中国自己办教育不被外人操纵计，必须培养自己的师资力量。为此，京师大学堂管学大臣张百熙于1903年奏准选派"心术纯正学问优长者"47人分别派往东西洋各国游学。这是京师大学堂，也是中国大学派出的首批留学生，他们于1903年末、1904年初分赴日、德、英、俄等国，经五六年的学习，大都于1909年前后在京师大学堂分科大学筹办时回国任大学堂教习。他们按计划回国任教，将所学现代科学知识开课讲授，成为中国现代高等教育诸学科的开拓者，如高等数学（冯祖荀，留学日本）、物理学（何育杰，留学英国）、化学（俞同奎，留学英国）、法学（林行规，留学英国）、法学和政治学（余棨昌，留学日本）等。京师大学堂中后期入学的秉志、胡先骕先后赴美国留学，回国后创办了中国最早的生物学系（南高师生物学系）和最早的生物学研究机构（中国科学社生物学研究所和北京静生生物调查所）。水利工程学家李仪祉1909年毕业于京师大学堂后留学德国，回国后与张謇等创办中国最早的水利专科学校——南京河海工程专门学校。如此等等。就京师大学堂本身的体制、课程和它所培养的学生在中国现代高等教育中所发挥的作用而言，都不愧中国现代高等教育开端之誉。

三 北京大学与中国高校科学研究的开展

1912年5月京师大学堂改称北京大学，思想家严复任北大首任校长，对北大进行了初步改革。1917年1月，著名教育家、思想家蔡元培先生出长北京大学。他认为要把北大办好，使之成为可与西方现代大学相比肩的世界一流大学，必须加强科学研究。他说："所谓大学者，非仅为多数学生按时授课，造成一毕业生资格而已也；实以是为共同研究学术之机关。"（《北京大学月刊·发刊词》）他认为教学与研究是相辅相成、互相促进的。大学教师如果不能不断地进行科学研究有所发现，有所提高，那么他的教学就会停滞不前。在蔡先生倡议下，北京大学于1917年分别设立了文、理、法三科研究所各三个，如文科没有国文学（后称国学）、英文学、哲学研究所；理科没有数学、物理学、化学研究所；法科没有法律学、政治学、经济学研究所。

开中国大学才普遍设立科学研究机构之先河。1920年以后，国内各大学逐渐建立起科研机构，到1930年代，中国大学设立各科研究所或研究院。

既然设立科学研究机构进行研究，就要讲究科学研究方法。蔡元培在作为科研成果发表机关的《北京大学月刊》创刊号的发刊词中写道："研究也者，非徒输入欧化，而必于欧化之中，为更进之发明；非徒保存国粹，而必以科学方法，揭国粹之真相。"在这里蔡元培明确指出，对外国和传统东西的学习和借鉴，其目的是揭示规律实质，创造新的东西，而不是生吞活剥地照搬。要达到借学习借鉴以创新的目的，则必须注意方法，于专精之余，要旁涉各种相关之学理，以去其褊狭，防止片面性，在各学派樊然并峙中，相互比较，辩证思考，达到相反而实相成的效果。

为了提高教学水平和研究成果，蔡元培不仅在北京大学，而且在各种场合强调，介绍别人的科学结论绝不如介绍科学方法重要。他常引用吕洞宾点石成金的故事，认为科学的结论是点成的金，量终有限，而科学方法是点石的指头，可以点出无穷的金。所以那寒士不要吕洞宾点出的那块金，而欲得吕洞宾点石的指头。他认为，研究学术，如不凭借科学方法，即有所得，亦为偶中，其失者无论矣。他说："余以为我国科学智识之落后，绝非国人智慧之后人；且欲救中国于萎靡不振中，惟有力倡科学化。故极期望时彦俊士，能急当务之所急，一改空谈之旧习，致力于实际之探讨，庶国家前途有望焉。"（《科学界的伟人·序》）身为一校之长，又德高望重，他的倡行自然影响不凡，所以二三十年代北京大学各科各门都开有方法论课程并举办有关讲座，《科学概论》是一二年级必修课，讲授者多为著名学者、资深教授，如王星拱的《科学方法论》、胡适的《科学方法引论》、江泽涵的《数学方法》、萨本栋和王守竞的《物理学方法》、曾昭抡的《化学方法》、丁文江的《地质学方法论》、林可胜的《生物与生理学方法》、汪敬熙的《心理学方法》、周炳琳的《经济学方法》、杨西孟的《统计学方法论》、马衡的《考古学方法论》、刘半农的《语言学方法论》、陈受颐的《史学方法论》、叶含章的《演说的方法》，等等。而且许多教师在讲授方法论之外还研究并撰写有关方法论的文章，如胡适的《清代汉学家的科学方法》一文便是其中的代表，其名言"大胆的假设，小心的求证"即出自该文。而张申府、王国维等先生对科学方法均有界说和创见发表。

由于蔡元培重视科学研究和科学方法的倡导与实行，北京大学形成了浓厚的学术空气,且保持发扬,闻名遐迩。在这种科学化的学术环境中,人才辈出,硕果累累便是自然而然的事。1948年4月,中央研究院第一批院士中45%是北大校友;1955年(含1957年增补)中科院首批学部委员中,北大校友占46%,而地学部中有48位来自北大地质系;中国科学院、中国工程院院士中共有北大校友397人。对中国国防现代化做出巨大贡献的彭桓武、朱光亚、郭永怀、邓稼先、于敏、周光召等著名科学家、院士也都曾是北大师生。

桃李不言,下自成蹊,由历史形成的北京大学在中国学术界的地位,其影响自然越出北大校园之外,中国学术界历来有见贤思齐的优良传统,所以北大的做法很快为其他学校所效仿。中国现代化教育中大学教育逐渐形成了高等教育和科研两个中心并举的现代化格局。

四 北京大学与新文化运动

一段时期的文化是一段时期政治、经济的反映,同时一段时期的文化又反作用于一段时期的政治、经济。因此,一段时期社会政治经济的变革往往以文化变革作为思想准备。19世纪中叶以后,中国先觉的知识分子为求富求强求新,即追求中国的现代化,曾经大量翻译西方先进的哲学、伦理学、社会科学、自然科学等方面的书籍给中国读者,这是中国现代化运动中文化运动的第一阶段。其主要成果之一便是京师大学堂的建立。京师大学堂一经建立,便担当了教育和行政两方面的任务,是文化教育与政治不可分割的一种表现。及至20世纪初京师大学堂改称北京大学之后,著名思想家严复出任北大校长,对北大进行了初步改革,教育家蔡元培任北大校长后,对北大进一步进行了卓有成效的改革,使北大去旧生新,充满活力和生机,吸引来一大批具有革新思想、致力于中国现代化的学者。由于他们本身是文化人,对文化在社会变革中的作用有着较深刻的认识与感受,所以他们写文章、作演讲、办刊物,甚至亲自做新文化、新生活的实验。当年这一切在北大开展得有声有色,为国内外所注目。各种进步社团如雨后春笋般涌现,各种进步刊物似繁星灿然争辉,如大家熟悉的新潮社(出版《新潮》月刊)、科学常识杂志社(出版《科学常识》)、进德会、新知编译社、工读互助团、平民教育讲演团等都在社会上和新文化运动中发生过重大影响。而《新青年》则是这

涵容　博大　守正　日新

北大各种进步的出版物

场新文化运动的核心中坚阵地。

《新青年》杂志原本是陈独秀于1915年9月15日在上海创刊的一个以青年读者为对象、以"世界时新学术思潮为借镜、以研究探讨修身治国之道为目的"的一本刊物,名《青年杂志》,主要撰稿人为陈独秀、高一涵等人。为了更有力地策励青年人从体质、思想、心理等方面奋发、强健跟上世界时代潮流,成为一新青年,从而负起振兴国家民族的责任,该刊从1916年9月1日第二卷第一号起更名为《新青年》。这时则李大钊、胡适等人加盟到该刊的主要撰稿人行列。陈独秀撰《新青年》一文刊于首篇,相当于发刊词。1917年1月,陈独秀被蔡元培聘为北大文科学长之后,《新青年》编辑部也随之迁来北京。其时,大家公认的新文化运动的健将大多已被蔡元培聘来北大,其中参加《新青年》编辑工作并为主要撰稿人的有李大钊、鲁迅、高一涵、刘半农、胡适、钱玄同、沈尹默等。此外,常为《新青年》撰稿的还有蔡元培、王星拱、陶履恭、朱希祖、陈大齐、马寅初、顾孟余、顾兆熊、张崧年、周作人、林语堂、罗家伦、傅斯年等北大师生。由于这许多热心撰稿者的参加,《新青年》自第四卷第一号(1918年1月15日)起取消了投稿章程(稿约),所有撰译悉由编辑部人员担任。他们讨论科学的起源与效果、科学方法、劳动神圣、精神独立、宪法与孔教、女子、婚姻等问题,喊出了科学与民主的口号;他们还讨论新诗、白话文、文学革命、新文化运动等问题;他们介绍尼采的宗教、马克思的学说、斯宾塞的政治、日本的新村等。他们提倡新道德,反对旧道德;提倡新文化,反对旧文化。他们不仅提倡,而且实践,写白话文、新诗在《新青年》上发表,该刊第四卷第一号(1918年1月15日)之后则完全刊用白话文。形式与内容完美统一的《狂人日记》《孔乙己》《药》《风波》等优秀作品在《新青年》上发表之后,新文化运动的基础稳固不可动摇了。鲁迅这些思想深刻、富有哲理的作品,形象而深刻地把中国几千年来吃人的封建礼教的罪恶本质揭露在读者面前,发人深省,促人奋进。鲁迅先生高扬文学革命的大旗，并以高水平的作品树起了新文化运动的里程碑。

新文化运动之所以在当时的中国轰轰烈烈地开展起来，是有其历史的必然性的。首先对新文化运动的必然性做出科学的理论分析的是李大钊。1919年12月《新潮》第二卷第二号刊出李大钊的《物质的变动与道德的变动》一文；紧接着1920年1月《新青年》又刊出他的《由经济上解释中国近代思想变动的原因》一文，在其中李大钊指出："新道德既是随着生活的状态和社会的要求发生的，就是随着物质的变动而变动的，那么物质若是开新，道德必跟着开新，物质若是复旧，道德亦必跟着复旧。因为物质与精神原是一体，断无自相矛盾、自相背驰的道理。可是宇宙进化的大路，只是一个健行不息的长流，只有前进，没有反顾；只有开新，没有复旧……物质上，道德上，均没有复旧的道理。"而新思想、新道德则是"应经济的新状态、社会的新要求发生的，不是几个青年凭空定出来的"。他在文中指出，随着中国经济的变动，中国封建的君权、父权、夫权、大家族制度、孔子礼教等都将不可避免地"崩颓破灭"。李大钊运用唯物史观从经济基础入手，探讨新思想新文化代替旧思想旧文化在中国发生的必然性，代表了当时新文化运动理论的最高水平，给人耳目一新之感，具有很强的说服力。

具有划时代意义的五四爱国运动的直接导因是外交问题，但不可否认的是新文化运动的开展为其做了思想上的准备，而五四运动又反过来推动了新文化运动的巨大发展。作为新文化运动主阵地的《新青年》七卷一号（1919年12月1日）发表本志宣言，主张开展民众运动改造社会创造新时代；号召尊重科学，破除迷信；倡导尊重女子的人格和权利，开创新社会新生活；等等。胡适在本号撰文提出研究问题、输入学理、整理国故、再造文明的主张。如此种种可以看出，发扬学术，传播文化，新文化运动由文学革命推进到了思想、政治、社会领域。

值得注意的是，《新青年》并非孤军作战，与之相呼应的还有《新潮》《每周评论》《少年中国》《国民》《北京大学月刊》等以北大师生为主体或完全由北大师生创办的一大批进步刊物。比如《北京大学月刊》，它不仅刊登《文字学之革新研究》（沈兼士）《庶民主义之研究》（陈启修）《舆论之研究》（徐宝璜）等，而且刊有研究科学史、技术史、文化史、教育史、哲学与科学的文章，如该刊刚刚创立不久，就发文介绍爱因斯坦相对论。这样多学科、多层面、多刊物的群体效应大大增强了新文化运动的影响力，它们不仅对以后中国文化的发展产生了重大影响，而且促进了马克思主义在中国的传播，为中国共产党的成立和中国政治制度的现代化做了思想上、理论上的准备。

五　北京大学与马克思主义在中国的传播和中国共产党的建立

马克思主义在中国的传播和中国共产党的建立是中国现代史上的伟大事件，而这极其伟大的事件与北京大学有着极其密切的关联。

大家公认北京大学教授、图书馆主任李大钊是中国共产党的创始人之一，是在中国传播马克思主义的第一人。李大钊于1914年1月至1916年5月在日本留学，其间他通过《资本论》日译者、帝国大学教授河上肇接触学习马克思学说。1917年末李大钊受聘任北京大学图书馆主任，后兼史学系、政治学系、经济学系教授，除讲授唯物史观、史学思想史、现代政治、工人的国际运动、社会主义的将来、社会主义与社会运动等课程和讲座外，从1918年起，他在《新青年》上发表《庶民的胜利》《Bolshevism的胜利》《我的马克思主义观》《由经济上解释中国近代思想变动的原因》《五一运动史》《唯物史观在现代历史学上的价值》《平民政治与工人政治》等传播马克思主义的文章。李大钊不仅有理论，而且进行实践，他于1920年先后发起组织了北京大学马克思学说研究会、社会主义研究会，团结了一批信仰马克思主义和社会主义的人开展有组织地深入地学习和研究马克思主义。他们的学习和研究一开始便注意理论与实践相结合，其目的是为了解决中国的实际问题，所以他们积极参加北大平民夜校、北大平民教育讲演团的工作，把学到的马克思主义知识传播到工农市民群众中去。

北京大学平民教育讲演团不仅在北京城区设有固定和不固定的讲演所多处，而且还时常到京郊的丰台、良乡、长辛店等工人集中的地方去讲演，甚至远到河北的保定、河南的信阳去讲演。团员基本都是北大学生，偶尔也吸收校外热心者参加，他们通过向工农群众讲"不要缠足""为什么要工作""下雨的原因""防旱的方法""人与国家的关系""新生活""工人胜利"等传播科学文化知识，唤起民众。长辛店这个北方工人运动的重要阵地就是经早期共产主义者、平民教育讲演团骨干分子和发起人、北大学生邓中夏等人经过长期努力而建立起来的。它在以后的中国革命中发挥了重大作用，如在震惊中外的"二七"大罢工中，它就是其中一支重要力量。当时长辛店工人俱乐部（原长辛店劳动补习学校）是北方铁路工人向往之地。李大钊、邓中夏、高君宇、黄日葵等北大师生的工作不仅在思想上、理论上为中国共产党的建立做了准备，而且也初步发动了群众、教育了群众、组织了群众，为中国共产党的建立准备了群众基础。

邓中夏　　　　长辛店工人俱乐部

中国共产党于1921年7月成立，而在此之前中国共产党的各地组织已有八个，这八个共产党支部（或小组）中有六个组织的发起人、负责人是北大师生或校友，他们大都是北大马克思主义研究会、社会主义研究会、哲学研究会、新闻研究会等社团的成员，他们是上海支部的陈独秀、北京支部的李大钊、武汉支部的包惠僧、长沙支部的毛泽东、广州支部的谭平山、巴黎支部的张申府。这八个支部中，上海支部是1920年8月由陈独秀创建的，北京支部是李大钊于1920年9月创建的。北京支部的大多数成员是北大师生，因此北京大学是当时北京支部的活动根据地。这种情形的形成是由于新文化运动、五四运动的主将多为北大人，北京大学也就成了新文化运动、五四运动的大本营、策源地，到处充盈着革新的空气，化生着革命种子。1919年五四运动之后，李大钊曾从俄国人布尔特曼、鲍立维、荷荷诺夫金等那里了解到俄国布尔什维克在开展工人运动中组织工人的一些情况和经验，由此李大钊等人感到组织工人的重要性。1920年初，李大钊、邓中夏等人开始酝酿建党问题，到四五月间共产国际代表维金斯基一行人来到北京，李大钊即以马克思学说研究会等群众社团的名义召开欢迎会、座谈会、演讲会等介绍俄国革命后的情况，并商讨建党问题。维金斯基在北京活动一段时间后，由李大钊介绍他去上海会见陈独秀。维金斯基到达上海后，经与陈独秀等人多次讨论筹划，上海党支部于1920年8月宣告建立。9月，李大钊在北京创办北京支部，三个委员为李大钊（书记）、张国焘（组织）、罗章龙（宣传）都是北大师生。

根据中共党史研究资料考证，在中国最早公开提出建立"中国劳动者政党"——中国共产党的人是李大钊。他在1921年3月出版的《曙光》第2卷第2号上发表《团体的训练与革新的事业》一文，指出"俄罗斯共产党，党员六十万人，以六十万人之活跃，而建设了一个赤色国家"，我们"中国已腐败到这个样子，又不能不急求改革"，而要改革则只有依靠有训练的民众团体的力量才行。因此，他提出中国谈社会主义的和谈共产主义的人们必须"急急组织"起一个"强固精密"的统一的"平民的劳动家的政党，即是社会主义团体"。

1921年7月23日，中国共产党第一次全国代表大会在上海召开。当时政府拖欠学校经费，教职员无法维持生活，李大钊代理生病的北大教授马叙伦任北京国立专门以上八校教职员代表联席会议主席之职，领导索薪斗争无法脱身赴会，于是北京支部推选北大学生张国焘、刘仁静为代表前去上海参加中共"一大"。出席中国共产党第一次全国代表大会的代表共13人（其中列席代表1人）中有北大师生和校友5人，占38.5%，这5位代表是张国焘、刘仁静、陈公博、毛泽东、包惠僧。13位代表代表着全国53位中国共产党党员，其中北大师生和校友共21位，占40%，他们是上海支部的陈独秀、沈雁冰、李季、袁振英；北京支部的李大钊、张国焘、高君宇、张太雷、范鸿劼、何孟雄、罗章龙、刘仁静、李梅羹、朱务善、吴汝铭；武汉支部的包惠僧；长沙支部的毛泽东；广州支部的谭平山、谭植棠、陈公博；巴黎支部的张申府。历史表明北京大学是在中国传播马克思主义的最早基地和中国共产党的摇篮之一。

中国近百年屈辱史的结束和新中国的诞生，都是在中国共产党的领导下经过全国各族人民的共同奋斗得以实现的，所以全国人民由衷地高唱"没有共产党就没有新中国"。新中国成立后，中国共产党带领中国人民探索前所未有的社会主义建设之路，有曲折也有辉煌。到20世纪80年代，终于在总结了正反两方面经验之后，开始了以经济建设为中心的改革开放新阶段。这时，时刻关注着国家命运、民族前途的北京大学师生喊出了"团结起来振兴中华"的响亮口号，这代表了全国人民心愿的呼声不久即传遍大江南北、长城内外。1984年，改革开放正在如火如荼地进行，神州大地一派欣欣向荣之气。在新中国成立35周年国庆百万群众游行队伍中北京大学方阵高高举起"小平您好"的横幅穿过天安门前，这又一次代表了全国人民的心声。北京大学举起的这鲜亮的四个字，通过各种媒体，当天即传遍了全世界。

六　走向信息经济时代的北京大学

斗转星移，时光到了20世纪80年代，中华民族面临实现几代中国人求富求强追求国家现代化百年梦想的大好发展机遇。中国共产党再次不失时机地站在了时代的高度，举起了改革开放的大旗，1984年10月20日，中国共产党第十二届中央委员会第三次全体会议通过并公布了《中共中央关于经济体制改革的决定》，"决定"规定这次改革的基本任务是"进一步解放思想，走自己的路，建立起具有中国特色的、充满生机和活力的社会主义经济体制，促进社会生产力的发展"。实践证明中共中央的决定是完全正确的。为了实现中国社会主义现代化的宏伟目标，还必须有一系列的配套政策和措施。为此，中共中央于1985年3月13日公布了《中共中央关于科学技术体制改革的决定》，1985年5月27日又公布了《中共中央关于教育体制改革的决定》。此后，中国开始了全面改革开放的新时期。

在中国近百年的各个历史时期，北京大学（1912年5月3日前称京师大学堂）都站在时代潮流的前头；在改革开放、以经济建设为中心、科教兴国的今天，北京大学也不会例外。为了实现社会主义现代化的伟业，作为教育和科研基地的北京大学，时刻不忘多出人才、出好人才的根本任务，时刻牢记"经济建设必须依靠科学技术，科学技术工作必须面向经济建设的战略方针"，承担起历史赋予的使命，在科教兴国中发挥应有的作用。

北京大学的各项工作在党委领导下一直是围绕党的中心工作和全国整体发展的需要来安排的。比如1950年代根据国家制订的《1956—1967年科学技术发展远景规划纲要（草案）》的规划，北京大学开展了技术物理（原子核物理）、半导体、计算数学、无线电电子学、生物化学等新的专业学科的教学与科研工作，为中国的原子能、核弹、计算机、合成牛胰岛素等现代科技事业做出了重要贡献。在改革开放的今天，随着信息经济时代的到来，北京大学不仅又有一大批新学科发展起来，而且为了适应新时期的新特点，把高新技术尽快转化为生产力，直接为经济建设这个中心服务，北京大学以精兵强将组建了北大方正集团。北大方正如今已是闻名遐迩的高科技集团的代表之一。

北大方正集团组建十年来，获各种发明、奖励、专利数十项，其中包括国家科技进步一等奖、英国专利和欧洲专利等。

北大方正集团拥有文字信息处理技术国家重点实验室、新闻和电子出版新技术国家工程研究中心、硕士博士培养点和博士后流动站、中国科学院院士和中国工程院院士，这样强大的技术研究和科学研究阵容在国内各企业中是少见的，人称北大方正集团为"五星级企业"。

北大方正集团集高科技的发明创造、产业化、商品化、销售、服务为一体，是信息经济的一种模式，人称北大方正是顶天立地的一条龙企业。

北大方正集团的营业额连年翻番，1997年达到58亿人民币，经济效益是可观的。除大量投入再开发研究外，在报业电脑系统市场中，北大方正的占有率国内为81%，海外达70%。

北大方正集团是中国进军世界企业500强中与上海宝钢、四川长虹并列的六家大型国有企业之一。在这六家中，北大方正是唯一一家校办产业。

七 结束语

本文简要回顾了一下北京大学在中国现代化历程中的几个脚印，仅就这几个脚印，我们已清楚地看到，北京大学在中国现代化历史长河中的作用与影响。这是历史赋予北京大学的重任。一个世纪以来，人们可以看到，中国在教育、科技、文化、政治、经济诸方面追求现代化的历程中，北京大学都责无旁贷地被推在前头，开风气，带潮流。因此，北京大学在海内外享有极高的声誉是实至名归的，是历史形成的。唐代诗人虞世南的名句也许是对北京大学恰当评价："居高声自远，非是藉秋风。"

（原载《北京大学学报（哲学社会科学版）》1998年第3期）

老北大出版物述略

据昌明公司的陆费伯鸿先生称，学校办出版大约是俞复、丁宝书等在无锡创办的三等学堂最早，时间约在19世纪末。俞、丁等因学堂无适用教科书而自己动手编写了《蒙学读本》七编，为出版此书他们创办了文明书局。文明书局成为我国出版教科书最早的机关。朱树人编的《蒙学课本》三册，1901年由南洋公学出版，则在其后。

北京大学初名京师大学堂，1898年创办伊始即设有译书局自编自译教材，如今尚能见到的有《京师大学堂伦理学讲义》《京师大学堂心理学讲义》《京师大学堂中国地理学讲义》《京师大学堂中国史学讲义》等。大学堂译书局则翻译有《东西洋伦理学》《欧洲教育史要》《动静力学》《热学》《光学》《电学》《算法》《气水学》等教科书。一百年来，北京大学出版之教科书无算，且不仅有大学用书，还有中学用书，例如《本国中等教科地理志》等在此不论，本文只想说说教科书以外的出版物。

在如今人们称为"老北大"的前五十年中，北京大学出版各种各类刊物近百种（见后附表，不含教科书）。其中有以时事为主的日报，有以学术为

京师大学堂的部分出版物

主的综合性学报和专业学报,也有纪念性、普及性、娱乐性的应时刊物等。《北京大学日刊》《北京大学月刊》《北京大学研究所国学门月刊》《北京大学研究所国学门周刊》《国立北京大学国学季刊》《国立北京大学社会科学季刊》《国立北京大学自然科学季刊》《北京大学数理杂志》《新潮》《国民》《国故》等是其中最广为人知的几种。

百余年来,北京大学大师云集,人才辈出,成果卓著,声名远播海内外,其活跃的社团和大量的出版物是其亮点之一。创刊于1917年11月16日的《北京大学日刊》是中国最早的大学日报(校刊)。由于北京大学在中国近现代高等教育史上的开创地位,《北京大学日刊》不仅是中国高等教育的重要媒体,而且记载了中国近代社会变革的信息,如在中国马克思主义的早期研究与传播、爱因斯坦相对论学说的研究与传播、量子论的讨论、节制生育优生优育的讨论等都是影响世界历史进程的重大问题,在《北京大学日刊》上都能找到其历史踪迹。更不用说有关教育教学的举措、条例、课程指导书、人事任免等时事。因此《北京大学日刊》1981年由人民出版社影印发行后受到各界重视,成为研究中国现代教育史、科技史、文化史、社会史的重要文献。值得指出的是,《北京大学日刊》1917年11月16日至1927年8月6日为六字刊名,1929年4月13日至1931年9月5日为四字变体刊名《北大日刊》,这是"北平大学北大学院"时期的短期符号。1931年9月9日至1932年9月16日恢复原六字刊名。1932年9月17日改为《北京大学周刊》,相当于今天的北大校刊。

北京大学创办的部分刊物

《北京大学月刊》创刊于1919年1月,是中国最早的大学学报,为综合性学术刊物。内容数、理、化、文、史、哲、政、经、法、天、地、生等学科均载。虽曰月刊,但计划全年出版十期,由文、理、法三科研究所主任

（朱希祖、俞同奎、马寅初、胡适、秦汾、陈启修、陶孟和、张大椿、黄右昌共九人）各编一期，蔡校长亲自编一期（这一期后来并未能按计划出版）。蔡元培校长撰写的《北京大学月刊》发刊词指出，虽有日刊作为师生联络感情之机关，但是"日刊篇幅无多，且半为本校通告所占，不能载长篇学说，于是有月刊之计划"。这就是说月刊是供发表学术研究成果的刊物。蔡校长指出大学担负教学科研双重任务，他说："所谓大学者，非仅为多数学生按时授课，造成一毕业生之资格而已也；实以是为共同研究学术之机关。"他还指出科学研究是学习、借鉴、比较、创新的过程："研究也者，非徒输入欧化，而必于欧化之中，为更进之发明；非徒保存国粹，而必以科学方法，揭国粹之真相。"蔡元培校长十分重视方法论，他曾多次讲述吕洞宾点石成金的故事，说明点成的金终归有限，有了点金的指头（方法）才能点出无数的金。在他的倡导下，北大逐渐形成重视方法论的学风，北大教师积极研究和教授方法论，当时开有文学研究法、史学研究法、数学方法、物理学方法、化学方法、经济学方法论、考古学方法论、地质学方法论、统计学方法论、科学方法与科学效果、科学概论，等等。且开课教师都是资深教授或系主任。影响很广的胡适名言"大胆的假设，小心的求证"即出自他在《北京大学月刊》第五、第七、第九期上连载的《清代汉学家的科学方法》一文。胡适在列举了清代汉学家的大量研究论证实例之后说："他们的方法，总结起来，只是两点。（1）大胆的假设，（2）小心的求证。假设不大胆，不能有新发明。证据不充足，不能使人信仰。"胡适研究方法论，自己也注意运用，因此他的《中国古代哲学史大纲》（上卷）（1919年2月出版）受到蔡元培的高度赞扬。蔡校长在发刊词中还强调大学应网罗众家，学术研究应思想自由。他引用《礼记·中庸》中"万物并育而不相害；道并行而不想悖"加以说明。他主张各种学术观点都可以在月刊上发表："今有月刊以宣布各方面之意见，则校外读者，当亦能知吾校兼容并收之主义，而不至以一道同风之旧见相绳矣。"北京大学此后学术

北京大学三大季刊

繁荣成果多多，为世人所称道，《北京大学月刊》与有功焉。

除综合性的《北京大学月刊》外，专业性的学报类刊物尚有《北京大学数理杂志》《国立北京大学地质研究会年刊》《北大化学会年刊》《北大经济学报》《北大经济学会半月刊》《国立北京大学国学季刊》《北京大学研究所国学门周刊》（后改月刊、半月刊）《国立北京大学社会科学季刊》《国立北京大学自然科学季刊》《史学论丛》《佛心丛刊》《国故》《绘学杂志》《音乐杂志》《造型美术》等，都是颇有影响、广为人知的出版物。其具体创刊时间、编辑出版者均见后附统计表。

《北京大学数理杂志》与《北京大学月刊》同时创刊，可以看作《北京大学学报（自然科学版）》的前身，该刊是国内最早介绍爱因斯坦相对论的书刊之一。《北京大学数理杂志》出版十年后《国立北京大学自然科学季刊》创刊。

由于蔡元培校长的倡导，北京大学成为开展美育教育最早的大学，不仅开有美育相关课程，而且有研究机构，并有相应的刊物。例如北大造型美术研究会办有《造型美术》；北京大学画法研究会办有《绘学杂志》；北京大学音乐研究会办有《音乐杂志》；等等。未出版刊物的还有北大摄影研究会、北大书法研究会等团体。由此可见当年北京大学美感教育之盛况。

众所周知，北京大学是国学研究的重镇，大师云集，成果累累，影响深远。今天北京大学国学研究院编辑出版的《国学研究》年刊享誉海内外。八十年前《国立北京大学国学季刊》"发刊宣言"在今天仍有指导意义。该宣言被学界称为"国学研究大纲"，"国故学上的空前伟论"。它第一次明确地把国学界定为包含中国一切过去的历史文化，排除了片面性，也省去了"国粹""国渣"之争："'国学'在我们的心眼里，只是'国故学'的缩写。中国的一切过去的文化历史，都是我们的国故，研究这一切过去的历史文化的学问，就是'国故学'，省称为'国学'。"而国学研究的目的"是要做成中国文化史"，"是要依据了事实，就中国全民族各方面加以精详的观察与推断，而找出个五千年来文明进化的总端与分绪来"。

北京大学的学术自由也表现在出版物上。关于国学研究除前述的国学门研究所办的机关刊物外，还有师生自办的，如由张煊、薛祥绥等学生主办，聘请刘师培、黄侃任主编辑的《国故》月刊。《国故》"以保存国粹为宗旨"，努力于"昌明国学，而以发挥新义，刮垢磨光为急务……" 1919 年 3

月20日出版第一期。其前，1919年1月1日创刊的《新潮》则是学生傅斯年、顾颉刚、毛子水等主办的，主任编辑是周作人，以"①批评的精神，②科学的主义，③革新的文词为特征"。其创办得到了陈独秀、胡适、李大钊等的支持。至今人们一般认为《国故》与《新潮》是互相反对的，为还历史本来面目，在此多介绍一点资料。

《新潮》第一卷第五号（1919年5月1日）载有数学门二年级学生毛子水的《国故和科学的精神》一文，其中说："我们中国民族，从前没有什么重要的事业；对于世界文明，没有重大的贡献；所以我们的历史，亦就不见得有什么重要。"还说："我们中国的国故，亦同这个死人一样"，只是供解剖，找病因的材料，并指责"……研究国故，就是抱残守缺"。毛文这种偏激的不符合历史事实的说法，理所当然地会受到驳斥。针对毛文，《国故》的主办者国文门三年级学生张煊写了《驳〈新潮〉国故和科学的精神》一文，载于《国故》第三期（1919年5月20日）。这是流传甚广的著名的《国故》与《新潮》之争，仅此而已。五个月后，1919年10月《新潮》第二卷第一号又刊出了毛子水的《"驳〈新潮〉国故和科学的精神"篇订误》一文，承认"我那篇文章，写的很匆忙，所以难免有失检点的说话……"并有勇气将胡适先生指出其不足的信附在文后，胡信中说："……你的主张，也有一点太偏了的地方。如说：'我们把国故整理起来，世界的学术亦许得着一点益处，不过一定是没有多大的……'"毛文的偏激是不争的事实。有意思的是，这争论发生在1919年5月，且仅此两篇，而《公言报》却在两个月前，且《国故》尚未面世的1919年3月18日载出文章《请看北京学界思潮变迁的近状》，说《国故》与《新潮》"旗鼓相当，互相争辩"，而其辩论文章"纯任意气，各以恶声相报复……"今天我们将两杂志摆在面前，对照比较不难看出《公言报》言之失实，无公可言。我们是否可以猜想，这也是一种今天所称的"炒作"的先驱，由于《公言报》的炒作，才引起人们对《国故》与《新潮》的广泛关注？

《新潮》发行量大，出版时间长，大家比较了解，此处特将《国故》情况作一简介，略补以往之不足。在《国故》总共刊行四期（1919年9月20日第四期出版后停刊）中，除纪事、通讯、外稿选录、著述提要等栏目时有时无外，常有的栏目共发表研究论著96篇（次），其中通论11、专著46、遗著25、艺文5、杂俎9。《国故》月刊四期内容范围大体相同，针对《公言报》3月18日的文章，现将3月20日出版的《国故》第一期目录录下，供

涵容　博大　守正　日新

读者鉴赏：

  题辞　　　　　　　　　　　　　　　　　（黄　侃）
        通　论
  古今学术钩通私议　　　　　　　　　　　俞士镇
  言文合一平议　　　　　　　　　　　　　张　煊
  读古书法举隅　　　　　　　　　　　　　薛祥绥
        专　著
  毛诗词例举要　　　　　　　　　　　　　刘师培
  礼经旧说考略　　　　　　　　　　　　　刘师培
  夏小正词例举要　　　　　　　　　　　　俞士镇
  求进步斋音论　　　　　　　　　　　　　张　煊
  汉书艺文志笺　　　　　　　　　　　　　许本裕
  诸子通谊　　　　　　　　　　　　　　　陈钟凡
  列子伪书考　　　　　　　　　　　　　　马叙伦
  王学私议　　　　　　　　　　　　　　　吴承仕
  文笔考　　　　　　　　　　　　　　　　王肇祥
  邃思斋文论　　　　　　　　　　　　　　薛祥绥
        遗　著
  尚书学　　　　　　　　　　　　　　　　朱骏声
  礼记篇目考　　　　　　　　　　　　　　王仁俊
  尔雅释例　　　　　　　　　　　　　　　陈玉澍
  陈文节公年谱　　　　　　　　　　　　　孙锵鸣
  吕氏春秋高注补正　　　　　　　　　　　孙锵鸣
        艺　文
  文录　诗录　各若干首
        杂　俎
  读书小记　　　　　　　　　　　　　　　马叙伦
  独轩随笔　　　　　　　　　　　　　　　薛祥绥
        记　事
  本社记事

从以上目录可以看出，《国故》的办刊宗旨是得到贯彻的，并且也注意治学方法的讨论，除第一期上的《读古书法举隅》讨论古今语音区别，指出以古音读古书才能准确理解等外，以后还有《搜集文章志材料方法》《说文句读识语》等，也是讨论做学问的方法的。只要尊重事实，相信自己的眼睛和判断力，读者是不难得出自己正确的结论的。

1919年9月5日，傅斯年在《新潮之回顾与前瞻》（《新潮》第二卷第一号）这篇六七千字的长文中，写到了"我们杂志纯是由觉悟而结合的"；写到了《新潮》的三个长处与三个短处；写到了《建设》杂志的"能仔细研究一个问题，而按部就班的解决他，不落在随便发议论的一种毛病里"办刊精神和《新静》的办刊"以多年研究所得的文艺思想，人道主义精切猛进的发表出来"的办刊宗旨；写到了短命而有价值的《每周评论》《湘江评论》；等等。而关于《新潮》与《国故》的论争，却一个字也没有写。可见《公言报》的文章和世人的一般议论，在傅先生那是不占什么分量的。

除专业性学术出版物外，老北大还有大量的普及性出版物。例如以"介绍科学常识于平民为宗旨"的《科学常识》；为引进西方音乐，促进我国音乐发展，并开展与西方音乐的交流的北京大学音乐研究会创办的《音乐杂志》；"以奖掖本校学生研究造型美术陶冶趣味为宗旨"的北京大学造型美术研究会创办的《造型美术》杂志；以研究画法，互相观摩，发展美育为宗旨的北京大学画法研究会创办的《绘学杂志》；北京大学新闻研究会为方便会员练习、商榷、交流和新闻学知识的传播而创办的《新闻周刊》；"以介绍图书馆学学识，传播本图书部进行之状况为宗旨"的《北大图书部月刊》；等等。

老北大的另一大类出版物则是紧跟时局。如以"努力促成党与国民之间的团结，以谋一致对外；并建议种种有利对外的方案，以统一全国的舆论，唤起全世一切被压迫的群众共同奋斗"为宗旨的《国难周刊》；以"唤起国人新觉悟、建立反帝的新中心"为己任的《新战线》；"本互相精神，以促进品学与改良社会为宗旨"的《励进》；《学生动向》则提倡刻苦自励，养正气，强体魄，鼓舞群伦，转移风气；《前趋》周刊偏重国际问题的探讨，以"客观地叙述目前国际间发生的经济问题、政治问题，和其他等等之有关于世界繁荣与和平的诸问题……"为己任；等等。

老北大的出版物繁花似锦，争奇斗艳，美不胜收，各具特色，是北大人与中华民族、国家命运息息相关的历史见证;是北大人学术贡献,开风气之先的历史记录。本文只略作介绍。为方便有兴趣者查阅、研究,特将老北大的部分出版物列表附后。

老北大刊物统计表(以创刊时间排序)

	刊 名	编辑出版者	创刊时间
1	北京大学日刊	北京大学日刊部	1917年11月16日
2	每周评论	每周评论社	1918年
3	北京大学月刊	北京大学月刊编委会	1919年1月
4	北京大学数理杂志	北京大学数理学会	1919年1月
5	新潮(月刊)	新潮月刊社	1919年1月
6	国民(月刊)	国民杂志社	1919年1月
7	国故(月刊)	国故月刊社	1919年1月
8	新闻周刊	北京大学新闻学研究会	1919年8月
9	北京大学学生周刊	北京大学学生会	1920年1月4日
10	音乐杂志	北京大学音乐研究会	1920年3月
11	绘学杂志	北京大学绘学杂志社	1920年6月
12	评论之评论	北京大学评论之评论社(北大法科学生)	1920年12月
13	奋斗	北京大学奋斗旬刊社	1920年
14	北京大学地质研究会年刊	北京大学地质研究会	1921年10月
15	努力周报	北京努力周报社(胡适主编)	1922年5月7日
16	科学常识	北京大学科学常识杂志社	1922年6月
17	向导周报	向导周报社	1922年9月
18	北大经济学会半月刊	北大经济学会	1922年12月
19	佛心丛刊	北京大学出版部	1922年
20	国学季刊	北京大学国学季刊编委会	1923年1月
21	社会科学季刊	北京大学社会科学编辑部	1923年11月
22	歌谣(周刊)	北京大学文科研究所歌谣研究会	1923年

续表

	刊　名	编辑出版者	创刊时间
23	造型美术	国立北京大学造形美术杂志社	1924年6月
24	励进	北京大学励近社	1924年9月
25	北京大学研究所国学门报告	北京大学研究所国学门	1924年
26	猛进（周刊）	北京大学猛进社	1925年3月
27	北京大学研究所国学门周刊	北京大学研究所国学门	1925年10月
28	北大学生会周刊	北大学生会宣传股	1925年
29	政治生活（周刊）	北京大学	1925年
30	社会科学	北京大学社会科学部	1925年
31	海天集	北大哲学系	1925年
32	国民周报	北京大学国民周报社	1925年
33	北京大学研究所国学门月刊	北京大学研究所国学门	1926年10月
34	北大化学会年刊	北京大学化学会	1926年
35	革命周报	北京大学革命周报社	1926年
36	新生（周刊）	北京大学新生社	1926年
37	自然科学季刊	北京大学自然科学季刊编委会	1929年10月
38	北大图书部月刊	北大图书部	1929年10月
39	励笃季刊	北京大学法学院励志笃行社	1929年
40	北大学生（月刊）	北大学生月刊委员会	1930年5月
41	北大学生周刊	北大学生周刊编委会	1930年12月
42	国难周刊	国难周刊社	1931年11月
43	政治学论丛	北京大学政治学会	1931年
44	开拓（半月刊）	北京大学开拓半月刊社	1931年
45	战旗	北京大学战旗社	1931年
46	北京大学非常学生会专刊	北京大学非常学生会	1931年
47	北京大学示威运动专刊	北京大学非常学生会	1932年1月

续表

	刊　名	编辑出版者	创刊时间
48	青年大众半月刊	北京大学星火社	1932年4月
49	独立评论	独立评论社	1932年5月22日
50	新战线周刊	北京大学新战线周刊社	1932年7月
51	北京大学周刊（续《北京大学日刊》）		1932年9月17日
52	理论与现实（半月刊）	北京大学理论与现实社	1932年
53	认识（旬刊）	北京大学认识旬刊社	1932年
54	中国论坛	北京大学中国论坛社	1932年
55	北大新闻	北大新闻社	1932年
56	自决	北京大学第一院自决杂志社	1932年
57	牧野（旬刊）	北京大学文学院牧野旬刊社	1933年
58	前趋	北京大学前趋杂志社	1933年
59	新梦	北京大学新梦社	1933年
60	北平周报	北京大学北平周报社	1933年
61	北大校友	北京大学调查介绍组	1934年12月1日
62	北大周刊	北京大学学生会	1935年12月
63	瓦缶月刊	北京大学第一院瓦缶月刊社	1935年
64	史学	北京大学史学社	1935年
65	史学论丛	北京大学潜社	1935年
66	北大旬刊	北京大学旬刊社	1936年2月
67	学生动向（月刊）	北京大学学生动向月刊社	1936年12月
68	每周论坛	北京大学每周论坛社	1936年
69	北大经济学报	北大经济学报出版股	1936年
70	治史杂志	北京大学史学会	1937年
71	国立西南联合大学校刊	联大文书组	1938年6月7日
72	当代评论	当代评论社	1941年7月7日
73	冬青（文抄）	西南联大冬青社集稿	1942年
74	冬青（诗抄）	西南联大冬青社集稿	1942年

续表

	刊 名	编辑出版者	创刊时间
75	冬青（散文抄）	西南联大冬青社集稿	1942 年
76	冬青（小说抄）	西南联大冬青社集稿	1942 年
77	北大化讯	北大化学系同学会	1944 年 3 月 10 日
78	联大通讯	国立西南联大学生自治会	1945 年 5 月 4 日
79	时代评论	时代评论社（费孝通主编）	1945 年 10 月 2 日
80	文艺新报	文艺社	1945 年 11 月 1 日
81	新生命（月刊）	北京大学学生会新生命出版社	1945 年
82	联大八年	西南联大学生出版社	1946 年 7 月
83	学生报	国立北京大学学生报社	1946 年 12 月 17 日
84	北大讲助通信	北大讲助会	1947 年 5 月
85	五四特刊	北京大学文艺社暨新诗社	1947 年 5 月
86	学习丛刊	北京大学学习文丛社	1947 年 9 月 6 日
87	诗音讯	北京大学文学院诗音讯社	1947 年
88	农学（月刊）	北京大学农学院农学月刊社	1947 年
89	北大工程	国立北京大学工学院自治会	1948 年 3 月 1 日
90	北大半月刊	北京大学学生自治会	1948 年 3 月 20 日
91	独立时论集	独立时论社	1948 年 4 月
92	诗联丛刊	北京大学 中法大学等校新诗团体联合会	1948 年 6 月 11 日
93	医疗通信	北大医疗队	1948 年 8 月
94	北大清华联合报	北大清华联合报社	1948 年 10 月 1 日

* 以上统计为目前所见者，可能不全。

（原载《北京大学学报（哲学社会科学版）》2005 年第 5 期）

北京大学理科课程体系演变的考察（A）

一　前言

中国近现代高等教育以京师大学堂为开端。京师大学堂于1898年建立，1912年随着国体的变革而更名为北京大学，北京大学至今已届百年。由于历史的原因，北京大学的文理各科在中国近现代教育史上均具有代表性。1909年前后京师大学堂已由中国学者开出了现代数学（高等数学、微积分等）、现代物理学（普通物理、理论物理等）、现代化学（有机化学、无机化学、分析化学等）等课程。1910年3月大学堂分科大学（相当于后来的学院）开学，其中格致科大学（相当于理学院）设有化学门、地质学门等，当时的门相当于后来的系。这是中国近现代高等教育分科的开端，因此我们的研究便从这里开始。

按照历史顺序，我们选几个时间段进行考察，以有代表性的年份为标志，从培养目标、课程体系及其演变、社会环境及效果等方面进行历史研究，以期引出某些规律，对我们今天的理科人才培养有所借鉴。

二　概况

1. 前清年代

京师大学堂格致科大学（理学院）遵照大学堂章程规定的培养目标"以端正趋向，造就通才为宗旨；以各项学术艺能之人才足供任用为成效"。这就是说学堂培养的是忠君爱国的能应付国家实际需要的人才。

当时所设课程分为主课和补助课两类，大体相当于后来的必修课和选修课。其课时比约为4∶1（主课约占78%，补助课约占22%）。这些课程在德、智、体三育中，仅为智育部分。当时并无体育课程，但并不是没有体育活动，大学堂期间曾开过三次运动会，当然都是表演性的。至于德育虽无课程，但管学大臣及提调、教习的训话都很注意于"以伦常道德为先"，视修身伦理"为培养人才之始基"。所以在清代的大学堂，理科课程表上仅有专门知识的基础课和专业课，但并不说明不注意德育、体育的培养和训练。学制三年毕业。

2. 民国初年

1912年中华民国建立，教育部颁布大学令，规定"大学以教授高深学术，养成硕学闳材，应国家需要为宗旨"。北京大学并未另定培养目标，而是执行大学令的。

1912年大学堂改名为北京大学后，原格致科改为理科。至1916年理科共设有数学门、物理学门、化学门、动物学门、植物学门等。学制为本科三年毕业，预科三年毕业。这一时期北大理科的基础课约占课程总时数的33%，专业基础课约占44%，专业课约占23%。课堂讲演占主要地位，为77%，实验和实习仅占23%。课表所列课程仅限于专门知识即属智育范围。仍无体育课。关于德育教育的认识，还是沿袭清代，以小学、中学的国学（经史等）为激发忠爱之心的途径。虽无德育课程，但学生的管理中有明确的体现，如《北京大学分科通则》中规定，"选品行敦笃，学问优长之学生为优待生"。而在优待之学年内"如有品行不修，学业荒废"等情况，将停止享受优待。通过奖惩手段，对学生进行品德培养。

3. 蔡元培时期

大家知道，北京大学自蔡元培先生1917年1月到任后，随即进行整顿改革，使北大进入了新的时期。从1919年起，北大进行一系列改革，如改门为系、预科改为二年制、本科改为四年毕业等，到1920年代中期，其学科、课程的设置，教职员的配备，组织机构的组建等，都达到了比较完善的程度。这时的培养目标仍是沿袭民初的规定："国立大学校，以教授高深学术，养成硕学闳材，应国家需要为宗旨。"

1924年、1925年的理科课程大致由基础课、专业基础课、专业课三大块构成，所占总课时比重依次为24%、39%、37%。其中课堂讲授约占63%，实习及实验约占37%。这里是指德智体三育中的"智育"课，即专门知识课而言的。

1920年前后，全国学校的体育仍为课外活动，不排入正课，这是遵照教育部训令第一四七号（1919年4月）的规定行事的。蔡元培很重视学生的全面发展，对美育、体育等大力提倡，于是北大学生各种社团纷纷组织起来，其中锻炼身体的组织有静坐会、技击会、体育会等。当时北大学生有组织开展的体育活动有骑术、游泳、球类、溜冰等。至1920年代中，体育课纳入一二年级必修科目，并组织学生军，进行军国民教育。

蔡元培十分重视学生品格的养成，尤其注意美育对学生人格的陶冶作用。在他倡导下，北大的学生社团如雨后春笋般建立起来，如进德会、音乐研究会、摄影研究会、画法研究会、书法研究会、造型艺术研究会、俭学会、辩论会、话剧社、消费公社、学生银行、女同学会等，真是五光十色，绚丽多彩。这些社团不仅在校内活动，有些还应邀为社会服务，且大都出版刊物进行研究、交流。这些社团实际上是蔡元培时期北大学生德育的重要阵地。

4. 蒋梦麟时期

蔡元培在完成北大的改革整顿，使之步入轨道之后，于1927年开始了对中国文化事业的又一大贡献——筹备中央研究院。1930年后，蒋梦麟出任经历了改组合并、复校之后的北大校长。蒋先生在原来的基础上使北大进一步发展。到1935年前后达到空前的水平。这时《北京大学组织大纲》规定，"本大学1. 以研究高深学术，2. 养成专门人才，3. 陶融健全品格为职志"。这一规定时有变化，有的年份只有前两条。

这一时期，北大理科课程体系（专门知识课即智育课）的构成是基础课约占36%，专业基础课约占36%，专业课约占28%。其中有72%为必修课，28%为选修课。这时的课堂讲授下降为60%，实验及实习上升为40%。

1930年代的体育已由教育部明令纳入课程。体育课由两部分组成，即军事训练、体育。训令规定军事教育修习期二年，每年度每星期实施三小时，一般在三四年级进行。训令还规定，如缺课时数超过军训总时数三分之一者不准参加学期考试。可见当时军训是带有一定强制性的。而普通体育课则为一年级生（有的年份为一二年级）必修课，每星期两小时。内容以球类为主，并有田径、体操、摔跤、举重、拳斗、射箭、国术、游戏等项目。体育成绩与能否毕业相关。

这一时期加入"党义"一门为必修课，进行三民主义教育，属于政治课，在三育中归入德育课，它是一年级每周二小时的必修课。在德育方面，除此之外仍同前一时期一样，主要靠各种社团活动、大量讲座等来完成。

5. 联大时期

1937年，由于日寇侵华战争深入华北，北大、清华、南开等学校被迫南迁，组成西南联合大学。在抗战的烽火中，三校师生聚集在边城昆明，为抗日救国育才，为抗日救国成才。这是一个特别的时代。实行的是平时教育与战时教育相结合的通才教育方针。一方面加强基础知识教育"使学生有基本技能，而可随时应用"；一方面为适应抗战建国的需要，不仅开出国防化学、空气动力学、航空气象学、兵器学、液体燃料学等实用课程，而且结合当地条件和抗战需要开展研究，开出大量选修课。据统计当时理学院的必修课约占37%，而选修课竟占63%，这是中国教育史上空前的现象。

联大的体育课仍是由军训和体育两部分组成，并为必修课，不及格不得毕业，但学时比较灵活变通。有的学生参加工作后，又回校补修，直至及格方能拿到毕业证书。

德育，对于西南联大的学生来说，必修课"党义"（《党义研究概论》《三民主义浅说》《总裁言论》等）并没起什么作用，因为这种课学生到堂听讲得很少，甚至不参加考试也能及格。真正培养了西南联大学生抗战爱国志向和刻苦互助团结精神的是日军侵略造成的艰苦环境，是师生失掉家乡的国仇家恨，是民族存亡的历史责任感。

三 简略讨论

1. 关于培养目标

从京师大学堂到北京大学，其培养目标在这前50年中实际上没有划分出理科人才培养目标、文科人才培养目标，而是归为同一个大学生培养目标。我们的研究是关于理科人才素质、质量标准和课程体系的研究，这里只好这么用。我们看到其培养目标的主体是一贯的，就是要培养爱国敬业的具有高深学问的适应国家需要的高级人才。其中对学业的广博精深的要求和适应国家需要的要求始终如一。有所变化的是清朝末年强调忠君爱国，民国初期则注重健全人格，抗战时期则突出抗日救国。可见对学生的培养目标是受时代和社会环境制约的。

2. 关于课程体系的演变

学校的一切课程、活动都应是围绕培养目标设计的，就北大前 50 年的理科课程设置来看，时期不同科目多少亦不同；随着科学的发展，科目不断增加，基础课不断增加（比率由 66% 到 72%），选修课不断增加（比率由 25% 到 60%），课堂讲授不断减少（比率由 80% 到 40%）。与这"三增一减"的变化相应的是北大理科学生水平的不断提高。

四 初步认识

一个学生成材与否，原因是多方面的，如社会环境、时代的要求、学生自身的主观努力等非智力因素往往能起到关键的作用。而某些非智力因素的激发有赖于教职员的积极引导和健康向上的多种多样的课外活动的陶冶。如北京大学 1920 年代以后争奇斗艳的社团活动、繁花似锦的出版物、西南联大琳琅满目的壁报等，对激发学生爱国热情、探讨学术、接触社会实际（如平民教育讲演团、平民夜校、风俗调查会）等都对养成学生的健全人格起了极为重要的作用。

一个人要为国家服务，效力社会，应具有高远的志向和百折不回的毅力，勤奋与热情等优秀品格，此外还必须有解决实际问题的能力、专业知识等。学校所设专门知识的课程主要是培养这方面的能力，课程设置在建构学生的知识结构中起着重要作用，课程体系的合理与否将对学生成材的早晚、成材的大小产生直接的影响。由于北大理科的基础课程比重大（一般都在三分之二以上），所以北大理科学生在社会上的适应能力较强，理论贡献较多，甚至有突破性成就，已为社会所公认。如 1930 年代毕业的虞福春和马大猷，前者是核磁共振化学位移的三个发现人之一，后者提出了声学简振方程。而西南联大培养出了李政道、杨振宁、郭永怀、邓稼先、唐敖庆、黄宏嘉、屠守锷、郝诒纯等世界著名学者。这也许与联大课程体系不无关系，其必修课与选修课之比为2∶3，大量的选修课对激发学生的主动性和拓宽思路是大有好处的。

（原载《高等教育论坛》1996年第3期）

北京大学英文名的变迁

近年来随着研究北京大学文章的增多,其中对北京大学的英文名称也有种种说法,时时有学者询及笔者。现就所见罗列于后,以供研究者参考。京师大学堂建于 1898 年,当年美国《纽约时报》(*The New York Times*, 1898.9.23)报道中京师大学堂用的是 Imperial University of China;而上海发行的 *The North China Herald* 英文周刊中则为 Imperial University;1956 年华盛顿大学出版了龙德(Lund)的博士论文中则用 The Imperial University of Peking(《京师大学堂》);京师大学堂图书章为中英文对照,其英文为 Imperial University of Peking;1910 年 3 月京师大学堂开办分科大学,其中京师大学堂格致科大学图书章为中英文对照,上部英文为 Faculty of Science,中间为中文,下部英文为 Imperial University,Peking;1970 年台湾大学出版了庄吉发专著《京师大学堂》所附英文名称 A History of Ching Shih Ta Hsiieh Tang(former Peking University);《北京大学史料》第一卷《京师大学堂时期1898~1911》于 1993 年由北京大学出版,其中文简介请李赋宁先生译为英文附于书后,其中京师大学堂为 Capital College。

1912 年 5 月 3 日,国民政府批准教育部呈请京师大学堂改称为北京大学校,大学堂总监督改称为大学校校长,严复即由末任总监督改为首任校长。由于严复对北大进行了初步改革,特别是严复在英国的影响力,英国伦敦大学、英国教育会于 1912 年 7 月 29 日宣布承认北京大学(Peking University)毕业生的学历,可直接赴英进行博士研究。后来称国立北京大学时,其相应的英文名称为 Government University Peking,此名见于 1917 年 4 月 28 日 "北京大学分科欢送毕业同学会"入场券上加盖的公章,章为中英文对照。1918 年 3 月北京大学图部成立,图书馆、部的图书章均为上方 The Library of National University,中间为中文,下方单置 Peking。北京大学最早的学术刊物《北京大学数理杂志》(1919 年 1 月创刊)的英文名中北京大学为 The Government University Peking。不知什么原因，1919年8月12日，北京大学评议会就本学机关的英文名称作决议（出席者有沈尹默、胡适之、马幼渔、沈士远、马寅初、俞星枢等）其中国立北京大学定为 The National University of Peking，这是笔者见到的首次北京大学法定英文名。而在《评议会议事录》的封面上加盖的"国立北京大学评议会"方章中，与国立北京大学对应的是 National University，Peking。《国立北京大学地质研究会年刊》（第一期）创刊于1921年10月10日，其英文名中用的是 THE UNIVERSITY PEKING, CHINA。而1926年创刊的《北大化学会年刊》的英文名中则用 THE PEKING NATIONAL UNIVERSITY。1929年10月《国立北京大学自然科学季刊》创刊号英文名中用的是评议会决议的 THE NATIONAL UNIVERSITY OF PEKING。而1930年出版的《北大学生》英文名中所用与《北大化学会年刊》相同。1937年抗战爆发，学校南迁，1938年2月5日，长沙临时大学第四十九次常委会议决本校英文名为 Lin – Shi – ta – hsueh（The Associated National Universities：National Peking University，……）。此后北京大学一直沿用此英文名。1950年3月17日，毛主席为北京大学题写新校徽后，北京大学公用笺题名为毛题"北京大学"，其下英文为 National Peking University，Peking China。1952年院系调整后，所有私立及教会学校均改为公立，不再有国立、私立之分，国立北京大学则直称北京大学，与其他学校一样，相应英文名称自然取消了 National，成为沿用至今的 Peking University，与1912年7月29日英国人的用法相同。

需要说明的是，燕京大学的英文名称在1919～1925年间也曾为 Peking University。为了与北京大学的英文名区别，1925年12月，燕京大学校务委员会决定燕京大学的英文名 Yenching University，不再使用 Peking University。

（原载《北京大学校报》，1999年11月20日）

北大无校训

由于工作关系，笔者常常被询及"北大的校训是什么？"或"什么是北大的校训？"今就耳闻目及略述一二，兼答询者。

"校训"一词在《辞源》《辞海》等大型工具书中的"校"字下均无"校训"词条。《现代汉语词典（试用本）》（中国科学院语言研究所编，商务印书馆，1973［内部发行］）"校"字项下有"校风""校刊""校规""校庆""校徽""校友"等，仍无"校训"词条。

可见校训一词出现较晚，被正式列入辞书则更晚。1978年12月由商务印书馆出版的《现代汉语词典（第一版）》，"校"字项下有"校训"一条。原文如下："学校规定的对学生有指导意义的词语：抗大的校训是团结、紧张、严肃、活泼。"

其实校训不仅对学生有指导意义，而且对全校师生员工都有指导意义。所以，校训往往都被书写或镌刻在人们容易看到的地方，如校门、礼堂、图书馆等迎面处或校刊、学报、纪念册等的刊头、扉页或专页上。因此清华的"自强不息，厚德载物"、南开的"允公允能"、燕京的"因真理，得自由，以服务"等即常见于以上各处，并被师生所熟悉、所记忆、所引用，在有关回忆录中常常见到。而北京大学（含京师大学堂）的一百多年历史中，在上述应该出现校训的地方均未见到过类似校训的词语，也未在纪念文章或回忆录中见到有关校训的提法。

1938年10月6日，西南联大常委会为回应当时教育部的要求制订西南联大校训、校歌，成立了以冯友兰先生为主席，以朱自清、罗常培、罗庸、闻一多为委员的编制校歌校训委员会。为了能够包容北大、清华、南开三校校训的精神，曾将三校校训书写在纸上摆在桌面斟酌讨论，清华、南开的校训已见前文，写有"国立北京大学校训：博学、审问、慎思、明辨"的一张小纸于此第一次见到（现收藏在校档案馆），且为仅见。这八个字，在此之前之后均未被引用过，更未被镌刻在校门、礼堂等处，也未被刊载在校刊、纪念册上。因此，数以万计的北大师生（在校或离校的）几乎没有人知道这个八个字。只是近年来由于西南联大的被人关注，四校校训并提，这八个字才为一些人所知晓。

"博学之，审问之，慎思之，明辨之，笃行之"。语出《中庸》第十九章，其主旨在讲修身、为学、治国，然而学、问、思、辨、行，"五者废其一，非学也"。战国时期思想家荀况指出："……闻之不若见之，见之不若知之，知之不若行之。"（《荀子·儒效》）宋代理学家朱熹认为："论先后，知为先；论轻重，行为重。"他还说："学之之博，未若知之之要；知之之要，未若行之之实。"（《朱子语类》卷九、卷十三）可见笃行是非常重要的，为何被舍弃不用？北京大学的国学大师、泰斗人物灿若群星，他们会赞同"五者废其一"吗？因此，我以为以上八个字有被仓促拿来应急之嫌（这八个字出自何人之手，尚待考）。

如今常常被人引用的"爱国、进步、民主、科学"，"勤奋、严谨、求实、创新"是被称为北大的校风、学风的，而未被看作校训。

综上所述，不难看出，北京大学实无校训。

其实，仅就校友不记得校训而常常询问，即可说明北大没有校训。

（原载《北京大学校刊》2004年第1017期；同年由《北京大学校友通讯》2004年总第36期等转载）

名师剪影

《北大的大师们》前言

1931年12月3日，梅贻琦先生就任清华大学校长的训词中说："一个大学之所以为大学，全在于有没有好教授。孟子说：'所谓故国者，非谓有乔木之谓也，有世臣之谓也。'我现在可以仿照说：'所谓大学者，非谓有大楼之谓也，有大师之谓也。'"

大师，乃学府之本、之魂、之神。

百多年来，北京大学总是人才荟萃，大师云集。他们学有专长，各怀绝奥，善疑善创，刚健笃实，器大声闳，志高意远。通过代代大师们的悉心陶养，形成了北京大学为人称道的良好校风、学风。这风气虽属无形，影响却大。早年执教于北京大学的林语堂先生说过："我深信凡真正的教育，都是风气作用。"他认为古人所谓春风化雨，乃得风气教育之真义。北京大学这以天下国家为己任、思想自由、兼容并包的风气培育了多少学者和国之栋梁。这风气说无形实有形，这"形"源自大师们的"行"。

为了更好地继承和发扬大师们为人为学的精神，把北大的发展建设推向更高的水平，进而对中国学术的发展有所贡献，我们编写了这本《北大的大师们》，与朋友们一起学习，共勉。

北大的大师数以百计，非小小本书所能尽揽，这里刊出者为第一部分，共计十五位，序齿而列，不限国籍，以学术贡献为标志。本书仍依我国"生不入志""生不立传"之通例，仅以谢世者为限。初选名单颇大，但以资料和作者凑手不凑手为依据，在约定的时限之内，先选出这十五位先行与读者见面。人数虽少，但照顾了北大多学科的特点，且选取每位大师最具代表性的闪光点来介绍，不是全面记述，以便读者印象深刻。如有不能尽如人意之处，待以后补编完善。

本书各位作者或系大师的后人，或亲传弟子，或为研究有素的专家，所用资料翔实可靠，行文平实晓畅，观点鲜明清新，读来亲切有味。我们希望读者朋友能在不知不觉中走近大师，领略其志趣之高远、人格之魅力、学识之精湛。在欣赏中受益，在品味中增慧。

由于我们水平所限，书中不当之处或在不免，敬请读者朋友不吝赐教，以便改正。谢谢！

（《北大的大师们》，中国经济出版社，2005）

《北大的学子们》前言

吴大猷先生说,"我以为一个优良的大学,其必须条件之一,自然系优良的学者教师,但更高一层的理想,是能予有才能的人以适宜的学术环境,使其发展他的才能",以养成大批人才。百多年来,北京大学的情形正是如此,不仅"优良的学者教师"云集,而且有"兼容并包,思想自由"这"更高一层的理想"的学术环境,因此从这百年学府中走出一批批国之栋梁、各学科大家。也正因为这里不断培养出遍布世界各地、卓有成就的学子,加上他们的超群贡献,所以北京大学声名播于四海,正所谓"地以人贵,人以地传"(兰鼎元《鹿州全集·修志杂说》)。

在北京大学浓厚的民主与科学精神的熏陶下,学子们养成了追求真理、不崇拜偶像的习惯,所以他们思想开放,富于创新精神。各有专长、刚健笃实的大师们的精湛学识,又启迪了学子们进一步开拓思路,他们在继承、比较、借鉴中得出自己新的见解。"学之之博,未若知之之要;知之之要,未若行之之实"(《朱子语类》卷十三),如郭永怀先生受饶毓泰、吴大猷、周

本书作者参与主编的北大书系封面

培源等大师的影响而成为中国现代力学的奠基人；郑天挺先生继承刘师培、孟森诸师的衣钵而成为明清史大家；顾颉刚先生受胡适、钱玄同等先生的影响，坚持只凭证据说话，不受成见的束缚，终有《古史辨》的产生，而成为中国现代史学的奠基人；邓广铭先生在胡适、傅斯年等大师的影响下，成为宋史第一人……他们又培养出更年轻的一代学者。

本书十四篇中，处处可见优良学风、良师益友的相互影响、相互砥砺、相互熏陶之功。他们不管学文学理，其工作都扎扎实实，成一家之言。北京大学良好的学风和学术环境养成他们志存高远、博闻善问、刚健笃实、大器大象。

《北大的大师们》面世后，得到了广大读者朋友的认可，促使我们继续下去。本书是其续篇，所列十四位都是中国现代学界巨匠、大师，但都是北大学子，且其中有的还是师生。本书名《北大的学子们》与《北大的大师们》相辉映，更见名师出高徒，师生传承之风。本书仍遵循《北大的大师们》序齿而列等原则、体例，不再赘述。但有些篇从方法论的角度著笔，是希望读者朋友更容易在欣赏中受益，在品味中增慧；因为方法乃是点石成金之"指"。

由于我们水平有限，不当之处，敬请朋友们指正。谢谢！

（《北大的学子们》，中国经济出版社，2006）

《北大的才女们》前言

中国妇女从来没有像今天这样广泛而深入地参与社会活动,她们人生的价值目标,在推动社会进步、历史发展中得到实现。并且由于教育的普及与提高,妇女的价值目标也由体力型转向智力型,越来越多的妇女成为教育、科技、医务、管理等各行各业的优秀人才,其中有一批是教授、学者,还有一批是中国科学院、中国工程院的院士。她们自尊、自信、自立、自强,她们是事业的强者,生活的主人,达到了生活与事业的较完美统一,做出了一流的业绩,为祖国和人民贡献了聪明才智。正如北京大学第一位女教授、史学家、文学家陈衡哲指出的:"妇女们如能与男子们争到真正的平等,根本上尚以自己的智识的解放,能力的修养,及人格的提高为最重要……""得不得平等的待遇,是一种占有的心理,而能不能为国家与社会尽力的自责,乃是一种创造的心理。占有的心理常常要和别的占有的心理发生冲突,故它就很容易变为一种破坏的力量;只有创造的心理,可以保持它的永久纯洁,永久有建设的力量与成就"。而"女子解放的真谛,在志愿的吃苦而不在浅薄的享乐,在给予而不在受取,在自我的上进而不在他人的优待。简单说来,即是在心理与人格方面,而不是在形式方面"。

北京大学由于历史的原因,开创了中国近代史上多个第一,占有重要地位。百多年来,北京大学以其卓越的成就为海内外所注目。其中北京大学众多的女学者们的贡献和成就尤为难能可贵。为了展示北大女学者们的自尊、自信、自强、自立,探索创新,追求真理,为而不争,奉献社会的感人学行和骄人的业绩;为了学习继承她们为人、为学的优良传统并发扬光大,我们编写了《北大的才女们》与读者朋友共同学习。由于过去对女学者的关注较少,所以读者在本书中将会看到不少鲜为人知的材料,她们都有着"第一"的纪录,她们都是各学科的巾帼精英,有着不同凡响的经历与成就,是各自领域"打天下的人"。

其中有中国最早创作白话小说的女作家、新文学运动的第一位女诗人、中国科学社早期唯一的女社员、中国第一位女教授陈衡哲；有不要嫁妆要读书，生前为民族、身后为国家，在中国诗歌史、文学史、戏剧史三方面做出突出贡献的冯沅君教授；有被医生预言活不到 15 岁，用"借来的生命"广施仁爱，一生为中西文化搭桥，用人格魅力和广博学识倾倒美国听众，曾两次作为贵宾被邀请参加美国国宴受到罗斯福总统及夫人赞誉的残疾女性严倚云教授；有以高科技成果占有当今科技最发达的美国市场，总是面带微笑的石青云院士；有在海浪与风暴中搏击，亲自潜入大西洋 216 米进行海底调查的"中国第一个用深潜器从事海底地质调查的科学家"王颖院士；《荒原》的第一位中译者赵萝蕤教授，于斗室之中忍着病痛，孤身一人在贝多芬的《田园》《月光》《命运》《合唱》等陪伴下，怀着对惠特曼崇尚民主、个性自由的理解，历经十二寒暑译就 76 万多字的《草叶集》；而得到她的学生许智宏院士等特别寿礼祝福的曹宗巽教授，是中国植物生殖生理研究的先驱，她总是笑声朗朗，风情别样……

在世界经济、科技等各领域竞争激烈的今天，在广大女性深入广泛参与社会变革的今天，读一读她们或跋山潜海、或广施仁爱、或师生同乐、或辉耀域外的故事，我们会心胸豁然，受益良多。

本书图文并茂，十二篇文章配入照片八十余幅，时间跨度近百年。我们从中不仅可以看到才女们风华正茂的英姿、求学的勤勉、志趣的高远、家庭的美满，亦可见她们运用现代科技手段不懈的探索。

（《北大的才女们》，北京大学出版社，2009）

钦命管理大学堂事务大臣张百熙

京师大学堂是中国人民在遭受了东西洋列强各国侵略，饱尝苦痛之后，为争生存，为求强求富，为国家现代化而设立的。它是中国人民变法革新、救亡图存的产物，是中国教育尤其是高等教育现代化的标志。京师大学堂自孙家鼐草创，于光绪二十四年（1898）开学，至光绪二十六年（1900），八国联军侵占北京，德兵俄兵先后占据大学堂，大学堂不得不停办。光绪二十七年七月二十五日（1901年9月7日）清政府以签订屈辱的《辛丑条约》换得和平，然而"两宫西幸""创痛钜深"，痛定思痛，尤感人才重要，于光绪二十七年十二月初一日朝廷发下谕旨："兴学育才，实为当今急务……"命吏部尚书张百熙为管理京师大学堂事务大臣，恢复大学堂。

张百熙素有变法革新思想，深知兴学育才的重要，且具开拓务实精神。甲午战争后，尤其痛心外患入侵，因此对于变法革新、兴学育才等关心国家前途、民族命运的大事，无不热切陈奏于朝廷，以期除弊兴利，民富国强。及至受命重建京师大学堂，其愿得遂，所以他"夙夜构思""悉心考察"，为办好大学堂而日夜谋划。

张百熙　　　　　　　《钦定大学堂章程》

涵容　博大　守正　日新

一　常怀四海志，放眼横八垠

张百熙（1847～1907），字野秋，亦作冶秋，湖南长沙人。同治十三年，百熙二十七岁中二甲进士，先后授翰林院庶吉士、编修。历任山东学政、典试四川，受命南书房行走，再迁侍读、国子监祭酒、广东学政、内阁学士、礼部侍郎、左都御史、工部尚书、户部尚书、邮传部尚书、礼部尚书、吏部尚书等职，是清末朝廷重臣。

张百熙出生于鸦片战争之后，那时正值帝国主义列强相继侵入中国，丧权辱国事件频频发生，不平等条约一个接着一个，《南京条约》《虎门条约》《黄埔条约》《望厦条约》《天津条约》《瑷珲条约》《北京条约》等强迫清政府割地赔款、吸食中国人民血汗、侮辱中国人民人格的条约签订的消息不时传来，在他幼小的心灵中唤起长大以后为国出力、驱逐列强的大志。及至青年时期，在他登进士第前后，1874年发生了一系列事件，如5月，上海法租界向外扩张，越界筑路，强行穿过宁波同乡会会馆四明公所，在上海的宁波人起而保卫内有义冢的会馆，与法军冲突，先后死伤数十人；10月，日本在美国支持下，迫使清政府签订《台事专约》，侵我台湾、吞并琉球；1875年2月，英国武装"探险队"以"游历"为名，在马嘉理（A. R. Margary）的带引下由缅甸闯入我云南，扰我边民引起武装冲突，马嘉理丧生，英人以此为借口胁迫清政府签订《烟台条约》。上述"四明公所事件""琉球事件""云南事件"等不能不对热血青年张百熙产生强烈的刺激。他看到外有列强日逼，时局日益阽危，国家遭瓜分的苗头已现；而内有乞丐遍地，民众日穷，盗匪横行，经济日困。这时为救国自强的洋务运动正在积极进行，并于1872年开始派出了包括詹天佑在内的第一批官费留美学生三十名，至1875年第四批官费留学生到达美国。清朝末年在外国列强的逼迫下出现的"自强""求富"的洋务运动，对张百熙产生了很大影响。

张百熙出生在诗书世家、书香门第，在这样家庭环境的熏陶下，他继承了中国知识分子忧国忧民的传统美德。他饱读经史，其中的无数民族英雄、干国忠良如岳武穆、文天祥等先贤忠烈的形象一一浮现于眼前。在这国势日危、列强日逼之时，这些先贤更激起他，立下读书报国、经世济民的宏愿。这宏图大志是他步入仕途以后能不避杀身之祸为国直谏，如敢于弹劾权倾一时避战误国的李鸿章和礼亲王世铎。他的诗句"我方少年时，读书气嶙峋。常怀四海志，放眼横八垠"（《退思轩诗集》），是他这一时期精神世界的写照，也是我们研究了解他早期思想的窗口。

二 忧国忧民近杜陵，救时报国忘己身

京师大学堂的创办与中日甲午战争有密切的关系。此战中国失败，北洋水师全军覆没，创痛巨深。1895年3月，李鸿章去日本签订了屈辱的《马关条约》之后，不久顺天府尹胡燏棻上书清政府，认为日本明治维新以来，时间不长而能国富民强使西方各国推服，"是广兴学校，力行西法之明验"。而西方各国所以富强、人才辈出，"其大本大源，全在广设学堂"。因此，胡燏棻认为"今日中国关键，全系乎此"。第二年五月（1896年6月）刑部左侍郎李端棻奏《请推广学校折》，明确指出"人才之多寡，系国势之强弱"，首次提出设立"京师大学"的主张。因为检讨过去办洋务所设立的同文馆、方言馆、水师、武备等学堂，办理几十年不过得到几个翻译和操船操炮的人员而已，"而国家不一收奇才异能之用"（《北京大学史料·一》），要培养安邦定国、经世济民之大材，必须开办大学堂。这一时期关于创办京师大学堂、总学堂的条议、奏折等纷纷并出，梁启超、姚文栋、熊亦奇、康有为、孙家鼐等人提倡最力，连美国传教士李佳白、狄考文等也积极议设京师总学堂。到1898年，维新变法、育才图强的思潮大大升温，催产了京师大学堂。经多年酝酿筹划、历尽曲折的京师大学堂，终于在这一年开学。这在一定意义上可以说是日本发动的甲午战争刺激中国由学习西方转向学习日本，创办大学堂，在更高层次上兴学育才。

甲午之役中国战败，原因是多方面的，但清政府中主持外交事务的北洋大臣、洋务派首领之一的李鸿章所一贯采取的投降政策，贻误战机，责任难逃。他在日本侵入朝鲜，继而进攻中国时仍坚持避战静守的方针，使援朝清军处于被动挨打的境地，虽经清将聂士成、左宝贵指挥清兵英勇奋战，进行抵抗，但终因后援不继，总兵左宝贵中弹牺牲，清军失利。陆战如此，海战亦相类似，提督丁汝昌率领的北洋舰队与日将伊东祐享率领的联合战队激战于黄海之上，互有损伤，但李鸿章避战求和，下令北洋舰队驶离旅顺港退守威海卫。由于李鸿章的错误方针使丁汝昌陷于腹背受敌，最后惨败，当时堪

称亚洲第一大舰队的北洋水师全军覆没。泱泱天朝大国败于蕞尔岛国日本，不能不引起国民的极大愤慨，有识之士多对负有不可推卸责任的李鸿章不满，但敢于指责李鸿章的却不多。不仅不敢指责李鸿章，反而有些宵小之辈为了依附权势，还替李鸿章之流进行粉饰。而以天下之事为己任，视国家民族利益高于一切的张百熙却不顾个人身家性命，上书弹劾权倾朝野的李鸿章，指出李鸿章表面上做备战的样子而实际上暗中主和避战，致使"左宝贵、聂士成皆勇敢善战之将，以响械不继，遂致败绩"，这样的结果，其"咎在鸿章"。张百熙不仅敢于弹劾不可一世、位在己上的重臣李鸿章，而且对偏听偏信、一味依赖李鸿章的礼亲王世铎也不留情面，"又劾礼亲王世铎笼枢务，招权纳贿，战事起，一依鸿章，贻误兵机，皆不报"。

甲午之败，李鸿章固然难辞其咎，但清朝上层统治者的腐败是更主要的原因。在连遭外辱、国势日困的晚清，光绪皇帝虽极想改革图新，但骄奢淫逸的慈禧太后却不顾国事一味追求腐朽奢华的生活，对光绪稍涉限制权贵糜费的革新措施大为不满，且此时正值她六十寿诞。慈禧太后一国至尊，其六十大寿被尊为万寿，不在宫中庆贺，要在颐和园万寿山举行庆典，祈其万寿无疆。一些趋炎附势的佞臣贼子借机给老佛爷谄媚，以为进身高升之阶，主张大办庆贺，提议自故宫至颐和园沿途多扎彩楼、彩棚，调集各地鼓乐、戏班、杂耍等各色艺人为老佛爷献艺，祝她万福万寿万事如意。这样的大事铺张，耗费惊人，劳民伤财，无疑将使本来已经十分困难的清朝经济雪上加霜。忧国忧民的张百熙不忍袖手而上奏折，陈请节省国帑，太后"庆寿典礼，著仍在宫中举行"（《清史稿·卷四百四十三》）。光绪准奏，慈禧不悦，但又不便硬干，其报复在以后的岁月中一并加在光绪头上，一泄她"今日令吾不欢者，吾亦令其终身不欢"的恶愤。

张百熙看到国家积弱为外强所侵，主张变法图强，对康有为等对国势的分析及提出的拒和、变法等主张深表同感，认为中国民众日益贫困，乞丐盗匪满山遍地，国家积弱不振，即使没有外患入寇，国力困竭，社会动荡，穷极生变也在所难免。因此他曾举荐力主变法的康有为到经济特科任事，并受到光绪皇帝的任用，成为推动维新变法的主要人物之一。百日维新在守旧派的反扑下失败，康有为逃亡日本，张百熙因荐举康有为获罪被慈禧革职留任。但他并不消沉，而是"孤忠不忘蒙尘耻，万死难销报国心"。

张百熙切于报国，迫于救时，不顾自身利害，开罪权贵，足见其大勇大贤。中国知识分子居庙堂之高则忧其民，处江湖之远则忧其君，以天下为己任的优良传统在张百熙身上得到了很好的体现。

三 建第一学府，创第一学制

张百熙一生曾任多种官职，在他为官的三十多年中，多次管理学政与教育事业，先后出任过山东乡试副考官、山东学政、四川乡试主考官、光绪侍读、广东学政、国子监祭酒、江西乡试主考官、管理京师大学堂事务大臣等，对清末教育事业多有贡献。

光绪二十七年（1901），《辛丑条约》之后，逃到西安的慈禧太后等才得以"两宫回銮"。但被八国联军所逼，不得不离开威严舒适的紫禁城而开始一路风尘、惊魂不定的逃难生涯，对养尊处优惯了的慈禧老佛爷刺激太大了。这切肤之痛使朝廷认识到"兴学育才，实为当今急务"，感到培养经世安邦之才的迫切，遂降旨将"从前所建大学堂，应即切实举办"，并任命张百熙为管理京师大学堂事务大臣，经理一切学堂事宜，规定办理京师大学堂"务其端正趋向，造就通才，明体达用，庶收得人之效"。

京师大学堂由孙家鼐草创，诸事刚刚开始，远未详备，又经俄兵德兵侵占校舍，毁坏图书仪器设备于荡然。张百熙之受命为管学大臣，实际上肩负着恢复和重建京师大学堂之重任。由于张百熙深知办学育才的重要，又具开拓务实精神，所以"奉命以来，臣当即悉心考察，夙夜构思，一面查勘现在情形，一面预筹未来办法"。经积极谋划，受命及月即上《奏筹办京师大学堂情形疏》陈明自己的看法与主张。他认为京师大学堂是育成定国安邦、通经济变之才的处所，为世界所关注，"不特为学术人心极大关系，亦即为五洲万国所共观瞻"；是"天下于是审治乱，验兴衰，辩强弱，人才之出出于此，声名之系系于此"的地方。因此，"大学堂理应法制详尽，规模宏远"。他在疏中还指出"今值朝廷锐意变法，百废更新"之时，再议举办大学堂"非徒整顿所能见功，实赖开拓以为要务，断非因仍旧制，敷衍外观所能收效者也"（《北京大学史料·一》）。因此，在洋洋五千言的奏疏中，他详细列举五条具体措施，以制订办法、制度一条为总立大纲；以广购图书仪器、附设译局二条为讲求实用的必备条件；以增建校舍一条为渐拓规模；而尤以宽筹经费一条为诸事的根本保证。他的这个奏折当天即被批准。在当时条理万端，待批奏折堆积如山的情况下，能如此神速地批阅这五千言的长折，可见朝廷对举办京师大学堂的关注程度与急迫心情。上谕称张百熙奏筹办京师大学堂大概情形一折，所陈事项"大致尚属周妥。着即认真举办，切实奉行"。朝廷如此急速批回，张百熙自能体察上意，不敢怠慢，随即着手实施。

聘教习、订章程、编书籍是办学校的三大要务，熟谙学务的张百熙自然逐一进行。

人才是一切事业的根本，有得力之人才能成预期之事。张百熙认为京师大学堂是造就高层次人才的学校，"而才之出，尤以总教习得人为第一要义"。这负有"第一要义"的重要职位，当然不是平常人所能担当的，张百熙认为"必得德望具备，品学兼优之人，方是以膺此选"。为选堪当此任的总教习，张百熙广泛征求意见，深入查访，他在"博采舆论，参以旧闻"的基础上，选中了桐城派学者吴汝纶。

吴汝纶（1840~1903），安徽桐城人，字挚甫，同治四年（1865）进士，大学士曾国藩门人。工古文，主持直隶保定莲池书院多年，声望很高，他不仅是桐城派的代表人物，在旧学方面很有权威，而且对新学也很注意，颇有见解。张百熙认为吴汝纶是京师大学堂总教习的合适人选。于是他上《奏举吴汝纶为大学堂总教习折》，其中说："……臣博采舆论，参以旧闻，唯前直隶州冀州知州吴汝纶，学问纯粹，时事洞明，淹贯古今，详悉中外，足当大学堂总教习之任……主莲池书院多年，生徒化之，故北方学者以其门称盛，允为海内大师，以之充大学堂总教习，洵无愧色。"在极赞吴的才能声望之后，为了职位相当，张百熙又请加升吴汝纶官衔以示重用："如蒙谕允，可否赏加卿衔，以示优异，出自逾格鸿慈。"朝廷认为张百熙举荐合适，即降谕旨："前直隶州冀州知州吴汝论，著赏加五品卿衔，充大学堂总教习。"

中国历来有礼贤下士、尊师敬贤的优良传统，管学大臣张百熙足膺此美誉。为了请这个好不容易才选中的总教习人才吴汝纶上任，张百熙在吴不愿出任的情况下，备办好总教习的五品官服官帽，亲自登门拜见授予吴汝纶，吴感其诚乃允出任，但要求先赴日本考察学务，张百熙慨然应允，并为吴办好一切手续，使吴顺利登程赴东。

光绪二十八年正月初六日，张百熙上《奏筹办京师大学堂情形疏》，奏明粗拟办法五条，其中第一条即为"办法宜预定也"。说明东西洋各国学堂办有成效，都是按照一定的规章制度分科分级办理的。中国尚无系统的学制章程，前订大学堂章程也是粗具，更不配套，所以需要制订一套较为系统的学堂章程，"至将来奏定京师大学堂章程，拟即全照大学规模"办理。张百熙在得到上谕"一切规条将来即以颁行各省，必当斟酌尽善，损益得中，期于有实效而无流弊"之后，为求应时实用，他考察列邦，参酌古今，经半年多的努力制订出一套系统的学堂章程，于光绪二十八年七月十二日上《奏筹拟学堂章程折》说明原委："臣谨按古今中外学术不同，其所兴致用之途则一。值智力并争之世，为富强致治之规，朝廷以更新之故而求人才，以求人才之故而本之学校，则不能不节取欧美日本诸邦之成法，以佐我国二千余年旧制，亦时势使然。"这次所拟学堂章程包括《京师大学堂章程》《考选入学章程》《高等学堂章程》《中等学堂章程》《小学堂章程》《蒙养学堂章程》共六件。上奏之后得到朝廷谕允，并命颁行全国各省实行："张百熙奏筹议学堂章程开单呈览一折，披阅各项章程，尚属详备，即著照所拟办理，并颁行各省，著各该督抚按照规条，宽筹经费，实力奉行，总期造就真才，以备国家任使。其京师大学堂，著责成张百熙悉心经理，加意陶熔，树之风声，以收成效，期副朝廷兴学育才之至意。"（《北京大学史料·一》）这套学制于光绪二十八年十一月钦定颁行，该年岁在壬寅，故史称"壬寅学制"。这便是由中央政府颁行的中国近代第一个从幼儿园（蒙养学堂）、小学、中学至大学的一套系统的学制章程。从此，中国办学堂才有了可资遵循的统一标准，中国教育走上了现代化的轨道。京师大学堂也从此走上了现代化的轨道，京师大学堂是中国现代高等教育的开端。

《钦定大学堂章程》共有八章八十四节，对大学堂的办学纲领、领导体制、聘用教习、科目设置、课程安排、招生办法、毕业任用、教学纪律等都作了详细的规定。在第一章全学纲领中第一节即明确规定大学堂的办学宗旨是："激发忠爱、开通智慧、振兴实业……端正趋向，造就通才。"章程规定大学堂分为大学预备科和大学专门分科，分科即相当于后来的专科学院。而之所以设有预备科，是因为办学伊始全国中小学尚未普遍设立，大中小学还不配套，一时没有可与大学相衔接的高级中学毕业生，设立预科是应急措施，非长久之计。于此可见张百熙对教育体系考虑的周到。同时考虑到当时没有统辖全国教育的部门，这一职责不得不暂由京师大学堂兼负，于是在《京师大学堂章程》中还规定："京师大学堂主持教育，宜合通国之精神脉络而统筹之……各省学堂，于每岁散学后，将该学堂各项情形照格填注，通报京师大学堂，俟汇齐后，每年编订成书，恭呈御览。"根据这一规定，京师大学堂在此后直到1905年学部成立前一段时间内，既是全国最高学府，又是全国最高教育行政机关。这样，张百熙就既是大学校长，又是教育部长，其眼界自不局限于京师大学堂一校。

《钦定学堂章程》颁行全国，其影响之大自不待言。它是张百熙上溯古制，参考列邦，夙夜构思，精心编制而成的中国第一部系统学制。然而张百熙心中明白"天下之事，人与法相维，用法者人，而范人者法"。他认为学堂章程乃办学之法，要兴学育才向预期目标发展又不出现流弊，必须制订出"完全无缺之章程"，因此不以他所制订、颁行全国的《钦定学堂章程》为满足。为求尽善尽美，他于光绪二十九年五月三日奏请添派张之洞会商学务厘订学堂章程折。在折中他说："学堂为当今第一要务，张之洞为当今第一通晓学务之人。""学堂尤政务之大端，所关更重，伏恳天恩，特派该督会同商办京师大学堂事宜，一切章程，详加厘定……"（《北京大学史料·一》）

张之洞（1837~1909），字孝达，河北南皮人，清末洋务派首领之一，主张开工厂，建学堂，他每到一地多关心学政，曾设经心书院于武昌，设尊经书院于成都，设广雅书院于广东，设两湖书院于湖北，等等。甲午战争后，时任湖广总督的张之洞与其他有识之士一样，深感兴学育才的急迫，于是下令他辖区内的书院一律改办学堂，所谓方言、实业、武备等专业学堂具备，小学堂也很普遍，"一时湖楚教育之盛甲于全国，四方求学者闻风麇集，各省派员调查以便仿办者络绎于道"。张之洞还向国外派送留学生，于是湖北成为当时全国开办学堂、发展教育的楷模，张之洞"享学界泰斗之望"。张百熙请派张之洞这样办学先走一步、颇有经验又具声望的人来会商学务，以弥补自己之不足，可见其尊师敬贤、广纳百家、虚怀若谷以办好教育的高尚人格。

张百熙的奏折当天即被批准，朝廷发下谕旨，著即派张之洞会同张百熙、荣庆将现办大学堂章程一切事宜，再行切实商订，并将各省学堂章程一律厘定，务期推行无弊，造就通才。张百熙等遵旨。经半年"虚衷商榷"，互相讨论，并广泛参考各国学堂各项课程门目，酌予变通，根据中国国情，择其宜者用之，不宜者减之，终于制订出一套包括普通教育、专业教育、师范教育三个系列在内的完整而系统的学制。其中有《蒙养院章程及家庭教育法》一册、《初等小学堂章程》一册、《高等小学堂章程》一册、《中学堂章程》一册、《高等学堂章程》一册、《大学堂章程附通儒院章程》一册;《初级师范学堂章程》一册、《优级师范学堂章程》一册、《任用教员章程》一册;《初等农工商实业学堂章程》一册、《中等农工商实业学堂章程》一册、《高等农工商实业学堂章程》一册、《实业教员讲习所章程》一册、《实业学堂通则》一册。除此之外并订有学务管理方面的章程《各学堂管理通则》一册和《学务纲要》一册。光绪二十九年十一月二十六日张百熙等将重定学堂章程奏呈朝廷颁布实施。

此次所订学堂章程与前钦定学堂章程相比,不仅完整而系统,而且于关系国计民生的各实业学堂和造就师资的师范教育予以应有的重视,这对以后中国教育的发展起了规范作用。张百熙作为制订这套学制的主要组织者与主持人,功不可没。

在这套学制的指导下,全国各地各类学堂纷纷建立,如1904年建立的有上海女子中西区学校、直隶保定医学堂、直隶高等工业学校、上海女子蚕桑学堂,1905年建立的有河北农务实业学堂、福建蚕务学堂、武昌铁路学堂、唐山铁路学堂、江西实业学堂、贵州蚕桑学堂、湖南醴陵磁业学堂,等等。

此次修订后的京师大学堂章程已是第三个大学堂章程。与前两个相比更进一步,在注意课程中西并重、设分科大学的基础上规定了附设通儒院(相当于后的研究生院),以使学生在通儒院进一步提高,有所发明创造或著书立论,成为高层次人才。此后京师大学堂的发展即以这个章程为指导,建成了全国第一所由中央政府直接管理的综合性大学。可以说草创京师大学堂的是孙家鼐,使京师大学堂走上现代化轨道的是张百熙。

张百熙任管学大臣期间,京师大学堂学生进行了爱国拒俄运动,这一运动被史学家称为我国近现代大学生爱国运动的开端。事情是这样,1903年沙俄不仅不按照与我国签订的《交收东三省条约》分期撤出其军队,反而增兵备战又向清政府提出七条无理要求,阴谋把东北变为它独占的殖民地。京师大学堂学生得知这一消息后,即鸣钟上堂集会演讲,会后上书管学大臣请代奏拒签俄约疏并致书各地学堂掀起爱国拒俄运动,引起国人关注。清政府很快严令学生不得与闻国事,并令管学大臣对学生进行压制。张百熙身为管学大臣一面不能不执行上谕,一面又与学生的爱国心相通,于是他上《奏派学生前赴东西洋各国游学折》,把在"上书管学大臣请代奏拒俄书"上签名的俞同奎、冯祖荀、何育杰等列入派送出洋留学的名单中，并说他们学有根底，思想纯正。这批留学生共 47 名，是京师大学堂当然也是中国大学送去留学的第一批学生。这 47 人中到日本的 31 人于 1903 年底启程赴东，另有 16 人于 1904 年初赴欧美各国留学。这批留学生大都照计划在完成学业后于 1909 年前后回国，在京师大学堂分科大学开办时任教习，将所学现代科学知识开课讲授，成为中国现代高等教育各学科的开拓者。例如，高等数学（冯祖荀，留学日本）、物理学（何育杰，留学英国）、化学（俞同奎，留学英国）、法学（林行规，留学英国）、法学和政治学（余棨昌，留学日本）等。这是张百熙对中国教育事业的又一大贡献。因张百熙看到重金聘请来担任现代学科课程的外国教师中，有品学兼优堪为师表者，也有品劣学浅影响不良者，为长远计，为中国自己办教育、不被外人操纵计，必须培养自己的师资。

四　哲人其萎，德者不孤

光绪三十三年（1907）二月二十八日，一代名臣张百熙在京病逝，终年六十岁。

当得知张百熙去世的消息后，其门人好友无不惋惜悲痛，"旧日生徒会祭者，皆哭失声"。各界人士纷纷撰写挽词挽联追念赞扬其功德：

尽瘁佐维新，阙下魂归湘水阔；
受知成往事，孤哀泪洒蜀江寒。

——四川东滋然

学务尤著勤劳，是中土吉田松阴[①]，天语褒嘉，允为定论；
儒臣参与政事，其德望欧阳永叔，士林悲悼，盖有同情。

——湖南罗正均

渭公来日方长，为清时丕焕新猷，画索开疆，功名接武曾胡左；
讵尔昊天弗吊，不中国慭遗一老，山颓人萎，太息声同亚美欧。

——福建严复父子

有成德者，有达材者，有私淑女者，先后属公门，咸欲铸金酬

[①] 吉田松阴（1830~1859），日本幕末志士，学者，精兵学，曾开办松下村塾，其学生在明治维新运动中发挥了作用。

范蠡；

可为痛哭，可为流涕，可为长太息，艰难值时事，不堪赋鹏吊长沙。

——京师大学堂

上述挽词、挽联都充满对失去这样一位德望很高，勇于革新的师友的痛惜之情。此外，各界人士捐资白银七千余两欲铸张公铜像一尊置于大学堂内以为永久纪念，后因得知张百熙身后萧条，家境清寒，便把此款存入义善源商号生息作为遗属生活费。

张百熙的逝世朝廷也很重视，派贝勒载洵带人前往吊奠，并颁旨追赠太子少保衔，赏银两千两，谥号文达，以褒奖张百熙对国家的贡献。

张百熙一生继承和发扬中国优秀传统文化，忧国忧民，公而忘私，虚怀若谷，尊师敬贤，为国家民族的文化教育事业尽其所能，实践并实现了他的宏愿：学者当以天下国家为己任，我能拔尔抑塞磊落之奇才。他的精神值得我们纪念和学习。

哲人其萎，德者不孤。

（原载《北大校长与中国文化》，北京大学出版社，1998）

京师大学堂首任总监督张亨嘉

张亨嘉，(1847~1911)，字燮钧，一作燮君，又字铁君、铁军。福建侯官（今福州）人。光绪九年进士，改庶吉士，授翰林院编修。提督湖南学政、浙江学政，典试广西，任主考官。由编修入直南书房，升授太常寺少卿，迁大理寺少卿、京师大学堂总监督、光禄寺卿、兵部右侍郎、礼部左侍郎、玉牒馆副总裁等职。宣统三年正月二十日（1911年2月18日）卒，赐祭葬，谥文厚。主要著作有《张文厚公文集》《张文厚公赋钞》《磐那室诗存》等。

一 十四个字的就职演说

京师大学堂自光绪二十四年建立，钦命管理大学堂事务大臣（简称管学大臣），既管理京师大学堂事务，又负责全国学务、报刊、发明等的管理，事务繁巨。为专责办理大学堂，光绪二十九年十一月二十五日（1904年1月12日），管学大臣张百熙等奏请设学务大臣和大学堂总监督片称："学务一事，实为今日自强要图……各国均设有文部大臣专司其事，凡厘定条章、审察学术、考核功过，皆归其综理……查现在管学大臣，既管京城大学堂，又管外省各学堂事务。目前正当振兴学务之际，经营创始，条绪万端。即大学堂一处，已属繁重异常，专任犹虞不给，兼综更恐难周……拟请于京师专设总理学务大臣，以统辖全国学务。其京师大学堂，拟请另设总监督一员……"（《京师大学堂档案选编》，第214页）两天后，即二十七日即得到批准。光绪二十九年十二月二十一日（1904年2月6日），清廷"命大理寺少卿张亨嘉充京师大学堂总监督。命张亨嘉仍在南书房行走"。张亨嘉接旨后思虑再三，翌日上折请求朝廷收回成命："……改科举为学堂，以收自强之效。京师大学堂居首善之区，环球瞩目，关系尤为重大……微臣资轻学浅，于古今中外之故，但资耳食，绝少心得。且并未尝游历西欧，考求学务。诚恐冒昧从事，贻误必多。……仰恳天恩，俯念学务至重，收回成命，另简贤员……"但当天得到谕旨："著认真经理，毋庸固辞。钦此。"（《京师大学堂档案选编》，第221页）于是张亨嘉走马上任，光绪三十年正月二十日行开学礼，二十五日，张亨嘉具文向学务大臣咨呈"京师大学堂总监督关防"启用。

张亨嘉

京师大学堂总监督关防

京师大学堂为欢迎首任总监督到任进行了精心准备，仪式隆重。"监督与学生均朝衣朝服，先向至圣先师孔子的神位行三跪九叩首礼，然后学生向监督三个大揖，行谒见礼。"礼毕，师生们静静等待总监督训话，只听见张总监督操浓重的福建口音说："诸生听训。诸生为国求学，努力自爱"。（《北京大学五十周年纪念特刊》，第2页）不少学生尚未听明白，愣愣地等待下文，然而仪式结束了。学生们一边退场，一边议论这最短的校长就职演说词。有用"孔门弟子，有一言可以终身行之"来解释的，有说可以书之为座右铭的……由于短短十四个字，言简意赅，学生们体会到张老夫子言短心长，所以几十年后仍能脱口而出："诸生听训。诸生为国求学，努力自爱。"

其实，张亨嘉这十四个字的演说，确切地说只有十个字"诸生为国求学，努力自爱"。而"诸生听训"只能算是打个招呼。这十个字却包含了张亨嘉多年的思虑、希望和企盼。考察张亨嘉忧国忧民的一生，其任职多与学政有关，与选拔人才有关。

光绪十四年（1888），张亨嘉提督湖南学政，举行府试，命题数十道，经史、小学、舆地、掌故、算术、兵谋、辞赋等无所不包，考试非一二日能完成。据陈衍撰《礼部左侍郎张公行状》叙述张亨嘉主考情形："试二三十日，日坐堂皇，传餐不入内，夜阅卷往往达曙。名第上下，既麟次排比，犹斟酌一二字句，分寸短长，数移置之，不使小有颠倒委屈……公去取尤兢兢较毫厘矣。"其认真负责、生怕错置人才，兢兢业业、殚精竭虑的情形跃然纸上。光绪十九年（1893），张亨嘉典试广西，充正考官。为发掘人才，不致埋没，他"遍搜遗卷，拔取以十数"。光绪二十七年（1901），张亨嘉提督浙江学政，"时方改四书义策论，试士以淹贯有特识为主，其能发挥新学者，荐举经济特科，及咨送京师大学堂为师范生"（《张亨嘉文集》，第247~248页）。凡此种种，无不表明张亨嘉体察时艰，忧国忧民，为国选才而尽心尽力。

张亨嘉这种惜才、盼才的急切心情时时流露，而这种心情是基于他对国家时局的认识和忧思。他在《书史记陆贾传后》中明确表示欲救今日之弊，关键在选拔使用人才："今日之事所急者又何也，曰'使才而已矣'。"他任广西主考官时在《广西乡试录序》中指出："古今论国是者，曰富强，曰形式，曰人才。"而"人才则无古今时地，国命之安危系焉！"他殷切企盼通过考试发现人才，"欲豪杰之士出乎其中"。他在《巨川舟楫赋》中心情复杂地写道："此日狂澜既倒，端藉维持，他年砥柱能撑，尤资干济。不有奇人，畴称盛举？良弼赍予，大才玉成。"（《张亨嘉文集》，第129、159、231页）他常常感叹："为治而不得其才，与无治同；有才而不储其用，与无才同。"（《史记韩非列传书后》）"无人才则无政事，无政事则形胜亦不足恃。"（《书史记刘敬传后》）面对清季国势衰微，外夷侵略，他实在"所望于诸生者甚大"（《楚南新建校经书院碑记》）。他提学湖南，企望湘乡多出奇才"是固不佞区区期望之心也夫！"（《湖南校士录序》）张亨嘉相信，只要认真培养，且方法得当，定能人才辈出，"行之数年，而无大将之才出于期间，愚不信也"（《书史记陆贾传后》）。对于悲观的论调，他反问道："岂天之降才每下愈况哉？"（《史记韩非列传书后》）于此可见这十四字就职演说背后的心路历程。礼学馆纂修学部主事、京师大学堂经文科教员陈衍对张亨嘉有精到的评价："综公生平，校文如赴饥渴，爱士如护性命，慎黜落如决狱之恐失，

入学问喜博大而恶苛碎。"(《礼部左侍郎张公行状》)

张亨嘉及至受命为京师大学堂总监督，自己直接培育众多生徒，千言万语汇成了一句话："诸生听训。诸生为国求学，努力自爱。"

二　扩大招生

张亨嘉认为："际兹时局，非兴学无以致富强。"为了培养更多的人才，张亨嘉一面扩充校舍，一面增加招生，新招加旧有师范生达五百多人，再加预科生，京师大学堂学生人数大增，为适应教学需要，又增聘了东西洋各国教习若干名。张亨嘉强调办学要收实效，制订办学宗旨非常重要。他说："兴学不定宗旨，又恐无收效之实。""臣窃谓中国教育宗旨，智能必取自欧美，而道德必专宗孔孟。"

张亨嘉扩大招生的大概情形及效果见于光绪三十一年正月三十日（1905年3月5日）所奏《开办预备科并添招师范生折》中。现摘要如下："窃臣上年奉命充大学堂总监督，任事以来夙夜兢兢……由臣出示另场招考，择其学识较优者录取三百六十余人，合计旧有之师范生已五百人矣，……并添聘英德日本教习，……分班讲授，……臣参考中外情形，约分两种办法，学生中年龄较长，汉文较优者，俾充优级师范；其西文夙有门径，或年少易于练习者，选入预科，而皆以志趣端正为要领。师范者，风气之导也。非重国文，无以立小学中学之正鹄。预科者，专家之储也。非明西文，无以通西学之奥旨。……古今论国是者，必曰富强，曰教化。然富强之效实因教化为转移，教化不兴非特其民愚也，以数万万之人休戚不相关，泛泛然如萍浮于江湖而适相值也。以守则危，以战则怯。故论学堂于今日，虽尧舜当阳而孔孟为之佐，亦无以易是说矣……"张亨嘉依"多闻，择其善者而从之"的古训，"慎择海内通儒与之讲习讨论，取人之长而弃其短，矫己之弊而存其粹"（《北京大学史料·一》，第148页）。并制订各种管理条规（包括《学堂通行规则》《教务处规则》《教习规则》《庶务处规则》《支应处规则》《文案处规则》《杂务处规则》《斋务处规则》《监学处规则》《班长值日生规则》《勤学立品记分规则》《考试规则》《请假规则》《学生记过规则》《讲堂规则》《自习室规则》《寝室规则》《食堂规则》《储藏室规则》《盥洗室规则》等），加强纪律管理，扩充图书仪器，使京师大学堂出现了新面貌。

张亨嘉关注边疆地区的教育，对来自边疆地区的学生格外重视和帮助，认为他们学成之后回到故乡可以发挥更大的作用。光绪三十年（1904），来自西北地区的蒋举清具函请求自费入大学堂学习（当时大学堂学生都是官费供给），张亨嘉据实上报学务大臣"据甘肃新疆优贡生蒋举清禀请，自备伙食附入预备科，随班听讲。相应咨请酌定牌示并见复"（《北京大学史料·一》，第366页）。得到批准，后来又将该生转为正式生，并享受同等津贴。

三　扩充图书仪器

张亨嘉一生读书爱书，其学问可说是"精深才八斗，博学穷二酉"。他一生注重书籍的购置和收藏，相熟者称其："公性嗜书，余每过其家，卷帖不去手，通籍以后，清奉所入，多耗于书贾之家。"（《张亨嘉文集》，第14页）在他提督浙江学政时，将已被战火毁坏的旧有杭州藏书楼，扩建为浙江藏书楼，添购图书七万卷。任大学堂总监督后，他积极充实大学堂藏书楼，例如光绪二十九年至三十年为借鉴西方经验而译书，购西文图书851部，计有韦柏《农学浅说》、爱德蒙《植物学》、鲁士戈《化学》、洛克思《动力学》、伦尼《静力学》、古灵希略《微积术》、牛休蒙《卫生学》、但丁《诗集》、达尔文《海行记见》和《原人》、斯宾塞尔《群学天演》和《人伦天演》、黑格尔《名学》和《心灵学》、斯宾诺查《伦理学》、穆勒《名学》、亚丹斯密《原富》、布鲁克《进化退化》，等等①。光绪三十一年四月初九日，张亨嘉呈报原请购买仪器款一万八千两白银，实拨一万两的实用情况。光绪三十一年九月，由日本购得博物标本40箱到达天津港。光绪三十一年十月十八日，张亨嘉为购办书籍事咨呈学务大臣，文中附所购书单开列有：教育类：《希腊英吉利辞书》《实用教育学及教育法》《美国教育年报》《欧洲教育史》《普通教育学》等105部；数学类：《气陪尔特氏微分学》《拉姆氏初等微分学》《气陪尔特氏积分学》《内鲁氏积分表》等26部；生物学类：《一般生理学》《人体生理学》《生理学初步》等7部；物理类：《叩路劳时氏物理学实验教科书》《梅巴尔氏无线电信法》《阿底满氏X光线利用法》《索底氏物质辐射力论》等19部；历史地理类：《斯克来因俄国扩张记》《郡

---

① 上述各书各作者名均为当时翻译之中文。下同。

松德国维新史》《耶格尔世界史》《夫列查印度史》《罗斯法国革命史》《大清全地图》等65部,共计220余部。

由以上数例可以窥见张亨嘉为办好京师大学堂添置图书仪器之一斑。值得注意的是购买的西文图书不仅种类齐全,而且多为经典之作。尤其是达尔文的《海行记见》和《原人》同时购得值得重视。

《海行记见》是达尔文随英轮"比格尔号"五年环球旅行科学考察的成果,它使达尔文一举成名,它是《物种起源》的基础。达尔文的《通过自然选择的物种起源》(On the Origin of Species by Means of Naturol Selection)通常简称《物种起源》,其中的"物竞天择""适者生存"一说自1859年公之于世后即引起了激烈的争论,不仅遭到宗教界的猛烈抨击,而且科学界的争论也是热火朝天。争论的焦点之一便是它是否适用于人类本身。与达尔文同时提出进化论的另一位英国博物学家华莱士(Wallace, Alferd Russel;1823~1913)就怀疑进化论是否适用于人类。英国动物学家奥温(Owen, sir Richard;1804~1892)、美国博物学家阿加西斯(Agassiz Jean Louis Rodolphe, 1807~1873)、德国病理学家魏尔啸(Virchow, Rudolph Carl, 1821~1902)等都曾极力反对进化论用于人类。挺身而出为达尔文学说进行战斗的赫胥黎,因此被称为"达尔文的斗犬"。达尔文鉴于物竞天择之说可能被人们误解,"以为所谓优者胜者,即强梁武健之谓,以强者可以横行无忌,任意欺凌弱小,致有弱肉强食之卑鄙观念,以生物竞争之剧烈,而不顾道德,人类竟从而效尤也,乃复著《原人》(Descent of Man)一书,申言天演之真义,而以仁爱、忠诚、勇敢三者为动物团体所以固结,所以蕃息,所以永久生存之要素。人类乃动物之一,其所以永存于世而不致灭绝者,亦绝不能不需乎此三种美德。达氏用心可谓至仁,世人不察,动以弱肉强食,目为天演之现象,斥达尔文学说为残酷者,失之远矣"(《生物学与民族复兴》,第24页)。中国动物学研究的主要奠基人,中央研究院院士、中国科学院院士秉志先生认为,《原人》一书是《物种起源》的续篇,合起来才是完整的达尔文思想。大学堂的购书人一并采购了《海行记见》和《原人》可见其学识不凡、客观不偏。

四 第一次大学生运动会

张亨嘉认为培养人才必须德育、体育并重,而在培养人的气节、秉性方面，体育尤为重要。光绪三十一年四月，在张亨嘉的主持下，京师大学堂举行了第一次运动会。他在《总监督为大学堂召开第一次运动会敬告来宾文》中说："盖学堂教育之宗旨，必以造就人才为指归，而造就人才之方，必兼德育、体育而后为完备。讲堂上所授学科，讲堂内外一切规矩，无一非德育之事。然而气质有强弱之殊，禀赋有阴阳之毗……东西各国知其然也，故无不以体育为造就人才之基……无不由体育法而养成国民气节……今日特开运动大会，亦不外公表此宗旨，以树中国学界风声……世界文明事业皆刚强体魄之所造成也……乃知非重体育不足以挽积弱而图自存……"张亨嘉不仅认为京城为首善之区，尤宜丕树风声，鼓舞士气，而且应该有尽量多的人参加，欢迎京城各学校学生到会。"如各学堂学生愿到会场演习者，乞自认何类，先期示知敝堂报名处，以便接待。"

这是中国大学生第一次运动会，运动项目有跳高、跳远、掷槌、掷球、拉绳、一百米突竞走、二百米突竞走、三百米突竞走、四百米突竞走、六百米突竞走、八百米突竞走、一千米突竞走、顶囊竞走、提灯竞走、犬牙形竞走、一脚竞走、掩目拾球竞走、二人三脚竞走、越脊竞走、职员匙蛋竞走、来宾竞走、各学堂学生竞走、各科学生竞走等。上午、下午，共进行两天，颇为壮观。"不特大学堂之光，亦中国学界之庆事也。"

张亨嘉不愧是明达之士，办事细密，认为凡事有一利必有一弊，能于创始之日预防其弊于未然。他在列举体育的种种好处之后指出："今体育之利如彼，而办法不善则百弊随之。"其弊大致有三：衣服华丽，都似五陵侠少之所为，名为运动实为炫耀服饰；技艺精湛者或自炫其能，技能欠缺者则趑趄不前，运动会可成为少数人的竞技场所；更或有人以运动致荒平日学业，以体育夺德育。为避免三弊，张亨嘉要求："本大学堂学生平日课余皆令练习各种体育法，而今日之会，则无论其技之熟与否，皆得与焉。以无一人不习体育为义例。至于衣服，只求整洁，以不侈外观之美好义例。"（《北京大学史料·一》，第291页）张亨嘉这种预见其利害，采取防范措施的"治未病"的思想很值得我们学习。

京师大学堂第一次运动会开了个好头，以后便有了第二次、第三次，且运动项目不断增加，如障碍物竞走、计算竞走、掷竿跳高、掷竿跳远、鹿角竞走、幼童计算竞走、各私立学堂竞走等。由其中幼童计算竞走、各私立学堂竞走等项目可见，参与大学堂运动会的范围、人数在逐年增加，大学堂运动会起到了示范带动作用。

五　筹办分科大学

　　孟子说："规矩，方圆之至也。""不以规矩，不能成方圆。"（《孟子·离娄上》）《大学堂章程》就是办理京师大学堂的"规矩"，必须遵照执行。京师大学堂由于初创，一切都在摸索变化之中，《大学堂章程》五年内修改两次，共有奏定、钦定、重定三个章程。光绪二十四年五月十五日的《奏定大学堂章程》，因为是初次草拟，比较简约，在"学堂功课"一章中，只粗略分为"溥通学"和"专门学"；到光绪二十八年十一月的《钦定大学堂章程》，则在"第二章功课"中载明："今定大学堂全学名称，一曰大学院，二曰大学专门分科，三曰大学预备科……大学分科，俟预备科学生卒业之后再议课程，今略仿日本例，定为大纲，分列如下：政治科第一，文学科第二，格致科第三，农学科第四，工艺科第五，商务科第六，医术科第七。"这里列有七个专科。一年后，到光绪二十九年十一月的《重定大学堂章程》则更为详细，不仅规定了分科，而且规定了门目："大学堂分为八科：一、经科大学分为十一门，理学列为经学之一门；二、政法科大学分二门，各专一门；三、文学科大学分九门，各专一门；四、医科大学分二门，各专一门；五、格致科大学分六门，各专一门；六、农科大学分四门，各专一门；七、工科大学分九门，各专一门；八、商科大学分三门，各专一门。"该章程还列有各门的主课、补助课的名称及上课时数和年限等，可谓详备。

　　张亨嘉任职后，大学堂已有二年级的学生，不久即将有学生毕业，按照章程预科毕业生应升入分科学习。所以，光绪三十一年七月十五日，张亨嘉上奏《京师分科大学亟应择地建置》一折，其中称："京师既设预备科，各省高等学堂亦经开办，一二年后毕业之优等生均升入分科大学，拟请饬下学务大臣妥议办法。"这一次没有当天批复，而是拖了四个月，到十一月初九日学务大臣才行文到大学堂："……查奏定大学堂章程分列八科，目前骤难全设拟先设政法科、文学科、格致科、工科，以备大学预科及各省高等学堂学生毕业后考升入学，此外四科，以次建置。"（《北京大学史料·一》，第197页）由此看来学务部似乎不如以前积极，行文歉谨，好像财政也有些吃紧，八科只允建四科，削减了一半。不过还是拨给了两处土地供建分科大学之用,"广安门外瓦窑有地一所,德胜门外有地一所",面积合用。

张亨嘉的努力为宣统二年二月二十一日京师大学堂分科大学的开办做了初步准备。

宣统三年正月二十日,张亨嘉逝世,享年六十四岁。"事闻,奉上谕:前礼部左侍郎张亨嘉由翰林入直南书房,迭掌文衡,……学问优裕,克勤厥职,兹闻溘逝,轸惜殊深,加恩著照侍郎例赐恤,……伊子张如瑄著以主事用。钦此。"(《张亨嘉文集》,第249页)赐祭葬,谥文厚。

北京大学首任校长严复

1912年,中华民国成立,改学堂为学校,京师大学堂改为北京大学校,严复由京师大学堂末任总监督,转任北京大学首任校长。当时有撤销北京大学,与北洋大学合并之议,严复得知以后,向教育部呈递《北京大学文科改良办法》及《北京大学不可停办说帖》等,对北京大学进行了初步改革,为北京大学的存在与发展做出过重大贡献。

严复

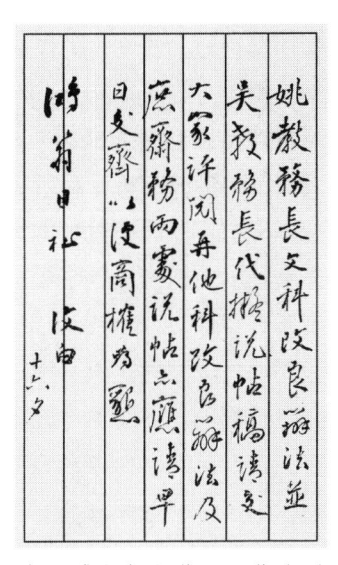

关于《北京大学不可停办说帖》手迹

一 惟国惟家

严复是中国近代史上伟大的启蒙思想家、教育家,著名学者,他的译著《天演论》《原富》《法意》《群己权界论》《社会通诠》《穆勒名学》《群学肄言》等是中国近代启蒙思想的至重之作,曾深刻地影响了中国近代历史的方方面面。严译影响之大,远远超过严复自著,世人公认严复为近世西学第一人,卓越的启蒙思想家。毛泽东称他为近代中国人向西方寻求救国之路的先行者。

1. 先国而后身,先群而后己

严复生在清季,其时国势衰微,列强日迫,民族危机日重一日。在严复看来"今者大势岌岌,不治将亡,为有识所同忧"。① 然而,只忧是不够的,由忧而奋起,做些实实在在的事才是正道。因此在"甲午春半,正当东事甫兀之际,觉一时胸中有物,格格欲吐,于是有《原强》、《救亡决论》诸作……不揣浅狭,意欲本之格致新理,溯源竟委,发明富强之事……"② 严复认为要使国强民富,首先在开发民智,如果民众愚昧无知,将一事无成,反之则大有希望。他相信民众的力量:"复自客秋以来,仰观天时,俯察人事,但觉一无可为。然终谓民智不开,则守旧维新两无一可。即使朝廷今日不行一事,抑所为皆非,但令在野之人与夫后生英俊洞识中西实情者日多一日,则炎黄种类未必遂至沦胥;即不幸暂被羁縻,亦将有复苏之一日也。"为了国人能了解世界大势,洞识中西实情,严复认为最切实可行的便是向国人介绍西方文明,他"所以摒弃万缘,惟以译书自课"。他之所以放弃诸事而专心译书,不为别事,"所愿者,多成几册译书,使同种者知彼族所为何事,有所鉴观焉耳"。严复在给张元济的信中表明心迹:"复今者勤苦译书,羌无所为,不过闵同国之人,于新理过于蒙昧,发愿立誓,勉而为之。"严复自信,《天演论》《原富》《穆勒名学》《群己权界论》等书译成并为国人识读之后,定有启发民智以利自强的作用,他自己也将因此而"仆死不朽矣"。③ 历史证明了严复的预言,我们今天隆重纪念他,尊他为近代向西方学习的先进的中国人,是介绍西洋哲学的第一人,是伟大的思想家便是最好的说明。

要变贫弱为富强,必先明了贫弱的根源。在严复看来,贫弱之根在民智未开,愚昧无知。他说:"今吾国之所最患者,非愚呼?非贫呼?非弱呼?

---

① 王栻编《严复集》(全五册),中华书局,1986。此处为《严复集》(一),第61页。
② 王栻编《严复集》(三),第514页。
③ 王栻编《严复集》(三),第523、525、527页。

则径而言之，凡事之可以瘉此愚、疗此贫、起此弱者皆可为。而三者之中，尤以瘉愚为最急。何则？所以使吾日由贫弱之道而不自知者，徒以愚耳。继自今，凡可以瘉愚者，将竭力尽气鞁手茧足以求之。惟求之能得，不暇问其中若西也，不必计其新若故也。有一道于此，致吾于愚矣，且由愚而得贫弱，虽出于父祖之亲，君师之严，犹将弃之，等而下之焉者无论已。有一道于此，足以瘉愚矣，且由是而疗贫起弱焉，虽出于夷狄禽兽，犹将师之，等而上之焉者无论已。何则？神州之陆沉诚可哀，而四万万之沦胥甚可痛也。"要国民脱离愚昧之法在教育，所以他说："夫今世国土种族竞争，其政法之事固亦自为风气，独至教育国民，则莫不以此为自存之命脉。"严复主张教育兴国，但并非笼统提倡，他说："今世学者，为西人之政论易，为西人之科学难。政论有骄嚣之风（如自由、平等、民权、压力、革命皆是），科学多朴茂之意，且其人既不通科学，则其政论必多不根，而于天演消息之微，不能喻也。此未必不为吾国前途之害。故中国此后教育，在在宜注意科学，使学者之心虑沉潜，浸渍于因果实证之间，庶他日学成，有疗病起弱之实力，能破旧学之拘挛，而其于图新也审，则真中国之幸福矣！"严复为国族贫弱忧心如焚，与人彻谈，抚今感昔，竟至"不觉老泪如绠"。① 为了警醒国人他左右为难，"今者，吾欲与之为微词，则恐不足发声而振聩；吾欲大声疾呼，又恐骇俗而惊人。虽然，时局到今，吾宁负发狂之名，决不能喔咿嚅唲，更蹈作伪无耻之故辙"。于是他要向朝廷进言，陈述自己的看法和主张，在《拟上皇帝书》中，他指出中国之积弱，至于今为已极矣。"此其所以然之故，由于内治者十之七，由于外患者十之三耳。"他明确指出了国家积弱自身的原因是主要的。因此解决之法主要在"结百姓之心""破把持之局"，他认为："必有为群舍己之人，而后群强而化进也。"所以需要"幡然变计，先国而后身，先群而后己"。②严复忧国爱家起自年少，当年他从马尾船政学堂毕业，远涉重洋，负笈海外就是"深知自强之计，舍此无可他求，各怀奋发有为，期于穷求洋人秘奥，冀被国家将来驱策，虽七万里长途，均皆踊跃就道"。③ 而在留学期间他并不专习规定之科目，一心在海军业务上用功夫，他的眼界较同侪更宽。那时他已初步认识到国家之强弱，不决定于某种具体

---

① 王栻编《严复集》（三），第560、592、565、559页。
② 王栻编《严复集》（一），第53、62、76、77页。
③ 孙应祥：《严复年谱》，福建人民出版社，2003，第28页。

技艺，而似乎与体制、法律、文化学术等带根本性的问题有关。因此他"初游欧时，尝入法庭，观其听狱"。这种看似不务正业的举动，却促他思考"归邸数日，如有所失"。并思有所得，还得到了当时的驻英（兼驻法）公使湘阴郭嵩焘的赞赏："尝语湘阴郭先生，谓英国与诸欧之所以富强，公理日伸，其端在此一事。先生深以为然，见谓卓识。"①所以回国后他以译书自课，不仅勤奋刻苦，而且他每译一书都有极深远的用意，并且"所选译的书都是他精心研究过的"。他的译品从不作简单的对译，不同于林纾的"耳受手追，声已笔止"，而是精心的再创作，常常是"一名之立，旬月踟蹰"。②不仅在翻译的形式、技巧上树立了"信、达、雅"的不移标准，使他的译作成为"要从事翻译者永久之模范"。而更可贵的是其译作都力求把西方的新思想、新理论与中国的传统思想文化加以融通，使国人易于了解和吸纳。正是他这种"一面介绍西学，一面仍不忘发挥国故"，"中间意恉，则承用原书，而所引喻举例，多用己意更易"③的创新译法，使其译作广为流传，并得到交口称赞的原因之一。如张嘉森说："……侯官严复以我之古文家言，译西人哲理之书，名词句调，皆出自独创。译名如'物竞'、'天择'、'名学'、'逻辑'已为我国文字中不可离之部分。其于学术界有不刊之功，无俟深论。"蔡元培则说："五十年来介绍西洋哲学的，要推侯官严复为第一。"梁启超也说："西洋留学生与本国思想界发生影响者，复其首也。"而《清朝全史》一书在论清代革命与革新一章中，更有生动地描述："此时重要之著作，如康有为之孔教论，严复所译之《天演论》，当首屈一指。"而历年所译西书，"虽有化学物理法律各种类，然不足以唤起当时之人心。至此二书出而思想界一变。《天演论》发挥适者生存，弱肉强食之说，四方读书之子，争购此新著……若以近代之革新，起端于1895年之候，则《天演论》者，正溯此思潮之源头，而注以活水者也"。

严复一生为国家富强忧心尽力，直至晚年他仍教育子孙留学海外终要回国效力："毋忘七尺躯，幸托神明胄。所期取彼长，为国补缺漏。他年劫运回，端复资旧有。"在此之前不久，严复行年六十有五时，还为端木赐为了祖宗之国而四处游说反遭人指责大加辩白。他说："……策士志在权利，而

---

① 王栻编《严复集》（四），第969页。
② 王栻编《严复集》（五），第1322页。
③ 王栻编《严复集》（一），第79~81页。

子贡则存鲁而外，无他图焉。机诈岂非所污。而宗国不可以不救。今人动言爱国，至于谋国专对，则瞻徇毁誉，爱惜羽毛，而置宗国利害于不顾。深恐荆公之说，助其张目，乃为和一绝，以抒余愤焉。"其《和荆公子贡》诗云："赐也才贤擅外交，一言三敌起纷淆。存亡所计惟宗国，翻覆何须与訾謷。"①关于子贡救鲁的故事，《史记·仲尼弟子列传》记载，子贡复姓端木（亦作沐），名赐，字子贡。子贡利口巧辞，是一位杰出辩士。齐相田常打算作乱，但害怕高、国、鲍、晏四家之强兵，便调动他们去攻打鲁国借以削弱之。孔子听说之后，对其弟子说，鲁国是我们的祖宗之国、父母之邦，现在形势危急，你们为何不挺身而出？于是子贡分别游说于齐、吴、越、晋、鲁。利用各国之间的矛盾，达到了"子贡一出，存鲁、乱齐、破吴、强晋而霸越"的局面。关于这件事历史上评价不一，对子贡时有指责。而严复深恐这样的说法传播开来，"置宗国于不顾"，所以他要赋诗一首"以抒余愤焉"。至逝世前他仍在遗书中写上："须知中国不灭，旧法可损益，必不可叛……事与群己对待之时，须念己轻群重，更切毋造孽。"②可见严复一生爱国爱家直至生命终点。

2. 正家而天下定矣

人们说"幸福从家开始""家是让人放松心情的地方""家是世界上最重要的地方"……可见家庭对于个人、社会十分重要。国是由家组成的，国家密不可分。所以我国自古以来就有"正家而天下定矣"。"欲治其国者，先治其家……家齐而后国治，国治而后天下平"等说法。家庭是社会有机体的细胞，每个细胞健康，有活力，则整个机体自然也就充满生机而和谐。严复自小熟读经典，传统文化修养深厚，家、国、祖宗概念根植于心。他在尽心国事的同时，无时无刻不关心着家人，每个家庭成员的健康、学业、品行进退他都过问、指导，而且细致入微。严复一生娶有二妻一妾，原配王氏夫人1892年病故后，同年纳江莺娘为妾，1900年续娶朱明丽为妻。妻妾关系一向是中国家庭的焦点，妻妾相处的和谐与否，往往成为家庭兴衰的关键。何况严复纳妾在先，续妻在后，关系更加微妙，所以在严复离家时常常家书往

---

① 王栻编《严复集》（二），第408~410页。
② 王栻编《严复集》（二），第360页。

还，其中不乏关怀惦念，尤其是妻妾关系。如与夫人书："明丽如见：……吾体气甚佳，毋庸挂虑……卿与莺娘须格外和好，互相保重，忆吾临行尝作无根之谈，与卿戏笑，千万不可认真，致有介意……"为了一句玩笑话，恐引起妻妾不和而嘱咐千万。为了表示公正无偏，并嘱朱夫人"莺娘即以此信给看可也"。

严复只要自勤在外，不与家人同住，即以书信关照："……日来此间天气甚热，不知上海如何？大小姐常出来否？小儿女皆平安否？家中门户要紧，不宜听下人招诱闲杂往来……"，"……京师天气甚冷，已可穿棉，不知上海何如？小儿女想能照应……"，"……香严、华严病体疗治愈否？甚惦记之……"严复不仅关心问候家人，而且告以养生之道："……吾儿此番可谓冒险求医……惟此后谨于起居饮食之间，期之以渐，勿谓害小而为之，害不积不足以伤生；勿谓益小而不为，益不集无由以致健；勿嗜爽口之食，必节必精；勿从目前之欲，而贻来日之病。卫生之道，如是而已……"

严复关心家人的健康，同样关心子女的学业。手书信函教其治学之道必须循序渐进，持之以恒："……《教训幼稚》一书，言人欲为有用之人，必须表里心身并治，不宜有偏。又欲为学，自十四至二十间决不可间断；若其间断，则脑脉渐痼，后来思路定必不灵，且妻子仕官财利之事一诱其外，则于学问终身门外汉矣。学既不明，则后来遇惑不解，听荧见妄，而施之行事，所谓生心害政，受病必多，而其人之用少矣。""……俗谚有云：日日行，不怕千万里。得见有恒，则七级浮图，终有合尖之日……"严复认为从细处着眼，养成严谨学风十分重要："……刻下新旧两历并行，凡作家信，用新则纯新，用旧则全旧，不可乍阴乍阳，必致迷乱误事……又如朔、望、弦、澥及初几等字，皆旧历有之，不宜以书新历，如儿此禀乃四日所作，则竟书四日、四号可耳，而乃填为初四。汝方努力为有章程踏实做事人，此虽小节，亦有章程人所不苟者，不可忽也。""……汝自受室以后……故多讹字，如来书'辛苦'则作'辛苦'，'艰辛'则作'艰幸'，不自知也……闭门索句，甘苦固非朋辈所与知，而非经一番夒夒其难之候，终身没出息矣……"当严复接到三子严琥说他准备用七年时间读完二十四史的来信后，根据自己读史的经验认为先读陈寿《三国志》而后读范晔《后汉书》，从读班固的《汉书》，再到司马迁的《史记》，这种"倒啖蔗"之法比较好。即复函指导如何学习历史，他以商量的口吻写道："……吾儿果有此志，请今从中国前四史起。其治法，由史而书而志，似不如由陈而范，由班而马，此固虎头所谓倒啖蔗也。吾儿以为何如？"①

严复得知四子璿要去西湖旅游，便详细函示："谕璿知悉：……大抵少年能以旅行观览山水名胜为乐，乃极佳事，因此中不但怡神遣日，且能增进许多阅历学问，激发多少志气，更无论太史公文得江山之助矣。然欲兴趣浓至，须预备多种学识才好：一是历史学识，如古人生长经由，用兵形势得失，以及土地、物产、人情、风俗之类。有次，则身游其地，有慨想凭吊之思，亦有经略济时之意与之俱起，此游之所以有益也。其次则地学知识，此学则西人所谓 Geology。玩览山川之人，苟通此学，则一水一石，遇之皆能彰往察来，并知地下所藏，当为何物。此正佛家所云：'大道通时，虽墙壁瓦砾，皆无上盛法真是妙不可言如此。再益以摄影记载，则旅行雅游，成一绝大事业，多所发明，此在少年人有志否耳……'"严复关于旅游的意义、应准备的知识及联系等不厌其烦地给予指导，爱子之情跃然纸上。

严复不仅指导后辈家人具体治学方法，而且他的学术思想也颇为先进，主张暂时不知者，不可一概否定、排斥，只宜存疑，在今天看来仍然是正确的。如"谕璿、珑、顼、玷知悉：……大抵青年人思想，最苦总着一边，不知世间无论何种问题，皆有两面，公说婆说，各具理由……至于迷信一事，吾今亦说与汝曹知之：须知世间一切宗教，自释、老以下，乃至耶、回、犹太、火教、婆罗门，一一皆有迷信，其中可疑之点，不一而足；即言孔子，纯用世法，似无迷信可言矣。而及言鬼神丧祭，以伦理学 Logic 言，亦有不通之处。但若一概不信，则立地成 Materialism，最下乘法，此其不可一也。又人生阅历，实有许多不可纯以科学通者，更不敢将幽冥之端，一概抹杀。迷信者言其必如是，固差，不迷信者其必不如是，亦无证据。故哲学大师，如赫胥黎、斯宾塞诸公，皆于此事谓之 Unknowable，而自称为 Agnostic。盖人生智识，至此而穷，不得不置其事于不论不议之列，而各行心之所安而已。故汝等此后，于此等事，总以少谈为佳，亦不必自矜高明，动辄斥人迷信也……"②可见在严复心目中，未知就是未知，对未知之事不宜妄下论断，这才是科学的态度。

---

① 王栻编《严复集》（二），第 738～843 页。
② 王栻编《严复集》（三），第 812～825 页。

严复晚年怜子女之情更深，常常为之诗词以寄之，如寄小女儿眉南《沪江寓楼寄季女项眉南》：

> 投老怜娇小，真同掌上珍。昨宵羁旅梦，见汝最长身。……
> 别后勤相忆，能忘数寄书？莫将小年日，辛苦向虞初。

对幼女疼爱有加之情充满字里行间。疼爱小女儿也同样牵挂大女儿，寄长女香严诗《六月初十夜书所闻见寄长女璸香严》也同样感人：

> 弦月穿云出，池塘吠蛤哗。疏林明远火，白鸟隔轻纱。
> 栩栩怜幽梦，悠悠念故家。邻房谁氏女？睡语正呼耶。

这些诗词表达的是爱子、怜子、思念之情，《书示子璿四十韵》则与之不同，它以短短四百言勾勒了中华民族四千年有辉煌有衰惨，跌宕起伏的历程，并作了中西比较。虽然"吾思初生民，中国固独秀……"，但"于时西方人，造化供镌镂……"，最后仍然落脚在国与家："汝今治旁行，如农始备收。毋忘七尺躯，幸托神明胄。所期取彼长，为国补缺漏。他年劫运回，端复资旧有……慎勿三年学，归来便名母……不胜舐犊情，为儿进苦口。"① 可谓期之殷殷，苦口婆心。

3. 知所先后则近道矣

"道"之所指，颇难界定。小而言之有为人之道、待客之道、养生之道、治学之道、生财之道、治水之道、治边之道等，大而言之则不外天道、地道、人道。正如《周易》所载："易之为书也，广大悉备。有天道焉、有人道焉、有地道焉。"而"昔者圣人之作易也，将以顺性命之理。是以立天之道，曰阴与阳；立地之道，曰柔与刚；立人之道，曰仁与义"。《大学》列中国传统经典四书五经之首，被尊为"初学入德之门"，然后《论语》《孟子》等次第而学，是为中国传统教学的一般次序。而《大学》开宗明义则举其大纲为："大学之道在明明德，在亲民，在止于至善。"然后分章一一详述修身、齐家、治国、平天下的关系。总之"所谓治国必先齐其家者，其家不可教，而能教人者无之。故君子不出家而成教于国"。中华民族历代先贤由中

---

① 王栻编《严复集》（二），第407~410页。

华传统文化所陶融，他们无不重视修身、齐家、治国、平天下，熟悉"六亲五法"，讲求"以家为家，以乡为乡，以国为国，以天下为天下"，自身作为家、国、天下的一分子，而为之尽心尽责。

严复乳名体乾，谱名传初。投考马尾船政学堂时改名宗光，字又陵。入仕后，改名复，字几道，晚号瘉壄老人，别署观我生室主人、辅自然斋主人、尊疑学者、瘉壄堂主人等。细看这些名号，除乳名、谱名而外，凡严复自己改的名号，都与他的思想认识、主张理想相关，颇有意味，而他一生签署最多的是"复""几道"。也许中华民族的复兴和修身、齐家、治国、平天下是他一生的追求；为天地立心，为生民立命，为往圣继绝学，为万世开太平是他的理想。观其一生，可以说大体符合"兴于身，著于家，成于国，其行一焉"。书云："物有本末，事有终始，知所先后，则近道矣。"又云："士穷不失义，达不离道。"严复一生主张并教育家人遇事应先国后身，先群后己，符合中国传统之道。他不趋时尚，不眩毁誉，不惑利钝的治学历程，正合于章实斋所推崇的为学之道。钱穆认为"为所当然，而又知其所以然者，皆道也……学术无大小，皆期于道"。[1]

严复，几道——近乎道。严复一生所求？

二 知易行难

严复译著《天演论》《原富》《法意》《群己权界论》《社会通诠》《穆勒名学》《群学肄言》等，都是中国近代启蒙思想的至重之作，曾深刻地影响了中国近代历史的方方面面。毛泽东称他为近代中国人向西方寻求救国之路的先行者，而在今天凡知道严复的人，在其心目中大都认为他是一位著名学者、启蒙思想家、教育家，很少把他与什么"资政大夫"，什么"海军协都统"联系在一起。然而中国历来给人盖棺定论的墓志铭上却赫然写着"清故资政大夫海军协都统严君墓志铭"，这个标题在今天的人们看来，难免莫明其妙。

1. 治学治事宜分二途

严君墓志铭的标题标出其治事之名位，铭之内容却以称颂其治学业绩为

---

[1] 钱穆：《中国近三百年学术史》上册，中华书局，1986，第402页。

主。今人对此铭标题之所以莫明其妙，是因为严君治学业绩宏伟，影响巨大。相形之下，其治事之名位实退其次。不仅官位不高，而且其治事之作为也常处"名为总办，实无所办"①的尴尬境地。何故如此呢？我想，以严君名满天下的才学，本不应该，然而确是事实。我们读读严君的《论治学治事宜分二途》及其他有关著述似乎有所领悟。

严君认为人各有其天赋禀性，千差万别，因此，各人有各人所适宜的工作，不必强其所难。如果违背其性之所近，抑其所长，强使其短，就不会有好的结果。他特以治学治事两则为例说："天下之人，强弱刚柔，千殊万异，治学之材与治事之材，恒不能相兼。尝有观理极深，虑事极审，宏通渊粹，通贯百物之人，授之以事，未必即能胜任而愉快。而彼任事之人，崛起草莱，乘时设施，往往合道，不必皆由于学。"②他还形象生动地设举：强使对物理学有巨大贡献的牛顿带兵打仗，其结果不一定能及得上拿破仑；而让执行铁血政策，镇压革命的普鲁士首相俾斯麦研究学问，恐怕也不一定能赶得上达尔文。这种认识清醒又正确。实际上这种情况在在皆是，我们常看到张三为学不成，改而经商不久即蓬勃发达；李四厌弃弹琴却迷恋机械，获多项发明专利，为社会贡献良多如陈景润院士，大学毕业后曾执教于中学而不能胜任愉快，调到科学院做研究工作后却成为自由驰骋于数学王国的骁将，并取得关于哥德巴赫猜想的最佳结果，而享誉世界。

人各不同，材各有用，前贤先哲早有论述。《韩非子》上就说过："夫物者有所宜，材者有所施，各处其宜……"便会有好的结果。犹如"使鸡司夜，令狸执鼠，皆用其能"。"反之，如弃其所长，用其所短，就不能发挥其应有的作用。"正所谓："马不可以服重，牛不可以追速，铅不可以为刀……木不可以为釜。"而应当"各用之于其所适，施之于其所宜"，③使各便其性，各为其能。谚语说得好："骏马能致远，犁田不如牛；坚车能载重，渡河不如舟。舍长以就短，智者难为谋；生材贵适用，慎勿多苛求。"

历史表明，严复之才不宜治事，而宜治学。君自1867年入马尾船政学堂，至1879年留英归国，十二年间所学所习不离海事战舰，依其远见卓识本应成为中国近代一位海军名将，然而事实并非如此。他不过是表面上实行维

---

① 王栻编《严复集》（三），第524页。
② 王栻编《严复集》（一），第89页。
③ 《二十二子·淮南子》，第1253页。

新变法，骨子里顽固守旧的清政府用来改新门面的装饰品。他被委任的那些总办、监督、咨议、顾问、议员、协督统等，大都是"名为总办，实无所办"的闲差。较有建树的还是与治学有关的一些任职，如北洋水师学堂总教习、安徽安庆师范学堂监督、复旦公学校长、京师大学堂总监督、北京大学校长等。而影响了中国近代历史进程的还是他那些著述，尤其是《天演论》等八大著名译作。其影响至深至广历有定评，连大名鼎鼎的学者胡适的名字也是这种影响下的产物："《天演论》出版之后，不上几年，便风行到全国竟做了中学生的读物了。读这书的人，很少能了解赫胥黎在科学史和思想史上的贡献。他们能了解的只是那'优胜劣败'的公式在国际政治上的意义。在中国屡次战败之后，在庚子辛丑大耻辱之后，这个'优胜劣败，适者生存'的公式，确是一种当头棒喝，给了无数人一种绝大的刺激。几年之中，这种思想像野火一样，延烧着许多少年的心和血。'天演'、'物竞'、'淘汰'、'天择'等等术语，都渐渐成了报纸文章的熟语，渐渐成了一班爱国志士的'口头禅'。还有许多爱用这种名词做自己或儿女的名字，陈炯明不是号竞存吗？我有两个同学，一个叫孙竞存，一个叫孙天择。我自己的名字也是这种风气底下的纪念品。"① 大文豪鲁迅先生并没有像一般青年那样受其影响而改名字，但在他年近半百时犹忆起当年学生时代寻购《天演论》一书，到手即读，有空时时读的兴奋情景："看新书的风气便流行起来，我也知道了中国有一部书叫《天演论》。星期日跑到城南去买了来，白纸石印的一厚本，价五百文正。翻开一看，是写得很好的字，开首便道，赫胥黎独处一室之中，在英伦之南，背山而面野，槛外诸境，历历如在几下，乃悬想二千年前，当罗马大将恺撒未到时，此间有何景物？计惟有天造草昧……哦！原来世界上竟还有一个赫胥黎坐在书房里那么想，而且想得那么新鲜？一口气读下去，'物竞''天择'也出来了，苏格拉第、柏拉图也出来了，斯多噶也出来了。"②

那时，不仅一般热血青年、爱国志士基于救亡图存喜读《天演论》，连学界耆宿、桐城派代表人物吴汝纶对严译《天演论》也大加称赞，推崇备至。当吴看到该书时，据说其兴奋超过无落脚之地的刘备得到荆州，爱不释

---

① 《胡适文集》，人民文学出版社，1998，第70页。
② 鲁迅：《朝花夕拾》，人民文学出版社，1973，第58、59页。

手，以至于亲手抄录一部，藏之床头，以便时时翻阅："……得惠书并大著《天演论》，虽刘先主之得荆州，不足为喻。比经手录副本，秘之枕中。"吴汝纶理解严复译《天演论》的深远意义，他说："执事之译此书，盖伤吾士之不竞，惧炎黄数千年之种族，将遂无以自存，而惕惕焉欲进之以人治也。本执事忠愤所发，特借赫胥黎之书，用为主文谲谏之资而已。"吴先生欣然为之序，认为赫氏书之精义，得严氏之高文雄笔而益明。"自吾国之译西书，未有能及严子者也。"① 名著经名家序，《天演论》更为广泛流传，影响何止一代人。

严译影响之大，远远超过严复自著。其实严复的自著如《论世变之亟》《原强》《救亡决论》《辟韩》诸作，均是其"本之格致新理，溯源竟委"，通过中西比较，在社会政治和文化学术的较深层面的探讨，是中国近代新文化的先导之作，其意义不可等闲视之。世人公认严复为近世西学第一人，卓越的启蒙思想家。他从事治学对国家的贡献，决非当年一同留学的刘步蟾、方伯谦、萨镇冰等治事者所可比。

2. 狂才难用

"千里马常有，伯乐不常有"每每被人们用来说明发现人才，量才适用之不易。其实人才是否使用得当，也不尽决于伯乐，原因是多方面的。

严复十三岁入马尾船政学堂后堂，学习兵舰驾驶，五年毕业后又在"建威"帆船、"扬武"军舰等实习数年，并为出洋留学做准备。1877 年 3 月 31 日，由李凤苞等率领赴英国入格林尼治海军学院等校学习海军战术及相关科目。但严君并不专习规定之科目，一心在海军业务上用功夫，他的眼界较同侪更宽。那时他已初步认识到国家之强弱，不决定于某种具体技艺，而似乎与体制、法律、文化、学术等带根本性的问题有关。因此他"初游欧时，尝入法庭，观其听狱"。这种看似不务正业的举动，却促他思考"归邸数日，如有所失"。并思有所得，还得到了当时的驻英（兼驻法）公使湘阴郭嵩焘的赞赏："尝语湘阴郭先生，谓英国与诸欧之所以富强，公理日伸，其端在此一事。先生深以为然，见谓卓识。"② 郭嵩焘认为严复的见识超卓，而海军

---

① 王栻编《严复集》（五），第 1317、1560 页。
② 王栻编《严复集》（四），第 969 页。

业务并不出众，如将来做一领兵之将，是不合适的。因此他在给清政府的报告中说："水师良才曰刘步蟾、方伯谦、萨镇冰、何心川"，而严复"以之管带一船，实为枉材"。①

年长严复三十六岁，久在官场的郭嵩焘，是我国政府首任驻英国公使，后兼驻法国公使，世故深谙，处世老到，颇善识人。严复在英伦时，有暇常去使馆与郭畅谈。由于郭严二人有着相同或相近的思想认识，以至他们"论析中西学术政制之异同，往往日夜不休"。经过这样多次无拘无束地畅谈交流，郭嵩焘对严复有了较多的了解，对这个年轻人的出众才华，郭嵩焘在赞赏之余也不无可惜可叹可忧："又陵才，吾甚爱之，而气性太涉狂易。吾方有鉴于广东生之乖戾，益不敢为度外之论。亦今负气太盛者，其终必无成，即古人亦皆然也。"② 郭氏对严复使用了"狂易"这一过重的词语，是把问题看得有些过，因严复虽狂，但还不到变易常态的地步。不过严复的自负狂直在其一生的大部分时间都时有表露，对此，严本人也有所觉察，并非全然不知。在《〈群学肄言〉译余赘语》中，他就说自己"生平好为独往偏至之论"。严复的译作固然赞颂之声不绝于耳，但也并不是没有非议者，如傅斯年、张君劢等便是。但严复自负地认为这数部书除自己之外，三十年内无人能译。而被严复看得上，能为其书作序者更是凤毛麟角。在桐城吴先生去世之后，严复曾以古贤自比："呜呼！惠施去而庄周亡质，伯牙死而钟期绝弦，自今以往，世复有能序吾书者乎！"③

这种自负狂直本是于研究学术，创新学理相适宜的品性，所以他的译品从不作简单的对译，不同于林纾的"耳受手追，声已笔止"，而是精心的再创作，常常是"一名之立，旬月踟蹰"。④ 不仅在翻译的形式、技巧上树立了"信、达、雅"的不移标准，使他的译作成为"要从事翻译者永久之模范"。而更可贵的是其译作都力求把西方的新思想、新理论与中国的传统思想文化加以融通，使国人易于了解和吸纳。正是他这种"一面介绍西学，一面仍不忘发挥国故"，"中间意恉，则承用原书，而所引喻举例，多用己意更易"⑤

---

① 郭良玉：《严复评传》，河南大学出版社，2000，第11页。
② 郭良玉：《严复评传》，第654页。
③ 王栻编《严复集》（一），第126、127页。
④ 王栻编《严复集》（五），第1322页。
⑤ 《东方杂志》第22卷第1号，1925年1月，第79～81页。

的创新译法,使其译作广为流传,并得到交口称赞的原因之一。正如张嘉森说:"……侯官严复以我之古文家言,译西人哲理之书,名词句调,皆出自独创。译名如'物竞'、'天择'、'名学'、'逻辑'已为我国文字中不可离之部分。其于学术界有不刊之功,无俟深论。"蔡元培则说:"五十年来介绍西洋哲学的,要推侯官严复为第一。"梁启超也说:"西洋留学生与本国思想界发生影响者,复其首也。"而《清朝全史》一书在论清代革命与革新一章中,更有生动地描述:"此时重要之著作,如康有为之孔教论,严复所译之《天演论》,当首屈一指。"而历年所译西书,"虽有化学物理法律各种类,然不足以唤起当时之人心。至此二书出而思想界一变。《天演论》发挥适者生存,弱肉强食之说,四方读书之子,争购此新著……若以近代之革新,起端于1895年之候,则《天演论》者,正溯此思潮之源头,而注以活水者也"。

严复的译作在中国近代翻译界、思想界,进而在社会政治方面产生深刻而广泛影响的原因,在于他每译一书都有极深远的用意,并且"所选译的书都是他精心研究过的"。严复出身海军,且处"中学为体,西学为用"的时代,不译造船制炮声光化电之书,而选择哲学、社会学、法学、政治学等有关学术思想之作,是由于他"根本认定西洋各国之强盛,在于学术思想,认定中国当时之需要,也在学术思想"。①

3. 性情决定命运

严复以一个学者的撰述对近代中国产生至巨的影响,可与比肩者实鲜。人们记住其一生的重大贡献乃在治学,不在治事,虽然他曾任多项官职。他不趋时尚,不眩毁誉,不惑利钝的治学历程,正合于章实斋所推崇的为学之道。章氏认为:"为所当然,而又知其所以然者,皆道也……学术无大小,皆期于道。""君子之学,贵辟风气,而不贵趋风气。"② 可见严复是知俗尚与道真之辨的。由于严复中学根底坚厚,西学融通,所以他的撰述达到了"圆以神"的境界,他的治学事功,成了经世之业,而他的治事之绩,相比之下却少有人提。

严复自负与狂直的品性,使他在治学上获得了巨大的成功,而在治事上

---

① 《东方杂志》第22卷第1号,1925年1月,第77~87页。
② 钱穆:《中国近三百年学术史》(上),第404页。

远不能如人意的事实表明："人生难得全才，得于天者必有所近"，只是往往"学者不自知也"而已。

严复虽说"治学之材与治事之材，恒不能相兼"，但他并不觉得自己宜于学而不宜于仕，他曾企及持衡拥璇，力图在官场有一席握权柄决兴废之位，为此他曾多次应乡试以期取得科甲正途而被重用。可是他的各种努力奏效甚微，他的诸多任职也多是被动的闲差，为在上者装点门面而已。这种身不由己，也是中国文化传统中的至今并不稍减的一个部分。我们常能看到这样的事实：某甲学有专成，在某个领域取得公认的成就之后，于是就被委以官位，各种头衔接续而至，以示尊重，或作为装饰。其实某甲的专长在学术研究、学理创新，而不在协调处理各种事务、人际关系等。他不熟悉的事务、不擅长的会议等占去了他学术探索的宝贵时间，逐渐失去学术上的优势，令其苦不堪言，但拒不上任者鲜见。这种不合理的现象存在的原因是官本位在作祟。因为人们看到的是，一旦官位到手，不仅原来想干但需别人批准的项目，现在自己说了算，而且还有房子、车子等看得见与看不见的实惠。这现实的利诱使不少本来在学术上大有发展的人才逐渐转向一般事务主义者。既失去原有的学术优势，又不能成为出色的管理者，岂不两失。

外因影响巨大，但内因才是起决定作用的。严复提出治学治事宜分二途，不宜得兼，又认为"医之于疾也，洞见病状是一事，拟方治疗是一事"。[①] 在严复看来知行是两件事，他不赞赏王阳明的致良知和知行合一说。这在1906年他为《阳明先生集要三种》一书所作的不同一般的序言中有明确的表现。一般序言，不论作者自序，或请他人为序，大都要介绍本书的写作经过、主要内容及旨趣所在等，如今的序言更多赞美之词，不足为训。但严复此序，应之于夏，而成之于冬，历时大半年，可说是经过深思熟虑之作。然而严序并不介绍本书，只说"吾于是书"，虽"心知其意"，但有自己的看法，"而不随众人为议论"，还举例说王阳明"不自知其言之有蔽"。更有意思的是，既然为之序，他又说："然则阳明之学，世固考之详而信之笃矣，何假不肖更序其书也哉！"[②] 严复的自负与狂直于此也不难看出一二。

关于知行问题，自古及今不断探讨、论争，或知难行易，或知易行难，

---

① 王栻编《严复集》（二），第350页。
② 王栻编《严复集》（二），第23页。

或知先行后，或知后行先，或知一行一，或知行合一，众说纷纭。但多数学者还是赞同"知行合一"或"知行互资"的。因为"夫子诲人知行合一之道也"。孙中山先生是赞成"知行合一"说的，但他在鼓励人们从事实际的革命或建设活动时，更崇尚"行易知难"。他说："'行易知难'，实为宇宙间之真理，施之于事功，施之于心性，莫不皆然也。"① 孙中山与严复哲学思辨的不同，可能是他们1905年（即写《阳明先生集要三种》一书序之前一年）在英国伦敦相会不欢而散的原因之一。当时孙中山对严复主张从教育着手，逐渐更新国民性，以图国家更新的说法不以为然，并点出两人不同看法的原因在于，"君（严复——笔者）为思想家，鄙人乃实行家也"。

严复若能安于其思想家、学者之位，以研究学术为职志，他生命的最后十数年，或许会有"载酒问字者络绎于道""谈笑有鸿儒，往来无白丁"的情形，而不是头顶着"资政大夫""海军协督统"冠冕的孤寂的耄耋老人。然而人的遭际、事功是与其性情、品格等相关的。以严复的性格言，难免如苏轼所叹："嗟我本狂直，早为世所捐。"

（根据《北京大学学报（哲学社会科学版）》2003年第5期、2009年第6期整理）

---

① 《孙中山全集》，中华书局，1985，第137页。

蔡元培校长

蔡元培（1868~1940）字鹤卿、仲申，号鹤庼、民友、孑民。曾化名蔡振、周子余。清同治六年十二月十七日出生于浙江省绍兴府山阴县城内笔飞弄。其祖父蔡嘉谟，字佳木，为一典当经理，处世以公正著称。其父蔡光普，字耀山，为一钱庄经理，待人以长厚称，家人笑其"爱无差等"。其母周氏，面椭圆，贤惠而能干。父丧时蔡元培年仅11岁、大哥13岁、三弟9岁。母亲周氏克勤克俭，常以"自立""不倚赖"训勉诸儿。常自言"每有事与人谈话，先预想彼将作何语，我宜以何语应之。既毕，又追省彼作何语，我曾作何语，有误否？以是鲜偾事"。"故孑民之宽厚，为其父之遗传性。其不苟取，不妄言，则得诸母教焉。"[①] "我所受的母教比父教为多，……我母亲的仁慈而恳切，影响于我们的品性甚大。"[②]

蔡元培五岁进家塾读书，从《百家姓》《千字文》《神童诗》等读起，以后《大学》《中庸》《论语》《孟子》《诗经》《书经》《周易》《礼记》《春秋左氏传》《战国策》《春秋公羊传》《说文通训定声》《说文解字》《文史通义》《癸巳类稿》《癸巳存稿》等无不涉猎。十七岁中秀才，自此专治小学、经学，为骈体文。二十三四岁"己丑、庚寅乡会试联捷"中举人。

---

① 蔡建国：《蔡元培先生纪念集》，中华书局，1984，第249页。
② 高平叔：《蔡元培年谱长编》（上），人民教育出版社，1998，第36页。

二十六岁晋京殿试，中二甲第三十四名进士，点翰林院庶吉士，二十七岁补编修。

戊戌变法失败后，蔡元培回绍兴任绍兴中西学堂监督，提倡新学。"以名翰林投身革命，创光复会，入同盟会。参与辛亥革命，肇建共和。首任教育总长，奠立文教始基。迭赴世界各地，促进东西文化结合。出长北京大学，广罗人才，兼容并包，力主思想自由，扶掖五四运动与新文化运动，培植无数革命青年。创设中央研究院，发展科学事业。保障民权，援救革命志士。坚持团结救国，推进国共合作。方正廉明，言信行果，诚为'学界泰斗，人世楷模'"。① "他没有多少学术著作。他的著作是大量新人才"。② 他历任南洋公学教授、爱国女校校长、中国教育会会长、光复会会长、教育总长、北京大学校长、大学院院长、中央研究院院长、监察院院长、中国民权保障同盟副主席等职。

一 山阴才子，志高意远

蔡元培被称为"山阴才子"是言之有据的。我们从他考取秀才、举人、进士的一连串考试的试卷中便可得到印证。考题不仅出自四书五经，而且出自《唐诗》《文选》等典籍，涉及广泛，如果应试者没有广博研读、精深了解，是很难应对的。蔡元培的对答往往在短短数百字中，旁征博引，言简意赅，用典精当，意味深远，读之令人难忘。所以屡获考官好评："笔轻而灵，意曲而达……论尤警当，与众不同……""首艺，安章宅句，不落恒蹊；次，跟定主旨，语无泛设……""词意整饬""文境高古，如读异书，如观鼎彝"。③

由答卷我们看到蔡元培的如下特点。

1. 博览群书，运用娴熟

乡试第二场试卷的第二篇"八，庶征：曰雨、曰旸、曰燠……"④ 全文

---

① 高平叔：《蔡元培年谱长编》（上），第10页。
② 金克木：《百年投影》，北京大学出版社，1997，第31页。
③ 中国蔡元培研究会：《蔡元培全集》，浙江教育出版社，1997，《蔡元培全集》（一），第7、14、47、66页。
④ 《蔡元培全集》（一），第32页。

531 字，用典、引证涉及《尔雅》《尚书》《礼记》《诗经》《列子》《楚辞》《左传》《史记》《宋书》等十余种，其他答卷还引证有《论语》《孟子》《庄子》《法言》《淮南子》《周书》《国语》《春秋》《文选》《晋书》《汉书》《后汉书》《齐书》《魏书》《隋书》《广雅》《新唐书》《资治通鉴》《明史》《老子》《韩非子》《战国策》等。当看到考题"瑟彼玉瓒 黄流在中"时，念熟的《诗经·大雅·旱麓》似乎就在眼前，他欣赏对周文王之德的咏歌"黄流不注于瓦缶，盛德必享于禄寿"，他称赞内涵与外在一致的美与美合①，瑟然之玉瓒，必有黄流在其中，引申到恺悌之君子，则必有福禄下其身。不止于此，他联想到《淮南子·道应训》中曲商拘文王与羑里之事，作者称赞文王羑里弹琴，玉门演《易》，认为虽然世情颠倒，但是"冠虽蔽必加诸首，履虽华必置诸足"，被埋没的宝剑，其光气可现，人处危难，"而精神不可磨灭"，屡遭磨难，而"断非一蹶不振"。② 其博览群书并谙熟于心，于此见矣。

2. 多闻择善，积极向上

当应对"我不识能至否乎"时，蔡元培在文章虽设想了种种情况，却不能断定孟子是否到达朝廷之上。不过，他从中看到的一点是病体刚好一点就去上朝的尽职、尽责的孟子："行止有殊，而情形难悉，我亦仅识其奔命之忱尔；……早迟莫测，而意见难凭，我亦仅识其造朝之意尔。"③ 在应乡试第一场的第一篇中，对孔子好友蘧伯玉的使者之明敏大加称赞，并认为"良友必有良使"④；而在应乡试第二场的第四篇"公会齐侯盟于黄"中，则对孔子为鲁相之后讲信修睦，促成鲁、齐于定公十二年结盟于黄（今山东淄川镇）称赞有加："记黄之盟，与齐睦也。夫夹谷之会，会而不盟，至盟黄而齐鲁睦矣，故美之。"因齐鲁世为婚姻，但自定公即位，鲁屡侵齐，定公十年虽有夹谷之会，但仍未修好，"自孔子用，而讲让型仁，文教达于四境。鲁人知构怨之非善策，而推诚相与也，于是乎有夹谷之会。孔子用，而讲信修睦，义声达于四邻。……于是乎有黄之盟"。自此齐鲁不再交兵，蔡文最

---

① 《蔡元培全集》（一），第 37 页。
② 《蔡元培全集》（一），第 38 页。
③ 《蔡元培全集》（一），第 2 页。
④ 《蔡元培全集》（一），第 14 页。

后赞道:"齐鲁不交兵,念此盟也,圣人之泽远矣。"① 蔡元培的应试之卷,几乎都能体现其积极向上的心态与观念。

3. 志高意远,不同凡响

他年少有志,梦想脱颖,辞章妩媚才秀,纵论时事,不仅有力而且透着英豪之气。"弱冠才华具,毋将此笔投。……年尚垂髫也,人思脱颖不?……妩媚词应秀,纵横力自遒。挥毫歌史事,英气大冲留。"② 词虽赞左思,不亦自期乎?而"殿试策论对",则认为儒、墨、法、名、农、兵、阴阳等,诸家学说不同,但当"观其会通",使能"相反相成";对各种人才,也应各用所长,"习形法家言者,使之正方位,蠹华离。习名家言者,使之定考格,条家法。习农家言者,使之录民天,会国用。……康事兴功,布同日进"③,建立国家长久昌盛之基。蔡元培对各家学说兼容并包的思想于此已见端倪。

二 辛亥前后

宣统辛亥八月十九日(1911年10月10日),革命团体文学社——以推翻清朝专制为宗旨,以"驱除鞑虏,恢复中华,建立民国,平均地权"为纲领——与共进会——以同盟会纲领为纲领,以策动武装起义为首务——在武昌发动武装起义,成立湖北军政府,全国各地纷纷响应,不到两个月,鄂、湘、陕、赣、晋、滇、黔、苏、浙、桂、皖、粤、闽、川等省相继宣布独立,清政府迅速瓦解。1912年1月1日,中华民国临时政府在南京成立,孙中山任临时大总统,2月12日清帝溥仪退位,清王朝宣告结束,结束了中国两千多年的封建君主专治,使民主共和观念深入人心,史称"辛亥革命"。其导火索是清政府出卖筑路权,激怒全国民众而发

初到德国时的蔡元培

---

① 《蔡元培全集》(一),第40~41页。
② 《蔡元培全集》(一),第7页。
③ 《蔡元培全集》(一),第117页。

生，其深层原因则是晚清的腐败统治下国弱民贫，列强凌侵，民不聊生，国将不国。在此形势下，以推翻清朝复兴中华为目标的"兴中""兴汉""华兴""争存""光复"等革命组织纷纷成立，革命活动此起彼伏，辛亥革命水到渠成。

1904年成立的光复会，以光复汉族，反对清朝贵族专制，建立共和国为宗旨；以暗杀和暴动为主要手段；以"光复汉族，还我河山，以身许国，功成身退"为誓词。其会长蔡元培，此时远在德国莱比锡游学，离国已四年有余。当他从报纸上看到革命军已攻克武昌、汉阳等消息时，竟"喜而不寐"，决计回国。

1. 造朝之意，奔命之忧

蔡元培在德国莱比锡游学时，常常到他认为办得有特色的学校参观考察。1911年10月11日，蔡元培应邀到维坎斯多弗（Wickersdorf）中学参观访问，本打算游览考察半个月，但"阅报，知革命军已克武昌、汉阳"（《日记》，1911年10月13日），"长沙革命军亦起。安徽、广东闻亦起义"[1] 等有关革命军武昌起义的消息后，即匆匆返回，18日晚抵莱比锡寓所，看到吴稚晖由伦敦发来的详细介绍武昌起义各方讯息的长信非常兴奋，当即复函吴稚晖，其中说："弟于一周前往一山中之中学堂考察规程，并为心理学之试验。本拟逗留半个月始归，俄焉于报纸中见吾党克复武昌之消息，为之喜而不寐。"[2] 为了了解柏林的情况，略作休息，即于次日凌晨四点钟起行前往，清晨到达德首都柏林，会见留德同人，所闻"革命军已克南京、九江""革命军昨已大胜满军""萨镇冰率水师反正"[3] 等，皆好消息。精神振奋的蔡元培与同人交谈、参加集会、致函有关同志、拍发电报等，为外国政府尽快承认革命政权、为革命军购买大炮筹款等事而不停地奔走。后接老同盟会员陈英士催其回国的电报，于是11月5日"决计回国一次"[4]。翌日往驻德使馆办理相关手续，13日夜11时离开柏林，由西伯利亚回国，经半个月的舟车劳顿，于28日中午抵上海。蔡元培到达上海后，暂时寓居天津路开泰旅

---

[1] 《蔡元培全集》（十五），第436页。
[2] 《蔡元培全集》（十），第102页。
[3] 《蔡元培全集》（十五），第437页。
[4] 《蔡元培全集》（十五），第438页。

馆，稍作安顿即开始了繁忙地拜访、交谈、调停，忽而无锡，忽而杭州，忽而南京，忽而上海，不分早晚地奔波于沪宁道上，"于同盟、光复两会间，颇尽调停之力"。因为"那时候，有十七省代表十七人齐集南京，将开会公举中华民国总统，这被举的当然是孙先生了。但是浙军的将领，因为光复会有关系，而又自恃是攻南京有功的，对于选举问题颇有异议。章君太炎……对于浙军将领的主张甚注意，特属我往南京，与各省代表接洽……"①。为了共和政府的顺利成立，蔡元培不辞辛劳，利用自身德望素孚的条件在各党派、社会贤达间往返协调。由于帝国主义和拥袁派的要挟，革命派做出了让步，中华民国临时政府终于在1912年1月1日于南京宣告成立，孙中山任临时大总统。1月3日，孙中山任命各部总长，其中教育部总长为蔡元培，次长景耀月。

蔡元培身为教育总长既没有办公地点，也没有部属人员，孙中山告诉他，一切都要自己想办法。于是蔡元培回上海邀请蒋维乔（字竹庄）入部任总务，与次长景耀月三人在南京的旧提学使署、南洋劝业会、狮子桥等处寻觅办公用房。然而，南京政府成立仅月余，孙中山被迫辞去临时大总统，临时参议院选举袁世凯为大总统，并派蔡元培等北上迎接袁世凯就任。朋友们劝他辞去这个"迎袁专使"的倒霉差事，但蔡元培认为"我不去，总须有人去，畏难推诿，殊不成话，乃决意北行"。②蔡元培抱着"以调和南北为宗旨，……绝不稍存偏私意见，必期以国利民富为前提。……总之，此次一切关系全国，绝不能以一方之意挠害大局"③的态度执行使命，尽管蔡元培等一片真诚，这个倒霉的差事注定是不会完满的。不过袁世凯就任大总统后的国民政府仍任命蔡元培为教育部总长。但是政府内派系纷争，政见不一，蔡元培感到难有作为："自南京组织临时政府……政见不同，即政策不同……以致两三月来，政府毫无大政策发表，……不速挽救，于大局万分危险。"④于是蔡元培辞职，于1912年9月16日再次赴德游学。

1913年春，由于袁世凯的倒行逆施、刺杀革命党人等激起讨袁、反袁，消息不断传到德国。蔡元培感到"半年以来，国内事变，得之于通信及读报

---

① 《蔡元培全集》（十五），第436页。
② 《蔡元培全集》（十七），第463页。
③ 高平叔：《蔡元培年谱长编》（上），第412页。
④ 高平叔：《蔡元培年谱长编》（上），第469页。

者,殆无一不令人作悲观。钻营、把持、贿买、造谣、中伤,几有日本人所谓百鬼尽行之状"。①4月底至5月初,蔡元培接连收到旅法的汪精卫、李石曾等的函电,告知本党已宣布与袁决裂,促其回国。国事见招,游子即归。5月3日蔡元培即开始办理回国的相关手续,5月18日夜12点12分离开柏林,经莫斯科回国,6月2日晨9时抵上海。关于此次蔡元培回国,《民立报》6月3日有一篇报道《汪、蔡二先生归国记》,颇能代表国人的看法与期望。其中写道:"两先生游历法、德两邦,研究彼中政制治术,本不欲汲汲归国。近因祖国政潮迭起,时局危迫,迭接各方面函电促返,共图维持,两先生亦以国事为重,遂于月前同自欧洲……启程,于昨晨抵沪,两先生丰采犹昔,而忧国之诚,弥益殷挚,想对于大局必有一番伟画也。"②

蔡元培到上海后,又和上次一样,立即开始走访故旧,调和南北,连日往来于黄兴、赵凤昌之间,与于右任、吴铁城、张百麟、李石曾、吴稚晖等及各省议会联合会诸人商谈,四处演说,为维持共和前途而奔走。然而世事难料,在与唐绍仪、汪精卫联名致电袁世凯,劝其辞职无果后,蔡元培连续撰发了《敬告全国同胞》《敬告各省议会》《论非常国会》《正独立之误会》《孰仁孰忍孰诚孰伪》《袁氏不能辞激成战祸之咎》《野心软,约法软,让德软?》《折衷派》《悔祸》等,揭露袁世凯自就任总统以来,利用职权、金钱从事收买胁迫、滥杀无辜、铲除异己、蔑视议会等罪行,指出袁世凯是造成战火不断的罪魁祸首,是"凭藉武力之野心家"。③赞成各省以宣布独立的方式不承认袁氏之命令而仍维持民主共和,主张讨袁。但是,一切努力不效,看来时机并不成熟,返沪仅三个月,蔡元培于1913年9月5日,再次离开上海,前往法国游学、考察。此次留法达三年有余,但他时时在探求救国之路,时时为归国做准备,其间曾于1915年初与汪精卫、陈璧君、方君英、李圣章、谭熙鸿等商议回国及回国之后应办之事。在蔡元培看来,要解决问题不外三个方面:"一、从根本上解决,即前在杜城所商之扩充教育事业;二、提倡抵制外侮之精神,即从前汪先生在时所拟之御侮会之类;三、先革政府而藉政府之力以修战备,及振兴教育事业。"④蔡元培的救国探索不止一端,

① 《蔡元培全集》(十),第173页。
② 高平叔:《蔡元培年谱长编》(上),第509页。
③ 高平叔:《蔡元培年谱长编》(上),第526页。
④ 高平叔:《蔡元培年谱长编》(上),第469页。

于其所拟《华人御侮会会章》可见一斑：本会以凭藉己力（不倚赖政府，不倚赖军队），济度同胞，排除外侮为宗旨；会员应了解并实习各种体育方法；了解并预备各种应用武器，如匕首、炸弹、手枪、毒物；养成抑强扶弱习惯；见敌人侮我同胞击之；华人有助敌侮同胞者，诛之；联络各国革命党，以输入武器；协助敌国革命党，以破坏敌人侵略主义之根基；等等。其眼光不限国内，已兼及国外了。

我们不难看出，这些主张、认识、做法都是当年寻求探索救国之路过程中出现的，并非一成不变。如1915年6月，当他收到科学社任鸿隽寄来的《科学》杂志创刊号时，由衷地赞赏："欲救吾族之沦胥，必以提倡科学为关键，弟等绝对赞同。……弟等在此，常以促进教育、改良社会之责任互相策勉。去年，曾有发行《学风》杂志之议，其内容即以科学、美术为中坚。"①同年11月，他的《石头记索隐》历经年余而完稿，提出了著名的"政治小说"的论断，指出"书中本事，在吊明之亡，揭清之失。而尤于汉族名士仕清者，寓痛惜之意"。此论断虽被胡适大加批判，但蔡元培始终坚持此说不改。不知道此说是否与他此时的关注点有关。

蔡元培身为清季进士、翰林院编修，对四书五经、《唐诗》《文选》等典籍熟稔于心，并善于积极发挥，择善而从。这从他早期的应试考卷中已见端倪，如光绪十年他十七岁考秀才，当应对考题"我不识能至否乎"时，他虽在文章中设想了种种情况，却不能断定孟子是否已到达朝廷之上。不过，蔡元培从中看到的是病体刚好一点就去上朝的尽职尽责的孟子："行止有殊，而情形难悉，我亦仅识其奔命之忱尔；……早迟莫测，而意见难凭，我亦仅识其造朝之意尔。"②

在辛亥革命前后，蔡元培奔波于国内外，在他身上，我们似乎看到他正体现着为国家民族的"造朝之意"和不顾个人辛劳的"奔命之忱"。他企望天下百姓能过上舒适的生活，就应为治理国家贡献力量。

2. 藏器于身，待时而动

辛亥革命前后，蔡元培西天取经，归国革命，往返劳顿，不厌其烦，正

---

① 《蔡元培全集》（十），第249页。
② 《蔡元培全集》（一），第2页。

是"君子藏器于身,待时而动"的体现。当时国人对他辞官出国之举,有赞成的,也不赞成的。中国通俗教育研究会伍达致电蔡元培:"闻将……赴德,先生去留,关系社会教育进行迟速,乞权缓急轻重,万勿远去。"而蒋维乔的意思更接近蔡元培的想法:"鄙意仍希望先生游欧西,以待时会,……先生以为何如?"①

变法图强,追求国家现代化的戊戌变法失败后,蔡元培认为:"康党所以失败,由于不先培养革新之人才,而欲以少数人弋取政权,排斥顽旧,不能不情见势绌。"②为了培养革新人才,他离京回到故乡,于1898年12月12日出任绍兴中西学堂监督(总理),开始了他服务于新式学堂教育的生涯。经过考察,蔡元培认为德国的教育最为先进,"欧、美各国,无能媲者。爰有游学德国之志"。③他想到德国考察教育,为回国培养革新人才做准备。于是在1907年夏,蔡元培首次赴德游学,1911年冬回国;1912年秋,再次赴德,1913年夏回国;同年秋又离沪赴法,1916年冬回国。蔡元培游学德法等国前后长达八年。他所关注、研究的是些什么学科,这些学科将发挥怎样的作用呢?我们不妨看一下蔡元培游学期间所修科目及其撰述,便可有个大概了解。

所听课程有:自康德至现代新哲学的历史、心理学概论、德国文学之最新发展、语言心理学、叔本华、歌德:哲学家及自然科学家、心理学、近代及现代德国文化史、现代自然科学之主要成就、儿童心理学及实验心理学、哲学入门、新哲学之历史及早期之心理学概论、十八世纪德国文学史、歌德之戏剧、自古代至现代之德国文学概论、远古及中古时代德国文化史、近代德国文化史:世界观及学术、康德之后的哲学史、伦理学之基本问题、心理学方法、心理学实验室、德国戏剧及演艺艺术史章节选读并附研究资料、关于史学方法及历史艺术、宗教改革及文艺复兴时代之德国文化史、希腊哲学史、美学、绝对论时代德国文化史、文化之启始与原始形态、康德哲学、民族心理学、歌德《浮士德》注解:第二部分、十五世纪至二十世纪之舞台发展、古典主义时代德国文化史、古代希腊雕刻艺术选读、罗马时代之建筑及雕刻、莱兴之Laokoon:艺术对美学的贡献、古代荷兰名画、欧洲史:自古

---

① 高平叔:《蔡元培年谱长编》(上),第478、517页。
② 蔡建国:《蔡元培先生纪念集》,第251页。
③ 《蔡元培全集》(一),第452页。

代至现代、艺术美学、Barock 时代之艺术等，涉及哲学、史学、心理学、美学等，而尤以美学为最关注。他在致蒋维乔函中说："此次重到欧洲，……而专以研究美学及考察美育情形为目的。"①

其间著作有：《中国伦理学史》《世界观与人生观》《哲学大纲》《康德美学述》《〈学风〉杂志发刊词》《石头记索隐》《一九〇〇年以来教育之进步》《华工学校讲义》《赖斐尔》《文明之消化》《译名表》等。

我们以《〈学风〉杂志发刊词》为例，从中可以看出蔡元培立足本国的世界眼光，可以看出他"藏器于身，待时而动"的深沉。他在致任鸿隽的信中曾说："去年，曾有发行《学风》杂志之议，其内容即以科学、美术为中坚。"为什么要以科学、美术为中坚？他根据自己的考察研究，认为科学与美术具有普遍的世界意义。在发刊词中说："法与德，世仇也，哲学、文学之书，互相传译；音乐、图画之属，互相推重焉。犹太人，基督教国民所溅视也，远之若斯宾诺莎之哲学，……近之若爱里希之医学，……群焉推之。……东方各国，欧洲人素所歧视也，然而法国罗科科时代之美术，参中国风，评鉴者公认之。……故曰：科学、美术，完全世界主义也。"这可能是他以后在中国大力推进科学与美育的认识根源。

在发刊词中，蔡元培阐述了中国的历史悠久、人口众多、物产丰富，曾有过辉煌的历史贡献，但作为世界的一分子，贡献太少了，"使吾人而尚自命为世界之分子者，宁得不自愧乎！吾人徒自愧，无补也。无已，则亟谋所以自尽其责任之道而已……"于是他主张将欧洲学术介绍到国内，提倡游学欧美，因为"欧洲学术，则科目繁多，……其各条目所资以研究而参考者，非特不胜其繁，而且非浅尝者所能卒尔而迻译也。……吾人即欲凭多数之译本以窥欧洲学术，较之游学欧洲者，事倍而功半……"②

基于上述认识，蔡元培在考察、参观各种社会活动之外，积极组织旅法学界西南维持会、勤工俭学会、华法教育会及华工学校等团体，以推动人类最普遍、最悠久之教育事业，来提高国民素质，培养革新人才。

我们再看他所撰写的《华工学校讲义》，本讲义包含德育三十篇、智育十篇，其篇目有合群、舍己为群、注意公共卫生、爱护公共之建筑及器物、

---

① 《蔡元培全集》（十），第168页。
② 《蔡元培全集》（二），第289~294。

尽力于公益、己所不欲勿施于人、责己重而责人轻、勿畏强而侮弱、爱护弱者、戒失信、戒谤毁、戒骂詈、自由与放纵、文明与奢侈、镇定与冷淡、热心与野心、果敢与鲁莽、互助与倚赖、爱情与淫欲、方正与拘泥、有恒与保守、文字、图画、音乐、戏剧、诗歌、历史、地理、建筑、雕刻、装饰，等等。1920年12月，北京大学新潮社将此讲义编入《蔡孑民先生言行录》出版，其中"责己重而责人轻""文明与奢侈"等几篇曾被通行全国的中学语文教科书选为课文。1961年9月，台湾大学中文系将德育部分以《蔡元培先生著德育讲义》的书名出版，定为大学一年级教材，由台大教授林其容、罗联添将文中故事详加注释。中研院院士毛子水撰写序言，称其为现代青年"入德之门"。而汪精卫在为《华工学校讲义》所撰的序言则指出，本书"精神所注，一在保全华工固有之美德，益发扬而光大之；一在修补华工向来所不免之缺点，曲喻而善导之。以先生平日之人格与学问，所修养者至深，故其所言，简而深，平而切，工余读之，身体而力行之，则道德与智慧，不期而进于光明。此诚华工淑身之本，而自立之源也"。①

蔡元培游学欧洲，始终心怀"他山攻错"之志。因此，每有所得，必与中国传统文化相沟通。例如，德法等欧洲民众普遍而强烈的"人权"意识表现，给他留下了深刻的印象。他赞赏那"人人有'人各自由'之观念，人人有自尊人格的气概；平民与贵族争，……奴隶与公民争，……女子与男子争，……工人与资本家争，……无一非'人权'的意识表现。主观时代，为我见的扩大。是孟子'万物皆备于我'的'我'，菲希德'我与非我'的哲学的'我'，并非为小己的竞争生存着想，而以全体人类为一大'我'。'禹思天下有溺者，犹己溺之；稷思天下有饥者，犹己饥之。'……'人人不独亲其亲，不独子其子，鳏寡废疾皆有所养。''人人各尽其能，各取所需。'这是社会主义者理想的世界，将要待人类文化更进时始能实现的"。② 而对于辛亥革命后的国内形势，也并不完全悲观，他说："此次革命，……望其一时焕然更新，谈何容易？惟乘此波动之机会，于各种官僚社会中，已挤入新分子，将来竞争之结果，必新胜而旧败……"③

由于蔡元培用科学的眼光看世界，用世界的眼光看中国，"登昆仑兮四

---

① 高平叔：《蔡元培年谱长编》（上），第604页。
② 《蔡元培全集》（十七），第454页。
③ 《蔡元培全集》（十），第168页。

望，心飞扬兮浩荡"。所以他能在传统文化遇上外来文化时不动摇、不退缩、不逃避、不转向，成为"出于中国文化又能转而投向欧洲文化，回头又能将欧洲近代文化的精神用于中国，终身没有丧失信念之人……是中国近代新文化运动的第一个组织者。功绩和影响远远超过他的声名"。①

但是，蔡元培清醒地认识到，在欧的所作所为，只不过是摇旗呐喊而已。"摇旗呐喊，真足代表我辈现在之言论，无论谈政谈学，均不过尔尔，不知何时始能露头角于世界。"②将游欧所获用于改变祖国面貌，使能崭露头角于世界，才是他的追求。

3. 大贤秉高鉴，公烛无私光

蔡元培游学欧洲，心系祖国，一旦国内形势适合，他即回国施展救国之志。1911年10月10日，武昌起义爆发，消息传到德国，11月28日蔡元培即回到上海。1912年1月1日，中华民国临时政府成立，蔡元培任首任教育部总长，着手组建教育部。对他平日了解的，具有革新思想的学界名流范静生、夏穗卿、袁观澜、钟观光、蒋竹庄、许季茀、周豫才、谢仁冰、汤爱理、王云五、杨焕之、胡梓芳、曹子谷、钱铁裴、高叔钦、陈墨涛、马振吾、黄炎培、伍仲文、冀贡泉、王少泉等三十几位，连连发出邀请，并恳切地称"教育部亟需组织，请即日北来为盼""教育部待公来，始得完全组织"等。对于因种种原因，愿留地方不愿到部任职者，蔡元培则用"以全国与一省较，轻重悬殊"劝导其顾全大局，到部任职。对于重要人选，蔡元培就数次函电恳切相请，其致王少泉函颇有代表性。

少泉先生惠鉴：

在津得听雅教，忻幸奚似。本部组织伊始，百端待理。专门学务，尤关重要。执事于专门教育，富有经验，夙所钦佩。深望不我遐弃，相助为理。执事所主持之北洋大学教务，求得学望夙孚，可以代公者，诚难其人。然本部专门学务，关系更大，苟得执事综理一切，俾全国专门教育，日臻完善，是不仅北洋大学受其益，即全国专门学校亦均拜执事之赐矣。务恳早日惠临，面领教益，无任企祷。敬候示复。

---

① 金克木：《百年投影》，第30页。
② 《蔡元培全集》（十），第219页。

少泉先生惠鉴:

两寄函、电,未蒙赐复,引领津桥,曷胜企盼。此间接手伊始,百端待举。对于京师、北洋大学,更须待商执事。即本部专门学务一项,尤盼仁者惠临,主持一切,教育前途之光荣也,岂仅鄙人承教受益已耶。此书达左右后,敬请执事即日命驾莅京,来部赐教,不胜切急企盼之至。①

蔡元培认为"人类事业,最普遍、最悠久者,莫过于教育","而教育事业,纯然为人","教育者,养成人格之事业也"。② 教育可以养成健全人格的国民,所以他非常重视教育部的组成。蔡元培任用人员任贤授能,以国家利益至上为原则,所以他邀请非国民党籍的范源濂任教育部次长,他认为范源濂和自己一样,能以国家利益为重。据范源濂的回忆:"当时蔡先生两次亲自访问我,他说:'现在是国家教育创制的开始,要撇开个人的偏见、党派的立场,给教育立一个统一的智慧的百年大计。国民党里并不是寻不出一个次长,我现在请先生作次长,……请出一位异党的次长,在国民党里边并不是没有反对的意见;但是我为了公忠体国,使教育部有全国代表性,是不管这种反对意见的。听说您们党里也有其他看法,劝告您不要自低身份,给异党给老蔡撑腰。可是这不是为了国民党或我个人撑腰,乃是为国家撑腰。我之敢于向您提出这个请求,是相信您会看重国家的利益超过了党派的利益和个人的得失以上的。'蔡先生几次的这样说,他的真诚和热情,使我终于接受了他的要求。这个决定曾经使不少更亲近的前辈朋友们责备误会,可是我回想起来是没有什么后悔的。在我们的合作期间,部里的人都是知无不言,言无不尽,讨论很多,却没有久悬不决的事。一经决定,立即执行。所以期间很短,办的事很多。"③ 这出于异党分子的由衷之言,是可信可敬的。

蔡元培不怕本党的指责,诚恳邀请异党分子范源濂任教育部次长。关于这一层,他回忆当时"闻秘书长胡君汉民深怪我此等举动,对于本党老同志不肯特别提拔。故政府北迁时,有人请胡君介绍入教育部,胡君对以'别部则可,教育部不能'。我那时候只有能者在职的一个念头,竟毫没有顾到老

---

① 《蔡元培全集》(十),第149~151页。
② 高平叔:《蔡元培年谱长编》(上),第466、578页。
③ 高平叔:《蔡元培年谱长编》(上),第433页。

同志的资望。到正式组织时,部员七十人左右,一半是我所提出的,大约留学欧美或日本的多一点;一半是范君静生所提出的,教育行政上有经验的多一点,却都没有注意到党派的关系"。① 这"只有能者在职的一个念头"是多么可贵。真正是"大贤秉高鉴,公烛无私光"。

蔡、范二位不是政客,是真正的学者,都以教育事业为重,为国育才为目的,都能做到举贤授能,不我贤愚,不我是非。正如范源濂所说:"蔡先生很伟大,……民国元年我到教育部作次长,却是他邀请的。我和他是肝胆相期的朋友。"② 正因如此,才使教育部成为当时政府中唯一能做到"和衷共济,推诚合作"的部门。黄远庸在其《新政府人才评》中有如下描述:"教育部新旧杂用,……确有规模,……俨然有建设气象。蔡鹤卿君富于理想,范源濂君勤于任务,总次长实具调和性质,亦各部所未有。"③ 在蔡元培辞职后,范源濂继任总长,范第一次在国务院宣布政见时称:"蔡前总长对于整顿教育之办法,首重社会教育,盖共和国体贵在人人有普通之智识,本总长当接续进行。"其后在临时教育会议上又郑重声明:教育宗旨及行政大纲,业由蔡总长宣布或规定,悉当遵行。真正是"萧规曹随"。而由蔡、范两总长先后主持、制订的《大学令》等教育方针制度,对中国现代教育影响深远,这是大家公认的。

4. 初衷不改,知难而进

1916年9月1日,蔡元培收到中国驻法国使馆转来的范源濂教育总长促其回国的电报云:"国事渐平,教育宜急。现以首都最高学府,尤赖大贤主宰,师表群伦。海内人士,咸深景仰。用特专电敦请我公担任北京大学校长一席,务祈鉴允,早日归国,以慰瞻望。启行在即,先祈电告。"④ 接电后,蔡元培即着手分别办理夫人黄仲玉、长女蔡威廉、三子蔡柏龄结束学业,托运行李等及其他相关手续,历时一月。10月2日,离法归国。

蔡元培每次海外归来,拜访故旧,应邀演说,常常应接不暇。此次归国,亦复如此。因有就任北京大学校长之说,故各方面相劝者不断。蔡元培

---

① 《蔡元培全集》(十七),第462页。
② 高平叔:《蔡元培年谱长编》(上),第614页。
③ 高平叔:《蔡元培年谱长编》(上),第476页。
④ 高平叔:《蔡元培年谱长编》(上),第613页。

蔡元培的北大校长任命状

回忆：“民国五年冬，我在法国，接教育部电，促回国，任北大校长。我回来，初到上海，友人中劝不必就职的颇多，说北大太腐败，进去了，若不能整顿，反于自己的声名有碍。这当然是出于爱我的意思。但也有少数的说，既然知道他腐败，更应进去整顿，就是失败，也算尽了心。这也是爱人以德的说法。我到底服从说，进北京。”① 大有"举世不知何足怪？力行无顾是豪雄"的气概。蔡元培之所以不怕有损声名，服从少数人的"后说"，进京赴任，整改北京大学，显然是因为此举符合他教育救国、科学救国、学术救国的理想，符合他西天取经的初志。

蔡元培出任北京大学校长，京、沪报纸均有时评，如上海《中华新报》的《北京特别通讯》载有这样的文字："蔡孑民先生于二十二日抵北京，大风雪中，来此学界泰斗，如晦雾之时，忽睹一颗明星也。"而上海《时报》的署名文章《欢迎蔡元培》则称："政府昨已正式任命蔡元培氏为国立大学校长矣，此诚教育前

蔡元培手迹

---

① 《蔡元培全集》（七），第499~500页。

途之一线曙光。夫国立大学，所以绾全国文明之枢纽，树全国学风之模范，其关系至巨。今蔡氏秉绩学之奇姿，以刚毅之精神出而任此，我知其必大有造于教育界也。"①

我们看到事实正如大家的期待，蔡元培任北大校长之后，将他游学所获与中国实际情况相结合，"依各国大学通例，循思想自由原则，兼容并包"为方针，采取揽人才、建体制、养风气、尚科研、融文理、倡美育、收女生、广交流等措施，使北京大学真正成为了中国现代大学的楷模，引领全国的教育现代化，并进而影响中国的发展进程。北京大学从此与现代中国的命运更是紧紧相连。"拿世界各国的大学校长来比较，牛津、剑桥、巴黎、柏林、哈佛、哥伦比亚等等，这些校长中，在某些学科上有卓越贡献的不乏其人；但是，以一个校长身份，而能领导那所大学对一个民族、一个时代，起到转折作用的，除蔡元培而外，恐怕找不出第二个。"② 美国教育家杜威的这番评论颇为中肯。

三　八字箴言，重塑北大

"思想自由，兼容并包"八个字几乎成了蔡元培和北京大学的代名词。一提"思想自由，兼容并包"人们便立即想到蔡元培和北京大学。蔡元培认为大学是研究高深学术的机关，发展学术就要对各种学说"循思想自由原则，兼容并包。无论何种学派，苟其言之成理，持之有故，尚不达自然淘汰之命运，即使彼此相反，也听他们自由发展"。李大钊也认为发展学术是大学最重要的任务，他说："只有学术上的发展，值得作大学的纪念。只有学术上的建树，值得'北京大学万万岁'的欢呼！""思想自由，兼容并包"的办学方针是符合学术发展规律的，因此具有强大的生命力。这八字箴言为各种学术思想、流派在北大的发展提供了良好的条件。因此，北京大学能够学者云集，人才辈出，成果累累，闻名四海。人们常将此归功于蔡元培先生对北京大学的改革，认为有化腐朽为神奇之效。

蔡元培不雕塑个别人，不制盆景，只供给土壤、阳光、空气、水。

---

① 高平叔：《蔡元培年谱长编》（上），第629、633页。
② 丁石孙等：《蔡元培研究集》，北京大学出版社，1999，第122页。

1. 改革措施

(1) 立原则。蔡元培认为大学是培养健全人格、研究高等学术之地,并非养成官僚之所。要发展学术,没有自由思想的环境是不行的,被禁锢的思想不会有创造。因此他"思想自由,兼容并包"的原则一立,学术空气大大活跃,带来了学术繁荣,人才辈出,北大面貌为之一新。至今为人们所称道。

(2) 揽人才。蔡元培认为人才是事业发展的根本。戊戌变法失败后,他指出康梁之失在于缺乏人才,因此他投身教育事业培养人才。要办好教育,首先要有好的教师。蔡元培聘请教师的标准是"积学而热心"之士。他不问党派、信仰,只问学问,于是各学派的大师相继来到北大。既有李大钊、陈独秀、鲁迅、刘半农等革新人物,也有刘师培、黄季刚等主张发扬国故的国学大师;既有今文派的崔适,也有古文派的陈汉章。各门各派同时并讲,学生在比较中得到较全面的认识。

蔡元培不仅延揽众多学问大家,而且聘请高明的管理人才。傅斯年曾说蔡先生请蒋梦麟做总务长助理校务为最佳搭档:"梦麟先生学问不如蔡孑民,办事却比蔡先生高明。"

(3) 建体制。孟子说:"不以规矩,不能成方圆。"制度、体系是事业发展的保证。蔡元培将中外大学管理体制进行比较后认为,要使学校按既定方针办下去,不受校长一人去留的牵涉,就要建立起以诸教授为中心的教授治校体制,于是设立校评议会为最高决策机关,并设聘任、财务、审计、图书、仪器、学生生活指导等各种专业委员会,各负其责分头办理。其精神是由教授民主治理学校。"然而非校长清公雅量,则此制度不克成立,非师生绝对信任校长,此制度不易推行。"在教学体制方面,则改年级制为选科制,以利个人成长。

(4) 养风气。我国学者历来认为环境、风气对人才培养有着重要作用。在北大任教多年的林语堂深有感触地说:"我深信凡真正的教育,都是风气作用。风气就是空气,空气好,使一班青年朝夕浸染其中……学问都会好的……因为学问这东西,属于无形,所求于朝夕的熏染陶养……古人所谓春风化雨,乃得空气教育之真义……"

蔡元培为改变旧北大的习惯,养成"人人见贤思齐,图自策励,以求不落人后"的良好风气,他亲自发起或助成了各种有益的学生社团,使学生在各社团中互相砥砺,品学并进。如组织经济学、数学、物理学、化学、地质学等各科研究会,以提高学生研究学术的兴趣;助成体育会、音乐会、画法研究会、书法研究会等,使学生在正当高尚的消遣中达到美育的作用;办起消费公社、学生自助银行、平民夜校等,以养成学生自助及服务社会之习惯;发起进德会等,以养成人格健全,道德高尚之学生……一时间北京大学社团林立竞秀,刊物百花争辉。事实表明"讲学之空气成,人才必出"。

（5）尚科研。蔡元培认为办好大学仅教书不进行科学研究是不行的。他说:"所谓大学者,非仅为多数学生按时授课,造成毕业生之资格而已也;实以是为共同研究学术之机关","且欲救中国于萎靡不振中,惟有力倡科学化"。因此,在蔡元培长校不久,北京大学即仿效欧美大学的 Seminar 成立了文、理、法三科研究所共九个,开中国大学设科研机构之先河。

蔡先生提倡科学研究,尤其注重科研法。他指出:"研究也者,非徒输入欧化,而必于欧化之中,为更进之发明;非徒保存国粹,而必以科学方法,揭国粹之真相。"他不仅明确提出了学习、借鉴,进行比较研究以创新的关系与方法,还指出了达到目的的有效途径,"于专精之余,旁涉种种有关系之学理,庶有以祛其褊狭之意见","有资以比较",辩证思考,达到"相反而实相成"的效果。他还常用吕洞宾点石成金的故事生动地指明方法的重要。

（6）融文理。蔡元培认为文理不能分科。例如文科的哲学,必植根于自然科学;而理科学者最后的假定,亦往往牵涉哲学。从前心理学附入哲学,而现在用实验法,应列入理科;教育学与美学,也渐用实验法……地理学的人文方面,应属于文科,而地质地文等方面属理科……因此文理应该融通。1919 年北大废除文、理、法三科,改设十四系。并要求学理科者需选修一二门文科课程;习文科者需选修一二门理科课程,使学生得到较全面的训练,以成大器。

（7）倡美育。"美育者,孑民在德国受有极深之印象,而愿出全力以提倡之者也。"他认为欧洲诸国之实力,"不外科学、美术之结果"。文化进步的国民,既要实施科学教育,"尤要普及美术教育",科学与美育不可偏废,美感能激发创造性。所以他一有机会即宣传美感教育,或讲演、或撰文。并在北大亲自撰写美学讲义、讲授课程,又提倡助成北大画法研究会、书法研究会、音乐会等开展美育活动。

（8）收女生。蔡元培素来主张男女平等。所以当有女生要求进北大求学时，他就允许了。因为在他看来教育部的大学令，并没有专收男生的规定，以前没有女生要求入学，现在有了，且考试合格，没有理由不收。于是1920年北大就有了女生，是为中国大学男女同校之始。

（9）广交流。蔡元培曾赴日、德、法、英、比、意、瑞、匈、荷等国游学，了解世界科学发展的状况与趋势。他先后拜会过科学巨匠居里夫人、爱因斯坦等，并邀请他们来华讲学。虽因故未能成行，但先后到北大来讲学的国际著名学者在人文社会科学方面有德国的魏礼贤、法国的班乐为、美国的杜威、英国的罗素等人；在数理方面有法国的郎之万，德国的普郎克和布拉希开，美国的伯克霍夫、维纳和奥斯古德，丹麦的班·玻尔，等等。这种高水准的交流对提高北大师生的学术水平与科研兴趣起到积极的作用。

2. 改革效果

蔡元培"思想自由，兼容并包"八字箴言招致各学派大师云集北大，名师出高徒的效应显著，影响深远，使北大"学风丕振，声誉日隆"。北大人才辈出，成果累累。有许多是本学科开创性、奠基性成果，如徐宝璜的《新闻学》、胡适的《中国哲学史大纲》（上卷）、陈大齐的《心理学大纲》、罗庸的《尹文子校释》、张煦的《老子校注》、冯淑兰的《楚辞研究》、容庚的《金文编》、梁漱溟的《东西文化及其哲学》、熊十力的《唯识学概论》等。此外，陈大齐在北大创建了中国第一个心理学实验室（1917），钟观光在北大创建了中国第一个用现代科学分类标记的植物标本馆（1924）等。由于北大师生在各方面的贡献突出，因此在1948年中央研究院首批院士中北大校友占45%。

"思想自由，兼容并包"八字箴言也使新文化运动的健将们在北大得以施展拳脚。李大钊、邓中夏、许德珩、傅斯年等开展平民教育，组织马克思学说研究会、国民社、新潮社等，并积极参与《新青年》的工作，使北大逐渐成为新文化运动的中心，五四运动的策源地、中国共产党的摇篮。新文化运动为五四运动做了思想上的准备。因此对蔡元培的评价有："民六任北大校长，网罗人才，兼收并蓄，学术思想，主张自由，伟大的五四运动，实先生提倡诱掖，导其先路……"

新文化运动、五四运动不仅对其后中国文化的发展产生了重大影响，而且促进了马克思主义在中国的传播，为中国共产党的成立做了思想上、理论上的准备。中共一大出席代表13人中北大人5名，仅占38.5%。当时全国共产党员53位，其中北大人21名，约占40%。所以人们公认北京大学是在中国传播马克思主义的最早基地，是中国共产党人的摇篮。

蔡元培以"思想自由，兼容并包"八字箴言重塑了北京大学，造就了大批新人才。他以一个校长身份，领导一所大学对一个民族、一个时代，起到了转折作用。

四 五四前后

蔡元培先生关注民族命运和国家前途，一心企求民富国强，他尽力发展教育、培养人才、推进科学，以达教育救国、科学救国之目的。他认为人才为国家元气，为了培养人才，他始终主张学生在学校期间，应该爱惜宝贵的时光完成学业，为将来效力国家做好准备，而不应该在学校从事社会事务，因为那是学好本领，从学校毕业以后的事。1916年底他出任北京大学校长后，曾因张勋复辟、学生请愿、教育经费拖欠等于1917年7月、1918年5月、1919年5月……多次辞校长职。考察蔡先生的辞职，我们得到一个印象，每次的辞职都是关乎他的办学理念、人格、职责等原则问题。1919年5月8日的辞职与五四运动有关，我们可以从五四运动发生前后蔡先生的行状看出他一贯胸中磊落、耿介拔俗的大家形象。

1. 千言万法，一归之爱国

蔡先生认为"爱国之心，实为一国之命脉"，尽爱国之心，"实国民最大之义务"。① 所以他在任教育总长，主持制订《大学令》时，将"培养硕学闳材，应国家需要为宗旨"②列为第一条。任用人员以国家利益为先，并不党同伐异，所以他邀请非国民党籍的范源濂任教育部次长，他认为范源濂和自己一样，能以国家利益为重："现在是国家教育创制的开始，要撇开个人

---

① 高平叔：《蔡元培年谱长编》（上），第620页。
② 《蔡元培全集》（一），第212页。

的偏见、党派的立场给教育立一个统一的智慧的百年大计。……我现在请先生作次长，……这不是为了国民党或我个人撑腰，乃是为国家撑腰。我之敢于向您提出这个请求，是相信您会看重国家的利益超过了党派的利益和个人的得失以上。"① 蔡先生强调做事"不能不以国之利害为标准"，即使对个人、对家庭有利，"而有害于国，则绝对不可行"。② 因此，当1919年5月初，蔡先生得知巴黎和会上对中国不利的消息后，即召集北大学生代表告知实情，于是引发了伟大的五四运动。所以在蔡先生逝世后，延安各界追悼蔡元培，大会在给蔡元培家属的唁电中说："伟大的五四运动，实先生提倡诱掖，导其先路。"③ 五四运动中被捕学生32人，在蔡先生等的大力救援下于5月7日释放，看到被捕学生安然无恙，蔡先生即于5月8日辞职出京。他在天津、上海盘桓数日，于5月21日抵达杭州。自蔡先生出京后，一路上即各种消息不断，在杭州期间，每天接发函电多件（如5月27日竟接发信函13件之多），来访者接踵，不时还要拜访旧雨新朋，真是日理万机，不过万忙不离其宗，都是关于文化教育事业。偶尔得隙，即博览群书如《广陵潮》《金石索》《清谭》等，并时时与《红楼梦》有关情节相对照，念念不忘他的《石头记索隐》。此外开始翻译摩曼氏《现代美学》、齐融安氏《别格逊哲学》等书。《申报》、《民铎》、《新教育》、《时报》、《时事新报》、《汇报》（法文）、《每周评论》等报刊也不缺览。④ 直至7月中旬，请蒋梦麟代理北大校务有了眉目，蔡先生才舒了一口气。7月26日的七绝诗透露出他些许乐观轻松的心情："昼观鱼鸟夜观萤，活泼光明总不停。倘使眼前皆死物，更从何处证心灵。"⑤在学界、教育部等各方大力挽留并有北京各校教职员联合会、学生联合会、北京大专校长团代表、北大师生代表沈尹默、马裕藻、汤尔和，教育部秘书徐鸿宝等到杭州当面劝促下，蔡先生答应复职，并在暑假后于9月12日回到北京。从蔡先生离职到复职的四个月中的行状，我们看到了一位一心为公、为国，不存个人得失的伟大公民蔡元培。他是那样的心胸磊落坦荡，举止耿介脱俗。

---

① 《蔡元培全集》（二），第44页。
② 《蔡元培全集》（三），第531页。
③ 蔡建国：《蔡元培先生纪念集》，第10页。
④ 《蔡元培全集》（十六），第71~95页。
⑤ 《蔡元培全集》（三），第645页。

北大学生、五四运动干将段锡朋，曾当选为全国学生联合会主席，并作为北大学生代表前去杭州迎接蔡先生回校。他在回忆当时的情景时说："先生以为五四运动过去了，大家要知道真正的救国，单靠爱国的感情是不够的，必须秉此感情以求理智的发展，去发挥真正的爱国力量。'读书不忘救国，救国不忘读书'，这是先生昭示的名词。"① 7月9日，蔡先生复电教育总长傅岳棻，表示不再坚辞，可以回任，及学界代表传达蔡先生的意思后，全国学生联合会、北大全体学生均致电蔡元培先生表示："学生等此后自当严循轨道，力学报国，藉答我公至意。""生等……此后当益自策励，求学救国，万不至逾越轨范，以贻先生忧。校务万端待理，请即日北上。"蔡先生接电后发表《告北大学生暨全国学生书》，认为"诸君自五月四日以来，为唤醒全国国民爱国心起见，不惜牺牲神圣之学术，以从事于救国之运动"；现国民已觉醒，学生的责任即为完成，而应以"研究学问为第一责任"。称赞学生"均以'力学报国'为言，勤勤恳恳，实获我心。自今以后，愿与诸君共同尽瘁于学术，使大学为最高文化中心，定吾国文明前途百年大计"。②再次申述他的教育救国、学术救国思想。

蔡先生爱国救国的思想是一贯的，在五四运动之前的1918年10月20日，邓中夏、许德珩、张国焘等发起的《国民》杂志社成立大会上，蔡先生出席支持并发表演说，称赞他们"志在拯救国家于危亡，深堪嘉尚"。③ 当1919年1月，《国民》杂志创刊时，蔡先生为其撰序，较为全面地阐述了自己的观点：学生唯一之义务在求学，而牺牲其求学之时间与心力，从事于唤醒国民的杂志等事，实在是"迫于爱国之心，不得已也。向使为学生者得专心求学，学成而后有以大效于国"④ 才是他最想看到的。这就是1918年5月21日，北大学生为反对签订所谓中日两国《防敌军事协定》而游行请愿时，蔡先生阻止学生上街无效而辞职的原因之一。

蔡先生这种爱国救国思想对学生影响深远。正如南洋公学特班生黄炎培撰文称蔡先生教人的主旨："盖在启发青年求知欲，使广其吸收，由小己观念进之于国家，而拓之为世界。……其所昭示，千言万法，一归之爱国。不

---

① 高平叔：《蔡元培年谱长编》（中），第227页。
② 高平叔：《蔡元培年谱长编》（中），第225~227页。
③ 《蔡元培全集》（三），第413页。
④ 《蔡元培全集》（三），第430页。

惟课文训语有然,观出校后,手创学社,曰爱国学社;女学,曰爱国女学。吾师之深心,如山泉有源,随地涌现矣。"① 不错,蔡元培的爱国之心在在可见,他的行动作为皆为爱国心所支配。他在《爱国学社开校祝词》《爱国学社章程》《爱国女学章程》中一再阐明锻炼学生精神,激发学生志气,"力使有以副其爱国心为宗旨",而"吾中国之前途,实大被其影响焉"。② 另一位学生蒋复璁则说:"蔡先生一生好学,一生教人,一生爱国。"③ 在蔡先生逝世四十年后,许德珩副委员长感慨地说:"蔡先生的爱国主义精神,真是数十年如一日。"④

2. 救中国必以学

爱国救国,空口白话是不能奏效的。蔡先生主张"救中国必以学"。⑤ 1920年5月4日,蔡先生撰写《去年五月四日以来的回顾与今后的希望》一文,再次阐述:"现在学生方面最要紧的是专心研究学问。试问现在一切政治社会大问题,没有学问,怎么解决?……我希望自这周年纪念日起,前程远大的学生,要彻底觉悟,……专心增进学识,修养道德,锻炼身体,……预备将来解决中国的——现在不能解决的——大问题。这就是我对于今年五月四日以后学生界的希望了。"⑥ 一年来的事实证明了蔡先生的观点,或者说蔡先生的观点被广大学生所接受。就在这个5月,北大学生段锡朋、周炳琳、罗家伦、汪敬熙、康白情等5位五四运动干将被派赴欧美留学。在临出国之前,他们在中央公园(今中山公园)来今雨轩举行茶会,与亲朋好友话别,互相勉励,互致希望,发表演说,表明心迹。五人在即将出洋之前,坦言自己一年来的感受和留学国外的打算。其心情一承新文化运动的革命精神,其言语犹如五四运动中的呐喊。

五四运动中任北大学生干事会总务股主任,后并任北京市中等以上学校学生联合会主席、全国学生联合会主席的段锡朋,在发言中说,五四运动之后,自己一年来留心于新思潮下关于经济政治问题,对中国现状深感不满,

---

① 蔡建国:《蔡元培先生纪念集》,第54页。
② 《蔡元培全集》(一),第440页。
③ 蔡建国:《蔡元培先生纪念集》,第87页。
④ 蔡建国:《蔡元培先生纪念集》,第137页。
⑤ 蔡建国:《蔡元培先生纪念集》,第55页。
⑥ 高平叔:《蔡元培年谱长编》(中),第299页。

而"欲谋改造如此切身的现状",又深感自身知识之不足,岂止不足,"知识欲望,更起绝大之饥荒"。因此决心本时代的精神,赴美国哥伦比亚大学学习经济政治,尔后再赴东欧更加进一步研究。以"修养精深的学问,与伟大的人格,以与恶社会苦战",来谋社会全体之幸福,这样才不辜负师友及国人的厚望。

周炳琳的演说除感慨一年来自己奔走日多,研究日少,殊为痛心之外,尤为注意平民教育及平民经济。他很希望无论在国内或在国外的同道,能保持新文化运动之精神不断进取,常为活泼泼之少年,立于时代之前面而进化。

汪敬熙、罗家伦、康白情一一发言,特别希望国内国外同学互益知识,互励行为,互助事业。北京大学不仅要多出事业家,更需多出纯粹之学问家,这样"方不掩其本色"。此五人曾是新文化运动、五四运动中的骁将,但一年来的状况不能令人满意,更感自身"才不足以济用",有此出国深造的机会,敢不努力向前。况且,自己的同志多数只能留在国内,因此出国者好像同时负有替留在国内者去求学的双重任务。故其责不能不重,其言不能不宏,其志不能不壮,其心不能不诚。他们五位是由民族实业家穆藕初捐资,请蔡元培、蒋梦麟、胡适在北大学生中选拔的。这在当时传为佳话。他们学成回国后,分别任职大学校长、教育部次长、驻外大使、中央研究院院士、所长等,为国效力,延续着"救中国必以学"之梦。古语有云:"善歌者使人继其声,善教者使人继其志。"(《礼记·学记》)于此见矣。可见傅斯年的话"蔡先生一个人在那里办北大,为国家种下读书、爱国、革命的种子",① 并非虚语。

3. 潇洒身无事,名高孰与齐

古今中外,凡心怀天下、公而忘私、俯仰无愧、胸怀坦荡之人,往往举止潇洒,遇事能做到气定神闲,与自私多欲、驰竞于荣利、耿耿于得失之辈的整天忧惧不安相反。即所谓"君子坦荡荡,小人长戚戚"(《论语·述而》)。我们看蔡先生在杭州的四个月,对各种传言毫不在意,除处理大量函电、接待访客、拜访亲朋外,间隙广览文籍,如《广陵潮》《金石索》《清

---

① 蔡建国:《蔡元培先生纪念集》,第82页。

谭》《五代史》《随园诗话》《孙文学说》《渔洋精华录》《越缦堂日记》等，并时时与《红楼梦》有关情节相对照，念念不忘他的《石头记索隐》；并出游西湖，且时有诗作。如 6 月 25 日，天气阴雨，赋诗两首，其一曰："雨中荷叶镇田田，泻汞流珠见不鲜。最是水痕平展处，恍疑海蛤蜕桑田。"诗后自注："荷叶上水痕大者径二三寸，望之全作白色，且有闪光，其外廓及斜纹，绝似一种海蛤壳。但此痕于雨霁后仍不能褪，渐由萎而破。疑是叶绿为水所破坏，始呈此状也。"① 雨中观赏荷叶上雨珠的形状、变化，不仅观察细致入微，且对其变化做出缜密的推理。好一副德人无累、知命不忧的闲雅神态。如果不是气定神闲，个人进退无意，何能如此？再如 5 月 25 日，在处理完致夫人黄仲玉信函和沈尹默、胡适之来电之后，阅读广益书局所印《清谭》，评论该书是抄袭他书而成。指出原文出处有《春冰室》《都门时事汇录》《永宪录》《觚剩》《绥寇纪闻》（本名《鹿樵纪闻》）等书的痕迹。可以看出蔡先生读书之广博，并随时可以引用。如其中写道："施愚山致金长真书云，梅村《鹿樵纪闻》一书，'邹流骑以故人子弟之义，卖屋为任刽剸……今拘系赴解，举家号哭，悉焚他书，笥囊为空'。案：《石头记》探春自号樵下客，黛玉谓可牵去宰之，疑影此事。"② 由此可见蔡先生所说他想研究学问是真的，绝非虚言。5 月 10 日蔡先生在天津站的谈话中即说"我将先回故乡，视舍弟，并觅一幽僻之处，杜门谢客"，学习德语、法语等外，并翻译西洋美术史，提倡美育等。蔡先生进一步坦露心声地说："我自问颇有研究学问之资格，而不耐烦剧，办事实非所长。自任北京大学校长以后，校务已日不暇给，而校外各方面之牵帅，又多为半官僚性质之国立大学校长所义不容辞者，忽而开会，忽而演说，忽而征文征序，忽而担任募捐，忽而为会长，忽而为董事，忽而为干事，忽而穿常礼服，忽而穿大礼服，……我所最不耐烦之事，而纷至沓来，又迫以不得不承认，终日忙于应付。不特无暇著书，且无暇读书，而校务亦不免废弛，此我平日所最疚心者。"③ 蔡先生的这种心境是始终一贯的，有机会即有表露，如他在《口述传略》中也有类似的表达："我是一个比较的还可以研究学问的人，我的兴趣也完全在这一方面。自从任了半官式的国立大学校长以后，不知一天要见多少不愿意见的

---

① 《蔡元培全集》（十六），第 81 页。
② 《蔡元培全集》（十六），第 73 页。
③ 《蔡元培全集》（三），第 630 页。

人，说多少不愿意说的话，看多少不愿意看的信，想腾出一两点钟看看书，竟做不到了，实在苦痛极了！"① 我们知道蔡先生在青年时期即表示"都无作官意，惟有读书声"，并且有"愤世浊醉，……志以教育，挽彼沦胥"的志向。② 志不得伸，自然会痛苦，但个人痛苦事小，毕竟以国家利益为重。所以被称为"终身尽忠于国家和文化而不及其私的公民"。③ 蔡先生做到了秉德无私，天地可参。

蔡先生一心想读书救国，一心想培养救国人才，不希望学生们牺牲学业从事社会工作，这是他的原则。但当关系国家命运的时刻，他引导并称赞了五四运动，并不是一概反对学生运动，这是他的权变、灵活。正合"男女授受不亲，礼也；嫂溺，援之以手者，权也"（《孟子·离娄上》）的古训。蔡先生的原则性与灵活性，都是基于他的为公、为国的大是大非观念，正如蒋复璁所说："在去就是非之间，他是斩钉截铁，绝不敷衍的。在他一生中，如去清秘堂而谈革命，因彭允彝而离北大，都是他这'介'的表现。有人说蔡先生永远站在时代前面，永远是新的，我以为思想并无新旧，只有是非，蔡先生并不因新而以为是，他是以'正'、以'是'为是。思想之紊乱，多是是非之不分，要是非分明，就要守蔡先生的一个'介'字，才不致随波逐流，不知所届。"任鸿隽说："在公义一方面，蔡先生却是特立不屈、勇往直前、丝毫不退、莫不假借的斗士。在前清时代，蔡先生与孙中山先生辈同倡革命，与当时的满清政府肉搏斗争，是如何的不畏强御，不为威武所屈？民国成立后，先生为第一任内阁教育总长时与袁世凯奋斗。民八以后，先生任北京大学校长时与北洋军阀奋斗，从不听见先生有一点退让犹豫的表示，恰恰与平时处世接物的谦逊态度成一相反的对照。……在吾国政治家中真是少见。"无须多置一词，蔡先生之胸中磊落、气度闲雅、耿介拔俗的形象便跃然纸上。

五 设院延士，推进科学

蔡元培认为人才和科学的发展关乎国力，他说："一国国势的增长，和

---

① 蔡建国：《蔡元培先生纪念集》，第269页。
② 《蔡元培全集》（一），第214、313页。
③ 《蔡元培全集》（十四），第313页。

科学事业的进步成为正比例。"① 为改变中国的落后状况,尽快赶上世界先进国家,所以他积极支持中国科学社的活动,并在改革北大取得成功之后转而去创办中央研究院。他改革北京大学和创办中央研究院是人们对他念念不忘的两件大事。

1927年5月,蔡元培、李石曾、张仁杰等被并推定为中央研究院筹备处筹备委员。1928年4月23日,蔡元培被特任为中央研究院院长。此职连任十三年,直至1940年3月5日谢世。

中央研究院的成立,对于中国科学技术事业的发展具有重大意义。正如蔡元培在《中央研究院院务月报·发刊词》中所说:"国立中央研究院之设,在中国尚为创举……为全国最高学术研究机关;就职责言,实兼学术之研究、发表、奖励诸务,综合先进国之中央研究院、国家学会、及全国研究会议各种意义而成。使命重大……"②

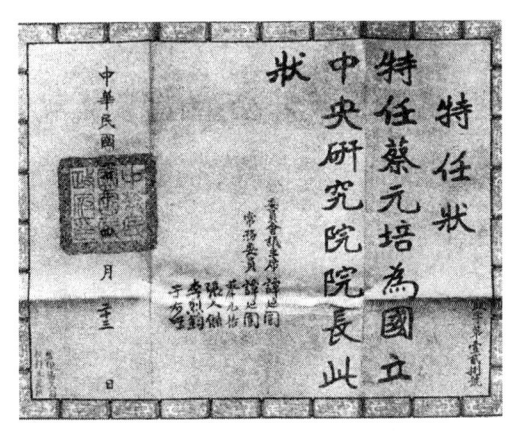

蔡元培任中央研究院院长的特任状

由于蔡元培德望素孚,一批学界大师很快集中旗下,中央研究院物理、化学、地质、天文、气象、工程、动植物、心理、社会、历史语言等研究所,及自然历史博物馆、图书馆等成立。各研究所迅速在光谱学、天空电离层、三相振荡器、测定热力学常数、有机微量分析、特种钢、特种玻璃、造山运动、第三纪腹足化石、太阳黑子、新星、高空探测、地震、物候、校勘《明实录》、调查江西方言、发掘安阳殷墟、少数民族调查、心理学、行为学、民族学、动物学、植物学、经济学等领域进行了结合中国各地具体情况的或独立或合作地研究,将成果编辑出版集刊、专刊、期刊。与之合作的除北大、清华、山东、厦门、天津、中央、中山、武汉等大学外,还有北平研

---

① 《蔡元培全集》(八),第178页。
② 《蔡元培全集》(六),第404页。

究院、中国科学社、静生生物调查所、经济委员会、资源委员会、实业部、海军测量局、中国动物学会、中华海产生物学会、青岛观象台、青岛市政府、福建省政府等。并派员赴美国波士顿大学研究地文学及构造，赴英国巴列斯图大学研究古生物，参加国际天文会议等。在介绍和传播西方近代科学知识的同时，都很注意科学研究的本土化，以及向外介绍自己的研究成果，使欧美国家的学术界对中国的科学事业有了了解。中央研究院正式成立四年之后，便陆续有法国的法兰西学院，波斯的亚细亚学院，英国的大英学院、牛津大学、剑桥大学、英国皇家学会，美国的学术团体总会、国家科学院，印度的文化教育机关，以及知名科学家李约瑟（Joseph Needham）、陶德斯等单位或个人与之联系，或访问，或赠金，或赞誉。各研究所研究成果的集刊、专刊等与国外学术团体交换者日增。1935年11月4日，蔡元培在国民党四届六中全会纪念周作报告时说："大家觉得中国现在内忧外患的过程中，可以悲观的事实在太多，可是我们仔细观察一下，便知进步的地方亦未尝没有。"① 他便引证了这其中一些成绩。

　　中央研究院在短时间内取得了可观的成绩，大家认为是由于蔡元培人格感召、用人得当、注重科学方法、提倡自由研究等因素所致。翁文灏曾说："蔡先生主持中央研究院的主要办法，是挑选纯正有为的学者做各研究所的所长，用有科学知识并有领导能力的人做总干事，延聘科学人才，推进研究工作。他自身则因德望素孚，人心悦服，天然成为全院的中心。不过他只总持大体，不务琐屑干涉，所以总干事各所所长以及干部人员，均各能行其应有职权，发挥所长。对于学术研究，蔡先生更充分尊重各学者的意见，便其自行发扬，以寻求真理。因此种种，所以中央研究院虽经费并不甚多，却能于短时期内，得到若干引起世界学者注目的成绩。"② 这是确当之论。对第一任总干事杨铨，蔡元培曾说："我素来宽容而迂缓，杨君精悍而机警，正可以他之长补我之短。"③ 蔡元培认为继任总干事丁文江"是一位有办事才能的科学家……精于科学而又长于办事如在君先生，实为我国现代稀有人物"。④ 中央研究院在1928年至1940年间共有总干事4位（3名北大人）、所长15

---

① 《蔡元培全集》（八），第178页。
② 蔡建国：《蔡元培先生纪念集》，第68页。
③ 蔡建国：《蔡元培先生纪念集》，第248页。
④ 《蔡元培全集》（八），第265页。

国立中央研究院第一届评议会成立纪念合影（左起：2 何廉、3 朱家骅、5 李书华、8 秉志、9 胡先骕、10 汪精卫、11 蔡元培、12 戴季陶、14 王世杰、18 叶企孙）

位（7 名北大人），个个都是学界才俊，并能得到充分信任而自由施展才能和推进事业。

中央研究院是全国最高学术研究机关，贯彻蔡元培学术研究自由的一贯原则，中研院各研究所如此，对全国亦如此。他说："我们虽是最高的研究机关，但决不愿设法统制一切的科学研究……中央研究院能利用他的地位，时时刻刻与国内各种机关联络交换，不可以阻止旁人的发展，或是用机械的方法来支配一切研究的题目，这是本院成立以来一贯的方针。"[1] 当然，这是繁荣学术发展的方针。

蔡元培经常强调科学方法的重要，普及科学方法是中央研究院的任务之一。他曾说："科学方法非仅仅应用于所研究之学科而已，乃至一切事物，苟非凭藉科学，明辨慎思，详考博证，即有所得，亦为偶中；其失者无论矣。"（《大学院公报》"发刊词"）他还多次用吕洞宾点石成金的故事说明，科学结论像点成的金，量终有限；科学方法是点石的指，可以点出无数的金，所以科学方法非常重要。

蔡元培晚年仍倾力于中央研究院的建设。1939 年 3 月，中央研究院评议会第四次全体会议在昆明召开，当时他正在香港养病，身体状况不允许他远道赴会，他就写了开会辞寄给大会，给大会也给学界送去鼓励和乐观向上的精神。面对日寇侵略，物质匮乏等困难情形，他鼓励说："然人类历史，本充满着打

---

[1]《蔡元培全集》（八），第 173 页。

破困难的事实,于困难之中觅得出路,正是科学家的任务;又况易地以后,新原料之获得,各方面人才之集中,当地原有机关之协作与互助,亦自有特殊便利之点,吾人断不因迁移之故而自馁。至于抗战期间,取给于外国之物品不易输入,需有代用品之发明。又军事上、建设上有特殊之需要,非平日之普通工作所能应付者,亦需集中物力人力,以趋赴先务之急……乘此会议,合而为以往之总检校,以商讨将来之新计划,不能不认为当前之好机会。"①

1949年11月1日,中国科学院正式成立。蔡元培用心血创办的中央研究院留在大陆的部分,成为其重要组成部分。

六 倡行美育,推进美学

蔡元培在民国元年1月3日应孙中山之聘就任临时政府教育总长,2月8日发表《对于新教育之意见》,提出国民教育方针五项内容:军国民教育、实利主义教育、公民道德教育、世界观教育、美育。这是在中国历史上首次将美育提到如此高度加以重视。自从蔡元培提倡美育近百年来,中国教育发生了深刻变化。在科学技术高度发展的今天,而人类社会面临诸多情感问题,更加认识到美感教育的重要时,人们不能不佩服蔡元培先生的远见卓识,而益增崇敬之意。大家公认他为近代中国提倡并推进美育的第一人。

1. 蔡元培对近代中国美育事业的贡献

蔡元培被认为是现代中国艺术教育、音乐教育、美感教育(美育)的开拓者、奠基人。他不仅在理论上指明了方向,而且在实践中树立了榜样。他一方面演说、著文、授课倡导美育,一方面亲自发起、组织、参与、支持美育事业。他是坐而言起而行的人。蔡元培游学德国,印象最深的莫过于美感教育,他说:"美育者,孑民在德国受有极深之印象,而愿出全力以提倡者也。"② 1912年,他首先将美育一词引入中国:"美育的名词,是民国元年我从德文的 Ästhetische Erziehung 译出,为从前所没有。"③ 为了提倡美育,他每遇机会便讲演宣传。从1913年6月他在上海城东女学演说《养成优美高尚

---

① 《蔡元培全集》(八),第561页。
② 《蔡元培全集》(三),第668页。
③ 《蔡元培全集》(七),第79页。

思想》,提出学校教育"美术之不可少"开始,一生有关美育的演讲数不胜数。如1917年1月1日,在北京政学会欢迎会上的演说;1917年3月31日,在直隶省定县中学的演说;1917年4月8日,在北京神州学会的演说,其题目就是"以美育代宗教";1918年5月18日,在王心葵先生古乐演奏会开幕式上的演说;1920年5月,关于"美术的起原"的演讲;1921年2月,关于"美术的进化""美术的研究法""美术与科学的关系"等的讲演;1921年5月12日,在爱丁堡中国学生会及学术研究会欢迎会上的演说;1923年5月30日,在上虞县春晖中学的演说;1924年5月22日,在旅法中国美术展览会招待会的演说;1930年8月13日,在青岛大学的演讲《实验的美学》;1930年12月,在上海中华基督教青年会讲演《以美育代宗教》;1931年10月为太平洋国际会议提交论文《中国之书画》;1933年3月1日,就任国立音乐院音乐文艺社社长的演说;1933年11月11日,在柏林中国美术展览会展品在国内展览开幕式上的演讲;等等,其中有专讲美育的,有涉及美育的。而1921年秋,蔡元培在北京大学开讲美学课程,同时兼任北京高等师范学校教授,讲授美学课,写有《美学的趋向》《美学的对象》等讲稿,则是中国高等学校美学课程及美学讲义的开端。

此外,蔡元培还撰写了《康德美学述》《赖斐尔》《北京大学画法研究会旨趣书》《音乐杂志发刊词》《美术的起原》《美育实施的方法》《美术批评的相对性》《美育》《美育代宗教》《二十五年来中国之美育》《三十五年来中国之新文化》《美育与人生》《何为文化》《美学观念》《文化运动不要忘了美育》《创办国立艺术大学之提案》《真善美》等有关美学美育的著作及大量题词等。

蔡元培是个坐言起行的人,他提倡并推行美育,是切切实实从自己做起的。他在出任北京大学校长之后,在力所能及的范围内,把美育作为一项改革措施,养成良好的风气以陶养学生的人格渐趋健全。从1917年末起,他发起、倡导、支持组织了"北京大学画法研究会"并附设"画法研究所",蔡元培亲任所长;聘请国内外山水、花卉、油画等各门导师十多名,其中有陈衡恪、冯祖荀、徐悲鸿、钱稻孙、盖大士等。该会于1920年6月出版《绘学杂志》第一期,刊名为蔡元培亲笔所题。此后北京大学书法研究会、北京大学造型美术研究会等相继成立。而以"敦重乐教提倡美育"为宗旨的北京大学乐理研究会(后改称"北京大学音乐研究会")的章程,则为蔡元培亲手拟

画法研究会同人合影

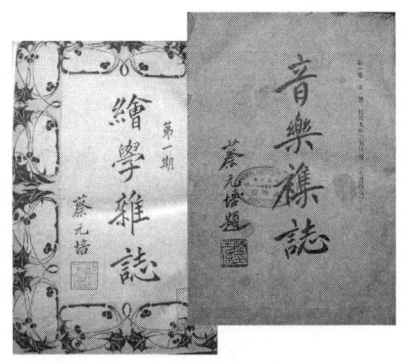

北大创办的绘画、音乐类杂志

定，蔡元培被推为会长。1920年3月，该会所编《音乐杂志》创刊号出版，蔡元培亲题刊名，并撰写发刊词。他希望师生们能融合中西，"以促吾国音乐之改进"，并进而有所创造，"以供世界音乐之采取"。他为北京大学音乐研究会聘请的导师有萧友梅、王心葵、纽伦（英国）、哈门斯女士（荷兰）等名家。会中分设古琴、钢琴、提琴、丝竹、昆曲、唱歌等组，练习乐术、研究乐理。校内外会员曾多达二百余人。在此基础上北京大学附设音乐传习所于1922年成立，设本科、师范科、选科三种学制，被业界认为"我国最早的专业音乐教育机构"。北京大学音乐研究会及音乐传习所师生，除练习、研究、教学之外，还常常举行公开演出，社会反应颇佳。如1919年4月20日《晨报》的报道《昨夕北大音乐会盛况》，称北大音乐研究会借米市大街青年会大礼堂演出，"青年会门前车马如云"，"到会千人以上"，"由校长蔡孑民君主席"，楼上楼下满座，以致"后到者无容足之地"。此后，《晨报》《京报》等屡有报道，如《请看北京大学音乐研究会空前之演奏大会》《星期日之音乐大会 北大管弦乐队所组织者》《北大两大音乐会》《北大学生剧团定期演出》……在北大音乐研究会之后成立的有北京大学戏剧研究会（1919年12月）、北大戏剧试验社（1922年2月），等等。

蔡元培在北大倡建的这些音乐、美术、书画组织，虽是他推行美育的初期阶段，但效果不错，影响广泛，意义深远。而中国近代第一所全日制、新型高等专业音乐教育机构——国立音乐院（今上海音乐学院前身）是在蔡元培任大学院院长时才得以实现的。他支持萧友梅在上海创办一间音乐院的提议，在他大力推动下，1927年11月27日，国立音乐院在上海成立，公推蔡元培为院长。阅十月，蔡辞，由教务长萧友梅继任院长。

蔡元培在建立音乐院的愿望实现后一个月，即1927年12月27日，向大学院艺术教育委员会提出"创办国立艺术大学提案"并获通过。1928年4月9日，大学院在杭州设立的国立艺术院行开学礼，以林风眠为院长。大学院院长蔡元培亲临讲话，他指出西湖之滨的自

1927年国立音乐院在上海成立典礼（前左二为蔡元培）

然美与人造美同样需要；"艺术与科学一样重要"；并强调"大学院设立艺术院，纯粹为提倡此种无私的美的创造精神。所以艺术院不在学生多少，而在能创造"。[①] 该院历经曲折，发展为闻名中外的中国美术学院。

另外，早在1918年，蔡元培任北大校长期间，他就参与了中国第一所国立美术学校——北京美术学校（今中央美术学院前身）的创办。在1918年4月15日该校开学式上，蔡元培发表演说指出因经费不敷之故，本校暂设绘画、图案二科，将来于经费扩张时增设书法、雕刻等。他对早期的校长郑锦、林风眠、徐悲鸿等给予大力支持。

蔡元培除提倡、支持、参与创办艺术教育机构外，还大力支持公开演出、展览、出版刊物，以造成社会影响，发挥其美育功能。每有展览、演出等活动，他大都会出席并发表演说，或为出版物撰写序言、发刊词、题词等予以赞扬、支持。如1920年3月为《音乐杂志》撰写的发刊词并题刊名，1920年6月为《绘学杂志》题刊名并撰写《美术的起源》代发刊词，1924年5月为旅法《中国美术展览会目录》作序，1924年5月为《冷月画评》题写赠言和对联，1926年11月23日为上海美术学校校歌写歌词，1929年10月15日为《全国美术展览会特刊》写序，1933年7月15日为《自然美讴歌集》写序，1934年5月为《上海美术专科学校赴菲列宾展览美术品》题词，1934年8月为《美术生活》杂志（儿童专号）题词，1934年10月为金公亮

---

① 《蔡元培全集》（六），第214、215页。

所著《美学原理》作序，1935年4月为意大利画家柴农画展作序，1936年10月为"三英画展"题词，1938年12月为《方君璧图画集》作序，1940年2月12日为《广东文物展览会特刊》题诗，此后月余他溘然辞世，等等，可以说蔡元培从四十岁开始专治美学，到七十岁时还希望"假我数年"，写一本美学书，为贯彻"以美育代宗教"的主张而努力了一生。

我们看到蔡元培的努力大有成效，他参与创办的北京美术学校（今中央美术学院）、国立音乐院（今上海音乐学院）、国立艺术院（今中国美术学院）如今已是闻名国内外的艺术殿堂。受他鼓励、支持、培养、影响的林风眠、徐悲鸿、刘海粟、刘开渠、陶冷月、黎锦晖、黄自、李可染、胡一川、吴冠中、王朝闻等艺术大家，为中国现代美育做出了杰出的贡献，为国家培养了数以万计的艺术人才。美国社会学家、教育家杜威的评论大体不错："拿世界各国的大学校长来比较一下，牛津、剑桥、巴黎、柏林、哈佛、哥伦比亚等等，这些校长中，在某些学科上有卓越贡献的，固不乏其人，但是以一个校长身份，而能领导那所大学对一个民族、一个时代起到转折作用的，除蔡元培而外，恐怕找不出第二个。"①

2. 蔡元培美育思想的基本内涵

美术、美感、美育三者既有联系又有区别。

（1）关于美术

蔡元培认为美术品是实物，包括建筑、雕刻、图画、音乐、文学、手工等作品。他说："美术，如唱歌、手工、图画等是"；"音乐是美术的一种，古人很重视的"。"中国美术，以书画为主要品"，"盖欧洲人所谓美术，恒以建筑、雕刻、图画与其他工艺美术为限"。而美术的作用可以陶情、可以养心、可以提起创造精神："运动可以健身，美术可以养心。""无论开智陶情，均以利用美术为适宜。""惟有美术的修养，能使人忘了小己，超然于生死利害之外。""美术所以为高尚的消遣，就是能提起创造精神。"所以他最喜欢研究美术。

他将美术与科学并举，认为是新教育之要纲。他说："科学者，所以祛现象世界之障碍，而引致于光明。美术者，所以写本体世界之现象，而提醒

---

① 丁石孙等：《蔡元培研究集》，第122页。

其觉性。""科学的研究,固是本校的主旨;而美术的陶养,也是不可少的。""欧洲文化,不外乎科学与美术。""科学、美术,同为新教育之要纲。"

(2)关于美感

蔡元培认为美感由美术而生:"有美术,斯生美感。美感,不仅手工、图画、诗歌有之,无论何时何地,或何种科学,苟吾人具情感,皆可生美感。""人的美感常因自然景物而起,如山水、如云月、如花草、如虫鸟的鸣声。""清丽之山水、崇宏之建筑……光线之美观……结晶、构体、色彩……无在不可以引起美感也。"而"美感本有两种:一为优雅之美,一为崇高之美"。"美感者,合美丽与尊严而言之,介乎现象世界与实体世界之间,而为津梁。"蔡元培还认为美感是官能与理性的结合,是主观的:"美感者,既非有认识真理之要求,亦非循实践理性之命令,而特为纯粹之赏鉴,且超然于客观概念之外,是主观之必然性也。"

关于美感的特性,蔡元培则采康德的理论:"康德立美感之界说,一曰超脱,谓全无利害之关系;二曰普遍,谓人心所同然也;三曰有则,谓无鹄的之可指,而自有其赴的之作用也;四曰必然,谓人性所固有,而无待乎外铄也。"蔡元培认为:"纯粹之美感,则不受一切欲望之羁绊,故纯任自由……满意者,官能之事也;善良者,理性之事也;美感者,官能与理性之吻合也。"① 关于美感的作用则是蔡元培最为关注的,他说:"凡虚荣心所由起,在局促于目前之利害得失,而没其高尚洁白之志趣,唯美感足以药之。美感者,使吾人游心于利害得失之外,而无论何等境遇,悉有以自娱者也。"②

(3)关于美育

蔡元培出任教育总长之后把教育宗旨定为养成健全人格,发展共和精神。养成健全人格是他教育思想的主要内容,时时贯彻的。要养成健全人格,在蔡元培看来必须通过四育:体育、智育、德育、美育。以往美育是包在德育里的,审查教育会为什么要把它分出来呢?蔡元培认为人们"太把美育忽略了,……为要特惊醒社会起见,所以把美育特别提出来,与体智德并为四育"。关于美育的内容及与美术的区别蔡元培说:"我所说的美育,并

---

① 《蔡元培全集》(二),第13、513、340、509页。
② 《蔡元培全集》(三),第56页。

能易作美术……盖欧洲人所谓美术，恒以建筑、雕刻、图画与其他工艺美术为限；而所谓美育，则不仅包括音乐、文学等，而且自然现象、名人言行、都市建设、社会文化，凡合于美学的条件而足以感人的，都包括在内，所以不能改为美术。""不过今日之美感教育，于音乐以外，尚有种种美术及利用自然之美，范围较广大耳。"在蔡元培的教育思想中，德智体美四育是一个整体。有时他强调健全人格，首在体育。他多次讲"健全的精神，寓于健全的身体"。1922年，他在北大提倡组成北大学生军即是实践。他还指出体操"一方以健康为目的，一方实以身体为美的形式之发展；希腊雕像，所以成空前绝后之美，即在于此。所以雅典之教育，虽谓不出乎美育之范围，可也"。① 亦即图画、唱歌、游戏、手工、建筑、雕刻、自然现象、名人言行、都市建设等无不具有美育作用。也就是说，凡应用美学之理论于教育，以陶养感情为目的者均可列入美育之列。

蔡元培所以重视美育，提倡并推广美育，是因为他看到美育在养成良好国民中的重要作用。而良好的国民是国家的基础，他说："凡一种社会，必先有良好的小部分，然后能集成良好的大团体。所以要有良好的社会，必先有良好的个人，要有良好的个人，就要有良好的教育。"② 在蔡元培看来，美育是良好的教育不可或缺的。他说："我们提倡美育，便是使人类能在音乐、雕刻、图画、文学里又找见他们遗失了的情感。我们每每在听了一支歌，看了一张画、一件雕刻，或是读了一首诗、一篇文章以后，常会有一种说不出的感觉；四周的空气会变得更温柔，眼前的对象会变得更甜蜜，似乎觉得自身在这个世界上有一种伟大的使命。这种使命不仅仅是使人人要有饭吃，有衣裳穿，有房子住，他同时还要使人人能在保持生存以外，还能去享受人生。知道了享受人生的乐趣，同时更加知道了人生的可爱，人与人的感情便不期然而然地更加浓厚起来。"③ 他认为美育可以陶养人们的情感，使人有高尚纯洁的人格，活泼敏锐的性灵，"而使人我之见、利己损人之念，以渐消沮"，逐步培养成文化进步的国民。所以他认为："美育为近代教育之骨干。"他号召"吾人急应提倡美育"，他本人则"愿出全力以提倡之"。并且说：

---

① 《蔡元培全集》（六），第588、28、600页。
② 《蔡元培全集》（四），第291页。
③ 《蔡元培全集》（六），第614页。

"我很希望致力于文化运动诸君,不要忘记了美育。"①

美育既然如此重要,那么如何实施呢?蔡元培认为就时间而言,则贯穿人的一生:"我说美育,一直从未生以前,说到既死以后,可以休了。"就空间而言"可分为学校、家庭、社会三方面"。即从孕妇的胎教开始,经过家庭、育婴院、小学、中学、大学直至社会,各种公园、美术馆、博物馆等市政设施、布置造成的环境,其和谐、美观、舒适、洁净、平和、雄伟等无不具有美育的功效。他以学校为例,指出数学的黄金分割、几何学的图案、光学的颜色、化学的颜料、矿物的结晶、动植物的花叶羽毛、气象学的云霞风雪等都是可以做"感情移入"的美育资料,所以他说:"凡是学校所有的课程,都没有与美育无关的。"

综上所述,可以说蔡元培基于人本思想,以健全人格,美化人生,享受人生,改良社会为追求的,关于美育的界定、美育的功能及美育的实施方法、途径等构成了蔡元培美育思想的基本内涵。

3. 蔡元培美育思想的文化基础

蔡元培先生被学界认为是中国传统文化碰上外来文化后,"没有动摇、退缩、逃避、转向","终身没丧失信念",而是积极行动,其结果是"功绩和影响远远超过他的声名"的一个"那么旧,又那么新"的人。

蔡元培进士及第,出任翰林院编修,是中国传统文化陶熔出来的学者。因此,他的一生中处处、时时闪现着中国传统文化的光辉:《大学》八目的修、齐、平,及日日新,又日新;孔子的"多闻,择其善者而从之""见贤思齐焉,见不贤而内自省也";《孟子》的"见贤焉,然后用之";《周易》的"穷则变,变则通,通则久";《礼记·学记》的"道而弗牵,强而弗抑,开而弗达";以及中庸、新民等优秀文化成果,无不被他积极运用,发扬光大。所以听过蔡的美学课的北大毕业生蒋复璁说:"……蔡先生的伟大,其实也是我们历史、哲学的伟大。我们中国历来传统的历史与哲学所要求的一个学问家是要一个全材:学问好,品格也要好……所以《大学》八目把个人的修养、诚意、正心扩展到治国、平天下,并不是玄虚可怪。蔡先生是以他读书、修养所得来教人、救国,完全与我们传统的精神相合,所以蔡先生的

---

① 《蔡元培全集》(三),第740页。

精神是我们的历史、哲学的精神,也就是我们国家民族的精神!"① 跟随蔡元培多年的蒋梦麟也认为蔡元培的精神来自学问,只是不限于中国的学问,而是集中西两大文化于一身:温良恭俭让,蔡先生具中国最好之精神;重美感,具希腊最好之精神;平民生活,及在他的眼中,个个都是好人,具希伯来最好之精神。由于蔡先生立足本国文化的坚实基础之上,吸收融会外来文化而创新,所以"其量足以容之,其德足以化之,其学足以当之,其才足以择之"。②

蔡元培能在人们司空见惯的传统文化中发现美的东西,但不以此为满足,而是汲取西方现代文明中适用的部分,有所创造,有所发明,并使之发扬光大,成为一代宗师。他的实践证明了柳宗元的"美不自美,因人而彰"的正确。中国传统文化教人追求真善美,追求理想人生,养成高尚人格,教人不断前进,日日新,但也只有在不断的陶熔中具有了高尚人格和理想人生境界者,才能真正欣赏、享受中华文明之优美。这是一个逐渐、互相作用的过程。

蔡元培是中国传统文化陶熔出来的大家,因此中国传统文化的博大精深的涵容、变通精神在他身上得到了较好的体现。他常常把中国传统文化中的精粹与西方现代的先进思想相沟通,并赋予新意,创造出新的文化内涵。这样一来,由于它来自中国传统,为人们所熟悉,乐于接受,也易于实行,效果就显著。如蔡元培曾将西方自由、平等、友爱的民主思想与中国名贤古训相沟通,认为"所谓自由,非放恣自便之谓,乃谓正路既定,矢志弗渝,不为外界势力所征服",就是孟子所说"富贵不能淫,贫贱不能移,威武不能屈"的"义";而"所谓平等,非均齐不相系属之谓,乃谓如分而与,易地皆然,不以片面方使害大公"。也就是孔子所谓"己所不欲,勿施于人"的"恕";至于"所谓友爱,义斯无歧,即孔子所谓'己欲立而立人,己欲达而达人'"的"仁"。③ 蔡元培认为中华文化"固以仁为最高之人格,而又人人时时有可以到达之机缘"。④ 他赞赏孔子关于忠、恕、仁的思想,认为人的忠、恕、仁的优良品格可以通过诗歌、礼乐等美育来涵养。

---

① 蔡建国:《蔡元培先生纪念集》,第88页。
② 《蒋梦麟教育论著选》,人民教育出版社,1995,第285页。
③ 《蔡元培全集》(三),第222页。
④ 《蔡元培全集》(一),第447页。

关于美感教育，他同样以中国固有文化为根基，他在《美育》中说："吾国古代教育，用礼、乐、射、御、书、数之六艺。乐为纯粹美育；书以记述，亦尚美观；射、御在技术之熟练，而亦态度之娴雅；礼之本义在守规则，而其作用又在远鄙俗。盖自数以外，无不含有美育成份者。"① 这里蔡先生把数学排除在美感之外，六艺中其他五艺均有美育的作用。其实，按照中国科学院外籍院士、国际数家大会最高奖——菲尔兹奖（Fields Medal）获得者、数学大师丘成桐教授的说法，数学公式是"真和美"的明确表达，数学上的一个精彩巧妙的证明，精神上都近乎一首诗。丘先生还认为，"好的数学使你体验到庄子讲的'天地与我并生，万物与我为一'的境界，尤其当你取得一个大成就的时候。数学能够带给我们真和美"。② 这样看来，中国古代教育之六艺皆寓美育于其中。其实蔡元培也说过数学中的截金术（黄金分割）具有美感。

蔡元培贯通古今，融会中西，其目的在于创新。他曾说："美术事业，重在合各派于一炉而支配之⋯⋯苟仅知描写模仿，而不知创造，则不配称之曰美术家。"③ 他是一个不尚空谈、坐而言起而行的人，他认为"文化是要实现，不是空口提倡的。文化是要各方面平均发展的，不是畸形的。文化是活的，是要时时进行的，不是死的，可以一时停滞的"。他说："真正的文化是要自己创造的。"④ 所以他革新北京大学，倡行"学者当有研究学问之兴趣，尤当养成学问家之人格。本校一年以来，设研究所，增参考书，均为提起研究学问兴趣起见。又如设进德会，书法、画法、乐理研究会，开校役夜班，助成学生银行、消费公社等，均为养成学生人格起见"。⑤ 养成怎样的人格呢？蔡元培崇尚"执其两端用其中"，不走任何一极端，而选取两端之长处，使其互相调和的中庸之道。他曾著文称"独我中华民族"与中庸之道投合。他眼光远大，看到不同民族、国家共同点一定多于冲突点，因此"我向来觉得美是各种相对性的调和剂"。⑥ 在艺术上，他主张中西不同艺术应互相借鉴，兼取所长而创新体，是有志者努力的方向。因此，他赞扬创立岭南派

---

① 《蔡元培全集》（六），第599页。
② 北京大学自然科学处主编《聆听大师》，北京大学出版社，1998，第103、112页。
③ 《蔡元培全集》（六），第94页。
④ 《蔡元培全集》（四），第295页。
⑤ 《蔡元培全集》（三），第191~192页。
⑥ 《蔡元培全集》（五），第278页。

的新国画大宗师高剑父，在精习国画基础上吸收西洋、埃及、印度等画法以佐之，融会贯通，自成一家的"正反合"。他对陶冷月"本长国画，继而练习西法，最后乃基凭国画，而以欧法补充之，创作新中国画数十帧……"①大加赞扬和鼓励。在行动上，蔡元培为我们树立了榜样，他未参与20世纪初关于东西文化问题、中国走什么道路问题等多角度、多层面的激烈论战，参加论战者大都是鼎鼎有名、学兼中西的一流学者，如李大钊、陈独秀、高一涵、郑振铎、杜亚泉（伧父）、梁启超、梁漱溟、胡适、蒋梦麟、杨杏佛、张君劢、成平、张东荪、瞿秋白、郭沫若、章士钊（孤桐）、吴稚晖（吴敬恒）、陈序经、冯友兰、丁文江、张佛泉，等等。②这位"为国家，为学术，劳瘁了一生"，"终身尽忠于国家和文化而不及其私的公民"作为"中国近代新文化运动的第一个组织者"③ 的蔡元培，难道不关心国家前途命运，而游离于社会之外吗？或者蔡元培看不到中西文化的差异、冲突，从而对轰轰烈烈的争论无所闻吗？非也！蔡元培自有高明之处，他做事与读书一样，"就是书里面的短处，我不大去搜寻他，我止注意于我所认为有用的或可爱的材料"。④择善而从，坐言起行，所以他的贡献之大，无人可比。他已达到了冯友兰所说的"极高明而道中庸"的境界。

4. 蔡元培美育思想的现实意义

现在人类社会发展越来越快，知识和技术更新也越来越快，但是人们的感情缺失却日益严重；人们的相互联系变得越来越容易，但人们之间的相互关爱、情感交流却日趋淡薄。目前，在世界范围内出现了这样的情况：物质、技术等功利追求成为中心活动，一切为现实利益而斗争，竞争几乎成了一切。竞争耗去了人们的大部分或绝大部分精力和力量，没有了平静的心境去体会和享受高尚的内心生活和纯洁的精神生活。甚至有人为争抢出国机会或好的职位，不惜采取投毒、暗杀等谋害竞争者的犯罪行为，结果牺牲了别人，也牺牲了自己。关于这一点，蔡元培早就指出："人生之目的，为尽义

---

① 《蔡元培全集》（五），第274页。
② 当年论战情景可参考罗荣渠主编的《从"西化"到现代化——五四以来有关中国的文化趋向和发展道路论争文选》及陈崧所编《五四前后东西文化问题论战文选》。
③ 金克木：《百年投影》，第31页。
④ 《蔡元培全集》（八），第32页。

务而来。……今之人误解职业,以得权利为唯一之目的,实则不然。重在义务,不仅有益自身,且须有益于人群,始不辜负此人生。否则卖烟设赌,亦是职业,窃盗劫掠,俱可获利,争夺扰攘,将成何等世界!"① 有些学历高又掌握了先进技术、高技术的人,却精神空虚、道德堕落,除关心自己外,对周围的人和事漠不关心,不闻不问。更不用说关心国家的前途、人类的命运了。有些人或则自私自利、损人利己、害人害己,或则堕落为"经济动物""金钱的奴隶""高智商的盗贼"等危害社会的人。例如不断报道的网络犯罪、解密盗打自动电话等,大家都已不算陌生。而今的学校将在各种网络教学等远距离教育手段的冲击下逐渐失去对知识的大量保有权,也将部分失去对学生获取有用知识的指导权,因为网络信息可以大量地直接地与上网者见面,但其中不免杂有掌握了网络技术而道德堕落者制造的似是而非的或错误的信息、谎言等,这些不正确的不健康的信息,可能将上网者中辨别能力较差者引入歧途,造成悲剧,危害社会。所以情感教育、审美教育越来越为人们所重视。此时我们自然想起蔡元培早已指出的:"常常看见专治科学、不兼涉美术的人,难免有萧索无聊的状态。无聊不过于生存上强迫的职务以外,俗的是借低劣的娱乐作消遣,高的是渐渐的成了厌世的精神病。……防这种流弊,就要求知识以外,兼养感情,就是治科学以外,兼治美术。有了美术的兴趣,不但觉得人生很有意义,很有价值,就是治科学的时候,也一定添了勇敢活泼的精神。请诸君试验一试验。"② 他还指出,通过美育可以使人找回遗失了的感情,在审美的愉悦中得到情感的提升与超越。人们"如果领略高尚的音乐,听到靡靡之音,就觉得逆耳了;能了解纯洁的雕刻与图画,见到肉感的电影,就觉得污目了;能景仰崇闳的建筑、优雅的园林,遇到混乱的跳舞场,就觉得不堪涉足了;能玩味真正的文学,翻到猥鄙的作品,就觉得不能卒读了"。因此,他希望青年们能够"一方面在知识技能上有科学的基础;一方面在感情上有美术的熏习,以这种健全的精神,宿在健全的身体,真是健全的青年了!"③ 至于有些人以为了生存作理由,替自己的犯罪行为开脱的荒唐行径,蔡元培也曾指出:"人如果只为生存,只计较打算利益,其实世间没有不可做的事。可是在有一种人,自己所不愿的事,无

---

① 《蔡元培全集》(七),第243页。
② 《蔡元培全集》(四),第327~328页。
③ 《蔡元培全集》(八),第15页。

论怎样有利于自己，总不肯做；自己所愿做的事，无论如何于物质生活上有害，还是要做，甚至于牺牲生命，也所不惜。这就是所谓高尚。高尚也是一种美。我们人类不愿做丑事，愿做美事……我们做人，最要紧的是于一日之中，有一种时候不把计较打算放在心里，久而久之，自然有时会发出美的行为来，不觉而能牺牲了。用了计较打算的态度去看一切，一切都无美可得。"① 这种人不仅无美可得，只替自己打算的结果，往往痛苦的时候更多。

随着大科学时代的到来，科学家的研究越来越多地体现在集体研究之中。因此，科学家团体的相互协作精神和与人共处的能力和艺术，将成为影响科研成果、科研效率的重要因素。为增进人们的相互感情，我们不妨读读蔡元培的这段文字："我们提倡美育，便是使人类能在音乐、雕刻、图画、文学里又找见他们遗失了的情感。我们每每在听了一支歌，看了一张画、一件雕刻，或是读了一首诗、一篇文章以后，常会有一种说不出的感觉；四周的空气会变得更温柔，眼前的对象会变得更甜蜜，似乎觉得自身在这个世界上有一种伟大的使命。这种使命不仅仅是使人人要有饭吃，有衣裳穿，有房子住，他同时还要使人人能在保持生存以外，还能去享受人生。知道了享受人生的乐趣，同时更加知道了人生的可爱，人与人的感情便不期然而然地更加浓厚起来。"② 人与人之间关系融洽了，精神愉悦了，成就与幸福也往往随之而来。

另外，随着科学技术日新月异地发展，人们用于生产的工作时间将越来越少，而用于旅游、艺术欣赏等的休闲时间将越来越多。开展美育的条件日好一日。

鉴于以上种种情况，不少教育工作者及有良知的社会各界人士大声疾呼，主张在高科技日益发达的今天，尤其要注意人文素质的培养。他们认为不仅要使学生在专业知识、技能方面有较大的提高，而且要培养学生敏于观察、勤于思考、勇于探索、善于合作、热爱生命、享受人生、志趣高远，即养成健全的人格。

养成健全人格这个问题，从蔡元培提出至今近一个世纪了，在市场竞争激烈，人们压力很大，不稳定感、危机感时时萦绕心头的今天，更见其现实

---

① 《蔡元培全集》（五），第 57~58 页。
② 《蔡元培全集》（六），第 614 页。

意义。

我们注意到，人格在蔡元培心中永远的主导是爱国之情，他在努力"阐旧邦以辅新命"。1936年7月1日，他在"刘海粟二度游欧作品展览会开幕词"中说："夫艺术无论古今中西，要当观其大通。乃自国势凌夷，凡百衰落，一时学者，醉心欧化，一切的一切，悉为欧人是师，抑若吾国数千年来竟无一人足取者。吁！此种观念，实太妄自菲薄也。我总理民族主义及心理建设，拳拳于固有之文明国粹，意义深远。今刘君挟其绝艺，播扬于国际，使欧人知吾国大有人在。归国以后，复集其欧游各国所作展览于沪上。吾观刘君作品，深信艺人之活动，于我国家民族复兴之大业，有深切之关系焉。"在抗战期间，他认为进行美术展览也是必要的。他说："当此全民抗战期间，有些人以为无鉴赏美术之余地，而鄙人则以为美术乃抗战时期之必需品。"在他看来，"抗战时期所最需要的，是人人有宁静的头脑，又有强毅的意志……这种宁静而强毅的精神，不但前方冲锋陷阵的将士，不可不有；就是在后方供给军需、救护伤兵，拯济难民及其他从事于不能停顿之学术或事业者，亦不可不有。"因为美感有优雅之美、崇高之美。而"崇高之美，又分为伟大与坚强之二类，存想恒星世界，比较地质年代，不能不惊小己的微渺；描写火山爆发，记述洪水横流，不能不叹人力的脆薄；但一经美感的诱导，不知不觉，神游于对象之中于是乎对象的伟大，就是我的伟大；对象的坚强，就是我的坚强。在这种心境上锻炼惯了，还有什么世间的威武，可以胁迫他么？"①"优美能使人和蔼、安静，对于一切能持静，遇事不乱，应付裕如。壮美使人如受压迫，如瞻望高山，观览广洋狂涛，使人感到压迫，因而有反抗，勇往直前，一种大无畏的精神，奋发的情感。"②无这种强毅精神正是抗战所需要的。

在如今和平的现实生活中优雅之美可能更具魅力。蔡元培说："优雅之美，从容恬淡，超越利害之计较，泯人我的界限。例如游名胜者，初不做伐木制器之想；赏音乐者，恒以与众同乐为快；而这样的超越而普遍的心境涵养惯了，还有什么卑劣的诱惑，可以扰乱他么？"

蔡元培为培养新人才，改良恶社会，使中华民族重光，而大力提倡推行

---

① 《蔡元培全集》（八），第522~523页。
② 《蔡元培全集》（六），第214页。

美育，实践中他自己成就了近乎完美的人格。面对苦难的中国他没有犹豫、彷徨，更没有沮丧，而是始终乐观向上，踏实去做他认为可做的事；面对日寇的侵略，他斗志不减。虽然他体衰多病，仍鼓励大家在困难中找有利因素为国效力。1939年3月13日，中央研究院评议会第四次会议在昆明举行，蔡先生"因体弱多病，不胜航空之劳，不能前来参加"，只好撰写开会词寄交大会。其中充分表现他在困境之中看到机会，奋斗前进的精神。他说："易地以后，新原料之获得，各方面人才之集中，当地原有机关之协作与互助，亦自有特殊的便利之点，吾人断不因迁移之故而自馁。至于抗战期间，取给于外国之物品不易输入，需有代用品之发明。又军事上、建设上有特殊之需要，非平日之普通工作所能应付者，亦需集中物力人力，以趋赴先务之急。凡此种种，一年半以来，诸先生均有各别之经验，乘此会议，合而为以往之总检校，以商讨将来之新计画，不能不认为当前之好机会。"① 蔡元培这种乐观、向上、不断奋进的精神，与其美学修养不无关系，更是他"阐旧邦以辅新命"的体现。

如今在各种压力、诱惑环境下生活的我们，如何保持心理的平衡，宁静致远；如何养成高尚健全的人格；如何对人生充满信心，自觉地创造和享受生活……学习蔡元培的美育思想，无疑极具现实意义。

七　宽容求贤，义薄云天

1. 病入膏肓的刘师培再展才学

《北京大学日刊》第四九二号（中华民国八年十一月二十一日）《本校纪事》栏刊登"刘师培教授在京病故"消息：

> 本校刘师培教授于前日在京寓病故，刘教授字申叔，江苏仪征人，现年三十五岁。系于民国六年到校，在国文学系担任中国文学史等学科。

刘师培，字申叔，号左盦，生于清光绪十年（1884），江苏仪征人，近

---

① 《蔡元培全集》（八），第561~562页。

代文学家，汉学扬州学派的"殿军"。其曾祖、祖、父三代以经学闻名。刘师培幼承家学，辞章经术，兼容并包。1903年春，刘赴北京会试，返里途经上海，结识了章太炎、蔡元培、陈独秀、谢无量等人，开始倾向革命，赞成光复。是年冬，刘偕新婚妻子何班至上海，何入蔡元培等创办的爱国女学学习，刘改名光汉与蔡元培等创办《俄事警闻》，次年《俄事警闻》更名为《警钟日报》后，刘师培任主笔。同年刘加入蔡元培、陶成章等发起的光复会。1905年2月，与邓实（枚子）创刊《国粹学报》，主要撰稿人除邓、刘外，还有黄节（晦闻）、马叙

刘师培

伦等（邓、刘、黄、马先后都曾任教于北大）。1906年，在芜湖加入陈独秀、章士钊等创办《安徽话报》并讲学于皖江中学。1907年偕其妻亡命日本，加入同盟会，为章太炎主编之《民报》的撰稿人。后与其妻创办《天义报》《衡报》等，并与张继在东京创办社会主义讲习会，宣传社会主义和无政府主义，提倡民族主义、民生主义，要求解除民生疾苦。1908年，刘"忽与炳麟龃龉，有小人乘间运动何震（何班赴日后改名震——笔者），劫持君为端方用，君与是年冬归国，依端方于江南，前一年（1911年——笔者）随端方至四川"。端方死后，刘师培由旧友谢无量邀赴成都四川国学院讲学，并为《国学杂志》撰稿人。民国初年，章太炎惜刘之才而不念旧恶，与蔡元培一起在上海各报刊登广告，劝刘东来重聚，共谋事业。然而刘师培于1913年去了山西，就任阎锡山的高等顾问，未久由阎荐刘于袁世凯，刘于1914年入北京，后为筹安会成员，为袁称帝效力。1916年袁死后，刘避居天津。同年底，蔡元培出长北京大学。次年蔡聘刘为北京大学教授。

刘师培在困顿之际，由于蔡元培的宽容大度而被请上全国最高学府之讲坛，他不能不十分珍惜这难得的机遇，也不能不对蔡元培铭感有加，他更不能不倾其所学。在北大任教的两年多时间里，他在抱病授课之余，常常请学生到家中进行指导。此外，则更是勤于著述，以讲义、课本、文章等与学生、学界交流。显然刘师培十分明白，蔡校长能顶住社会对刘的谴责，聘请

他来北大，是看重他的学问，是对他的挽救，是给他一个展示平生所学的难得机会。因此，刘师培也很自爱，"绝未讲过一句帝制"，而是专心治学。尽管他就任北京大学国文系教授时"病瘵已深，不能高声讲演，然所编讲义，元元本本，甚为学生所欢迎"。这一时期他写的《中国中古文学史讲义》《毛诗词例举要略本》《礼经旧说考略》《中庸说》等，都是很有分量的著作，至今在中国文学史上占有一定地位。他的学生中有著名学者陈钟凡、刘文典等人，这是刘师培才学再展的结果。其才学初展，是在1903～1910年，即他19岁到26岁之间。据其好友、北大教授钱玄同所编《左盦年表》及《左盦著述系年》所载，在这8年时间内，除创办、参与五个社团活动，创办报刊五种，参与一种外，著述40种，占其遗书74种的一半以上，正是这时期的大量学术著述及政治活动，使蔡元培、章炳麟等认识了刘师培的价值，蔡曾称"其勤敏可惊也"。所以会有民国初年，章太炎不念旧恶，约蔡共同在上海各报刊登广告，劝刘东下之举；所以才有1917年蔡校长聘刘执教于北大，使其才学得以再展。然而为时已晚。对此蔡元培曾十分痛惜地慨叹道："向使君委身学术，不为外缘所扰，以康强其身，而尽瘁于著述，其所成就，宁可限量？惜哉！"

对刘师培年不中寿，蔡元培的痛惜、慨叹是发自内心的，对刘师培因外扰未能发挥其所长的痛惜、慨叹则是伯乐失千里马之痛惜、慨叹。

2. 空前隆重的康宝忠先生善后事宜

事有凑巧，与刘师培先生同庚的北京大学另一位教授康宝忠也于同月病逝。康宝忠不仅与刘师培同庚，且同为《国故》月刊社职员。刘与黄季刚共任《国故》月刊总编辑，而康先生则任该社总务主任。前此，1916年，刘师培并曾"与城固康宝忠心孚重组《中国学报》"，后因蔡元培的聘请，康刘二位又同在北大任教授，说起来康刘两位也是有缘。《北京大学日刊》第四九三号（中华民国八年十一月二十二日）头版二栏刊登

校长布告
本日为本校已故教授康心孚先生开追悼会应放假一天此布
十一月二十二日

一所大学为去世教授开追悼会，常有，而为此放假一天，则实属罕见。就笔者所知，在北京大学百年史上，仅此一回，康先生是享此殊遇的唯一教

授。那么，康先生何许人也？

康先生讳宝忠，字心孚，生于清光绪十年（1884），陕西城固人。据《蔡元培、王家驹等发起康心孚先生追悼会启事》（《北京大学日刊》第四八〇号，头版头条）中称，康于光绪三十年（1904）留学日本，1905年孙中山等在日成立同盟会时，康任同盟会评议员职，"凡会事多由规划"，协助孙中山从事革命活动，并任留日学生总干事，因此遭清廷缉捕，后一度"潜回"国内。光绪三十二年（1906）再度赴日留学。同年6月，思想家、革命家章太炎出"《苏报》案"之狱后东渡日本，并加入同盟会。康负责照顾章的生活起居，于是有机会"从余姚章太炎先生学，学乃大进。三十四年（1908）卒业于日本早稻田大学政治经济科"，回国后曾任邮传部大清银行学堂教员兼学监、代理教务长等职。辛亥革命后，"至南京任临时总统府秘书"，后"陕西电举为参议院议员"因建都问题与当道者意见不一致，辞议员职脱离政治而投身教育，曾任教于中国公学、北京法政专门学校、北京大学、北京师范大学、朝阳大学、中国大学等校，讲授伦理学、中国法制史、社会学等。1919年五四运动后，北京国立各校校长辞职，为维持学校，营救被捕学生，"北京大学教职员首立干事会……君被推为干事，出与公私各校教职员相结集，于是有北京中等以上学校职教员联合会，而君被推为总干事，任主席，君慷慨不谢"。且"君体素肥，平日雍容步履，人犹为君苦。至是每侵晨从事讫深夜。事急时，走寒星烈日下，未尝自休，数月之间，中更大小变"。关于这一层，《北京大学职教员干事会印章边款》（刘半农撰，马衡刻）有如下记述："五四事起，……蔡公元培出走，校中职教员三百余人，惧文化之将绝，合组此会，死力维持……奔走会事最力者为康宝忠……诸君，而康君竟以积劳致病……"由于奔波劳累，心力交瘁，康先生于1919年11月1日上午，在北京法政专门学校教员课间休息室猝然辞世，时年35岁。

原来康先生不仅是学有专长的教授，而且是热心革命的同盟会早期会员。与蔡元培校长是差不多同时期会员。同盟会早期会员多数是抱着"恢复中华，建立民国"远大志向的知识分子，属于"士"的范畴。"士农工商四民者，国之石民也"（《管子·小匡》）。意思就是此四者为国家之根本，犹如大屋之柱石。而"四民士为首"，是国家民族的眼睛、耳朵，有着导向的作用。他们大多志向坚定、识见高远、思想睿智、忧国忧民，且多是能做到和而不同,为理想顾全大局的志同道合者,因此他们之间有着非同一般的情谊。当年孙中山支持蔡元培出任北大校长的信中曾有"率三千子弟,助我革命"之语,而蔡一旦忙于北大的改革事务之后,便很少能关心和支持孙中山的革命活动,为此他曾对蒋梦麟慨叹,作为一位老同盟会员,感到内疚。现在同盟会的老同志康宝忠在他长校的北大为公益奔忙,在一定程度上是因为他的辞职,康被推举出而维持校务,辛劳过度英年早逝的,作为宽厚长者加同志的蔡元培,积极为之操办丧事正是情理之中的事。

蔡校长出面具名发表启事为康君治丧,主持追悼会,发表演说,内中挽语云:"于一周中,舌敝唇焦任卅时讲授,加以新闻通讯,杂志征文,心血几何,为青年呕尽;自五月来,夙兴夜寐图各校维持,遂能秩序如常,弦歌不辍,功成者退,令后死何堪。"写尽康君之行谊,其痛惜之情,溢于言表。

在蔡校长的主持下,11月5日北京大学评议会做出决议:"(丁)康心孚先生恤金①依国立工业专门学校先例,赠送半年薪俸。②追悼会开会日,本校停课一天。"这两项决议都属非常之举。北大教员病故在先者有田北湖、朱蓬先、周慕西诸教授,随后者有杨昌济、刘师培等先生,其恤金均按规程给予两个月薪俸。有本校成例不援,而要"依国立工业专门学校先例",给予半年薪俸,想来当年评议会成员一定是遵蔡先生之意通过的,其情深意远尽在个中矣。至于追悼会日,北大全校停课放假一天,更是绝无仅有。自11月7日至24日,颇具影响的《北京大学日刊》登载有关康宝忠先生的启事、传略、布告、决议等凡11次,共约两千字,密度之大,规格之高(如刊出的"康心孚先生追悼会秩序单"内容九项,公布开会时间为22日午前9时起至12时止等)在北大百年史上均为空前绝后。

关于康先生之纪念物,今还有存北京陶然亭公园慈悲庵内,其弟宝恕、宝志、宝思敬立,于右任敬书之"康心孚先生之墓"碑,碑质为青石,通高约2米,宽约0.8米,厚约0.12米。著名爱国人士于右任为康先生题写墓碑,一为同乡之情,更为同盟会之谊。因为1906年秋,于右任东渡日本,是经康的安排和引见,才"终于见到自己仰慕已久的革命领袖。孙中山和他亲切交谈,详细阐述了中国同盟会的奋斗纲领与策略……"之后,经康宝忠做介绍人,在胡汉民主盟式上,于右任宣誓加入同盟会。其实当年康先生建都北京的提案是未能理解孙中山坚持定都南京,意在约束袁世凯,以免被袁之旧势力所包围的意图。"案已决定,而当道者不谓然,要君(康宝忠)覆其议,至深夜不为屈",后经"于君右任劝以同盟之谊始允"。可见这"同盟之谊"的分量。

康先生这样一位有理想、有抱负、有原则、热心公益、不辞辛劳的革命家,深受同学欢迎,这位"在中国大学教授社会学的第一位本国教授"是我们应该纪念和学习的。蔡元培校长给予康先生的隆重礼遇,使我们了解了蔡先生多么看重情义,珍惜人才。

3. 有容乃大

蔡元培之所以不顾社会上一般舆论对刘师培的鄙视与谴责,而聘其为北大教授,是由于蔡先生认为"人才至为难得,若求全责备,则学校殆难成立"。他对刘知之甚深,了解刘的学识才华不可多得,办好北大需要刘的才学。而刘的依端方、投袁世凯等由革命转向反动的行为,在蔡元培看来各有原因,并非刘的本意。关于入端方幕府一事,蔡认为是因其妻何震的原因。他说:"是年君忽与炳麟龃龉,有小人乘间运动何震,劫持君为端方用。"关于参加筹委会,为袁世凯效力一事,蔡先生则说是由于杨度的勾引:"四年,君忽为杨度等所勾引,加入筹安会。"蔡元培先生为人处世有原则,不苟同,是大家所称道的。林语堂先生曾说:"蔡先生就是蔡先生……他有临大节凛然不可犯之处。他的是非心极明。"与蔡先生共事多年,相知甚深的蒋梦麟先生则说蔡先生"一遇大事,则刚强之性立见,发言作文,不肯苟同",被蔡元培赏识的陈独秀也说过类似的话。由此看来,蔡先生对刘师培此二举动的说法,不会无据,但也有爱才心切,不计以往的可能。蔡先生出长全国最高学府,又想把它办成最好的,堪与国外各著名大学相匹配的大学,他自然需要一批一流的教师。于是他聘请了陈独秀、李大钊、夏元瑮、刘师培、周作人、鲁迅等各方面顶尖人物到北大任教,用其所长,避其所短,兼容并包。关于这一层,清华大学首任校长、北京大学毕业生、五四运动和《新潮》骨干分子罗家伦曾有生动地描述,他写道:蔡先生"主张学术自由,可是并不主张假借学术的名义,作任何违真理的宣传,不但不主张,而且反对。……经学教授中新帝制派的刘师培先生,为一代大师,而刘教的是三礼、尚书和训诂,绝未讲过一句帝制。英文教授中有名震海外的辜鸿铭先生,是老复辟派,他教的是英诗(他把英诗分为《外国大雅》《外国小雅》《外国国风》《洋离骚》等类,我在教室里想笑而不敢笑,十分难过,却是十分欣赏），也从来不曾讲过一声复辟"。

正是由于蔡元培的有容乃大，符合学术发展的规律，才有至今人们津津乐道的北京大学当年的思想活跃，学术精进，成果斐然，人才辈出；正是由于蔡元培的珍重友情，痛惜人才，使人感到可敬可亲，才有北大师生对校长的绝对信赖，即使蔡先生"在校时间少，而离校时间多"，北大也能运转如常。

蔡元培先生之所以有此雅量，成就大家大器，我以为是由于中国传统文化的陶熔与滋养。正如蒋梦麟先生所说："先生做人之道，出于孔孟之教。一本于忠恕二字。知忠，不与世苟同；知恕，能容人而养成宽容大度。"

八 心存中庸，坐言起行

鸦片战争以后，中国社会在外国列强的压迫下进入了动荡的转型期，一批学识超群的先进分子，洞察清末四海变秋气的衰世景象，在忧国忧民传统的驱使下，探寻着中国向何处去，中国文化何去何从。著名学者龚自珍提出中国要走改革之路，具有代表性。他说："自古及今，法无不改，势无不积，事例无不变迁，风气无不转移。"并认为"与其赠来者以劲改革，孰若自改革"。[①]

穷变通久是中华文化传统之一，但真要变革成法，谈何容易。20世纪初以来所进行的持续不断的东西文化论争、科学与玄学论争、中国走什么道路的论争等延续几十年，有些问题至今仍有争论。为了鉴古知今，资助今天的改革开放，以利于我国现代化建设，北大教授罗荣渠先生于1990年3月主编出版了《从"西化"到现代化——五四以来有关中国的文化趋向和发展道路论争文选》一巨册，选录107篇（部）具有代表性的著作，80万字。而在1985年2月出版的，陈崧先生所编《五四前后东西文化问题论战文选》收录重要著作68篇（部），52万字。陈编书后附有"五四前后关于文化问题的重要论著目录索引"，其中列出有关著作300篇（部）。

由罗编和陈编"文选"，我们可以大致领略当年关于东西文化问题、中国走什么道路问题等多角度、多层面的激烈论战的景象。参加论战者大都是

[①] 《龚自珍全集》，上海人民出版社，1975，第7页。

鼎鼎有名的学贯中西的一流学者，如李大钊、陈独秀、高一涵、郑振铎、杜亚泉（伧父）、梁启超、梁漱溟、胡适、蒋梦麟、杨杏佛、张君劢、成平、张东荪、瞿秋白、郭沫若、章士钊（孤桐）、吴稚晖（吴敬恒）、陈序经、冯友兰、丁文江、张佛泉，等等。作为"中国近代新文化运动的第一个组织者"的蔡元培，为国家振兴积极活动，发表了大量演讲和文章，在罗编"文选"107篇中，未占一席之地；在陈篇"文选"中，也仅有一篇《致〈公言报〉函并附答林琴南君函》而已。这一篇也实在算不上东西文化论战的文章，只不过是站在北大改革的立场，答复、驳批林对北大的无端攻击罢了。蔡元培这位"为国家，为学术，劳瘁了一生"，"终身尽忠于国家和文化而不及其私的公民"难道不关心国家前命运，而游离于社会之外吗？或者蔡先生看不到中西文化的差异、冲突，从而对轰轰烈烈地争论无所闻吗？非也！蔡先生自有蔡先生的高明处，他心存中庸，坐言起行。

言行一致，知行合一是我国学者所崇尚的。战国末年的思想家荀况就曾说过："凡论者，贵其有辨合，有符验。故坐而言之，起而可设，张而可施行。"① 蔡先生一生不尚空谈，坐言起行，可以说是实践了这一原则的。

变法图强，追求国家现代化的戊戌变法失败后，蔡元培认为"康党所以失败，由于不先培养革新之人才，而欲以少数人弋取政权，排斥顽旧，不能不情见势绌"。② 为了培养新人才，他于1898年12月12日出任绍兴中西学堂监督（总理），开始了他服务于新式学堂教育的生涯。从此，他的大部分时间和精力都用在了中国的教育事业上，为国家培养了大量新人才。

为了办好新式教育，他认为学日本是间接学欧美，而欧美教育以德国最为先进。"世界学术德最尊。吾将求学于德"，遂"有游学德国之志"。③ 于是1907年6月蔡元培首次赴德留学，其后又多次赴欧美考察研修，历时达八年，其大半时间在当时的世界科学中心德国游学。实践说明，这是他融会中西，办好教育的条件之一。

培养人才，应有适宜的环境和空气，这是中国历来的教育家所重视的。所以他在北京大学时期贯彻"兼收并蓄，广纳众流，自由论争，促进发展"

---

① 蔡建国：《二十二子》，第347页。
② 蔡建国：《蔡元培先生纪念集》，第251页。
③ 王世儒：《蔡元培先生年谱》（上），北京大学出版社，第95页。

的方针。对不同学派,"依各国大学通例,循思想自由原则,兼容并包。无论何种学派,苟其言之成理,持之有故,尚不达自然淘汰之运命,即使彼此相反,也听他们自由发展"。[1] 于是提倡白话文的胡适之、钱玄同与维护文言文的刘申叔、黄季刚同时并讲,今文派的崔适与古文派的陈汉章同台对垒……学生在相互冲突的论争中自己思考辨别。"这种情形很像中国先秦时代,或者古希腊苏格拉底和亚里士多德时代的重演。"[2] 结果达到了相反而实相成的效果。对此,他引用《中庸》中"万物并育而不相害,道并行而不相悖……此天地之所以为大也"来加以说明,使人易于接收。

他认识到旧北京大学之所以有种种不良风气,一方面是因为学生们脱离科举时代未久,仍不免把大学看作取得官吏资格的机关,对学问没有兴趣,只关心毕业后的出路;另一方面学校里没有高尚娱乐的组织活动,学生不得不在校外为不正当之消遣。针对这两点,他一方面向学生说明大学是研究高深学术的地方,不是升官发财的阶梯,要求学生在大学肄业,就要抱定宗旨、研究学问、砥砺德行、敬爱师友。并说:"诸君肄业大学,当能束身自爱","诸君为大学学生,地位甚高",应肩负起国家兴替的责任。为引起学生研究学问的兴趣,他广聘热心而积学之教员,并组织文、理、法各科研究所及各专业研究会,进行学术活动,开中国高校设立科研机构之先河。另一方面,他倡议成立进德会,以挽奔竞及游荡之习。助成体育会、音乐会、画法研究会、书法研究会等,供学生正当消遣,养成高尚娱乐习惯。助成学生银行、消费公社、平民夜校、平民教育讲演团等,以发扬学生自动之精神,养成服务社会之习惯……一时间,北京大学社团林立竞秀,刊物百花争艳,渐渐育成了见贤思齐的良好风气。在此风气中,朝夕熏染陶养,自然而然人才辈出。所以金克木先生说蔡先生"不制盆景,只供给土壤、阳光、空气、水","他没有多少学术著作。他的著作是大量新人才"。

蔡先生认为求学即是求真理,"惟有重科学方法后始能得真理"。因此,蔡先生"之治北京大学也,重学术自由,而尤重科学方法"。[3] 他常引用吕洞宾点石成金的故事,说明科学方法的重要。因为科研成果是点成的金,量终

---

[1] 蔡建国:《蔡元培先生纪念集》,第247页。
[2] 《蒋梦麟教育论著选》,第357页。
[3] 蔡元培研究会编《论蔡元培》,旅游教育出版社,1989,第121页。

有限，而科学方法是点石的指，可以点出无穷的金。北京大学历来学术成果丰硕，为世人所注目，蔡先生倡行科学方法是重要因素之一。

蔡元培以为"我国科学智识之落后，绝非国人智慧之后人；且欲救中国于萎靡不振中，唯有力倡科学。故极期望时彦俊士，能急当务之所急，一改空谈之旧习，致力于实际之探讨，庶国家前途有望焉"。[①] 他希望人们不要空谈，他自己身体力行，于60岁以后又开始了他对中国教育、科学、文化事业的另一大贡献的努力。为实行科学的研究与普及科学方法起见，于1927年他创办并领导了中国现代第一个国家级科学研究机构——中央研究院。因为在他看来，"近虽专研科学者与日俱增，而科学的方法，尚未为多数人所采用，科学研究机关，更绝无仅有。盖科学方法，非仅仅应用于所研究之学科而已，乃至一切事物，苟非凭藉科学，明辨慎思，实地研究，详考博证，即有所得，亦为偶中；其失者无论矣"。[②] 蔡元培以中央研究院"为全国学术之中坚"来筹划，推动全国的科学教育文化活动。由于他德望素孚，人心归向，当时中国的许多著名学者被他聘请（吸引）到中研院来。经过众人齐心协力的工作，不几年中研院即取得一批重要成果，成为能够领导和组织全国学术团体，有效进行科学活动，并能代表全国学术研究水平与国外相应机构进行学术交流的国家级的学术机关。中央研究院的建立在中国现代科学事业的发展史上，有着开创性的重大意义。

蔡先生心存中庸，坐言起行，少争论多实干，不把时间浪费空谈上，所以，他一生在中国教育科学文化事业上做出了前无古人的伟大贡献。其最为辉煌的两点，便是改革北京大学和创办中央研究院。这两件大事，尔今尔后，都会为世人所称赞。

蔡先生"日常性情温和，如冬日之可爱，无疾言厉色。处事接物，恬淡从容。无论遇达官贵人或引车卖浆之流，态度如一。但一遇大事，则刚强之性立见，发言作文，不肯苟同。故先生之中庸，是白刃可蹈之中庸，而非无举刺之中庸……"他不与人争功，不与事争时，立己立人，"到老其志不衰，至死其操不变"。真是"潇洒身无事，名高孰与齐"。"大德垂后世，中国一完人"。

[①] 《蔡元培全集》（八），第333页。
[②] 《蔡元培全集》（六），第160页。

"先生给后辈的德化，有如长江之水，永远不会枯竭！先生的躯壳死了；先生的精神，无穷的广则弥漫在文化的宇宙间，深则憩息在人们的内心深处！"[①]

［据李永鑫主编《蔡元培研究文集》（中华书局，2001），《文史精华》2002年第4期，《北京大学校报》第1144、1147期，《大地》2003年第11、12期，《北京大学学报（哲学社会科学版）》2008年第4期、2011年第5期，《绍兴文理学院学报》2009年第4期等整理］

---

① 蔡建国：《蔡元培先生纪念集》，第76、84页。

陈百年先生在北京大学

在北京大学百年史上，有许多为人们所称道的耳熟能详的人物，如孙家鼐、张百熙、严复、蔡元培、蒋梦麟、马寅初、胡适、傅斯年等，而在1920年代末为恢复北大和为1930年的北大中兴做了基础性工作的陈百年[①]先生的名字，却不多提起，笔者借此盛会略作介绍，以慰贤者。

一　见危授命

1929年8月6日，国民政府决定北平大学北大学院恢复国立北京大学校名，北大师生两年来的复校运动得到满意结果，但何人出任北大校长却一时难定。当时原北平大学北大学院院长陈百年先生已辞院长职，虽经多方挽留，仍到考试院上任了。北大校长一职，北大校内外、社会各界一致推崇蔡元培先生，但蔡先生当时正在从事他对中国现代科学文化事业发展的又一大贡献——创建中央研究院（另一大贡献是改革北京大学），难以脱手，且蔡先生已离校多年而前此陈百年院长已做了大量工作，情况熟悉，所以蔡先生约请陈百年、蒋梦麟等与敦请其回任北大的学校代表王烈、刘半农先生洽商，允于九个月后到校视事，在未到任前，请百年先生代理校务。于是9月16日，国民政府发布命令，任命蔡元培为国立北京大学校长，在蔡元培未到任前，以陈大齐代理。

陈百年

---

① 陈百年，名大齐，字百年。

9月24日，国民政府又发布命令准蔡元培辞北大校长职，任命陈大齐代理国立北京大学校长，陈于本月25日到任。

陈先生出任北大代理校长，距其辞北大学院院长不过月余，北大的困顿状况并无好转。他不会忘记史学系主任朱希祖、国文学系主任马裕藻、教务长何基鸿、预科主任关应麟、总务长王烈等先生向其所上辞呈中所言的学校事务繁难，维持非易，"他们激于爱护本校之热诚"，又"感于院长推崇之厚意"，才"奋发从事""同舟共济"的话；但半年任职已满他们"心力交瘁""体力愈因之薄弱"……不得已而辞北大职。而北大当时人力、物力、财力极度匮乏。因为他亲历其间，深有体会的，所以在陈先生复诸先生函中才有对他们的辞呈"捧诵再四，曷胜怅怅"等语。但为学校前途计，还是"务望勉任艰巨，打消辞意"（《北大日刊》第二二二一号）。陈先生一方面请王烈诸先生留任于诸事繁难之北大，一方面离开了北大这块多事之地，到考试院任清职，其心情一定是矛盾的，因为这不符合中国大多数读书人的为人处世的标准。所以在蔡先生委托他代理校务，重返北大时，他便毅然离开考试院前往北大，当仁不让地实践着孔老夫子"见危授命"可为"成人"的训诫，继续肩起了维持和发展北大的历史责任。

陈先生任职北大十多年，其中甘苦深有体味，他经历过长达数年的索薪斗争，那是因为政府常常拖欠教育经费，教职员工难以维持生活，校役不得不工余外出拉人力车挣钱度日，教员不得不各谋他就，如去厦门大学的有周树人、林语堂、顾颉刚等；他经历过因无钱付水费，自来水公司停止给北大供水十数日的艰难；也感受过因欠煤商1900余元，无款付给，堂堂北京大学竟被煤商告上法庭的尴尬……陈先生在明知困难重重的情况下，能"见危授命"以赴，不是一时冲动，也不是逞一时之勇，除对北大的深厚情谊，对蔡先生信任与重托的感戴外，而自有所恃。

二 因难见巧

陈先生在蔡元培先生出任北大校长之前已在北大任教，他亲历了蔡校长改革北大前后的巨大变化。他和北大师生不仅聆听过蔡校长的谆谆教诲、精当议论，研读过蔡校长的大著宏文，而且亲身感受北大校园生活。蔡校长改革组织机构、规章学则，从制度上保障办学方针顺利实施的举措；延聘各学派名师到北大任教，兼容并包，并听其自由论争，让学生比较研究，独立思考，得出自己的结论，以培植良好学风，造就有创见的新人；倡议助成各种有益学生身心健康发展的社团和刊物，以养成学生健全人格的做法；等等，使北大形成了"见贤思齐"、图自策励、不甘人后的生机勃勃的局面。对此，陈先生当有深刻感悟，也使他主持北大心中有数。

承蔡校长之余绪，萧规曹随，陈百年先生仍从制度上着手，组成并依靠学校评议会及组织、聘任、财务、图书、仪器、校舍等各专门委员会的有效工作，维持和推进学校的发展。

北京大学，初名京师大学堂，创办于光绪二十四年（1898），是在西方坚船利炮刺激下，国人求富求强求新，即追求国家现代化的产物。因此，它一产生便肩负着振兴国家的重任。管学大臣张百熙给京师大学堂的题联是"学者当以天下国家为己任；我能拔尔抑塞磊落之奇才"；首任京师大学堂总监督张亨嘉的就任训词是"诸生为国求学，努力自爱"；等等。为代代北大人所记取、所实行，其中自然也有陈先生。这种以天下国家为己任的历史责任感，经蔡校长发扬光大，成为北大精神的核心，是北大人克服种种困难向前迈进的力量源泉，陈百年先生信之行之。面对不断递来的辞呈，他拿"学校前途"说服诸位留任，共赴时艰。因为他相信这些在北大任职多年的学者，与自己一样是热爱北大的。这一招果然灵验，本来坚决请辞的，在陈先生的挽留下，感到"值此多事之秋，绝裾而去"，使陈"独任艰巨，又非良心之所安"，因此，"筹维再四"，还是留了下来。

陈先生一面挽留在任者，一面积极召回散往各地的原北大教授。有时一天当中他发往上海、南京、武汉、安庆、杭州等地催请返校的电报竟多达十数通。在他的恳请下，北大名教授陆续回校任职。

陈先生为把学生生活导入正轨，并激发学习、研究的兴趣和有高尚情趣的消遣。在他的支持下，在一年多时间里，北大国文学会、北大摄影研究会、北大音乐会（及研究所）、北大英文学会、北大体育促进会、北大造型美术研究会、北大围棋研究会、北大地质学会、北大物理学会、北大法律学会、北大旧剧研究社、北大心理学会、北大德文学会、北大社会科学研究会、北大平民教育讲演团等几十个社团恢复重建，还出版了《北京大学月刊》《自然科学季刊》《北大学生周刊》《北大学生》月刊等刊物。

在陈百年先生任北平大学北大学院院长、北京大学代理校长的近两年时间里，在他的领导下，克服重重困难，巧妙应对，经广大师生的共同努力，基本上医治了自1927年9月北京国立九校合并为京师大学校，后改中华大学，复改北平大学给北大造成的巨大创伤。到1930年12月4日，国民政府发布命令，准陈大齐辞北大代校长职，任命蒋梦麟为国立北京大学校长时，北京大学的组织机构、教学研究、学生生活都基本上得到恢复并步入常轨，为蒋梦麟先生中兴北大铺平了道路，是北大1930年再度辉煌的序曲。

三 美因人彰

蔡元培校长被认为是中国传统文化碰上外来文化后，"没有动摇、退缩、逃避、转向"，"终身没有丧失信念"，"那么旧，又那么新"的一个人。他融会中西，贯通古今，将中国先贤名训与西方自由、平等、博爱的民主思想相沟通，认为"所谓自由，非放恣自便之谓，乃谓正路既定，矢志弗渝，不为外界势力所征服"，就是孟子所说"富贵不能淫，贫贱不能移，威武不能屈"的"义"；而"所谓平等，非均齐不相系属之谓，乃谓如分而与，易地皆然，不以片面方便害大公"，也就是孔子所谓"己所不欲，勿施于人"的"恕"；至于"所谓友爱，义斯无歧，即孔子所谓'己欲立而立人，己欲达而达人'"的"仁"。蔡校长将中国传统文化赋予新的含义的治学、治事方法，在北大师生中产生了广泛而深刻的影响。正是有这立人达人的"仁"在心中，虽然"自从任了半官式的国立大学校长以后，不知一天要见多少不愿意见的人，说多少不愿意说的话，看多少不愿意看的信"，但是蔡校长还是用全部精力和智慧对北大进行了卓有成效的改革，化腐朽为神奇，影响深远，至今为人们所称道。

蔡校长行之于前，陈先生跟随其后。陈先生上任时，局势比蔡先生长校时更为艰难。但他迎难而上，放弃个人安闲，恐怕也是遵孔子的仁者立人达人之训吧。陈先生学术成就卓著，学识渊博（见后附一），深受学生欢迎。当得知陈先生不再代理校长职务后，北大哲学系学生致函陈先生说"先生屡次呈辞校长本职，大概是要回来专心教导我们了，我们觉得非常荣幸"；而当学生们听传闻陈先生将调往铨叙部时都很焦急，"我们哲学系的同学，在知识上饿得发慌"，急待先生来哺育，因为"屈尔伯与霍塞尔，据说国内能懂得他们如先生者，未有其人。现象学派难道不是我们目前最该知道的么？

愿先生念往日的情谊"回任哲学系,"我们不能让先生走"。(《北大日刊》第二五一二号)

毕业生李薦侬虽远至海南琼州任职,仍不远千里投书向陈师报告任所风物人情、自己学习研究及著作情况。陈先生深得学生的信任与欢迎,由此可见一斑。荀子说:"得众动天,美意延年。"孔子也说:"仁者寿。"陈先生寿如其字,享年近百,世不多有,可证言之不虚。

鸦片战争以后,中国社会在外国列强的压迫下进入了动荡的转型期。中国向何处去,中国文化向何处去,是中国所有先进分子所思考和探求的问题。五四前后,一批大名鼎鼎、学贯中西的一流学者,如李大钊、陈独秀、高一函、郑振铎、杜亚泉、胡适、张君劢、梁启超、梁漱溟、蒋梦麟、丁文江等人发表各自的见解,就东西文化、科学与玄学、中国走什么道路等问题,进行激烈的论争,有数百篇(部)论著面世,其中大部分发表于五四之后。

争论一起,难免偏激。例如广为人传的《新潮》《国故》之争。毛子水先生在《新潮》第一卷第五号(1919年5月)上发表《国故和科学的精神》一文,"我们中国民族,从前没有什么重要的事业;对于世界文明,没有重大的贡献;所以我们的历史,亦就不见得有什么重要"。"我们中国的国故,亦同这个死人一样",只是供解剖,找病因的材料。这种用偏激、尖刻言辞表达的与历史事实相悖的说法,不引起反驳才是怪事。对这样的论争,身为新文化运动重镇的北京大学的哲学、心理学教授陈百年先生,深有感受。1923年5月,陈先生在北师大作《论批评》的讲演,表示了他对论争出现这种纷乱的议论,"并不抱悲观的态度"。但是他"很希望在这议论纷乱的时代,有些能做正当批评事业的人"。他认为做正当的批评的目的是要"在真伪混淆里边,分别出真正的是非,使伪者不能乱真,真理不至埋没"。要做到这样,陈先生以为需注意以下各点:(甲)对一种议论(或理论),"赞成也好,反对也好,绝不可存畏忌或嫌疑的念头"。只是用自己的见解来做理论上的探讨。赞成某种议论,是承认它的合理,并无讨好立议者的意思。同样,反对某种议论,是指出其不合理处及缺点,也不是与立议者为难。并且对某种议论可以赞成其合理部分而反对其不合理部分。他引用陈独秀、胡适的文章为例(见后附二)说:"我们对于陈胡推理的形式,表示反对;但对于他们议论的事实,仍表示赞成。论理上的缺点,既不能影响于主张,我们又何妨在论理上反对，而于主张上赞成呢？"（乙）新旧不是判定是非的标准。争论中人们常常分别新派和旧派（至今仍有沿用）对待之。陈百年认为其实新旧不过是时间上的问题，出现早的在前的便为旧，出现晚的在后的便为新，是时间概念。是与非则是价值概念，二者没有必然的联系，即"新的未必皆是，而旧的不能全非；同时旧的未必皆是，新的也不能全非"。（丙）尊卑上下不是判定是非的标准。陈先生列举父子、官民、学潮、工潮等说明，"尊者在上者的言论，不能全是；而卑者在下者的行为，也不能全非"，反之亦然……陈先生还告诫不要蹈因人废言之失，而要就事实论是非、做批评，更不可涉及论者人格，猜度立议者的用心等主观主义的做法。（《北京大学日刊》1924年5月22日至5月26日）

此处较为详细地介绍了陈百年先生《论批评》的讲演词，是笔者以为这在今天仍有现实意义。因为如何融合中西（中外）构建每个时代的新文化，是每个当时代人的使命。"运用之妙，存乎一心"，构建的情形如何，这与每个人的文化修养、学识等因素相关。套用陈先生的意思，我们可以说中不皆是，西不全非，同样，西不全是，中亦不会全非。为构建我们时代的新文化，我们必须努力去发现、阐释、发扬中西文化的美好、优秀之处，并加以融合。然而美不自美，因人而彰。这其中的优美并不是人人随意能认识得到的。柳宗元说得好："夫美不自美，因人而彰。兰亭也，不遭右军，则清湍修竹，芜没于空山矣。"这就是说，要有王羲之的学识修养，才能有兰亭集序，兰亭之美遂为千古景仰，而鉴湖越台又养育了多少大家大器。绍兴名士何其多！

然而构建新文化，必以传统文化为基础。陈先生与蔡校长一样，都是中国传统文化陶熔出来的学者，在他们身上时时闪现着中国传统文化的光辉："见危授命，可为成人"（《论语·宪问》），"见贤思齐"（《论语·里仁》），"见贤焉，然后用之"（《孟子·梁惠王下》），"修齐平、日日新、新民"（《大学》），"万物并育而不相害，道并行而不相悖"（《中庸》）等优秀传统文化成果，在他们积极运用下，得到了发扬光大。在陈百年先生前后主持北大校务的蒋梦麟校长，通过自身感受认为，中国文化之所以能延续至今不衰，关键之一是中国文化能不断吸收外来新文化，并不断适应新环境的结果。蒋梦麟认为对中国文化了解越深，则越容易了解西方文化。他说自己在国内求学时，日夜苦读经史子集的工夫没有白费。正是那些表面看来褊狭的教育，为他奠定了广泛的知识基础，使他容易吸收、消化西洋思想。因为中国古书中包括了历史、哲学、文学、政治、经济、军事、外交、数学、天文、农业、商业、游记、动植物等非常广泛的知识。他也清醒地认识到，这还不够，还要把西方的现代科学知识嫁接过来，形成新的文化，一方面保持安定，一方面促进进步。他希望青年们不要存不切实际的幻想，企望轻而易举地得到什么包治百病的灵丹妙药，而应该"眼看天，脚踏地，看得远，站得稳，一步一步地前进，再前进！"

·附一·陈百年先生在北大的主要工作简表

1917年，陈氏在北大创设了中国第一个心理学实验室。

1918年，陈氏著《心理学大纲》一书由商务印书馆出版；这是中国第一本大学心理学教材。

1919年，陈氏发表《北京高小女生道德意识之调查》；该文应用问卷法调查研究，是中国心理学联系实际开展研究的先声。

1922年，陈氏译（德国人马勃原著）《审判心理学大意》一书由商务印书馆出版。

陈氏讲授课程有：逻辑、认识论、kulpe哲学、近世认识论史（西洋近世认识论史）、论理学、陈述心理学等。

自1918年起多年任校评议会成员。

1923～1927年，任哲学系系主任。

1926～1927年，任心理学系系主任。

1927～1928年，任教务长。

1929年1月至1929年8月，任北平大学北大学院院长兼第一院（文科）主任。

1929年3月至1929年8月，任教育学系系主任。

1929年9月至1930年12月，任北京大学代理校长。

1929年10月至1930年12月，任研究所国学门委员会委员。

·附二·《论批评》节录

为什么在论理上反对，而在主张可以不反对呢？现在引一段成文，作说明的例证。新青年二卷四号，陈独秀有一篇论孔教的文章，我们节选一段于下：

足下分汉宋儒者，以及今之孔道孔教诸会之孔教，与真正之孔教为二；且谓孔教为后人所坏。愚今所欲问者，汉唐以来诸儒，何以不依傍道法杨墨，而人亦不以道法杨墨称之；何以独与孔子为缘而复败坏之也？足下可深思其故矣。

胡适之为吴虞文录做序，还引过这段话，并在后面加了申明，说：这个道理最明显：何以那种种吃人的礼教制度，都不挂别的招牌，偏爱挂孔老先生的招牌呢？（胡适文存卷四页二二五）

陈胡二先生所做的都是攻击孔教的文章；上面所引的，都是他们推论孔教应当攻击的理由的一段话。他们的主张，我是很赞成的，因为孔教确乎有可以攻击的地方。但是他们这两段话，未免有点语病，在论理上有些不圆满，恐怕不足以间［缄］执言者之口。如果我们要把这种推论的形式，应用起来，便生出许多的流弊；胡陈二位推理的方法，我们可以把他变成下列的形式：

何以甲不假借乙，而必假借丙？故丙为非。

照着这样的公式，各种问题填进。可以得许多推论，如：现在有种污秽堕落的文字，如上海黑幕小说之类，都是些最无价值，最不堪入目的文章，却都采用白话，假借新文学的名义；那末攻击新文学的人，也可以说：

何以那一般黑幕类小说，不用古文，而必假借于新文学？所以新文学无价值。

又现在的妓女，往往仿效女学生装束，我们也可以借此反对女学生，说：

何以那一般妓女，不学别的服装，而必仿效女学生？故女学生当反对。

又最近临城劫车的土匪，自号"建国自治军"，那末我们也可以说：

何以临城土匪不假借别的名义，而必假自治为名？故自治主义是不可尚的。

以上诸例,与胡陈的推理方法相同,形式上一点差异也没有,但是那一件能视为正确呢?恐怕找不出来罢!所以反对某种事实,必须指出他应受攻击的实在理由,一切无根据的推论,是最当排斥的。(《北京大学日刊》第一四七六号)

(在"第四届中国近代文化的解构与重建"大会的报告,收入《中国近代文化的解构与重建》,台北,"国立"政治大学文学院,2001)

秉志：中国动物学研究的主要奠基人

秉志（1886~1965），字农山，原名翟秉志。满族，河南开封人。动物学家。中央研究院院士、中国科学院院士。1908年京师大学堂预备科毕业。1909年赴美官费留学，1918年获美国康奈尔大学哲学博士学位。1914年6月，他与任鸿隽、赵元任、胡明复、周仁等发起成立中国现代最早的科学团体中国科学社并出刊《科学》杂志，为五理事之一。1920年回国任南京高等师范学校教授，1921年在本校创办我国第一个生物学系；1922年创办我国第一个生物学研究机构——中国科学社生物学研究所，并任所长；1927年与植物学家、京师大学堂校友胡先骕创建北京静生生物调查所，并任主任；1934年发起成立中国动物学会，被推为理事长，以后连任三十余年，直至1965年逝世。他曾任美国韦斯特解剖与生物学研究所研究员，中国东南大学、厦门大学、中央大学、北京大学、复旦大学等校教授，教育部教育方案编制委员会委员，商务印书馆大学丛书委员会委员，中央研究院评议员，中国科联常委，中国科学院水生生物研究所、动物研究所研究员，北京博物学会、中国海洋湖沼学会、中国解剖学会、中国生理学会、中国地质学会、中国古生物学会等学术团体的会员、委员、理事。他还是第一届政协特邀代表，第一、二、三届全国人大代表。主要著作有《虎大脑之研究》《鲤鱼解剖》《科学呼声》《竞存论略》等150余篇、部；另有诗作200余首行世。

一 创业以学问为国家元气之所系

秉志先生1904年考入开办不久、肩负着求富求强求新历史使命的京师大学堂。在京城，他亲眼看到欧美各国在华势力的嚣张气焰，如要筑路权，要开矿权，要通商口岸，要免关税权，等等，不一而足。又亲眼目睹自己的同胞遭受洋人无端打骂、侮辱、欺压的悲惨情景。当其时，京师大学堂开展"拒俄运动"（1903年4~5月）聚众上堂的钟声，和"发大志愿，结大团体，为四万万人请命"的呼声犹在耳边。他深为国家衰微、人民多难而痛心，更为列强各国逞凶中华而激愤。在此期间，他参加了一系列的爱国学生运动。为了寻求强国富民的途径，他每日除学习规定的课程外，最喜欢广泛浏览新书。从大量新知识中他渐渐认识到欧美各国之所以强盛，"是由教育与专门科学技术而来，于是遂专心学习科学。又因自然科学是格物致知，破除迷信，与我的性情极合，此学是强国富民的利器，好之尤甚"（秉志手写《自传》）。

近代中国伟大的启蒙思想家、教育家严复的八大译著，对中国近现代史产生了巨大影响，其中《天演论》（英人赫胥黎著 *Evolution and Ethics*）几乎家喻户晓，成了19世纪末20世纪初，中国青少年的启蒙教科书。此书出版后，"不上几年，便风行到全国，……这个'优胜劣败，适者生存'的公式，确是一种当头棒喝，给了无数人一种绝大的刺激。几年之中，这种思想像野火一样，延烧着许多少年的心和血。'天演'、'物竞'、'淘汰''天择'等等术语，都渐渐成了报纸文章的熟语，渐渐成了一班爱国志士的'口头禅'……我自己的名字也是这种风气底下的纪念品"（胡适《四十自述》）。秉志先生便是被这种思想"延烧"着心和血的年轻人之一。因此，当1909年他与梅贻琦、胡刚复、何杰等47人成为"游美学务处"成立之后考选派遣的第一批官费游美学生，入康奈尔大学中学时，秉志先生选习于生物学系。他在《自传》中表述这段心路历程时说："因夙日喜读进化论等著作，尤倾心于达尔文的学说，以其纯由自然界的观察实验（辩证唯物）入手，是最与思想解放有关。达氏学说在十九世纪中期于各种学术的推进有大功，打破了西洋中古时代宗教的迷信，我深好之，乃专习生物学，尤集中于动物学。"

随着学习的逐渐深入,秉志先生看到生物学为研究生命之科学,与人生之关系至为显著,所有"正德利用厚生诸大业,无不于此有赖",甚至提出"生物学关系民族兴衰"(《生物学与民族复兴》)的观点。他多次讲述普法战争(1870~1871),法国战败之后割地赔款的事例。法国赔款总数达五十亿法郎,其中绝大部分由法国农民捐输。法国农民能有这样的财力以纾国难,是因为他们养蚕、造酒获得巨额利润的缘故。法国农民养蚕、造酒能获巨利,是因为大化学家、生物学家巴斯德(Pasteur, Louis, 1822~1895)关于微生物研究成果的运用。巴斯德的温热灭菌法使法国的葡萄酒、啤酒业起死回生;他提出的消灭传染源、切断传染途径的方法挽救了法国的蚕丝业。病害不作之后,农民从蚕丝、造酒获利日巨,因此在国难当头之时,有力量捐输为国解忧。对此,伟大的英国生物学家赫胥黎(Huxley, Thomas Henry, 1825~1895)曾评论说,法国五十亿之赔款是由巴斯德一人付清的。秉先生认为此说并"非过誉之辞也"。因为巴斯德被1907年法国公民投票选举为法兰西民族之最大伟人证明了这一点。巴斯德之空前成就,并不是通过武力征服,或政治活动得到的,而是由于他成年累月,在实验室审思笃行、精心研究的结果。法国人民和政府认识到学术研究的重要,为能做出更多的科研成果,为巴斯德改善研究条件,合力于1888年在巴黎兴建了设备精良、条件优越、能容纳学科众多的研究所,并命名为"巴斯德研究所"。由于该所成绩卓越,各国捐助款额很大,经费充裕又能聘请许多著名学者到所研究,这些名家又做出更多更好的成果,形成良性循环。巴斯德研究所早已成为世界上最著名的生物学研究中心。

巴斯德之研究成果多关国民经济,法国人民直接感受到其巨大效能,愿捐资相助,实在比较容易办到。而那些做纯科学研究暂时与经济利益尚无明显关系的项目,要得到支持资助就非常不易了。例如,俄国伟大的生理学家、诺贝尔奖得主巴甫洛夫关于高级神经活动生理学的研究(大家熟知的条件反射是内容之一),虽为各国生理学名家所关注,并对医学、心理学以至于哲学等方面都有重要作用,但因一时看不到经济价值,曾被人讥笑,被朋友警告,甚至蔑称他为"玩狗者"。因此,巴甫洛夫的工作条件极其艰苦简陋,在无炉火的实验室作解剖,必须动作极为迅速,否则很快结冰而无法观察;经费不足,无法购足实验用狗的食物,巴甫洛夫将自己并不多的一点食物省下一部分来饲狗……苏联建立之初,全国经济破产,维持人民的最低生活都十分困难，然而伟大的列宁却给予巴甫洛夫的研究以特别支持，为他建造设备相当充实的新实验室，保证足够的经费。再也不用省吃俭用饲养实验动物。苏联政府能在民穷财尽、庶政纷纭之际，对纯科学研究如此重视，更不用说其他应用技术的研究。随后苏联的科学技术得到迅猛发展，国家大受其益，世人叹服列宁有远大的眼光，不愧为伟大的领袖。秉志先生对此称赞不已，他说："科学发达之国度，其人民享受之幸福，远非科学落后者能企及于万一，而国家当创钜（巨）痛深，极度阢（杌）陧之余，极力利用科学，以图建设，此其国策乃属最智……近廿年来之苏俄庶几可当之而无愧矣。"（《生物学与民族复兴》）

其实无产阶级革命家也好，真正的科学家也好，只要是真心关注国家、民族命运者大都能认识到学术对国家发展的重要，认识到学术研究是立国兴邦的命脉所系，学术发达与否是与国家在国际上的地位相关的。中国共产党的创始人、在中国传播马克思主义的第一人、北京大学教授李大钊，在北大建校第二十五年纪念时著文称："我以极诚挚的意思，祝本校学术上的发展。只有学术上的发展，值得作大学的纪念。只有学术上的建树，值得'北京大学万万岁'的欢呼！"（《本校成立第二十五年纪念感言》）李大钊虽是中国共产党的创始人，但他首先是一位教授，是真心实意关注国家民族命运的学者，他的远见卓识我们不应忘记。

秉志先生在研究了大量的中外历史事实之后，认为一个国家学术发达，各行各业各学科都有专门人才，在国家所有重要问题需要解决时，才能应付自如，做到"兵来将挡，水来土掩"。他的结论是"学问为国家元气之所系"。因此，秉志先生一生为科学救国而奔忙。他自己一生研究不辍，直到他去世前的十几个小时仍在实验室研究。有鉴于欧美发达国家科研机关、大学的林立，他于1914年在美国与留学生任鸿隽等发起组织中国近代第一个学术团体——中国科学社，并发行《科学》杂志。1920年，他回国后第二年便创办了中国第一个生物学系——南京高等师范学校生物学系；1922年又创办了中国第一个生物学研究机关——中国科学社生物学研究所。为了与国外交流，使世人了解中国人的研究状况，他办起《中国科学社生物学研究所丛刊》，刊登同道的研究成果，与世界各地交流刊物达五六百种。1927年帮助胡先骕创办北京静生生物调查所。1932年，参与发起成立中国海洋湖沼学会。1936年，发起成立中国动物学会。此外也参与中国古生物学会、中国地

1915 年中国科学社成立时合影（后左一为秉志）　　1928 年北平静生生物研究所同人（前左二为秉志）

质学会、中国生理学会、中国解剖学会等学术团体的学术活动。可以说秉志先生为科学救国追求学术上的建树奋斗了一生，是中国动物学界的创业大师。

二　为师以引领鼓动为要

秉志先生出身于教师之家，祖父与父亲均以授徒为业，受父辈影响自幼熟读五经四书，家学有自，中国传统文化根底深厚，17 岁那年两试两中（秀才、举人），次年考入京师大学堂预备科学习，后留学美国，1918 年获博士学位。因出生于教师之家，所以秉志先生 32 岁之前不曾离开过教师左右。因此对教师职业有明白深入的了解，加上他深厚的传统文化修养，因此对教师，他所看重的是广博精深的学术修养，勤谨不懈的研求，热心诚挚的态度，生动有趣的讲授。在秉志先生看来，只有这样的教师，才能鼓动学生的学习兴趣，引领他们一步步深入，进到科学殿堂。一旦学术有成，将对国家民族作出贡献。

兴趣、爱好，是人们心理、情绪兴奋、激活的一种表现，是人们完成一件事的重要条件之一。中国古代教育家一向重视受教育者的兴趣、爱好、性情所近，注意调动其内在的积极性、自身自动的活力。"必使其趋向鼓舞，中心喜悦，则其进自不能已"（王阳明《传习录·训蒙大意示教读刘伯颂等》）。这些教育思想对秉志先生来说当然不会陌生，他常常对能鼓舞学生培养学习兴趣，引领学生好学不倦的教师大加赞扬，并且自己身体力行，也成为了受众多学生爱戴的念念不忘的一代宗师。

秉志先生常常赞美法国化学家杜马（Dumas, Jean Baptiste Audre, 1800~1884）教授将学业平平、几至废学的巴斯德引入科学之途，唤起巴斯德对科学探索研究之兴趣，经不断废寝忘食地热烈探求，巴斯德陆续创获多项科研成果：他研究酒石酸盐，发现了晶体的不对称性；他研究葡萄酒发酸问题，发明了温热灭菌法；他研究家蚕及家畜等的传染病，发明了消灭传染源、切断传播途径及预防接种等有效的方法；等等。巴斯德的研究成果不仅为法国做出了巨大贡献，被法国人民票选为最伟大的科学伟人，而且全世界均受其益。这正是秉志先生"学问为国家元气之所系"的思想的根据。秉先生常常表示对巴斯德的敬佩与赞扬，更赞美引领巴斯德的杜马教授："巴氏自遇良师，对于科学之研究，有不可言喻之热烈，几于食无求饱，居无求安。而日夜埋头于工作……其一生之伟大贡献，遂由此导其源。然杜氏之热心启迪，其功诚不可诬焉。"（《科学呼声》）并认为作为教师的，人人应以此为范，不可"聊草塞责"对待学生。对杜马引领、启迪巴斯德一节，美国科学史家 I. 阿西摩夫曾说："这个例子说明教师吸引力的重要性，杜马是位有成就的科学家，而巴斯德更伟大得多。在杜马的科学生涯中，最重要的贡献就是使巴斯德走上应走的道路。"（《古今科技名人辞典》）

那么，杜马教授是如何引领、鼓动巴斯德走上应走之路的呢？秉志先生认为原因主要是杜马本人是一位卓有成就的科学家，对其所授课程有着透彻深刻的了解，又经过精心的准备，"其讲演也，必反复详申，使题无腾义，滔滔明辩，是以耸动学者之听闻"（《科学呼声》）；由于杜马热爱所授课程，其讲演总是一种诚挚兴奋的状态，其热心毅力流露于不自觉之中。这种如演员深入于角色之中的精辟而真情演讲，自然能感动学生，引发其兴趣。再加上杜马对学术问题严谨从事，容不得马虎草率，"不容稍存丝毫苟且鲁莽之心"，而必"尽力竭诚，务使学者悉有心得"，"苟有一义之未明，必悉心探讨，务使真理大明而后已"。杜马这种为科学而热诚不倦的精神，"学生无不受其感化。于是在杜氏领导之下，一班青年个个奋进"（《科学呼声》）。由此可见，教师自身的学术素养、教授方法与教授态度是能否引领、鼓舞学生的主要条件。学生一旦被教师鼓动起学习兴趣，那就"譬之时雨春风，霑被卉木，莫不萌动发越，自然日长月化"（王阳明《传习录·训蒙大意示教读刘伯颂等》），成其进自不能已之势。

涵容　博大　守正　日新

要做一个秉志先生眼中的好教师并不容易，条件说来容易，做起来难。但秉先生为实现科学救国的理想，身体力行，终于成为了他所理想的教师。秉先生曾任南京高等师范、东南大学、中央大学、厦门大学、复旦大学、北京大学等校教授。虽有广博精深的学术基础，但他为了不断提高自身的科学素养，秉志先生为自己制订了"工作六律"和"日省六则"，写成卡片随身携带，时时对照。

"工作六律"：身体强健、心境干净、实验谨慎、观察深入、参考广博、手术精练。并在旁边写上"努力努力，勿懈勿懈"以自警自励。

"日省六则"：心数忠厚、度量宽宏、思想纯正、眼光远大、性情平和、品格清高。其下另有"切记切记，勿违勿违"八个字。

由此可见秉志先生自律之严，治学之勤。熟悉秉先生的人都说这是他一生的真实写照。由于秉志先生治学勤谨，学识渊博，古今中外了然于胸，因此他的风趣讲授深为学生所欢迎，使一些本来没打算学习动物学的学生，竟然在听了秉先生的普通动物学课之后，终生走上动物学研究之路。中国科学院院士、武汉分院院长、水生生物研究所所长、著名鱼类学家伍献文教授是秉先生早期的学生和助手，他以在南高师的亲身经历写道："这个班本来是学农的，共有19个学生，后来转向于学习动物学的将近半数之多，可见影响之大。这不仅是教授法问题，更重要的是秉老具有科学家的风度和感化力。"（《秉志教授传略》）

秉先生还经常和学生、助手一起到野外进行采集，往返数十里路，沿途把着手教他们怎样猎取和处理标本。其间并将他所崇敬的古今科学伟人如何勤谨有成、报效国家的故事讲给青年们听，如达尔文、赫胥黎、巴斯德、杜马、巴甫洛夫等，启发他们好学深思、严谨有恒。青年们总是极爱回味这些谈话，受益匪浅。

据秉志先生的另一位学生、著名生物学家、中国生物化学学会荣誉理事、南京大学教授郑集先生讲，当年他迈进东南大学校门遇到的第一个难题是如何选课，拿到选课卡和各系所开课目表后，不知如何填写才是，为解决这个问题，他冒昧去敲秉先生的门。他知道秉先生是东南大学名教授，自己是初进大学门的新学生，生怕秉先生不理睬他，心中惴惴不安。但是出乎意料，秉先生和气地接待了他这位不速之客，并热情地帮助他选定第一学期的课程，其中有秉志先生亲授的普通动物学。"从此，我逐渐与秉教授有了接触,亲身体会到他崇高的品格和勤奋的治学精神。这对我毕生的治学和为人都有很大的影响。"(《中国科技史料》1986总第26期)郑集先生毕业后在东南大学和中国科学社生物学研究所做了秉先生的助手。由于秉先生为人正派厚道,乐于热情助人,尤其对年轻助手既热诚帮助,又严格要求;既具体指导,又信任放手。秉先生勤奋严谨的教学与研究实践,对学生和助手影响很大,他们以秉先生为榜样,刻苦奋励,成才多多。因此郑集先生在晚年回忆时说:"我至今感到在秉教授领导下工作的几年是我一生中工作最顺利、心情最愉快的几年。"(《中国科技史料》1986总第26期)

曾任《科学》杂志编辑部部长的刘咸,也是秉志先生在东南大学的学生和早期助手,是我国著名的人类学家、复旦大学教授,他在回忆秉先生时写道:"秉师是我国杰出的科学家和教育家,道德文章,流风遗韵,历历在人耳目。"秉志先生给他印象最深的则是"秉师学问渊博,待人诚恳,视学生如子弟,侪辈和学生都称他为'秉先生',犹如当时人们称蔡元培先生为'蔡先生'一样"的尊敬和景仰。

秉志先生常说:"为师者,要不可不努力自修,以身作则,求为博通淹贯之士,方足以矜式诸生,为国家作育人才……必有精益求精之精神,博闻多识之兴趣,始能使自己深造有得,而为学生考道问业之所资。故勤苦敏求,学而不厌,乃为科学教师所必须有之态度也。"(《科学呼声》)秉先生言行一致,说到做到,为科学救国,穷年矻矻,寸阴是惜,及至晚年仍焚膏继晷,秉烛夜游在书林。他这种为科学不厌不倦的献身精神,也为他的学生们树立了学习榜样,成就了大批人才。由于秉先生学问渊博,所以他教出的学生分布在分类学、形态学、生理学、鱼类学、原生生物学、生物化学、人类学等广阔领域,并成为各自领域的领军人物或骨干力量,有多人成为中国科学院院士、分院院长、研究所所长、研究员,各大学的系主任、教授,有关学会的理事、理事长,等等,如伍献文、王家辑、张孟闻、欧阳翥、卢于道、张宗汉、郑集、陈义、徐锡藩、何锡瑞、张春霖、王以康、沈嘉瑞、孙宗彭、常麟定、刘咸、倪达书等著名学者均出自秉志先生门下。

另外,秉志先生遵循古训己欲立而立人,己欲达而达人,对学生、同事总是以诚相待,热情帮助,是名副其实的良师益友,所以他遍布全国的学生们只要有机会总不忘探望他,即使那些已经名扬四海且年逾花甲的学生也愿意再听一次先生的教诲。他与学生后辈亦师亦友的关系令人称赞,与众多学生之间的友谊保持得如此长久，在我国现代学者中实属典范。

三　中小学课程宜生物学优先

　　子曰："知之者，不如好之者；好之者，不如乐之者。"（《论语·雍也》）可见做好或学好一样东西，内心的悦乐是很重要的，有发自内心的乐意，往往使人废寝忘食、欲罢不能，即所谓"乐此不疲"。因此真正的教育家都注意激发和保护学生的好奇心和求知的兴趣。我国北宋时期大学者张载（1020～1077）即提出根据学生的"趣向着心处如何"（《理窟·学大原》）因材施教的观点。明代教育家王阳明则明确指出："大抵童子之情，乐嬉游而惮拘检，如草木之始萌芽，舒畅之则条达，摧挠之则衰痿。今教童子，必使其趋向鼓舞，中心喜悦，则其进自不能已。"（《传习录·训蒙大意示教读刘伯颂等》）

　　秉先生出身于教师之家，中国传统文化根底深厚，再加上研究生物（包括人类）之进化，他深知儿童少年性近自然，见花草虫鱼则喜之心理。所以在儿童初受教育时，就应设法使之接近自然。因此对小学设有《自然》课程甚是称赞，认为是"极是之举"。他认为学生年幼，"宜就其爱好自然之天性，以浅易之生物学知识引起其兴趣"。一旦学生心中悦喜，兴趣高涨，那就会有王阳明、张载、孔子等先哲所论述的效果，人才即会辈出，国家即会繁荣富强。秉志先生对小学生、中学生培养学习兴趣的观点，无疑是正确的。他不仅提出观点，还进一步提出方法，认为对脑力体力尚在发育，未臻成熟时期的儿童少年，"务使校课不至繁重，稍涉干枯之功课皆不令习之……只令习其最浅最易者而已。功课既轻，儿童作合理有益之运动之时则较多，偶值天气澄和风物鲜美之时，必率令之往佳林幽谷，采集野花蛱蝶，观察鸣鸟游鱼，随时以人类与自然界关系之浅近知识，灌输于其心中，使其对于各种自然界之现象发生兴趣，喜于寻求其解释。迨其稍长受中学之教育，乃以其体育之发展为要"（《生物学与民族复兴》）。秉志先生具体从生物学角度阐述了与王阳明相同的意思，即引起学生求知之兴趣的重要，真是英雄所见略同。王阳明还有两句话也颇为精彩："能二百字者，止可授一百字。常使精神力量有余，则无厌苦之患，而有自得之美。"（《传习录·教约》）心中美乐，则"乐此不疲"之效可收。今天功课繁重使学生疲而生厌的教法是否可以于此有所借鉴？

秉志先生非常重视学生及国民的身体素质问题，他对照中西，看到发达国家人均寿命长，而半封建半殖民地的旧中国人均寿命几乎是人家的二分之一。他指出一个人二十岁左右是求学时期，三十四十岁为继续深造时期，平均而论，"学问之大成，功绩之卓著，多在四十岁以后"。身体强健之人，寿命相对要长，自能多所贡献。自幼体弱多病者，"其在学问中努力之时期，尚不能及健者之一半，而当正有希望有作为之时期即已撒手中止，不独学者本身之不幸，抑国家民族之大阨。此等悲剧，在某一国度中演之，其国必即贫弱"（《生物学与民族复兴》）。

为了国民体质健康，进而脑力强盛，进而学术优长，进而民富国强，秉先生认为应该普及生物学、生理学、卫生学知识，使人人明了人体之构造与生理情况，人体健康与生存环境之关系，疾病的来源及其如何传播等，从而知道一面提倡运动以养成活泼之习惯，一面推行平衡膳食促进身体健康发育。对中小学生的性教育，秉先生提出以生物作类比之法："关于性之卫生，借生物学之现象及事实以为训诫之资。"这可能是今天多数教师感到对学生的性教育难以开展的很好的启发。不妨试试。

在秉先生看来，儿童少年无不喜爱自然界生物现象，因此若在中小学重视生物课程，既有利于激发学习兴趣，又利于学生健康发育实在是"吾国人宜取之方针也"（《生物学与民族复兴》）。

四 民胞物与与教育救世

秉先生青少年时期，经历过中华民族屡遭列强侵略、割地赔款、国难深重、民不聊生之时。及其学业有成报效祖国的中年壮年时期，又逢日本大举入侵中国腹地，大片国土沦丧，民族危难已达极点之期。具有强烈爱国思想的秉志先生，一向视国家利益高于族，高于家。他为日本军国主义者借"共存共荣"之美名，实行武力侵掠、经济侵掠、文化侵掠给中国人民带来的苦难而忧虑、愤怒、痛心。他借一切机会揭露侵略者的罪恶行径，以唤起国人的抗战激情。在南京陷落避居上海时，他与学生刘咸等相约自己选题，写稿在《大公报》上发表，以鼓舞人民抗战情绪。秉志用"骥千""际潜""伏枥"等（寓"老骥伏枥，志在千里"之意）笔名发表文章。刘咸的笔名为

"汉土"等。后来由于日寇干涉报馆,不能再写文章而改为写书。在《竞存论略》(1940年12月开明书店出版)一书的序言中,他说:"此编之作,为国人警告也。吾国今日所罹之大难,为历史以来所未有;然推原其故,皆夙昔涣散因循之所至。凡立国于大地之上,其人民必精诚团结,日夜淬砺,方不为人所夷灭。自然界之有竞争,无时或息。动物不胜竞争之烈而绝种。……人类乃动物之一,其国族盛衰兴亡,夫岂能有例外。此编首言动物界竞存之各现象,以示竞争之不可避免。次言人类竞争之残酷,为一切动物所不及,不能奋发有为,一致对外者,势必为强敌所征服,受天然之淘汰。末复言弱族之奋砺,足以转为优胜:既能解除一切生存上之威胁,复可促进全人类之幸福……"

最后他说,如果国人能由此书认识到生存之不易"知所借鉴,努力奋勉,冲破今日之难关,是作者馨香祷祝者矣"。由此可见其为国家前途、民族命运而忧心如焚、焦虑疾首之情景。

秉志先生在书中以亲闻亲历分析了强国对弱国的侵略,凭经济实力以谋武力之扩张,借武力以推行经济之豪夺。今日要求某一铁路之建筑权,明日要求某矿山之开发权,后日又要求水利电力修建权,盐业、棉纱经营种种权利,弱国被压榨豪夺日穷,固然痛心可怕,而更可怕的则是文化侵略,因为文化可以影响人们的行为方式、思维方法、心理素质等,可使人盲目狂妄或自卑自贱。秉志先生指出抵制奴化教育,保持本民族文化教育是民族自救的关键。他希望弱国人民努力发展教育事业,使人民皆有知识,有技术,有高尚纯洁之道德,有担当艰巨之能力,这样对外有能力抗拒侵略,对内一面可以抵制政治之腐败,一面可以发展经济而强盛。强国之教育发达,人民认识水平提高,对侵略恶行深恶痛绝,就有利于制止其强权国家中之野心家发动侵略之行动。今日人类自相残害,举世陷于混乱,丧失众多之生命,这是人类走向世界和平之路上需付出的代价。愿人们在饱尝战争痛苦之后能有所觉悟,对"野心不戢之徒,假借名义,号招其国人,思凌弱暴寡以自利"(《竞存论略》)者,予以唾弃。奉行讲信修睦,彼此互助,利人所以自利,公益亦即私益,"民吾同胞,物吾与也"(张载《西铭》)的泛爱思想,"世界乃真有一日可臻大同之域"(《竞存论略》)。

显然秉志先生这一见解富有理想色彩,但他提出了人类社会发展的不可避免的过程,从生物学发展的角度,他强调了人们忽视的一个方面。

竞争，现今几乎时时、人人都在说，竞争的社会似乎已成定论，而且大都认为其源头是达尔文的《通过自然选择的物种起源》（*On the Origin of Species by Means of Natural Selection*）通常简称《物种起源》中的"物竞天择""适者生存"。事实上"物竞天择"一说自1859年公之于世后即引起了激烈的争论，不仅遭到宗教界的猛烈抨击，科学界的争论也是热火朝天，争论的焦点之一便是它是否适用于人类本身。与达尔文同时提出进化论的另一位英国博物学家华莱士（Wallace, Alferd Russel, 1823～1913）就怀疑进化论是否适用于人类。英国动物学家奥温（Owen, Sir Richard, 1804～1892）、美国博物学家阿加西斯（Agassiz Jean Louis Rodolphe, 1807～1873）、德国病理学家魏尔啸（Virchow, Rudolph Carl, 1821～1902）等都曾极力反对进化论。挺身而出为达尔文学说进行战斗的赫胥黎，因此被称为"达尔文的斗犬"。达尔文鉴于物竞天择之说可能被人们误解，"以为所谓优者胜者，即强梁武健之谓，以强者可以横行无忌，任意欺凌弱小，致有弱肉强食之卑鄙观念，以生物竞争之剧烈，而不顾道德，人类竟从而效尤也，乃复著《原人》（*Descent of Man*）一书，申言天演之真义，而以仁爱、忠诚、勇敢三者为动物团体所以固结，所以蕃息，所以永久生存之要素。人类乃动物之一，其所以永存于世而不致灭绝者，亦绝不能不需乎此三种美德。达氏用心可谓至仁，世人不察，动以弱肉强食，目为天演之现象，斥达尔文学说为残酷者，失之远矣"（《生物学与民族复兴》）。在秉志先生看来，《原人》一书是《物种起源》的续篇，合起来才为完整的达尔文思想。可惜的是现今人们大都熟知"物竞天择""适者生存"的《物种起源》（由严复译著《天演论》转知），而大都不知道《原人》。如果全面了解进化论的含义，是否可以这样说，竞争是动物界的事，而竞赛才是人类的事。人不能只为自己而不顾他人死活，动物却可以。大象能抛弃患有先天性心脏病的小象，以保种群的发展；人不会遗弃患病的子女，否则将受到道德、良心、社会舆论的谴责。因此，秉志先生主张加强教育事业，提高民智，以"民胞物与"为指导，为人类摆脱战争侵略达到永久和平而努力的思想，是中国传统文化的哲学思考，具有现实意义。

五　五柳先生与《北山移文》

秉志先生是一位热烈的爱国者，一位以科学救国强国为理想的科学家、教育家，一生倾心科学事业，希望能培养出大量科学人才，像巴斯德之于法国，达尔文、赫胥黎之于英国，阿葛西（Agassiz）之于美国等，以其精深的学术造诣为国家谋福利，做贡献，而无心于政治应酬。他曾称病不赴蒋介石的游园会，曾在蒋介石的招待宴会请柬上签上"辞谢"二字，曾对蒋介石派来邀请他任职的说客捧读《北山移文》。

《北山移文》是《古文观止》中的一篇，其中"耿介拔俗之标，潇洒出尘之想。度白雪以方洁，干青云而直上"数语当能代表秉志先生的志超尘俗，品格清高。而"芥千金而不盼，屣万乘其如脱"，这样视千金万乘之富贵，如草芥脱屣一般，更代表秉先生无意于权位金钱。来客听罢无言而退。秉志先生以《北山移文》退客的风趣，拒请的巧妙，都来自其深厚的传统文化底蕴，颇有先贤雅士之风。若不是熟读典籍，了然于胸，如何能临时应对，信手拈来，又恰到好处。困居孤岛上海时，秉先生拒绝为日本人服务，蓄起胡须改变面貌与敌人周旋。在国统区拒绝与蒋介石合作，但他学术研究不辍，这来自秉先生一个坚定的信念：金钱和权力可以得到，也可以失去，失去之后剩下的只有痛苦。唯有学术知识，得到之后随时可以为国家出力。新中国成立后，经历过封建王朝、殖民奴役、军阀割据、独裁统治、民主革命、人民解放、社会主义建设诸多社会巨变的他常今昔对比，忆苦思甜。"百年国运苦遭迍，蒿目每叹志未伸。桑榆欣见升平象，地转天迥四海春。""长夜倏然逢曙光""国运日益昌""争看新日月""迎来大地春"（《秉农山先生诗存》）等晚年逢盛时的感慨之词常常出现在他的诗中。他说："余从事科学工作数十年，受过种种摧折。自解放后始得安心进行，且有极好之展望。"所以他以自己的学识尽一位人民代表之责。因他久居江南，对血吸虫病的严重危害了解较多，1952年9月就曾向卫生部门写信反映情况、提出建议，久无回应。1953年8月，他以人大代表身份向毛主席、朱总司令、周总理写信："顷因民间血吸虫病日益严重，秉志为良心所驱使，向卫生当局呼吁，皆对于扑灭钉螺（该虫的中间寄主）办法不以为然。今患病者日见其多……国家前途受其威胁……"这封信对后来的防治血吸虫病工作起到促进作用。此外他还对国家法令制度、科学发展、争取留学生回国、青年的思想教育、环境卫生、公共交通、京剧改良、提倡火葬等有关国计民生的问题提出建议，可见国家前途人民疾苦始终在秉先生心中占有重要位置。

伟大的列宁曾经有言，忘记过去，就意味着背叛。秉志先生常常抚今追昔自我激励，万千感慨注到笔端："六十年前国运遭，缅怀往事一潸然。几经万劫千灾日，有此吟风弄月天。"（《中秋赏月感怀》）"手挽庶黎登衽席，眼看国步骋康庄。东风解冻江湖暖，大地涵春草木香。"（《五八年一月廿五日全国人代会感赋》）……秉先生十分珍惜这来之不易的、人民当家做主的和平建设环境，总感到应该做更多的事才不辜负这盛世辰光。他"年过七旬若更生，更从学业作长征"（《自遣》），常常焚膏继晷夜游书林，想再做科学创新，完成如引起"洛阳纸贵"的《三都赋》那样的壮举，即"衰年犹欲赋三都"（《著书志感》）。虽然壮心不已，但是毕竟年岁不饶人，他不能不为力不从心而感叹："纵身每欲冲坚垒，短剑何堪击大荒。"（《灯下感怀》）然而秉志先生是一位真正的科学家，能够平和坦然面对困病等无奈，他也偶尔赞美陶渊明"归去来兮"的潇洒，欣赏其"闲静少言，不慕荣利""不戚戚于贫贱，不汲汲于富贵"（《古文观止·五柳先生传》）的闲适恬淡生活："五柳萧疏篱外栽，柴门寂寂对江开。偶因造饮寻亲旧，一棹清风归去来。"（《题画·其二》）

学问渊博、勤奋严谨、务实爱国、平和爱人、温润宽厚、可敬可亲的学问大家秉志先生如在眼前。

（原载《北大的学子们》，中国经济出版社，2006）

从务虚到务实的蒋梦麟

19世纪中叶,古老文明的中华帝国的大门,在西方列强的坚船利炮下被迫打开。割地赔银、丧权辱国之事接连发生,中国一步步沦为半殖民地,人民苦难日益深重。苦难是清醒剂,亡国之患促使国中有识之士开始寻求出路,于是了解西方、学习西方的洋务运动,游学兴学运动,维新变法运动,民主革命运动,实业救国与教育救国等努力连续不断,多少志士仁人为中国的富强而奔走,多少有志青年负笈西行。20世纪初,出国留学者行列中有个浙江余姚人蒋梦麟,很长时间以来在他脑子里有一个盘旋不去的问题:"那就是如何拯救祖国,免受列强的瓜分。"(蒋梦麟《西潮》)

蒋梦麟

一

当年留学欧美者中,有相当多的人强烈地感到西方现代科学技术的发达是其富强的原因,中国情形正与此相反。他们认为,中国之所以没有发展起现代科学技术的原因,是由于中国文化传统中太过实用,即"学以致用"的实用主义影响太深太广所致。蒋梦麟也持这种观点,他说:"我们中国对一种东西的用途,比对这种东西的本身更感兴趣。"他说他在美国时往往看见这样的情形:如果有人拿东西给美国人看,美国人多半会说"这很有趣呀!"同样给中国人看,中国人则多半会问:"这有什么用呀?"他进一步探求这不同反应背后的文化传统,认为西方现代科学思想具有古希腊重理知的特性。希腊人把世界分为两个:官觉世界和理性世界。官觉有时靠不住,哲学家不能信赖由官觉得到的印象,而发展理性思考则是必需的。这就是今天我们都明白的"感觉到的不一定理解它,只有理解了的才能更深刻地感觉它"的道理。

1908年秋,蒋梦麟赴美留学,1917年夏回国。在美国9年中,他先后在加利福尼亚大学和哥伦比亚大学研究院主攻教育学,兼修哲学、历史社会学等,1917年6月获哥大哲学博士学位的论文题目为"A Study in Chinese Principles of Education"(《中国教育原理之研究》),实验主义哲学家、教育学家杜威(Dewey)为其导师。他在美国学到了西方现代治学方法,领略了东西方文化的差异,感觉到中国古代思想家始终囿于道德范围之内,希腊哲学家则有敏锐深刻的理智,并深信"道德宇宙不可能产生理智宇宙的果实,理智宇宙也不可能产生道德宇宙的果实。科学之果只能在理智之园成长,在基督教教条或中国的道德之下,不可能产生任何科学"。基于这样的理念,蒋梦麟认为,要使中国富强就要发展科学技术,要发展科学技术,就要使国人认识发展理智的重要性。他1917年回国后,曾不断为此而努力,利用他在上海商务印书馆任编辑兼任江苏省教育会理事的身份,或在《教育杂志》《新教育》等报刊上发表文章,或到学校演讲,总是经常提到苏格拉底、柏拉图、亚里士多德等人的名字,以便听众、读者能更多地了解希腊哲学在西方现代文明中所起的重要作用,从而重视理智的方面。因此,就有人讥讽他是"满口柏拉图、亚里士多德的人"。然而后来他发现自己的努力白费了,"并没有多少人听我这一套",结果只好自认失败而放弃,于是改变策略转而鼓吹自然科学的研究。尽管在蒋梦麟看来,这样做是先后倒置的办法,但也不能不如此,因为一方面是自己碰了壁的教训,另一方面是受孙中山先生和蔡元培先生的启发和影响。

二

1909年秋天的一个晚上,蒋梦麟经加州大学同学刘成禺的引见,第一次晋谒了中国民主革命运动的领袖孙中山先生。孙中山先生对人性的深刻了解、对祖国和人民的强烈热爱、对建立新中国需要什么的透彻见解等给蒋梦麟留下了深刻的印象,他认为孙中山是个智慧极高、信念坚强的人,是建立新中国过程中毋庸置疑的领袖。此后他担任孙中山先生在美国旧金山创办的革命机关报《大同日报》主笔,在孙中山指导下为《大同日报》写社论达3年之久。孙中山有时到《大同日报》编辑部来看望大家,在不断地接触中,蒋梦麟对孙中山有了更多的了解,因此他信赖、追随孙中山,佩服孙中山高瞻远瞩的眼光和锐意改革的实干精神。1917年至1919年间,在上海马利南路孙公馆,几乎每天晚上都能看到蒋梦麟、余日章等人来帮助孙中山撰写《实业计划》。1919年7月,蒋梦麟受蔡元培校长委托到北京代理北大校务,孙中山先生曾写信鼓励支持他,并有"率领三千子弟,助我革命"之语。

蒋梦麟非常敬佩蔡元培的为人与治事,认为他是中国文化孕育出来的著名学者,但同时具有西方学者尤其是古希腊学者的自由研究精神。对蔡元培集中西文化精粹于一身,既具中国固有文化之优点,又同时受西洋文化陶熔的特点,蒋梦麟总括为:"一、温良恭俭让,蔡先生具中国最好之精神。二、重美感,具希腊最好之精神。三、平民生活,及在他的眼中,个个都是好人,是蔡先生具希伯来最好之精神。"蔡先生融会中西,贯通古今,对于人类优秀文化"其量足以容之,其德足以化之,其学足以当之,其才足以择之"。所以在中西文化激烈冲撞之际,他不但没有动摇、退缩、逃避、转向、丧失信念,而且能把西方现代文化精神与中国传统文化相沟通,形成自己学术自由、宽宏大度、安贫乐道、科学求真的不朽精神。

蒋梦麟手迹

在蔡先生的领导下,北京大学打破自古以来文学独霸中国学界的局面,出现科学与文学并重的格局,蒋梦麟对此十分赞佩。在蒋梦麟看来,当年北京大学各种学派都有机会争一长短,教室里、座谈会上、社交场合等到处讨论文化、知识、社会、家庭、政治制度等,拥护帝制的老先生与思想激进的新人物同席笑谑、并坐论学的情形,简直就是中国先秦时代,或者古希腊苏格拉底、亚里士多德时代学术繁荣、自由研究的重现。

当年北京大学这种见贤思齐、科学民主、学术繁荣、生气勃勃的局面是蔡元培校长大力倡行的结果,其中也有蒋梦麟不少的心血,其功不可没。蒋梦麟在蔡元培长校期间多次代理校务,1930年至1945年又亲任北大校长,是北京大学百年史上掌校时间最长的一位,他对蔡元培校长的教育思想和培育的北大校风、学风有深切的体察和了解,因此他能秉承蔡先生的余绪,不仅把学术自由的风气维持不堕,并有所光大前进。蒋梦麟任职北大的岁月正是他年富力强、大有作为的黄金年纪,因此他与北京大学的感情是深厚的。北大31周年校庆时,蒋梦麟的题词"你是青年的慈母我祝你永远健康生存",不仅表达了他的美好祝愿,而且还包含他对有幸在蔡校长直接影响下自己在北大逐渐成熟的感激之情吧。

三

孙中山和蔡元培这两位中国现代史上的伟大人物,在蒋梦麟心目中占有崇高的位置。蒋梦麟看到孙先生为了计划中国的工业发展,亲自做计算、绘地图、制表格、作规划、写文章等。蔡先生在北大为引起学生研究学问的兴趣,广聘热心而积学的教授,并组织文、理、法各科研究所及各专业研究会,进行学术活动,开中国高校设立科研机构之先河;为挽学生奔竞游荡之习,他倡立进德会、体育会、音乐会、画法研究会、书法研究会等,供学生正当消遣,以养成高尚娱乐习惯;促成学生银行、消费公社、平民夜校、平民教育讲演团等,以发扬学生自助之精神,养成服务社会之习惯等。孙先生和蔡先生这些坐言起行,不尚空谈,把西方学术与中国实情相结合的成功做法,对蒋梦麟颇有启发。

蒋梦麟放弃了言必称苏(格拉底)柏(拉图)亚(里士多德),企图引导人们先去看看理智的源头的做法,反过来先引人们去看科学的水流。因为蒋梦麟知道要国家强盛,人民生活丰富,就必须发展科学,他甚至还注意到了普及科学知识的重要。当年中国最大的科学团体,便是1914年由在美学者任鸿隽、秉志等人发起成立,1918年迁回国内的中国科学社。蒋梦麟看到中国科学社社员中有学问的人很多,能够研究高深学术,他们的研究必将对中国未来的发展起到作用。但这还不够,他发表文章希望这些科学家能注意通俗科学知识的普及,最好能一面讲高深科学,一面用浅近的科学知识,来研究现实的问题。五四运动之后,蒋梦麟在1919年11月1日《〈晨报〉纪念号》上发表的文章中提醒大家注意:"这文化运动,不要渐渐儿变成纸上的文章运动;在图书馆、试验室里边,不要忘却活的社会问题;不要忘却社会服务;不要忘却救这班苦百姓。"

国立北京大学图书馆　　　　　　　　北大 U 形学生新宿舍

对北大的发展，蒋先生也取务实的态度。1920年12月17日，北京大学第23年纪念日，蒋梦麟对全校师生发表的演说词中提出三件重要事项：全力注意输入西洋文化，购买西文书籍，学好外文；用西洋科学方法整理国学；注重自然科学，扩大充实实验室、仪器室。他希望大家努力去做，将来有了大成绩时大庆祝一番。1922年，北大第25年成立日时，蒋梦麟的演说词中，更提出建设图书馆、寄宿舍等项设想。然而，由于军阀混战，时局动荡，经费常被拖欠达数月之久等原因，蒋梦麟的计划只是计划而已。1930年12月，蒋梦麟在离开北大四年半之后出任北京大学校长，他在胡适、傅斯年、顾临（Rogers. Greene，中华教育文化基金董事会美方董事之一）等人的大力帮助下，并利用他个人与中华教育文化基金会的良好关系（1924年9月18日中华教育文化基金董事成立，蒋先生即为中方董事之一）得到中华教育文化基金会的大力支持。1931年1月9日，中华教育文化基金会第五次常会通过决议，每年捐助北大20万元，以5年为期，北大每年拨出对等款数，共同用于延聘教授、添置设备之用。蒋梦麟很好地使用了这笔钱，不仅请回了许多在1927年至1929年间北京大学被合并于京师大学校、中华大学、北平大学中而取消校名时去往他处的老教授，还聘到不少崭露头角的新教授。是年6月6日北平《晨报》曾就蒋梦麟努力整顿校务、聘请教授进行报道。一时间，国内外一流专家又云集于北大，请看阵容：数学有冯祖荀、江泽涵、斯伯纳、奥斯谷等；物理学有王守竞、萨本栋、饶毓泰、朱物华、吴大猷等；化学有曾昭抡、钱思亮、刘云浦等；地质学有李四光、丁文江、谢家荣、孙云铸、翁文灏、杨钟健、葛利普等；生物学有张景钺、许骧、秉志、胡先骕等；中国文学有沈兼士、胡适、马裕藻、罗常培、刘半农、罗庸、钱玄同等；外国文学有梁实秋、徐志摩、朱光潜、周作人、叶公超等；历史学有陈受颐、姚从吾、孟森、钱穆、毛准、马衡、陈垣等；哲学有汤用彤、马叙伦、贺麟、张颐等；政治学有张忠绂、许德珩、陶希圣、陶孟和等；经济学有赵迺抟、周炳琳、周作仁等；法律学有戴修瓒、刘志敭、燕树棠等；教育学有吴俊升、樊际昌、陈雪屏、林可胜、汪敬熙等；统计学有吴定良等。这样在国内外各大学少有的整齐一流的教师队伍，培养出了大批高质量的人才。

蒋梦麟为中兴北大的另一项举措，就是建筑新图书馆、地质馆、学生宿舍。在1930年代的北京很是显眼的北大三大建筑都是由著名建筑学家梁思成先生设计的。1935年7月31日，北大地质馆落成，不久中国地质学会即在此召开年会。建筑费中有李四光、丁文江等地质系教授的捐款。与地质馆同时落成的北大新图书馆，8月27日经郑天挺秘书长和樊际昌课业长等人验收合格，该馆仿照美国国会图书馆建筑，为当时国内领先水准。同年11月5日，有220个房间的U形建筑北大新宿舍也正式交工，即将毕业的四年级学生全部迁入，成为新宿舍的第一批幸运儿。此外还扩建了实验室，新建了煤气厂，购置了大型光谱仪等设备，并添购了大量图书、报刊充实新图书馆。

有了一流的教授、一流的图书设备，加上良好的学术环境，自然要出一流的成果。在蒋梦麟长校期间，先后有一批奠基性论著发表，如《十韵汇编》（罗常培、魏建功）、《史记探源》《春秋复始》（崔适）、《明清通纪》《清初三大疑案考实》（孟森）、《唐五代西北方音》《中国方言研究小史》《临川音系》（罗常培）、《黑格尔学述》（贺麟）、《读太平经书所见》《汉魏两晋南北朝佛教史》（汤用彤）、《唐代俗讲考》（向达）、《隋书西域传附国之地望与对音》《多尔衮称皇父之臆测等》（郑天挺）、《论古无复辅音》《古文字学导论》（唐兰）、《古音系研究》（魏建功）、《金上京考》（姚从吾）、《撒尼倮语语法》（马学良）、《理学探源》（任继愈）、《国语中的语音的分配》《建筑中之声音的涨落现象》（马大猷）、《中国古生代地层之划分》（孙云铸）、《多原子分子结构及振动光谱》（吴大猷），等等。此外北大学者还参加了西北科学考察团整理居延汉简，整理艺风堂金石拓片，制造最简音高推算尺和音准、音调模拟器等，及调查绥远方言、记录江阴方音，等等。这些重要成果为北京大学的学术地位又增添了新的砝码。

四

　　蒋梦麟深受西方文化影响，但也有深厚的中国传统文化根基。他之所以能由务虚到务实，由言必称苏、柏、亚的理性宣传，到实实在在着手于人事与物质条件的改进，从而做出重要贡献，是他以中国文化为根据，又吸收、消化、应用外来文化于中国实际的结果。蒋梦麟认为，中国文化之所以能延续至今不衰，关键之一是中国文化能够不断地吸收外来的新文化，并不断适应新环境的结果。他通过自身经历觉得一个中国学生，对中国文化了解得越深，则越容易了解西方文化。所以他说自己在国内求学时，日夜苦读经史子集的工夫没有白费。正是那些表面看来褊狭的教育，为他奠定了广泛的知识基础，使他容易吸收、消化西洋思想。因为中国古书中包括了历史、哲学、文学、政治、经济、军事、外交、数学、天文、农业、商业、游记、动植物等非常广泛的知识。有的书还是押韵的，很容易背诵记忆，如《幼学琼林》等。

　　对中国的传统道德体系，蒋梦麟也有清楚的认识。他说这种经历千百年，运用四书五经、文学、音乐、雕刻、戏剧、神佛、庙宇、家庭，甚至玩具等工具、手段建立起来的道德体系，使中国社会安定平静，人民诚实可靠，文化历久不衰。但是这还不够，还要把西方的现代科学知识嫁接过来，形成新的文化，一方面保持安定，一方面促成进步。为了达到国家繁荣富强，他希望青年们不要存在不切实际的幻想，企望轻而易举地得到什么包治百病的灵丹妙药。他肯定地告诫青年那是没有的，而是应该"眼看天、脚踏地、看得远、站得稳、一步一步地前进，再前进！"（蒋梦麟《新潮》）

　　蒋梦麟先生还指出，要培养有为青年，途径是启发他的理想、希望和意志，否则只单单强调学生的兴趣，那是舍本逐末的办法。因为在蒋梦麟先生看来，理想、希望和意志是决定人生枯荣的最重要因素，所以只有启发理想、希望、意志为主，培养兴趣为辅时，兴趣才能成为教育过程的一个重要因素而发挥作用。

　　蒋梦麟的这些理论与实践，对我们今天仍不无启示。

（原载《文史精华》2000年第9期）

钱玄同：汉字革命的旗手

钱玄同（1887~1939）号疑古，浙江吴兴人，语言学家，北京大学教授。早年留学日本，并加入同盟会。师从章太炎，致力于文字学、音韵学、训诂学等研究。曾任《新青年》编辑，积极从事新文化运动。创议并参与制订国语罗马字拼音方案，倡行汉字改革，并拟就《常用简体字表》，著有《文字学音篇》《说文部首今读表》《中国文字概论》《音韵学》等。曾任教育部国语统一筹备会常驻干事、国音字母讲习所所长，减省现行汉字笔画规划委员会首席委员等职。

钱玄同

1932年在北大二院合影（前排左起马裕藻、刘半农、章太炎、钱玄同、朱希祖）

一 汉字革命的旗手

汉字是保存和传播中华民族文化，维系国家统一和民族团结，进行交流与往来不可替代的工具。汉字历史悠久，自殷代的甲骨文而金、篆、隶、楷、草、行，不断随时代前进而发展变化，或隐退，或创生，或简化，或繁化，生生不已，至今仍在发展中。历史上的不谈，最近一次的汉字改革，肇始于20世纪之初。照汉字革命的旗手——钱玄同的说法，甲午（1894）战争，"中国给日本打了一次败仗，于是中国有识之士，知道非改革政治，普及教育，不足以自存于世"。但是提到普及教育，则汉字的难认、难记、难写是一大障碍。因此中国的有识之士希望改变这不适用的工具，如沈学、蔡锡勇、劳乃宣、王照诸人，都曾发表过"中国该有拼音文字"的主张。其后，吴敬恒、褚民谊、李煜瀛等人，在《新世纪周刊》上发表文章，激烈地攻击汉字。而"'汉字革命军'的第一篇檄文"，则是1919年发表于《新潮》杂志第一卷第三号上的北大学生傅斯年的《汉语改用拼音文字的初步谈》。在该文中，傅斯年称繁难笨重的汉字是中国人知识普及的"最祸害"的两条之一。他认为"语言是表现思想的器具，文字是表现语言的器具，唯其都是器具，所以都要求个方便"，而汉字则是"天下第一不方便的器具"，如果在现代复杂的生活之中，容忍把"许多可爱的时间，消耗在书写这种笨极的文字上""崇拜它以为神圣似的"那就"是天下第一糊涂人"。

周作人的认识比年轻气盛的傅斯年要深刻宽远一些，他不仅赞成汉字的改革，而且用自己亲身的感受，痛切地指出："我们总算能够写无论几画的古雅的字了，但是这一点无聊的本领却是牺牲了不少的精力与时间——生命——所换来的；我们回顾自己现在学识的薄弱，便不能不怨恨这过去的无益的耗费。"因此，他不愿意晚辈后生蹈其覆辙，把生命浪费在这难认、难写的字上，主张"寻求新的道路"，改革汉字。如果说有人反对改革，认为"在我们老辈是不必要了"，"但是为后来的小孩计也是必要"的。而"这就是《狂人日记》的'救救孩子……'的心情"。这些话表达了一个过来人、一个长者对子女后生的成长的关切。周作人还由近及远老老实实地说汉字改革"是为了我们自己"，为了"自己使用的便利"，当然也就惠及"后来的小孩们"，对他们尤其重要了。因此，周作人认为汉字改革的目的"远大的是在国民文化的发展，近切的是在自己使用的便利"，而"不是单替不识字的'小民'设法"。至于有利于通俗教育，"那是自然的结果，不是我们唯一的希望"。

为了普及教育，提高国民文化水平，增强国力，当年大批有识之士首先想要解决的，便是扫除汉字笔画繁多给民众教育带来的困难，提倡、推广简体字。参与和支持汉字简化工作的著名人士有钱玄同、黎锦熙、刘半农、蔡元培、鲁迅、胡适、张一麐、周作人、林玉堂（后改林语堂）、赵元任、汪怡、王力、叶圣陶、朱自清、胡愈之，等等，其中出力最多的是钱玄同先生。

钱玄同先生曾公开宣称："我现在恭恭敬敬的捐起一面大旗，欢迎我们的同志。这旗上写着四个大字——两个词儿——道：'汉字革命'！"

钱玄同认为字形的变迁，"这纯是任自然的趋势，逐渐改变的。改变的缘故，必定因为旧字有不适用的地方，所以总是改繁为简，改奇诡为平易，改错落为整齐，改谨严为自由，但旧字虽因有不适用的地方而改变，却并非全体不适用，所以字形虽然时有变迁，而当变迁的时候，决不把旧字完全改易，那平易适用的，还是因仍旧贯"（钱玄同：《中国字形变迁新论》《北京大学月刊》创刊号，1919年1月）。钱玄同对民间广为流行的"破体小写""手头字"（即简体字）很是欣赏，认为这些字不仅笔画省简，且字画分明，是"六七百年来民众最适用的字体"。因为据他研究考证，这种简体字在唐代以后，宋元之时就已产生，他列举宋元人刻板书中有把"齊"字写成"齐"字、"雙"字写成"双"字、"劉"字写成"刘"字、"對"字写成"对"字等是常见的事。至于戏曲小说，由于读者急于看，印者急于印，作者急于写，则"里边的破体小写更是不胜枚举"，"如《京本通俗小说》及《元曲十三种》"等便是。由于破体小写使用方便，不仅民众大量使用，一些文人学士也往往避繁从简、弃雅就俗，如江永的稿件中每有"聲"写作"声"的，段玉裁的家信中也有"竊"写成"窃"的，孔广森与王念孙书中"雙"则写成"双"。种种事实说明"文字由复杂而渐趋于简单的心情，是不可讳言的"。因此，在汉字发展的几千年中，虽也有繁化的现象，但总趋势则是简化。

在长期、大量研究和积累的基础上，1934年钱玄同开始筹划编制《简体字谱》，并在国语统一筹备委员会第29次常委会上提出"搜集固有而较适用的简体字案"。于是国语统一筹备委员会议决编制简体字以力求易写、易识为原则，并委派钱玄同常委草拟《简体字表》，以利于义务教育的推行。其时钱玄同已患神经衰弱症，时常头晕，精神颓靡，右眼又患视网膜炎，血压增高，常觉得头晕目眩、心悸手颤。然而为了完成他多年普及民众教育的夙愿，忍耐着病魔的痛苦折磨，以崇高的使命感和坚强的毅力整理、赶制《常用简体字表》，至1935年5月共精选编入2300多字。1935年初，北平《晨报》等就钱玄同病中编制简体字表作了报道。其中有他为了集中精力，支撑病体完成此举，而不得不暂停在北大任课的情节。

1935年6月初，教育部长王世杰电约国语统一委员会常委钱玄同、黎锦熙、汪怡三人赴南京教育部共商推行简体字详细办法，钱因病不能前往，遂由黎、汪二氏带去钱编《常用简体字表》，并附有钱玄同《致王部长函》《致张司长函》，在信中他详细叙述了搜集、选用简体字的过程，还列举了他所参考的主要书籍目录十种，供与会专家审定。他在病中还写了《论简体字致黎、汪书》《与黎锦熙汪怡论采选简体字书》等专函，其中介绍他原拟按照《国音常用字汇》（钱为主要编制人及最后审核人，计12220字）来编制简体字表，但因该字汇字数太多，有万余字，又因简体字乃为推广义务教育使用，"无须用此重量，故必用商务印书馆出版之《复兴小学国语教科书》"为蓝本，进行采集编制。其简字原则是尊重约定俗成，在现通行于民众社会的简体字，如"壽"作"寿"、"爲"作"为"、"當"作"当"、"從"作"从"、"響"作"响"、"幾"作"几"等，这些自宋元时代已通行者占了十之七八，另外参考说文、俗体、别体、古体、草体，其"较真实者均各采取，决定述而不作"。并说明其编制的2000余字，"字字有来历"，是有社会基础，不是他臆造的。与会专家经过三天的认真商讨，通过了1230个字上报教育部。根据行政院推行简体字办法分期增订，逐步扩充简体字数量的规定，教育部最后圈定324个汉字作为第一批。1935年8月21日，国民政府教育部公布第一批《简体字表》，同时公布《推行简体字办法》9条。该办法规定，凡小学、短期小学、民众学校各课本、儿童及民众读物，均应采用部颁简体字。自1936年1月起，上述范围新编课本、读物不用简体字者不予审定。可惜的是简体字的推广不久即为日军大规模侵华战争所打断。所以钱先生倾20余年心血提倡并编制的简体字在新中国前并没能在正式书刊上广泛使用。然而其功绩是不可磨灭的，当年北大文学院院长胡适就曾用历史的眼光说明这些简体字合理又合用。他说："钱玄同、黎劭西诸位先生们对于古来这些破体字曾经细细研究过，认为很有理由的改革，认为进步，不是退化。他们觉得这些破体的'新字'，不是小百姓印曲本滩簧的专有品，乃是全国人的公共利器。所以他们现在以言语学家的资格，十分郑重地对全国人民提出他们审查的报告，要全国人采用这几千个合理又合用的简笔新字，来代替那些繁难不适的旧字。"胡适还列举了"竈"改为"灶"、"靈"改为

"灵"、"聽"改为"听"、"萬"改为"万"等之后说："这些惊人的大改革，处处都合于'经济'的一个大原则。"而且他认为汉字"改革的动机是实用上的困难；改变的目的是要补救这种实用上的困难；改变的结果是应用能力的增加"。胡适不仅对钱玄同的工作大加赞扬与支持，他还进而看到了小百姓的创造力，称："我研究语言文字的历史，曾发现一条通则：在语言文字的沿革史上，往往小百姓是革新家，而学者文人却是顽固党……然而这两千年来的中国小百姓不但做了很惊人的文法革新，他们还做了一件同样惊人的革新事业：就是汉字形体上的大改革，就是'破体字'的创造与提倡。"（《国语月刊·汉字改革号·卷头言》）胡适认为由钱、黎等文人学者来整理、审查、追认、推广这些简体字是完全应该的。

　　汉字简化是应用的需要，是历史的趋势，所以参与其事者不在少数。1931年1月，北平《晨报》曾连载许蕙芬的《简易字概说》。许文就简易字，即楷书中的一种俗字（简笔字）产生的原因、省变的方法等进行了广泛的探讨，文中多次引用钱玄同的论著，许文称："钱玄同君，对于简易字产生之原因，说的很明白。"著名语言学家王力先生也是文字改革的积极倡行者，他的专著《汉字改革》于1940年出版。巴金、叶圣陶、朱自清、蔡元培等一百多人联名提倡"手头字"："我们日常有许多便当的字，手头上大家都这么写，可是书本上不这么印……现在我们主张把手头字用到印刷上去……使得文字比较容易认，容易写，更能普及于到大众……"（《申报》，1935年2月24日）另外，北平研究院还组织了字体研究会，该会采用河北省定县平民教育促进会编订的市民千字课本，试用章草改写，并参考新出土的汉代木简中的草字，制成章草简体字表。该会还搜得俗体别字6500多个编制简体字字典（见北平《晨报》1935年5月31日）。汉字改革不仅在国内进行，旅居国外的中华学人也在进行。1931年前后，瞿秋白、吴玉章、萧三等人与苏联的语言学家一起研究讨论后制订了"拉丁化新文字拼音方案"，这一方案也得到了鲁迅、陶行知、张一麐等人的支持。因此，在1958年周恩来总理作《当前文字改革的任务》的报告中提到："一九二六产生了由钱玄同、黎锦熙、赵元任等制订的国语罗马字，一九三一年产生了由瞿秋白、吴玉章等制订的'拉丁化新文字'。拉丁化新文字和国语罗马字是中国人自己创制的拉丁字母式的汉语拼音方案中比较完善的两个方案。在谈到现在的拼音方案的时候，不能不承认他们的功劳。"

二　新文化运动的骁将

　　这位汉字革命的旗手，其贡献不仅在汉字改革上，他在新文化运动中的贡献也是有定评的。蔡元培改革北大从文科做起，是因为在他到任之前，钱玄同等教员"本已启革新的端绪"。蔡还说："在玄同所主张的'废灭汉字'虽不易实现，而先废文言文，是做得到的事，所以他有一次致独秀的书，就说：'我们既绝对主张用白话体做文章，则自己在《新青年》里面做的，便应该渐渐的改用白话……此外别位在《新青年》里撰文的先生和国中赞成做白话文的先生们，若是大家都肯尝试，那么必定成功……'可以看见玄同提倡白话文的努力。"实际上在钱先生的宣传、倡导、争取下，《新青年》从第4卷第1号（1918年1月15日出版）起便全部是白话文章了，并采用新式标点。第4卷1号出版后，许多人看了哈哈大笑，以为怪物，而这怪物的影响不断扩大，也与钱玄同的作用分不开。周作人说，《新青年》由于"钱玄同、刘半农参加进去，'文学运动'、'白话文学'等等旗帜口号才明显地提出来"。钱玄同的加入能有如此大的作用，那是因为钱玄同原是国学大师章太炎的高足，学有本源，语多"行话"，振臂一呼，闻者景从。连新文化运动的倡导者之一的胡适也十分称赞钱先生参加文学革命的意义，他说："独秀、玄同、半农诸人都和我站在一条路线上，我们的自信心更强了。""钱教授是位古文大家。他居然也对我们有如此同情的反应，实在使我们声势一振。"被毛泽东主席誉为新文化运动主将的鲁迅先生，则从他独特的视角评价了钱玄同对新文化运动的贡献："在中国，刚刚提起文学革新，就有反动了。不过白话文却渐渐风行起来，不大受阻碍。这是怎么一回事呢？就因为当时又有钱玄同先生提倡废止汉字，用罗马字来替代。这本也不过是一种文字革新，很平常的，但被不喜欢改革的中国人听见，就大不得了了。于是便放过了比较的平和的文学革命，而竭力来骂钱玄同。白话乘了这一个机会，居然减去了许多敌人，反而没有阻碍，能够流行了。"（《三闲集·无声的中国》）

　　文化巨人鲁迅被毛泽东主席称为"中国文化革命的主将"，毛泽东评价说："他不但是伟大的文学家，而且是伟大的思想家和伟大的革命家。"还称赞他说："鲁迅的骨头是最硬的，他没有丝毫的奴颜和媚骨，这是殖民地半殖民地人民最可宝贵的性格，鲁迅是在文化战线上，代表全民族的大多数，向着敌人冲锋陷阵的最正确、最勇敢、最坚决、最忠实、最热情的空前的民族英雄，鲁迅的方向，就是中华民族新文化的方向。"这代表中华民族新文化方向和射向吃人封建旧礼教的第一炮便是著名的《狂人日记》。这篇形式与内容完美统一、思想深刻、富有哲理、使人猛醒、发人深省、促人奋进的白话文，是新文化运动的一座里程碑。而这座程碑却是在钱玄同先生的启发下产生的。鲁迅先生对此有过生动形象的描述：大约在1917年，鲁迅寓居在北京宣武门外南半截胡同的绍兴会馆，抄石碑打发日子，钱玄同常来坐坐。有一次他问鲁迅抄这些石碑有什么用，有什么意思。鲁迅说没什么用，也没什么意思。钱先生就建议鲁迅写点文章。因为钱先生"认为周氏兄弟的思想是海内数一数二的，所以竭力怂恿他们给《新青年》写文章"（《钱玄同年谱》）。鲁迅把自己的忧虑说给钱先生：假如在一间没有窗户和门而又绝难打破的铁屋子里，有许多睡熟的人，不久就要闷死了，他由熟睡到闷死并不感到多少痛苦，如果有人大喊起来把其中几个惊醒，使这不幸的几个清醒者来承受无可挽救的临终的痛苦，你觉得这样对得起他们吗？钱先生回答道，既然有几个人清醒了，就不能说绝对没有打破这铁屋的希望。正是这希望使鲁迅呐喊起来，用他那如匕首如投枪的笔，在中国文坛掀起了阵阵狂飙。《孔乙己》《药》《风波》等在《新青年》上的发表，使新文化运动进入了新的境界，并唤起无数青年投入革命潮流，为中国社会的变革做出了贡献。

单就钱玄同触发鲁迅先生引起一连串的"链式反应"来说，钱先生对中国新文化运动就功莫大焉，更何况钱先生本人还亲自动笔参与新文化运动，汉字改革是新文化运动的一部分，钱先生不仅是汉字改革的旗手，还是新文化运动的骁将。

钱玄同的提倡汉字革命，是与新文化运动、文学革命运动提倡白话文、提倡国语相一致的。其思想基础是他认为文言文容易为君主专制制度所利用，而白话文则为民主制度服务较方便。从1917年起，他为《新青年》撰稿，与陈独秀、胡适通信赞倡文学革命。对此陈独秀曾说："以（钱）先生之声韵训诂学大家而提倡通俗的新文学，何忧全国之不景从也。可为文学界浮一大白。"作为国学大师章太炎门人的钱玄同对胡适的《文学改良刍议》（《新青年》第2卷第5号，1917年1月1日）一文大为赏识，使胡感到"受宠若惊"。钱玄同陆续在《北京大学月刊》《新青年》《国语月刊》《晨报副刊》《北京高等师范学校周刊》等处发表了大量文章，鼓吹文学革命，倡导汉字改革，粗略列出以下论著题目以见一斑：《关于汉文改用左行横排的意见及文学、白话文等问题》《与胡适谈文学革命问题》《论小说及白话韵文》《新文学与今韵问题》《论注音字母》《论世界语》《中国今后之文字问题》《文字革新与青年救济》《新文学问题之讨论》《革新文学及改良文学》《痛斥国粹派》《中国文字与世界语》《汉字改革之讨论》《罗马字与新青年》《横行与标点》《文学革命与方法》《对于文学改革之意见》《写白话与用国音》《同音字之当改与白话文的经济》《中文横行问题》《中国文字形体变迁新论》《减省汉字笔画》《汉字改良的第一步——减省笔画》《汉字革命》《注音字母与现代国音》《国语问题中的一个大争点附记一》《国语字母二种》《减省现行汉字笔画案》《国文的进化》《汉字革命与国故》《历史的汉字改革论》《为什么要提倡国语罗马字》《关于国语罗马字字母的选用及其他》《国语罗马字的字母和声调拼法条例》，等等。另有北京大学出版部出版的钱著《说文部首今读表》《说文音符今读表》《音韵学讲义》《文字学音篇》《学术文通论》等多部，是他在北京大学多年讲授"文字学""中国声韵沿革""文字学声韵""历史的汉字改革论"等课程及在北京大学国学门研究所指导研究生的讲义基础上写成的。

钱玄同先生著述丰硕，为新文化运动贡献良多，他多年的老朋友黎锦熙先生说，《新青年》杂志的"编辑人员中，只有他（钱玄同）是旧文学大师章太炎先生的高足，学有本源，语多'行话'，振臂一呼，影响更大"。钱玄同先生对新文化运动的大影响大贡献，相知甚深的周作人说话更为具体：《新青年》上的文章原本"意见还很简单，只是想将文体改变一下，不用文言而用白话，别的再没有高深的道理，当时他们的文章也还都是用文言作的，其后钱玄同、刘半农参加进去，'文学运动'、'白话文学'等等旗帜口号才明显地提出来"（《中国新文学的源流》，人文书店，1934）。陈独秀、胡适、黎锦熙、周作人、蔡元培等名士异口同声地指出钱玄同先生在新文化运动中所起的独特作用和建立的非凡功勋，绝非偶然。

三 善疑善创的大师

宋代理学家朱熹曾说："读书无疑者须教有疑，有疑者却要无疑，到这里方是长进。"清代学者魏源则说："疑乃悟之父。"可见"疑"在治学中的重要。钱玄同认为,"学术之有进步,全由于学者善疑",其实大学问家无不是善疑善问的能手。中国拓扑学的奠基人江泽涵院士,在指导学生时常说:"读一书或一文,先信它,为懂;后疑它,为深入。"可见学问都是相通的。历来为师者指导学生常常引用宋代学者陆九渊的名言"为学患无疑,疑则有进",也是这个道理。钱玄同先生的善疑是有来历的,1906年钱在日本师从古文经学家章太炎,谨守"家法"。至1911年在故乡吴兴拜见今文经学大家崔适,在崔处得观《史记探源》(崔著)与《新学伪经考》(康有为著)两书后,"始背师"而专宗今文家言。这样钱玄同先从专宗古文痛诋今文的章太炎,后从今文大家崔适,并都诚心师从,专心研读,因此,钱玄同对古文、今文两学派均有较深入的了解,在比较中获得较全面的认识,对今文古文都不满意。所以钱先生曾不止一次对顾颉刚先生说:"今文学是孔子学派所传衍,经长期的蜕化而失掉它的真面目的。古文经异军突起,古文家得到了一点古代材料,用自己的意思加以整理改造,七拼八凑而成其古文学,目的是用它做工具而和今文家唱对台戏。所以今文家攻击古文经伪造,这话对;古文家攻击今文家不得孔子的真意,这话也对。我们今天,该用古文家的话来批评今文家,又该用今文家的话来批评古文家。"这就是钱玄同"自从一九一七年以来,思想改变,打破'家法'观念"(《钱玄同年谱》)的由来。这种不盲从而以批判的眼光对待古籍史料的看法,导致1921钱玄同正式以"疑古"为别号,题签或文后常署"疑古玄同"四字。

钱先生在《论今后古文经学及〈辨伪丛书〉书》中提出的对历史和国故等的研究"总应以辨伪为第一步"等疑古言论,在当时的学术界起了解放思想、破除迷信的作用,影响了许多人。顾颉刚的巨著《古史辨》,便是"受了胡适、玄同二人的启发和帮助"而完成的。在写书的过程中,顾先生常把研究成果与朋友们讨论,其中"最主要的一位就是钱玄同"(《我是怎样编写〈古史辨〉的?》)。因此,钱玄同才是辨真伪、审虚实、求征信的第一人。

钱玄同先生疑古的目的在于还历史本来面目,主张"考古务求其真,致用务求其适",既不泥古,也不蔑古,而是用历史的眼光各给以应有的地位。例如钱先生的音韵学就认为"古今中外的音韵,只能有异同,不能说有好坏"。不少音韵学者都把成书最早的《广韵》奉为金科玉律,而对其后的《中原音韵》《洪武正韵》等不屑一顾。钱玄同先生则不然,他对《中原音韵》的作者不株守而大胆创新深表敬佩和赞赏:"周德清确实是大胆,他能不管《切韵》、《广韵》而毅然从当时北平音而作了这部《中原音韵》。"

1917年前后，钱玄同在北京大学教授音韵学，编成《音韵学讲义》，在此讲义的基础上，后来由北京大学出版部出版了钱先生的《文字学音篇》。钱先生在得章太炎真传的基础上，综合顾炎武、江永、孔广森、段玉裁、戴东原诸家之长，融会贯通，自创体系写成了这部我国高等学校最早的汉语音韵学教材。书中有不少创见为后辈学者所遵循和引用。

1918年，在北京高等师范学校召开了第一次国语教科书编辑会议，会上公推钱先生为编辑主任。小学一年级用书是由钱玄同、马裕藻、陈大齐、沈尹默合编的；五六年级用的国语课本，则多半是钱先生选编的。这套我国首编的国语教科书在孔德学校（相当于北大子弟学校）试用后，孔德学校的语文教学呈现一派新气象。因为当时全国其他学校还都是文言文的天下，而孔德学校的语文课不仅教的是白话文，而且识字由注音符号开始，相当于现在的汉语拼音字母。这一创举对以后的语文教学影响深远。

同年，钱玄同与刘半农、沈尹默、沈兼士等发起并主持的北京大学歌谣征集处，开始向全国征集近世歌谣。征集到的歌谣在《北京大学日刊》陆续发表，1918年5月20日发表第一首。以后稿件越来越多，又专门出版了《歌谣周刊》。到1920年12月19日，北京大学歌谣研究会成立，这便是中国民俗学和俗文学最早的研究机构。

1919年在北京大学征集歌谣过程中，顾颉刚编有《吴歌集》《孟姜女故事的歌曲集》等，钱玄同与顾颉刚合作为《吴歌》注音。此后，又与周作人合注《越谚》的音，与魏建功合作整理苏州方音，开方音研究之新纪元。

同年，钱玄同、马裕藻、朱希祖等共同提出《请颁行新式标点符号议案》，并被教育部采纳，于1920年颁布实行。

1920年，钱玄同发表《减省汉字笔画的提议》（《新青年》第6卷第3号，1920年2月1日），开始了汉字简化的实际操作。据他多年的研究收集采用古字、俗字、草书等五类，并仿照旧有简体字的形式新创三类。采用俗字的如"聲"作"声"、"體"作"体"、"劉"作"刘"，等等；新创的如"範"作"范"、"厲"作"厉"、"襲"作"袭"等。这些都为1956年国务院颁布的《汉字简化方案》和1964年制订的《简化汉字总表》所采纳，使用至今。

1921年，钱玄同与黎锦熙共同创立以"寒来暑往"四字首笔为楷书字新部首的基本四大系：点、横、竖、撇（丶一丨丿）。这种部首排字检字法，对以后的字典、词典等工具书的按部首排列有深远的影响，直到今天，部首排序虽有所增减变化，但基本精神仍然遵循其规范，如今常用的横、竖、撇、点、折（一丨丿丶乛）等类便是。

1922年《新青年》第7卷第3期，发表了钱玄同的《减省现行汉字的笔画案》，后在教育部国语统一筹备会第四次常年大会上与黎锦熙等联署提出。

1923年，钱先生倡议成立了国语罗马字委员会，成员有钱玄同、黎锦熙、赵元任、林玉（语）堂等。并在《国音字典》的基础上，着手编制《国音常用字汇》，这部包括异体异音的12220字的《国音常用字汇》，对汉字统一读音起了重要作用。钱先生一人历时十年到1932年完成。

从1920年提出减省汉字笔画到1935年完成《常用简体字表》（共收字2300多个），这是我国最早的简体字表。

……

老朋友黎锦熙对钱先生的善疑善创为完善己见而广征意见，有深刻的了解，黎先生对此大加赞赏："十余年来，和我雅谈，往往把他几日内研考的新获与创见，准备次日上课的，先夕娓娓发表，问我于意云何。"由于钱玄同善疑善思，新获与创见频频，为在讲课中随时加入他这些新获与创见，在他讲授音韵学的后期，"索性不编讲义，只印制几种重要的表"。（黎锦熙《钱玄同先生传》）

钱玄同先生在音韵学、文字学等方面取得卓越的成就，是由于他研究学问以"实事求是"为鹄的，而绝对破除"'师说'、'家法'这些分门别户、是丹非素、出主入奴的陋见"（《重论经今古文问题》）的结果。

四　表里如一的学者

钱玄同先生自动担起"汉字革命"的大旗亘三十年，于国语、国音、简体字、白话文、新式标点等出力多多，贡献多多，为学界所推崇。之所以如此，是因为钱先生以过来人的亲身感受为后辈学子着想，非改革不可，应该减轻他们识写汉字的苦痛，节省他们的时间，以便有更多的精力增长学问。他认为大学生、中学生有了一定的自主意识和能力，较好处理；最感困难的是小学生，因为主动能力差，受家长的支配较多，所以急需给小学生编出合适的教科书，钱先生为此亲自编写了国语教科书在孔德学校试用，并取得了很好的效果。

1918年在编《国语》教科书的过程中，及以后编《国音字汇》的过程中，为注字音而有"京音国音两派之争"。钱玄同先生原是国音派的，反对用京音注字，但是国音的别扭是有目共睹的，直到几十年后仍为相声大师侯宝林在表演中加以借用。不久钱先生在实际中由小学生的"墨盒"发声受到启发，接受了小学生的意见，并"毅然决然，明白宣布，就采用'京音派'的主张，把北京的地方音做国音"，放弃了原来的不适宜的国音。一个大学教授不固执己见，接受小学生的意见，这是他"致用务求其适"精神的具体表现。

钱先生从事新文化运动不是为了一己之私利，他说："'三纲'者，三条麻绳也，缠在我们的头上，祖缠父，父缠子，……代代相缠，……'新文化'运动起，大呼'解放'，解放这头上的三条麻绳！我们以后绝对不得再把这麻绳缠在孩子们的头上！……可是我们自己头上的麻绳不要解下来，……至少我自己就永远不会解下来。为什么呢？我若解了下来，反对'新文化'维持'旧礼教'的人，就要说我们之所以大呼解放，为的是自私自利，如果借着提倡'新文化'来自私自利，'新文化'还有什么信用？还有什么效力？还有什么价值？所以我自己拼着牺牲，只救青年，只救孩子。"钱先生说到做到。钱太太生病多年，有人劝他纳妾，家境又允许，但钱先生拒绝道："《新青年》主张一夫一妻，岂有自己打自己嘴巴之理？"而在夫妻伦理上做得和谐尽责。在对待子女的学业、婚姻等方面，他也是不包办代替，由子女自己决定。但要求子女要有科学的头脑和历史的眼光分析对待事物，用自己学得的知识技能去改造社会。因为钱先生认为"教育是教人研求真理的，不是教人做古人的奴隶的。教育是教人高尚人格的，不是教人干禄的。教育是改良社会的，不是迎合社会的"。

钱玄同不解自己头上的麻绳，极守礼法，尊师敬友爱生。他虽不谨守章太炎师的家法，对古文经学有所违背，但他恭敬尊师，不仅在生前，即在太炎先生谢世后仍深情地撰写挽联尽述章师的为人为学及自己的悲痛："缵苍水、宁人、太冲、薑斋之遗绪而革命，蛮夷戎狄，矢志攘除，遭名捕七回，拘幽二载，卒能驱除客帝，光复中华，国士云亡，是诚宜勒石纪勋，铸铜立象；萃庄生、荀卿、子长、叔重之道术于一身，文史儒玄，殚心研究，凡著书廿种，讲学卅年，期于拥护民彝，发扬祖姓，昊天不节，痛从此微言遽绝，大义无闻。"钱先生曾启蒙鲁迅投身新文化运动，写下不朽名篇《狂人日记》等，后因细故而不和，但钱仍实事求是地诚赞鲁迅"治学最严谨"，"读史与观世，有极犀利的眼光，能抉发中国社会的痼疾"。他说鲁迅的文章"如良医开脉案，作对症发药之根据，于改革社会是有极大用处的"。他高度评价鲁迅的《中国小说史略》："条理明晰，论断精当，虽编成在距今十多年以前，但至今还没有第二部书比他更好的（或与同样好的）中国小说史出现。"钱先生还说青年们应该效法鲁迅的治学严谨，从无粗制滥造，不论辑、校、著、译，鲁迅都做到"很精善"，而"绝无好名之心"。对待自己的学生不但循循善诱，而且平等讨论，为学生完善思路提供证据，使之形成完整清晰的概念。语言学家魏建功（中国科学院首批学部委员）是钱先生的高足，对此深有体会地说，钱先生"如此成就了我若干学说的取舍信念。这样，学问的进展，师徒相承正似许多圈链上下联着，可以延引至于无穷"；因此魏先生认为钱先生"超脱流俗而表里如一的安素务新恰如其分"（《回忆敬爱的老师钱玄同先生》）。

五 忧国奋励的猛士

钱先生一生"安身立命之处，还是'最大多数（人）的最大幸福'之'功利主义'"，他认为孟子的"人必自侮而后人侮之，家必自毁而后人毁之，国必自伐而后人伐之"，是颠扑不破的真理。因此，他主张反抗帝国主义的政治与经济方面的侵略的同时，必须用民主、科学的现代思想文化唤醒国人，使人人明了自己有处理政治的天职，有抵御外侮的义务，这样保国保种，外抗强权才有希望。要唤起民众，普及教育，扫除文盲，则推行简体字和注音汉字是必须做的两件事。同时，他热切地希望广大青年能摆脱封建枷锁，走向文明进步，这可以说是钱先生一生主要活动的目标和动力。因此他常用痛快淋漓，激烈诙谐的语言演讲、著文，这些"对于当时的青年人都是很大的刺激，惊醒了他们的迷梦"（《钱玄同年谱》）。钱玄同先生以明末著名学者、《新韵谱》作者刘献廷的名言"人苟不能斡旋气运，徒以其知能为一身家谋，则不得谓之人"为座右铭。因此，他能"打通后壁说话，竖起脊梁做人"（黎锦熙《钱玄同先生传》）。

钱玄同先生表里如一，言行如一，从不隐瞒自己的想法。他自小熟读圣贤书，形成"尊崇本朝"的心理，对持"排满论"者的言论，曾斥之为"肆口诋諆，抑岂臣子所忍出！"保皇思想坚定。但在钱先生17岁那年（1903年），其友方青箱先生送给他章太炎先生的《驳康有为论革命书》和邹容先生的《革命军》两本书，钱先生读后思想大起变化。从此"认定满洲政府是我们唯一的仇敌，排满是我们唯一的天职"（《三十年来我对于满清的态度底变迁》）。钱先生幼名师黄，字德潜，因敬佩刘献廷（字继庄）提倡统一国语和注意调查方音，为继续提倡统一国语的事业，他19岁时改号"德潜"为"掇献"，以"掇拾刘献廷之坠绪也"。古人名、字、号一般遵从意义相连贯，或读音相近相谐的原则，在吴兴方言中"掇献"正与"德潜"音相近。1907年他在日本师从章太炎，因为志切光复而加入同盟会，在反清排满思想支配下，改名为"夏"。因"夏"在许慎《说文解字》中训为"中国之人也"。后因研究古今文经而对古籍大胆质疑，打破"家法"，辨真伪，审虚实，求征信，于1921年启用"疑古"别名，著文题签，常署"疑古玄同"。日本侵华不仅打破了他研究学问的计划，而且给中国人民带来深重灾难，钱先生常提醒人们不要被日本人的"亚细亚主义"所"蜜骗"，要"夷""夏"分明，于1938年恢复旧名"钱夏"，改"疑古"为"逸谷"，表示决不为日人做事，不做顺民，在与朋友谈话中涉及日本时，以"我们的敌人"代指。钱先生的高足魏建功先生，深知钱先生心意，应钱先生嘱，于1938年8月特制"钱夏""玄同"藤印为钱先生祝福。抗战爆发钱先生因病未能南下，但他要离平南去的朋友给旧友亲朋带话去："只有一句话，告诉他们说钱玄同绝不作汉奸就好了！"一副"不要人夸颜色好，只留清气满乾坤"的神态立如在眼前。

自从日本在东北发动九一八事变之后，钱先生忧心国事而"满腔孤愤，抑郁难语"，不仅拒绝宴会，还作《酒誓》，表示绝对戒酒。他曾说："缘国难如此严重，瞻念前途，忧心如擣（捣），无论为国为家为身，一念忆及，便觉精神不安，实无赴宴之雅兴也。"钱先生很赞赏其师章太炎先生送给他的陆象山语录："激励奋迅，决破罗网，焚烧荆棘，荡夷汙泽！"

钱玄同先生身为学者、教授，却具一副侠士的性格。他言行一致，表里如一，心有所想，必行诸实际，做事取战士的姿态，而无一般儒者的外圆内方。因此鲁迅先生曾说，一般人"十分话最多只须说到八分，而钱玄同必须说到十二分"，常为愤激之谈，正所谓："良玉不雕，至言不文。"虽说矫枉必须过正，不过正不足以矫枉，但人们通常对愤激之言不无微词。尤其是守旧派，更有人对钱玄同的激奋之言加以仇视。然而真正的有识之士是理解并支持他的，钱先生早期的学生梁容若在悼念钱先生诗中有云："离经畔（叛）道为苍生，实大声宏有定评，我侍康成余六载，粗知矫枉即衡平。"此实为真知钱先生者言。

(原载《北大的大师们》，中国经济出版社，2005)

江绍原与迷信研究

一说迷信，人们往往予以蔑视，不屑一顾，认为那不过是星占、卜筮、风水、命相、鬼神一类的事，是愚昧无知的人们的一种盲目崇拜或信仰而已，不足挂齿。其实事情远非那么简单。19世纪，在当时科学最发达的英国和德国便开始了对包括信仰、风俗习惯、民谣、谚语等为内容的民俗学研究，组织团体，出版书刊。如1835年格林出版了《德国神话学》，1878年英国民俗学协会出版了《民俗杂志》等。中国有组织的民俗学研究，是自1918年2月1日北京大学教授刘半农、钱玄同、沈尹默、沈兼士等发起征集近世歌谣开始的。当时还在北大读书的江绍原就由此开始了这方面的研究。

江绍原

一 首开迷信研究课

1927年，军阀张作霖在北京摧残教育，合并9校，北京学界人心惶惶，不少学者离京他往，北京大学哲学系教授江绍原应鲁迅先生之邀，到广州中山大学文学院任英语系教授兼代理系主任。前此江先生多年进行宗教、礼俗、迷信等民俗学方面的研究，并发表有大量著作。他认为在大学乃至中学开设有关课程，以唤醒学生使勿为习俗谬见所误，增加学生们的科学常识，并把科学知识应用到生活中去，对培养新人才是十分重要的。于是他在鲁迅先生的大力支持下，为国文系学生开设了"迷信研究"课，还写出"迷信研究"讲义120页。一年后他离开中山大学去了杭州，在那里他与钟敬文、娄子匡等人成立了杭州民俗学会,继续进行有关研究。1929年回北大任哲学系教授。这时北京大学的复校斗争取得胜利,脱离北平大学,丢掉北平大学北大学院的名称。在恢复北京大学名称的同时,其学术气氛也得以恢复,江绍原便将在中山大学已经开了头的"迷信研究"课进行扩充,而以"礼俗迷信研究"的课程名称在北大开课讲授。这在当时世界各国大学中是绝无仅有的,可见江先生在学术上敢为天下先的开创精神。北京大学出版部印行的江先生的《礼俗迷信研究》讲义共7章,20多万字,其中旁征博引国内外文籍、实例,就迷信之界说、迷信之影响、迷信之研究、迷信之分类、胎产、幼婴与儿童、成年礼等进行了广泛的探讨。此讲义是中国第一部用科学的眼光和方法,比较系统地研究礼俗迷信的学术专著,在中国学术界引起了积极的反响。

开课的同时,江绍原先生的《发须爪——关于它们的迷信》一书于1928年3月由上海开明书店出版,钱玄同题写书名,周作人作序。该书的出版还得到了俞平伯、顾颉刚、沈兼士、章廷谦、胡适等人的支持。该书以大量古籍所载和当时的见闻事实为材料,进行科学的分析,指出人身上的头发、胡须、指(趾)甲的生长、剪下、丢弃、保存、货卖等是平常之事,与人的生病、祸福、吉凶、灾变等是毫不相关的。至于民间传说的"以发须爪可以作本人的替身,代他入井、代他受刑,遇灾时替他送命……"和"死了人……因生怕鬼来索取,就预先将死者的发须爪放在棺材里让他带走"等迷信,如不破除,将会继续对人们产生种种危害,把"本来乌有的事认为有,本不存在的关系认为存在,其实不能发生的功效和不至于出现的危险认为能发生、能出现;糟粕认为精华……"这样一来,迷信的人们就可能出现荒唐的行为:"不是用不着的恐惧、失望、悲哀、紧张,就是无理由的幻想、兴奋、欢欣、懈怠。"其结果只能是"精神与体力是白耗了,时光与金钱是虚掷了,正经事是耽误

江绍原的《发须爪——关于它们的迷信》一书的书影

了，人生乐趣是牺牲了。闹笑话还不算，并且会引起人与人间严重的误解和极端邪僻令人发指的行为，为世间留下许多污点"。读读这一段精辟的文字，再看看今天揭露出的各种邪教信奉者、练习者出现的种种现象，真是何其相似乃尔。能不令人深思吗？难怪周作人先生对该书给予很高的评价："我觉得绍原的研究于阐明好些中国礼教之迷信的起源，有益于学术之外，还能给予青年一种重大暗示，养成明白的头脑，以反抗现代的复古的反动，有更为实际的功用。"因此周作人要向青年人推荐这本书，他说："我以前曾劝告青年可以拿一本文法或几何与爱人共读，作为暑假的消遣，现在同样的毫不踌躇地加添这一小本关于发须爪的迷信——礼教之研究的第一卷，作为青年必读之一。"

中医是中国医学的统称，几千年来中国医学为中华民族的繁衍、保健起了重大的作用，历久不衰，在科学发达的今天，中医中药正以其强大的魅力迅速走向世界。然而毋庸讳言，中医药学因其理论的深奥，缺乏明白的定量指标，不如西医数字表示的直观、一目了然，在其发展的过程中，一些宵小之辈看到中医治病的良好效果，为利益所驱使，起而"冒滥"其间。他们本与真正的中医不相干，但由于鱼龙混杂，真假难辨，正如今天常见的假冒现象一样，使不少无辜百姓受骗遭殃，从而引起受害人及同情者对中医学的怀疑或反感，也是理所当然的。再加上巫医、神婆、神汉的混迹，就更败坏了中医的名声，因而一些文人学者在社会转型期，在东西文化发生冲突时也关注到医学方面。江绍原先生也对中医中的迷信部分加以了抨击，主编《小说月报》的郑振铎对此表示支持。他于1927年4月1日致函江先生，对江的工作表示"佩服无已"，希望江"更要勇敢些才好"，并与江商量"不知能否写成一篇关于民间医学的通论，及其与魔术之类的关系一文？这不是不重要的工作！《小说月报》很希望能够有光荣登载这篇东西！"此外，胡适、孙伏园、鲁迅、周作人、沈乾一等人以及《德华医学杂志》《科学月刊》等刊物也都与江先生有信函往来进行讨论或鼓励、支持、提供材料等。在许多信件中，笔者还意外地看了享誉京华的四大名医（中医）之一的施今墨先生在1927年10月4日给江先生的信，信中告知近期赴南京、杭州等处的行止，期望会面畅谈，并称赞江先生对新医学研究有素。可见江绍原攻击的是假冒的中医，而真正的中医则是江的朋友。施今墨先生信中所说对新医学的研究，大概是指江先生发表的《中国人对西洋医学方药的反应》一类的文章、见解说的。

关于研究讨论医药学中的迷信的社会意义，鲁迅先生于1929年10月22日夜写给江绍原先生的信中有明确中肯的话："……《国人对于西洋医学方药之反应》，我以为于启发方面及观察中国社会状态及心理方面，是都有益处的。"鲁迅先生道出了江绍原先生研究礼俗迷信的真正目的和意义。这一点在1930年2月2日，江绍原给《科学月刊》社的信中也有明白的表述："普通学校（中学）应加添迷信研究的课程，其旨趣为使生徒们明了现在我国社会中有哪些迷信流行，这些迷信何以是迷信，和近代科学怎样帮助我们将它们看破，并给予我们较真的观念及较有功效的方术去替代它们。这课程

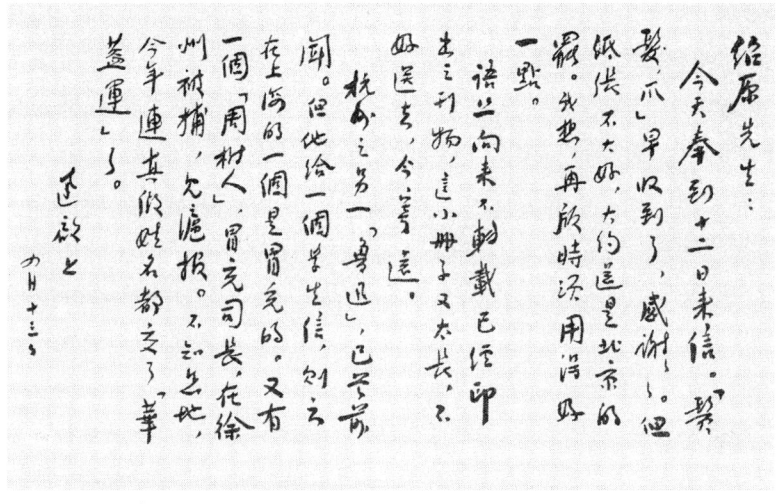

鲁迅致江绍原函（1928年4月13日）

如果讲授得法，必能够唤醒学生使勿为习俗谬见所误，增加他们的科学常识，并帮助他们将那得自书本及实验室的科学知识应用到生活上去。"为此他曾准备花三四年的工夫，"编成一部大的分类和解释的《中国迷信通览》，备中等学校的生徒、教师以及其他的人用为研究迷信的文库"。因为江先生研究迷信的目的很明确，是要用科学知识武装人们的头脑，去看清迷信的真相，从而破除迷信，扫除迷信对人们的危害，所以"这部迷信通览，当然也是一部破除迷信的通览，通俗的科学知识大纲和合理生活指南"。但是由于种种条件的限制，这一部破除迷信的通览最终未能实现，诚为憾事。

人生不如意之事十之八九。江先生研究迷信在后，研究宗教在前。他是在北大念书时以"文科学生江绍原"署名，在《北京大学月刊》第1卷第2

号（1919年2月）上发表《说明研究宗教学之紧要》一文开始为广大读者知晓的。虽然他"有意用近代学术眼光研究佛教之发展和传播，事虽重大，奖励无人，此愿终虚，只留下薄薄一册《乔答摩底死》（胡适之先生序）和一篇未完成的文章（《四种涅槃经的比较研究》，曾登《建设杂志》）而已，每一思及，万感丛生……"于是他转而进行"或许是更重要更有益世人的"迷信研究了。

二 探索宗教学研究的新方法

《北京大学月刊》第1卷第1号于1919年1月发行，它是北京大学历史上第一份综合性学术刊物，是《北京大学学报》的源头。这创刊号登载了蔡元培、马寅初、钱玄同、陈汉章等16篇大作，作者全部为北大教授。第2号刊登了朱希祖、刘半农、沈兼士等人的17篇文章，学生作者仅有"文科学生江绍原"一人。之后他又在第1卷第4、7、9号上发表了《宗教与人生》《〈大方广圆觉经〉的佛法》及其续篇等文章。对佛教经典进行详尽的分析研究不是一件易事，所以其文颇长，一般都在万字左右，有的长至4万多字。江先生的研究使用了3种方法，提出了3个观念，形成了自己的研究路数和特点。

江先生从宗教学的定义、宗教的界说、宗教的影响、宗教的分类、宗教史、宗教与哲学、研究宗教学的意义等问题入手，进行一般理论探讨，进而对某一佛经作详细系统的分析，从中得出规律性的结论来。如他对《大方广圆觉经》的佛法进行了四万七千多字的分析详述之后，提出了精辟的见解，使人耳目一新，变纷繁为简约。他再三申明说："我们拾起一本佛经，想知道里面的义理，就该仔细量度他的'佛陀'观、'众生'观、'修行'观。弄明白了这三样和围绕着这三个观念的种种理解、辨识、影像、陈说，才能真真晓得他的义理所在……这三个观念是理论完备自成一系统的佛经，部部都有的。"因此，江先生指出研究所有佛经的关键是下功夫搞清楚这三个观念。既然这三个观念都相同，那么是否所有佛经的含义便无差别了呢？不是的，"这些相同的名词里面包含着"每部佛经"特殊的见解和精神"。既然如此，"如果我们经比较某一部经和另一部或另几部经的义理"，那么非常清楚，我们只要"在这三个观念上用功夫"就行了。功夫如何用？这便是方法问题。江先生提出三部曲:"先分析、次综合、后比较。"

我们知道,分析法、综合法、比较法,都是现代科学研究常用的普遍方法。江先生注意使用现代科学研究方法于实践,取得了重要成果,恐怕与蔡元培校长的大力倡行有关。蔡校长曾多次强调介绍别人的科学成果,决不如介绍科学方法为重要,他常引用吕洞宾点石成金的故事,说明科学的结论是点成的金,量终有限,而科学方法是点石的指,可以产生无穷的金。他还进一步指出运用科学方法明辨慎思,详考博征,实地研究定会成果不断,否则即有所得,也是偶中,"其失者无论矣"。在蔡先生的倡导下,北大师生普遍重视学习和运用方法论。在《北京大学月刊》上发表《清代汉学家的科学方法》一文,得出有广泛影响的"大胆的假设,小心的求证"名言的胡适,在为江绍原的《乔答摩底死》一书作序中特别对其治学方法给予高度评价。胡适写道:"我的朋友江绍原先生很爱研究佛家的书。他研究佛书的方法和众人不同……他用的方法很合史学家批评史料的方法。我看了非常喜欢……现在他又用这种分析的、批评的、考据的方法,做了这部书……我希望看这书的人要懂得江先生做书的用意……他希望有人能用这种分析、批评、考据的方法来研究佛家书籍。"周作人先生在看了这部书之后,认为"江先生是一位持科学态度的佛学家",我们对于佛教,应该像江先生那样"用科学的态度,下精细的观察,加之以历史的考证,把它的内容详细分析出来"。

三 为了国富民强

江绍原先生运用历史的、分析的、心理学的、批评的、考据的方法,研究宗教、礼俗、迷信是因为在他看来宗教、礼俗、迷信与人们生活息息相关,而人们生活的量(quantity)和德(quality)即我们今天所说的生活质(quality)量的差别是与人们的精神面貌、国家强弱相关的。他认为"中国之不振,西洋之崛起",是由于中西生活质量的不同。他痛心地指出"中国之所以'为人鱼肉'、'不能自强'、'国势孱弱'、'大局蜩螗'、'人心鼎沸'、'进退失据',不也是因为中国上下的生活,其量与德有所不足吗?"由此认识推断,他自然得出结论:"中国人欲中国复兴,成一个有光荣有作为的国家,不能不从促进中国全体国民生活做起……促进生活是导人之生活于'满足丰富'之域。"提高了人们的生活质量,将促使人们追求更美好的生活、更高的道德规范。

如何提高人们的生活质量呢？江先生提出"唯一的法门是启发他的自觉"。因为真正自觉的人，必能知道自己所处的地位如何，自己的使命是什么，"真晓得自己的地位与使命，必能发起猛心，急起直追，还会萎靡不振，醉生梦死吗？"因此，江先生认为对于宗教、迷信、礼俗等必须要进行历史的、心理的、批评的、精密的研究，到了彻底明白之后，对我们"一定富有实际的指导，指点人促进生活，启发自觉的新方向"。但是，如果在未做这番深入细致的研究工夫之前，高喊"打倒迷信！""破除迷信！"那不过是肤浅的举动，"不会收什么效果的"。而人们一旦了解了迷信是什么一回事，那么"不论什么迷信，便不打自倒，不攻自破"了。同样，对宗教不做研究，"便信口说'无宗教'，那如同小孩子在地上画了一个空圈，'聊以自娱'，'别无深意'；此事（研究）未做以前，便胆大去保守相传下来的宗教，那就如同酒醉的人，捉水面的月亮……"所以江先生希望人们要用历史的、心理学的、批评的方法"去研究国内外的宗教，宗教与人生之真实关系，先能了然于胸，再紧紧看守好中国国内宗教的现状与发展，务必用正当的手腕，干涉之，导引之，使之不与我们个人的、国家的、革新的生活冲突，更进而诱之使有所贡献，圆满、丰富、抬高我们生活的量与德"。

我们看江先生在 70 多年前的这些为国为民的论述，在今天读来仍不失其价值。江先生著作中以小见大所表达的"专取关国家兴衰，系生民休戚，善可为法，恶可为戒者"著书立说的爱国情怀，需要我们继承与发扬。正所谓"温故而知新"。

疾步人生的曾昭抡

曾昭抡（1899~1967），字隽奇，号叔伟，湖南湘乡人；化学家，北京大学教授，中央研究院院士、中国科学院院士。1920年留学美国，1926年获麻省理工学院科学博士学位。曾任中央大学、北京大学、西南联合大学、武汉大学教授、化学系主任，中国化学会理事长，《中国化学会会志》主编，中国科学院化学研究所所长，全国科联副主席，教育部、高教部副部长，全国招生委员会副主任，全国人大代表，全国政协委员，民盟中央常委等职。主要论译著有《原子与原子能》、《元素有机化学》（第一分册）、《炸药制备实验法》、《东行日记》、《绥行日记》等20余部，学术论文160余篇，时局及军事评论文章近100篇。

曾昭抡

一 大志若怪

1937年1月22日的北平《晨报》上有这样一则短讯："北京大学化学系主任曾昭抡，行路时疾走如飞，且喜沿墙根而行，时见其夹西书数册，沿墙疾走于大学夹道，足下尘土飞扬，俨如涉水……"这段文字不长，却十分传神地描绘出曾昭抡先生惜时如金，一路小跑追向他的目标。

曾先生有时疾走如飞，有时自言自语，埋头走路，目不旁视，常有熟人迎面而来，曾先生却没有看见，对方打招呼也不予理睬。开始有人以为曾先生学问大，名望高，架子也大，不无猜测。后来发现曾先生不与熟人打招呼，有时却对电线杆子讲话，讲到得意处，面露笑容，路人以为他神经有毛病。日子久了，人们才知道那是曾先生在途中思有所得的神驰状态。

关于这一层，曾夫人俞大纲的姐姐俞大缜曾有一段回忆颇为有趣："记得有一天，我从北大回家，路过沙滩，只见昭抡站在红楼前面，面对一根电线杆子，又点头，又说又笑，过路人不胜骇然。我走近他身边，他也不理我，仔细听他说话，原来他在对电线杆子谈化学哩。大概他又有了什么新发现，得意了，把电线杆子当人，在向它报喜。"

唐宋八大家之一的欧阳修"平生所作文章，多在三上（马上、枕上、厕上）"成为善于利用时间做学问的千古美谈，广为流传，并收入《辞源》《辞海》等书。曾先生的充分利用"路上"的时间思考问题的习惯，已是今人的佳话。曾先生不仅遇熟人视而不见，有时思想太集中，竟在雨中赶路淋湿衣服，而忘记把手中的雨伞撑起来，直到有人问他下这么大的雨，手中有伞为什么不打之时，他才突然意识到自己手中还拿着临出门时夫人递给自己的伞。更有甚者，有一次因途中思考问题太专注竟然撞在路边一棵大树上，头破血流地回到家……

俞大缜（左一）、俞大绂（前左三）、曾昭抡（右一）等合影于燕东园 30 号

人们专注于某些事情，往往出现某种痴迷状态，一时不为他人所理解是常有的事。曾先生就是满脑子事业、学术问题，面对书本、仪器自不必说，就是吃饭睡觉也往往放不下。据曾先生的家人说，有一次吃饭，曾先生竟拿起煤铲去添饭，把煤铲当成了饭匙。有时看书至晚，关灯即上床睡觉，竟连鞋袜也想不到脱。并不止一次将袜子正一只、反一只套在脚上蹬鞋就走，有

时袜子拖到脚后跟，被学生看到不免暗笑先生的不修边幅，大志若怪。

原中国科学院化学研究所所长胡亚东研究员，1955年秋曾作为曾先生的助手经常与曾先生研究讨论工作，对此感受很深。胡先生对此有过生动的记述："有时一讨论就忘了时间，留我在他家吃饭……已记不得吃的什么了，只记得是很普通的饭菜……曾先生吃饭很快，似乎是在完成任务……"（《往事如烟》）完成什么任务呢？完成生存必需的物质补充。这大概是那句名言"吃饭是为了活着，活着不是为了吃饭"的生动注解。而活着是为了事业，为了民族和国家的富强，这才是曾先生的志向所在。

1938年2月，由北大、清华、南开三所大学在长沙组成的临时大学，被日寇的轰炸步步进逼所迫，不得不再度西迁入滇。联大学生近三百人组成步行团，由长沙到昆明，行程一千六百多公里。参加步行团的教授有闻一多、曾昭抡、李继侗、袁复礼、黄钰生等。中国科学院院士唐敖庆，当年是北大化学系二年级的学生，也是步行团成员，唐院士在一篇怀念曾先生的文章中写道："每天早晨，当我们披着星光走了二三十里路时，天才放亮。这时远远看见曾昭抡教授已经坐在路边的公里标记石碑上写日记了。等我们赶上来后，他又和我们一起赶路。曾先生天天如此。看来，他至少比我们早起一两个小时……"

1938年，曾先生年届不惑，正是少壮，奔波劳累不在话下。二十年后，1958年，曾先生已届花甲，且被错划为右派，免去高教部副部长职务下放到武汉大学化学系任教。对此，曾先生平静处之，他觉得只是换了一下工作环境和内容。离开了文山会海，又回到化学书刊的汪洋中畅游。为了备课和进行研究，他一天到晚大部分时间都在校图书馆、化学系资料室中度过。他在一排排书架中穿梭，小跑一样很快抱出一摞书，如饥似渴地查资料，做笔记，摘完后又快速归还原处，马上又抱出一摞……1958年到1960年，他一面讲课，一面写出了二百多万字的《有机合成》《元素有机化学》讲义，这是一般人正常工作量的三四倍。若没有曾先生住室彻夜通明的灯光、在书架间穿梭的身影、一路小跑的匆匆脚步，要完成如此巨大的工作量是无论如何也办不到的。

每天二十四小时，对谁都很公平，不多也不少。在这同样定量的时间里，谁能做出多少成果来，那可就各不相同了。除天分之外，其区别主要看谁能更充分地利用时间。曾昭抡先生疾步人生，追求的是科学事业，是祖国的富强。他的一生虽有部分扭曲,但仍不失为一幅"器大者声必闳,志高者意必远"的壮丽画卷。

二 少说多做

曾先生为了集中精力把时间用在他所关注的科学事业上,平时很少与人交际闲谈,给人的印象是寡言少语,对于治学以外的事情常常心不在焉到一般人难以接受的地步。因此关于他不修边幅、性格怪癖的传言不少,此皆不知先生者言。其实若与曾先生讨论学术问题或科学发展问题,则其学识之渊博、思维之敏捷、见解之精辟会给你留下深刻印象。但曾先生给人印象更深的还是他的实干精神和丰硕的成果。曾先生认为要国家富强,必须提倡科学,而要提倡科学,则"最好不必多说话,而要切实做去"(曾昭抡《从原子弹说起》)。

重庆求真社刊行的《大凉山夷区考察记》

少说多做是曾先生一生身体力行的。只要粗略看一看曾先生著述之丰硕、任事之勤勉、工作之痴迷,便可知道他是如何使用自己生命的分分秒秒的。从 1926 年获博士学位后回国,到 1967 年去世的 41 年间,目前据不完全的统计就有:《炸药制备实验法》《有机物质分类反应及鉴定实验》《火箭炮与飞炸弹》《原子与原子能》《元素有机化学》等编、译著 13 部;《东行日记》《绥行日记》《西康日记》《大凉山夷区考察记》等日记与考察记 11 部;发表学术论文 32 篇于《中国化学会会志》《化学通报》,34 篇于《科学》,24 篇于《北京大学自然科学季刊》,5 篇于《北京大学理科报告》,5 篇于《化学工程》,20 篇于《化学》,7 篇于《武汉大学学报(自然科学版)》;另有《国际化学常识》《十年来之中国化学研究》《中国学术的进展》《提高高等教育质量》等 37 篇发表于《东方杂志》《北大周刊》《人民日报》《光明日报》等报刊;曾先生还十分关注国内国际的时事、政治、军事等时局，有关《论中国文字问题》《试谈男女平等问题》《重视青年与爱护青年》《科学与中国建国》《怎样使近代学术中国化》《八年来的世界民主浪潮》《人民的力量》《红旗高插柏林城》《大独裁者的下场》《我们应当感谢人民》《团结统一的一块里程碑——国共会谈纪要发表》等87篇词情并茂的杂文在《中央日报》《云南日报》《民主周刊》《扫荡报》《荡冠志》《正义报》等报刊与读者见面。共三百篇（部），数百万字的著述。

曾昭抡先生1926年回国后，绝大部分时间在中央大学、北京大学、西南联合大学、武汉大学等校从事教书育人工作，前后约三十三年之久。其中对北京大学化学系的贡献尤多：扩充实验室，添置仪器设备，订购补充图书资料，积累从A到Z的整套有机样品，实行毕业生论文制度……单说其讲授过的课程就计有：普通化学、物理化学、有机化学、有机合成、有机分析、高等有机化学、工业有机化学、工业无机化学、国防化学、杂环化学、炸药化学、元素有机结构理论、元素有机化学等。曾先生讲课自编讲义，为的是适合学生程度，并加入该领域的新成果，新进展，使学生既容易掌握，又能了解学科前沿。所以他每讲一次，讲义就修改补充一次。比起一辈子只讲二三门课，一本讲义用几年的先生来，其工作量不知要大到多少倍，何况他还亲自指导实验。而且"曾先生的课讲得很精彩，内容丰富，逻辑性强，听后收获很大"（唐敖庆《深切怀念我的北大老师曾昭抡教授》）。名师出高徒，曾先生为中国化学科学的发展培养了许多领军人物，如著名高分子化学家王葆仁院士、有机化学家蒋明谦院士、量子化学家唐敖庆院士等都出自他的门下。但是他从不以老师自居，别人在他指导和帮助下取得成绩，他又从不居功。曾先生言传身教培育英才无数。

曾先生一生任过多项社会公职。除北京大学教务长外，还曾任中国化学会会长、理事长、常务理事许多年，并长期担任《科学》《化学》《化学工程》等刊物的编委和撰稿人，他还是美国《化学文摘》的文摘员，他的任职从不挂名，为这些学术刊物编写过大量文稿。其中尤以任《中国化学会会志》总编辑一职时，他出力最多。从1933年创刊起至1952年止，曾先生任总编辑兼总经理达二十年之久。在相当一段时间，实际上是他一人在办刊。从征集、编发、自写稿件，与作者及各有关学术单位联系，到募捐筹款，亲自去邮局寄发刊物，他都做。在1940年2月28日的日记中，我们看到如下记载:"……午饭后至大兴街邮局,将《会志》七卷二期稿,寄往成都郑集君启……"为了弥补出版经费的不足,曾先生经常自掏腰包。知情者常说,曾先生办《中国化学会会志》就像抚养自己的爱子,尽心尽力。1938年10月出版的《化学》第二卷第四期载有《中国化学会收支报告表》,其中"捐款"一项,曾昭抡名下为257.19元。这个数目大约是当年会志费用的60%。

为了化学能在中国生根,曾先生特别注意学术名词汉化的工作,经二十多年坚持不懈的努力,在曾先生主持下统一了汉语化学名词一万五千余条。

在任职教育部、高等教育部副部长期间,曾先生足迹遍及大半个中国。长春、吉林、乌鲁木齐、太原、长沙、南京、杭州、上海、济南等的大专院校都留下了曾先生的足迹。他深入实际,调查研究,了解情况,听取意见,提出建议,解决问题,在广大师生中留有良好的印象。

在他兼任中国科学院化学研究所所长期间,中国科学院与中国化学会,根据科学发展的前景和我国社会主义建设的需要,于1955年秋开始筹备中国高分子委员会,并请曾先生负责具体实施。他和助手常常讨论研究起来忘了时间,忘了吃饭……

此外,曾先生还有全国招生委员会副主任、全国科联副主席、全国人大代表、全国政协委员、民盟中央常委等工作,所以他非常忙,忙得"连把袜子穿好都嫌费时间"。

三 教书育人

曾昭抡先生一生没有离开教育事业,除少数年头在教育行政领导岗位上,进行全面策划促进教育发展工作外,绝大部分时间忙碌在教学科研第一线,是一位名副其实的教育家。

教育家不同于教书匠,教书匠重在传播知识,教育家重在育人成材。曾先生在授业解惑传播专门知识的同时,教育学生如何做人,如何把个人的学业与国家命运联系起来,切切实实尽一个公民的社会义务。他对"一般青年趋向实利主义"非常担心,认为"这样的青年,如果将来要担负国家的责任,对于国家,未免危险"(《培养读书的习惯》)。他提出,若要日后成为对国家有用的人,必须学习掌握一定的知识技能,"首先在学生时代,应该培养成功一种爱好读书的习惯"。在曾先生看来,在校学生养成读书的习惯,是将来担负社会重大责任的必不可少的预备功夫。因此，为了使学生真正掌握为国家服务的本领，曾先生对学生的训练是十分严格的，除认真完成课程作业、一丝不苟地上好实验课并完成报告外，尤其强调毕业论文的训练。曾先生认为学生毕业论文的训练，是学生把所学知识和实验技能综合运用的实践，是学会独立从事科学研究的本领，为走出校门适应实际工作所必不可少的。因此，曾先生就像母亲教诲即将出嫁要独当一面的女儿一样，手把手地教学生，不仅严格要求学生，而且具体指导学生如何选择参考文献；如何点面结合地阅读，既要有重点，又要有广度；甚至具体到"凡是看过的文献每篇都要做笔记……做摘要时宜于每篇论文写一个卡片，但必要时也可以几篇共一个卡片……对自己当前工作关系较大，需要做详细的笔记的，则宜于把笔记记在一本练习本上……"（《1963年1月25日给研究生谢周的信》）经曾先生悉心指导的学生毕业后均能较快地适应工作并表现出较强的能力，因此学生都对曾先生心存感激。在"文化大革命"中，有的学生因拒绝违心地揭发批判曾先生，而宁愿自己遭到批判，但不改初衷。

科学实验是有一定风险的，因各种实验事故为科学献身的科学家不可胜计。由于化学实验比物理实验相对容易出事故，因此曾先生在严格要求学生之时，又非常关心学生的安全，不厌其烦地叮嘱学生，一定要遵守实验室纪律，严格按照操作规程进行实验。因为这些纪律和规程是前辈们在无数次的实验中总结出来的，不少是用生命代价换来的。尽管如此，意外还是会发生。有一次一位同学不小心引起药品失火，给实验室造成了相当的损失，系里准备处分这个学生。当曾先生知道这个消息后，找到系领导主动承担责任，希望不要给学生处分，因为那样可能给一个青年人的进步造成不好的影响。同时，曾先生把这个学生叫到自己家里，耐心地与他一起分析发生事故的过程，找出原因，总结经验，避免以后再出现类似事故，并教给学生出现事故时，应如何采取措施处理，降低其危害和损失程度。学生感激不已，终生难忘。

曾先生始终把培养年轻人看作自己的重要任务，对学生如此，对刚刚走上教学科研岗位的年轻人更是如此。在曾先生爱国热忱，为人为学魅力的感召下，一批爱国青年在国外学成归来。其中唐敖庆、徐光宪、高小霞等院士，当年归国之初就曾住在曾先生家里亲领教诲，并在曾家开始了编写讲义、修改教材的教书生涯。他们在曾先生审阅过自编讲义并听过试讲之后，才放心地走上讲台。这样手把手地培养青年后学的做法，一直到他生命的尽头。当他患了癌症在家养病期间，还把远在武汉大学的助手请到北京自己家来，就元素有机化学专业课程的教材修改、编写、讨论、试讲达一月有余，直到曾先生满意才放他离京。

曾先生培养年轻人，不仅手把手地教，而且放手压重担，因为他知道，让年轻人挑担子，在实践中长才干，才是培养人最好的方法。例如1958年到武汉大学后，他开始关注元素有机化学领域，经过短短四五年的努力，曾先生任主任的武汉大学化学系元素有机化学教研室就发表学术论文数十篇。在全国高等学校有机化学讨论会上（1963年冬在南开大学召开），和教育部直属高等学校元素有机化学科学讨论会上（1964年秋在武汉大学召开），该教研室发表宣读论文之多，水平之高引起了学术界的广泛注意。尤其是身患癌症的曾先生，在助手的搀扶下走上大会讲台作《元素有机化学进展》的报告的情景，许多与会者至今难忘。这丰硕成果来自曾先生的领导有方：他放手让青年助手分头负责有机氟化学、有机硼化学、有机磷化学、有机硅化学、金属有机化学等五个科研组，并定期商讨确定研究方向，制订技术路线，在教学科研的基础上完成相应的《元素有机化学》各分册的编写任务。而曾先生自己首先完成了《元素有机化学》（第一分册·通论）的编写工作，并于1965年由科学出版社出版。为完成这一艰巨任务，曾先生还根据各人的具体情况，为全教研室28位同志一一制订出提高计划，并带病为他们讲授提高课程《元素有机结构理论》等。

在曾先生这样精细地培育下，不出人才也难。当年曾先生的这些助手中，如今有的已是大学校长，有的是中科院院士，而大多数则在教学科研第一线发挥着骨干领头人作用。

四　终生学习

"山不厌高，海不厌深。"大学者学习终生，对知识的探求永不满足。曾先生早年留学美国，能熟练运用英、法、德、意等国语言文字于专业，这在我国自然科学界已属不易。但曾先生为了更方便地了解世界科学的发展，在抗日战争的艰苦年代，在偏居西南边陲的昆明，他在完成繁重的教学科研任务的同时，硬是挤时间学会了俄语。因为曾先生认为"目前最提倡科学的国家，首推苏联"（《从原子弹说起》）。他为抓紧时间尽快掌握这个工具，有时竟上午旁听三年级的俄文课，下午又旁听二年级的俄文课，真正是如饥似渴，只争朝夕。1940年2月26日他的《日记》中有如下记载："九至十时，预备无机化学。十至十一时，旁听三年级俄文。十一至十二，一时半至二时，继续预备无机化学课。二时至四时，做俄文练习。四时半至五时半，旁听二年级俄文。"其实曾先生学俄文不仅为了了解苏联的科学发展成就，也为了了解苏联这个社会主义国家的政治经济等各方面。

如果说学习俄文时，曾先生正值中年，年富力强，一般人尚可做到，但曾先生年过花甲又身患癌症之后，仍能勤学苦练把日语掌握在自己手中，为自己增添又一个工具，那就不是一般人所能办到的了。1961年，曾先生回北京养病期间，请北大东语系的日语教师到家里为自己开课。经过刻苦努力，三十多年前，他因不能直接用日语与日本学者交流的苦恼终于解除。对此，与曾先生交友几十年的费孝通先生曾有精辟的评述："事隔三十多年，他不考虑这个工具学到手还能使用多久，竟学会了这个语言。有这种境界的人才够得上是个真正的学者。"可谓"朝闻道，夕死可也"。

是啊，一个真正的学者总是不满足于已知的东西，而永远遨游在知识的海洋中，奋力向前，享受着拼搏的快乐。曾先生为了编写《元素有机化学》（第一分册·通论）在病中他请了曾是自己助手，比自己小二十多岁的北大教授徐光宪为自己讲《结构化学》，曾先生不仅认真听讲、钻研教材、记笔记，还做习题，俨然一个在校学生。病情稍好转曾先生离开北京的家回到武汉大学，在繁忙的教学、科研和指导研究生、青年教师的同时，他又挤时间去旁听数学系张远达教授的《线性代数》课，还是和同学们一样记笔记，并认真做完每章的习题。

一个活到老学到老的真实楷模激励着无数青年。

五 胸怀全局

民国初年，军阀混战连年，民不聊生，至1928年前后国民政府渐趋巩固，国内局势相对缓和，经济、文化事业开始有所发展。于是第一次全国教育会议、第一次全国财政会议、第一次全国民航会议、第一次全国交通会议等相继召开。普遍怀有科学救国思想的科技教育界人士也开始活跃起来。为促进科学文化事业的发展，中国物理学会、中国植物学会、中国动物学会、中国地理学会、中国数学会、中国矿业同志会、中国纺织工程学会、中国水利工程学会、中国工程师学会、中国建筑师学会等纷纷成立。中国化学会也于1932年8月4日在南京宣告成立，是诸学会中成立较早者的，曾昭抡先生被大会推定为九理事之一。1933年，中国化学会创刊《中国化学会会志》，以曾昭抡为总编辑。为了与国内外相关机关进行交流，会志文章中西文（英、德、法文等）均载，不过中文稿件必附西文摘要，外文稿件必附有中文摘要。曾先生任化学会理事、会长多年，并任《中国化学会会志》总编辑达二十年之久，其间还曾兼任会刊总经理。当年办学会及刊物的经费主要依靠会员的会费，社会捐款是很少的。《中国化学会会志》内容受到各界欢迎，由每年二期而改为季刊每年四期，后又改双月刊，每年六期。随着印数的增加，经费常常不足，曾先生便穿旧衣旧鞋省下钱来补助、维持《会刊》的出版发行，推动中国化学科学事业的发展，这在中国学术界的老前辈们中是尽人皆知的。

文字、语言是一个国家、民族文化传统的重要基石，是其历史的主要表征。因此，卫护本国文字、语言往往是与国家兴衰相关的。因此，为了现代科学能在中国生根、开花、结果，有远见的科学家都很重视科学名词的本国化。1932年前后，中国数学名词审查会成立，《物理学名词汇》出版，同时化学名词的汉语化工作也在积极进行。曾先生作为中国化学会名词委员会的常务委员，出力尤多。曾先生对当年所用化学教科书多是外文原版常存忧虑，他认为教师用英语讲授，学生读英文课本，这样下去化学这门学科很难在中国生根、结果。为了这个关乎一个学科中国化的全局性工作，曾先生投入了无法计算的精力和时间，积二十年之久，到1950年代初，在曾先生主持下，终于统一规范了一万五千多条汉语化学名词。

1951年曾先生离开任职二十多年的北京大学到教育部、高教部、中国科学院任职以后，他从全国经济建设发展的需要出发，为了建立化工企业，他建议从上海把华东区化工部总工程师陈彬调至东北；当时为了解决望远镜玻璃的急切需求，根据曾先生的建议，调了光学专家王大珩去创建光学仪器厂……这样还不够，他认为东北地区要建成工业基地离不开相应的教育、人才的支持。于是他建议在东北地区不仅要办好工业院校，还要办综合性大学。作为教育家、科学家，曾昭抡十分清楚数学、物理、化学等基础学科的重要性。在他的建议下，综合性的吉林大学办起来了。为了办好吉林大学，曾先生建议把北京大学化学系的唐敖庆教授调到吉林，因为曾先生了解唐敖庆的人品学识，足膺重任。唐教授也是从国家利益出发，相信曾先生的安排是对的，愉快地离开条件优越的首都，到相对艰苦的东北去创业。唐先生不负众望，经几十年与蔡镏生等先生的共同努力，使吉林大学的化学系得到长足发展，如今已有无机合成与制备化学国家重点实验室、超分子结构与材料教育部重点实验室、物理化学研究所、高分子研究所等教学科研单位，并取得了许多学科前沿的成果。在钱伟长等先生的支持下，同时离开首都前去东北的还有清华大学的余瑞璜教授（物理）、北京大学的朱光亚教授（物理）和王湘浩教授（数学）、燕京大学的蔡镏生教授（化学）等。从此，东北地区的工业布局，高等学校的数量和质量都出现了新面貌。

图书资料一向被认为教学科研的三大支柱之一。新中国成立初期，各种物资缺乏，加上帝国主义的经济、科技封锁，在新中国成立初期，创业是十分艰难的。为了解决教学科研资料的短缺，帮助教师和科研人员较顺利地工作，曾昭抡先生提议翻印外国期刊，这个建议得到周总理的支持。随即曾先生与钱伟长先生做了具体安排。由于当年进口的渠道十分有限，不得不把个人收藏的外国期刊拿出来。钱先生拿出了 1855~1940 年英国皇家学会的物理和数学方面的会刊，曾先生则拿出了全套《美国化学学会会刊》、中国化学学会志等，全部无偿献给国家。此外，曾先生收藏的一部 International Critical Table，为全中国仅有的两部之一，十分珍贵，并是研究物理、化学的教师、科研人员都需要的。曾先生也拿出来翻印了。曾先生的胸怀全局，大公无私，为我们树立了榜样。

新中国成立初期，各项事业蒸蒸日上，取得了巨大的成就，但由于经验不足，也存在不少问题。许多认真思考问题的有心人都希望能克服不足，把新中国建设得更好。1957 年，在响应中央双百方针和帮助党整风的号召中，曾昭抡与钱伟长、费孝通等六先生写出了《对于有关我国科学体制问题的几点意见》，该文发表在 1957 年 6 月 9 日的《光明日报》上。其中提出了关于保护科学家的问题，关于科学院、高等学校、业务部门研究机构之间的分工协作问题，关于社会科学的问题，关于科学研究的领导问题，关于培养新生力量的问题等有关全局的思考建议。其主旨完全是为了发挥各类人才的积极性为社会主义建设服务。但在当时，一片热忱不蒙明察，却被批判为"反党反社会主义的科学纲领"。曾昭抡等被划为右派,受到不公正对待。但在曾先生看来,只是改换了一下工作岗位,从此他又一次一心一意投入了教学科研和指导研究生的具体工作中。正所谓"受屈不改心,然后知君子"(李白《赠韦侍御黄裳·其一》)。

六 热烈爱国

1926年,曾昭抡先生通过"On The Use of Selected Derivatives in the Specific Characterization of Alcohols, Phenols, Amines and Mercaptans"为题的论文答辩获得美国麻省理工学院科学博士学位。导师萨·莫利肯对论文很赞赏,非常希望曾先生能留下任教于麻省理工学院化学系,曾先生拒谢了学校的诚恳挽留,他说:"我很热爱母校,但更热爱我的祖国。"没有谁能阻挡赤子爱国之心,曾先生于1926年仲夏回到了离别六年的神州大地。

20世纪初出国留学的华夏儿女,大都是怀着科学救国、教育救国的梦想负笈远行的,曾昭抡便是其中之一。他们深知积贫积弱的中国急需振兴图存。曾先生回国后,先在中央大学,后在北京大学、北平大学工学院、西南联大等校任教中,除开讲有机化学、无机化学、物理化学等外,还开有"炸药制备"一课,并编有讲义,于1934年出版了《炸药制备实验法》一书。曾先生之所以重视炸药制备问题,是因为曾先生认为"我国国势积弱,稍有知识者,莫不知非积极振兴兵工事业,不足以图自存。以此之故,一般学习理科之青年,尤其学习化学及化学工程者,多对于炸药之制备,感觉特殊之兴趣"(《炸药化学实验法·序》)。所以曾先生适应时势需要,他不仅讲课,还亲自指导学生试制炸药,编有《炸药化学实验讲义》,指导学生进行防化学战演习,亲自率领北大师生慰问团到绥远(今内蒙古)抗日前线慰问抗日将士,受到傅作义将军的接见。并在前线为军民讲解防止毒气知识,提高抗日信心和能力。1950年代初,曾先生还为我国新组建的防化兵讲课等。曾先生十分关心国防建设,关心国家的安全。但是关心不应该是口头的,要有真本领才行,所以他说:"我以为现在的学生们,与其高谈上前线服务,还不如老老实实地,把基础的科学课程读好,预备将来真的为国家服务,……只要是真心爱国的人,将来替国家作事的机会多得很,可以说连想逃责任都逃不了。"(《绥行日记》)而对于科学界同人，曾先生则认为应做好本职工作，为国家积极训练科学人才。

曾先生不是一个埋头自己专业不看时局的单纯科学家。相反，他对时局十分敏感，并有真知灼见。1940年，中国人民的抗日战争进入最困难阶段，此时的曾教授针对桂南战役（1939年11月至1940年2月，日军占领南宁又被赶出南宁）收复南宁的战例分析，在心理上、精神上鼓舞了全国人民抗战胜利的信念，打击悲观论调。曾先生在《国际局势与我国抗战前途》一文中，还分析了日本海军"一方面要防守本国海岸，一方面要监视苏联，一方面要维持侵略中国的交通，同时又要大规模进攻南洋"，这样长的战线和繁重的任务，对于并没有经过大战事考验的日本海军来说是不堪重负的。由此曾先生得出结论："日本海军，吨数虽高，却不过是一个纸老虎。"（《荡寇志》1940年第3期）这与毛泽东主席关于"一切反动派都是纸老虎"的著名论断是一致的。作为一个化学家，对时局事务的分析竟与一位伟大的政治家、军事家的分析如此一致，不能不让人惊叹与钦佩。

"上马击狂胡，下马草军书。"（陆游《观大散关图有感》）在抗战期间，曾先生在教学科研之外，写了近百篇有关时局与军事、经济等评论文章。如《中日战争中使用毒气问题之检讨》《国际局势与我国抗战前途》《从军事技术上推论欧洲战局》《现代战争中的武器》《怎样研究国防科学》《红旗高插柏林城》《人民的力量》等。还有关心青年与妇女的文章多篇，如《试谈男女平等问题》《重视青年与爱护青年》《大时代在等待着青年们》《青年与未来中国政治》《八年来的世界民主浪潮》等。

关于抗战的胜利，曾先生明确地认为应归功于人民。他说："中国抗战，迄今已满八年。其所以能够撑过如此长时的战争……主要当归功于广大的人民……中国之所以始终并未与日本成立和议，其主要因素，实在于人民的意志，……并非少数人所能夸功……饮水思源，现在是该感谢人民的时候了。"（《我们应该感谢人民》）曾先生把中国人民的抗战胜利和世界反法西斯战争的胜利联系在一起，称之为"人民的胜利"。抗战胜利后中国的政治体制该如何建立，曾先生十分赞赏实行民主政治，政府阁员要"包括各党派、各阶级的代表"，即"联合政府"。（《社会周刊》第2卷第1期，1945）这与毛泽东在《论联合政府》（1945年4月24日）中提出的"联合性质的民主的正式的政府"，是完全一致，互相呼应的。

大凡爱国者的心都是相通的，更何况曾先生是一位始终关心国家民族命运的科学家、教育家，他察知社会前进的方向，所以他对革命领袖的论述、事迹等时时关注。从日记中我们知道他曾读过高尔基等苏联进步作家的作品，如《斯大林传》《和列宁相处的日子》等，以及大量的毛泽东著作，如《新民主主义论》发表不久的 1940 年 8 月 1 日，曾昭抡就在日记中写道："下午看完毛泽东近著《新民主主义论》一书。"另外，从唐敖庆院士记述的在美国时与曾先生的一次难忘的谈话中也可见一斑："当时国内正在进行解放战争，东北战场的形势发展很快，有一些原来属于我们的城市又被国民党军队占领了。……曾先生说'这表面看，好象（像）于我们很不利，其实不然。这些城市就像给国民党背上了一个一个包袱。早晚会把它压垮。总有一天，这些城市都会回来的'。曾先生的话使我在迷茫中看到光明。后来回国以后，我在毛主席的书中看到了类似的话。看来，当时曾先生已经读过毛主席的书，他是按毛泽东思想和我谈形势……"（《深切怀念我的北大老师曾昭抡教授》）。

1957 年，曾昭抡在充分肯定新中国初创阶段取得伟大成绩的同时，响应毛主席的号召执行双百方针，帮助党整风，以便克服缺点更好地建设社会主义而诚恳地提出意见时，却遭到错误的打击。不过"兰芷不为莫服而不芳"。人们总是在不断进步，随着实事求是时代的真正到来，1980 年，曾昭抡等六教授的冤案得以平反，恢复名誉。"形之正，不求影之直，而影自直；声之平，不求响之和，而响自和"（杨泉《物理论》）。虽然曾先生没能亲眼看到这一结果，但是人民给予曾先生用生命所铸伟业的公正而崇高的评价将永留史册。

（原载《北大的大师们》，中国经济出版社，2005）

明清史大家郑天挺

郑天挺（1899~1981），字毅生，福建长乐人。1920年毕业于北京大学中国文学系。历任北京大学、浙江大学、西南联合大学、南开大学等校教授、系主任、秘书长、总务长、副校长等职。他还是全国人大代表，全国高校文科教材历史组副组长，国务院学位委员会历史组组长，中国史学会主席团执行主席，《中国历史大辞典》主编等。主要著作有《探微集》《清史探微》《清史简述》《列国在华领事裁判权志要》等，并主编有《明清史资料》《史学名著选读》等。

郑天挺

一 大题小做

1917年，郑天挺进入北京大学国文学门学习，正是著名教育家蔡元培先生出任北大校长之时。蔡元培认为要提高教学水平，使北大成为能与国外著名大学相媲美的大学，就必须加强科学研究，以最新科研成果充实教学内容，所以他在北京大学校长就职演说中指出："大学者，研究高深学问者也。"其后在《北京大学月刊》"发刊词"中又指出："所谓大学者，非仅为多数学生按时授课，造成一毕业之资格而已也；实以是为共同研究学术之机关。"强调了大学的研究功能，并且明确提出学习、借鉴，进行比较研究以创新的关系和方法："研究也者，非徒输入欧化，而必于欧化之中，为更进之发明；非徒保存国粹，而必以科学方法，揭国粹之真相。"由于蔡先生倡导科学研究，并注意方法论的教学，北京大学各学系均由系主任或资深教授开讲方法论课程，并于1917年11月成立了各科研究所，以利高年级学生和教师从事研究，开中国近代大学设立科研机构之先河。胡适先生的流传很广的名言"大胆的假设，小心的求证"也是在这一时期写成并发表在《北京大学月刊》第5、7、9期上的《清代汉学家的科学方法》一文中提出的。在学术气氛浓厚的北京大学学习、研究、教学，郑先生自然学习到了大师们的治学方法，并有自己的独到之处。

科学研究的进展不外三方面的因素：新材料、新方法、新视角。郑天挺先生的论著在史学界享有很高的声誉，有不少成为不移之论，广为引用，但其论题往往并不宏大、初看反觉窄小，细读之后则发现其深意，有以小见大、见微知著之感。因此，学界对郑先生的"探微"法评价甚高，称为"大题小做"。

郑先生研究史学大题小做的探微法贯穿在他的教学与论著中。我们看到《关于徐一夔〈织工对〉》一文便是其中一例。在这篇约八千字的文章中，郑先生首先考察了徐一夔的行止，根据《明史》《明诗综》《始丰稿》等书的记载，知道他至少于至正〔元顺帝年号至正（1341—1368）〕十年（1350）、十三年、十四年、十五年的确在杭州，而反映其他年份徐在杭州的尚多，如《谢危大参书》《晏居记》《序灌园生》《西岭草堂续记》等。也就是说徐一夔在杭州多年，是有机会与织工聊天闲话的，文中所写织工的状况是真实可信的。这就首先确定了《织工对》的真实价值，以及事件发生的地域在杭州。

其次，郑先生翻检《始丰稿》发现其按年分组编排的规律。《织工对》被编在前稿第一卷内。而前稿卷一至卷三，除没有标明年月的以外，都在元至正二十七年（1367）以前。再参照丁丙所作《始丰稿跋》中说："前稿三卷……共五十四首，皆作于元至正间"，可知《织工对》的写作年代应在元末至正年间。

接着，郑先生从词汇学入手，考证"日佣为钱二百缗"关于工资一句中的"缗"字。缗是穿铜钱用的绳子，一串是一千文，一缗就是后来的一贯。而"缗"这个元代通俗惯用语，到明初由于钱法改变，钞值不同而不再沿用，改千钱为一贯，所以缗通行于元，贯通行于明。由此亦可推知《织工对》所记应为元朝末年之事。再参考徐一夔在明初的著述《夕佳楼记》（1378年）、《俞子中墓碣》等中记述资费时全用若干"贯"，而不用若干

"缗",表明徐在使用"贯"与"缗"上是有时间区别的。在《织工对》中用"缗"而没有用"贯",也说明它是元末写成的,不是明初。郑先生进而又从日工酬的多少,元末钞币贬值的情况甚于明初来说明《织工对》记述的应是元末,不在明初。层层递推,使读者明确无误地认定事实发生的时代确在元朝末年。

为搞清楚《织工对》记述的是丝织业还是棉织业,郑先生从徐一夔的其他文章中没有找到直接说明,同住杭州的陶宗义、杨维贞、叶子奇等人的著作中也没有直接史料可资说明。郑先生只有从明代宋应星的《天工开物》、徐光启的《农政全书》、陈汝锜的《短书》等中有关织机、织工等情况的记述、图样来推断,知道当时棉、麻织机与丝织机构造有别,织工人数不同。织棉、麻时一机一人即够,丝织不起花纹时亦一机一人,而织丝绸提花则必须一机二人或三人。那么《织工对》中说的"杼机四五具""工十数人""工凡十人",表明织工数多于织机数,甚至正好一机二工。可见是丝织业的情况不是棉、麻织业。于是郑先生认为,徐一夔的《织工对》记述的是元末杭州丝织业的状况。

证明了《织工对》记的织工状况的年代、地域、行业有什么意义呢?原来这里联系着中国社会发展阶段的划分问题。历史学家吴晗早在1936年讨论中国资本主义萌芽问题的《十四世纪时之纺织工厂》一文中就介绍了徐一夔的《织工对》。此后有关中国资本主义萌芽问题的论争中便不时会看到引用《织工对》的文字,但看法不一,意见分歧。有说《织工对》记述的是元末状况的,有说是明初的;有说是丝织业的,有说是棉织业的;等等,莫衷一是。郑先生这篇约八千字的小题目的文章,引证注释达101处之多,这严谨考证的结果具有很强的说服力,使这一悬案得以解决,为中国资本主义萌芽问题这一大课题的深入讨论做出了具体贡献,为学界所称道。

郑先生的"小题目""小问题",往往是表面看起来小,其实这小问题都是与重大历史问题相联系的。这种"集合许多小胜为大胜"的战略,由于一个一个小问题的深入研究从而使大结论牢固不拔。类似的例子还多,如《清代皇室之氏族与血系》一文首先就"满洲"之词源,广征文籍,证以史实,"满洲本部族名……满洲本作满珠,每岁西藏献丹书皆称曼珠师利大皇帝……曼珠华言妙吉祥也……今汉字作满洲,盖因州字义近地名,假借用之遂相沿耳。实则部族而非地名……"(《满洲源流考·卷一》)"号其部族为满洲"(《清史稿·卷一》)说明"满洲"乃部落名称,"与国无涉","近世强以满洲为地名,以统关外三省,更以之名国,于史无据,最为谬妄。满洲出于建州左卫,为女真支裔,即唐之靺鞨,周之肃慎,乃中华历史上宗族之一……"(《清代皇室之氏族与血系》)郑先生并进一步考证了满族在漫长的历史发展过程中与汉、蒙古、朝鲜等民族的密切关系,在"清代诸帝之血系"一节,从太祖、世祖到穆宗、德宗诸帝的父系、母系之家族血液关系一一详考,结果表明"在宣宗以前累世均有新血素之参入,此与当时武功之奋张,文化之调融,不无关系。最趣者清世以龙兴东土朱果发祥之贵胄自炫,而不自知其为汉满蒙古之混合血统……"郑先生还通过"爱新觉罗得姓稽疑""满洲先世在元明之地位"等的考证,用具体历史事实说明,满、汉、蒙古等各民族,在历史长河中,通过经济、政治、文化、婚姻等的交流,早已融合为一不可分割的、共同的中华民族。

"清代皇室之氏族与血系"似乎微小,不如"论东三省自古为中国领土不可分割的一部分"来得宏伟,但郑先生的论证,无可辩驳地说明满族是中华民族一分子,东三省是中国固有领土,给了妄图侵占东三省而制造"满洲国"的日本侵略者沉重一击。它是关系着中华民族国土完整的大问题。

阅读郑先生的论著,我们不难发现,他这种从具体问题入手,以小见大,见微知著的探微法,对年轻学者更为合适。因为年轻学者知识经验、掌握资料有限,对小问题容易深入,便于把握,而对大问题往往照顾不周,难以深入。但也不能只局限于具体小问题而忘记大局,所以逐渐学会眼观全局,着手具体,前后照应,融会贯通才会学有大进。要做到郑先生这样大手笔写小文章,必须学养深厚,勤谨不懈,方能提纯精炼,深入一点,点面结合,以小见大。

二 比证求真

郑先生一生治学严谨,往往是从大处着眼,而从小处着手,一点一滴地梳理、考证,把结论建立在扎扎实实的基础之上,成为不移之论,并能以小见大,一如明清史大家孟森(号心史)先生那样。实际上郑天挺先生对孟心史先生的考据精到、治学严谨、不惑浮说、多所创见一向推崇备至。1931年孟森先生到北大任教之后,郑先生著有心得,时就正于孟先生,颇得孟先生赏识、鼓励和扶助。例如孟先生在看过郑先生的《景印〈三国志注补〉序》后，非常高兴，因郑先生使赵氏这久未付梓的著作得以影印面世，孟森先生才知赵一清尚有《三国志注补》一篇，因而欣然撰写跋尾《书郑毅生先生〈景印三国志注补序〉后》，予以支持。孟先生这不长的"跋尾"内容丰富，考校确确，不仅点出赵一清（东潜）大著《直隶河渠水利书》被人冒占劫窃之事，而且解决了"天挺考求东潜卒年，久而未获"的问题，"定为卒于乾隆二十九年甲申，可谓不移之论"。（天津《益世报·读书周刊》第六十六期）

郑天挺先生旧治国志，心仪赵诚夫（一清）之学，对赵著《三国志注补》用功颇多，发现世传赵书为杭氏《三国志补注》之抄袭品的说法大有问题，于是对赵、杭二书进行详细校勘比证，著成《杭世骏〈三国志补注〉与赵一清〈三国志注补〉》（《北京大学国学季刊》第5卷第4号，1936年7月6日）一文。郑先生引证文献数十种，查明杭世骏与赵一清的生平行状，排列比较杭、赵二人相关活动年表，知道杭世骏年长赵一清十六岁，并与赵父谷林交友逾二十年。后杭、赵不仅时有"共相参校"文籍，而且歌赋往还不断，杭世骏《送赵一清南归诗》"耦耕旧约词空费，作伴还乡愿又虚"，"平生一段怀人意，为尔临岐雪涕书"，可见交谊不浅。文人每有著述，互请勘正是常有的，所以赵氏可能见过杭氏的"补注"，杭氏亦可能见过赵氏的"注补"。郑先生比证了杭、赵二书中有关《吴志·黄盖传》《魏志·王凌传》《魏志·楚王彪传》《蜀志·诸葛亮传》等的注释之异同，认为"凡此诸说均以赵书为长，而世骏无所增益于其书，足证世骏未见赵氏'注补'，尤非剽袭赵书也"。并引证多种文献，"可证杭氏著书在赵氏之前，而赵氏并曾见之"。所以结论是"世骏未见一清之书，是一清之书雷同于世骏"。

二书雷同原因可能有三：" 一、一清剽袭杭书；二、世骏以初稿付一清，而一清损益之；三、世骏、一清同治《三国志》，一清有所发明以示世骏，世骏遂以入书。"然经详细比证，郑先生列举杭书引证原书而不著出处，引证文句而不著篇次，引证自相抵牾而不加抉择，广采异闻稗贩为多，而不下己意，失于疏证等明显不足之处。同时列举赵书每引证皆详其篇次，佚书皆标所从出；对晦词疑义，能加诠定；一时典制，多详其因革；对州郡建制，一一详考；对诞谩杂说，概从芟汰等明显优长之处，说赵书捃摭更富，考订綦详，并对杭书的违枉之处多有纠正。最后郑先生的结论是："窃谓杭、赵二书，盖由世骏创为义例，发其端绪，一清踵而广之；故体裁相同，证据相近。然两书均未完成，故两家集中未及其事。两氏既卒，后人得其遗稿，辗转传录，遂并行于世。实则……赵书既行，杭书可废……"

郑先生详细比证二书，引证注释者达81处，用事实说清了杭、赵二书的关系，纠正了赵袭杭书之误传，还赵一清大学者的本来面目，使我们可以放心引用、借鉴其学术成果。此文对学术研究、学术传统、学风传承等都有积极意义。

郑天挺先生对孟森教授的著作学习研究相当深透，因此体认卓异，对孟先生的煌煌巨制《明元清系通记》，取材大抵以明历朝实录及朝鲜实录等书为主，以刊版行世之书为辅，不随意取证抄本秘籍难以征信者，更不用那些委巷传说的取材范围极表赞同。而对材料原原本本不厌其详地举证，慎之又慎地选用，对于前贤论说留意考察辨正，不徇一时改革之潮流，有所诬蔑于清世的严谨态度大加褒扬。至于孟先生经仔细比证，不为浮说所惑，独抒精蕴，得出清帝系实为建州左卫之后，而非中外学者一般认为出自右卫的结论，郑先生给予"其有功清史远非前哲所可拟也"的高度评价。此外，清初君权逐渐扩张，后由天子自将"上三旗"的沿革过程，在一般研究清初史作为依据之一的《八旗通志》中没有记载，前辈学者也语焉不详，孟森先生在大量占有材料的基础上，"钩剔官书中旁见侧出不经意而流露者"，"钩稽独得"著为《八旗制度考实》，以穷其本源。据此探究清初史事，"莫不豁然贯通"。孟森先生如此做学问的精神对郑先生相关问题的研究中均有影响。郑先生对孟先生的治学精神可说是心领神会，崇信有加。

当1937年11月，郑先生不得不离开日寇占领下的北平南下时，到协和医院探病重卧床的孟先生，二人执手殷殷潸然泪下，不意遂成永诀。孟森先生于1938年1月14日病逝。1938年初，郑先生在长沙收到河南开封许溯伊先生致孟森先生书信一封，因孟先生已不能见此信，郑先生遂将许信附在他的《孟心史先生晚年著述述略》一文之末，"以见先生好学不倦老而弥笃"（《治史杂志》第二期）。如此处理是因为郑先生既不知道孟先生为什么要询问燕斋其人（"不详问题所在"），郑先生的研究课题又与燕斋无涉。但到1940年，郑先生在昆明西南联大时，偶得由上海文明书局1914年影印的《张文襄书翰墨宝》上下册，其中书札60通，致燕斋者28，于此郑先生始悟孟先生所问可能与此有关。许溯伊致孟森书曰："承询燕斋之名，弟一再考据，大约为广东盐运使瑞璋，后署广东臬司，总办洋务局，本总署章京，俸满外用，故有熟悉洋务之称，与沈芸阁，同为文襄倚任……"

读信可知，孟森先生曾向早年入张之洞（文襄）幕府，并独力为张之洞编订遗集多卷（《张文襄公函稿》六卷及《续编》一卷，《张文襄公奏稿》五十卷，《张文襄公电稿》六十六卷，《张文襄公公牍稿》二十八卷等），对张之洞僚佐最为熟谙的许溯伊（同莘）先生征询"燕斋"为何许人也，如此而已。一般人对与己无关，又不了解的人和事，看过也就过去了，但郑天挺先生却念念不忘此事，一年之后，即1940年6月，郑先生在《〈张文襄书翰墨宝〉跋》（载《文史杂志》第1卷第6期）中解答了这个问题，认定"署两广盐运使蒋泽春即其人（燕斋）也"。但孟先生为何询及此人，仍不得而知。

《张文襄书翰墨宝》共48页，为札60通。其中单独致燕斋者28通，致芸阁者2通，无款字者16通，无款字而称蒋大人者6通，余为致芸阁、燕斋者，致燕斋、湘雯者等，为许溯伊先生编订的《张文襄公函稿》所未收。这些信函手札，前后无题记图识，编次凌乱，亦无年月，郑先生在仔细阅读之后，参以张之洞任职履历、许溯伊编辑之张文襄遗集等史料，比对札中所谈冯军、钦防、刘永福、唐薇卿、西征洋款、沙面巡勇、广西科场经费、粤盐加价等事和人，再考以相关人员任职先后、久暂、接序等，推证出燕斋不是许溯伊复孟森书中所说的"广东盐运使瑞璋"。而详细列举五证，证明燕斋实为"两广盐运使蒋泽春"。为体认郑先生的比证之法，特将其中精彩段落摘录于下，以便读者领略其妙：

> 册中所称芸阁为沈镕经之字，杞山为萧韶之字，燕斋者即孟心史先生以询许溯伊先生以为瑞璋者也。然瑞璋以光绪十一年十月二十四日己丑升江西按察使，留粤不应过久。文襄十一年十二月初一日《请定盗案就地正法章程》折，尚有署按察使瑞璋之名，至十二月二十七日《请严定械斗专条》折已称按察使于荫霖，瑞璋离粤当在其时，十一年年终以后诸事非所及知。册中十四、十五两叶致燕斋札，有"致吴丞书已阅悉，阁下非病乃谦耳。……本省从前亦有西盐道署鹾篆成案，何嫌何疑，况系代理耶？"之语，案瑞璋以光绪十年正月初七日由浙江宁绍台道升两广盐运使，入粤在文襄前，文襄奏疏数见其名，履任已久，不应

更有代理之说，则燕斋非瑞璋之字更可知矣。

　　册内诸札致燕斋者独多，余亦与之有关，疑皆出自一家，所谓蒋大人者，即燕斋之姓也。十九叶查运库拨解西征洋款数目札致蒋，而二十四叶催解应还西征洋款札则称燕斋，其证一。四十一叶参潮桥运同札致蒋，而二十叶委署潮桥运同札则称燕斋，其证二。三十九叶查刘永福营营官刘正兴委员殴辱广西守备叶有春事札致燕斋，而四十一叶询刘正兴、叶有春案已问明否札则称蒋大人，其证三。九叶唐吏部拟撤回驻下冻妥否札致燕斋，而二叶唐底营不能远悬下冻宜屯何处札则称蒋大人，其证四。十八叶一札称燕斋都转，而二十五叶一札称蒋都转，其证五。据此，燕斋之为蒋姓明甚。册中数称燕斋观察则其本职为道员，考其时广东以候补道代理盐运使，而蒋姓者惟蒋泽春一人。《文襄奏稿》十二年二月二十五日《潮纲废驰委府兼办》片，三月二十四日《陈明广东洋务情形》片，五月二十二日《财政艰窘分拟办法》折，所谓署两广盐运使蒋泽春即其人也。

　　郑天挺先生虽考得正确结论：燕斋即蒋泽春，当时署两广盐运使，但始终不知道孟心史先生何以致信许溯伊查询此人。时过半个多世纪的1998年，郑天挺之子郑克晟教授赴美探亲，将郑天挺先生所著《探微集》寄赠吴相湘先生，吴在其中读到《张文襄书翰墨宝跋》一文，不禁感慨系之，如果不是抗战时期的颠沛流离，音信难传，能及时读到郑先生该文的话，吴相湘一定会函告或面告郑先生，（1946年夏吴曾返母校拜谒诸师长，郑先生设宴款待，郑吴均未提及此事），此事起因乃为吴之请求孟先生题记张之洞、吴大澂两公的手翰。

　　抗战前夕，吴相湘在北京大学读书时，偶在厂甸购得张之洞、吴大澂等近贤手札，吴请孟师为之题跋，孟因对张之洞书翰中的"芸阁年兄、燕斋仁兄"不甚了了，为题跋计，而致信友人询问求教，之后孟先生题跋云：

　　吴生得近贤手札，索题跋。此张文襄手札，所致芸阁燕斋两人：据文襄集，书问较多，知为姓徐，余未了了。许君溯伊乃独力为文襄辑遗集者，问之但言此札未入集，当是因处置刘永福事已详他牍故。余亦未能言。再函老友赵竹君，乃复言：许君说非是，文襄亲笔信随写随发者多不存卷，其存卷者虽亲笔亦过录始发也。芸阁名镕，广东藩司，殁于任，文襄为请人循吏传；燕斋姓蒋，粤西道员，留东省供营务处差；方部则谓道员方长华也。记此可以参政于清史及文襄集矣。丁丑春初，孟森记。

郑先生这样不肯轻易放过问题，念念经年，终于用史料比证的方法得到解答，吴相湘对此治学精神"非常感动而景仰不已"，并称之为"是史学方法最佳范例"。其实，郑先生一生治学严谨，往往是一点一滴地考证、梳理，务实求真，把结论建立在扎扎实实的基础之上，成为不争之论，一如孟森先生那样。例如郑先生写于1936年7月的《多尔衮称皇父之臆测》一文，虽称"臆测"，但由于郑文引证史料翔实，逻辑推理严密，言之成理，持之有故，至今六十多年过去了，仍被史学界所称道。当时与郑先生持有相同看法的则有孟心史先生"以为皇父之称犹古之尚父"（见孟森著《清初三大疑案考实》）。曾在西南联大就读于北大文科研究所，作为陈寅恪、郑天挺研究生，年过八旬高龄的北大历史学系教授、隋唐史专家王永兴先生曾对笔者说："清史泰斗孟森的学术传人是郑天挺"，"郑天挺继承了孟森的衣钵"，看来言之非虚。

三　行言并重

中国文化传统，为师为长者常以"身教重于言教""行胜于言"自律自励，郑天挺先生便是中国传统文化陶熔的师长典范。正如国家图书馆馆长、当年西南联大的学生任继愈先生所说："郑先生继承了中国知识分子的优良传统，重实行，不尚空谈，洁身自好，……继承了乾嘉以来朴学实事求是的治学传统……"

郑天挺先生一生不管社会工作、行政工作多么繁忙，六十余年执教不曾离开过讲台。他认为教学是教师的主要任务，不教学还算什么教师，科研要为教学服务，他一生论著丰硕，成果多多，大都是围绕教学而来的，在研究的基础上讲课，在讲课的基础上完善成论著。他不赞成那种把教学当支出，把科研当收入的看法，他认为这样看的人恐怕还不大懂得教学工作，教师只有不断用新材料、新观点充实教材，把最新的科研成果教给学生，教学工作才能不断前进，教师不这样做便是失职。郑先生把教师视为神圣之职，把教学视为神圣之事，年过八旬乃精神饱满地站在神圣的讲台上，给那些轻教学重科研的同行树立了榜样，青年教师深受鼓舞。

学问大家都知道思想自由、百家并存是学术繁荣进步的必要条件，因为每位学者的学术经历不同，治学方法不同，学术观点有异，因此郑天挺先生多次强调"史学要发展，唯一的道路是开展百家争鸣。百家，就是要允许不同风格、不同流派并存"（《郑天挺学记》）。因此他很尊重其他学者的意见，哪怕是学生、晚辈的学术见解。在郑先生看来，各学者根据自己的具体情况，或着意于探讨历史规律，或着力于史料梳理，或侧重于原委考证等都是学术发展所必需的。至于学术论争，则应求实、争理并互相尊重，切不可争气，以己衡人。争论中难免锋芒外露，但要注意观点鲜明而不要尖刻伤人。郑先生言行一致，所以他执教六十余年，半在北大，半在南开，两校历史系、中文系的师生回忆起郑先生，都感到亲切。他们对郑先生课堂上每讲一重大问题，除阐明自己的见解外，总是旁征博引，从不拘于一家之言，印象很深。他常常指出孟心史先生的看法如何如何，朱希祖先生的看法如何如何，吴晗先生的观点又如何如何……原原本本，尊重他人，毫不糅合，让学生在广阔视野中，在对比中独自得出自己的认识。关于郑天挺的回忆文章中，频频出现的是有关郑先生以身示范如何做学问和如何做人。追随他而成为著名学人的学生众多，如谢国桢、何兹全、王玉哲、杨志玖、傅振伦、阎文儒，等等。

郑天挺先生非常重视史料工作，他认为没有具体可靠的史料便没有史实，没有史实的历史是不可想象的。他认为孤证不立，在阐释一个历史事件时，起码要有三条以上的史料作根据。所以郑先生总是从严肃、忠实、全面、谨慎地搜集史料开始自己的研究工作，并贯彻在教学中，要求学生和青年教师也这样做。在本篇前文中可以看到，一篇不长的论文，郑先生往往引证注释达数十上百处。他功课勤谨，每发一论，必证据充分。如他在论证巴吐鲁勇号清字、汉字无轩轾时，多次翻阅《清史稿》，竟找出157条例证。（《西南联大北京校友会简讯》第13期）因此有"史料派"之称，郑先生上课往往是一摞卡片和一纸提纲，提纲记思路，引证用卡片。郑先生先后主编了《中国通史参考资料》《明清史资料》《明末农民起义史料》《宋景诗起义史料》《史学名著选读》等，也是他重视史料的明证。在广泛深入梳理史料过程中，郑先生对史料的来源，（考古学的、人文学的、语言学的、文艺学的、历史学的）史料的搜集、鉴别和运用等都有精到的见解。尤其他特别强调运用第一手资料的重要，把使用第一手资料的情况作为检验论著质量的重要标准之一。

数学使人精确，历史使人深沉。卓有成就的历史学家，一般都很关注民族的命运和国家的前途，其强烈的社会责任感往往反映在他的研究成果中。郑天挺先生是一位热烈的爱国者，他在北大读书期间蔡元培先生提倡读书不忘爱国，爱国不忘读书。郑先生积极参加了1919年的五四运动和在北京的福建学生联合会的反日活动，宣传不买日货，并在《闽潮周刊》上发表文章揭露日本帝国主义的残暴罪行，宣传打倒日本帝国主义。郑先生的第一部学术著作《列国在华领事裁判权志要》一书（1923年出版），首先系统地揭露了帝国主义通过领事裁判权侵害中国主权、紊乱中国治安秩序、妨害中国经济等事业发展的种种侵略行径，主张领事裁判权必须撤废。20世纪30年代，当日寇侵略我国，制造"满洲独立论"等谬论时，郑先生发表了《清代皇室之氏族与血系》《满洲入关前后几种礼俗的变迁》等文章，用大量事实，论证了清代皇室包含了满、蒙、汉等族的血素，"满洲"是部族不是地域，是中华民族大家庭中的一员，指出"近世强以满洲为地名，以统关外三省，更以之名国，于史无据，最为缪妄"。为反对日本军国主义者妄图占领我东北，分裂我民族做出了贡献。以后当中印边界发生冲突时，某些外国扩张主义分子主张以1913年英帝国主义者片面、非法制造的"麦克马洪线"划为中印两国边界，把大片中国领土划归英印统治区。郑天挺先生在掌握大量史料的基础上，指出英国当年出版的地图中标明所谓的"麦克马洪线"以南的广大地域仍然是中国领土，为我国谈判代表提供了确凿的历史证据。当中苏边界发生"珍宝岛"事件后，为驳斥黑龙江流域原非中国领土的谰言，郑天挺先生以大量史实撰写了《明代在东北黑龙江的地方行政组织——努儿干都司》《清初的统一黑龙江》《清初满族的统一》等文章。郑先生撰写的有关边疆史地的大量论著，为解决边界争端，为捍卫祖国领土和主权做出了卓越的贡献。为学生树立了研究学术"要求真、求新、求用"，"要对国家、对人民、对科学的发展提供有价值的成果"的良好榜样。

郑天挺先生爱国爱家爱学生晚辈，史学家戴逸教授的回忆文章《我所了解的郑天挺教授》中，曾以他在北大的亲身经历述说了郑先生默默支持学生筹办孑民图书室，支持学生运动和社团活动，暗中保护学生免遭国民党特务追捕等许多感人的事迹。而这些郑先生却从未提及。这些或许在他看来正是一个师长分内应做的，没有什么可说。这不正是"君子耻其言而过其行"（《论语·宪问》）的具体体现吗？

年逾八旬的隋唐史专家王永兴教授在与笔者交谈中，回忆起郑先生仍满怀深情。他说："毅生师修养极高，对学生像慈父一般，学生对他也极好，我们同学都说毅生师定会长寿过百。"他举例说，1946年联大结束，三校北返，老师的长女因飞机失事遇难，老师是很悲痛的，但他强压痛苦，照常忙于复校工作。北大能迅速复校上课，做工作最多的是毅生师。当年北大的经费出入均掌握在郑先生的手中，他真正做到了一身正气、两袖清风，同事都说："出污泥而不染者，唯郑先生可以当之。"大概正是由于如此，所以郑先生从1933年任秘书长一职18年，其间他虽曾数次辞请均未获准，直到1950年才得息肩，专事教学与研究。学生、同事对郑先生的高度评价，看来是事实有据，并非虚言。

四　大器大象

1938年2月18日到桂林。"……月牙山……有石阶二十级，登之有门，题'南州胜境'。入门右折登石阶十一级至清晖堂，堂北向，后为丛桂楼，右侧有石洞题'云栖'二字。由洞北折，登襟江阁，其上为影波楼，楼对'南州胜境'门。由襟江阁东折倚虹楼，其下即清晖阁也。襟江阁西有门，门外皆石崖，凭崖西望，万峰隐约烟苍中，竞奇争长。沿崖有石级，下三十八阶入小洞，穿洞更下三十二级，是为龙隐岩，岩口北向，多沙，其前有潭，清可见底，不甚深。岩洞不若七星岩之广，两侧石刻相接，有淳宁五年王祖道题名，治平元年孔延之题名，元丰二年曾布等题名，淳熙十三年詹仪之题名……"

2月21日，"……下午抵柳州，今曰马平县，去桂林二百四十二里……过江至县城，访柳侯公园，园甚大，县人以纪念柳子厚者也。楼阁棋布，刻意经营。余意在詹柳侯祠，不及一一登临。得祠所在，日已暮，石刻满壁，张镫细辨，亦不得昌黎所作碑记。中殿祀柳州坐像……"

2月28日，"五时起……火车须八时开行，乘间作书告诸儿。车开，穿行群山中，依山势以盘桓，深涧急滩当其下，丰林茂草当其上，峰岭雄奇，峦谷峻邃，车行蜿蜒，乍左乍右，时高时低，而景色随之变异，真大观也。湾塘有瀑布尤美，至裸姑为最高处，山洞尤多，至芷村，凡穿行八十四洞。换双车头，更穿九洞，至黑龙潭。"

……

这是郑天挺先生《滇行记》中的片段，如此细微生动的记述尚多，不再摘录。

读着这些优美隽永的文字，我们似乎感到了柳宗元《小石城山记》《钴铒潭西小丘记》等永州八记的影响。仿佛看到一位满怀闲情逸致的旅游观光客在风景如画的大西南漫游；又仿佛看到一位现代徐霞客在专心致志地考察那复杂的地形地貌和众多的名胜古迹。否则他怎么能安闲地记下他踏过多少级石阶、穿过多少个山洞、某年某人的题名？然而，郑先生确非毫无负担、一身轻松的观光客。他是受蒋梦麟校长指派、身负筹建西南联大重任、避开敌人炮火、辗转曲折先期前往昆明的。除公务外，还有一层，那就是留在北平托人照管的5个3~13岁的年幼儿女，时刻牵挂着他的心，所以在乘车间隙还要草一"万金"寄往家中以告诸儿。我们知道，郑夫人在1937年去世后，郑先生是一人肩父母二任的。在这颠沛途中，其背井离乡、国仇家恨的心情之痛苦、之沉重、之牵挂是可想而知的。我想，一般人即使不沉浸在痛苦之中不能自拔，恐怕也难有心情去审视、欣赏这无言的景物，哪里还能生动入微地描述那独秀峰、月牙池、九曲桥、碧雪楼？哪里还能心境如常地计数着38级石阶、84洞？

到柳州着意去瞻谒柳侯祠的记述为我们提供了了解郑先生人格境界的线索。郑先生自幼饱读经史，并研习金石书画，柳子厚显然是他崇拜的先贤之一。

考察郑天挺先生的一生，我们从中可以得到许多启示。他和其他老一辈学问大家一样，是由中国传统文化熏陶养成的中华民族的优秀人物。中国传统文化并不像有些人说的那样一无是处，而是有许多精华需要我们学习、继承和发扬，在商潮滚滚的今天，尤其有重要的现实意义。郑先生自幼熟读四书五经等中国传统文化的重要典籍。列四书五经之首，被朱熹认为是"所以教人之法"的《大学》，其第一章即揭示了诚意、正心、修身、齐家、治国、平天下的道理，并且指出《大学》是"初学入德之门"，"学者必由是而学"，然后再《论语》《孟子》等次第学习。我们不敢说郑先生一定是遵此行事，但其影响却依稀可见。

郑先生严于修身治家。他 37 岁盛年丧偶，为了避免重建家庭可能带来的矛盾与不安，干扰自己的事业，他多次谢绝友人关于续娶的劝告，一直独身生活达 45 年之久，一心扑在事业上，以校为家，并把五个子女培养成材。当年北大的大小工程、办公用品采购等都是实行招标的，以少花钱多办事。为了堵住承揽竞标者送礼行贿之路，郑先生规定非亲友、学生来访者一律说不在家，有事到办公室找他。这是原因之一。另外郑先生整天在学校，晚上七八点钟才能回家，而晚上是他备课、做学问的时间，不能打扰。还有一点大家也许没有注意到，郑先生任秘书长期间，他一直是自己租房子住，不住条件较好的北大教职员宿舍，这是为了给学校减轻负担并把方便让给别人。直到 1950 年他辞去秘书长职务后，才于当年 7 月搬进北大宿舍，实践着"仁者先难而后获"（《论语·雍也》）的古训。任继愈先生曾说郑先生理财多年却能"一尘不染……全国举行'三反'、'五反'，凡是管总务的都曾作为审查对象……而群众对总揽北大财权多年的郑先生没有提出过什么怀疑。这是他几十年清白自持、廉洁奉公博得的信任"（《回忆郑毅生先生几件事》）。郑先生这样依传统文化严格修身是他事业有成受到大家尊重的根源，也是对"君子深造之以道，欲其自得之也。自得之，则居之安；居之安，则资之深；资之深，则取之左右逢其原，故君子欲其自得之也"（《孟子·离娄下》）的具体注释。

郑先生 1917 年考入北京大学，正是蔡元培先生开始革新北大之时。蔡校长博通古今，融会中西，并将西方自由、平等、友爱的民主思想与中国名贤古训相沟通，认为"所谓自由，非放恣自便之谓，乃谓正路既定，矢志弗渝，不为外界势力所征服"，就是孟子所说"富贵不能淫，贫贱不能移，威武不能屈"的"义"；而"所谓平等，非均齐不相系属之谓，乃谓如分而与，易地皆然，不以片面方便害大公"。也就是孔子所谓"己所不欲，勿施于人"的"恕"；至于"所谓友爱，义斯无歧，即孔子所谓'己欲立而立人，己欲达而达人'"的"仁"（高平叔《蔡元培全集》第三卷）。他将中国传统文化中的先哲名训赋予新的含义，在北大学生中产生了很大影响。郑先生对此感受很深，在《蔡先生在北大二三事》的纪念文章中，郑先生称蔡校长在北大实行兼容并包的方针，聘请革新人物任教北大，提倡新文化运动，引导五四运动，开放女禁，提倡美育等，"都是昭昭在人耳目的"重大举措。他对蔡先生坚持原则，在大是大非上严肃不苟尤表敬佩。所以在 1937 年 11 月 17

日,钱稻孙(后任伪北大校长)从北大赶到天津劝郑先生与其一道留下为日伪服务时,郑先生严词拒绝,毅然南下;抗战胜利后,伪北大职员以汉奸对待,1946年春,一些文教界知名人士,曾向国民政府上书,为伪教育总督署办、伪北大文学院院长周作人缓颊,有人请郑先生也签个名,郑认为一个教授在民族大义面前应有民族气节,拒绝签名,虽然周曾是郑的老师和同事。而在1926年"三一八"惨案中,郑先生的学生中有5人死难,他无比愤慨地参加死难学生追悼会,会后与郑奠先生等发起募捐救助死难者家属;1933年4月,参加公葬李大钊式并捐款。这是不是孔子说的"唯仁者能好人,能恶人"(《论语·里仁》)呢。

1937年7月29日,侵华日军攻占北平,其时校长蒋梦麟等赴南京开会,留校的主要负责人是秘书长郑天挺等三人,不久三人去二,只有郑一人苦撑危局,"北大的重担几乎完全压在毅生一人的肩头"。"在四个多月中间最值得佩服的是郑毅生。自从'七二九'以后,北大三院两处的重责都丛集在他一个人的身上。他除去支应敌寇汉奸的压迫外,还得筹划员工的生活,校产的保护和教授们的安全……"(《七七事变后北大的残局》)事后魏建功先生为其刻一"指挥若定"藤杖,表示对"北大郑某支柱艰危,忍辱负重"(《沦陷后之平津》)的敬佩与赞赏。

朱家骅致郑天挺的信件

1946年7月联大结束,三校返回平津,作为北大秘书长的郑天挺自然为复员尽心尽力,他的务实想法得到教育部长朱家骅的支持。

1948年12月17日,是北大五十周年校庆日,校长胡适已于15日去了南京。郑天挺与在校的师生们照旧举行了纪念会,意义非同寻常。北大学生自治会致郑秘书长信中说:"敬爱的郑秘书长:在炮火连天中……您倔强地坚守自己的岗位,维护学校秩序,保障同学生活、安全和学习……您的这种爱护学校、爱护同学……的精神,是无上光荣的……全北大同学,不会忘记您……"教授会等团体的信中有"局势骤变以来,全校校务及师生安全,端

1948年北大学生向郑天挺敬献的锦旗

赖钧座筹划保障,辛劳备至,……自胡校长南飞后,钧座肩荷益形沉重……"等语。学生们特别感激郑先生对他们的保护和关爱,为了表达他们的一片深情,特向郑先生敬献锦旗一面,上款书"北大五十周年校庆献给郑秘书长",锦旗中央四个大字"北大舵手",落款为"全体学生敬献"。锦旗是一方红绸,墨字,简朴无华,不如现在的锦旗光华耀眼,但所含深情无价。在北大百年史上,获此殊荣者,仅郑先生一人而已,其意义就非同一般了。郑先生享年82岁,病逝前仍在开会,年虽未过百,但已超过古稀,登上寿。荀子说:"得众动天,美意延年"(《荀子·致士》)大概就是说的这种情况吧。

与郑先生同年考入北大的蒋复璁先生说过:"我们中国历来传统的历史与哲学所要求的一个学问家是要一个全材:学问好,品格也要好。……古人说'十年读书,十年养气'。什么叫养气,换个新名词,就是修养。读书固然重要,修养也是重要。所以《大学》八目把个人的修养、诚意、正心扩展到治国、平天下,并不是玄虚可怪。"(蔡建国《蔡元培先生纪念集》)博大精深的中国传统文化造就了多少英雄豪杰、大家大器,中国传统文化意蕴之美不可湮灭,中国传统文化的魅力将永放光华。然而正如柳宗元所指出:"美不自美,因人而彰。"(《柳宗元散文全集》)中国传统文化教人追求真善美,追求理想人生,养成高尚人格,也只有在不断的陶熔中具有了高尚人格和理想人生境界者,才能真正欣赏、享受中华文明之优美。这是一个渐进、相互作用的过程。郑先生受蔡先生的影响,在中国传统文化的陶熔中,积极学习、吸收传统文化的精华和营养,加以继承发扬的精神和实践是值得我们认真学习的。

(原载《北大的学子们》,中国经济出版社,2006)

江泽涵：将拓扑学引入中国第一人

江泽涵（1902~1994），安徽旌德人，数学家，北京大学教授，中国科学院院士。1926年毕业于南开大学，后留学美国，1930年获哈佛大学哲学博士学位。曾任北京大学数学系教授、系主任、理学院代理院长，中国数学会副理事长，北京数学会理事长、名誉理事长，全国政协委员，民盟中央委员，北京市人大代表等职。主要著作有《拓扑学引论》《不动点类理论》《多面形的欧拉定理和闭曲面的拓扑分类》等。

一 不寻常的数学家

1973年4月的一天，随着一串清脆的自行车铃声，一个来自大洋彼岸的邮包送到了燕南园51号。这是世界著名数学大师陈省身从美国寄给江泽涵先生的一部美国数学家布朗（R. F. Brown）的新著 *The Lefschetz Fixed Point Theorem*（《莱夫谢茨不动点定理》）。这本书中有两章的内容是介绍江泽涵先生及其学生姜伯驹、石根华等中国数学家工作的。江老迅速地翻阅了这本书，其最初的印象"是已有人替我们写了，用不着我们自己费事了"（见《江泽涵读书笔记》第拾壹册）。但细读之后，江先生发现布朗的兴趣似乎在逆定理，与自己的重点不同，并且布朗的证明是走了弯路的，而该书对中国数学家的工作仅仅是叙述性的，没有足够适当地指出其创造性和重要性。当年他在美国留学时受人轻视的屈辱之感又不由自主地冒了出来。同时江先生也看到了西方学术界的某些坏习惯在本书中有所流露，例如自我炫耀、故弄玄虚，把本来不难明白的东西故意写得抽象至极。

1931年5月江泽涵在普林斯顿

这样做，其传播效果当然很差。在当时"革命""解放"的口号震天响，江先生也比照了"毛主席说，把哲学从哲学家的课堂上解放出来"(《江泽涵读书笔记》第拾壹册)的说法，用了要把"数学从数学家的说教框框中解放出来"的词语记述当时的心情与愿望。一种复杂的感受激励江先生下决心按照自己的方式来总结自己的工作，写成专著，让世界数学界全面系统地了解中国数学家在该领域的工作。

江泽涵先生熟悉拓扑学的临界点理论和不动点理论两个方向。他的博士论文"The Existence of Critical Qoints of Harmonic Functions of Three Variables"是跟临界点理论的创始人莫尔斯（H. M. Morse）导师做的。在临界点理论方面，他证明了三维空间中总质量不为零的 S 个质点的牛顿位势函数，若无退化临界点，则至少有 S−1 个临界点，且超额的个数一定是偶数。并把莫尔斯临界点理论直接应用于分析中。而后来他的最主要的工作转到了不动点理论方面，并在尼尔森（J. Nielsen）不动点理论的推广研究上取得重要成果。工欲善其事，必先利其器。江泽涵看到尼尔森运用双曲几何的特殊工具，不能用到一般的多面体研究上，而改用覆叠空间来代替双曲几何，很快取得成功。他的"Remarks on Two‒Leaved Orientable Covering Manifolds of Closed Manifolds"一文证明了不可定向流形 M 的任一可定向覆叠流形必是其可定向二叶覆叠流形 N 的覆叠形，且 N 有一个周期为二的、无不动点的、反定向的自同胚。对某些特例，他还计算出 M 与 N 的 Betti 数的关系。该文证明，闭曲面（二维流形）与其二叶可定向覆叠曲面之间人们熟悉的关系，对于任意维数的流形也都成立。今天这个拓扑学的常识，是江先生首先证明的。在他的指导下姜伯驹、石根华在尼尔森数的计算和尼尔森数的实现问题上取得了重大突破。江先生和他的学生、助手们的工作，使国际上这个课题的研究几十年来停滞不前的局面被打破而且重新活跃起来，"激活了一个学科"，他们的成果被称为"目前国际上关于不动点理论的最新成果"，江先生决定用我们自己的方式写一部《不动点类理论》。

1973 年，中国大地上的"文化大革命"虽已进入后期，但仍未结束。大形势仍是革命压倒一切，政治冲击一切，虽有"复课闹革命""抓革命促生产"等口号，但人们多数根据经验仍然自觉不自觉地靠近"革命"，远离业务以避祸，免得被指为各种莫须有的罪名，随时有被扣上种种吓人的政治帽子的危险，而身遭不测。所以年逾古稀的江先生下这个决心是不容易，不寻常的。

决心已下便付诸行动。当时江先生仍住在燕南园51号,但原有住房已被挤占去大半,江家只留有一个套间,里间是江先生夫妇的卧室、书房、会客室,三合一;外间则由儿孙们居住,并兼作餐厅,二合一。在这样的条件下,江先生写书只有抓两头:早起,晚睡,在家人不活动的时间才能占用的空间。这样的时间毕竟有限,所以江先生就看好系里不开会时的一院办公室。那些年,在从燕南园到一院的路上,人们常常看到一个身材瘦弱的老人,手提旧书包和暖水瓶蹒跚地走过,这就是大名鼎鼎的1955年中国科学院首批学部委员(院士)、数学泰斗江泽涵先生。

1976年,是中国现代史上最为不平常的一年,这一年周恩来、朱德、毛泽东三位中央主要领导人相继去世,并发生了震惊世界的唐山大地震,人们不免惶惶度日,难以静心做事,然而年已74岁高龄的江先生"仍时时想到'化悲痛为力量'"。在地震棚中,不避蚊蝇袭扰,仍在利用一切可以利用的时间写作。

然而年岁不饶人,此时的江先生已不是四十年前初任北大教授时的年富力强了,身体大不如从前。此时的江先生记忆力差了,不少自己发表过的论文,现在看起来眼生,有的甚至记不起来了。尤其是为目疾(白内障、眼结石)所困,看书写字不得不时时停下来揉揉肿胀昏暗的双眼。

常言说,能者多劳。江泽涵以其精湛的数学和外语功力成为当年翻译《马克思数学手稿》的主要参加者之一。这一任务是当时数学系的政治任务、大任务,江先生必须用白天的整时间去完成,而他的《不动点类理论》便只能在完成大任务之余,利用晚上别人睡觉之后及休息日来进行。这对一个七十多岁的老人来说是多么沉重的负担啊!然而江先生以超乎常人的毅力,克服重重困难,用三年多的时间完成了这部占领国际数学前沿的专著《不动点类理论》。

书写成了却不能出版,这是江先生早就料到的,因为当时重实践轻理论的风气盛行,尤其把基础理论研究看作另类,往往加以批判。江先生他们的抽象理论书稿,出版社是不欢迎的。历经千辛万苦,克服身体及环境的种种困难写成的标志着拓扑学中国学派的书却无法出版,不能让世界了解,作者的痛苦是可以想见的。

江先生当然不甘心这样埋没掉这日后备受称赞的重大成果,他打算自己刻印也要公之于世。因为他知道程民德先生(科学院院士,数学系主任)的讲义就是程自己刻印的。然而又是他的目疾阻碍了他,只好自费请人刻蜡板油印,由燕南园至中关园,往返二公里多,江先生自己步行送取书稿、校对蜡纸一次又一次……幸好那时北大中关村一带车辆尚少,否则几次穿越车水马龙的马路将是不堪设想的。1976年末,凝聚着江先生心血与汗水的《不动点类理论》油印本一百册终于与读者见面了。系里要去50本,江先生将这剩下的50本书作了精心的分配,送给国内有关科研、教学单位及关心、研究的相关人士。这部占领国际数学前沿的学术著作不能正规铅印出版,竟以如此简陋的版本面世,作者得不到一分钱的稿酬,还要自掏腰包,并且自己的著作不能署上作者自己的名字,这不能不说是那个特殊年代的一种悲哀。因此《不动点类理论》油印本上没有作者江泽涵三个字,而署的是"北京大学数学力学系数学专业"。

二 是金子总会闪光

1976年末,这油印本《不动点类理论》刚刚面世,江先生的同族同乡江春泽来到燕南园51号拜访他,看到这样一部世界水平的科学专著竟是如此相貌"真是哭笑不得",便有心帮助江先生正式出版。回单位后,江春泽向一起工作过的方惠圆谈起了江泽涵写书出书的动人故事,方听了很是感慨,便将油印本拿给当时在中国科学院主持工作的父亲方毅看。方毅同志十分重视,他请钱学森、钱三强等著名科学家组成"评估小组"对其提出意见,结果评价很高。于是方毅同志与科学出版社商量出版此书。这样,江泽涵的《不动点类理论》有幸入选1978年中国科学春天到来后的第一批出版的重要学术著作,并于1979年9月由科学出版社出版。

十年后,即1989年初,中国科学出版社与德国Springer出版社联合出版了江先生自译的该书英文本 Theory of Fixed Point Classes。书出版之后立即得到国际数学界的高度评价,美国数学学会会刊 Bulletin (New Series) of The American Mathematical Society,第23卷第2号(1990年10月)发表的书评("The theory of fined point classes", by Kiang Tsai-Han)认为:"全书是关于真正的数学中一个重要课题(important topic)的一个易读(readable)而且有益(helpful)的总结。"这一见解准确地反映了江先生著书意图的较好实现。因为江先生几十年来教书写书,都自觉运用毛主席《实践论》《矛盾论》关于一般与特殊,理论与实践的辩证关系为指导,力图"更通俗易懂一些","打破这理论的神秘感",尽可能避免忽视几何直观使读者"望而生畏"或

江泽涵（右一）与其学生姜伯驹在书房讨论

"得意忘形"，而在内容选择和阐述方式上注意"由形求意（拓扑之意），得意化形（拓扑之形）"，试图深入浅出，铺平道路，"引人入胜"。在本书中，江先生根据从特殊到一般，从具体到抽象的原则，在阐述方式上，从特例出发，并首重几何直观，然后给出严格的证明。这是本书的特点之一。因为江先生认为从特殊到一般，再从一般到特殊；一般中有特殊，特殊中有一般，这是正确的辩证唯物主义的认识论。符合人们的认识过程，便于读者理解。这在他的《读书笔记》中有明确的记载。因此《不动点类理论》的第一章的标题便是"一般理论，一个特例，一点历史"。江先生这一努力探索是成功的，连西方人也认为该书是"易读"的。该书评还认为江泽涵的书提供了一个进一步研究有关不动点类问题的捷径（easy way）并说："每个娇生惯养的（pampered）西方数学家都至少应该读读这本书的后记（epilogue）。"并借用苏联诗人描写亚伯利亚柳树挺过严寒冬天的能力为喻说："江与他的学派应该为他们坚强地恢复活力而受到祝贺。我希望他们继续繁荣（continue to flourish）。"而著名的美国《数学评论》的评论文章则称北京大学的数学家们，在这本从容逼近（leisurely approach）尼尔森不动点理论的书中，构建了尼尔森不动点理论的主要框架（main aspects），"不动点理论的'北京学派'的创建者中还有姜伯驹、石根华、尤承业"［原文见 Math. Rev. 90（1996）］。

是金子总会闪光的。江泽涵先生及其同事、学生们的工作得到了国内外数学界的承认和好评。如今"江泽涵定理""姜空间""姜群""石氏类型空间"等已成为不动点理论的习用术语出现在国内外有关的书刊文章中。江泽涵早年立下的"期以五十年，一定要使中国也跻身于国际现代数学之林"的愿望实现了！

三 器大声闳，志高意远

"海水广大，非独仰一川之流。"江先生立志要使中国跻身国际现代数学之林，但他并不独打天下。因为他知道"天下之事，非一人所能独知也"。而要做成大事必要"急于求人，弗独为也"（《鹖冠子·道瑞第六》）。所以在国内培养人才是首要任务。因此，江先生1930年6月以"The Existence of Critical Point of Harmonic Functions of Three Variables"论文获哈佛大学哲学博士学位之后，再应普林斯顿大学邀请，跟随拓扑学大师S. Lefschetz做一年的研究工作。在这里江先生由用拓扑学方法研究分析学问题，转向纯代数拓扑学研究。在取得实际经验和工作能力之后，江先生便毅然谢绝了Lefschetz教授的诚恳挽留，宁可与另一位拓扑学大师，霍普夫（H. Hopf）失之交臂，毅然回国了。因为Lefschetz教授在挽留他时告诉他，霍普夫教授即将来普林斯顿高等研究院，若能与霍普夫见见面，谈一谈对江是有好处的。

1931年8月，江泽涵回到了北平，应聘在北京大学任数学系教授。自此之后，除两次短期出国外，江先生一直在北京大学服务至1994年辞世，长达六十余年。江先生回国的当年，除在北大数学系任课外，还应聘为清华大学研究院开设拓扑学课程（当时的名称是"形势几何学"）把数学的最新进展，当时的数学前沿之一的拓扑学引入中国大学课堂。听课的研究生有陈省身、吴大任等。这是中国大学数学系第一次开设的拓扑学课程。以后江先生又在北京大学、西南联合大学多次讲授拓扑学和举办拓扑学讨论班为中国培养了一批又一批拓扑学人才。因此吴文俊院士说："江先生在北大几十年，他把拓扑学引入中国，北大是中国拓扑学的研究中心，人才培养中心。"江先生被誉为把拓扑学引入中国的第一人，中国拓扑学的奠基人。1956年江先生在北大从教25年，从南开毕业30年之际，北大数学系主任、中国科学院学部委员段学复教授题赠江先生联称："拓扑理论深，引进中华始江老；桃李不言中，道德文章教后学。"

江先生为了年轻时立下的"期以五十年，一定要使中国也跻身国际现代数学之林"的宏愿实现，几十年如一日地勤奋教书育人，严格训练自己的学生和助手，讨论中一丝不苟地追问，"看不懂""再去写"一类的批语常常出现在送审的论文上。江先生认为"看不懂处，必然是此处写得不够清楚"。姜伯驹、冷生明、丁石孙、刘应明等先生都曾荣幸地得到过这类书面的或口头的批语。关于这点姜伯驹先生有深刻的体会，他说江先生一次又一次地"退回让我重写……江先生的严格要求激发了我追求完美的愿望，他的诘难不但指引努力的方向，而且提高了我的品位……他特别爱护我的每一点新鲜想法，鼓励我去探索。于是不断有黑暗中的摸索和找到光明的喜悦，……到定稿时，论文已经脱胎换骨……"姜伯驹认为这是一种洗礼，"对我有决定性的影响"（姜伯驹《跟随江先生学习做数学》）。姜先生如今已是国际公认的拓扑学大师。当1980年江泽涵先生得知姜伯驹当选为中国科学院学部委员（江是1955年的首批学部委员）时，高兴得不得了，一位亲见其时情景的清华大学教授告诉笔者："当他（江）听到这一消息时，那高兴劲儿可以说是死而无憾。"当时姜伯驹还在国外做研究，不在国内，所以这件事情姜伯驹至今并不知道。而姜伯驹1978年被派送出国研修是由于江先生力荐之事，直到十几年后丁石孙先生说出来，大家才明白。丁说这件事给他的印象太深了，因为当时江先生撰写《不动点类理论》一书的工作正需要像姜伯驹这样的助手，但是年近八旬的江先生登上四楼找到当时的系主任丁石孙，恳切地说："你们千万不要考虑我的工作，你们一定要把姜伯驹送出国。"我们尊重江老的意见做了，可见"江老考虑的不是自己的工作，而是年轻人的前途，考虑的是数学事业"。（丁石孙：《一代宗师》）

江先生这样做并不是对姜的偏爱，他对自己的学生和助手都是如此。王湘浩院士是江先生1930年代北大的第一届研究生，王回忆说自己曾证明了一个关于"行列式"的猜想，"先生（江泽涵——笔者）对人几次称赞。我在国外完成了学位论文，先生非常欣喜，到处跟人说"（王湘浩：《恭贺我恩师江泽涵先生九十寿辰》）。1974年，72岁的江先生为自己的学生石根华的论文作修改、抄写用了7个月的时间。经江先生推荐，此文在《数学学报》上发表，题为"恒同映射类的最少不动点数"。当远在千里之外的石根华看到自己九年前的论文被江先生修改得如此严谨、精确、完整得以发表时，不禁热泪盈眶……这正是江先生的真情表现，因为他从立志使中国跻身国际现代数学之林时起，就殷切盼望自己的学生超过自己，他深深知道只有学生超过老师，一代又一代地超过，才是发展，才是进步。由于江先生心目中的大目标是中国数学在国际现代数学之林中的位置，所以他不仅对自己的学生和助手备加爱护和严格训练，而且他深知一花独放不是春，他要的是万紫千红春满园。所以他把自己的得力助手廖山涛、孙以丰、马良推荐给陈省身；把杭州大学毕业分来北大不久的程民德送出国深造；把他认为能干大事的吴文俊聘来北大又推荐到刚刚组建的中国科学院数学所……几十年过去了，事实证明江泽涵先生这从全国大局出发、从科学事业全局出发的深谋远虑是多么正确和可贵。北大数学系的优良学风、人才辈出和学术成就是公认的，江先生的助手和学生如廖山涛、程民德、吴文俊、姜伯驹、石根华、冷生明、刘应明、王诗宬等都在各自的领域做出了学科前沿的工作，为祖国赢得了荣誉。他们大都是中国科学院的院士、世界知名数学家。这一切与江先生胸怀大志、公而忘私分不开，正如程民德院士所说："他树立的朴实严谨的学风和无私无偏的品德都起了极为重要的作用。"

四 为了中国再次站在世界数学前沿

江先生不仅重视数学前沿的探索和高级人才的培养，而且同样关心着数学教育的普及和基础工作。1953 年，他就中学课本有关几何基础的两个问题，愉快地为读者答疑解难，认真地撰写了《吉西略夫编平面几何的§243》一文，发表在《数学通报》1953 年第 10 期上，使全国广大中学教师大受其益。

1957 年，江先生作为北京市数学学会理事长、北京市数学竞赛委员会名誉主席，满腔热情地号召广大中学生积极准备，踊跃参加数学竞赛，并积极予以指导。因为他认为数学是语文和体育之外的中小学生"一门最主要的课程"。数学竞赛是和体育竞赛相类似的，其"目的是为了激发青年学生学习数学的兴趣，并从竞赛中发现一些在数学学习方面有特殊才能的学生，好及早注意对他们的培养和教育"。江先生指出，"这不仅可以帮助中学提高数学教学质量"，而且有利于快出人才，"对加速我国社会主义建设事业也是有利的"。

1960 年 4 月 10 日，《光明日报》刊载了江先生的文章《数学教育必须进行革命》。文章指出为了有利于中学教育的普及，为了发展现代科学技术，以便"更有效地为社会主义建设服务"，因此也就"更迫切需要数学教材内容的现代化"，并应设法"减少学时，提高质量"以缩短学习年限，尽快培养出社会主义的合格建设人才。

1962年，为了帮助中小学生学好数学，扩大他们的数学知识领域，为我国数学事业的发展培育宽厚坚实的人才基础，作为北京市数学会理事长的江泽涵先生与同事们发起组织数学界的名家编写了一套"数学小丛书"，执笔者有江泽涵、华罗庚、段学复、吴文俊、闵嗣鹤、姜伯驹、杨纪珂等数学大家。这套小丛书是适合中学生课外阅读的通俗数学读物，对扩大学生的知识领域，加深对数学基础知识的理解与掌握很有好处，并能引导学生理论联系实际，养成独立思考的好习惯。同时也为中学教师提供了丰富的参考资料。当时还考虑到让学生买得起，每册定价在0.15元左右，最便宜的《力学在几何中的一些应用》（吴文俊）只有0.08元一册，最贵的一册是史济怀先生的《平均》，也只有0.2元一册。这套出自大家手笔的真正"价廉物美"的小丛书深受中学师生的喜欢，一印再印，发行量已在数千万册之多。1986年，北京数学奥林匹克学校成立，84岁的江先生被聘为该校名誉校长。20世纪80年代以来，国际数学奥林匹克竞赛，中国选手屡获佳绩，此套丛书不无贡献。

大凡优秀的科学家都重视科学方法论的教育与养成，江先生也不例外。江先生十分关注学生从中学时代起培养良好的思维方法。因此他著文向广大中学师生介绍并推荐当代数学教育家波利亚（G. Polya）的名著《怎样解题》和《数学的发现》。江先生称这两本书"不仅是求解数学问题，实际上阐述到认识论和方法论，是数学师生的良好参考书"。不仅如此，他还认为："甚至于一位科学工作者，不论他的专业是哪一种，不论他是从事教学或研究，只要他有高中的数学水平，他在遇着问题等待解决时，很可能从这两本书得到一些启发。"江先生虽然对这两本书给予了热情的介绍，但不忘提醒广大读者要"重视、讨论这两本书的优点和不足之处，做出自己的判断，并研究提高数学教育质量的途径"，目的是加速实现数学教材现代化的步伐。（《中学数学教学》1983年第2期）

江先生作为教育家不仅关心在校学生，而且关心广大有志青年的业余学习问题。特别是20世纪70年代末80年代初，由于历史的原因，中国科技、教育、文化等部门出现了人才断层，而由于条件的限制，每年只有很少一部分中学毕业生进入高等学校深造。为了适应成千上万的未能进入大学学习的青年人迫切希望学习现代科学文化知识的要求，江先生与赵慈庚先生合作倡导并组织北京大学、北京师范大学、复旦大学数学系资深教师执笔编写了一套与中学程度的"数理化自学丛书"相衔接的"大学基础数学自学丛书"。为了使自学者在没有教师面授的情况下读懂、学好，执笔者煞费苦心。其文字叙述采用讲课的形式来写；数学概念的引入，更是由通俗、具体而逐步深入；在内容安排上突出重点，讲解透彻。根据自学的特点，书中列举大量例题，以启发读者的思考，提高解题能力，借以巩固所学知识。为了尽量减少自学的困难，每册之首都有编者的话，来指导读者如何学习。这套丛书受到了众多青年自学者的喜爱，发行范围很大。

1983 年春，为了在高中及大学低年级学生中普及近代数学思想和方法，江先生又和张恭庆先生共同发起、组织翻译美国 Anneli Lax 教授著的"新数学丛书"。这套丛书共有三十多册，年过八旬的江先生和夫人蒋守方教授亲自动手共同翻译了其中一册《拓扑学的首要概念——线段、曲线、圆周和圆片的映射的几何学》。这套丛书的作者大都是各自领域的著名学者，他们学术造诣精深，熟悉其发展的历史及现状，又热心普及数学教育工作，因而能高瞻远瞩，把握全面内容，做到简明扼要，深入浅出，生动严谨，使读者易于理解。这套丛书对高中学生、大学低年级学生和一般科技工作者了解掌握核心的和基本的近代数学思想和方法是十分有用的。

此后，江先生还不断著文为青少年学习数学指点方向和技巧，并对我国数学事业的发展充满信心，他坚定地"相信通过现代青年人的努力，在 21 世纪，中国定能再次站在世界数学发展的前沿"（江泽涵《数学大师启示录·序》）。

五　大公无私

"施恩勿念，受惠莫忘"是中华民族的优良传统之一。江先生一生在学术上帮助提携过许多学生、朋友，甚至不认识的人。除登门求教者无算外，寄来请教、讨论问题的信件至今可查的还存有一百多封，来信者有著名数学大师，也有知识青年、工人、农民、教员、科技人员、机关工作人员等数学爱好者；江先生都一一亲笔回复，认真解疑释惑，指点门径。他在信中常告诉青年求教者，读参考书时可能第一、第二次不适合，读不下去，数试之后才能找到程度适合的书。并加以鼓励："读不懂并不是自己笨，而是书不合适。"要找适合程度的书，循序渐进。还指出"读一书或一文时，要先信它，为懂；后疑它，为深入。"并说"最好能先请人讲一遍，学后对人讲一遍"，经过这样"从已知到未知，变未知为已知"的反复，就会提高了（见《江泽涵读书笔记》第拾壹册）。经名师的悉心指点，自然受益匪浅。因此在为江先生祝寿时，来自世界各地充满感激之情的贺信、贺电、贺联无数，但是江先生并不在意，而对别人，哪怕是自己的学生给予的帮助或支持鼓励的话，却心存感激，记录在案。在写《不动点类理论》一书的热心支持帮助者中，我们不仅看到了姜立夫、吴文俊、关肇直等数学名家的名字，也有哲学、宗教学家江绍原的名字。还有些少为人知的姓名，并注明"革命青年""红卫兵""党员"等字样（见《江泽涵读书笔记》第拾壹册）。从这里我们可以看出，即使在那特殊的年代，还是有许多人在关心着祖国学术事业的发展，并以自己所能采取的方式或自己直接从事或帮助他人进行学术探索。正是由于这样一批人的努力，我国科学技术文化教育事业，才能在改革开放政策实施不久，即能取得迅速的发展。难道不是吗？

江先生这样做是有传承的。早在1922年江先生就读于南开大学，师从中国近代数学大家姜立夫先生时，就对姜老夫子的治学为人印象深刻，十分钦佩。在江老一生的教学、科研、改革建设北大数学系中，都能找到姜老夫子的影子。

首先姜老夫子非常爱国，在南开大学数学系，他曾不止一次地说："我是用美国退还的一部分庚款去留学的，那当然不是美国的钱，也不是清政府的钱，那是全国人民辛勤劳动积累起来的钱，我应当为全国人民做一点好事……"这对他的学生们不能不产生巨大的影响。1931年江泽涵先生谢绝普林斯顿大学著名拓扑学大师S. Lefchetz教授的诚聘回到祖国，开始他"期以五十年，一定要使中国也跻身国际现代数学之林"的脚踏实地的奋斗。他一贯认为不能"只停留在口喊科学救国"而没有赶超世界水平的实际行动。江先生坐而言起而行，很重视这个传承，当他的关门弟子王诗宬教授在国外研修六七年，取得优异成果后，于1989年放弃国外高薪和优越的工作生活条件，顶着当时强劲的出国潮回到燕园时，年已87岁高龄的江先生不顾年老体衰两次登楼、下楼去看王诗宬，不为别的，就为了说一句肺腑之言："我没有别的事。我只想告诉你，你出去学习，又回来了，我是实在很高兴。"话语不多，足见江先生的强烈爱国之情。

其次，姜老夫子认为学术交流是教学和科研得以发展、提高的重要一环，因此十分重视资料工作和信息交流。他开创的南开大学数学系及岭南大学数学系，都因姜老夫子的不懈努力而建有骄人的资料室。这个优良传统被江泽涵先生带到北京大学，经过几十年的建设，北大数学系资料室藏有世界上最重要的数学期刊，大多是完整成套的，还有许多数学名家的专著、重要国际数学会议论文集等，为数学系师生备课、学习、科学研究创造了良好的资料条件，这是大家公认的。在姜老夫子的建议下，江先生经常聘请世界著名数学家来北大讲学，如德国汉堡大学的 E. Sperner 教授和 W. Blaschke 教授、美国哈佛大学的 W. F. Osgood 教授等数学名家到北大讲学，有的长达两年之久。这种世界高水平的讲学对北大数学系的发展、对北大师生了解世界数学的前沿成果，提高自身的教学科研都是十分有利的。

再次，江先生初任北大教授并兼任数学系主任后，姜老夫子即告诉他："等到有了经过严格训练的高年级学生，你才可以教一些拓扑学。反之，如果没有，你切不可在沙滩上筑大厦；要耐心从低年级的课程教起，随班前进，先给学生以严格的训练。"江先生大致按照姜老夫子在南开要求自己那样，要求北大的学生，严格作业批改，严格考试。虽然学生欢迎他的深入浅出，由直观到抽象的教学，但不习惯其严格要求，于是有反对江先生上课者，甚至发生罢课数日的事情。江先生得到学校的支持，主要是有南开大学的实例在，自己能受得了姜老夫子的严格训练，北大学生没有理由不行，于是他坚持了下来。江先生在回忆这段经历时说："姜老夫子不仅在南开大学创办了数学系，他还有力地帮助完成了北大数学系的教学改革。"这是实话，并非溢美。姜老夫子在南开训练出了刘晋年、江泽涵、申又枨、吴大任、陈省身、孙本旺等著名数学家，江先生在北大也培养出了王湘浩、廖山涛、姜伯驹、石根华、冷生明、刘应明、王诗宬等数学大家，其中中国科学院院士多人。

还有，姜老夫子胸怀坦荡，大器大志，毫无门户之见的美德，在江泽涵先生身上处处得以体现。1946 年秋，杭州大学毕业的程民德经陈建功先生介绍来到北大数学系任教，不久有个出国机会，江先生即推荐了程，而没有优先原在自己身边的助手；1947年，江先生把自己的得力助手廖山涛、孙以丰、马良三人推荐给刚从美国回来的陈省身教授。江认为陈了解拓扑学的最新世界水平，有利于他们三人的发展和提高；1952年院系调整，当年江先生刚刚五十岁，正值年富力强，任北大数学系系主任近二十年，年资高，经验丰富，深受师生爱戴，但数学系主任由比江先生小一轮，年仅38岁的原清华大学教授段学复担任，江先生真诚地鼎助段学复先生工作。半个世纪后的2002年在祝贺江先生九十大寿时，段先生说起在江先生支持和带动下，北大数学系（一度称数学力学系）形成了团结向上互相促进的优良风尚时，仍激动不已……人们说江泽涵先生"不存私心，不谋私利""尽做吃亏事"（孙树本、廖山涛等），"一心想着别人"（栾汝书），"他平时谈话，旨在理事……无心记人非，无暇道人短，无意扬己长"（冷生明）……江先生真正是"大贤秉高鉴，公烛无私光"。

江先生不善言辞，不善社会活动，是一位本本分分的科学家，他一生主要做了一件事：把拓扑学引入中国，并使其在中国生根发展走到本学科的世界前沿，为祖国赢得了荣誉。他做到了。"天不言而人推高焉，地不言而人推厚焉"（《荀子·不苟》），江先生的道德文章，不管生前还是身后，都是一片赞誉。

六 秀美的江村永驻心田

"立事者不离道德，调弦者不失宫商"，江泽涵先生走过的道路表明，他的成功离不开中华传统文化的陶养。汉扬雄所谓："修身以为弓，矫思以为矢，立义以为的，奠而后发，发必中矣。"（扬雄《扬子法言·修身卷第三》）江先生之成为数学泰斗，为祖国做出了实实在在的贡献，证明此言不虚。

江泽涵先生生长在中国传统文化积淀丰厚的安徽省旌德县江村。这个徽州古江村，明清两代曾走出一百多位进士、举人。清咸丰年间，村中有桐竹居、松筠书屋、传泰堂等29个书舍，构成江村书屋景观。"虽小户村落，亦有讽诵之声"，"有室堪容膝，多书岂是贫。江山任潇洒，自谓羲皇人"便是当年江村文化气氛浓郁的写照。抗战时期，六县联中迁到江村，江、浙、鄂、冀、粤、沪、宁等地学子和侨胞来此上学者项背相望，在校学生达八千多人，图书馆藏书万册，村中处处读书声。"江村何以名？知有文通宅，夜半书屋中，笔花宛如昔"即为写实白描。在这传统文化浓郁之乡，江泽涵先生深受陶养。

江先生不仅对故乡的文化气氛深为赞赏，而且对江村的优美环境时时怀念，特别是"从我的窗口看出去的那片青山"，山峦青翠，永驻心田。（江泽涵《我的童年》）这徽州古江村，不仅四周环山，双溪绕村，而且聚秀湖照影于前，金鳌山列屏于后，风景优美，山水奇丽。正所谓："前陈玉案，后枕金鳌，溪水环流，千古钟灵秀；左拱黄山，右朝白岳，烟鬟远峙，万载毓英华。"朱熹、戴震、胡适等学者名流都出自这徽州。大戏剧家汤显祖因向往徽州而留有"一生痛绝处，无梦到徽州"的诗句。欣赏、赞美、热爱故乡的山水是中国传统文化的一部分。江先生说"我爱这一切"，他立志读好书，多读书，学成报国。

据说一个人游历、欣赏、赞美故乡的大好河山、名胜古迹的情志是与他的事业成就有关的。唐宋八大家之一的柳宗元就曾有高论："邑之有观游，或者以为非政，是大不然。夫气烦则虑乱，视壅则志滞。君子必有游息之物，高明之具，使之清宁平夷，恒若有余，然后理达而事成。"（柳宗元《零陵三亭记》）这就是说，一个无视故乡山水、心烦意乱、心胸褊狭、鼠目寸光的人不可能有大作为。而一个热爱故乡山水、修养较高、胸怀坦荡、心地平和、目光远大的人（君子）则能宁静致远，持之以恒，百折不回，理达而事成。江先生正是这样的君子。

江先生晚年在回忆文字中认为，故乡优良的文风和秀美的山水，对他形成认真读书、沉静思考的性格是至关重要的，对江村的山山水水甚是赞美。然而江先生的青少年求学时代，正是积贫积弱的旧中国，正在经历近百年的屈辱历程，中国人普遍受到西方列强的轻视，这一点在国外的中国留学生感受甚深。江先生当年留学美国时的具体情形虽未见他描述过，但直到晚年他还常常提到在国外受到的轻视。江先生知道这种歧视不是对某一个人的，是对整个中华民族的，是国耻。管学大臣张百熙曾为京师大学堂题联："学者当以天下国家为己任；我能拔尔抑塞磊落之奇才。"知识分子以天下国家为己任的优良传统，使他立志发奋学习，学成报国则是必然的道路。他于1927年9月赴美在哈佛大学研究院数学系攻读，仅用了一年的时间就完成两篇硕士学位论文，并获得硕士学位，又用了一年多的时间，于1930年6月获哈佛大学哲学博士学位。再做一年的研究工作，取得经验和能力之后便毅然决然回国了。江先生之所以不留在工作条件、生活条件远远好于国内且对自己的学术发展很有利的美国，而回到条件艰苦的祖国，是因为江先生的心里想的不是个人的前途，而是祖国的强大，他已立志"期以五十年，一定要使中国也跻身国际现代数学之林"。

（原载《北大的大师们》，中国经济出版社，2005）

物理学大师吴大猷

吴大猷（1907~2000），广东番禺人，物理学家，北京大学教授。南开大学毕业，后留学美国，1933 年获密歇根大学博士学位。1934 年回国，历任北京大学、西南联合大学教授及中央研究院院士。1946 年后曾任美国密歇根大学、哥伦比亚大学、普林斯顿高等学术研究院、纽约布鲁克林理工学院、布法罗纽约州立大学、瑞士洛桑大学等校客座教授或教授。担任加拿大国家研究院理论部主任长达 14 年，1957 年当选为加拿大皇家学会会员（院士）。并曾出任台湾科学发展指导委员会主任委员，台湾中研院院长等职。主要著作有《多原子分子振动光谱及结构》《量子散射理论》《气体和等离子体动力学方程》《理论物理学》（七册）和《吴大猷文选》等。

吴大猷

一 一心念书，别无他求

吴大猷先生五岁时其父去世，他自幼知道母亲抚养自己的艰辛，所以谨遵母亲教诲，循规蹈矩，只"做一些不会出乱子的斯文事"，从不乱来，只在大人允许的范围内活动，也就不曾受到母亲重罚。这些无形中影响到他性格的形成：内向、诚直，不会权变讲些应景的话等。

由于家庭环境的影响，吴先生从小就"认为读书是天经地义之事"。读书之后，中国诗词文学没有引起他的兴趣，倒是一些科学著作使他景仰，慢慢地、自然地走上了科学这条道，并对物理学产生愈来愈浓的兴趣。尤其上大学之后，先入矿科，后入物理系，得遇名师饶毓泰教授。吴先生自称"在南开大学开了对物理的窍和兴趣",同时他深得饶先生的喜爱和欣赏,开始了长达数十年的师生情谊。这时的吴先生,"只管求学,不大去想将来,也不为自己前途担忧。我脑子里向来不存做官和赚钱的思想,唯一的念头是在学术上做工作,能列身著作之林"。这个观念贯穿其一生,直到晚年他仍说:"一有机会就想去做小官,这种人念书的动机是为名为利,拿念书做阶梯,我看了最摇头。"(《八十述怀》)

吴先生专心向学,"星期六、日是用功的日子",以学术追求为"唯一的念头"。这强劲的原动力和明确的志趣,使他的生活极度单纯,再加上南开大学良好的学风、整肃的纪律、严格的训练,吴先生在英文、物理、化学、数学等学科打下了扎实的基础。课业上很是顺利,并有余力以译书来学习外语。他将爱尔兰物理学家郎杰(Sir Oliver Lodge)用通俗语言解释玻尔(Bohr)理论的 The Atom 译成中文;又将德国物理学大师普朗克(M. Planck)的 Vorlesungen über die Theorie der Wärmestrahlung 热辐射理论教材译成英文。这样既学了外语,又加深了对原著的理解。

1919 年张伯苓先生创办南开大学,注重教育质量,聘请良师任教,如数学有姜立夫、钱宝琮,物理学有饶毓泰、陈礼,化学有邱宗岳、杨石先,生物学有李继侗、应尚德,哲学有汤用彤、冯文潜,政治学有萧公权、张忠绂,经济学有何廉、方显廷、陈序经,历史学有蒋廷黻,地理学气象学有竺可桢,国文有范文澜,人类学有李济,心理学有黄钰生,等等。这些名师教书育人各有奥妙。吴先生是学物理的,那时偏爱相对论。近世代数课老师姜立夫教授在期末时,针对各人情况给每个学生(陈省身、吴大任、吴大猷、陈宝明、王瑞驯等)一个题目,各不相同,要求自行读书写报告。给吴大猷的是一厚本德文名著 Bieberbach 的《微分几何》,这书与代数无关,之所以让他读,是因为姜先生知道微分几何正是广义相对论的不可缺少的工具。

读书写报告,是锻炼独立思考,独立解决问题能力的很好的途径,吴先生在南开大学读书时便养成了这良好的习惯。他在《八十述怀》中曾津津乐道:"在三年级那年,和四年级物理系同学组一读书组。沈士骏读电动力学,龚祖瑛读统计力学……我读狭义相对论。各人都自己摸索,轮流报告;自己弄懂了一些东西,便高兴得很。"(《我在大学求学经历》)正是这学有所得的高兴,更促进他探索未知的兴趣。兴趣是成就事业的重要因素,吴先生对物理学的浓厚兴趣,使他在物理学的各个分支如相对论、古典力学、热力学、波动力学、矩阵力学等方面进行了不懈的摸索并有所得。在1929年毕业后，恰逢物理教师缺乏，如饶毓泰先生去德国做研究，陈礼先生去某工厂任经理兼工程师。于是理学院院长邱宗岳先生便请吴先生讲授近代物理及力学两门课程。虽然吴先生自谦为"蜀中无大将，廖化作先锋"，但毕竟也还得有相应的学识水平才可能被聘任严格的南开大学相关规章所认可。语云："教然后知困……知困，然后能自强也。"（《礼记·学记》）教书的过程更促使吴先生做进一步深入探索，这就不是在形式上读过某一课程所能奏效，而必须是将学过的东西完全弄懂，"有如吃东西，必须将它消化，变成自己的细胞，才能长成肌肉"。所以这段边学边教的过程"对我自己确是很好的"（《我在大学求学经历》）。后来吴先生留学美国密歇根大学，在不到两年内即取得博士学位，也与这段经历有关："在密歇根大学习博士学位时，通常先习若干基本（研究所级的）课程。我以在南开大学授力学时的讲义笔记示物理教授，伊等以为我不必习某些课程，如'高等力学'、'高等磁学'等。故我于民国廿年九月（九一八后）抵校，于民国廿二年六月得博士学位。此虽不足道，但可示在南开'作先锋'的自己努力，颇有初未料及的'用处'也。"（《十年的'南开'生活》）

学生成才大约有两个必备条件：一是自己想学、爱学、好学；一是有高水平的教师指导。一心念书对物理兴趣浓厚的吴先生自然具备第一条。第二条也被吴先生幸遇，在南开大学，饶毓泰先生"对学术了解之深，对求知态度之诚，对学术的欣赏与尊敬，以及为人的严正不阿的人格的影响"（《怀念饶毓泰（树人）师》）自不必说，还有如前文所述的姜立夫教授等皆能为学生成材着想，因材施教，培养其自动精神。留学到密歇根大学，那里有实验和理论方面杰出的物理学家，"是红外分子光谱研究的鼻祖"、物理系主任兰德尔（Randall）先生广请世界一流物理学大师狄拉克（Dirac）、泡利（Pauli）、费米（Fermi）、海森伯（Heisenberg）等到校演讲、研讨，幸运的是"吴先生躬逢其盛，耳目浸濡，自是受益良多的"（《强人吴大猷》）。

吴先生在密歇根大学学习红外光谱实验技术时对光谱仪进行了一次改进。原来溴化钾棱镜分光仪上的狭缝像是弯的（呈半月形），分光仪的分辨本领因此有所降低。吴先生设计出一套弯形的狭缝，这样形成的谱线就是直的了，分辨本领因此有所提高。由于狭缝弯度须随波长而变，所以要有一套不同弯度的狭缝。后来著名的 Perkin Elmer 公司制造自动记录红外光谱仪时就采用弯形狭缝代替直形狭缝。吴先生还参与二氧化碳、氧化氮的红外光谱研究。第一学期选习拉波特（Laporte）教授所授的《原子光谱》，系主任也来听讲。吴先生对该课很下功夫，理解很深，为后来从事光谱学研究打下了扎实的基础。拉波特在期末成绩单上的吴先生名字后加上"An excellent young man"（杰出的年轻人）的批注。这是第二学期吴先生修习古德斯密特（Goudsmit）所授《量子力学》时即获准开始随古德斯密特做研究工作的原因。吴先生于1932年6月获硕士学位。暑假时读热力学、分子光谱，听海森伯的量子力学和伯瑞特（Breit）的量子散射论。第二学年读统计力学课，参加碰撞理论讨论班，同时进行论文中的计算，每周还做两小时的助教。另外协助马克尔（Barker）教授研究10米长CO_2管红外吸收光谱，与金星等的光谱作比较，从而了解到金星大气中含有大量CO_2。1933年春，完成有关最重元素原子能级的博士论文，先后在《物理评论》上发表论文两篇。这是关于铀原子的5f电子能态及铀原子可能为一串14个元素（当时尚未发现）的开始的问题。这项工作为第二次大战后超铀元素的发现和Maria-Goeppert-Mayer的计算开了先河，是一项富有创造性的工作。吴先生1933年6月获博士学位，同时被选为ΦBK会员，为全校研究生中四名被选者之一。留美不足两年即连得硕士、博士学位，这是少有的。在1933年暑期研讨会上，费米讲核子物理，范弗莱克（Van Vleck）讲原子电性及磁性，N. 玻尔讲量子力学的物理及哲学问题，而伯瑞特的演讲内容则为以最少量的数学处理物理问题的要点。吴先生对于在两年中能听到那么多大物理学家的演讲深感幸运。

1933～1934学年中又获中华教育文化基金会乙种奖助金，吴先生将研究工作全面展开，其中包括：

（1）含碳双键分子的不相等最低势能和扭振动问题；
（2）氯乙烯同分异构体的红外光谱及分子对称问题；
（3）氦原子的双激发态；
（4）日冕光谱的来源；
（5）核反应实验的解释。

在1933～1934年两年中共发表论文7篇。

二 诚心教书，乐育英才

吴先生一生基本上没有脱离教育事业，他于 1934 年秋，应恩师饶毓泰之邀，到北京大学任教授。中央大学校长罗家伦曾电邀吴先生去中央大学任教，并派丁绪宝去上海迎接，因已应聘北大而辞谢。北大物理系自 1913 年起招收本科生，何育杰、张大椿、颜任光、丁西林、李书华、夏元瑮、王守竞先后任系主任，饶毓泰先生于 1933 年到北大任研究教授兼系主任。他延聘良师，建设研究实验室，使北大物理系教学科研得以加速发展。吴先生到校后除开设本科课程外，还开设一系列研究生课程，使北大物理系课程达到新的高度。马仕俊、郭永怀（中国科学院院士）、马大猷（中国科学院院士）、虞福春等知名学者当时都是吴先生的学生。北大当时是我国进行光谱学研究的重要基地，饶毓泰曾研究气体导电和铷、铯原子的逆斯塔克效应，周同庆研究分子光谱，吴大猷从事多原子分子光谱、拉曼光谱的实验和理论研究以及氦原子双激发态、自电离、原子的亲和性等理论研究，提出原子激发态的电子亲和性的概念。1936 年到校的郑华炽研究拉曼光谱。一批助教、研究生赵广增、沈寿春、江安才、马仕俊、薛琴访等也积极参与科学研究。实验室中有 Steinheil 大型摄谱仪（玻璃、石英两套光学元件）、吴大猷从伍德（R. W. Wood）教授处洽购来的高分辨率凹面大光栅（刻线部分宽 6 英寸，每英寸刻线 3 万条）和石英水银灯、氦辐射灯、直流电机、真空系统、6000Gs 的磁体等配套设备。1934～1937 年，吴大猷与其合作者共发表论文 13 篇，另有 2 篇在此期间完成，于 1938 年发表。这确实充分显示出他的才能和勤奋。

1937 年 7 月 7 日，日军发动卢沟桥事变，开始大规模侵华战争。迫于形势，北京大学、清华大学、南开大学先于长沙组成国立长沙临时大学，后迁昆明更名为国立西南联合大学。从 1937 年直到 1946 年，吴先生一直随学校迁徙流离，除第一年去成都四川大学任中英庚款董事会为支援边疆设立的讲座教授外，一直在昆明西南联大任教。教授的课程有本科电磁学、近代物理和研究生课程高等力学、量子力学、物理学基础、量子化学等。吴先生在《回忆》一书中说："抗战的一段时期，应是我的研究工作有所成长的阶段，但这段可贵的光阴，很快地一晃而过，个人成就寥寥，限于能力，更限于环境。这些对于我都没有什么可以后悔的,幸运的是适逢遇上了一批卓越的学生,系杨振宁、黄昆、黄授书、张守廉等,再加发现了李政道的奇才。"吴先生在《抗战中的西南联大物理系》(《八十述怀》)一文中写道:"1938年讲量子力学,旁听的有时已毕业的林家翘、胡宁等后来成大名的物理学者。在1941年的古典力学、量子力学班中,有杨振宁、黄昆、张守廉、黄授书、李荫远和其他十余人,遇见了这样的'群英会',是使教师最快乐的事,但教这样的一班人,是很不容易的事。"得天下英才而育之的高兴心情跃然纸上。杨振宁是1942年毕业生,他的本科毕业论文是吴先生指导的,吴先生让他研究《现代物理评论》上一篇讨论群论和分子光谱关系的评论性论文,看看有什么心得。杨振宁在《读书教学四十年》中写道:"我学到了群论的美妙和它在物理学中的应用的深入,对我后来的工作有决定性的影响。这个领域叫做对称原理。我对对称原理发生兴趣实源于那年吴先生的引导……以后40年间吴先生和王竹溪先生引导我走的两个方向——对称原理和统计力学——一直是我的主要研究方向。"黄昆于1941年燕京大学毕业后即到西南联大做助教,1942年考上吴大猷先生的研究生,1944年得到硕士学位,并考取中英庚款留学名额,1945年留英。黄昆是国际著名固体物理学家,我国半导体物理学科奠基人之一,中国科学院院士,2002年国家最高科学技术奖获得者。黄授书、张守廉都是周培源先生的研究生,后留美,分别成为国际知名的天体物理学家和电机工程学家。李荫远系1943年毕业生,固体物理学家,中国科学院院士。李政道于1945年春持梁大鹏介绍信找吴先生,梁是1931年在密歇根大学与吴相识的朋友。李政道系浙江大学物理系读完一年级的学生,因日军侵桂直抵贵州独山而离开浙江大学去四川,其姑母认识梁,因而梁介绍李给吴先生,时值学年中间,不能转学,吴即与教二年级数理课程的老师商量,让李随班听课。如果及格,暑假通过转学考试正式转入时即可免修这些课程。李应付课程绰绰有余,并于课后请吴先生指定更多的读物和习题。李每次均能很快读完做完,再要新的。吴先生从他做题的步骤和方法上很快发现他的思维敏捷程度大大异乎常人。李政道进入二年级后一部分二级课程直接参加考试获得学分,从而选修三、四年级课程,用一年时间已基本学完数理方面的必修课程。

涵容 博大 守正 日新

吴大猷在李政道家

　　1945年冬，曾昭抡教授找吴先生，说军政部部长陈诚和次长俞大维约吴先生和华罗庚先生谈有关国防科研之事，二人遂去渝。陈诚亲到海陆空军招待所拜访，卫士大为奇怪，询问："教授是什么大官，要部长亲自来见？"陈、俞二人希望提出有助于国防科研工作的意见。吴先生在《回忆》中说，他的建议大致是："（一）成立研究机构，培植各项基本工作的人才。（二）初步可行的是派物理、化学、数学人员出国，研习观察近年来各部门科学进展的情形，然后拟一个具体建议。总之要筹建一个研究机构，并且立即选送各部门优秀青年数人出国，学习上述各科基本科学。"陈、俞认为可行，即嘱华、吴负责数学、物理二门。吴、华建议化学部门请曾昭抡先生负责，遂有1946年三教授携青年教师出国之事。吴先生首先毫不犹豫地选定天赋极高且极为勤奋的李政道为候选人，另一人则为1945年毕业时任助教的朱光亚。华先生决定选孙本旺，曾先生决定选王瑞駪和唐敖庆。1946年秋，吴先生代表中央研究院与代表教育部的周培源、赵元任两先生一起去伦敦参加英国皇家学会补办的庆祝牛顿诞辰300周年纪念大会（牛顿生于1643年1月4日）。会后转去美国任密歇根大学客座教授，李政道被破格录取入芝加哥大学研究生院，朱光亚入密歇根大学研究生院。

吴先生在教学中的敬业精神使学生们深为感动。1940 年因日机轰炸，吴先生由城内迁至离城约十里的岗头村，住在泥墙泥地的房屋中，生活十分困难。吴先生每周授电学课三次，从未迟到和缺课。当时，因避空袭，每天上午七点开始上课，每节课的课时改为 40 分钟，上午十点多四节课就告结束。所以吴先生必须很早就从岗头村步行或坐马拉板车进城。吴先生备课极为认真，静电部分采用琼斯（Jeans）名著《电磁的数学理论》为教材，还根据教学需要加授一段特殊函数，电流及电磁部分则用裴吉（Page）和亚当斯（Adams）的书为教材。1942～1943 学年，他教的近代物理课指定的参考书很广泛，包括里希特迈斯（Richtmyer）、克劳瑟（Crowther）、密立根（Millikan）、索末菲（Sommerfeld）、赫茨伯格（Herzberg）、爱因斯坦（Einstein）等人的著作，使学生大开眼界，且学会了任意翻阅参考书。

吴先生教过的中国学生数量并不算多，但育出英才人物倒有不少。按时间顺序有：马仕俊、郭永怀（中科院院士）、马大猷（中科院院士）、虞福春（核磁共振化学位移的发现人之一）、李荫远（中科院院士）、黄昆（中科院院士）、朱光亚（中科院院士、中国工程院院士）、李卓显、杨振宁（中研院院士、中科院外籍院士、诺贝尔奖获得者）、张守廉、黄授书、李政道（中研院院士、中科院外籍院士、诺贝尔奖获得者）等成大名的中国学生。此外，他培养的欧、美、日本、印度、加拿大的研究生及博士后人员无以统计。

学生们在取得成就后都不忘恩师的培养。1957 年冬，当李政道、杨振宁从广播中听到自己获奖的消息后，不约而同地致信吴先生，表示今天获奖的工作源头可追至当年在西南联大时吴先生的指导。但吴先生并不居功，而是说："实则我不过适逢其会，在那时那地遇上他们而已。譬如两粒钻石，不管放在哪里，终还是钻石。实在说李政道的能出国，直接的还是陈辞修、俞大维两先生，间接的是梁大鹏的介绍李给我，和曾昭抡的介绍我给俞先生。"（《强人吴大猷》）并一再称赞"他们念书完全自动自发，有异于常人的求知欲"（《天资之外，重要的是努力》），说李政道的"求知心切，到了奇怪的程度"，"我无论给他什么难的书和题目，他很快地做完了，又来索更多的……"（《强人吴大猷》）。吴先生认为教这样的学生是不容易的，因为"除了我比他们多知先知一点外，他们的能力是比我高的"。他们获奖后感谢老师是他们的好意，"我是从来未敢亦未尝这样想过的"（《抗战中的西南联大物理系》）。

三 专情学术，蜚声四海

吴先生一生大部分时间在学校度过，他对学校，尤其是大学有深刻的了解，他认为"大学是国家学术的泉源"，而学术是一切应用技术之母，所以他非常重视学术研究。他说："教授的本职，毕竟仍在学术研究……一个真正的好教授，不是只能熟练讲课，而是要从事研究，不断继续在学术上进步的'学者'。"（《"教授治校"显示了什么？》）他"不喜欢那些对学术没有兴趣的人"而偏心地只"喜欢、敬重戮力献身于学术研究的人"（《八十述怀》）。吴先生这样认识，也是这样做的。他不但诚心教书，指导学生，而且从未间断科学研究，即使在抗日战争的艰难岁月里，吴先生仍一面教学，一面研究。抗战初期，吴先生认为，为了全面抗战，节约开支，研究工作可以暂停。但后来看到抗战转入持久战，他认为为了鼓励研究人员的精神，为了培植及训练战后研究工作所需的人才，应尽可能开展科研。他不仅自己进行科研，还带领青年师生开展科研；不仅开展理论研究，还在十分困难的条件下开展实验研究。他和助教一起在岗头村泥墙泥地的房子里利用从北平运出的三棱镜等光学元件在砖墩木架上制成一个大型摄谱仪，进行 $Ni(NO_3)_2 \cdot 6H_2O$ 晶体的拉曼效应实验研究，并得出一些结果。这是十分难能可贵的精神，吴先生称之为"知其不可为之的精神"（《抗战中的西南联大物理系》）。为了实现这个目的，他动了不少脑筋，克服了不少困难。特别值得提出的是吴师母阮冠世女士身患严重肺病，就住在这个简陋的实验室旁边。吴先生一面教学科研，一面还要照顾病人。当时吴先生经济十分困难，经常变卖衣服度日，有一次沈克琦和几位同学去岗头村探望老师，见此情景深受感动。在西南联大期间吴大猷先生完成了一本专著，单独发表论文 8 篇，与他人合作发表论文 6 篇。研究工作约可归纳为以下 7 个方面：

(1) 分子之振动与转动之交互作用及分子简正振动等问题；

(2) 大气物理过程（夜天空光谱及北极光的激发，高空氮原子的存在，电离 E 层等问题）；

(3) 原子的双激发能态及自动电离几率；

(4) 电子激发分子振动问题；

(5) 锂原子能态的 Hylleraas 函数变分计算；

(6) 钠的负离子吸收光谱；

(7) 日冕光谱线的激发。

其中第（5）、（6）、（7）三项是黄昆在吴先生指导下所写的论文。

吴先生所写专著是《多原子分子振动光谱及结构》（英文）。为了纪念北京大学建校 40 周年，吴先生从 1938 年起写此书，1939 年完成，由饶毓泰先生携去上海付印，1940 年由北京大学出版部出版。此书写成后即获中央研究院丁文江奖金（3000 元），聊纾经济拮据之困。该书印出后曾寄给国外同行，受到各方称誉。光谱学家康登（E. U. Condon）来信说，想不到在抗日战争那样艰苦的条件下还能写出这样的书，并决定将此书列入 Prentice - Hall 书局由他主编的丛书中。1943 年该书还获教育部科学研究著作一等奖。书售后完又由 Edwards 公司一再翻版。1946 年出第二版时，吴先生为再版书增一补编。该书当时为该领域唯一专著，在国际上影响较大。1967 年，美国约翰逊总统科学顾问合恩（Hornig）博士见到吴先生时说，他是吴先生的学生。吴听后大为惊讶，原来在第二次世界大战中他在哈佛曾读过这本书。1974 年，吴先生在土耳其参加国际科学联合会理事会第 17 届大会时，前任会长、国际纯粹及应用化学联合会会长、牛津大学教授汤普森（Thompson）爵士见到吴先生就问："你是吴大猷吗？"并说，"你的书很好，现仍在使用，你们开了路，我们后来便容易了"。国际科联教育委员会主席、印度物理学家 Bhagavantum 博士也说："你就是吴大猷？我还有你的书。"由此可见，该书颇受国际学术界重视。

自 1946 年至 1978 年吴大猷先生一直在国外从事教学和科研工作。当初吴先生和曾昭抡、华罗庚二先生赴美的任务是考察在国内建立研究机构事，北大胡适校长与饶毓泰教授还计划在北大建立核物理研究实验设备，从中华教育文化基金会借得 10 万美元，委托吴大猷、吴健雄二位先生在美操办此事。不久因时局剧变，这两项任务即告中止。

吴先生于 1946 年到母校密歇根大学任客座教授。鉴于核物理的兴起和出国时肩负的任务，吴先生毅然将研究方向改为高能质子、中子的散射。吴先生为能进行实验性研究，1947 年改任哥伦比亚大学客座教授，一面讲授研究生课程"原子物理及理论物理"，一面从事核子力的介子理论研究，指导一名研究生做关于高层大气中氧分子离解问题的研究，还曾花相当多时间装置原子射线束实验设备，后因感到这是一般年轻人能做的事，遂集中力量于理论研究。1948 年还去纽约大学兼课，讲授量子力学。

1949 年秋，吴先生在普林斯顿大学遇到日本物理学家汤川秀树，曾率直地告诉汤川，其同事荒木有关原子问题的几篇文章中，数学部分是对的，但物理方面有错。汤川认为这很重要，需转告荒木。荒木当时并不同意，后经吴先生与荒木几次函件往返，荒木确认有错，即予更正。从此吴先生和荒木成了好友，吴先生 1956 年去京都时荒木任导游；1963 年吴先生在日本时，荒木又来访。从这事可见吴先生的严谨治学、真诚坦率和荒木尊重科学、实事求是的态度。

1949 年，加拿大国家研究院改变政策，增强基础科学部门，设 300 多个博士后职位，广揽各国研究人员，聘赫茨伯格（G. Herzberg）为纯粹物理所所长。赫氏意欲觅一知识广博的理论物理学者为理论物理部主任，遂向吴先生发出邀请，吴先生允之。加拿大国家研究院为加政府最高科研及行政机构，直接对国会负责，享有高于一般公务机构的地位，吴先生应聘后即获永久居留权且享入境免检待遇。吴先生主持理论物理部时学术活动十分活跃，每周有一次讨论会，还组织一些大型研讨会，邀请国际一流学者来作讲演，吴先生亲自就一些新理论作解释性和系统性的讲演。在此期间受过吴先生教诲的博士后人员，后来成为国际知名科学家的很多，这些为发展加拿大以及世界物理学做出了贡献。1957 年吴先生被选为加拿大皇家学会会员（院士）。

吴先生在加拿大的 14 年中，除继续进行原子物理、分子物理、大气物理和核子物理方面的研究外，还进行量子散射理论研究；1957 年夏，在加拿大某一物理研讨会上讲量子散射论 3 周。1959～1960 年与大村充合作写出专著《量子散射论》（英文），该书于 1962 年由 Prentice-Hall 书局出版，吴先生将该书献给对他影响最大的两位尊敬的老师——饶毓泰教授和兰德教授。该书出版后颇得好评，1968 年苏联科学书局将此书译成俄文出版。1976 年吴先生参加洛克菲勒大学为古德斯密特和乌伦贝克（Uhlenbeck）的电子自旋理论诞生 50 周年举行的庆祝会，不少与会者都是由于此书而知道吴先生的。1958 年 9 月至 1959 年 5 月在普林斯顿高等学术研究院时，与狄拉克（Dirac）相处 3 个多月，吴先生感到受益匪浅。吴先生见到乌伦贝克一年前的两篇讲稿，引起了他对气体及等离子体动力论的兴趣，在 1959 年至 1965 年期间这又成为吴先生的一个研究方向。1961年11月至翌年2月,应瑞士洛桑大学之邀,赴该校讲授《气体运动方程的新发展》。在此期间,他跟斯图克贝格(StÜeckelberg)和里维尔(Rivier)研讨时,吴先生提出用跃迁几率观念和不可逆过程的密切关系解决了困扰乌伦贝克教授的一个问题。随即与里难尔合写《时间的箭向与不可逆过程理论》一文,发表于1961年的《瑞士物理学报》。吴先生认为这是他比较满意的一项工作。1963年由加拿大转赴纽约布鲁克林理工学院任教时讲授《气体及等离子体运动方程论》,1964年夏在台湾大学与新竹清华大学合办之暑期研讨会上又讲此题。讲稿修改成书稿《气体和等离子体的动力学方程》,由Addison-Wesley书局出版(1966)。在这14年中,吴先生发表论文50余篇。

1963年,纽约布鲁克林理工学院A. Ferri为扩展航空动力研究,急需一个对基础物理有广泛经验者,特邀请吴先生前往工作。吴先生感到,虽然在加拿大工作自由,精神、生活皆舒适,但嫌略为松弛,想在垂老前仍能做些积极的研究工作,遂决定离开加拿大去纽约任教并继续进行等离子体理论研究。

1965年,吴先生因布鲁克林理工学院人事问题复杂而辞职,应纽约州立大学布法罗分校之聘,1966年任物理系主任。该校原系私立大学,研究设备薄弱,原系主任忌才,引致同人不满。吴先生到校后即着手增强教师阵容,先开展理论研究,改进课程,颇见成效。该系研究生课程及研究工作原都"不入流",1968年经过评鉴,该系已升至乙等。吴先生凡事出于公心,一切措施公开透明,尊重他人意见,故而得见成效。后因在台湾的任务日重,遂于1969年辞系主任职,美国台湾两地兼顾。1976年吴先生在美国退休后,全部时间在台湾工作。自1963年至1978年,吴先生主要从事等离子体理论、统计物理、天体物理和相对论研究,发表论文20余篇。回台后他继续授课,直至重病前,仍每周上一次大课,这种关心后辈、诲人不倦的精神令人感动。

吴大猷先生知识渊博,讲授课程涵盖基础物理学各个方面。自1975年起,他将过去讲稿整理扩充成书稿,写成"理论物理"丛书共7册,字数达150多万,1977年开始由台湾联经出版事业公司陆续出版,至1980年出齐。科学出版社于1983年、1984年在北京翻印出版,李政道先生为大陆版作序。此前,联经出版公司还出版了吴先生所著《近代物理学基础的物理本质及哲学本质》（英文，1975年）。1986年，新加坡世界出版社出版吴先生所著《量子力学》（英文），杨振宁和李政道均为该书作序。1991年与黄伟彦合著的《相对论量子力学与量子场论》（英文）也由世界出版社出版。这些著作，加上前已提及的《多原子分子振动光谱及结构》《量子散射论》《气体和等离子体动力学方程》等专著，反映了吴先生深厚的学术造诣和诲人不倦的一生。

吴大猷先生不仅受到海峡两岸学术界的尊敬与爱戴，在国外也享有很高的声望。加拿大皇家学会选他为会员，密歇根大学于1991年5月授予吴先生荣誉科学博士学位，并为此举行吴大猷学术研讨会。在会上，杨振宁介绍吴先生一生，黄昆、朱经武、李政道作学术讲演，吴先生讲述她在密歇根大学的往事。350人的讲堂坐满，且站立者颇多。密歇根大学在授予他学位时介绍说，"吴博士个人的有意义的研究，涵盖一不寻常的领域范围——由原子物理至天文物理。他早年对重原子的研究，指出'超铀元素'的可能性，为此重要领域奠基。他的专著《多原子分子振动光谱及结构》虽出版于45年前，目前仍为一手册。但吴博士的知名世界，主要是他为人师表，为科学政治家。他在中国大陆、美国、欧洲、中国台湾为教师，都显示出培育人才的本能；他影响了许多著名的物理学者，包括两名诺贝尔奖得主。"

四　关注社会，落叶归根

吴大猷先生前后在国外35年，始终关心祖国教育、科研事业的发展。1934年学成即归国任教北大，1946年奉派赴美考察建立科研机构，直到1948年他仍列在北大教职员名录中。在加拿大时，曾接待中国物理学家马仕俊、胡宁去国家研究院从事研究。1956年，到台湾任中华教育文化基金会讲座教授，为台湾大学生和新竹清华大学原子科学研究所研究生讲授古典力学及量子力学。他曾向当局建议："无论财政如何困难，都应做一长期发展的规划，尤其是科学的规划。因为科技是工业之母，在国际间强烈竞争之下，没有高度科技为基础的工业，是难以生存的。"两年后胡适任"中央研究院"院长，将此计划修订成一具体方案，得到梅贻琦和陈诚的支持，成立"国家"长期发展科学委员会，胡适任主任委员，梅贻琦任副主任委员。经费由公营事业盈利拨若干百分点解决。此举对台湾地区科技发展有很大影响。

自1967年开始，吴先生每年均乘美国大学放假之际，于5月初至9月初和12月中至1月中回到台湾工作。当时吴先生已年逾花甲，两地奔波，鞠躬尽瘁的精神实堪钦佩。1967年吴先生出任台湾科学发展指导委员会主任，和"国家"科学委员会主任，对台湾地区的科学技术发展做出了突出的贡献。1979年，台湾成立科学教育指导委员会，吴先生又被任命为主任委员。他订出全面改编自然科学课程的10年计划，主持编写了国民中学（初中）、高级中学各学科、各年级的教科书和教学指导书。吴先生一贯关心教育，此前已就大学、中小学教育问题多次发表文章或讲话，进行系统的分析、批评，并提出积极建议，至此他的主张才有所实现。

1983年12月，吴先生被任命为"中央研究院"院长。此后吴先生即大力推动"中央研究院"的改革和发展，修改第二个五年发展计划，修改"中央研究院"组织法，修订评议会、院士会议和研究所的组织规程，制订研究人员续聘及升等的评审制度。他强调"中央研究院"不应专门从事实用性技术研究，不应与大学隔绝，而应合作研究，接受大学研究生到"中央研究院"写论文和互相交换研究人员和设备互用；不应单纯由长任期的固定人员组成，要建立公平公开的人事制度，创造良好的学术环境，吸引大师级学者交流讲学。1984年8月，菲律宾麦格赛赛（Ramon Magsaysay，曾任菲总统）奖基金会为吴先生在策划科学发展及增进科学教育有特殊贡献而授予政府服务奖，奖金2万美元。吴先生说："为自己国家尽心尽力而获他国颁奖，心里总觉不自然。"自1978年回台湾开始，年逾古稀的吴先生竭尽全力为推动台湾的教育和科学发展而工作，从事研究的时间少了，但教学不辍。1985年三度发高烧，1988年突发心肌梗塞，每次病愈后均照常工作。他认为在台湾所奉献的工作"可以大言不惭地对得起这一代的台湾学子，它比我自己多做一些研究有意义多了。所以虽在物理上落伍了，也不后悔"。

吴先生的活动不仅不限于物理学，也不限于教学科研，他关心社会的方方面面有环境污染、宗教迷信、新闻媒体、交通问题、大陆探亲问题、医疗问题等"看着叫人生气"的事情。他保持着中国传统读书人的清风傲骨，经常以一片真诚的赤子之心，针砭时弊，直言无忌，积极建言，语重心长，在社会上赢得崇高的威望，也得罪了不少人。台湾远流出版公司自1986年至1992年出版的《吴大猷文选》七册，收集了吴先生在报刊上发表的杂文和记者访问实录380余篇，其内容洋洋大观，读之深受教益，并益增对吴大猷先生崇敬之情。七分册的书名分别为：(1) 博士方块；(2) 人文·社会·科技；(3) 教育问题；(4) 科学与科学发展；(5) 八十述怀；(6) 在台工作回忆；(7) 我的一生：学·研·教·建言。书中还刊有《吴大猷八十自订年表》和《吴大猷八十五自订年表》。

五 促进两岸学术交流

吴先生晚年在台生活，主要关注的仍是教育与研究等学术问题。他说："廿七年来，我在报章杂志的文章和谈片，数大不可计，而主旨则一，即学术科学，以培养人才为本……"（《吴大猷文选·序》）由于爱之深，责之切，他常用"薄弱"二字总括台湾高级学术的状态，常用"肤浅"二字总括台湾学界对学术的认识。因此，"薄弱""肤浅"二词一度成为台湾学界茶余饭后互相调侃的习用语。吴先生认为解决"薄弱""肤浅"的办法是养成良好的学术环境，蓬勃的研究气氛和必要的学术交流等。吴先生说："我极赞成两岸间的有实质的文化（学术）交流"，"如在学术及艺术方面，两方学者能有较长期性的交流访问，则无疑的是极有重大意义的事"（《海峡两方的文化交流》）。吴先生言行一致，晚年积极促进海峡两岸的学术交流。

1982 年经周培源先生、吴先生和李政道先生的共同努力，解决了国际科学联合会中中国会籍问题，大陆的学会作为全国性组织参加，台湾则以地区组织名义保留会籍。

1983 年，吴先生支持杨振宁等推动组织亚洲太平洋物理研讨会，该会第一届会议在新加坡召开，两岸许多物理学家和其他国家及地区的华裔物理学家参加。以后又连续召开过几次会议，成为定期相互交流的渠道。

1988 年 9 月，经吴先生向台湾当局力争，"中央研究院"代表 3 人得以出席在北京举行的国际科联理事会第 22 届全体大会。

1992 年 5 月 17 日至 6 月 11 日，吴先生应邀访问大陆，回到阔别 46 年的北京、天津。北京大学授予吴先生名誉教授称号，南开大学授予他名誉博士学位，在授予仪式上，两校均盛赞吴先生的成就及贡献。他率领中国台湾代表团参加李政道教授组织的首届东亚、太平洋、美国超导超级对撞机物理实验和技术研讨会，还参加为周培源教授 90 大寿举行的国际流体力学与理论物理科学讨论会，以及有海内外 300 多位物理学家与会的中国当代物理学家联谊大会。他参观北京大学、南开大学、中国科学院高能物理研究所和北京正负电子对撞机实验室。在北京大学，他见到当年亲自从美国购回的大型凹面光栅特别高兴。在南开大学，师生代表赠给他在南开大学读书时的成绩册，也勾起了他美好的回忆。他对两校及中国科学的发展及成就由衷地赞赏。在京津探亲访友，见到久违的老朋友周培源、赵忠尧、汤佩松、黄昆、胡宁、朱光亚等朋友和大批亲人，共叙友情、亲情，心情至为愉快。吴先生回台湾后又推动并实现了首批大陆科学家访问台湾，打破了封冻数十年的坚冰。

吴大猷（左）与周培源交谈

吴大猷先生深为人们所敬重，其原因不仅在于他具有深厚的学术造诣和诲人不倦的精神，还在于他品德高尚，胸怀坦白，敢于直言，一心为公，淡泊名利，从不居功，积极进取，从不畏难，秉性忠厚，平易近人，学术民主，关心他人胜于关心自己等优良品德。吴先生为发展中华民族的教育、科技事业呕心沥血，体现了中国正直知识分子的道德风范。2000 年 3 月 4 日吴大猷先生因病在台北逝世，享年 93 岁。海内外科学界、教育界都为这位德高望重的大师的逝世而深感痛惜，同时深信吴先生的一生所体现出来的精神与道德风范将永远激励后人。

（原载《北大的大师们》，中国经济出版社，2005）

郭永怀：永远值得怀念的人

郭永怀（1909~1968），山东荣成人，空气动力学家，中国科学院院士。1935年北京大学物理系毕业，并留校师从光学专家饶毓泰教授攻读研究生兼助教。1940年后留学加拿大多伦多大学、美国加利福尼亚州理工学院，1945年获加州理工学院哲学博士学位。曾任美国康奈尔大学教授。1956年回国后曾任中国科学院力学研究所研究员、常务副所长，中国科学院学部委员（院士），中国科学技术大学化学物理系主任，二机部九院副院长，中国航空学会副理事长，中国力学会副理事长，国防科工委空气动力学研究院筹备组副组长，6405工程总体组组长，《力学学报》主编、《力学译丛》编委会主任等职。他发现了上临界马赫数，发展了奇异摄动理论中的变形坐标法，即国际公认的庞加莱—莱特希尔—郭（PLK）方法。他是中国现代力学的奠基人之一，"两弹一星功勋奖章"获得者。译著有《流体力学概论》等，主要著作收入《郭永怀文集》。

郭永怀

一　赢得生前身后名

1999年9月18日，在新中国成立五十周年到来之际，中共中央、国务院、中央军委做出了表彰为研制"两弹一星"做出突出贡献的科技专家并授予"两弹一星功勋奖章"的决定，在庄严宏伟的人民大会堂召开了盛大的表彰授奖大会，二十三位为研制"两弹一星"做出突出贡献的科技专家获得这一史无前例的殊荣，其中便有郭永怀先生。可惜的是郭先生不能亲自来到这盛大而激动人心的大会上领奖了,他是被追授的。因为他已在三十一年前为了这一伟大事业献出了自己宝贵的生命。

  表彰授奖大会的热烈盛况通过电波传遍全中国,飞向全世界。多少人激动得热泪盈眶,不能自已。人们不会忘记新中国成立初期的艰难岁月,连年战乱后国民经济的破坏,人民生活极端贫困,但面对严峻的国际形势,怎样对付帝国主义的武力威胁仍是全中国人民忧心的大事。为了保卫来之不易的胜利果实,为了给全国人民一个和平劳动、建设幸福生活的环境,中国就必须增强国防实力,发展自己的核武器,以打破核大国的核垄断、核讹诈。正如毛泽东主席所说:"我们现在已经比过去强,以后还要比现在强,不但要有更多的飞机和大炮,而且还要有原子弹。在今天这个世界上,我们要不受人家欺负,就不能没有这个东西。"历史也证明了邓小平的话:"如果六十年代以来中国没有原子弹、氢弹,没有发射卫星,中国就不能叫有重要影响的大国,就没有现在这样的国际地位,这些东西反映一个民族的能力,也是一个民族、一个国家兴旺发达的标志。"这就是在那个年代"受尽战争摧残和贫困折磨的中国人为什么要不顾一切搞原子弹"的原因所在。中国人早就憋着一股劲要搞原子弹,这在当年几乎是共识,是不成问题的。中国人发展核武器是被逼出来的。中国人民爱好和平,主张全面禁止和彻底销毁核武器。如果这个主张能够实现,中国人本来是不用着勒紧裤腰带研制核武器的。然而世界上的事情就是那么怪,事实是只有自己拿起核武器,才能有效地制止核武器。为了这一目标,中国人民克服了难以想象的物质匮乏,集中了大批才华横溢的科技专家和各行各业的优秀人才投入这一工作,而不能投入改善人民生活的经济建设,这实在是被逼无奈之举。这重大的牺牲在 1964 年 10 月 16 日,中国人自行研制的第一颗原子弹爆炸成功时得到了回报。当天晚上,人们从广播中听到周恩来总理宣布我国第一颗原子弹爆炸成功的消息时,亿万人民备受振奋,自发地敲锣打鼓,载歌载舞,庆贺直到深夜。

  随后,1967 年 6 月 17 日,我国第一颗氢弹爆炸成功;1970 年 2 月 24 日,我国第一颗人造卫星发射成功。这些都大大增强了全国人民奋发图强的信心和力量,鼓舞全国人民开拓进取去创造更大的成就。"两弹一星"的成功,其精神力量是十分巨大的。对"两弹一星"的功臣们给予多高的表彰和奖励都是不过分的。郭永怀先生被授予这一崇高荣誉是当之无愧的,是国家和人民对他的卓越贡献的忠实评价。只是他的不幸早逝给我国乃至世界科学事业造成了巨大的无可挽回的损失。为了纪念这位世界知名的科学家，继承和发扬他的热爱祖国、无私奉献、艰苦奋斗、百折不回、实事求是、不务虚名、公正严谨、培育后学的精神，1978年12月5日，在北京召开了郭永怀为国牺牲十周年纪念会；1988年12月5日，在他牺牲二十周年之际，中国科学院力学研究所在院内的显著位置竖起了郭永怀先生汉白玉半身雕像，中国空气动力研究与发展中心在大院松林小山上为他建立了"永怀亭"；1991年力学所设立了"郭永怀奖学金"，作为对品学兼优的研究生的最高奖励；1999年9月18日，在他牺牲三十周年之后，国家授予他"两弹一星功勋奖章"这一史无前例的崇高荣誉。这一切都表明郭永怀先生是值得永远怀念的人。

郭永怀先生身后一片赞誉，是因为他生前贡献良多，成就卓著，名满天下。

1945年，他完成有关跨声速流动不连续解的论文，这是高效气动外形设计的先驱性工作，受到很高的评价。

1946年，他同钱学森合作完成《可压缩流体二维无旋亚声速和超声速混合型流动和上临界马赫数》的重要论文，为解决跨速飞行问题提供了关键性理论基础。

1953年，他发表了论文《在中雷诺数下绕平板的不可压缩粘性流动》及《弱激波在平板边界层上的反射》等，为人类突破"声障"做出了重要贡献。通过这一系列的研究，他将 Lighthill 的变型坐标法和 Prandtl 的边界层理论结合起来并作了推广，这便是得到广泛应用的著名的 Poincare – Lighthill – Kuo（彭加莱—莱特希尔—郭）方法，亦称 PLK 方法。由于在跨声速流动和应用数学方面的重大贡献，郭永怀驰名世界。

1957年，他当选为中国科学院学部委员，任国务院科学规划委员会力学组副组长。他在全国第一届力学学术会议上的报告《现代空气动力学问题》中指出洲际导弹和人造卫星不久将成为事实，我们面临着空气动力学的新时代，为我国空气动力学的发展指明了方向。

1961年，他组织并领导了北京高超声速讨论班。这是一个在最新发展的高层次上进行探讨的与国际水平同步的研讨班。在高超声速（来流速度大于五倍声速）领域，由于飞行器周围空气的强烈压缩和摩擦后产生几千度的高温，在这样的环境中，会出现分子振动、离解、复合、材料烧蚀等许多新的物理、化学现象。这些问题的探讨是发展洲际导弹、返回式卫星、航天器等的必须研究解决的问题，历史的发展充分证实了郭永怀先生预见的正确性。

由于郭先生站得高看得远，他为我国力学事业、国防事业等做出了一系列前瞻性或预先性研究，在我国科技事业的发展中发挥了巨大作用。郭先生的成就，至今被人们所称道的还有电磁流体力学（与航天、受控核聚变等有关）、爆炸力学（与建设、国防等有关），结构力学（与环境试验、结构强度分析等相关），撞击力学（与武器等相关），计算空气动力学，再入气动物理等。所以在有关郭永怀先生的文章中，我们常常可以看到"高瞻远瞩""远见卓识""预见新的科研方向""抓住研究中的新苗头"等赞语。

二　根深叶茂与 taste

现在"地球村"已是人们的习惯用语。本身大小不变的地球却让地球上的居民感到彼此之间的距离缩短了。好像地球变小了，人们犹如住在一个村子里。大家都明白这是由于科学技术的进步造成的。电视电话使得相距万里的亲朋随时听到看到对方的音容笑貌，实现了足不出户尽览天下见闻。喷气式飞机载着人们迅速可达地球的任何地方，而航天器则载人登上月宫，人们往返于天地间已不再是新闻。中国的航天员杨利伟也于 2003 年 10 月 16 日首次航天圆满成功，实现了中国人的航天梦。然而这一辉煌成就的到来，是无数人为之奋斗甚至付出生命代价换来的。六十年前，人们最快捷的交通工具是飞机，其最大时速为几百公里，1946 年的世界飞行纪录时速为 937 公里，这个速度与声速还有百公里之差。人们不断追求更高的飞行速度，1946 年 11 月 19 日英国著名飞机设计师杰弗里·德·哈维兰的儿子小杰弗里在为创造更高速的飞行纪录时，不料飞机在空中解体，机毁人亡。大量的实践提醒人们，声速是飞机难以逾越的障碍，于是出现"声障"一词。因为在飞机速度接近声速时会出现阻力骤增、升力骤减，机翼机身剧烈振动，飞机失稳、失控的状况，飞行员处置不当便会机毁人亡。于是如何从理论上揭示这一现象的本质，如何从技术上突破这一障碍，便成了那个年代的科学家和工程师们要攻克的堡垒。但是要攻下这个难题绝非易事，连以航空大师冯·卡门（Von Korman）为首的，号称世界空气动力学研究中心的著名的古根汉姆航空实验室（GALCIT）的诸多精英人物也不愿意去碰它。1941 年 5 月，郭永怀来到 GALCIT，师从冯·卡门攻读博士学位。"永怀同志因问题对技术发展有重要意义，故知难而进，下决心攻关"（钱学森：《写在〈郭永怀文集〉的后面》）。当郭永怀提出自己要研究跨声速流场问题时，冯·卡门热情地支持了他，并尽力为他排除干扰，以保证他能精力集中地研究这"一个最难的题课"。这一课题的最大难度主要是数学问题，因为描述运动的偏微分方程是非线性的，同时在速度增大的情况下，原来的空气不可压缩的近似假设已不再适用，因此问题的解决变得困难异常。郭永怀凭借其坚实的数学功底和对物理问题的透彻了解，经过刻苦努力，终于在 1945 年完成了有关跨声速流动不连续解的论文而获得博士学位。这一研究发现了对解决实际问题有重要意义的"上临界马赫数"，钱学森称"这是一个重大发现"。

马赫数是流体力学中一个常用概念，它首次使用于 1925 年，是描述物体在流体中的速度与声音在其中的速度之比的。$M=1$，称一个马赫数；$M>1$，为超声速；$M<1$ 为亚声速。奥地利物理学家、科学哲学家马赫（Mach），1847 年进行气流实验，他第一个记下了运动物体在达声速时气流本质的突变。郭永怀的研究发现，当来流马赫数增高到某个值（上临界马赫数）时，数学解会突然不可能，即理论上的连续解不存在。但是只要超声速区在物体的平直部分，则理论仍然成立。这就为高效气动外形设计指出了方向。

郭永怀的研究在继续前进，并选择了一个更为困难的课题。正如与郭永怀相知甚深的钱学森先生所说："这时郭永怀同志已对跨声速气动力学提出了一个新课题：既然超出上临界马赫数不可能有连续解，在流场的超声速区就要出现激波，而激波的位置和形状是受附面层影响的，因此必须研究激波与附面层的相互作用。这个问题比上临界马赫数更难，连数学方法都得另辟新途径。这就是 PLK 方法中 Kuo（郭）的来源，现在我们称奇异摄动法。这项工作是郭永怀同志的又一重大贡献。"PLK 方法提出后得到了广泛应用，郭永怀也因此闻名世界。

在短短几年中，郭永怀先生就取得如此辉煌的成就不是偶然的。研究资料表明，郭永怀先后在南开大学预科、北京大学本科和研究生阶段聆听了数理名家申又枨、周同庆、朱物华、郑华炽、孙家鼒、吴大猷、饶毓泰等教授的高水平的和不少当时学科前沿的课程，如吴大猷在国内首开的量子力学等。并领略到名家的治学方法。这些名师都很重视基础知识、基本理论、基本技能的教学与培养。因此当时打下的扎实基础，在郭永怀日后的研究中，显示出了攻无不克的威力。他在北大期间，虽跟随饶毓泰先生学习过大气物理，但真正走上空气动力学的学习研究道路，还是在西南联大时期听周培源先生的流体力学课开始的。周培源先生与当时多数教授一样，都希望能为抗战救国做些力所能及的工作，因而放弃原来的专业广义相对论，转而研究弹道学、流体力学等与战事有关的科目。老师影响学生是自然的，跟随周先生学习流体力学的还有林家翘、胡宁等，他们后来也都是各自领域的大家。

名师出高徒，一点不假。郭永怀有幸遇到一系列名师的教导培育，所以在加拿大多伦多大学他用八个月的时间就完成了高水平的论文《可压缩粘性流体在直管中的流动》，并获得硕士学位。

郭永怀在多伦多大学应用数学系学习的时间不长，只有九个月，但导师、应用数学系主任、哥廷根学派的辛格（Synge）教授对郭永怀的影响却很大。1941年他到美国加州理工学院师从哥廷根学派传人冯·卡门，受其影响更深，所以郭永怀治学的风格明显有着哥廷根学派的特点。哥廷根学派由应用数学家克莱因（F. Klein）教授创立，其特点之一是强调扎实的数学功底和对物理过程的深刻了解，该学派主张数学是用来解决实际问题的，并在解决物理的、化学的或工程的实际问题中研究和发展数学，而不仅仅把数学当作工具。郭永怀深刻领会这一重要的治学思想，以掌握精深的数学方法为基础，来解决实际问题。这一治学方法使他终生受益，他一生的工作处处体现着理论与实际相结合，科学与技术相结合，数学科学与应用科学相结合的指导思想。并且他所选定的实际应用课题都是与国家、民族、人类利益密切相关，有重大应用前景的。

数学被认为是打开科学大门的钥匙。数学家、计算机的先驱者冯·诺伊曼（Neumann, John Von）指出：“数学方法渗透着，支配着一切自然科学的理论分支。”其实数学在科学方法中的应用，早在17世纪就由伽利略和笛卡儿发展为实验—数学演绎法，并且较早在力学研究中得到应用，成果多多。郭永怀经在南开大学数学名师申又枨先生的严格训练，后又经北大、联大诸多数理大师的长期熏陶，其数学基础扎扎实实，这在前述的被钱学森称为两项重大贡献研究中已经充分显示。他能运用一切已有的数学方法解决实际工作问题，在遇到无法解决时，他能研究和发展新的数学方法以满足实际问题的需要。这正如当年著名核物理学家弗·杨诺赫对苏联物理学家、诺贝尔物理奖获得者朗道的评价："由于在数学上下过苦功夫，打下了深厚扎实的基础,就能够直接去揭示物理课题的本质……这是朗道的风格,也是他成功的因素之一。"(《朗道的生活和工作》)诺贝尔物理奖华人得主之一的杨振宁也很注重科学家的风格,他认为"各个科学家,也有自己的风格",就像诗人和文学家都有自己的风格一样,而风格是可以决定其贡献大小的。taste 则是风格的主要内容。杨振宁所说的 taste 的含义,大约在"偏爱""喜好"、"爱憎"之间。(《关于治学之道》)

郭永怀也有自己的 taste,所以他经常告诉身边的年轻同志"一定要学好两门课——数学和外语"。具有深厚数学物理基础和渊博工程技术知识的郭永怀也把科学和技术、理论与实际、数学科学与应用科学完美地结合起来,这就是郭永怀先生的学术风格,并取得了巨大的成功。说明这条治学道路是光明的。沿着这条治学之路,他在许多方面作出了贡献,并影响了他的学生和助手:

他看到筑路、水利工程、定向爆破等等国民经济建设的需要,他提倡并指导爆炸力学的研究,及后来在核武器中爆轰学的研究实现以内爆法引爆。

根据我国国情,尽量少花钱而作出高水平的产品,他在两弹一星的研制中,提出并指导实施结构的轻型化和通用化研究,效益显著。

他认识到人类未来一定会向受控热核反应要能源和航天器返回大气层时必然遇到气体电离等等问题。因此他提倡并指导关于电磁流体力学的研究。

他根据计算机的巨大潜力,提倡并指导了计算空气动力学研究,不仅减少了试验次数节省了大量经费,因为起步较早,有些先进的计算格式如 NND 等还受到国际学术界的重视。

他根据国家发展航天事业的需要,曾于 1961 年在科学院第四次星际航行座谈会上作《宇宙飞船的回地问题》的中心发言,对气动、烧蚀、轨道设计等方面作了阐述。此后他对我国高超声速流动研究、空气动力学研究投入了巨大的精力和热情。如今我国的空气动力学研究与发展中心已成为技术力量雄厚,研究手段完善,试验设备齐全,测试数据可靠的享誉国际的航空航天器及相关技术的研发基地。人们称郭永怀先生是该项事业开拓者和奠基人。

三　妙用 seminar

　　中国古代书院式教育培养了不少学业有成的大师，研究表明，其定期不定期问难答疑的教学方法是其成功的原因之一。《论语》是记录孔子与其弟子论学的，其中有生动的反映，广为流传的"各言尔志"便是大家所熟悉的一节。由于各人有不同的认知方法、知识背景、思维方式等，对同一问题提出不同看法和预测是完全正常的。而这些从不同角度提出的看法，往往能互相启发、互相补充、互相激励，在问辩中碰出火花，使思想升华到新的高度。当然要达到这样的效果，平等讨论的民主、自由、和谐气氛是先决条件。我国著名教育家蔡元培先生就认为学术自由是学术进步的基础。物理学大师吴大猷先生说："我以为一个优良的大学，其必需条件之一，自然系优良的学者教师，但更高一层的理想，是能予有才能的人以适宜的学术环境使其发展他的才能。"（《张伯苓与南开大学》）这学术自由被吴先生视为"更高一层的理想"是很有道理的。我国书院中的问难答疑和西方大学中的 seminar 便是其行之有效的方法。

　　seminar 是西方各大学、学术机关开展的在导师指导下就某问题进行研讨的一种常用方式。一般是由一人宣读自己的某个问题的论文或报告自己的学习心得、学术观点。然后与会者各抒己见、善意且毫不客气地进行评判，不同意见者的自由争辩，使不明朗的思想逐渐清晰、完善起来；使盲目自信的意见踏实下来。与会者大都从相互启发，相互争辩碰撞中受益匪浅，认为 seminar 对学术发展有重要贡献。郭永怀在加拿大、美国学习研究 16 年之久，当然熟悉 seminar 的妙用。他在美国康奈尔大学任教时就经常安排讨论会，鼓励学生自由发表学术见解，养成勇于探索的精神。他同大家一样平等发言，引导学生深入透彻了解所论问题的已有成果和前进中的难点，使学生头脑中经常想着问题。这种训练的效果是明显的。回国后，他仍坚持在可能的情况下尽量运用这一行之有效的方法。

　　研究资料上说，郭永怀像园丁一样多年来辛勤培育电磁流体力学这株新苗。他的方法就是指定参考书大家分头研读，等有初步了解之后，他便组织学术讨论会，自己也以平等身份参加讨论，让大家轮流报告学习所得，基本上是每星期一次，会上的热烈争论使大家各有收获。"这种讨论会对大家帮助很大。他们一方面从郭永怀的发言中，领悟到研究工作的方法，一方面又从别人的研究中吸取经验教训。同时每个人通过讨论还可以检验自己掌握基本概念和研究方法的情况。和大家一样，郭永怀也多次谈到，这种讨论会也使他学到了不少东西。"(《"两弹一星"元勋传·郭永怀》)当年的电磁流体力学研究组经过艰难曲折发展为研究室、研究所，不仅出了一批论文、专著等成果，更重要的是培育出一批该领域的骨干力量，其中有的成为国际知名专家，他们认为："郭永怀先生不愧是电磁流体力学的奠基者，力学、物理学领域的一代宗师。"(《"两弹一星"元勋传·郭永怀》)

郭永怀在实验室

在开展环境试验工作中，郭永怀先生也是先指定参研人员阅读苏联铁木辛科著《振动理论》一书，经无数次学习讨论，在他的指导下，大家提高了理论基础，提出了环境试验的初步方案，工作开展起来后，边干边改进，终于使环境试验工作卓有成效，为"两弹一星"的成功做出了应有的贡献。

中国工程物理研究院的于长勤先生在谈到跟随郭永怀先生学习研究随机振动等新技术时对这种方法赞不绝口说郭先生亲自到图书馆找来启蒙教材《随机振动导论》（英文版），指定每人读两章，再分头讲授、集体讨论、消化资料，收效大。

为解决原子弹的引爆问题，在"枪法"和"内爆法"中选择，郭永怀提出"争取高的,准备低的"。所谓"高的"是指以精确的球对称内压力来引爆的"内爆法",它节省核材料,但技术难度大。"内爆法"的理论基础《爆轰学》,当时参研人员大都比较陌生。于是郭永怀就组织指导大家学习并分头翻译当时能找到的苏联的《爆轰学》(鲍姆等编著),在翻译讨论中大家提高了,书也出版了。本书译者署名"众智",这是郭永怀先生尊重和相信群众智慧的反映,是 seminar 的另一种形式。

　　seminar 的基本精神是知识互补、互相启发、共同提高的群体效应,这在今天大科学时代更是需要推广的。郭永怀先生不仅是大科学家,而且是科技战略家、组织家,他善于把不同学科、不同专业背景的人员组织在一起共同攻关,以便参与者相互影响,相互启发,了解掌握新东西,达到新的高度。这也是大科学的特征之一。所以郭永怀反对过分强调"专业对口",而提倡不同专业背景的人共同攻关。因为不同学术观点的相互激发、争论是科学发展的内在动力。这类事例在科学史上是常见的。

　　英国物理学家查德威克(Chadwich. Sir. James,1891~1974)是研究原子弹的先驱之一。1935 年,他因发现中子而获诺贝尔物理学奖。中子至今仍是引燃核反应的最有用的粒子。其实这一发现本来应该由大名鼎鼎的居里夫人提出的。那样她将成为三次荣获诺贝尔奖的科学奇人。然而遗憾的是当 1930~1932 年间,她在用 α 粒子轰击铍时,把从铍核中打出的穿透力很强的新粒子误认为是 γ 射线,并没把这种中性的能量很高的粒子看作英国物理学家、诺贝尔化学奖获得者卢瑟福早就预言过的中子。因为年过六旬身体很差的她在"听别人讲不如自己做实验"的思想指导下,远离了学术交流,她不知道有关中子的预言。而查德威克曾两度与卢瑟福共事,对卢瑟福关于原子核中可能存在中性粒子的预言十分熟悉。所以当 1932 年 1 月,查德威克看到居里夫人发表的有关 γ 射线的文章后不久,便重复并改进了这个实验,很快中性粒子(中子)便在剑桥大学的卡文迪许实验室被查德威克所发现。他也因此获得 1935 年度诺贝尔物理学奖。一个遗憾一个成功,难道不说明学术交流、沟通信息在科学技术发展中的重要性吗?

　　郭永怀先生深深懂得集体智慧、相互启发的重要,所以他在组织每个项目、课题时总是把不同学科不同专业的人搭配在一起,并既有学理论的又有学工程技术的。开始时有的人还不理解,但通过一段工作实践,人们就会发现这种组合的优势所在,它像人们新思想的发生器和放大器,至今被他的学生、助手们所沿用，所发展，并不断取得新成就。

四　读书本意在元元

中华民族的悠久文化中，"天下兴亡，匹夫有责"，"学者当以天下国家为己任"的优良传统在知识阶层中尤被尊崇。他们大都"居庙堂之高，则忧其民；处江湖之远，则忧其君"，所以"先天下之忧而忧，后天下之乐而乐"为代代知识分子所乐道乐行。

近一个世纪以来，积贫积弱的中华民族连遭西方列强侵略、压榨，思变兴邦的中华志士前赴后继奋斗不已。20世纪上半叶，负笈远行的中华儿女，大都抱定学成报国，振兴中华为民造福之目的，郭永怀先生便是其中之一。

1927年5月，教育家、南开大学校长张伯苓先生考察东北，感到日本人在满洲的侵略活动日益紧迫，回校后成立满蒙研究会以研究对付日人侵略之策，1929年改满蒙研究会为"东北研究会"，这一年郭永怀考入南开大学。1931年9月18日，日本军国主义者公开军事侵华，制造九一八事件。北大学生深为忧虑，并得知日本当局以1936年为其国之紧急关头，预感1936年可能发生危及中华民族的大变故，为应付剧变，北大学生组织"北大一九三六研究会"，其研究草案列有国内国外部，从政治、经济、交通、文化、军事等方面"研究将来国际趋势，以供国人之参考"。北平《晨报》《北京大学周刊》在1933~1934年时有对该研究会活动的报道。1933年暑期后，郭永怀来到五四运动发源地的北大，师从光学大家饶毓泰先生读书。1937年在北大读研究生的郭永怀被7月7日的日军炮声中断了学业，不得不回到家乡山东威海谋生。1938年3月威海被日军侵占，他又被迫辗转来到西南联大。联大师生绝大多数来自沦陷区，对日本侵略者的烧杀抢掠无不仇恨满腔，因此奋发学习，科学救国的激情高涨。于此，郭永怀放弃了他心爱的光学专业改学航空工程以为国防出力。当年自感无力救国，带着惭愧的心情跑到国外，在美求学期间，他致力于空气动力学的理论研究，并做出重大贡献而受到优厚待遇，但他对申请接触机密资料、加入美国国籍一概不理，因为他始终准备在适当的时候回到祖国，完成科学救国梦。1950年代，新中国刚刚成立，急需恢复经济，建设国防，迫切需要的是工程技术，为此郭永怀在回国前夕便从他心爱并擅长的理论研究转移到最实际的技术工程方向来，为发展中国的高速流动试验、国防建设做准备。1956年回国后，他以主人翁的态度全力以赴组织、领导有关科研，培养人才，几乎完全没有时间从事他心爱的理论研究。当年为了国家需要而放弃原来卓有成就的事业者大有人在，如"两弹一星功勋奖章"获得者王淦昌院士等。郭永怀先生的话也代表了他们的心声，他说："我作为一个中国人，特别是作为革命队伍中的一员，衷心希望我们这样一个大国早日实现现代化，早日建成繁荣富强的社会主义国家……"为了祖国的科技事业，他多次说自己甘愿作"铺路石子"，并提醒他的学生和助手："我们这一代，你们及以后二三代，要成为祖国力学事业的铺路石子。"真正体现了"读书本意在元元"（陆游《读书》）。

郭永怀与学生们在一起

凡胸怀大志者都不包打天下，深深懂得后继有人的重要，群策群力的伟大。郭永怀在归国之前就曾与谈镐生谈起国内的人才培养问题，他回国之后第一次就招收五名研究生，以后他指导过研究生数十名。他培养研究生和指导青年助手，重点在科研方法。因为科研方法是"点石成金"的"手指"。在课题选择上，他主张瞄准科技发展的前沿性和探索性重大课题，服务于国民经济和国防建设的需要。在科研计划上他要求近期有安排，中期有准备，远期有目标，并形象地说是手上干着，眼睛看着，心里想着。在队伍组成上，他强调人员精干，专业互补，理论研究与实验研究兼备。在具体实施上，他采用行之有效的 Seminar 群策群力，循序渐进，并强调加强数理基础和外语。

由于郭先生的精心有效的培养，成就了数十名科研教学骨干、学术带头人，还有张涵信、俞鸿儒、李家春等多名院士。今天这些曾受郭先生指导培养的科技专家教授，在说起郭先生时仍是感慨万千。他们讲起在经多次失败挫折之后终于攻克难关时，真正体会到当年郭先生对他们严格要求、一丝不苟的训练良苦用心。他们讲起郭先生教给学生的不仅是"一桶水"，而是教会学生用桶打水的科学方法这个值得代代相传的传家宝；他们讲起"凡是学术问题任何时候都可以去找他"的"特权"；他们讲起郭先生为参试人员的安全和产品安全而对数据一一核算的情形；他们讲起节假日与郭先生的温暖谈话；他们讲起郭先生为争取时间常常乘坐夜航班机……每当此时，他们都不由自主地感叹："要是他还活着就好了！""要是郭副院长还在有多好！"

郭永怀先生的事功人品正如其名，是值得永远怀念的人。与他共事多年的陈能宽院士对其一生曾作过简略而中肯的评价，他说："郭永怀院士是一位全世界知名的力学专家，是一个永远值得怀念和受人尊敬的人。"

他一生默默奋斗，苦苦追求，治学严谨，讲究理论与实践结合。他为人平易近人，衷心希望奉献自己的科学知识，促进祖国早日繁荣富强。

他于 1956 年毅然放弃美国的优越生活和工作条件，他为研制我国的核武器，于 1968 年因公乘飞机不幸在事故中遭难。他的一生是光荣和值得纪念的。

他的学术成就，卓越贡献，高尚情操，和质朴作风，永远铭刻在我们心中。(《郭永怀先生诞辰九十周年纪念文集》)

(原载《北大的学子们》，中国经济出版社，2006)

凡人智者金克木

金克木（1912～2000），安徽寿县人，梵学家，诗人，北京大学教授。自学成材，曾任武汉大学教授。主要著作有《梵语文学史》《梵佛探》《天竺诗文》《印度文化论集》《比较文化论集》《蝙蝠集》《印度古诗选》《文化的解说》《文化猎疑》《文化卮言》《风烛灰——思想的旋律》《百年投影》等。

一 沉思者

金克木先生认为，做梦的是诗人，苦斗的是凡人，沉思的是智者。而"我好像是想当智者的凡人"（《百年投影》）。不错，金先生确实是凡人中的智者。金先生在沉思，而又把思之所得见诸文字，于是就有了大量金著行世，使我们得以了解金克木先生的博大与精深，并从中汲取智慧，获得启迪。

金著涉及文学、史学、梵学、美学、哲学、社会学等方面，且古今中外，旧学新知无所不包，是其博大。他以艺术的眼光看世界，科学、哲学、神学、艺术等传统与时新文化兼论，见其精深。

自由，千百年来为人们所追求，但只顾个人自由而不管他人也有自由的人，正是自由的破坏者。因此，著名思想家严复 20 世纪初将英国穆勒

金克木

(J. S. Mill, 也译为弥尔) 的 *On Liberty* 经深思熟虑译为《群己权界论》（商务印书馆，1903）而不译作《自由论》，对此金克木先生甚为称赞，说："严复译弥尔的《自由论》为《群己权界论》，确有识见。"（《文化之谜：科学·哲学·艺术》）在金先生看来"自由的限制只是不妨碍他人的自由"。并

认为这在近代化的欧洲已是人们日用习惯的常识,"是近代思想的起点"。实际上,穆勒的《自由论》在人类社会的进步中所起的巨大作用,普遍被人们所赞许,认为是法律规定的公民自由权的鉴定书,是近代民主的精髓。金先生青年时代在北京大学,曾感受到蔡元培开创并为陈大齐、蒋梦麟继续发扬的兼容并包,思想自由的学术风气,这成为了金先生以后许多深刻沉思,不断探索的"种因"。(《一点经历·一点希望》)

说到这里不能不说说蔡元培先生善于将西方近代思想与中国传统文化相沟通,发挥其积极作用以创新。蔡先生曾说"所谓自由,非放恣自便之谓,乃谓正路既定,矢志弗渝,不为外界势力所征服",就是孟子所说"富贵不能淫,贫贱不能移,威武不能屈"的"义";而"所谓平等,非均齐不相系属之谓,乃谓如分而与,易地皆然,不以片面方便害大公",也就是孔子所称"己所不欲,勿施于人"的"恕"。蔡先生认为不分东方西方,真善美是人类共同追求的。心同理同,美好人生信条都应当"宗仰服膺"。(《蔡元培研究集》)蔡元培是金先生赞佩的先贤之一。金先生在考察、探索中国传统文化与外来文化的异同及相互影响时,将中国现代化进程中的著名人物康有为、章太炎、辜鸿铭、王国维、严复、蔡元培、孙中山等思想者、探索者进行了比较。金先生称蔡先生"是中国近代新文化运动的第一个组织者。功绩和影响远远超过他的声名"。是"出于中国文化又能转而投向欧洲文化,回头又能将欧洲近代文化的精神用于中国,终身没有丧失信念之人……","是传统文化碰上外来文化后"没有动摇、退缩、逃避、转向的那么旧(进士出身,又进过翰林院)又那么新的人。

金先生问:"为什么他会成为这样的人?其中有什么意义?"这是深刻的问。

实际上蔡元培现象是很值得探讨研究的。事实确如金先生所说,蔡元培所受的传统教育并不"与国际接轨",他深受传统文化陶养,且曾任过翰林院编修本应是遗老。但蔡元培竟能成为新文化运动的赞赏者、支持者、组织者。金先生说:"他没有多少学术著作。他的著作是大量新人才。"(《文化之谜:传统文化·外来文化》)正是蔡先生改革后的北京大学培养的大量新人才的卓越社会活动,使北京大学声名播于四海。难怪美国教育家杜威(John Dewey)说:"拿世界各国的大学校长来比较,牛津、剑桥、巴黎、柏林、哈佛、哥伦比亚等等,这些校长中,在某些学科上,有卓越贡献的不乏其人;

但是，以一个校长身份，而能领导那所大学对一个民族、一个时代，起到转折作用的，除蔡元培而外，恐怕找不出第二个。"（《蔡元培研究集》）

金先生的不少文章都在提出问题，有的是真问，而更多的则是"欲擒故纵"。金先生指出"蔡元培为什么会成为这样的人？其中有怎样的意义？"这里金先生着意的是他培养大量新人才的社会效果。在金先生看来，"他不塑造人才，不制盆影，只供给土壤、阳光、空气、水"（《文化之谜：传统文化·外来文化》）。这是关键所在。换句话说，人才的成长是需要一定自由空间的，即只提供"土壤、阳光、空气、水"等必要的生存发展环境，而不是刻意按照某种特定的方向去"塑造"，去"制"。因为那样被"制"、被"塑造"的对象必然会有痛苦，个性得不到自由发展，才能不得充分发挥。更没有自由想象的空间，而思想的自由驰骋是创造性的必不可少的条件，所以金先生说："我们震惊于外国的科学发达，常忘记或不注意他们的神学也比中国发达。牛顿、达尔文、爱因斯坦都通晓神学。"（《传统思想文献寻根》）其实这可能是金先生自身成才的亲身体验和在北大亲历蔡先生培育的自由学术风气的总括，因为他常说"我写下来的话就是我走过的路"（《燕口谈艺》设想）。

今天，几乎人人承认"兼容并包，思想自由"是发展学术所必需的，然而实际生活中并不易做到，仍存在种种禁忌、限制。所以金先生问得好，也问得妙。

金先生从拉丁文读罗马经典，从梵语、乌尔都语翻译印度、巴基斯坦古诗和佛经，以英语与人交谈，以俄语读《联共（布）党史》，曾以七种语言（英语、法语、梵语、乌尔都语、印地语、汉语、世界语）讲课，金先生仍是中国传统文化陶铸所成。他不明白为什么中国这样一个文明大国却会受小得多的日本的欺侮；为什么印度这样的大国会亡给英国这样的小国；为什么《书经》的《尧典》《禹贡》那么早就有了系统的天文和地理知识，而现在中国还要向外国去学天文、地理；为什么连文字都从中国借去的日本竟然能通过明治维新走向富强，而堂堂中国的戊戌变法却归于失败；金先生"一心想知道外国人本身是什么样子；想知道他们对待自己人是不是也像'八国联军'在北京时对待中国人那样。外国人和中国人究竟有什么不同？"（《比较文化论集·自序》）为此，金先生学习外国语，学了一种又一种，通过读原文书，到实地了解民俗风物。他认为不同文化背景造就的人是关键。"诵其诗，读其书，不知其人可乎？"所以金先生认为"只重技术，拒绝思想，只取结果，不问由来"是不行的，思想决定人的行为。否则难免"康熙皇帝在畅春园白白修了算学馆，'八旗贵胄'子弟斗鸡走狗，岂肯学代数"（《畅春园康熙夜读书》）的结局。

因为上帝造不出"只有一头的棍子"，所以人的思维不可能总是单一的线性的，人们的思想应该是多种多样，多姿多彩的。因此，金先生认为"只看局部，不顾其余，宣扬正统，抹杀旁支，如何能见全貌而考察整个国家人民的素质和心态呢？"（《文学史三题》）所以金先生主张《诗的倒读》，以见另一番意境，体验另一种韵味；提倡《书的反读》，因为事、物、语言都有反正两面，"怎么能禁止人口头正读而心中反读呢？""心中"是思想的代名词，金先生重视人的思想支配行为，所以他把"要换思想"的《儒林外史》和《镜花缘》放在"不过是改朝换代"的造反的《三国》《水浒》之上。（古典小说：《儒林》、《镜花》）。金先生赞成沉思、反思、深思。他喜欢鲁迅的《阿Q正传》，因为"那是中国的《奥勃洛摩夫》"。冈察洛夫的《奥勃洛摩夫》使无数的俄国人像照镜子一样认识了自己和别人，结果是奋发是改变，而不是颓丧。（《反思和沉思》）他希望能多有几个鲁迅（《寂寞》）。

读金先生的数百篇随笔、散文，我们发现金先生几乎处处发问，可说是无篇无问，甚至一篇数问、十数问、数十问。金先生何以有那么多的问？

金先生于"辛亥"后一年来到这个世界，刚满十八岁的他就经历了"戊戌""辛亥""五四""北伐"四次革命的失败。十九岁那年，发生了震动全国乃至世界的九一八事变。日本侵略者竟公然侵占我们的东北三省，企图先吞并满蒙，进而吞并全中国。"我们要做'亡国奴'了"（《百年投影》）这种精神重压，金先生始终摆脱不掉。因此，他不能不向"为什么中国这样一个文明大国却受小得多的日本欺侮呢？""为什么中国有那么多人（汉族）会癖好裹小脚和吸鸦片以致被外国人看不起还'自得其乐'不怕亡国呢？"（《比较文明论集·自序》）

金先生审视历史，比较中外，在九一八之前，大规模侵略中国的是八国联军，那事发生在1900年。这时（1900年）离德国统一（1871年）和日本明治维新（1868年）的现代化才几十年，而大国变弱，小国变强，并如此悬殊。金先生问其"原因何在？"（《倒读历史》）

问题引导探索。中国人是不甘心受外国侵略者的压榨欺侮的，是要富要强的。魏源等提出的"师夷长技以制夷"便是初期的思想，它导致了中西学堂、船政学堂等各种实业学堂的建立和京师大学堂的创办。但是经几十年的经营努力，中国虽有进步，但仍不发达，仍属落后。人们看到科学技术的力量，但是人们不明白中国的科学技术本来胜过欧洲，为什么近代科学没有在中国发生，却在欧洲发生？有多少志士仁人寻找原因，而得不出令人心服的答案。"为什么出现这样情况？"（《数学花木兰·李约瑟难题》）

金先生有问有答，有时只问不答。对此，金先生的答案是向历史和双方找原因，不能只从中国一方找原因，当然内因是主要的。金先生看到欧洲近代科学先是随同宗教后是伴随枪炮进入中国的，"科学的同伴使中国人厌恶"。而当欧洲近代哲学也随枪炮、机器、鸦片等洋货进入中国时，情况更为麻烦。这种中外哲学思想的冲突使中国大吃苦头。（《我们的文化难题》）只重技术，拒绝思想不行。还要了解自己和人家的发展历史条件，做到知己知彼。关于知彼，金先生指出由于我们没有做相当的研究，所以外国史尤其是邻国史，自己新编的极少。他问："我们有多少不是翻译的外国史？"（《人苦不自知》）不论中外历史，事实不清楚，断层和缺漏又多，怎么得了。金先生苦笑着指出："历史家不去写清代史，电影界、戏剧界就'当仁不让'了。报告文学和纪实小说要代表当代史了。中国人不写《敦煌》，日本人不客气就'代庖'……"而"本世纪初，据说日本人预言过，中国人学中国学要到外国去"。面对如此局面，年过古稀的金先生不无心酸地问："这不会成为事实吧？"（《历史的断层》）

金先生赞赏知己知彼，才能胜券在握。不赞赏"出于无知的无畏"——"初生犊子不畏虎"，因为"这不算勇敢"。（《"犊子"和"老骥"》）金先生看到了中国吃大亏在于不够了解世界政治、军事的发展动向及其相互之间的密切关系。（《我的"偷袭"》）他问："不了解对象，怎么工作的好呢？"（《两个七十周年的联想》）

对于给我们带来巨大灾难的近邻日本，我们知道得不多，忘掉的不少，不但很少研究，更是缺少"创见"，"和人家对我们的调查研究实在无法相比了"。因此金先生称赞台湾许介鳞教授著《谁最了解日本》（或名《近代日本论》）。在书中，许氏列举史实，采用和日本同样来源的史料，揭示日本"现代化"的真实过程，而不是凭感情或成见。史实表明，"所谓日本单凭自身力量兴起说法为荒诞无稽"。因为资本主义的原始积累的来源，不仅靠剥削本国人民，还要靠侵略外国。史实是印度几亿人的血汗培养了19世纪几千万人的英国维多利亚王朝。而此时的日本也趁机起来吞并朝鲜、侵略中国，用抢来的无偿"外援"——"朝鲜和中国人的血汗养肥自己"。当然许氏书中还有许多精辟见解，因此金先生说："我想只要是关心'现代化'问题和日本问题而又重视历史事实不怀成见的人，读此书当必自有所得。"然而该书由日文（原书为日文写成）译为中文时，竟连书中引用的魏源的话也能译错，为什么不去对照一下魏源书的汉文呢？金先生对此感到"真是遗憾"。由此金先生问："这是不是'价值观体系'中的问题呢？一国的人，在思想及行动上而不是在口头上，把什么当作有价值或更有价值，什么当作没有价值或较少价值，是不是在思想文化上的兴衰关键，至少是一个要点呢？瞧不起自己的语言、文字以至书籍、文化的人能够自立吗？更不必说国家民族了。"（《日本是怎样现代化的》）

金先生注目中国的发展和命运，他问："为什么中国不出托勒密和哥白尼？"

张衡（78～139年）和托勒密（90～168年）差不多同时，而且中国的天文学水平也足以引起天体运动问题和理论，为什么对此竟不作深究？（《中国古代的宇宙不和谐观》）

清末中国译有声、光、化、电以及蒸汽机等新学，但对中国起作用不大。被日本人拿去翻印，大量销行，却对日本维新起了作用。这又怎样解释？中国文化中为他国所无的重要因素是什么？

对欧、美、日本的近代尤其是当代的文化果实，可以不顾其思想来源而撷摘安在自己的树上吗？

14世纪欧洲的《十日谈》是本反教会、唱私情的古书，为什么插不上中国文化之树呢？在20世纪末的中国也只能出节本，不能出全本？

"三言""二拍"为什么不能出全本，而《聊斋》可以出全本呢？

历史是怎么挑选外来文化的？会怎样挑选当前文化呢？

金先生认为近代欧洲文化思想是从怀疑开始的。"不怀疑，无问题，何来思想？"

"无思想，何来科学、哲学、艺术？"

"无科学、哲学、艺术，谈什么文化？"（《文化之谜：科学·哲学·艺术》）

金先生说："都说'德'、'赛'两位先生是'五·四'请来的一对，为的是医治贫弱，对付迷信和专制。这副对子挂上去已经七十年。难道这两位

先生能永远当哼哈二将把门吗?"(《五·四》一疑)

金先生问：单从中国方面说，就科学和哲学思想的范围内，我们遇到的是什么难题？换句话说，历史给我们出下了什么文化难题？(《我们的文化难题》)

金先生问：现在人能脱离地球表面了，对宇宙和原子的了解日益扩大，可是对自己的了解比古代人究竟高明多少？(《两个七十周年的联想》)

金先生问：世界是发疯还是变聪明了呢？(《耳赤之一手》)

科学的新境界好像就在眼前了。人类也将步入新的美好时代。金先生问：真的是这样吗？(《何处取真经》)

金先生感到奇怪的是，人既不甘寂寞，又要伤害伴侣。他问：难道人真是类似箭猪或刺猬吗？(《寂寞》)

金先生认为印度河流域的《波你尼经》、地中海地区的《几何原本》和黄河流域的《易经》是表现人类最早智慧的三部符号书。(《学"六壬"》)他问：中国古代的道家思想（《易》、《老》、《内经》，等等）是不是值得同本国的（例如藏医）和外国的（例如印度的宗教、哲学、医学）作比较呢？(《梨俱吠陀》的三首哲理诗的宇宙观)

晚年在寓所外仰望问天

八十三岁时金先生发出《世纪留言四问》。

金先生谢世前两个月还在问："我们怎么学历史？"(《倒读历史》)

……

我们阅读金先生的著作好像在读"现代《天问》"（陈平原《读书时代

的精灵》),从中领略金先生渊博的学识、深沉的思考、丰富的想象力和他追求真理、大胆质疑的批判精神。

金先生的问中寄予了他的希望。他希望人类在21世纪能对若干问题给出答案。(《庄谐新集·序》)

金先生与北京大学缘笃情深。他真诚地希望:"北大应当在当前已开始出现的全世界教育大变革浪潮中处于前列,到二十一世纪发挥国际性的作用,无愧于我们的伟大祖国。"(《一点经历·一点希望》)

金先生博学穷二酉,精深才八斗。一生没有任过什么显赫的社会公职,因而有较多读书静思的时间,也才能发出"天问"。正所谓:"静而后能安,安而后能虑,虑而后能得。"(《大学章句第一》)

沉思,深思才可有问。所以金先生是思想者。思想是什么?金先生说:

思想是风。
思想是烛。
思想是灰。

……(《风烛灰——思想的旋律·弁言》)

谁又能说灰不会复燃而成熊熊之势,比暗夜中的烛光更亮?也许还会形成风气,狂飙劲吹呢!

二 诗人

文章学业两无成,老朽深知畏后生。
天上传呼归去也,缘何秃笔尚纵横。

己卯年八十晋八戏题·金克木

这首诗距金先生发表第一首诗已经66年,距第一本诗集《蝙蝠集》出版也已63年。金先生早年为人所知是诗人,是现代派的新诗人。施蛰存、戴望舒、徐迟等后来的名家,当年曾与金先生为伍,是金先生的好朋友。

金先生一生所著诗文丰硕。但两相比,文多诗少。这是因为"能用文表达,就不写成诗了",而"写的诗,都是自己写不成文的"。(《中国新诗

库·金克木卷·卷首》)

《蝙蝠集》(上海时代图书公司，1936)是金先生的第一本诗集。打开诗集，扉页上题着"山石荦确行径微，黄昏到寺蝙蝠飞"。这摘自唐宋八大家之一的韩昌黎的《山石》的诗句很能表明金先生的心境。正如《风烛灰——思想的旋律》的弁言一样。

《山石》采用游记文的手法，按照时间顺序依次记述游踪。从循高低不平而又狭窄的山间小路在"蝙蝠飞"起的"黄昏到寺"，至百虫绝鸣清幽宜人的"夜深静卧"，望着那"光入扉"的山岭"清月"心往神驰；到"天明独去""足踏涧石"，面对"山红涧碧纷烂漫"的美景，诗人感慨"人生如此自可乐，岂必局束为人鞿？嗟哉吾党二三子，安得至老不更归！"综观金先生的为学之路，我们不能不惊异于金先生的智慧。在他24岁时出版的第一本诗集即以这《山石》头两句做题记，难道那时他已确定了自己"幻灭、彷徨、摸索"的"自可乐"的精神境界、人生道路？

社会存在决定人的意识，在漫长的一生中由于社会环境的变化，人们的认识、见解、思想感情都会随之改变。感觉敏锐的诗人更其明显，因而人们常常通过研究不同时期的诗作来探究诗人的心路历程。或低沉或高昂，或忧郁或开朗，或温情脉脉或壮怀激烈……但是诗人总有他主要的不变的素质在。那可能就是著名诗人闻一多说的："诗人的主要天赋是爱。爱他的祖国，爱他的人民。"

金先生亲身经历了20世纪三四十年代全世界、全中国的大变化、大转折时期。"我是中国人，感受最深的自然是中国的变化。"这变化第一便是戊戌维新的失败，第二是辛亥革命的失败，第三是五四新文化运动"不能说是失败，但也不能说是成功"，第四是国民革命的"北伐"又告失败，第五是九一八事变后日军公然占领了中国东北。"这一连串大事仿佛全发生在我身边，没有一件不使我惊心动魄。"于是在这"沉闷痛苦的年月"金先生开始写诗，因此诗中不能不时时透出"低沉之气和愤慨之情了"。(《挂剑空垄·新诗集序》)

例如他曾看到：

霹雳一声：杀人了，五卅！
"打倒帝国主义！"喊得口哑。

>   五卅！
>   五卅！
>   五卅！
>   浪花！
>   火花！
>   血花！
>   顾正红！
>   刘华！
>   罢工！
>   屠杀！
>   ……
> 他曾呼喊：
>   为主义牺牲！
>   进攻！冲锋！
>   为革命牺牲！
>   进攻！冲锋！
>   ……
>
> （《少年行》）

在轰轰烈烈过后，一切显出迷茫时，年轻的诗人"于是在一个阴雨的夜间"，"独自上船"，向那"在他心目中""蕴藏着无尽的希望"的南方进发。因为那时中国革命的力量主要在南方。诗人"只为了前面的一点光明"，而"弃了学校，弃了家庭"。（《少年行》）开始在南方道路上奔波。

在芦荻哀鸣的"天下秋"中，诗人看到的是"寒潭里安息的""冷冷的缺月"（《秋思》），而不是二十几岁的青年人本该看到的"明月松间照，清泉石上流"的美好，抒发"明月几时有，把酒问青天"的豪情。可见诗人心中的痛苦是如何之深。在偶尔遇有时来运转的机会时，却又必定遭到大时局变化的当头一棒，诗人感到自己如同盲目地行进在暗月寒夜之中，"凭什么指示方向转换呢？"（《夜行》）真正体味着"绕树三匝，无枝可依"（《缘木辑·题记》）的滋味。

诗人在南方的道路上奔波，由滇缅公路奔向更南，到达佛国印度。他希望在这里找到什么？他摸索探寻。"犹未登山学唤癸，何妨闭户读拉丁。""关心已在油盐米，稽首且依佛法僧。"（《戏成三首》）他翻译佛经、诗文，其中或许有他心声的共鸣：

> 知道一点点，我便如醉象由骄涎而盲目，
> 我满怀傲慢，自以为无所不知；
> 以后由智者身边又知道一点一点，
> 才自认愚人，骄气如热病自然消逝。
> 　　　　　（《伐致呵利·三百咏·5》）
> 有时睡地上，有时卧高床，
> 有时嚼菜根，有时吃细粮，
> 有时衣褴褛，有时锦绣裳：
> 智者为成事业，苦乐不在心上。
> 　　　　　（《伐致呵利·三百咏·21》）

这应是诗人在佛国的真实经历和心境的写照。在历经磨难，翻读佛教经典之后，诗人坚定了信心和脚步：

> 任深通世故的人责备或称赞，
> 任财富的女神随意离去或前来，
> 不管是死在今天或活到永远，
> 智者决不离开正道，走乱一步。
> 　　　　　（《伐致呵利·三百咏·265》）

诗人如同辛苦的旅行者，背负着雨伞，"不畏烈日和淫雨"，"在冥冥中摸索"（《旅人》）。

> 虽偶尔有："我喜欢雨和雨中的小花伞，
> 我们可以把脸在伞下藏着；
> 我可以仔细比比雨丝和你的头发，
> 还可以大胆一点偷看你的眼睛。"
> 　　　　　（《雨雪》）

短暂的是愉悦，但多的是"无情的梆子又报告三更、四更"（《期待》），

提醒诗人正处在最暗最冷的时刻。然而诗人还是知道"可别再说人间的灰色呀！"（《诱惑》）被"那天角的绿窗"（《旅人》）引诱着奔走追寻。因为诗人明白苍黑的夜色，虽然怕人，"但里面却隐藏着幸福"（《美人》）。诗人不停地摸索探求，他期盼着"宇宙的玄机化成一阵儿啼，一阵儿啼啼醒了新天新地"（《宇宙疯》）。

1946年，在新天新地将要出现的前夜，金先生回国了。也许因大学教书的繁忙，金先生暂歇诗笔。但诗人总归是诗人，历经种种变故，晚年的金先生时不时再握诗笔"放眼'人间世'，纵横说今古"（《文化之谜·世界思潮》）。这时的诗作更其老到、深沉：

> 思想是风。
> 思想是烛。
> 思想是灰。
> 旋律，看不见，摸不着，
> 是声音在运动的空间中的轨迹。
> 漫说回光能返照，
> 风中残烛已成灰。
>
> （《风烛灰——思想的旋律·弁言》）

灰，也许会复燃成熊熊之焰，比那暗夜里的烛光更亮；思想之风吹出狂飙之势，搅动天地，催生清新。

金先生在大的方面关注民族、人类，在小的方面而关注朋友、亲人。为纪念诗人、朋友戴望舒逝世三十周年而作的《寄所思》二首便是很好的例子。1980年是戴望舒谢世三十周年，金先生此时年届古稀，在这改革开放、学术自由的春天里，四十多年前戴望舒到西湖边孤山脚下的俞楼来看他的"鲜明的往昔"从记忆中呈现，在"随风潜入夜"的细雨中，金先生想起了戴望舒的《雨巷》，写下了这首《夜雨》：

> 夜雨。
> 点点滴滴，点点滴滴，点点滴滴；
> 稀疏又稠密。
> 记忆。

模糊的未来，鲜明的往昔。

向北，向南，向东，向西，上天，下地。

悠长的一瞬，无穷无尽的呼吸。

喧嚣的沙漠。严肃的游戏。

西湖，孤山，灵隐，太白楼，学士台，

惆怅的欢欣，无音的诗句。

迷濛细雨中的星和月；

紫丁香，白丁香，轻轻的怨气；

窗前，烛下，书和影；

年轻的老人的叹息。

沉重而轻松，零乱而有规律。

悠长，悠长，悠长的夜雨。

短促的雨滴。

安息。

那仿佛来自默行在空寂悠长《雨巷》者伞上的"点点滴滴，点点滴滴"之声，不能不使人想起那名句"悠长，悠长又寂寥的雨巷"，而化为"悠长，悠长，悠长的夜雨"，以纪念那逝去的诗人和他的诗韵。夜雨是悠长的，而每个雨滴却是短促的，正像个人之与人类，个人总有"安息"的一天，人类却要向前，向前……只有把个人融入大我，才会走向永远。

读金先生的诗和文，时时感到他"那种对生活充满热爱的入世态度"，以及"他对社会现实和文艺现实相当关注并且投入"（谢冕《金克木散文选集·序言》）。确实如此。直到晚年，金先生仍不免"空怀家国古今愁"（读《柳如是别传》）。但实际上现实社会中的种种不可自控局面，又使金先生想到陶潜的《桃花源记》，欲做"无怀氏"之民。何以见得，有诗为证：

何缘得效无怀民？欲返桃源迷故津。

九月寒霜悲落木，十年箫鼓断迎神。

旌旗蔽塞人间仄，风雨啁啾鬼哭新。

却少黄花倾浊酒，莫看飞鹏上承尘。

（《蜗角古今谈·前言》）

不识人间世，安知假与真。

且寻孔乙己，同做无怀民。

（《庄谐新集·自题》）

前者虽是27岁时（1939）旧作，却于82岁重新抄用。后者则是86岁新作。可见"无怀民"之梦在诗人是做了一生。而终未得圆之因在于"从小学得来知识产生的这一连串问题总留在我心里，不得解决"（《比较文化论集·自序》）。"这一连串问题"便形成前面的"天问"，并一直问到离去。

三 梵学家

金先生早年以新诗名，晚年以散文名，而金先生的学术本行是梵学。

金先生与梵学结缘于其1940年代的印度之行。1941年，金先生经朋友周达夫介绍，到印度一家中文报社当编辑。他在加尔各答与周达夫同住一室。周达夫当时在加尔各答大学研究院协助印度教授校刊《瑜伽师地论》梵本，沉浸在梵学研究中，故而为他俩的居室取名"梵竺庐"。金先生起初对这室名不以为然，因为他并无钻研梵典的意向。可是，出于好学深思的本性，凡事喜欢"由今溯古，追本求源"的金先生先拜师学习印度现代北方通行语印地语，而后不由自主地开始自学梵语。不久，金先生前往印度佛教圣地鹿野苑钻研佛学，一面阅读汉译佛藏，一面跟随印度著名学者憍赏弥（Dharmanand Kosambi）学习梵文和巴利文。此后，他曾跟随迦叶波法师学习《奥义书》，又曾协助戈克雷教授校刊《集论》梵本。从此，金先生走上梵学研究之路。《梵竺庐集》这个书名正是"纪念这长征开始时的一段因缘"。

1946年，金先生返回祖国。回国后，他有志于写出两本书：一是印度哲学史，一是印度文学史。这在中国学术领域具有开创意义，因为两千年以来，中国的印度学研究始终局限于佛学。而佛学只是印度古代文化的一个组成部分，虽然也曾盛极一时，并在亚洲广为流布，但在印度国内并不属于主流文化，且已在12世纪消亡。印度古代的主流文化是婆罗门教（或称印度教）文化。19世纪西方学者开创的印度学是对印度语言、历史、宗教、文学和社会习俗的全面研究。由对印度梵语的研究，确认印欧语系，开创了比较语言学。由对印度宗教、神话和寓言故事的研究，开创了比较宗教学、比较神话学和比较文学。而 19 世纪中国学者忙于应对西学的挑战，无暇顾及印度学。长期以来，由于印度学知识在中国不普及，一般人士都沿袭古代高僧的说法，视印度为佛国，以为印度自古迄今是个佛教国家。

20 世纪，中国开拓梵学研究的先驱者是陈寅恪先生和汤用彤先生。陈寅恪先生先后在美国哈佛大学（1919~1921）和德国柏林大学（1921~1924）学习梵文和巴利文。回国后，他主要将梵文和巴利文用于中国佛教史研究，包括佛经的翻译、佛教的传播和对中国文化的影响。几乎与陈寅恪先生同时，汤用彤先生也在美国哈佛大学（1920~1922）学习梵文和巴利文。回国后，他也主要将梵文和巴利文用于中国佛教史研究，著有《汉魏两晋南北朝佛教史》和《隋唐佛教史稿》。汤先生率先突破中国梵学研究局限于佛学研究的传统，撰写了一部《印度哲学史略》。他还遍览汉文佛经，辑录了一部《汉文佛经中的印度哲学史料》。这也是中国学者对国际印度哲学史研究的独特贡献。

继陈寅恪和汤用彤之后，季羡林先生在德国哥廷根大学（1935~1945）学习梵文、巴利文和吐火罗文。他回国后，在北京大学创建东方语文系。1960 年，他和金克木先生一起开设了梵文巴利文班。两位先生共同开拓梵学研究领域，终于使中国的梵学研究成为名副其实的印度学研究。他们发挥各自的特长，季先生侧重研究佛典语言、佛教史、中印文化交流史和梵语文学，金先生侧重研究梵语语言学、梵语文学、印度哲学和宗教。

在 1960 年代，金先生除了在梵文巴利文班上教授梵文外，还开讲《梵语文学史》课程，讲义列入文科教材计划，于 1964 年由人民文学出版社出版。这部《梵语文学史》是中国梵语文学研究的奠基作。与国外的同类著作相比，它有自己的显著特色和长处。它努力运用唯物史观，将梵语文学的发展置于社会历史发展的背景中。对作家和作品的介绍和分析，采取"历史和美学"相结合的文学批评方法。但是，因印度古代历史本身的研究难度就很大，故采取这种写作方法决非轻而易举。金先生为开辟梵语文学史的写作新路做出了自己的贡献。联想到五六十年代中国学者撰写的外国文学史著作屈指可数，更显出这部《梵语文学史》的难能可贵。

这部《梵语文学史》收在《梵竺庐集》的甲卷中。此卷还收有《古代印度文艺理论五篇》，是五种梵语诗学名著重要章节的译文。其中三篇于 1965 年首先发表在《古典文艺理论译丛》第 10 辑中，后又增译两篇，合成单行本《印度古代文艺理论文选》，作为"外国文艺理论丛书"之一，于1980年由人民文学出版社出版。由这五篇译文以及金先生撰写的引言，中国学术界才得以初步认识印度古代文艺理论的风貌。万事开头难，金先生在这五篇译文中确定了梵语诗学一些基本术语的译名，并在引言中介绍了梵语诗学的一些基本著作及其批评原理，为梵语诗学研究指点了门径。黄宝生正是沿着金先生指点的门径，深入探索梵语诗学宝藏，写出了一部《印度古典诗学》。

收入《梵竺庐集》乙卷中的梵语文学译作有《印度古诗选译》、迦梨陀娑的《云使》和伐致呵利的《三百咏》。《印度古诗选译》仿佛是提供梵语诗歌各种类型样品，如吠陀诗、史诗、格言诗和抒情诗。《云使》是抒情长诗，能代表梵语抒情诗艺术的最高成就。这个译本最初出版于1956年。该年，迦梨陀娑是世界和平理事会纪念的世界文化名人，人民文学出版社将这个译本和季羡林先生译的《沙恭达罗》（剧本）合为一集出版，作为纪念印度古代诗人迦梨陀娑特印本。伐致呵利的《三百咏》分作"世道百咏""艳情百咏"和"离欲百咏"。这是梵语"百咏体"诗歌中传诵最广的一部集子。金先生是译诗高手，这也不奇怪，因为金先生本人就是诗人，1936年就出版了新诗集《蝙蝠集》，后又出版新诗集《雨雪集》，最近又出版了新诗和旧诗合集《挂剑空垄》。我们对照梵语原文读《云使》译本，对金先生的翻译艺术由衷钦佩。这个译本可以列为中国现代翻译史上的典范译品之一。只是国内的翻译理论家们不谙梵文，无法真切体认。梵语诗库中的一些珍品，唯有金先生这样的译笔才能胜任，才不至于辜负印度古代诗人的智慧和才华。

《印度古诗选译》中的《莎维德丽》是史诗《摩诃婆罗多》中的一个著名插话。这篇译文最初发表在1954年的《译文》杂志上。1979年，金先生又译出《摩诃婆罗多》的楔子《蛇祭缘起》，并写了一篇剖析文章，发表在《外国文学研究》杂志上。80年代初，季羡林先生翻译的史诗《罗摩衍那》（七卷八册）陆续出版。这便激发他的学生赵国华献身《摩诃婆罗多》翻译的决心。《摩诃婆罗多》卷帙浩繁，篇幅约为《罗摩衍那》的四倍。于是，先从翻译《摩诃婆罗多》的插话故事入手。由金先生领衔，开列篇目，赵国华与另外两位同学合作，译出了《摩诃婆罗多插话选》，于1987年由人民文学出版社出版。随后，开始了《摩诃婆罗多》全书翻译的浩大工程。金先生亲自动笔翻译了前四章，为全书的翻译体例作了示范。译本第一卷于1993年由中国社会科学出版社出版。不幸，赵国华于1991年英年早逝，未及见到这第一卷的出版。此后，这项翻译工程由黄宝生主持，现已完成在出版中。

《梵竺庐集》丙卷是梵学研究单篇论文的结集，主要涉及梵语语言学、印度哲学和佛学。金先生在印度通晓梵文后，首先注重研究梵语语法学和印度哲学。1945年，他还在印度时，就已写出《梵语语法〈波你尼经〉概述》和《〈吠檀多精髓〉译述》两篇长文。《波你尼经》是大约产生于公元前四世纪的一部梵语语法著作，以近四千句经文，囊括了"复杂的梵语语法全部"。19世纪西方学者读到《波你尼经》时，无不惊叹印度古人的语言学天赋。它早已被译成德文、英文和法文。金先生的这篇论文详细介绍了《波尔尼经》的体例及其构建的语法体系。金先生在本卷的"自序"中，还从语言哲学的角度，将《波你尼经》与中国的《易经》相比，认为"两书虽然以符号组成，但所蕴含及传达的信息和传达信息的方式彼此不同，而符号网络的构成及内含的思想根源却有相通之处"。他指出印度古人重语音，中国古人重文字，"一个是以声音为主的语词网络系统。一个是以形象为主的文字网络系统"。他还精辟地提示我们，这些"不仅是语言学问题，而是语言哲学问题，它不仅是古代哲学问题而是连贯下来的思想文化问题"。

吠檀多是印度古代的主要哲学派别。《吠檀多精髓》是一部通行的吠檀多哲学入门读物。金先生在《〈吠檀多精髓〉译述》中，也介绍了印度哲学概况，并从三个方面阐明印度古人"着重修行亲证"的思想特色："一是修行以解脱为最上目标，二是解脱是超出生死轮回，三是轮回原于业报。"这是印度古代"一切哲理探索的出发点"。可见，"如此哲学化的宗教以及如此宗教化的哲学也正是印度思想的特色"。

金先生从印度回国后，曾在武汉大学和北京大学教过两年半的印度哲学史，可惜没有留下讲义，后来也没有机会实现自己写一部印度哲学史的心愿，但他为我们提供了一篇深思熟虑的《印度哲学思想史设想》，对拟议中的印度哲学史的分期、篇目和需要着重探索的问题都作了提纲挈领的说明。他还提出要采取文献、文物和民俗相结合的研究方法，"读解出其结构和意义，互相参照而发现其内在系统，才比较可以看出印度哲学思想的全貌"。

"文革"结束后的一段时间内，金先生的研究兴趣侧重在印度哲学思想方面，先是撰写了《〈蛙氏奥义书〉的神秘主义试析》和《古代印度唯物主义哲学管窥》，后又撰写了有关《梨俱吠陀》的一系列论文。《梨俱吠陀》是印度哲学思想的源头。金先生从文化人类学的角度深入探讨印度上古时代的宗教和哲学思想，并将《梨俱吠陀》与中国古代文化典籍（《易经》《诗经》和《楚辞》）作比较。

佛学是印度宗教和哲学思想的组成部分，与中国文化的关系最为密切。金先生在这个时期也写了一组有关佛学研究的文章，总题目是《佛学谈原》。"谈原"是指谈论汉译佛经而追溯原本。汉译佛经的原本主要是梵语佛经。金先生指出："汉语和梵语不仅是语言不同，还包含思想习惯在内，所以在东土发展后所著的佛教文献似是一事而有区别，仿佛欧化汉语或汉化欧语不等于欧洲语。因此，我们为注意原本并非无益而有必要。"实际上，金先生提出了一个事关中国当代佛学研究的重大问题，也就是应该加强对佛经梵语原典的研究。唯有追究原本，才能加深对汉文佛经的理解。同时，在准确理解文本的基础上，才能比较容易用现代思想和语言做出解说。金先生以鸠摩罗什的译经文体以及另外两部汉译佛经《楞伽经》和《心经》为实例，作了示范分析。回顾近代以来，对中国佛学研究做出贡献的陈寅恪、汤用彤和吕澂等先生都是通晓梵文和巴利文的。而近几十年来，国内佛学研究界鲜有通晓梵文和巴利文者，这种状况希望在 21 世纪能够得到改善。

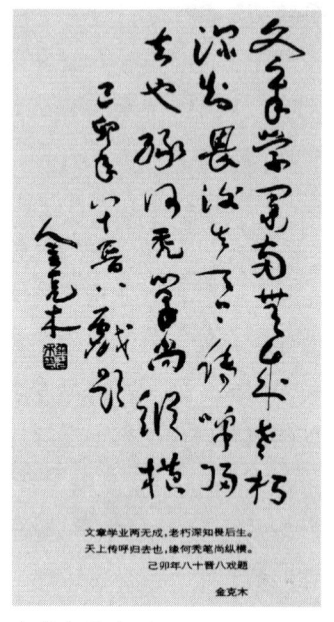

金克木手迹

《梵竺庐集》为我们留下了一份宝贵的梵学遗产。金先生一生的主要职业是教师，从小学教师、中学教师直至大学教授。他擅长授业解惑，指点门径。他的论著也具有一种激发后来者参与研究的魅力。因而，《梵竺庐集》的意义不仅在于它对中国梵学做出了开拓性贡献，更在于它对中国梵学的发展将会产生久远而深刻的积极影响。

（原载《北大的大师们》，中国经济出版社，2005）

严倚云：仁爱的化身

严倚云（1912～1991），字寿诚，英文名 Isabella Yen，原籍福建侯官，生于北京。1934年入北京大学教育系，1938年毕业于昆明西南联大。曾任西南联大师范学院讲师，《儿童周刊》总编辑，北京大学讲师等。1947年应聘赴美，执教于纽约州立师专的柏格比学院，后一面教书一面读书，1956年获康奈尔大学语言学博士学位，曾任康奈尔大学研究员、讲师，南加州大学助教，西雅图华盛顿大学教授，全美外国语荣誉学会副主席，世界教育荣誉学会分会主席等职。她被选入《美国学者名人录》

青年时的严倚云

《美国教育家名人录》《美国妇女名人录》等。主要著作有《借来的生命五十年》、 *Encouraging Freedom and Responsibility*, *English（For Speakers of Mandarin Chinese）*, *Sounds of Mandarin* 等。

一 存以甘棠，去而益咏

严倚云教授于1991年10月26日逝世于 Group Health Hospital。11月2日在西雅图市 Acacia Funeral Home 由亲属主持举行追思会，到会亲友、学生、同事、社会贤达二百余人。12月16日，由严教授服务二十多年的华盛顿大学亚洲语言文学系在华盛顿大学伯克博物馆举办严倚云教授追思会，该系系主任康达维（Davia R. Knechtges）教授主持大会。华盛顿大学国际关系研究所所长 Jack Dull 教授、前历史学系系主任 Donarld Treadgold 教授、前远东及斯拉夫语言文学系主任 George Taylor 教授等师生友人百余人与会。两次追思会的与会人士均高度评价严倚云教授对中美文化交流所做出的卓越贡献，盛赞她的广博学识、先进高效的教学方法、不遗余力服务社区和终生助人为乐的博爱精神，对其精湛的烹饪艺术更是由衷的怀念。因为她的许多学生都是从她精心设计的中国食文化开始迅速热爱和探寻中华文明的。关于这一点，高叔哿先生讲述了他跟随爱妻严倚云带着她的三十几名学生上山活动的情景。她和学生约法三章，在此次活动期间全部吃中国餐，讲中国话，不可用英语交谈。这样两天的中国式野营活动，个个收获良多，就连朋友的两个全盘西化的中国男孩参加之后，为之惊奇，为之改变。这样高先生就有点明白参加严教授学习班八个星期的美国学生为什么都能讲那么好的中国话的原因了。那是严教授的亲和力、认真负责以及严格要求等发生了作用的缘故。

严倚云的老朋友梁德馨则回忆了去看洋鬼子演中国戏的情形。中国话剧运动的创始人之一欧阳予倩编的四幕五场的话剧《回家以后》搬上了美国舞台，而演得最热闹的是《野玫瑰》：演员的国语很标准，不仅四声分明，而且抑扬顿挫，无不合辙，很难相信这标准的国语是从金发碧眼白面隆鼻的美国学生口中发出的，以致梁君十分惭愧自己一个中国人，说起中国话来，竟然不如严教授的美国学生。演中国戏是严倚云教外国学生学好中文的途径之一。

亚洲语言文学系系主任康达维（David R. Knechtges）教授认为严倚云教授在华盛顿大学服务近二十年，一直是汉语教学的领军人物（leading figure），称赞她开创了语言教学和训练助手的新方法。而对严教授为了让学生学好汉语，更多地了解中华文明和中国文化而精心设计的游戏、远足、中国餐会等活动记忆犹新。并盛赞她的慷慨和好客，说："Professor yen's home was always open to students and faculty."（《严倚云教授纪念文集》，第361～362页）

戴玛丽（Margaret Davidson）管理着一家属于自己的图片公司。她认为自己今天事业的成功和生活的幸福都是因为有严教授。她深情地回忆严教授在她迷失自我时，能耐心倾听了自己的倾诉，并帮她做出了重要而正确的判断，才使她没有失学，渡过了难关完成了学业。她认为严教授讲课严格且幽默爽直，并总是有办法启发引导学生更加自信。戴玛丽感到严教授的中文学习班不仅常做游戏，对学生有着魔幻般的魅力（often fun and always fascinating），而且严教授能愉快平静微笑着倾听每个学生的诉说，并给以恰当的善意忠告。所以戴玛丽认为严教授关爱所有学生，其善意的建议以及优良的教学法，和她慈祥的笑容一起，都会成为最重要的极为美好的记忆……（《严倚云教授纪念文集》，第346页）戴玛丽喜欢中国书法，她为她敬爱的严教授献上很有中国文化传统意味的挽联：

倚云吾师千古
道业昭彰愧我程门空立雪
典型永在感师绛帐广传经
受业戴玛丽敬挽

与会者盛赞严教授有时在学生、朋友、同事并不知晓的情况下默默地给予了许多帮助，称她是"众人的母亲""爱学生如己出""出山的泉水""放射着女性光辉的巨人""A Pioneer in Contemporary Foreign Studies""She Never Lost Her Positive"等。

各种文字的签名

一个身有残疾、个子矮小的中国女人，在美国生活几十年，以自己的学识、人品赢得了各界人士的爱戴与尊敬，从追思会签名簿中我们看到除中文、英文外，还有俄文、韩文、印度文、梵文、拉丁文、意大利文、越南文、蒙古文、瑞典文、印尼文、日文、希腊文、法文、泰文、阿拉伯文、德文、满文、挪威文、荷兰文、西班牙文……可见她的朋友、学生遍天下，可知"春风化雨，造就英才无数"（《世界日报》）之语不虚。

严倚云教授一生帮助过的人不知有多少，其中有初次见面的，有未曾谋面的，而且多是在人家尚未开口，她看到人家需要帮助时主动伸手相帮的。她这种"大人者，不失其赤子之心者也"的如冬日如醇醪的煦煦爱心，不仅她的众多学生铭记不忘，进而仿效，而且年至耄耋的大学者也感慨不已。著名历史学家何兹全、郭良玉夫妇，1987年在西雅图第一次与严倚云、高叔哿伉俪见面就得到她主动的无微不至的关爱，感动得"止不住落泪"，使何郭二位感叹"人间仍有善良、纯真、友情中没有任何杂质，清如未出山的山泉水"，以致何兹全先生感激说："孔子说'礼失求诸野'，现在要求诸国外了。我们将永生不忘您们两位的真情友谊。"（《严倚云教授纪念文集》，第265页）严倚云教授的高足菲律宾华裔陈毓贤女士在回忆与严、高二位相识相处的"那一串美好的日子"时说："他们的家住客之多，如过江之鲫，络绎不绝……两位先生多年来照顾帮助了无数与他们非亲非故的学生，朗诺和我只是其中的两个而已。"（《严倚云教授纪念文集》，第292~295页）

欢迎大陆学者何兹全教授（左起：何兹全、严倚云、高叔哿、王孝龙、何恺青）

人们对严倚云教授的思念是美好的、无尽的。美国南方大学哲学系前系主任、退休教授艾山先生拟"存以甘棠，歌咏于无尽"来表达对她永恒的怀念。

"存以甘棠，去而益咏"是我国早期传统启蒙教育读物《千字文》中的句子。《千字文》综括了我国许多优秀典籍的精华，言简意赅，朗朗上口，好读易记，条理清楚，内容广泛，涉及自然、社会、伦理、教育、历史、习俗、世故、人情等方面，而且常常用典，颇耐品味，千百年来广为流传，深为人们喜爱和运用，以致其中的"天地玄黄，宇宙洪荒……"常被用作序号，北京大学民主广场北端的学生宿舍楼即有天字号、地字号……这"存以甘棠，去而益咏"是扼要记叙《诗经》"召南·甘棠三章章三句"，它记述了西周初年政治家召伯（姬奭）巡行南国，传布文王德政时曾在甘棠（杜梨）树下结茅立舍、广布德政的故事。南国之人遵召伯之教，服文王之化，召伯虽已离南国，但后人思念其德，故爱护甘棠树，世代加以保护不忍损伤："蔽芾甘棠，勿翦勿伐，召伯所茇。蔽芾甘棠，勿翦勿败，召伯所憩。蔽芾甘棠，勿翦勿拜，召伯所说。"层层加重语气，表示对召伯的永爱永颂。严倚云教授在美几十年，为中西文化交流，尤其是把中华优秀文化传统介绍给西方，使无数西方人（其实也有东方人如日本、越南、泰国等学生）了解中华文明，热爱中国文化，特别是严教授以自己博大的爱，一生助人为乐，埋头苦干，坚毅奋进，诲人不倦，慷慨好客等高尚品格为无数人所敬仰。人们对严教授发自内心的真挚的思念、爱戴之情，用"存以甘棠，去而益咏"来表达是不为过的。刘忠恩的挽词简约地表达了这个意思：

  悼念倚云教授
  您虽与世长辞
  但
  您那慈祥的面容
  依然浮现在我们面前
  您那亲切的话语
  仍旧回荡在我们耳边
  为了传播中国文化
  您
  兢兢业业　满腔热血
  献身于教育事业

涵容　博大　守正　日新

　　为了弘扬中国传统
　　您
　　默默奉献　历久弥坚
　　努力于侨务连年
　　您是那样
　　宽宏仁慈　诲人不倦
　　您是那样
　　奋力求知　勇往直前
　　您那不平凡的一生
　　永远是我们学习的源泉

二　笃初诚美，慎终宜令

　　人们常用"青出于蓝而胜于蓝"鼓励、赞美学生超过老师，又常用"锲而不舍，金石可镂"自勉或互励，要有恒心有毅力奋进求索。这些激励求知求学的名句均源自《荀子·劝学篇》。《劝学》是荀况的代表作之一。在《荀子》第二十卷第三十二篇中，《劝学》篇被历代各种文选所选录、选注，甚至我们的中学语文课本中也能读到它。在我国教育史上起过重要作用，其影响直至今天。文章不仅论述了学习、求知可以增长知识、明白道理、修养品德、改变气质等重要作用，而且指出、强调了顺次学习、积少成多、持之以恒、精诚专一等学习方法。例如关于学习从哪里开始，到哪里完成；学习的目的意义又是什么。其文曰："学恶乎始？恶乎终？曰：其数则始乎诵经，终乎读礼；其义则始乎为士终乎为圣人。"就是说学习的顺序是光从诵读经书开始，而最终要研究典令礼制；学习的意义目的在于先做士人，终成为圣人。而要达成这个目的，"真积力久则入"，只有诚心向学并且力行笃实才能学有所得。《千字文》的作者周兴嗣将此段文字浓缩为"笃初诚美，慎终宜令"。

　　严教授家学渊源，博览熟读中华典籍，且聪慧过人，故能由博返约，融会贯通，所以在同学求解《诗经·召南·甘棠三章》时给予精辟条理的讲解，并指出《千字文》中有这段优美故事情节的简要记述。由于

《千字文》的语言特点，使读者容易记住，时隔半个多世纪，艾山先生仍清楚记得，当年在故宫东北角河沿，靠近北大一带的矮围墙边，严倚云为其讲述的情景。

严倚云的祖父严复是近代中国启蒙思想家教育家。大约在严倚云十岁那年，她因一个十分喜爱视如珍宝的小瓷猫玩具被人拿走而大哭，祖父及时开导了她，告诉她世界上最宝贵的东西，是别人偷不去、抢不走的东西，那个最宝贵的东西不是别的，就是一个人的学问。除此之外的任何东西，别人都可以从你手里拿走、偷去。世界上任何可以用金钱买到的东西都不是最宝贵的，学问是用金钱买不到的，所以最宝贵。正所谓"黄金未是宝，学问胜珍珠"。不过这最宝贵的，用再多金钱也买不到的，而又真正属于自己的学问，也只有自己努力学习才能得

严倚云手捧祖父严复像

到。十岁的她居然从此把那些小瓷猫、花围巾、花衣服不放在心上，一心向学，塾师常常夸她聪敏过人。家中又有条件，所以，中华典籍、英文、法文、数学诸书，她都博览无遗，且能熟读深思，每有收获。那些女孩子应做的刺绣及琴、棋、书、画等严倚云只要沾手，就下功夫学好。

这些为她以后的工作学习打下了良好基础。十三岁入法国天主教创办的北京圣心女校，主修英文、法文两科，兼习钢琴、油画。该校校长、教职员以及校工都是苦修多年、道行高深的外国修女，严倚云为学好语言，常常和这些修女谈论聊天，不管是英国、法国、意大利或俄国的修女，因为她们不通中文，所以开口便是练习，正是这样的条件，严倚云的语言功底在日后得到充分展现。十七岁即在多处兼课，半读半教。二十岁通过法文考试获法国政府颁给的文凭，这成为她在西南联大时就能任教于中法大学的资本。二十二岁在万马军中夺魁，高中当年北大榜首，以教育为主系，以英语为辅系。当时她的英语水平可以免修，但她还是随班听讲，温故而知新，因为学无止境。实际上她成了不在册的英语助教。由于身处同学中间，知道难点所在，加上她乐于助人，善解人意，用自己的体会细心讲解，同学自然容易理解和

接受，不知不觉在轻松愉快中解决了疑难，水平提高了。后来有的同学体会深刻，称严倚云创造了"高者为其下""以多和寡"的教学法。

二十六岁的严倚云在西南联大师范学院教育系任教并胜任愉快。三十五岁应聘赴美，任教于纽约州立师范学院。"学不可以已""君子知夫不全不粹之不足以为美也，故诵数以贯之，思索以通之"（《荀子·劝学》）。中国传统治学精神促使她在三十九岁入密歇根大学研究院攻读语言学，一入校门便把博士必考的法文考通过了。学费来源除奖学金外，还是老办法：兼职教书、校对、保姆、电话售货员、宿舍的大厨等，半工半读，半年后获密大语言学硕士学位，打破了已往学生的速度纪录。翌年，她在四十岁时入康奈尔大学攻读博士学位，不到一年时间几乎修满博士学位，然而在四十四岁时（1956 年），严倚云才成为语言学博士。读博其间仍是半教半学，以赚得学费，兼任康奈尔大学研究员、讲师，实际只读了二年研究院，但她却通过了那一系列所需五六年的学习的考试，令朋友们吃惊不小。在她兼任康奈尔大学讲师时专为说国语的学生编写的《英国话》（*English For Speakers Mandarin Chinese*）于 1955 年出版。

康奈尔大学（Cornell University）是美国著名大学之一，许多中国赴美留学生曾在此学习，如前北京大学校长胡适，中国动物学研究的奠基人秉志院士，中国真菌学的创始人、中国植物病理学的主要奠基人戴芳澜院士等。

康奈尔大学有个中国同学会，常举办各种活动，联络感情，互帮互助。在一次聚会的智力测验游戏中，严倚云得到智力最高奖——一只制作讲究的烟斗，引得大家哄堂大笑。因为那烟斗是为男生准备的，他们没有想到康奈尔大学智力最高的学生会是女生，而且是个身有残疾的半老女生。

中华传统认为学以致用，用于修身、齐家、治国、平天下，不是给人看的装饰品。所以荀子说："君子之学也美其身"，"君子学也，入乎耳，潜乎心，布乎四体，形乎动静"（《荀子·劝学篇》）。这传统思想反映在严倚云教授一生中。

严倚云自小不同凡响。三岁时摔伤腰骨成为驼背，她容让宽恕，不抱怨；被别人不小心用开水烫伤了脚，脚肿得连鞋袜都脱不下来，她居然不哭不闹，不告发肇事的人……一个外貌柔弱的小姑娘，却有如此刚毅不拔、坚强自傲的意志力量，令人称奇。

孟子曰："天将降大任于斯人也，必先苦其心志，劳其筋骨，饿其体肤，空乏其身，行拂乱其所为，所以动心忍性，曾益其所不能。"(《孟子·告子下》)也许正是这苦难磨炼出她要强、奋进的精神，不仅战胜关节炎、高血压、糖尿病、红斑狼疮等各种疾病的折磨，而且学兼中西，贯古通今，成为沟通中西文化的名家。最终在学生、同事、朋友们的印象中，成就了一个完美人格的人。这可能就是当年在她为艾山讲解《千字文》时，先写下句"慎终宜令"，再写上句"笃初诚美"的原因。她不依顺次讲解，表示她更看重最终的结果——创格完人。

三 利而不害，为而不争

老子曰："天之道，利而不害；圣人之道，为而不争。"(《道德经·八十一章》)一个人若能做到"只管为善，不问前程"，只做有利于他人、有利于社会的事，而不做损伤他人、社会的事，那就是达到了很高的境界，近于圣人。可以说严教授就是这样的人。

严倚云自小谦和温厚，克己待人，礼让不争。十来岁的小姑娘哪有不爱美的，见了花衣服、花手套等哪有不动心的。然而严倚云在挑选最喜欢的礼物有优先权时，放弃了这个权利，她克制自己把最喜欢的软缎花袄让同辈小姐妹穿上，而自己只拿一件别人不在意的、价值不能与那软缎花袄相比的毛线围巾。

那没注意提着满桶开水泼洒到小倚云脚上的工人，是一名新到严府，不熟悉情况的小青年，严倚云相信他是失手，决非有意。因为他当时吓得几乎要哭，并连连道歉。所以在家人再三追问是谁烫了她时，她不肯说出那个工人的名字。因为她知道，如果她说出那工人的名字，工人一定会受到处罚，甚至会被开除，丢了饭碗。严倚云是绝对不愿意这种事情发生的，所以她说，"你们别问了，我知道他绝不是故意要害我，是他不小心犯下的错误，他当时已经向我道了歉，我不会再怪他的"。小倚云这种宽恕待人的美德为许多成年人所没有。可说她是自小不凡。

严倚云少年时，家里生活富足，衣食丰美，及其步入青年，家道中落。她19岁那年，她的祖父，一代学术大师严复辞世之后，严家生活更是一日不如一日，所以严倚云十七八岁即开始边读书边教书赚取生活费、学费。及至她大学毕业后，更是为了族中姐妹、兄弟、侄辈的学业不致中辍而四处打工兼差。她在西南联大师范学院任教外，曾在中法大学教法文，在翻译官训练班教英译，做昆明广播电台教育节目主持人及家庭常识节目的主讲人，还任《儿童周刊》的总编辑……四处奔忙所得报酬，除自己简朴的生活所需之外，全部用于帮助族中子弟姐妹。妹妹严係云在《和倚云一起长大》的怀念二姐的文章中说："你从青年时就喜欢帮助别人，族中姐妹、兄弟、同学之间都受过你的帮助"，"严氏族中姐妹子侄，多少受过你的恩惠，也包括我的长子在内"。严倚云的表姐伍秀真也说，倚云"稍长任家庭教师，稍有收入亦从不计家人相待之薄，也慨然帮助家用，绝无吝啬。对朋友同学更常急人之所急，热心解囊"。

　　如果说一个人帮助兄弟、姐妹、朋友等还比较容易做到的话，那么帮助不相识的人则不是轻而易举的事。但是严倚云做起来却是那么自然平常、主动。因严倚云的帮忙而改变了生活轨迹的梁实秋的女儿梁文蔷曾说："严姨助人，对象不分贵贱亲疏，一视同仁。不相干没见过面的人也照帮无误。"当年严倚云在密歇根大学攻读语言学硕士学位时，本来可以接受 AEC 救济金，安心读书不用去辛劳兼职赚取学费的，但是她主动放弃申请这份救济金，以便那些初到美国，不被允许打工而又无力解决学费的不相识的中国学生得到这名额。因为严倚云是被纽约奥尼昂（Onconta）大学教授威立斯·波特（Willis P. Porter）博士邀聘入美的，她有在中国大学多年的服务经历，与普通的中国留美学生不同，她具有超额移民身份，在美任职不受限制，可以赚到学费，但严倚云坚持自食其力，把救济金名额让给其他不能做事的中国学生。因为"Isabella 有一套高论：'中国人在此时应风雨同舟，彼此不竞争而需要互助。'"（《严倚云教授纪念文集》，第 242 页）这种牺牲是自觉自愿而完全不图回报的，因为得到这名额的学生完全不会知道这个机会是由严倚云提供的。在美国，她的知名度日隆，于是美国的国防奖学金及外国学生的学费奖学金的审查团成员她一做就是十几年，成了审查奖学金的专家。那是因为她了解中外学生的困难，又肯为他们说话，经她争取的奖学金、助学金而可以完成学业的中外学生不计其数。当然她更关心、爱护新到美的中国学生，不分地区，来自大陆、台湾、香港的，她都一视同仁。严倚云的博爱之心也得到其夫高叔哿先生的支持。新到美国的中国学生，对美国国情、学校的规章制度等不了解，只要找到她，她与其夫就不厌其烦地给他们讲解和指点。如果经济上有困难，严高二位就想方设法帮助解决，或介绍临时工作赚取学费以解燃眉之急，或帮其找同学合租住房分担房租以减少开支，有机会时则帮助申请奖学补助金，有时干脆解囊相助。

严倚云教授的助人往往是不等人开口的，她看得出什么人需要什么样的帮助，她就主动送上什么帮助。1987年秋，著名历史学家、北京师范大学教授何兹全先生因事赴美，在西雅图的一次聚会上第一次结识严倚云教授，但一见如故。后来当她得知何先生腰腿疼时，认为可能是睡软床睡的缘故，于是她就自驾车送来一块大木板，垫在软床上让何先生睡在上面休养。年逾古稀的何兹全先生"止不住落泪"，因为给他送来木板的是年长于自己，且身材矮小有残疾的女教授，是她自己看出何先生需要而并非何先生开口的，更何况以她那样的身躯体力，亲手把那木板弄到五层楼上并非轻而易举……每提及此事何先生就会说："孟子说：'大人者，不失其赤子之心者也。'倚云、叔哿就是两位不失其赤子之心的人。"严倚云是他心头永远吹不散的人影。而何兹全先生的夫人郭良玉教授通过此事感慨颇多，她认为认识严倚云教授是一种幸运和幸福，严倚云使她看到了"人间仍有善良、纯真，友情中没有任何杂质，清如未出山的泉水。把人间给我的龌龊印象，记忆中的灰尘，洗去了不少"（《严倚云教授纪念文集》，第263~266页）。

梁文蔷女士在说到严倚云的古道热肠，助人为乐时称："受过她帮助的人不知有多少，严姨助人，贵在主动。她眼里有数，不等人开口，看到人需要帮助的时候就帮一把，事后也不居功……像严姨这么热心肠的人是不多见的。"（《严倚云教授纪念文集》，第279页）这是对严倚云的中肯评价。

严倚云教授一生爱人、助人，她所帮助过的人不计其数，且她热心社区服务，传播中国文化，在精神上、心灵上受其帮助者更无法计算。她关于妇女问题的演讲，从妇女在传统的男性中心的社会里所遭受的种种摧残、压迫、不平等、不公正，到妇女的普遍觉醒，为争取妇女应有的权利和地位而行动起来反对家庭暴力等，风趣而生动，激起多少妇女的共鸣和热烈回应。她关于中国的家庭的演讲，从中国人以家庭为本位，美国人以个人为本位的对比与区别，到婚姻制度、亲属称谓、家庭成员在家庭中的尊卑地位等的详细介绍，使那些身在美国但来自各洲的黄、白、黑各肤色的听众听得入迷。她以流利的英语、法语回答着各种问题，包括有些不友善的问题，严倚云则义正词严予以驳斥，使那些故意刁难者哑口无言，折服于这矮小的中国女人面前。在场的中国人都为她骄傲，因为她为中国人、为女人争得了面子，争得了尊重。她关于中国书法文化的讲演，介绍了中国文字的演变发展，如有行、草、隶、篆等不同，它不仅是记事、表情达意的工具，更是可供欣赏的艺术，是世界各国文字中的高层次高境界，因此使不少洋鬼子喜欢上中国书法，并有洋弟子的书法展示。关于中国的饮食文化，严倚云教授不仅做《中国烹饪之传统》，更是亲自当大厨动手烧菜（这是她小时候，每逢家宴厨房缺人手时，她便悄悄避开家人，到厨房帮大师傅烧菜偷学手艺）。她那可二十多人用餐的餐桌，更是华盛顿大学师生、朋友们难忘的地方。她的家就是中国菜肴的烹饪教室，她在华盛顿大学附近开设的烹饪学校"Isabella yen's cuisine"风味兼及南北，浙、闽、川、台……无不包，每日顾客盈门，生意十分兴隆。中国饮食的"五谷为养，五果为助，五畜为益，五菜为充"以及"谷肉果菜，食养尽之，无使过，保其正色"（《黄帝内经》）。这种保证营养又不使过量的中庸养生思路，正好符合了20世纪80年代美国医学界、营养学界发现自己高热量高蛋白饮食带来的不良后果时，开始模仿学习亚洲人的饮食起居的要求。她关于教育注重做人的"整个人"的教养方法，引起了许多美国学生家长的好奇，这些家长到处打听这个Isabella yen究竟是个什么样的人。这个中国女教授怎么能够让他们的孩子如此兴奋地说起她来没完，要知道普通的美国大学生回家大多谈论他们的男女朋友，而很少谈老师的。以至于有一个学生在家里赞扬严教授的美好言辞被他上小学的儿子记在了心里，学校在模拟投票选举总统时，他的儿子觉得这个老师那么好，应该可以当总统，而选票上没有Isabella，于是他就依照选举法填上了严教授的名字Isabella yen投入票箱，此事后来传开，严倚云被称为一票总统。

由于严倚云教授的出色贡献，美国前总统罗斯福及其夫人曾对她赞誉有加，严教授也曾两次被邀作为贵宾参加美国国宴。还被邀请参加美国有成就妇女一年一次的盛会Matrix Table。她被载入 The Directory of American Scholars（《美国学者名人录》）、Who's Who in American Education（《美国教育家名人录》）、Who's Who of American Women（《美国妇女名人录》）等。她曾任美国东方协会西海岸分会、华人服务社、陆荣昌博物馆、华盛顿州亚美协会等社区组织的董事。她还任过全美外国语荣誉学会副主席、世界教育荣誉学会分会主席，并获得福尔布莱（Fulbright）奖金。

严复曾把西方文化介绍到中国，对20世纪的中国乃至世界的巨大变化起到过促进作用，是一位伟大的启蒙教育家、思想家。严复的孙女严倚云，则致力于把中国文化介绍到西方。她多年的努力可说是硕果累累，但还有很多事情要做，在她的晚年力所不能胜任时，与夫君高叔哿共同捐出美金四十三万七千元设立了（1）"严复翻译奖基金"（Yen Fu Endowed Translation Prize Fund）：奖励由华盛顿大学亚洲语文系教授组成评委会选出系内的"中译英"的最佳作品在学术性刊物上刊登的学生；（2）严复奖学金基金（Yen Fu Endowed Scholarship Fund）：奖励对中国文学、中国文化有特殊研究兴趣，并关心人类福祉的学生，以继续她未竟的事业。

严倚云教授一生做了许多常人难以做到的事，而她还是个医生预言活不到十五岁的残疾女性。对此，她平静而轻松地说："借来的生命本来是用在为众人谋福利的，所以见事就赶着做，只要事情做成功就满意了……"所以人们赞美她是"放射着女性光辉的巨人"，"一生为中西文化搭桥的女性"，说她有"金子一般的赤子之心"，是"侠肝义胆的倚云"，发出"倚云，我们都爱您！！"的呼唤。

她的一生是对"利而不害，为而不争"的生动诠释。墨子说："仁人所以为事者，必兴天下之利，除去天下之害，以此为事者也。"（《墨子·兼爱中》）严倚云，仁人也。

四 仁者爱人，己轻群重

"仁"居儒家道德规范之首，"仁"的基本含义是"爱人"："樊迟问仁。子曰：'爱人。'"（《论语·颜渊》）孟子继承并发展孔子的思想，更明确为"仁者爱人"（《孟子·离娄下》）。严倚云出生在诗书、礼教之家，自幼在家塾诵读中华典籍，做人处世的道德规范自然是重要的必修科目，那推己及人的自己所欲，亦应为他人谋之，己所不欲，亦应为他人去之的"己欲立而立人，己欲达而达人"（《论语·雍也》）"己所不欲，勿施于人"（《论语·颜渊》）等自是谙于心而体于行。更何况她的母亲吕太夫人的言传身教，为她树立了好榜样。吕太夫人常对自己的孩子倚云、係云说："××的娘远在福建，要是知道孩子在北京受委屈，岂不心疼？"以此来解释重责她们而轻责爹娘不在身边的孩子。吕太夫人这种薄己厚人，常为别人着想的榜样，自然对倚云姐妹有着不小的影响。倚云自幼对人对事能容忍、谦让、宽恕而不抱怨；对己则努力奋进，学而不厌。她曾照应从祖父母辈到侄孙辈上下五代人，而其中有的族人待她甚薄，甚至不肯借钱给她葬母，她也不计较，在她事业有成之后，对他们的子女仍照顾有加，不提当年不肯借钱买棺木之事。一些当年看不起她的亲故，在她成名之后，纷纷前来，倚云则不念旧恶，尽力给以经济上、生活上的帮助。她曾放下自己的备考，为同学操办婚礼，因那同学的岳母发话，需要办盛大婚礼喜宴才允许把女儿嫁过去。严倚云为同学救急，成人之美，只好暂且把准备考试的事搁在一边，集中精力，利用她人缘优势，组织人马奔忙数日，终于办了一场康奈尔大学空前热闹盛大的婚礼。之后她再日夜苦干通过了博士考试。

她的家常常是高朋满座，有相识的亲朋故旧，有从未谋面初次登门的学者，而更多的则是赴美留学的新生。严高二位来者不拒，一视同仁，尽力帮助，有时家里的过道走廊也有人借宿……高严府俨然如旅店、难民营，而这一切都是免费的，有的甚至临离开严寓后，还需要他们的资助。

严倚云一生自励奋进，宽厚爱人，自奉甚俭，慷慨待人。在她辞世前将其一生所积蓄的四十三万七千美元捐作严复基金，以奖励研究中国文化之优秀学人。这项基金的设立，一方面是对将西方思想文化介绍到中国的先驱、其祖父严复的纪念；一方面表现了作为严复后人的严倚云对传播中国文化搭建中西文化桥梁的不断努力。

严倚云的博爱精神受到了广泛赞扬，但也有不少人不能理解：为什么自己有钱不佩戴昂贵的首饰，买菜要挑便宜的，却要省下钱来助人、助学？自己生了病，还要坚持为别人修改稿件、打字、介绍工作等？这一切恐怕要到她的博爱精神中去找答案："爱是用不尽的，不会因为爱一个人，就没有多余的爱去爱别人"，严倚云常常这么说。她认为"爱"是达到人生鹄的所不可少的工具。把她对爱的看法传播开去，是她感到最快乐的事，她希望和她接触过的人或多或少也能具有这种博爱之心。因为在严倚云看来，人有不同的爱，在中国文化中，对父母长辈的爱是孝，对兄弟辈的爱叫悌，人与人之间的情谊可以是超然的爱，如老少间的"忘年之交"，男女间的"忘性之交"（这是严倚云创造的新词），至于夫妻之间的婚姻之爱，严倚云认为那是永久的蜜月，是两个小世界结合成一个大世界，更加丰富多彩。

正是由于感受到严倚云的博爱，美国弗吉尼亚州大学外文系教授陆善仪说："严先生一生爱人、教人和助人不倦，她那煦煦的爱心如醇醪、如冬日……只要想想追随她的那些日子，有如沐浴在爱的光辉中，自有一般温暖陶醉。"陆善仪曾跟随严倚云做学生、做助教达七年之久，感触很深。陆认为"严先生的思想意识、道德观念、爱憎好恶和生活方式，无一不是传统中国式的"。陆想起严倚云第一次请她来家做陪客时的情景：那是台湾大学历史系刘崇鋐教授路过西雅图，刘是严在西南联大时的老师、同事，严请刘吃饭。严倚云很重师生情谊，关爱自己的学生，她推己及人，想刘先生一定喜见自己的学生，听说刘的学生陆善仪在此，就请陆来做陪客。这"小陪客"以后就成了助教、教授。和陆善仪一样，严倚云的许多学生，如今已是全美各大学的中国语文、历史、地理、经济等多学科的教授了，他们传扬着严教授所播下的中国文化的种子。正所谓："善歌者，使人继其声；善教者，使人继其志。"（《礼记·学记》）

严倚云教授的众多学生中，举世闻名的电影明星李小龙对严教授的评价最具代表性。李小龙不仅中国武术练到炉火纯青，举世无双，而且思想非常传统中国化，做人做事体现出"中学为体，西学为用"的意味，因此他对严教授孜孜矻矻以火一般的热情热爱、传播中国文化十分赞赏，对她用自己的热情点燃了学生们对中国文化的好奇和极大的兴趣之火给以充分肯定。李小龙说起严先生："She caught our fancy；We caught her fire."

台湾大学历史系前主任李迈先教授，于1934年与严倚云一同考入北大文学院，是不同系的同级同学，常有同堂听讲的机会，相知颇深。李教授说："倚云一生虽然十分辛苦，受了不少挫折煎熬，但她从不怨天尤人，悲观畏缩。总是生气勃勃，笑靥迎人，怀着一腔侠肝义胆，勇敢地接受挑战，为自励，为助人，为实现理想而奋斗。"这可谓确当之论。那么严倚云的理想是什么呢？又如何实现呢？关于这一层，我们没有看到直接的说法，但是根据严倚云一生为人处世的实践，以及她的学生、同事、亲属、朋友的感知，我们还是约略可以推知一二的。

严倚云教授用借来的生命为众人谋福利，见事就赶着做，只要事情做成功就满意了。她一生帮助过无数的人，培养了英才无数，做事不忘给中国人争脸争气，实现了她祖父临终遗训："须知中国不灭，旧法可损益，必不可叛""事遇群己对待之时，须念己轻群重"。这完全是推己及人的"己欲立，而立人；己欲达，而达人""克己复礼为仁"的儒家"求仁"思想的体现。

儒家思想认为人之所以为人，人之所以异于禽兽，其本质在于人有"仁"心，"仁，人心也；义，人路也"（《孟子·告子上》），具体为恻隐之心、羞恶之心、辞让之心、是非之心。孟子说:"无恻隐之心,非人也;无羞恶之心,非人也;无辞让之心,非人也;无是非之心,非人也。恻隐之心,仁之端也;羞恶之心,义之端也;辞让之心,礼之端也;是非之心,智之端也。"(《孟子·公孙丑上》)有此四心,则有达到仁、义、礼、智、信的基础,只要从此出发,努力以求便可达到,即所谓:"仁远乎哉?我欲仁,斯仁至矣。"(《论语·述而》)人皆可为尧舜,只看为不为。严倚云教授,仁人也。中国传统文化的精髓正在被世界所认识,据新加坡《联合早报》报道,已有36个国家和地区建起孔子学院80多所,传播研习儒家学说以指导今天的社会生活。严倚云教授无疑是一面旗帜。

(原载《北大的才女们》,北京大学出版社,2009)

用生命译著的赵萝蕤

赵萝蕤（1912~1998），浙江杭州人，文学翻译家，北京大学教授。1932年毕业于燕京大学英文学系，同年入清华大学外国文学研究所攻读研究生，毕业后执教于燕京大学外国文学系。1944年留学美国芝加哥大学英语系，1948年获哲学博士学位后回国，任燕京大学外文系主任、教授。1952年起任北京大学西语系、英语系教授。她曾任中国外国文学学会理事、美国惠特曼出生地协会会员、中国艾略特—庞德研究会顾问、燕京学院英语系名誉主任等职。曾获中美文学交流奖、彩虹翻译奖、美国芝加哥大学专业成就奖等。主要著作、译作有《欧洲文学史》（合作）、《我的读书生涯》、《荒原》、《草叶集》、《黛茜·密勒》、《中国翻译名家自选集丛书·赵萝蕤卷》等。

赵萝蕤1932年毕业照

一 音乐的魔力

巫宁坤教授在《缅怀赵萝蕤大姐》一文中说，赵先生经历了"反右""文革"等政治运动和丧夫之痛，并长年经受精神分裂症的折磨之后，仍不改其以读书为乐，以音乐为伴的生活状态，泰山压顶的苦难并没有使她顾影自怜，一蹶不振。她与沈从文一样，从来不谈个人的艰难经历，如杨宪益一般不提痛失亲人之痛，而是时常独自倾听她终生热爱的西洋古典音乐，陶醉其中，并从中汲取力量得到慰藉。在古稀之年，以衰病之躯，在授课、指导研究生之外，完成了她近半个世纪前的译作《荒原》的重新修订。翻译出版了《黛茜·密勒》和上下两册七十六万余字的《草叶集》，还有不少文章发表于《外国文学》《读书》《外国文学评论》《当代文学翻译百家谈》《中国翻译》等刊物上。这一切都是音乐的魔力注入其病弱之躯而完成的。

1996年11月，北京大学出版社出版了赵萝蕤先生的自选集《我的读书生涯》，其中选录了原载于1944年5月28日《生活导报》的《我为什么喜欢西洋音乐》一文，文章对西洋音乐的魔力颇为赞赏，称它为"一件永远系住了我非常感情的恩物，就是那名为'西洋音乐'的东西"。而这东西"足够使我在无论何种境地，都能欣然的生活下去"。因为那"音乐对于人的身心原具有非凡的魔力。它可以把你的心魂摄了去，经受洗炼，承蒙启迪；它足有威力可以将任何肺腑所蒙受的任何痛楚、郁结、绝望，予以松舒，它激扬你的欣喜，抚慰你的创伤"。（《我的读书生涯》，第211页）

三十二岁的她何以发出如此感慨，她有什么痛楚和创伤？赵萝蕤的父亲赵紫宸是东吴大学教授兼教务长，一位中国传统文化修养极深的著名学者，他曾亲自教授爱女萝蕤吟唱、诵读《唐诗三百首》《古文观止》等典籍，进入小学以后又学了英语、钢琴等课程。她在苏州这个名人辈出、文化底蕴深厚的人间天堂无忧无虑、活泼愉快地生活了十四年。1926年，赵紫宸就职于燕京大学，赵萝蕤随父从秀美的江南水乡来到风景如画的洞天学府。1928年考入燕京大学国文学系，二十岁毕业于燕京大学英文学系，然后入清华大学外国文学研究所攻读研究生，毕业后回母校燕大任教。1936年，二十四岁的她与当时的新月派诗人、后来的古文字学家陈梦家结婚。曾是燕大校花的赵萝蕤，在前二十四年的人生路上处处鲜花，不仅生活环境清雅优越，而且个人学业一直成绩骄人，是名副其实的才女。二十五岁的她便翻译出版了艾略特的长诗《荒原》（The Waste Land）一举成名。

赵萝蕤、陈梦家夫妇

然而这似锦的前程，令人羡慕的人生旅途被日本侵略者的枪炮所打断。1937年7月7日卢沟桥事变后赵紫宸举家南迁，后陈梦家、赵萝蕤夫妇辗转来到云南昆明，陈任教于西南联大，而一代才女赵萝蕤却失业在家成了家庭主妇，操持家务。读书人终究是读书人，何况才华横溢的赵萝蕤，她常常是一边烧菜煮饭，一边"腿上放着一本狄更斯"（《我的读书生活》，第3页）可见一个才华出众而不得施展的知识女性的无奈，其悲苦不快的心情在同年发表的《我们的文学时代》一文有准确而生动的描述，赵萝蕤称之为"我们都是不幸的鱼！大受罪的鱼！"这就是我们所处的痛苦艰险的年代。从中国的情况看，衰竭之势已经很久了，直到今天的战争，痛苦与艰险，更是水深火热。昆明物价的腾贵居全国前茅，比战前上涨千倍以上，联大教授们普遍难以维持生计，闻一多、赵忠尧、黄子卿等名教授不得不卖衣、卖书（有许多是多年搜求的珍本）、制印、做肥皂等补贴家用。不少教授夫人（包括梅贻琦校长夫人）制作糕点、绣品出售以解燃眉之急……赵萝蕤身处其中，自然感觉深切，认为"目前是我们国族的转捩点"。她说："以我们自己衰微的文化来说，无论在哪方面，不论政治、经济、教育，德、智、体都得怎样健全起来才成。"不满意现状，解决的办法在哪里呢？"我们只有作不能忠于现状的叛徒了。"然而"谁愿意作叛徒？太平盛世路上没有人拾别人的东西，大门也不消未黑即关。谁愿意作叛徒？"（《我们的文学时代》）她连问两次"谁愿意作叛徒？"可见其内心的痛楚之深。

不难想象，此时赵萝蕤是怎样沉浸在极富艺术感染力的贝多芬的《命运》（第五交响曲）所张扬的人类应向一切艰难困厄发起猛攻，通过斗争去取得胜利，从黑暗走向光明，引领人们共同奋斗，勇敢向前去完成神圣使命的意蕴中。然而朴素清新的田园风光、溪畔景色、夜莺鸣唱、村民欢聚、电闪雷鸣及暴风雨后的牧歌悠扬，浓郁的田园气息使处于苦痛中的人们暂时陶醉于大自然的怀抱，忘却眼前的苦难。因此贝多芬的《田园》（第六交响曲）也是赵萝蕤期望暂时逃开现实时常听的。但是令赵萝蕤最感震撼并常欣赏的可能还是贝多芬的第九交响曲《合唱》。第九交响曲历来被认为是贝多芬的巅峰之作，它不仅思想深刻、结构宏伟，而且开创了交响乐队与合唱队共同表演，将人声加入交响乐中，使表现形象丰富多样，更突显了人类寻求自由的斗争意志，坚信斗争一定能取得最后胜利，人类必将获得欢乐并团结友爱。尤其是乐曲最后部分的"欢乐颂"，在贝多芬充满激情的近乎狂傲的旋律烘托下，那激动人心的歌词像冬日的阳光，使听者精神振奋，情感升华，自由、平等、博爱的理想共和国展现在眼前：

> 欢乐女神,圣洁美丽,
> 灿烂光芒照大地!
> 我们心中充满热情,
> 来到你的圣殿里。
> 你的力量,
> 能使人们消除一切分歧,
> 在你光辉照耀下面,
> 人们团结成兄弟……

这可能也是赵萝蕤先生心中的理想王国。难怪她在四十年代抗日战争的艰苦岁月中欣赏它,在历经磨难的半个多世纪之后的耄耋之年仍欣赏她:"无论是月色的微漾(《月光曲》),无论是田园的谐乐(《田园交响曲》),无论是怀疑命运,获取胜利的奋发(《第五交响曲》),无论是宗教的虔诚,极乐境地的赞颂(《第九交响曲》)……贝多芬这样创作音乐的人,是孤寂、痛苦,与世隔绝的;但他的交响乐章,却永远自疑虑而光明,自悲忿而欢欣……"赵萝蕤先生特别称赞第九交响曲,她说:"一个伟大的人,是永远在人神之际生活着的。如像他的第九交响曲的最后一章'极乐颂'……在他制作这一曲的时候,耳朵如石地聋绝,但他心中音浪正趋向于最雄伟,最深挚,浩博的天地人融洽的境界。当人聆听到《第九交响曲》的最后一章时,灵户心窍如受了至肃穆的震慑,而被完全解放与高举。"因此,她感受到西洋音乐的幽美宏博、高旷深远,而"在这抗战的七年中,我心虽不能企及它的鼓舞与安慰的万一,我那笨拙的手指虽欲有所触而接到沉默的空寂,然它终在我心中、耳畔,寄我以无限的光明,信念,同情……它可以使我在无论何种境地,都欣然的活下去"(《我的读书生涯》,第212、213页)。这三十二岁时的感慨,年过八旬之后仍有同感甚至更加强烈,其意味是深长的。试想在痛失夫君陈梦家之后,"梦家生前精心搜集的明代家具和字画,她的斯坦威钢琴,都没逃脱'横扫'的命运",自己在仅能容膝的小屋里,孑然一身,且经受着精神分裂症的折磨,却毅然向美国现代诗人惠特曼(Walt Whitman)的经典巨著 Leaves of Grass(《草叶集》)发起冲击,历十二寒暑,一丝不苟地尽量贴近原诗风格地译出了这部长达七十六万余字的鸿篇巨制。与此同时,赵先生还有多篇著、译问世。这一切都使好友巫宁坤教授感到惊喜。这令人惊奇的成就中，她唯一的消遣是坐在小屋里倾听西方古典音乐，这爱好和习惯，应是功不可没。也证明了贝多芬的话："音乐是比一切智慧、一切哲学更高的启示……谁能渗透我音乐的意义，便能超越寻常人无以振拔的苦难"。（《贝多芬传》，第77页）所以她称"在乐人中，贝多芬是圣人了"。虽然她也听巴赫，也听肖邦。

二 《荒原》的第一位中译者

西方现代派文学大师、文学评论家、诗人、诺贝尔文学奖获得者托马斯·艾略特（Thomas, Stearns Eliot, 1888~1965）的 The Waste Land（《荒原》）曾风靡一时，影响深远，是一部划时代的杰作，被认为是英美现代诗歌的里程碑。它尖刻地描绘、无情地暴露了第一次世界大战后西方世界各个阶层的极度荒唐、贫乏、干枯、幻灭的精神生活。《荒原》的主要内容是描写赤地千里的干旱之地，没有水，一片荒凉，长不出庄稼。四月本应是春意盎然充满生机，但艾略特笔下的《荒原》中"四月是最残忍的一个月"。通过大地的荒凉苦旱，映射到更加苦旱荒颓的人们的心灵，面对荒原，人们失去了信念和理想，精神空虚，生活变得失望、迷茫，毫无意义，对助人遗忘的冬雪反而感觉温暖。但是诗人希望"干旱"能解除，"荒原"能重获生机，长出庄稼，人类经过火的炼狱而忏悔，最后上帝告诫人们拯救人类的法宝就是"舍己为人。同情。克制"，这样恐怖的"荒原"，才有望得到雨水的滋润，从而达到"平安。平安。平安"的愿望。……这些不同寻常的描写，正是经历第一次世界大战，人类遭受如此大劫之后，诗人将人们心中的隐痛，包括他自己的切肤之痛作了热切、深刻、痛快淋漓的吐诉。而这种真切、大胆的倾诉，震撼人心。

文人尤其诗人对其所处时代是敏感的。艾略特的《荒原》出版之后，不仅西方各国文人、诗人的心灵为之震撼，而且国势衰微、民生凋敝的中国的文人、诗人的情感世界更是为之震动。《荒原》的强烈批评精神和深刻的人类意识，在一批中国现代派诗人中产生了共鸣，戴望舒便是较早与之共鸣的诗人之一。当戴望舒得知赵萝蕤译了《荒原》的一节之后，就力邀她继续完成其余部分，并于1937年由上海新诗社出版。其实在赵译之前不少现代派诗人即由原文受到了《荒原》的影响，不过赵译更起了推波助澜的作用。北大教授孙玉石在《中国现代主义诗潮史论》一书的第六章，探讨了现代派诗人群系的心态观照，其中有一节"荒原"的意识，用了一万多字的篇幅详细论述了艾略特的"《荒原》的冲击波"。卞之琳、徐志摩、孙大雨、何其芳、穆旦、林庚、废名等都曾不同程度地接受了孙先生所说的"荒原"意识，并在自己的创作中有所体现。如卞之琳的《春城》一诗，描写"北京城，垃圾堆里放风筝"的风沙与荒凉的北京春天……而何其芳的《古城》，更是这种浸透了"荒原"意识的典型诗篇，"作者以冷漠的姿态，观照社会现实，历史的衰落与现实的荒凉交织在同一时空中，抒情的主体已经融化在冷酷的描述之中……生活在这'荒凉'的古城中的人们，是那样的麻木……"诗里的"荒地"，冻得僵死了的地壳，胡沙和着大漠风吹进荒凉的古城，泰山也像是绝望的姿势，绝望的叫喊……

当时二十三岁，正在攻读研究生的赵萝蕤初读《荒原》时，是从文学、诗的角度感到"艾略特的处境和我们近数十年来新诗的处境颇有略同之处"，"使我大大地感触到我们中国新诗的过去和将来的境遇和盼望。正如一个垂危的病夫在懊丧、懈怠、皮骨黄瘦、色情秽念趋于灭亡之时，看见了一个健壮英明而坚实的青年一样。这个青年的性情如何，这是比较复杂的一件事，但是我感到新生的蓬勃，意念意象意境的恳切，透彻和热烈，都是大的兴奋"（《艾略特与〈荒原〉》）。当译完《荒原》出版时届七七事变，日本的侵华战争全面开始，新婚不久的赵萝蕤随丈夫陈梦家流离到西南边陲的春城昆明。面对这山河破碎，生灵涂炭，日本飞机不时来轰炸，人民在水深火热中挣扎的现实，二十八岁的她说她翻译《荒原》曾有一种盼望："我们生活在一个不平常的大时代里，这其中的喜怒哀乐，失望与盼望，悲观与信仰，能有谁将活的语言来一泻数百年来我们这民族的灵魂里至痛至深的创伤与不变不屈的信心。因此我在译这首艰难而冗长的长诗时，时时为这种盼望所鼓舞，愿他早与读者相见。"（《时事新报》1940年5月14日）由此可见赵萝蕤的思想识见是与她所处的时代合拍的。她希望通过好的文学作品振奋中国人的精神，进而使国家富强、昌盛。所以她说："一国的文学就是一个民族的灵魂的表现，个人的文章就是他个人的灵魂的表现。如果我们还盼望着人类的进步、光明，国族的昌盛、繁衍，个人的健康与幸福，终不欲堕入空虚，衰竭与愚妄中去。因此我们应该十分重视文学……文学应该在人类的'心理建设'上占最重要的一席。"（《我们的文学时代》）以后的半个世纪的活动证明赵萝蕤正是行进在这条道路上。

"文革"十年使中国的教育、科学、文化事业几乎停顿，颇有沙荒之感。"文革"结束之后，年届古稀、一生以读书为乐、坚信只有忠于时代的现实的（不论是精神的或物质的）才有正确可能的赵萝蕤，在她的小屋里聆听着贝多芬的交响曲或《命运》或《田园》或《合唱》或《月光》……尤其那震慑人心的"欢乐颂"，将给她怎样的舒解与鼓舞。想想贝多芬在如石聋绝之后，在孤寂的痛苦之中仍热烈地希望人们能冲破黑暗走进光明，

晚年赵萝蕤

生活充满友爱、平和、幸福的伟大意愿，赵先生可能心同此心并向往之，于是她又将半个世纪前的旧译作重新修订出版，让人们再次从《荒原》中得到启迪、借鉴的希望，大概是她此举的动力。

赵先生此次修订《荒原》全诗及其注释是仔细的、严谨的、"畅所欲为"的，决无马虎之处。第一节"死者葬仪"开头便是：

1937年版（赵自称为不彻底的直译法）
四月天最是残忍，它在
荒地上生丁香，参合着
回忆和欲望，让春雨
挑拨呆钝的树根。
冬天保我们温暖，大地
给健忘的雪盖着，又叫
干了的老根得一点生命。
1980年修订版（赵称比较彻底的直译法）
四月是最残忍的一个月，荒地上
长着丁香，把回忆和欲望
参合在一起，又让春雨
催促那些迟钝的根芽。
冬天使我们温暖，大地

> 给助人遗忘的雪覆盖着，又叫
> 枯干的球根提供少许生命。

对照一读，不难发现两段译文异同的微妙和由此体现的译者的心声。后段译文更靠近原作，更接近原作的形式和内容，其笔调的变化显现出成熟。

赵译《荒原》自 1937 年面世后，即对我国新诗的创作产生了相当的影响，不少现代派诗人起而效仿，邢光祖先生在《西洋文学》杂志上撰文评介认为："艾略特这首长诗是近代诗的'荒原'中的灵芝，而赵女士的这册译本是我国翻译界的'荒原'上的奇葩。"所谓 1930 年代出现的"荒原冲击波"（《中国现代主义诗潮史论》）亦与赵译《荒原》不无关系。研究资料表明，当年的西南联大在朱自清、闻一多、卞之琳、李广田、冯承植、燕卜荪（William Empson）等著名诗人的影响下，一批青年学生开始系统地研读艾略特、奥登等人的西方现代诗歌及诗歌理论，这其中就有穆旦（查良铮）、袁可嘉、王佐良、郑敏、杜运燮等后来称之为"九叶派诗人"中的一些人。穆旦的诗被认为是最深刻地体现了 1940 年代新诗现代性的探索，请看他的《出发——三千里步行之一》记述了西南联大师生步行团从长沙到昆明的三千多里路途中的感受：

> 澄碧的沅江滔滔地注进了祖国的心脏，
> 丛密的桐林、马尾松、丰美的丘陵地带，
> 欢呼着又沉默着，奔跑在江水的两旁。
> 千里迢迢，春风吹拂，流过了一个城角，
> 在桃李纷飞的城，它摄了一个影：
> 黄昏，——寒冷，——一群站在海岛上的鲁滨孙
> 失去了一切，又把茫然的眼睛望着远方，
> ……
> 在清水潭，我看见一个老船夫撑过了急滩，笑……
> 在军山铺，孩子们坐在阴暗的高门槛上
> 晒着太阳，从来不想想他们的命运……
> 在太子庙，枯瘦的黄牛翻起泥土和粪香，
> 背上飞过只蝴蝶躲进了开花的菜田……
> 在石桥，在桃源，在郑家驿，在毛家溪：

我们宿营地里住着广大的中国的人民，

在一个节日里，他们流汗，挣扎，繁殖！

……

（重庆《大公报》1940年10月21日）

从中不难看出"荒原"意识的影子。1980年代，赵萝蕤全力修订《荒原》时，面对着"文革"造成的中国科学、教育、文化的荒凉局面，自然企盼时代精神强烈的《荒原》能促动中国文坛春天的到来。

三　十二寒暑译《草叶》

赵萝蕤先生那一代人，经历过军阀混战、抗日战争、解放战争、社会主义改造运动、"文化大革命"等社会变动，他们对民主与科学的理念自是更加深刻。磨难是智慧的磨刀石。赵先生半生坎坷，必思有所得，年过古稀之后，不顾衰病之躯，大量阅读能找得到的有关"我生来就是个民主派"的美国诗人惠特曼的著作，以及惠特曼本人的著作。惠特曼那种置身船夫、马车夫、机械工、渔夫、农家子、领航员、挖蛤蜊的人、杂工等流汗并散发着汗臭的普通人之间，并同这些人有许多相通的感触的平民意识，以及他宣扬个性自由和发展，由完美的个人相互紧密团结组成民主国家的思想，为赵先生所赞赏。历经十二寒暑，译出《草叶集》并撰写多篇关于惠特曼及《草叶集》的评析文章，从中我们约略可以探知赵先生的所思所想所感所叹。

惠特曼（Whitman, Walt, 1819~1892），美国著名诗人。他只受过五年初级教育，靠悉心观察生活、博览群书以及音乐戏剧的熏陶，自学成才。因此，他的作品形式奇特，思想大胆，语言生活化，内容更关注普通人并倾注了他深厚的感情，使当时一般保守的文人和读者感到陌生。当1855年《草叶集》第一版面世后，反应冷淡，批评多于称赞，指责他"狂妄、自大、庸俗、废话"，甚至说："沃尔特·惠特曼和艺术无缘，正像蠢猪和数学无缘一样……他应该受执法者的皮鞭。"然而他笔耕不辍，执著地表现美国最注重的、在于精神方面的顽强与勇敢。他说："一个诗人必须和一个民族相称……他的精神应和他国家的精神相呼应……他是她地理、生态、江河与湖泊的化身。""在世界上无论什么时候，美国人的诗歌意识可能是最饱满的"，

"合众国的天才的最佳表达者是普通人……总统向他们脱帽而不是他们向他——这些就是不押韵的诗"。他的不懈努力，终于在他年近半百时得到了应有的回应。1868年英国文人罗塞蒂编辑出版了他的诗集，并受到史文明、叶芝等诗人与评论家的赞扬，此后，惠特曼作品的价值逐渐为人们所认识。赵译《草叶集》上下两册，计761千字，共收入360首诗，其中补编一，67首；补编二，32首；补编三，14首。

对这360首诗，赵萝蕤先生在《草叶集·译本序》《我自己的歌·译后记》《惠特曼抒情诗100首·译后记》《惠特曼诗二首评析》《一部划时代的杰作——〈草叶选集〉评介》《〈草叶集〉的前沿阵地》等文章中，只介绍评介了这360首中的十几首，如《我歌唱"自己"》《我自己的歌》《一路摆过布鲁克林渡口》《在兰色的安大略湖畔》《一首波士顿民谣》《来自不停摆动着的摇篮那里》《职业之歌》《大路歌》《阔斧歌》《展览会之歌》《在路易斯安娜我看见一株四季青的橡树在成长着》《再见》……而赵文着墨较多的是前三首，并称《我自己的歌》是惠特曼诗中最有代表性、最卓越的一首，"也是百余年来在西方出版的最伟大的长诗之一"（《一首划时代的美国史诗》）。而在权威的《简明不列颠百科全书》惠特曼条中，却只字未提《我歌唱"自己"》《我自己的歌》，但提及了《一路摆过布鲁克林渡口》（《日落诗》）、《来自不停摆动着的摇篮那里》（《海说的话》）、《通向印度之路》、《最近紫丁香在庭院里开放的时候》、《哥伦布的祈祷》、《海上平静的日子》等。

赵萝蕤先生认为《我自己的歌》是惠特曼的最伟大的长诗，始终占据着《草叶集》的中心位置，是"最有代表性、最卓越的一首长诗"。她赞赏惠特曼强烈的民主要求，提倡个性的自由和发展，歌颂与物质并行不悖的精神力量，反对蓄奴制、主张自由贸易以打破壁垒促进各民族团结等始终不渝坚持的信念。赵萝蕤在不同的文章中多次评析《我自己的歌》，认为惠特曼的民主思想包括两个方面：一方面是离心的，独立的，与众不同的，自由发展的"个性"；一方面则是向心的，归属于集体的，人人平等的，紧密团结的"全体"。由许多个性发达的个人，团结得像兄弟像同志，才能构成一个民主国家。所以《我自己的歌》一开头就是：

"我赞美我自己，歌唱我自己，
我承担的你也将承担，

因为属于我的每一个原子也同样属于你"。

而到《我歌唱'自己'》中则成为：

"我歌唱'自己'，一个单一、脱离的人，

但是也说出'民主'这个词，'全体'这个词。"

他甚至大声的疾呼：

"沃尔特·惠特曼，一个宇宙，曼哈顿的儿子，

……

我说出了原始的口令，我发出了民主的信号。

天啊！如果不是所有的人也能相应地在同样条件下得到的东西，我决不接受。"

（《我自己的歌》）

赵先生赞赏的正是诗人惠特曼所宣扬的个性发展并不是狭隘的自私自利的个人主义，而是"个性神圣"，肯定每个人的神圣不朽的价值。因为个人或个性发展不完全，民主也就很难健全，只有一个个人有第一流的品质，才可能造成第一流的国家。惠特曼认为民主的基础是丰满、繁茂、多样化的神圣的个人，十分舒展而发达的个性是神圣的，是可以大有作为的。所以他说："只要产生伟大的个人，别的自会水到渠成。"（《草叶集·下》，第591页）试想在"反右""文革"等运动中所表现的人性的丑恶方面还少吗？可以想见，赵萝蕤这位历经磨难的才女在研读惠特曼的诗文时，定会产生强烈的共鸣，她渴望友爱待人，渴望人人平等，而且不仅是物质上的平等，更重要的是精神与灵魂的互相慰藉。惠特曼说的：

借助我的渠道发生的是许多长期以来暗哑的声音，

历代囚犯和奴隶的声音，

……

被别人践踏的人们要求权利的声音，

畸形的、渺小的、平板的、愚蠢的、受人鄙视的人们的声音。

（《草叶集》，第93～94页）

这是否代表了赵先生想要发出的声音呢？

赵先生说惠特曼"高高举起的旗帜就是普通人的旗帜：一切生气盎然、

一切充满希望的生灵的旗帜。在诗的头十一节中就有三个段落是写普通人生活的，写得又是多么感情深挚、情节动人啊"。尤其是描写收留逃亡黑奴的那一段：

> 一个逃亡的黑奴来到我家并在外面站住了，
> 我听见他的响动声，他在折断着木柴堆上的细树枝，
> 从厨房半开的门里，我看见他四肢软弱无力，
> 我走到他坐在木料上的地方，引他进屋，让他放心，
> 又给他满满倒了一盆水，让他洗洗身上的汗渍和带着伤的两脚。
> 还给了他一间通过我自己房间的屋子，给了他几件干净的粗布衣服，
> ……
> 进食时我让他坐在我身旁……
>
> （《草叶集》，第72~73页）

这真情的表露和生动的描写，曾让赵先生大为感动，因为人在困难时是需要同情和帮助的，而这就是向心力、集体力量的体现。她看到了"《草叶集》中强调个性的诗不少，但是强调同志和伙伴之间感情的诗更多"（《惠特曼诗二首评析》）。赵先生欣赏惠特曼的富于同情弱者的两句名言："谁要是走了将近一英里路尚未给人以同情，就等于披着裹尸布走向自己的坟墓。"（《我自己的歌》第48节）惠特曼不仅同情普通人，希望人人向上，他更是希望能尽力帮助、鼓舞那些贫弱者：

> 我抓住那往下走的人，用不可抵抗的意志把他举起，
> 啊，绝望的人，这里是我的脖子，
> 天啊，决不容许你下沉！把你的全部重量压在我身上吧。
> 我吸足了气使你膨胀，我使你浮起，
> ……
>
> （《我自己的歌》第40节）

惠特曼的长诗《我自己的歌》，几乎包括了他毕生的主要思想，他希望人们能心胸开阔、个性解放、互助友爱，以身心灵肉的自由，促进民主国家、民主社会的形成。他说：

我歌颂"扩张"或"骄傲",
我们已经低头求免得够了。

(《我自己的歌》第21节)

《我自己的歌》赵译单行本曾于1987年由上海译文出版社出版,可见赵先生对它的重视。

赵先生认为惠特曼主张个性自由与紧密的全体的主要思想基础是"人的同一性"。如他喜欢拥挤的人群,熙熙攘攘的大街,他喜欢坐在这些只穿衬衫,晒黑了的、没有剃胡子的,两手像巨灵掌似的,发出汗臭的普通劳动者中间。因为在那里,"个性"或"个人"完全被淹没了,有的只是"全体"。他感到自己与这些人有过或有着同样的经历:走过同样的大街、在同一海水里洗过澡、在同一城市里生活过、想过或想着同样的问题,甚至有过或有着同样不光彩的行为:"不只是在你身上才落下斑斑黑影,昏暗也曾在我身上投下黑影。"(《一路摆过布鲁克林渡口》)这种"人的同一性"是人人平等的基础,也可能是赵先生从不抱怨,从不提及自己的伤痛的原因之一。要不如何理解她对惠特曼主张人民当家做主的肯定呢?

赵先生在1986年曾著文说惠特曼:"一贯鲜明地宣传人民当家的制度,他写道:'唉,世界上任何政治组织中一切重大的好东西都是动乱和破坏的结果……一个安静满足的民族迟早要变成奴隶……但有了崇高的民族精神——即使伴随着不正常和过火的行为——人民就永远不会受奴役了;这个国家所遇到的噪杂和骚乱的场面——甚至一切动荡和斗争——都是看着令人高兴的。它们表达了人民是在行动,这是一个青年巨人在获得成熟的力量时受到的锻炼……我们非常懂得民主的运转并非在一切细节上总是合理的。但是澄清空气的巨风没有,大自然就会趋于毁灭——难道它们在过程中这里那里刮倒棵把树就应受到谴责吗?'"(《我的读书生涯》,第76~77页)

虽然如此,赵先生还是希望不要过分激进,要谨慎。也许正是这个原因,她对《来自不停摆动着的摇篮那里》这首爱情和死亡的颂歌只有三言两语的介绍。而实际上她对此诗定有痛切的感受和强烈的震撼。可以想见她在斟酌如下诗句时会是怎样的情景:

两个在一起!
……

一直在歌唱，忘记了时间，
　　我们俩厮守在一起。（第4节）
　　但是突然，
　　……
　　一天上午那雌鸟没趴伏在巢里，
　　下午也没再回来，次日也没有，
　　从此就再没有出现。（第5节）
　　大声！大声！大声！
　　我大声呼叫着你，我的爱侣！
　　高昂而清晰，我把我的声音越过波浪抛掷出去，
　　你肯定知道谁在这里，在这里，
　　你肯定知道我是谁，我的爱侣。（第14节）
　　啊，过去！啊，幸福的生活！啊，欢乐的歌声！
　　在空气中，在树林里，遍及田野，
　　曾经爱过！爱过！爱过！爱过！爱过！
　　但是我的伴侣已不在，不再和我在一起！
　　我俩已不在一起。（第24节）
　　……

　　我们无法知道赵先生译读这些极易引起共鸣的段落时的心境，也许她是在贝多芬的《命运》《合唱》《田园》《月光》等陪伴下阅读的，也许当年燕东园36号夫妇唱和编著《梦家诗存》的情景又在眼前浮现，也许稿纸上印满了泪痕，也许陈梦家的音容使她久久不能入睡，也许连续数日不出家门半步一直沉浸在梦里……贝多芬说："音乐是比一切智慧、一切哲学更高的启示……谁能渗透我音乐的意义，便能超脱寻常人无以振拔的苦难。"（《贝多芬传》，第77页）总之，她译述这首《来自不停摆动着的摇篮那里》决不轻松，很可能已融在了其中。但是在她的评介文章中着墨甚是淡稀。惠特曼说："这不是一本书，谁接触它就是接触一个人。"（《草叶集》，第876页）。同样，我们可以说，阅读赵萝蕤先生的文章、译著，就是在走近赵萝蕤，体会她的心境，品味她的学识修养，领略她的治学之道，感受她的人生历程。

　　研究惠特曼，全译《草叶集》，是赵萝蕤晚年历十二寒暑，集一生学养

完成的一桩伟业，因此学术界为之震动。1988年2月16日《纽约时报》曾在头版刊出长篇报道，其中说："一位中国学者竟能如此执著而雄心勃勃地移译我们这位主张人人平等的伟大民族诗人的作品，真使我们惊讶不已。"为此，1991年母校芝加哥大学在建校百年时，邀请赵萝蕤博士回校参加庆典并向她颁发了"专业成就奖"。

四　学者风范

做学问先博后专，由博返约，大概是通则。赵萝蕤先生自幼立志要做一个什么学位也没有的第一流学者，想学尽可能多的东西。在芝加哥大学专攻美国文学之后，她对美国小说家，"一个描写优美良知的史学家"亨利·詹姆斯（Henry James, 1843～1916, 1915年入英国籍）的作品深感兴趣，阅读了能找得到的几乎全部亨利·詹姆斯的作品，并花了几年的时间，在纽约十四街、费城、波士顿等各处书店搜集了他的小说、书评、多种旅行杂记、书信集、传记、未完成小说等各方面的作品，数目相当可观，那时芝加哥大学教授、美国文学专家维尔特称赵萝蕤算得上美国第三名詹姆斯图书收藏家了。

正是由于赵萝蕤广博宏深的文学、音乐、戏剧等中西人文修养，所以她在翻译以晦涩难懂且用典多、注释多、引用外语多而闻名的《荒原》时才能得心应手。其功力在译《草叶集》时更见深厚。但是翻译一事历来见仁见智，中国近代翻译西洋文学、哲学、科学、社会学等书籍，介绍西方先进思想到中国起到启蒙新知作用的大家要算林纾与严复二人最为有名，所以康有为称："译才并世数严林。"但是严、林二人对此评价均有异议，后人虽赞佩林、严的译才，尤其是林纾一个外文字不识，却译了一百多种外国文学作品，如小仲马的《巴黎茶花女遗事》等。林纾自视古文高手，并非"翻译徒"，说明他是意译，凭中文修养的再创作，可见母语修养的重要。对严译也一样，冯友兰先生曾指出严译《天演论》并不是赫胥黎《进化论与伦理学》，他是根据当时的国情，结合国情需要"精译'天演'，略去'人论'"的结果，所以严译为坚持直译者所诟病。意译、直译一直并存，因其各有千秋，都有存在的道理。前文提到的贝多芬第九交响曲中的"欢乐颂"就不止一种译法，比较常见者为：

> 欢乐女神,圣洁美丽,
> 灿烂光芒照大地!
> 我们心中充满热情,
> 来到你的圣殿里!
> 你的力量能使人们,
> 消除一切分歧,
> 在你光辉照耀下面,
> 人们团结成兄弟。

韩桂良先生对赵译的《我自己的歌》撰文提出几点意见进行商榷(《中国翻译》1991年第1期,第48~53页),是很正常的。赵萝蕤细读韩文之后,认为"是一种很大的收获",是很难得的相互交流,认为"翻译界互相切磋技艺、讨论问题是很重要很有益的事,希望今后常能读到讨论文学翻译,特别是诗歌翻译方面的文章"。她还认真考虑了韩的意见,改进了某些译文,如44~45行:

> Urge and urge and urge,
> Always the procreant urge of the world.

1987年赵译单行本为

> 努力推动、推动又推动,
> 永远顺着世界的繁殖力而向前推动。

1991年《草叶集》中从韩意则为

> 冲动,冲动,冲动,
> 永远是世界繁殖力的冲动。

从善如流,不是随波逐流,赵萝蕤一贯主张内容与形式贴近原作,自己对的还是要坚持到底,不能随便放弃,如116~118行:

> This grass is very dark to be from the white heads of old mothers,
> Darker then the colorless beards of old men,

Dark to come from under the faint red roofs of mouths.

韩建议译文：

说这把草来自老母亲的白头，那它就（显得）太黑了，
说它来自老头们无色的胡须，那它就（显得）更黑了，
说它是从嘴上那粉红的唇盖下长出，它也（显得）太黑。

赵坚持译为（1991年版）：

这枝草乌黑又乌黑，不可能来自年老母亲们的白头，
它比老年人的无色胡须还要乌黑，
乌黑得不象来自口腔的浅红上颚。

两相对照，不难看出与前述"欢乐颂"的情况相似，韩译属于意译，比较流畅；而赵译是一种保持原作风格的直译。

不管风格如何，有一点是值得注意的，那就是赵萝蕤先生很注重作品的内涵，除翻译、评介了《荒原》《草叶集》《黛茜·密勒》《丛林猛兽》等之外，她欣赏亨利·詹姆斯对优美、淳厚的个人品德的赞美，和把个人品质和他人利益置于首位的写作主题，以及他全神贯注于人物内心活动、品质情操即心灵美的描写，而不是故事情节的描绘；她以高度的热情介绍《致命的风暴》一书，该书描写在纳粹统治下，一个诺贝尔奖得主、著名医学教授、犹太人，仁慈、善良、思想自由的洛斯一家人不同的命运；她译介亨利·瓦兹沃斯·朗费罗描写一个印第安民族英雄一生英勇与勤学事迹的《哈依瓦撒之歌》，并称它是"美国第一首描写印第安人的史诗"；她称赞批判现实主义的杰出作家狄更斯同情穷苦人，歌颂小人物，憎恨统治者的作品有巨大的感染力和认识价值……正如她自己所说："一国的文学就是一个民族的灵魂的表现；一个人的文章就是他个人的灵魂的表现。"这一切显示赵萝蕤先生是一位有追求的、思想深邃的、热爱生活的、关注国族命运的、贴近普通人的文学翻译家。

(原载《北大的才女们》，北京大学出版社，2009)

高小霞：平凡的人生，非凡的探求

高小霞（1919~1998），浙江萧山人，分析化学家，北京大学教授，中国科学院院士。1944年毕业于上海交通大学化学系，1951年获美国纽约大学理学硕士学位，同年5月回国任教于北京大学。她曾任中国化学会常务理事，《分析化学》《中国稀土学报》《高等学校化学学报》等刊物编委，《分析化学丛书》主编，国务院学位委员会学科评议组成员，全国人大代表，全国政协委员，北京市政协委员，北京市科学技术顾问等职。科研成果曾获国家自然科学奖、北京市科技进步奖、国家教委科技进步奖等。主要著作有《电分析化学导论》《极谱催化波》《铂族元素的极谱催化波》《稀土农用和电化学分析》等。

一 院士伉俪

中国科学院院士、中国工程院院士，是国家在科学技术方面设立的最高学术称号，具有崇高的荣誉和学术上的权威性，是中华民族现今科学技术队伍水平和声誉的代表，是中国科技人员中的卓然超群者，约占整个科技队伍人数的万分之一。而在这凤毛麟角的院士中，竟有十几对院士夫妇，双双在科学技术领域比翼高飞，闪现出耀眼的光辉。相濡以沫半个多世纪的北京大学教授徐光宪、高小霞伉俪便是这令人羡慕的两位。

徐光宪、高小霞同是浙江人，他们的故乡绍兴与萧山本相隔不远，后又同在上海交通大学化学系就读，真是天缘机巧，他们的

1946年4月18日徐光宪与高小霞在上海结婚

住处又相隔不远。因为高小霞的文学才华和英语水平高,她讲的莎翁(shakespear)剧本和狄更斯(Dickens)的故事传神有趣,并能熟练地用英语背出其中的大段对白名句,徐光宪静心屏气地听,边听边想,常常告别时已是很晚,以致有一次徐光宪要回家时,高小霞送他到门口发现放在门口的自行车不翼而飞了,不知被哪位梁上君子顺手牵了羊。徐光宪只好步行回家。

20世纪40年代末,他们先后赴美留学分别攻读量子化学和分析化学。1951年徐光宪取得博士学位,适逢抗美援朝战争爆发,他们决心回国效力,不能再在一个与祖国交战的国度里待下去,为此徐光宪放弃了优越的工作条件和优厚的待遇,高小霞放弃了即将到手的博士学位,义无反顾地回到刚刚成立不久、百废待兴、依然贫穷的祖国。1951年的5月中。经好友唐敖庆教授的介绍,到著名的北京大学任教,并一直在这里教书、科研,几十年从未离开。

几十年来,徐光宪先生在量子化学、化学键理论、络合物化学、萃取化学、稀土串级萃取及其工业应用等方面取得了丰硕而卓越的成就,曾获国家自然科学奖、何梁何利奖、省部级奖多项,并获国家最高科学技术奖。在此同时,高小霞教授一直从事分析化学的教学与科研,她在仪器分析、电化学分析、极谱分析等方面成就卓著。她创建的络合吸附波研究法,具有简便、灵敏、快速、省钱等特点,适合我国国情,具有中国特色,推动了国内同行对极谱催化波的研究,其中她开创的稀土元素极谱分析法的灵敏度比国外同类工作提高三四个数量级,受到国际上的重视。美国稀土学权威 K. A. Gschneidner 和 L. Eyring 教授特邀高小霞教授撰写 "稀土的极谱催化波分析" 专章,收入他们主编的大型工具书稀土化学与物理手册 Handbook on the Physics and Chemistry of Rare Earths 第8卷,该手册已为国际稀土学界视为经典。她的《极谱催化波》《稀土农用与电分析化学》等成果受到同行的高度评价,她的研究成果曾获国家自然科学奖、国家教委科技进步奖、北京市科技进步奖等多项。

高小霞教授心灵手巧,又曾在中央研究院化学研究所做过吴征铠、梁树权教授的助手,受过严格的实验训练,因此动手能力很强。早在1953年前后,高小霞教授曾用K式电位计自行组装极谱仪,不仅节省开支,而且灵敏度提高了500倍。在几十年的教学科研中,高小霞教授经常根据实验需要自

高小霞（前左三）与她的科研组

已组装仪器设备。她这一优势曾给予徐光宪先生转换科研方向提供了有力的帮助。徐先生回忆说："记得刘若庄教授（中科院院士）曾说佩服我能快速转变研究方向，但他不知道我得益于高小霞的启发和帮助。"原来徐先生主修量子化学，1952年院系调整后，徐先生的任务有所变化，不仅指导量子化学的研究生，还要指导本科生的毕业论文，为了开展相应的实验研究，徐先生从高小霞处学到用K式电位计组装的极谱仪（灵敏度提高500倍）和用K式电位计加氢电极组装的pH计（灵敏度可达0.001pH单位）等。用这些仪器研究溶液络合物，又用四甲基铵盐维持恒定离子强度，这样发现了通常认为没有络合作用的碱金属和碱土金属也有络合作用。在徐先生指导下，吴瑾光同志测定了多种碱金属羧酸和氨基酸络合物的稳定常数，开创了溶液碱金属配位化学的方向，对三十年后研究钾和钠离子在生物膜中的通道有深远的影响。徐先生甚至认为"如果没有高小霞的帮助，我要从理论研究转向实验研究，恐怕很不容易。只靠量子化学的一些基础，很可能在北大站不住脚"。徐先生谈起夫妇二人相互帮助、相互启发，经常晚上一起在化学南楼做双指示电极实验，到半夜才双双骑车穿过宁静而美丽的燕园回到中关园宿舍的美好日子，幸福之感溢于言表。

在几十年的教学中,高小霞、徐光宪教授带出数十名博士生、硕士生,本科生更是不计其数。在这些学生中常有徐先生的硕士生,读高先生的博士的,也有高先生的硕士生投到徐先生门下读博士的;因此他们有许多共同的学生。这些学生中有中国科学院院士、大学校长、学院院长、中国人民解放军的将军,更多的是在教学科研第一线的骨干中坚教授。由于他们教学科研成就斐然,双双在1980年成为中国科学院院士,成为人们羡慕的院士伉俪。

二 人生之"三四三"

在科学的道路上曲折前进是艰辛的,为了探索某些机理、奥秘,有的科学家穷毕生精力孜孜以求。高小霞教授取得的成就是辉煌的,但她深知实验室的人为条件离自然界的真实情况还有很大距离,自然存在远比实验复杂得多,为了揭示现象背后的本质,"尚有待更多的工作"。因此,她把吃饭、睡觉等必要的时间以外的光阴都花在教学和研究上。

女儿们从小看到的是,放学回家父母各自趴在桌子上,各干各的,很少与她们聊聊天,很少管她们的事,更不用说沟通思想,增加了解。所以女儿们说她是个好妈妈,"就是这一点不够好"。他们的女儿们虽然从小没有能享受与父母一起玩游戏的快乐,但却从父母那里学到了如何学习和工作。如今她们已长大成人各有自己的事业,继承了父母的忘我工作的精神,有时要在实验室连续工作两个星期不能回家,比起母亲高小霞有过之无不及。看到这种情况,高小霞倒担心起女儿的身体了,可是从来不考虑自己的身体。在用层析柱进行叶绿a、b的分离时,从下午三点直到晚上十一点四十五的观测记录(《稀土农用与电分析化学》,第207页)说明他们工作到深夜是常有的事。而在分析根系伤流液的成分实验中,则需作120小时的观测记录。(《稀土农用与电分析化学》,第32～33页)科学家的工作艰辛于此可见一斑。化工专家,中科院院士侯祥麟说得好:"一个科学家,不能只靠8小时工作。"(《院士风采》,第78页)参加第一颗原子弹研制工作的奥托弗里施(Otto Frischers)在《科学家伟人趣事——我的一点回忆》中说,在制造原子弹的日子里"我每天工作长达17个小时,每天干到拂晓才睡觉,不到中午又起来接着干"。可见中外科学家都差不多。

周性尧教授是高小霞教授1957年的研究生,四十多年过去了,他还清楚地记得那年年三十下午,在化学系资料室,最后只剩下他们师生二人在查资料,直到管理人员打铃闭馆,他们才不得不整理书包离开。其实周性尧本打算看一会书就早点去街上走走的,但看到高先生那样宁愿与家人少待一会儿而多查资料的勤奋,他感动不已。直到晚年他说起高先生身教重于言教的事例时,仍感慨不已。

高小霞教授这种勤奋学习工作的状态不仅在年轻时如此,到晚年依然如此,甚至在身有伤病之后,高先生还是坐在轮椅上让徐先生或学生们推着到实验室指导研究。她工作认真,矻矻终日。她的专著《极谱催化波》58万多字,图表近400幅,其最后定稿是她亲笔手写誊清的,并且字迹端正清秀,学生、同事看后无不肃然起敬,感动不已,异口同声称赞高先生。但她由此落下了手指痛的毛病,毕竟此时她已年过古稀。钱三强院士的话可以真实说明高小霞教授的情况:"古往今来,凡成就事业对人类有所作为的,无不是脚踏实地艰苦攀登的结果。"(《院士风采》,第104页)

高小霞教授全身心地投入教学和研究,对自己的生活则简单朴素为要。平日的穿着让学生看着寒酸;当中央电视台《东方时空》节目采访她时,她穿的毛衣是朋友借给她的。她喜欢吃桃子,有时碰上了买几个,却常常忙得忘记吃,当看到好好的桃子烂掉了又十分惋惜。住院时正值炎热的夏天,她身穿的还是不吸汗的已很少有人穿的的确良衬衣,护士看了很不理解这样一位名教授、院士为何如此不会生活,不会享受。她对女儿的一段谈话可以清楚说明原因:"如今我们都70多岁了,还在工作,不会享受生活……什么是享受生活?我从来没想过,当我和你们的爸爸付出很大的艰辛,做的工作得到了社会的承认后,那种高兴的心情是一般人理解不了的。享受的快乐已经融进在我们的工作之中,我们已很满足了。"(《妇女杂志·未名湖畔夜话》)

高小霞教授在她77岁时,用自己一生的经验寄语青年:"在科学的不平坦道路上,人的智慧(指数、理、化基础)占三分,机遇(指当前科技兴国的盛世机遇)也占三分;而自己的勤奋努力,不畏困难的献身精神却占四分,因此,寄希望于我们年轻同学和青年科技工作者,刻苦学习,抓住机遇,不断攀登,作出学术上有国际领先水平,应用中起重要作用的优秀成果来,为建设科学繁荣的伟大社会主义祖国而努力奋进!"(《稀土农用与电分析化学·寄语青年读者》)可是老伴徐光宪院士说:"小霞的勤奋超过四分,她很不容易。"

高小霞教授自奉甚俭，近于吝啬，但对自己的邻居、同事从来都是尽心尽力给以帮助和关爱，常常慷慨解囊，给予接济，对学生更是视同子女，备加关爱。一位家庭困难的同学因病住院，高小霞得知后立即叫人送去2000元。过年过节，一些回不了家的学生常被高、徐两位先生邀请到家里共度节日。有时学生家属来京探亲，也被邀请去做客。为帮助贫困地区儿童能上学读书，她为希望工程先后捐款数千元……谈起高小霞教授的为人为学，同事们、学生们无不敬佩。

我国气象学家赵义炳院士说："衡量一个科学家的成就，有三个标准：一、科学工作的创新性；二、对科学前沿的敏感性；三、带出一代新的科学家。"（《院士风采》，第16页）高小霞教授是完全符合这三个标准的有成就的科学家。除前面提到的科研成果外，她主持的国家自然科学基金重大项目《电化学分析和分子光谱分析的基础研究》《极谱催化波的机理研究及应用》等多项成果具有创新性，处于国际先进水平；她有对科学前沿的敏感性，能看准分析化学的发展方向，主持"生命科学中的电化学分析和分子光谱分析研究"，提出了电分析化学在生物超分子功能研究中的一些工作设想和分析化学今后的发展方向，实际上已站到生命分析化学的前沿。

三　梦想成真

高小霞教授出生在浙江萧山农村，十一岁才随收入微薄的父亲到上海读书。十里洋场的上海滩，正如诗圣杜甫的名句"朱门酒肉臭，路有冻死骨"。高小霞看到的是一边是灯红酒绿、纸醉金迷的奢靡，而另一边却是食不果腹、衣不蔽体甚至雪地饿殍的惨状。她幼年的心常常被愤慨和同情痛苦地折磨着。那年一位小堂姐因家中无米被卖去江北做童养媳，她陪着婶妈大哭一顿，这样的情景常常会出现在高小霞的记忆里。因此，她自小暗下决心，将来一定要学点本领，独立自强，才好不被欺侮。所以在上海她长年穿着一件士林蓝布衣服，中午买块烤白薯充饥，顽强地奔走在学校和家之间。晚上给家庭富裕人家子女补习功课时，才能在学生家里好好吃上一顿晚餐。据徐光宪先生说，她前半生的求学之路大部分时间都在半工半读中艰难度过，包括在美国攻读研究生也是如此。"她很不容易"。

高、徐二位筹借留学费用先后赴美读书，艰苦奋斗，学业有成，徐光宪以优异成绩取得博士学位后,导师要留他在哥伦比亚大学当讲师或推荐他去芝加哥大学做 Mulliken 教授的博士后,待遇优厚,高小霞就可以辞去分析员的工作,结束半工半读生活,全力准备博士论文。但当时中国已开始抗美援朝,中美成了交战国,在美国机要部门的中国学者已被注意,并且美国国会即将立法阻止中国留学生回国。钱学森回国已受阻,他们决心放弃一切,不能再待在与祖国作战的国度里。当高小霞做出回国决定后,向导师康奈尔医学院 V. De Vigneand 教授辞职时,De Vigneand 提出工资加倍的条件来挽留她。因为 De Vigneand 教授发现这位中国女生做微量元素分析和同位素分析不仅又快又准,而且经其抽检核查从来没有发现出过差错。然而高薪和优越的生活条件、科研条件,还有即将到手的博士学位都不能动摇她回国效力的决心。因为她们那一辈人亲身经历过落后困苦的滋味,深深懂得祖国富强的重要,在他们心中"祖国再穷也是自己的"(钱三强语),而"我是一个中国人,当然要回中国去"(汤佩松语),"我的事业在自己的祖国"(唐敖庆语)。于是高小霞、徐光宪夫妇在 1951 年 5 月回到了刚刚解放不久、百废待兴的新中国,应北京大学之聘,双双执教于北大化学系。

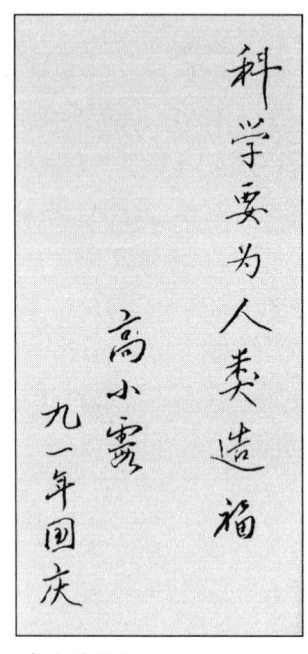

高小霞题词

当时的北京大学化学系,条件十分困难,分析化学教研室只有分光光度计和 pH 计等少量仪器。教研室安排主攻分析化学的高小霞准备开设仪器分析课,面对这样简陋的设备,她采购来捷克生产的照相式极谱仪,但使用中她发现这种照相式极谱仪测定极谱半波电位的灵敏度太低,只有 0.01 V。为了提高灵敏度高小霞根据自己在纽约大学做过的极谱分析实验,向物理化学实验室借来 K 式电位计和微安培电流计试着组装极谱分析仪,结果自己组装的这台仪器在测定极谱半波电位时灵敏度达到了 0.02 mV,比采购的照相式极谱仪提高了 500 倍。后来又用 K 式电位计加氢电极自行组装了高灵敏度(达 0.001 pH 单位)的 pH 计等多台设备,逐渐开展起电分析化学的教学与研究,还边干边学建立了北大的光谱实验室,编写了《仪器分析》教材,在高小霞的努力下,北大分析化学专业成为国内高校最早开设仪器分析课程的专业之一。

科学家的工作不外乎探求客观世界是什么和为什么会如此，然后研究如何用来为人类造福，趋利避害。高小霞在美师从纽约大学分析化学专家 Benedetti Pickler 教授，加深了一个理念：分析化学研究不仅仅是知道是什么（Know how）？解决分析任务，而是要知道为什么（Know Why）？探索分析方法的机理。机理清楚了才能说明白客观事物何以会是这样，而不是那样，才能有根本性的发现，才能做出原创性的工作。在 1950 年至 1958 年期间，高小霞、徐光宪等先生在关于电流滴定法、双指示电极滴定法测定微量元素的工作中，在检验从对双指示电极滴定法推导出各种参量对理论滴定曲线的影响时，发现插入一个外加电阻，可以大大提高滴定极稀溶液的终点的灵敏度，并用实验加以验证。这些工作总结《双指示电极滴定法 I. 电流滴定曲线的理论分析》和《双指示电极滴定法 II. 双指示电极电流滴定理论曲线的验证》分别发表在中国化学会会刊《化学学报》［1958 年 24（1）：1 - 12］上。该项研究解决了当时电分析化学家 Delahay、Kies、Duyckaerts、Gauguin、Charlot、Bradbury 等人未能解决的难题，处于世界领先地位。但是当年这类科研成果只允许在国内学术刊物上发表，不允许寄发国外，如果当年能允许把论文送给 JACS（《美国化学会志》）或 Anal Chem［《分析化学杂志》（美国）］去发表，那么该领域的国际讲坛上定会出现高小霞先生的身影，该成果也定会被广泛引用而影响深远。现在想来殊为可惜。

沿着这个思路，高小霞继续深入研究，她发现了稀土元素的络合催化波。

稀土金属元素化学性质活泼，大多以氧化物形态存在。据资料载，已探明在地壳中稀土的总量比常见的金属铅、锡、锌还多，而储量的 80% 在中国的土地中，因此中国是名副其实的稀土大国，不仅储量居世界之首，而且产量也跃居世界第一位（高粱等《稀土农用的研究与实践》）。由于稀土元素具有独特的物理、化学性质，因此得到了日益广泛的应用。早期主要应用于冶金、石油化工、玻璃陶瓷等工业，随着电子工业的迅速发展，稀土元素在军事、电子、电视等行业也有广泛应用。轻稀土金属的燃点很低，可用于军事工业生产引火装置；在紫外线照射下能产生红光的含有氧化铕（EuO）的荧光粉，便是生产彩屏的重要材料。

虽然中国科学家钱崇澍先生早在 1917 年就对稀土元素在植物栽培中有关

的生理作用进行了研究,但一直进展缓慢;而稀土元素应用于农业生产的研究,则迟至1972年才由北京有色金属研究总院和北京农业科学院等单位开展起来。因为中国是农业大国,人口众多,吃饭问题历来是中国的头等大事,所以稀土农用的研究一旦显示有增产并提高作物品质的效果,便投入更多的研究力量,迅速得到推广。1979年一个多学科、跨行业的全国稀土农用协作网组成了,1984年又成立了全国稀土农用中心,在国务院稀土领导小组办公室的指导协调下,中国稀土农用研究和推广应用取得了丰硕的成果,施用稀土农田达数千万亩,增值以亿元计。施用稀土作物能增加产量和改善品质的事实已被普遍认可。但这样生产的食品是否安全?稀土元素是怎么影响作物生长的?探索清楚其作用于生物的生理过程的机理,就成了科学家的重要任务。高小霞教授是较早投入这方面研究的科学家之一。她所领导的科研小组的研究成果《稀土元素的电分析化学研究》《稀土元素对农业增产作用的研究》等系列论文发表在《北京大学学报(自然科学版)》《分析化学》《中国稀土学报》《化学学报》等刊物上,被相关学科专家所引用,并赞赏"我国学者(指高小霞们——笔者)提出的催化波和络合极谱法可测定ppm级以下的稀土"的高灵敏度,还指出高小霞她们提出使用的这种方法被用于生物体中微量稀土的测定,"为使用简单仪器测定微量稀土提供了新的途径"。(郭伯生等《农业中的稀土》,第280页)。

高小霞院士的工作细致、可靠,其发表的二百多篇论文和《极谱催化波》《电分析化学导论》《铂族元素的极谱催化波》《稀土农用和电分析化学》等专著得到相关专家的好评并被广泛参考引用。而对因这些辉煌的成就而引来大量媒体的采访时,高小霞院士常常告诉记者:"我们年轻的时候,由于中国屡遭帝国主义列强的侵略,许多有识之士提倡科学救国,怀着这个愿望,徐和我在上海交大毕业后,先后到美国去留学。1949年,中华人民共和国成立,我们在美国的留学生集会,热烈庆祝新中国的诞生。1951年,徐获博士学位,我也获硕士学位。当时,美国的生活条件比国内要优越许多倍,我们找一个待遇好一点的工作是不成问题的。然而,凭着一腔爱国热情,我们还是毅然收拾行装回国了。科学是没有国界的,但科学家有祖国,我们要用学到的知识为祖国服务。"(《妇女杂志·未名湖畔夜话》)

她小时候常依在慈祥的疼爱她的祖母身边听岳飞传和三国故事,这使她朦胧地树立了"等我长大时,一定要爱国,要勇敢,要当英雄"(《中国科学院院士自述》，第266页）的志向。等她长大学得了科学知识，"科学要为人类造福"（《院士风采·高小霞手迹》，第206）便成了她的目标。不难看出这科学救国、强国之梦是她在科学的道路上艰苦攀登的主要动力。

四　科学与诗

科学家与诗人在一般人看来是很不同的两类人。科学家面对客观世界，面对自然存在，经一次次的观察、测量、实验、计算，得出准确的数量，然后在此基础上描述或绘出直观的测绘曲线，以揭示事物现象背后的本质。而诗人、艺术家则大都具有丰富奇妙的想象力。然而科学与艺术、科学家与诗人在某些方面有质的相同或相通。他们都热爱美和真，追求真、美和普遍性。这一点，艺术家、诗人自不必多说；关于科学家，法国数学家庞加莱（Poincare, Henri 1854~1912）曾指出："科学家研究自然，是因为他爱自然，他之所以爱自然，是因为自然是美好的。"不过这种美不是感官感受到的表面的华丽美，而是自然界"各部分之间有和谐秩序的深刻的美"，是由人们用心灵去感受的内在美。英国哲学家罗素则认为数学"能够达到严格的只有最伟大的艺术才能显示的那完美的境地"，它能给人以精神上的喜悦，一种精神上的亢奋，这些至善至美的东西，"能够在诗里找到，也能在数学里找到"（孙小礼《文理交融》）。诺贝尔物理学奖获得者李政道教授认为："科学和艺术的关系是同智慧和情感的二元性密切相连的……没有情感的因素和促进，我们的智慧能够开创新的道路吗？而没有智慧的情感能够达到完美的意境吗？所以科学和艺术是不可分的，两者都在寻求真理的普遍性。普遍性一定植根于自然，而对自然的探索则是人类创造性的最崇高的表现。事实上如一枚硬币的两面，科学和艺术源于人类活动最高尚的部分，都追求着深刻性、普遍性、永恒性。"氢弹之父泰勒（Edward Teller）的钢琴演奏技巧令人佩服；大名鼎鼎的爱因斯坦（Albert Einstein）参加音乐会演奏一手美妙的小提琴；"文学才华实际上胜过化学"（徐光宪《往事如烟：记高小霞半工半读、半教半研的一生》）的高小霞在科学道路上跋涉，始于她上月宫漫游的幻想，而决心在艰苦的科学道路上攀登，也与一段富有幻想和诗意的科学描述相关。她说："Sir William Crookes 说过：'这些元素（稀土）使我们的研究为难，使我们的思索受到挫折。它们时时萦绕在我们的睡梦中，并且在我们面前伸展开，像一个不可知的海洋，带着嘲弄和神秘莫测地低声诉说着奇妙的启示和可能性'，这几句散文诗般的话语，一直激动着我们去从事稀土化学的研究。"（高小霞《稀土农用与电分析化学·前言》）她能被这诗一般的语言所激励是有她自身的条件的，正如两个物体能够产生共鸣，它们必有相同或相近的固有频率。

高小霞的父亲高云塍是一位书法家，古文基础非常好，曾任中华书局编辑。中华书局用他写的楷书制成活字，供汉文楷书印刷厂使用。1938年，《云塍小楷》《云塍大楷》《云塍行楷》等先后在上海出版。中华书局印行的《高书小楷》《小楷格言》被高小霞珍藏至今。其中所录杜工部的《后出塞》、岳武穆的《满江红》、文天祥的《正气歌》等及名贤格言中充满为国为民的浩然正气、壮志豪情和"国之本在家，家之本在身"的精到见解，无不对她产生深切的影响。高小霞自小在父亲教导下熟读《唐诗三百首》《论语》《孟子》等中国优秀典籍，而且记忆力好，背得比哥哥姐姐们还快。其中"子曰：贤哉，回也！一箪食，一瓢饮，在陋巷，人不堪其忧，回也不改其乐。贤哉，回也！"（《论语·雍也》）高小霞印象最深，使她在简朴、平凡的生活中，追寻她科教强国之梦乐而忘忧，实现着她"科学要为人类造福"的心愿。而那些意境幽远、语言隽永、耐人寻味、千年传唱的唐诗宋词更伴随着她一生。在她73岁高龄时曾用工整清秀的小楷连录苏东坡的《卜算子·别意》、黄庭坚的《清平乐·晴春》两首惜春词，显然高小霞很是欣赏词中所表达的对春去的惋惜，以及幻想知春去处、唤回与春同住的永不失去等对美好事物的执著追求。但是宝贵的光阴是一去不复返的，因而应加倍珍惜。"老牛自知夕阳晚，不用扬鞭自奋蹄"，她一生发表了5部专著、论文200多篇，其中约80%是60岁以后发表的（专著4部、论文约170篇），且近90篇（约50%）和2部专著《极谱催化波》《稀土农用和电分析化学》是她年逾古稀后的成果。

稀土元素有着与一般金属不同的奇特的表现，正是这种奇特的性能令研究者们苦苦思索，放手不下。我国自1972年开始稀土农用的研究，取得了丰硕的成果，不过大都是关于稀土种类、用量与农作物产量、品质等相关的应用研究。但是稀土在农业中应用，其作用机理怎样，却不清楚。如果不搞清楚稀土元素的生物效应的本质，那么这种应用便是盲目的，缺乏科学根据的。科学家天生是好奇的，他们不可能面对那"带着嘲弄的神秘莫测地低声诉说奇妙的启示和可能性"无动于衷,科学家对探索"机理"有着极大的兴趣,因为那里有原创性的本质的发现空间。为了揭示稀土农用的机理问题,高小霞坚持不懈地进行了多年的研究工作,因为许多生物体的现象,在性质和原理上是属于电化学范畴,所以运用电化学和电分析化学手段研究生命科学问题,应该是有效的。高小霞教授是分析化学、微量分析的专家,她熟悉仪器分析、电化学分析、极谱分析等分析化学的方法和原理,因此她能发展和突出电分析化学的特点和优点,联系生物化学、电化学、植物生理学、波谱学等交叉学科的原理和技术进行卓有成效的研究工作。她开创的极谱催化波法、稀土络合吸附波伏安法、酶活性的计时电流法等一系列分析速度快、选择性好、灵敏度高、操作简便、设备价廉的适合我国国情的微量元素分析方法,处于国际领先地位,引发了国内对极谱催化波研究的兴趣。极谱催化波法得到广泛应用,产生了良好效果,尤其是她研究并发现的稀土元素络合催化波法,能比过去的通用极谱方法提高灵敏度达四五个数量级,从而有效地打破了极谱法不能用于稀土元素的常规看法,成功地发展了极谱分析,开拓了稀土分析的新领域。并在长期的研究过程中,不断发展新方法,设计新装置,例如在研究卟啉类化合物在光照下的电化学行为,以便了解叶绿素在光合作用中的电子传递过程的实验中,应用光—极谱方法,而不是光谱—电化学方法,因为它需要直接以光照射在汞滴电极上,同时测量电极过程的 $i-E$ 曲线,以观测光电流 i_{ph} 与反应物浓度 C 之间的关系。因此,除用到电化学系统仪器以外,还需要一套光照系统。这套光照系统便是她们自己设计装配的,将能产生从紫外线到可见连续强光谱的辐射光源安置在抛物面反射镜的焦点上,产生平行光,再用两块凸透镜聚光以增强光能并准确地照射在汞滴上发出强亮光,顺利完成了光照射对形成 $Zn-TPPS$ 的影响的实验。另外,她们设计装置的两种长光程光谱电池 $LPTLC-Au$ 和 $LPSEC-Hg$,比之以往使用的夹心型电池大大提高了测量光度的灵敏度,并扩大了负电位窗口,使负电位扫描范围大大增加。

根据研究的需要,自己装置仪器设备是常有的事,这样的科学家必须既动脑又动手,而且要具备相关学科的知识,如上述光照系统涉及的光学知识等。1980 年,英国曼彻斯特大学理工学院(UMIST)建立了"仪器装置与分析科学系"(Department of Instrumentation and Analytical Science),它标志着一个涉及仪器装置、生物工程、控制工程和分析化学等领域的崭新分析化学时代的来临。高小霞教授实际上站在了这新时代的前列,她们在研究稀土与叶绿素的光—电效应时,不仅自己研究制备了对称型仿生双层类脂膜和不对称型仿生双层类脂膜,并首先提出了利用长链脂肪修饰 C_{60} 的方法来改善双层类脂膜(BLM)的稳定性,而且实验所用仪器装置完全是她们自己装配的,其中所采用的光纤光电化学池结构简单、使用方便、抗干扰能力强等,均属于该领域的前沿工作。但自然界的复杂奥妙是不容易揭开的,即使只对稀土与叶绿素的作用机理研究,也还没有得到直接的结果,目前还是借助研究金属叶绿素的电化学行为的间接途径进行研究。因此,高小霞教授认为,虽然对稀土与叶绿素之间的微妙关系有了一些认识,"但真正能说明清楚,尚有待更多的工作"(《稀土农用与电分析化学》,第 265 页)。

(原载《北大的才女们》,北京大学出版社,2009)

国家最高科技奖获得者徐光宪

徐光宪，浙江绍兴人，1920年11月7日生，中科院院士，化学家，北京大学教授，国家最高科技奖获得者。1944年上海交通大学化学系毕业，1948年赴美留学，先后获哥伦比亚大学理学硕士、博士学位。1951年回国，任教北京大学至今。著有《物质结构》、《物质结构简明教程》、《稀土的溶剂萃取》、《萃取化学原理》、《量子化学——基本原理和从头计算法》（上、中、下册）、《神奇之土——稀土科学研究》、《稀土》（上、中、下册）、《徐光宪论文选集》、《徐光宪文集》等。

徐光宪历任中国稀土学会副理事长兼稀土化学和湿法冶金专业委员会主任、中国大百科全书化学编委会物理化学副主编和无机化学副主编、《高等学校化学学报》《无机化学学报》《中国科学》和《科学通报》副主编、《中国科学B辑：化学》主编，国际量子化学杂志 *Int. J. Quantum Chem.*、国际镧系和锕系研究 *Lanthanides and Actinides Research* 顾问编委、《北京大学学报（自然科学版）》主编、北京大学稀土化学研究中心主任、国家自然科学基金委员会化学学部主任、中国化学会理事长、国家自然科学奖励委员会委员、国务院学位委员会学科评议组成员、全国人大代表、全国政协委员等。并曾任东北大学名誉教授，山东大学、浙江大学、中国科技大学兼职教授等。

由于在量子化学、配位化学、核燃料化学、萃取化学、稀土化学等方面的突出贡献，特别是在串级萃取理论及其应用方面的杰出成就，徐光宪多次荣获国家自然科学奖、首届何梁何利科技进步奖、何梁何利科技成就奖、国家最高科技奖、北京大学首届蔡元培奖等，并荣获全国高等学校先进科技工作者称号。

徐光宪从事教学、科研六十多年，成就卓著。其为人为学，具有特色，极富启迪性。

一　志高意远

古语说："志不立，天下无可成之事。"徐光宪自小牢记母亲的教导："家有良田千顷，不如一技在身。"他立志要读书学本领，成为对家庭、对社会有用的人。徐光宪说："母亲这句话深刻地影响着我以后求学的道路。不论是在顺利的求学环境中，还是在艰苦的学习条件下，母亲的教导早已被我刻入心中。终身勤奋学习，成了我的习惯。"

徐光宪勤奋学习、工作数十年，不仅在科学上有所创造、有所前进，在稀土世界引发了"中国冲击"，对国家做出了重大贡献，而且培养了大批人才，他认为家庭的幸福和个人的成就寓于对国家民族和人类社会的贡献之中，他说："个人的成功是指个人对国家民族和人类社会的有益贡献，当然也包括家庭的幸福和个人的成就。……因此我们立志要取得成功，一定要着眼于对国家民族和人类社会做出有益的贡献。这样才能站得高，看得远，才有崇高的目标。"

正如爱因斯坦所说："学校的目标应当是培养有独立行动和独立思考的个人，不过他们要把为社会服务看作自己人生的最高目的。"

1. 一德立而百善从之

原北大校长蔡元培说，尽爱国之心"实国民最大之义务"。"爱国之心，实为一国之命脉。"他强调做事"不能不以国之利害为标准"。即使对个人、对家庭有利，"而有害于国，则绝对不可行"。以天下国家为己任的中国知识分子的优良传统，使他们立志发奋学习，学成报国则是必然之路。徐光宪正是这样走过来的，他认为：

> 修身的第一原则是要树立正确的世界观，爱祖国、爱人民、爱父母师长、爱亲友、爱社会主义、爱科学、爱真理、爱自然，懂得如何治学和做人。要树立崇高的理想和远大的志向，立志为民族争光，为祖国争光。

几十年来，徐光宪在立足基础研究，在面向国家目标的理念下，他的教学和科研工作总是根据国家的目标而定，并密切注意科学发展动向，将二者灵活地相结合，提出新的见解，推进科学的发展和人才的培养。吉林大学孙家钟院士对此深有体会："几十年来，与徐老师交往，常常感受到，徐老师的爱国的热忱，始终如一。他的科研与教学总是围绕着为国家的社会主义建设和发展服务。"

2. 心急如焚，上书总理

徐光宪跟稀土打交道多年，又多次赴包钢实地考察，了解国家资源的利用状况，他在各种会议上表示了对稀土资源浪费的痛心和对环境污染的关切。他发表《白云鄂博矿钍资源开发利用迫在眉睫》（简称《迫在眉睫》）一文指出：

> 能源是支撑我国经济高速发展的关键问题。国际上对石油资源的竞争非常激烈，造成的高油价将是长久冲击，因此，采用核能发电是大势所趋。……一个100万千瓦的电站，每年耗煤350万吨，……如果建成高效的慢中子铀233反应堆，每年只需钍1吨……

文章建议保护白云鄂博主东矿的稀土资源；积极回收白云鄂博矿开发中的钍，大力加强快中子堆研究；加强保护具有我国自主的知识产权的稀土产业等。文章发表后，反响强烈，得到许多有识之士的赞同和支持。

2005年9月29日，徐光宪等15位院士联名发出《关于保护白云鄂博矿钍和稀土资源，避免黄河和包头放射性污染的紧急呼吁》（简称《呼吁》），《呼吁》很快送达国务院，温家宝总理很重视并批请发改委查处。《呼吁》在《迫在眉睫》的基础上内容更丰富、更加具体。其中首先指出保护我国钍和稀土资源的重要性和紧迫性；然后说明我国白云鄂博矿钍和稀土资源亟待保护和合理利用；最后提出具体建议。

呼吁恳切，建议具体。足见徐光宪等院士思虑此事已久，决非泛泛之谈。中国知识分子历来有忧国忧民的传统，在接受中央电视台《东方时空》栏目采访时，徐光宪忧心忡忡地说：

> 我反正就是特别心痛，白云鄂博矿啊，我怕二三十年以后要用光了。

然后中国变稀土小国了,那个时候稀土价格也许比现在的一百倍、几百倍都上去了。那中国要吃大亏了。……

徐光宪同时指出:

包钢三废排放含有放射性钍的废气、尾矿飞尘、废水和废渣,不但严重污染包头地区,而且是黄河的主要污染源之一,若再不采取措施,并将进一步加剧对黄河的污染,形势十分紧迫。……因此钍的回收、尾矿坝的保护和三废治理不可再延缓。

包头稀土保护利用的事情一日不解决,徐光宪一日放心不下。2006年6月19日,徐光宪再次上书温总理,对三部委的解决方案贡献补充意见,并提出了加强知识产权意识和建立全国稀土行业协会等建议:

目前中国生产的不同纯度、规格的单一稀土产品已占世界95%以上。但令人遗憾的是,虽然拥有以上优势,但我们并没有做到小平同志在南方讲话中的指示:"中东有石油,中国有稀土,要打好稀土这张牌。"也没有完全落实江泽民同志"要把中国稀土资源优势转化为经济优势"的指示。

之所以出现这样的局面,徐光宪认为原因是我国科技人员、企业家和管理专家对知识产权和专利的意识淡薄。

徐光宪曾多次在各种会议上呼吁稀土行业,像欧佩克(OPEC)那样,自律限制产量,提升价格,但没有取得一致意见。

为此我在2006年第二次上书国务院,得到温总理的迅速批示,国土资源部下令于2007年起,稀土资源的开发限制8万吨,小于全世界的需求量10万吨。这个消息在媒体公布后,尚未实行,就引起日本、韩国、美国等的恐慌,使稀土价格上升1~3倍。2007年维持高位,但2008年有所下降,其原因除了国际金融危机外,是日本、韩国在过去10年储备了从中国低价进口的可用20年的稀土。这样我国不但在1995~2005间损失外汇至少几十亿美元,而且还丧失了稀土的定价权,教训是十分深刻的。

2009年8月7日，徐光宪在祝贺首届中国包头—中国产业发展论坛大会胜利召开的贺信中，再次强烈呼吁国家建立稀土战略元素储备制度，建议中引用英国《泰晤士报》2009年3月9日的文章：

（1）全球95%以上的稀土金属都将由中国生产供应。它们广泛应用于手机、激光器和航空业等方面。随着世界各国在能源利用率方面加大努力，中国的主导地位将变得更具有战略决定性，因为很多重要的环保技术，例如风力涡轮机、低能耗灯泡和混合动力车等都非用稀土不可。（2）随着中国大幅削减每年的稀土金属出口配额，中国在稀土供应方面日益崛起的实力及其明显要把它作为"21世纪的经济武器"的意图令日本政府感到担忧。有日本政府人士对《泰晤士报》说，对日本业界来说，这是一种无形的海啸恐慌。日本几乎100%的稀土进口都来自中国，因此它将这些元素看作未来贸易战的一个潜在战场。（3）稀土资源将为中国高技术产业提供一个繁荣的机会，允许它们获得对亚洲、欧洲和美国竞争者的巨大竞争优势。没有这些"技术性金属"的元素，也就谈不上什么技术。中国已经开始研究如何使这些金属给本国公司以其它国家难以匹敌的竞争力。

有鉴于国内外的警报信息，徐光宪几次呼吁，几次上书，为国为民，丹心可见。

徐光宪年届九旬，并获得了国家最高科技奖，可说是功成名就。本可安享晚年，凡事不问。可是一个以天下国家为己任的科学家却做不到。面对这样一位忧国忧民、奔波呼吁的耄耋学者，有些只顾本部门、本地区眼前利益、不考虑子孙后代长远利益的人，良心如何得安？

3. 最高荣誉

2009年1月9日，在庄严的人民大会堂里隆重举行2008年度科技奖颁奖大会，国家主席胡锦涛向王忠诚、徐光宪二位颁发2008年度国家最高科技奖。

国家最高科技奖授予在当代科学技术前沿取得重大突破或者在科学技术发展中有卓越建树，在科技创新、科技成果转化和高技术产业化中创造巨大经济效益或者社会效益的科技工作者。获得国家最高科技奖，是对获奖者巨

徐光宪所获奖项的部分获奖证书

大贡献的褒奖和肯定,是获奖者长年累月辛勤劳动的证明。

徐光宪所获奖项众多:"稀土萃取研究"获全国科学大会奖,"串级萃取理论及其在稀土和金川钴镍分离中的应用"获得国家教委科技进步奖一等奖,"串级萃取理论及其应用"获得国家自然科学奖三等奖,"轻稀土三出口萃取分离工艺理论设计及其工业实践"获得国家教委科技进步奖二等奖;《物质结构》获全国高校优秀教材特等奖,《稀土溶剂萃取》获全国优秀科技图书奖一等奖,《应用量子化学——成键规律和稀土化合物的电子结构》获国家自然科学奖二等奖;首届何梁何利科技进步奖和何梁何利科技成就奖等。

徐光宪对2006年12月13日北京大学颁发的"蔡元培奖"感触尤深。"蔡元培奖"是北京大学的最高教师荣誉,以表彰获奖教师在教书育人、传承文化、知识创新和社会服务等方面做出的卓越贡献。此次与徐光宪同时获奖的有侯仁之等十位名师。

对各种奖励徐光宪总是说:

> 要说工作成绩,那是团队集体努力的心血结晶,我只是其中的一分子而已。他们青出于蓝而胜于蓝,工作能力和成就大大超过了我,这点是我最大的欣慰和骄傲。

这就是大家大器大胸怀。

黄春辉院士说得好:"中国科学史上不能没有徐光宪的名字,中国近代化学发展史上会有徐光宪的专页。他的精神直接教育和鼓舞了我们几代人，并将成为我们民族的精神财富。"

4. 个人与集体

大家公认徐光宪是我国稀土串级萃取理论的创立者，对我国稀土事业的发展做出了巨大贡献，但每当谈及时，徐光宪总是说这是大家共同努力的结果，自己只是其中的一员。2001年，徐光宪应国家发改委稀土办公室《中国稀土发展纪实》编写组的邀请，为其撰写了一篇关于稀土串级萃取理论的创建和推广应用纪实的文章。徐光宪在文章中称中国科学院长春应用化学研究所、上海有机化学研究所、包头稀土研究所、北京有色金属研究总院、复旦大学等高校和上海跃龙化工厂等为我国稀土研究的先行者。1960年代开始稀土萃取研究的北京大学，则从上述各单位得到很多帮助。借编写纪实文章的机会向上述各单位的科学家和工程师表示由衷的敬意和深切的感谢。并特别指出上海有机化学研究所的袁承业院士、陆熙炎院士、徐元耀研究员等领导的研究小组从1950年代起研制了许多萃取剂，为我国原子能事业和稀土萃取工业的发展做出了很大的贡献，特向他们表示敬意。对参与其事的北大化学系、包头有色三厂、包冶所、稀土车间的工人等均一一列出，表示感谢和敬意。

爱因斯坦主张"应当防止向青年人鼓吹那种以习俗意义上的成功作为人生的目标。因为一个获得成功的人，从他的同胞那里所取得的，总是无可比拟地超过他对他们所作的贡献……"并尖锐地指出，商品社会的个人竞争是一种"破坏性经济斗争"，"正像在一个蚂蚁窝里的个别蚂蚁之间的交战，说不上什么是为生存所必需的，人类社会中各个成员之间的情况也是这样"。徐光宪十分赞赏爱因斯坦这一观点，强调要有社会责任感、历史使命感，强调把他人的帮助记在心上，又想着帮助他人，我们的事业才能迅速发展。

5. 尽心社会兼职

徐光宪的教学和科研任务一直很繁重，但他对社会兼职仍能尽心尽力做好。1980年，中国稀土学会成立，徐光宪当选为副理事长，从此他把很多时间、精力用在了组织学会的学术活动上，他多次主持召开全国、国际稀土学术会议，为促进我国稀土事业的发展做出了重要贡献。他在担任中国化学会理事长和亚洲化学联合会主席期间，积极组织开展学术活动。他还多次担任国际性化学会议的大会主席，为促进我国化学学科的国内外交流和发展发挥了重要作用。1986~1994年，在徐光宪担任国家自然科学基金委员会化学学部主任期间，积极贯彻唐敖庆提出的"依靠专家、发扬民主、择优支持、公正合理"的评审原则，建立起化学学部资助项目的严格评审制度，制订了具体的工作规程，为规范化的工作打下了基础。按照评审制度和程序，择优资助了一大批项目，并取得了优秀的科研成果，稳定了队伍，促进了我国化学基础研究的发展。徐光宪的社会兼职还有 International Journal of Quantum Chemistry、Lanthanide and Actinide Research 顾问编委，《北京大学学报（自然科学版）》、《中国稀土学报》、Journal of Rare Earths 主编，《中国科学》《科学通报》《高等学校化学学报》副主编等，他积极组稿、认真审稿，开展学术交流等，为提高刊物水平尽职尽责。

《稀土信息》杂志创刊于1984年1月，在杂志筹备阶段其负责人邀请徐光宪担任《稀土信息》的顾问，他不仅爽快地答应了这又一个兼职，而且向编辑部建议：美国稀土信息中心在国际著名稀土学者格什耐特教授领导下，出版刊物《美国稀土信息中心新闻》，全球发行，在世界稀土界影响很大。我国是稀土大国，完全可以考虑出版《中国稀土信息》英文版，以便对外交流。编辑部认真考虑了徐光宪的建议，于是英文版的《中国稀土信息》（CREI）便在1985年问世了。1985年"北京国际稀土及其应用产品展览会"期间，CREI是中国稀土界与国际稀土届交流的重要媒介之一。现在，世界稀土产业中心已不在美国，美国稀土信息中心及其《美国稀土信息中心新闻》已不复存在，而中国英文版的《中国稀土信息》（CREI）连续发行二十多年，如今已成为世界上唯一的英文稀土信息杂志。对此窦学宏先生感慨地说："这不能不感谢徐光宪先生当初的建议，或许二十多年前，先生已经预料到未来世界稀土产业和信息中心会转移到中国。"

6. 寄语青年

青年在任何时候都是国家的未来和希望，凡是关心国家前途、民族命运的人无不重视对青年一代的培养。徐光宪对青年学生格外关心爱护，他经常与学生、助手对话，言传身教，传授自己的经验，希望能帮助他们尽快成长。北京大学百年校庆期间，北京大学出版社推出了"北京大学院士文库"

系列,《徐光宪文集》是其中之一。打开《徐光宪文集》,第一部分就是:"Ⅰ-献给青年读者";而后才是"Ⅱ-学术论文"、"Ⅲ-……"他对青年的关怀、期望于此可见。

早在 1961 年 12 月 12 日,《北京大学校刊》上就刊载了徐光宪《与理科同学谈谈怎样做好毕业论文》一文,该文是根据他自身经历与学生的谈话、报告写成的,周培源副校长看后认为很有意义,建议校刊发表。此文后来被《北京日报》全文转载,许多学生深受其益,其影响超出了北京大学。

文章对学生认识毕业论文的意义、写作方法、技巧,及以后的科研工作等有指导意义。他以自身的经历告诫同学,要特别注意培养严肃的科学工作态度、严格的科学工作作风、严密的科学构想方法和良好的实验室习惯。强调得到的实验数据要重复几遍,做到自己确信,十分可靠,对结果的分析和讨论要实事求是。当遇到困难时,坚持就是胜利,并以自己的经历进行举例。

> 还记得我在做研究生论文的时候,曾碰到一个关键性的问题不能解决,那时候人都变瘦了,几乎考虑要不要换论文题目的问题了。后来终于找到了门路,就像王国维在《人间词话》讲做学问的三种境界所描写的:"昨夜西风凋碧树,独上高楼,望尽天涯路";"衣带渐宽终不悔,为伊消得人憔悴";"众里寻他千百度,蓦然回首,那人却在灯火阑珊处"。科学研究工作就这样必然会经过一些十分伤脑筋的阶段,因此,当碰到困难和挫折的时候,不泄气,不动摇,不轻易改换论文题目是很重要的。路总是会打开的,往往闯过了"关",就可以大步迈进。

1999 年夏,在面向 21 世纪,创新成为科学技术发展的灵魂,成为人类社会进步的动力的知识经济时代,徐光宪与北京大学稀土中心的青年教师及研究生等就"知识如何创新"问题进行了五次讨论。参与者都认为,讨论对自己的启发很大,十分有益,徐光宪将讨论的部分内容整理成《科学研究的创新思维和方法》一文,发表出来以供同学和研究生们参考。他把自己一生的治学心得体会毫无保留地介绍给大家,希望中国的年轻学者,能有扎实的基础、敏锐的眼光和远见,在下一世纪,去开创和建立新的学科。

2000 年,徐光宪将以上思想发展、总结为《成功的十大要素》进行发表,其中对志向和目标、兴趣和爱好、决心和毅力、勤奋和效率、灵感和创新，以及健康、教育、方法、天赋、机遇、大环境、小环境等做了精辟的阐述，提出了自己独到的见解，首次使用"负成功"一词。他认为：

> 个人的成功是指个人对国家民族和人类社会做出的有益贡献，当然也包括家庭的幸福和个人的成就。如果对人类社会和国家民族做了坏事，那就是"负成功"，负成功与失败不同，失败只是零成功。江青四人帮做了极大的负成功，抵消了亿万人的成功……

其中心意思是要学生把个人的发展成长与国家民族的目标紧紧联系在一起。并鼓励说：

> 有了远大的志向和目标，选择了你喜欢的专业，就要自信你一定会成功，不能说"你想成功"，而是说"你一定要成功"，只有下了"你一定要成功"的决心，才能在遇到困难和挫折的时候，有坚持下去的毅力。

面对大科学时代，科学家单打独斗的机会越来越少了，科学研究，尤其是重大项目更需要团队精神，更需要互相协调、合作、激励，徐光宪在文章中特别强调了心理健康与品德修养：

> 人是有知识的社会动物，所以要处理好个人与人类社会、国家民族、工作单位、家庭成员，以及人与人之间的关系。"处世"就是调整好人际关系。"修身"就是修养个人的情绪和正确对待人生的精神境界。

处世的第一原则是"推己及人"的原则，这就是说，你怎样对待别人，别人也会怎样对待你。儒家教导的"己欲立而立人，己欲达而达人"，"己所不欲勿施于人"，"老吾老以及人之老，幼吾幼以及人之幼"，都是同样的意思。要养成"设身处地"的习惯，经常考虑别人的希望和利益。如果和你交往的人常常能在思想上或工作上有所得益，在他困难的时候，会得到你慷慨的帮助，那么就会有许多人愿意与你交往，你的人缘就好就广，而人缘好、人缘广就会使你成功。"一个篱笆三个桩，一个好汉三个帮"，个人的成功，需要大家的帮助，这是一条人际关系的真理。

在这里，徐光宪把中国传统文化与现今的需要和时代精神巧妙地结合起来，这也是他多年的亲身体会和经验。由于他待人谦和真诚，推己及人，所以他的团队总是团结和谐，亲如家人，工作上互相支持，顾全大局，不计个人得失。1981年，徐光宪在萃取化学方面最得力的研究生倪亚明毕业离开北大，而当时串级萃取理论的研究正需要有优秀的研究生继续工作。与徐光宪共事多年的吴瑾光教授，遇事每每从全局考虑，她就动员自己最优秀的研究生严纯华转做徐光宪的研究生，开始串级萃取理论的研究。对此，徐光宪一直都很感谢，并视为重要的事：

> 1982年下半年有一件重要的事要提一下，那就是严纯华同志开始参加稀土萃取的研究。……后来的20年实践证明严纯华果然是非常杰出的青年学者，他对串级萃取理论的深入创新发展，超越了我和李标国的工作。他在2011年当选为院士。但吴瑾光教授研究组的工作因而受到很大影响，所以我要借此机会感谢吴瑾光教授对稀土工业的发展做出的间接贡献。

中国传统文化历来注重品德、操行的修养，徐光宪深谙此理，深有体会，所以他特别指出：

> 修身的第一原则是要爱祖国，爱人民，有崇高的理想和目标。

并经常以亲身经历告诉青年们：

> 现在是中国二百年来最好的历史时期，党的十七大提出了实践科学发展观、以人为本、和谐社会、建设新农村、提高农民收入、拉动内需等政策，而且改革开放30年来取得了巨大的成就，青少年应该有时代的幸福感；更高层次的社会主义现代化建设重担落在青少年身上，要有历史使命感；我们从小受父母养育和师长教育，我们的衣食住行都是前人劳动的成果，所以我们成年以后，要用自己的劳动回报社会，要有社会责任感。

大凡优秀的科学家都重视科学方法论的教育与养成，徐光宪晚年对青年一代更是关心，有机会就讲、就写，不断发展完善他的科研理论，把他多年的治学心得经验总结为《科研创新十六法》发表。他在文章开头满怀深情和希望地写道：

> 多年以来，我一直在实践中探索科研如何创新的方法，总结了16条。我可以告诉大家，我的天赋很平常，但"天道酬勤"，只要依靠勤奋，是可以取得科学成就的。大发明家爱迪生说：天才＝98%的汗水＋2%的灵感。而2%的灵感也可用勤奋来培养。各位同学只要勤奋努力，相信都能成为出色的科学家。

恳切温暖的话语，处处洋溢着徐光宪对年轻一代的深情关怀、信任和期待。福州大学郑威教授，在离开北大四十多年后对此仍然印象深刻。他说："徐先生的热心指导，激发了我的学习动力和克服困难的勇气，……正如徐先生所告诫我们那样，学习和研究都要持之以恒，誓在必成。成大业者，一定要有远大的志向和目标，而且要自信你一定会成功，只有下了'一定要成功'的决心，才能在遇到困难和挫折的时候，有坚持下去的毅力，要有不到长城非好汉的顽强意志。对他的学生和青年教师，徐先生就是这样倾注了他的爱心和孜孜不倦的教诲，精心培育了他的学生们。我们从他的言谈举止中，可以明显地感受到，这是他以自己所学为党为国家培养急需人才，做着默默的无私奉献。他是我们心目中具有崇高师德和超人才华的师表。"

7. 他们超过了我

徐光宪这种为科学不厌不倦的献身精神，也为他的学生们树立了学习榜样，成就了大批人才。由于徐光宪学识渊博，所以他教出的学生分布在量子化学、萃取化学、材料科学、核燃料化学、稀土化学、配位化学、光电化学等领域，并且大多成为各个行当的领军人物。因此徐光宪常常愉快地说：

> 我最大的成就是培养了一批好学生，他们今天的成就早已超过了我。比如在串级萃取理论方面，严纯华和他的团队发展了我的基本假设，使之能适用于重稀土元素的分离，使串级萃取理论更趋完善。他们又提出"联动萃取"的新概念、新技术，可以大大节省成本，增加效益。在量子化学理论方面，黎乐民早已超过了我；在稀土光电功能材料方面，黄春辉院士取得了卓越的成就，获得了"何梁何利科技进步奖"；在微乳萃取和肿瘤早期的红外光谱研究方面的主要理论，是吴瑾光在国际上首先提出来的；在分子磁体的研究方面，高松成绩卓著，已是中国科学院最年轻的院士之一……

不过大家都能感觉得到"新竹高于旧竹枝，全凭老干为扶持"。徐光宪的培育之功永载史册。

徐光宪教育有方，言传身教，他的许多学生和助手已经成长为院士、长江学者和学科带头人，仅留在北大的就有黎乐民、黄春辉、高松、严纯华等院士。黄春辉院士的体会具有代表性，她说："先生在他的文集第14页中写道：'1998年11月，国家重点基础研究973计划——稀土功能材料的基础研究项目，最后获得通过，严纯华教授被任命为首席科学家，实现了我多年的愿望之一。''1999年9月10日，以黎乐民院士为主任、陈志达教授和严纯华教授为副主任的北京大学稀土材料化学及应用国家重点实验室，通过国家科技部的评议，被评为A级，实现了我多年来的愿望之二。'其实，我们知道，先生多年的愿望更何止于此。五十年前满怀赤子之心，一腔爱国热血由大洋彼岸回到祖国；五十年中辛勤耕耘，百折不挠，为的是祖国的繁荣富强。先生就像一颗种子，到哪里都能生根发芽，开花结果。不管是徐先生所钟爱的量子化学，还是配位化学和萃取化学，他都能拿起来，钻进去，出成果。今天祖国走向繁荣富强的步伐正越来越紧，祖国繁荣富强的蓝图已日趋清晰。我想先生应该毫无愧色地说：'这其中有我的贡献。'"

当记者问在徐光宪先生取得的众多成就中"感到最快乐的是什么"时，徐光宪回答说：

> 我感到最快乐的是，在北大有许多优秀的研究生，他们的独立工作能力很强，我指导他们很省力，现在他们在各自的领域都已超过了我。而我，终于有时间"独上高楼，望尽天涯路"，以更宽的视野，看一看当前科学发展的大趋势了。

其实徐光宪一生中不止一次"独上高楼，望尽天涯路"选择方向和寻找突破口，现在他又一次登高远望了。

8. 再上高楼，展望天涯路

科学的发展不仅仅需要物质条件，生产和技术基础，而且需要创新精神，科学思维和前瞻性的哲学思维。

耄耋之年的徐光宪以科学哲学的思维，站在学科的前沿，关注并思考着学科的发展，而且思维缜密、思想活跃、领域广阔。世纪之交，他先后发表了极富哲理的《宇宙进化的八个层次结构》《理论化学与 21 世纪"化学学科重组"前瞻》《21 世纪的化学是研究泛分子的科学》等文章。之后提出的"21 世纪化学研究的五大趋势""21 世纪化学的四大难题""21 世纪化学的 10 个突破口""20 世纪化学的盲点"等，无不具有新意和前瞻性。"他在许多场合反复强调过，迄今化学已积累了极其丰富的试验资料，但对这些资料进行总结归纳得出新的规律性认识的工作还做得很不够，希望引起大家足够的重视。"黎乐民院士说。

徐光宪如今又开始编著《二十一世纪知识系统的自然分类和新编码法》《创新方法学》等。

有记者问徐光宪：晚年还想做些什么？他回答说，如果身体还健康，他还想做四件事来回报社会：

（1）《量子化学》三卷的再版和《原子价的新概念》的出版；

（2）编著《知识体系的自然分类法和 21 世纪的图书新编码法》；

（3）创建《化学信息学》《化学进化论》和《系统化学》；

（4）真诚地希望青年学子保护好好奇心，因为它是创新的重要源泉之一。

二　天道酬勤

1. 基础是根本

在科学研究工作中，基础知识、基本功，对于研究人员来说无论如何强调都不会过分。这是成功的科学家共同的经验体会，诺贝尔物理奖获得者李政道先生曾经谈到，只有打好基础，才有力量。他认为一个重要的科学家对原理应当掌握得很透彻，基础要打得很扎实，各方面都要懂些，这样出人才的可能性就会大。

徐光宪常常提起自己自中学、大学起，一直注重多做习题、打好基础，终身受益的感受，并一再鼓励青年们要尽可能多做习题。他说：

> 我刚到北大就能教物理化学，就是依靠我在交大做过 498 道习题打下的基础，和后来在哥大研究生院学习的化学热力学、量子化学、统计力学等课程，所以教得很成功，学生都很满意。后来我知道彭桓武先

生、黄昆先生他们在数学物理方程、数学分析等课程，都做过两三千道习题。

> 其实在读数学、物理、理论化学等方面有成就的科学家，都在终身做习题。但是现在的科学史家，提到这一点的很少。后来我做萃取理论，实际上白天跟大家一起做实验"摇漏斗"，晚上我想"摇漏斗"中一定有理论规律，所以提出模型，做各种各样的计算，这实际也是在做习题。后来创建串级萃取理论，就是做习题做出来的。

由于徐光宪在量子化学、物质结构、稀土化学、萃取化学等学科具有广博而深厚的基础，所以他才能产生沟通和联想，碰撞出新的火花，在量子化学和化学键理论等不同领域不断创新。

2. 板凳坐得十年冷

"板凳坐得十年冷，文章不写半句空"是我国历来做学问的一种高尚的追求。科学研究就是做学问，它的过程是寂寞、失败多于热闹、成功的过程，而一旦成功，其愉悦、幸福又是难以言状的。尤其是原创性的工作，更是如此。徐光宪的串级萃取理论研究始自1972年，他有着深厚的理论根底和丰富的萃取化学的实践经验，但是他的《串级萃取理论 I – 最优化方程及其应用》和《串级萃取理论 II – 纯度对数图解法》两篇文章，迟到1978年才在《北京大学学报（自然科学版）》上刊出。关于这一点徐光宪有着切身感受：

> 在科学研究上，凡是完全不同于传统的原始创新，往往需要十年以上，或几十年的时间才能得到同行的认可。这在科学史上可以举出很多例子。我最初的二篇也是最根本的论文，不但不敢投登《中国科学》，也不敢投登《化学学报》或《化工学报》，我是在《北京大学学报》（自然科学版）上发表的。我对同行权威专家开始时的不认可，是理解的，有耐心的。时间久了，同行都会理解认可的。

一个新理论要得到承认，一般都要经过若干年，科学史上此类事情很多，让人印象最为深刻的大概要算"群论"的发展过程。伽罗华在发表有关论文时曾屡遭冷遇，视为"难以理解"予以退稿。在他去世14年后，其主要论文才陆续发表出来，但对它们的重要性的完全理解则是在伽罗华去世38年后，即1870年随着约当的《置换群》和克莱因的相关著作的问世，人们才逐渐认识到"群论"在代数学上的划时代意义。

对科学史上的类似情况非常了解的徐光宪当然有耐心等待同行专家的理解和认可。好在这一时间并不算太长。

3. 勤奋出灵感

学习科技史可以发现，做出重要贡献，或有重大发明、发现的科学家，都是具备扎实的理论基础，又有深厚的实践功底，掌握了丰富材料的人。因为这样的科学家往往有着敏锐的观察力、准确的判断力，不失时机地抓住苗头，选准方向。然而"机遇"只偏爱有准备的头脑，"灵感"则是科研人员长期、持续、集中精力思考后不经意间闪现的新思想、新主意等，是坚持不懈思索的结晶。所有科研人员的综合能力都不是凭空而来的，那是勤奋努力的结果。

科学家的经验有惊人相似之处，徐光宪也有同样的体会，他说：

> 我感到一个音乐家、艺术家非常需要天才，没有天才做不成音乐家、艺术家。假如你有一半的天才，非常的勤奋、非常的努力，还是能够成为一个出色的科学家。但科学家没有只工作八小时的，八小时以外你去玩牌、打扑克、玩电脑（游戏）什么的，你永远做不成科学家。我在65岁以前，每周工作都在80小时以上。现在比如严纯华、高松他们，工作时间比我更多，他们压力比较大，任务很重，所以科学家一生是很辛苦的，不过也是很愉快的。因为科学研究的过程本身就使人很开心，科学家对他研究的问题是作为一种兴趣嗜好在不停地做，不停地思考。居里夫人的丈夫居里先生就是走在马路上还在想他的科学问题……

徐光宪参加工作以来，一直拥有一个实验室、两个办公室，其中一个办公室就是他的家。这一点与他的夫人高小霞相同，他们的女儿们从小看到的是，父母各自趴在桌子上，各干各的，父母把吃饭、睡觉等必要时间以外的光阴都花在教学和研究上。

在与包钢的合作中，徐光宪亲赴包钢达八次之多。在那里徐光宪和参加试验的工人、技术人员一起搬器械、配试剂、接皮带等，吃住在工厂，白天守候在试验现场仔细观察、记录数据、分析结果、参加各种生产操作,夜晚还要倒班,凡是工人们做的活计,徐光宪都做,有了问题也都随时找他……正是夜以继日的勤奋工作,终于创生了串级萃取理论,引领了稀土世界的新潮流,也把他推上了最高科技奖的领奖台。

徐光宪对学生、对来访者一再说明自己对"灵感"的看法:

> 我自己一天到晚思考的问题,有时早上醒来忽有所悟。主要是已经考虑了很久,夜间虽然睡下了,但大脑某部分还在酝酿、反刍、消化。所以"灵感"是"思维陈化(aging process)后的顿悟"。

徐光宪在谈到创新时不止一次强调:

> 知识创新都有前因后果,来龙去脉。所以勤奋学习,积累深厚的基础,加上追根到底,万事必问为什么的好奇心,就是创新的源泉。前者是学,后者是问,学而不问则殆,问而不学则罔。学而问,问而思,思而行,行而果,这就是创新。这是我学习六十年的体会。

徐光宪一生勤奋,硕果累累,他的每一项成果都是和刻苦努力联系在一起的。"古人学问无遗力,少壮工夫老始成"说的恐怕正是这种情况。

4. 文人互敬

中国历来有"文人相轻"的陋习,其实"文人互敬"的也不乏其人。前者我们引以为戒,后者是我们学习的榜样。他们相互学习、切磋,相互关怀、批评,相互尊敬、论争,相互支持、信任。我们看到徐光宪周围的人大都遵循后者,徐光宪对他的三位物质结构同行唐敖庆、卢嘉锡、吴征铠先生非常尊敬,而他们三位也很赞赏徐光宪。厦门大学张乾二院士说:"早在50年代初期,我就听卢嘉锡先生赞扬徐先生夫妇避开美国政府阻挠,毅然回到新中国的爱国壮举。卢先生还经常谈到他和唐敖庆、徐光宪、吴征铠先生受高等教育部委托,在全国举办《物质结构》教学讨论班,培养专业师资的一些细节,言谈中,卢先生很赞赏徐先生的才华与高尚品德,令我产生对徐先生的敬佩之情。"

南京大学高鸿院士说:"我国老一辈化学家、南京大学的戴安邦院士和徐光宪院士在学科领域是同行,他们彼此也很熟悉。有一次戴老提到徐先生时，曾竖起拇指，亲口对我说：'a good fellow'，这是戴老对他的深情赞许。"

徐光宪受到许多相识的或不相识的学者的赞扬，徐光宪也经常对人称赞其他学者，尤其是那串"糖葫芦"（唐敖庆、吴征铠、卢嘉锡）。云南大学教授戴树珊说："徐先生与唐敖庆先生的友谊很是值得学习，传统的中国知识分子素有'文人相轻'之弊，而在徐唐之间则恰恰相反，他们一生都是互相尊重、互相帮助、团结奋斗的学术挚友。在我读《物质结构》课程，讲到'杂化轨道'一节时，徐先生说：唐敖庆先生在杂化轨道理论上做出了卓越的贡献。在教材中也引用了唐敖庆、卢嘉锡的文章。后来我到吉林大学读研究生时，有一次说到旋光问题，唐先生说徐光宪先生在美国博士论文就是研究旋光问题，是当时做得最好的。……有一次唐先生对我们说：徐先生为了国家的需要，暂时放下了自己喜爱的量子化学研究，而去搞原子能化学，但他始终关心着量子化学的发展。在查阅配位化学文献时，觉察到配位场理论有许多新的进展，理论问题十分重要，建议关注。"唐敖庆在配位场理论研究方面成就卓著，著有《配位场理论方法》一书，他感谢徐光宪把有关配位场理论的最新信息告诉自己，徐的"建议关注"，即对自己研究工作的巨大支持。而徐光宪则在许多场合、文章中感谢唐敖庆在业务上、政治思想上给予的热情帮助和深刻影响，并十分称赞唐敖庆在化学键函数和分子内旋理论等领域的领先世界的科学成就和领导工作的贡献：

> 唐敖庆担任吉林大学校长近三十年，使一个地方性的东北人民大学发展成为全国著名的重点大学；唐敖庆出任国家自然科学基金委员会首届主任，提出了"依靠专家，发扬民主，择优支持，公平合理"的评审原则，使基金支持项目发挥了很大作用；唐敖庆担任中国化学会理事长期间，为维护化学界的团结、树立优良的学风和会风、提高我国的化学学术水平做出了贡献……

徐光宪称赞404厂厂长兼总工程师姜圣阶院士，多次说姜圣阶功劳很大。当面赞扬一个人，常有，未必是真心的；背后赞扬一个人，少有，但一定是真心的。

5. 心怀国家，胸有大局

徐光宪心怀国家、胸有大局、基础扎实、勤奋努力，一生数次根据国家需要改变方向，且能在每一个方向上都做出前沿的成就、巨大的贡献，常常令人佩服、称奇。关于这些徐光宪说：

> 我先后改变方向达6次之多，所以我的特长是"适应素质强"。我在1936年读中专时是土木科；1940～1944年读交大时是化学化工系；1948～1951年在哥伦比亚大学读研究生时是量子化学；1951年回国到北大化学系先搞量子化学和物质结构；1953年拓展到实验配位化学；1957年调到技术物理系搞放射化学和核燃料化学；1972年由鲤鱼洲回到化学系搞萃取化学和稀土化学。这些不是我"见异思迁"。第一次选土木科是因为父亲早年故世，家庭希望我就业补助家用不足；第二次读交大是我喜欢数理化，但交大的化学系实质上是化工系；第三次学量子化学是我真正的兴趣。以后三次改变是国家需要要求我去适应。改变方向是不得已的，不能在一个领域达到很高的水平，但却有利于在每个方向培养创新人才，他（她）们的成就和学术水平都已超过我，这是我的最大贡献和安慰。我认为一位有成就的教授的标志之一，就是培育出超过他本人的创新型人才。

徐光宪认为能够随机随缘随遇而安，即有强的适应能力是有条件的：

> 第一条，是要有强烈的爱国情怀。例如国家决定搞两弹一星，号召全民办原子能时，很少有人研究过两弹一星。所以两弹一星的元勋们90%以上都是外行调去适应国家需求的。比如吴征铠先生长期从事分子光谱的研究，他从复旦大学化学系主任，被调到二机部任扩散法分离铀235的总工程师。第二条，要有坚实的基本理论基础。多做习题，每听一门课，要消化吸收，整理成一本笔记本，达到可以开课的水平。第三条，要有"人无我有，人有我优"（温家宝总理语）的雄心壮志和创新能力。

相识相知半个多世纪的苏勉曾教授，说出了徐光宪一生能随机随缘随遇而安的真髓："'文化大革命'后他不得不改变工作岗位，重新组建研究队伍和实验室。可贵的是他无怨无悔地继续努力工作，在教学、科研和社会活动中做出了更多的贡献。他顺境不骄，逆境不馁。63岁高龄时他申请加入了共产党。耄耋之年仍自强不息，勤于思考和钻研，不断地提出新的学术见解，实践着自己矢志不渝的爱国热忱。"

6. 成功的要素

徐光宪的《成功的十大要素》是他在数十年的求学、教学、科研工作中积累的宝贵经验的概括和总结，是他成功的主要因素。它连载于《中国人才》2000年第1、2期，后收入《徐光宪文集》，其内容主要有：（1）志向和目标，兴趣和爱好，决心和毅力；（2）勤奋和效率；（3）健康；（4）天赋、灵感和创新；（5）教育；（6）方法；（7）心理健康＝品德＝（修身）（处世）＝情商（Emotional Intelligence Quotiont，EQ）；（8）大环境；（9）小环境；（10）机遇等。

谈起成功的因素，徐光宪认为个人的成功是指个人一生对国家民族和人类社会做出的有益贡献，当然也包括家庭的幸福和个人的成就。我们立志要取得成功，一定要着眼于对国家民族和人类社会做出的有益贡献。

徐光宪指出勤奋是实现梦想之舟，是成功的要素。他以自己数十年的体会，提出了勤奋的效率问题：优化时间利用原则、分工协作原则、轻重缓急顺序原则、保持乐观情绪原则、相互学习交流原则，等等。

健康的身体是成功不可缺少的要素，健康是基础。因此勤奋不能靠延长学习和工作的时间，不能以牺牲健康为代价，而是要提高效率。

徐光宪用国学大师王国维的治学三境界说来阐明天赋、灵感和创新的相互关系，其核心仍然是"勤奋"。

关于治学方法问题，徐光宪通过自身实例强调了在学习、吸收的基础上建立起自己的知识框架的重要，和努力学习运用辩证唯物主义的科学方法的重要。

徐光宪认为我国目前改革开放的大环境非常好，他希望年轻学者能好好抓住目前的大好时光，并与单位领导、同事、家庭成员等一起构建和谐的小环境，加强修养，推己及人，互相尊重，互相帮助，一定能大展宏图，为中华民族的伟大复兴做出自己的贡献。

三 金针度人

方法论在近现代科学文化事业的发展中有着举足轻重的作用，有时甚至起着关键的作用,这已是不争的事实。

在充满竞争、教会徒弟饿死师傅的环境里,为了保住自己的饭碗,一般人都把成功的诀窍保密起来不告外人。"鸳鸯绣取从君看,莫把金针度予人"就是方法保密只把成果示人的写照。徐光宪却经常把"金针度予人",将自己行之有效的科学方法屡屡公开,毫无保留地介绍给大家,这对于缺乏研究方法的青年人尤其重要。

1. 分类归档

分类归档,就是根据事物的特征,找出其共同点和相异点,把它们划分为不同的类型、种类的方法。徐光宪自小受中药铺的众多小抽屉启发而建立的分类归档法,在他一生治学中起了重要作用,他甚至认为"科学"(science)的原意就是"分科之学""分科治学"。

恩格斯说:"科学分类。每一门科学都是分析某一个别的运动形式,或一系列互相关联和互相转化的运动形式的。因此,科学分类就是这些运动形式本身,依据其内部所固有的次序的分类和排列,而它的重要性也正在这里。"

徐光宪认为当某一学科分支的实验材料已经相当丰富的时候,就应当集其大成,对已有的材料进行深入细致的思考和理论分析,总结出有规律性的结论,并返回去在实践中检验、指导实践,推动该学科的发展,进而开发应用于实际当中。这就要善于广泛积累资料,对资料进行分类或类比,形成自己的体系。例如徐光宪提出的萃取体系分类法就是个典型。

早在1961年,徐光宪在《核燃料萃取化学研究的展望和关于萃取体系分类法的建议》一文中指出:

> 当时无机物萃取尤其是核燃料萃取的研究进展迅速,已有数以千计的文献,但缺乏全面系统的理论总结,没有正式形成"核燃料萃取化学"或"无机萃取化学"这一分支学科,我感觉已经到了应该全面总结的时候。并且认为萃取机理的恰当而细致的分类,是系统整理目前已经积累起来的大量萃取资料的先决条件。

徐光宪从广泛积累和系统整理资料入手,对以往按照萃取剂的种类划分为P型、N型、C型、O型萃取体系;或按照被萃取金属离子的外层电子构型划分为 5f 区元素、4f 区元素、d 区元素、p 区元素、s 区元素、惰性气体的萃取等类型；或按照底液的不同划分为硝酸、其他强酸、混合酸、弱酸底液萃取，中性底液萃取及碱性底液萃取等类型。经过深入的分析、归纳，去粗取精，对萃取体系的分类提出自己的想法：

> 我认为合理的萃取体系，既要考虑萃取剂的性质，又要考虑被萃取金属元素的特性和底液的性质。我把萃取体系分为 6 类：简单分子萃取体系（D）、中性配位萃取体系（B）、络合萃取体系（A）、离子缔合萃取体系（C）、协同萃取体系（A+B, A+B+C, 等）和高温萃取体系。

在正确分类的基础上，他对不同类型的萃取体系进行了细致深入的研究，阐明了许多典型体系的萃取机理，并提出了若干关于萃取的一般性规律。而主要对酸性络合萃取体系（A）、中性配位萃取体系（B）、离子缔合萃取体系（C）等进行研究，并把（A+B）、（A+B+C）等状态首次使用"协同萃取"一词来描述，其定义为："两种或两种以上萃取剂的混合物同时萃取某一化合物，如其分配比显著大于每一萃取剂在相同的浓度和条件下单独使用时分配比之和，这样的萃取体系称为协同萃取。"1963 年，徐光宪又对协同萃取体系进行了补充，将协同萃取体系分类为二元协同萃取体系、二元同类协同萃取体系、三元同类协同萃取体系等，并进一步总结出规律性，使之完善，对预测和说明协同萃取有指导意义。徐光宪首先提出的协同萃取体系这一概念，已被同行普遍采用。

徐光宪晚年的学术思想更富有哲理性，他认为"科学的本意就是分科治学"。他把宇宙的进化、发展划分为八个层次：物理进化、化学进化、天体演化、地质演变、生物进化、社会进化、人工自然进化、大成智慧进化（后者是钱学森先生建议的）。指出作为宇宙进化一个层次的化学进化的主要特征，是由原子组成分子、高分子、生物大分子、超分子、各种广义分子、分子聚合体、分子导线、分子开关、分子马达、分子计算机等。为了能够按照人类的需要设计合成出新的分子及其聚合体，如新的药物、新的材料等，就有必要对现有的各种各类、数量庞大的广义分子进行分类，加以研究，了解和掌握它们是怎样由分子片构成具有特殊功能的分子的。他在研究分子片理论中提出了以 $nxc\pi$ 四个参数来描述分子的结构类型，其中 n 为分子片数，x 为分子的超额电子数，c 为循环数，π 为 π 键数。并在无机化学中引入"共价""分子片共价"等新概念。

2. 移花接木

人类在科学研究活动中发现，将一个学科中的成功的原理或方法，借鉴移植到其他学科有时可能成为解决问题的关键。尤其是现代科学不同学科之间相互渗透、联系日益增强，常有某个学科中的一个常用的原理或方法，移植借用到另外一个学科中，竟成为解决其重大问题的理论依据或行之有效的方法。例如，在物理学中很普遍很成功的红外线研究，当把它移植借鉴到遥感、航天、医学等领域时，便对军事、气象、环保、农业、影像诊断等发展产生了重大影响和推动。而在化学领域研究中，借鉴移植物理学中的量子力学的原理和方法后，开辟并形成了量子化学的新学科；量子力学的原理和方法应用于大分子和生命科学研究之中，则出现了量子生物学等。徐光宪把这种简便、有效的方法形象地叫作"移花接木"法，并运用娴熟。

徐光宪经常对学生说，创新是科学研究的灵魂，强调培养创新思维和方法。他认为各门学科表面上相差很远，但其内在的规律往往是相通的，即具有某种意义上的类似性。把其他学科已经行之有效的东西借鉴移植到本学科来就是创新。

1974年9~10月，徐光宪他们到包钢有色三厂进行工业试验，试验中发现试验时间增加，钕（Nd）转相段中钐（Sm）的浓度慢慢增加，影响钕（Nd）的纯度。因徐光宪读大学和研究生时修过《化工原理》等课程，有相当的化工基础，他马上想到借鉴石油工业中多出口工艺，于是稀土串级萃取"三出口"工艺产生了。这就是借鉴，就是移花接木，就是创新。

稀土分离工业中的"回流启动"模式，也是借鉴了同位素分离中的回流萃取操作而建立起来的。这时徐光宪的移花接木法又派上了用场：

> 我们借鉴同位素分离中的回流操作概念，对回流萃取技术在稀土分离生产中的应用进行了理论研究和计算机模拟验证，提出了适合稀土萃取分离的全回流→单回流→大回流→正常操作的新启动模式，将四个操作过程的特点有机地结合在一起，解决了串级萃取工艺在启动后提高分离效果，加快各组分达到分离所需的稳态积累量的难题，有效地缩短了从启动到生产合格产品的时间。由于该模式可控制槽体内各组分必须在

达到分离指标后才能产出，因而可消除从启动到稳态过程中的不合格产品。

移花接木，可以内移，也可以外移。徐光宪把他在稀土分离中的串级萃取法，用于金川钴—镍的分离大获成功，便是一种外移。

1979年，正在建设中的金川钴—镍分离厂，原设计工艺的生产条件要求在50℃时，达到高效分离钴—镍。这样在高温下艰苦工作，对工人健康十分不利。徐光宪得知这一情况后心里很不安，他想稀土串级萃取分离理论如果能应用于金川的钴—镍分离就好了。经过研究，徐光宪认为，采用稀土串级萃取理论的优化设计，金川的钴—镍分离完全有可能在常温下实施。于是徐光宪他们到金川有色金属公司研究所一起进行了工业试验，结果满意，于是取消原定的高温工艺流程，采取串级萃取理论新工艺。这样，不仅降低了费用，而且工人不用在高温恶劣条件下劳动了。1981年6月，新工艺流程生产线试车成功，并安全运转直到今天。这是稀土串级萃取理论首次在冶金工业生产中的成功应用，是徐光宪善于"移花接木"的生动例证。

3. 有中生新

有中生新就是利用现有的理论或方法，经过认真分析思考，别开生面，前进一步解决新的问题。徐光宪常说，无中生有比较难，有中生新较容易些。

徐光宪原来主修量子化学，1952年院系调整后，徐光宪不仅指导量子化学的研究生，而且应化学系的要求，他还指导本科生的毕业论文。为此他选择了溶液络合物的物理化学的实验研究方向，采取措施把极谱半波电位测定的灵敏度提高1000倍，从而在国际上首先发现了通常认为没有络合作用的碱金属和碱土金属也有络合作用。在徐光宪的指导下，吴瑾光测定了多种碱金属羧酸和氨基酸络合物的稳定常数，处于国际领先水平，开创了溶液碱金属配位化学的方向，对三十年后研究钾和钠离子在生物膜中的通道有深远的影响。山东海洋学院张正斌教授等用这一理论成功地解决了海水中金属离子的配位作用问题。

徐光宪的串级萃取理论也是有中生新的结果。当他们开始分离镨、钕时，经过调研发现采取萃取法所用的 Alders 理论只能估算级数，而 Alders 理论的最大缺点是没有料液、萃取剂和洗涤剂的浓度和流量比的公式，且该理论的一个基本假设是被分离的组分 A 和 B 的萃取比 E_A 和 E_B 分别恒定，但是这个假设与实践相差甚远，不适用。徐光宪参考了 Alders 理论，舍弃其不合理的部分，提出"混合萃取比 E_M"的新概念和"混合萃取比 E_M 恒定"的新假设。并用混合萃取比 E_M 恒定的假设，取代 E_A 和 E_B 恒定的假设。根据徐光宪的新假设、新概念，设计出最优化实验方案，使"推拉体系"得到大于 4 的分离系数，并在国际上首次用于串级萃取分离得到纯镨、钕。此后，徐光宪不断改进、创新，不仅推导出 100 多个公式，而且运用计算机仿真，建立串级萃取动态过程的数学模型，做到了不经过小试、中试、扩试，而"一步放大"到工业生产。并且可以根据不同原料组分和最终产品要求，快捷给出最优化的串级萃取工艺，做到一次试车成功，成为世界上最先进的串级萃取理论和工艺。这是徐光宪"有中生新"开出的奇葩。

4. 学科交叉

学科交叉法也是科研中常用的。两弹一星功勋奖章获得者郭永怀组织科研队伍时，常常把不同学科背景的人员放在一起，便于互相启发，互相借鉴，综合创新。我们发现，有成就的科学家往往广博而精深。广博，能在不同学科之间进行比较、借鉴；精深，能把握其精髓实质，应用得当。

1979 年，徐光宪为了解决串级萃取从启动到稳定状态的动态平衡过程，向北大数学系的计算数学大师徐献瑜先生请教。徐献瑜建议用计算机来模拟"摇漏斗"实验，结果二徐合作解决了多组分的动态平衡问题，共同发表了《串级萃取理论Ⅲ——逆流萃取动态平衡的数学模拟》一文。并对此后串级萃取理论的进一步发展起到了举足轻重的作用。

徐光宪对学科交叉的关注影响深远。张乾二院士说："每一次听徐先生的报告或发言都有一些启发，尤其是他对理论化学与化学的其他学科的交叉，与材料、与生物、与信息科学的交叉的一些意见与建议，更使人对他学术的渊博而敬仰。"

5. 吸收重建

吸收重建是指将所学的知识消化吸收后，变为自己的知识，根据需要随时建构起自己的知识体系，其排列组合可以变化无穷。

徐光宪善于在广泛学习吸收的基础上，构建自己的知识体系。他从中药铺里小抽屉获得启发，在自己的头脑中建立起框架、抽屉，分类储存知识，慢慢形成知识框架的概念。在上海交大学习物理化学课时，徐光宪就想建立物理化学的框架。他认为物理化学的核心是化学热力学，只要把化学热力学学好，物理化学就不难了；化学热力学的核心是热力学三大定律，其中重要的基本概念是体系和环境，体系的状态，状态函数——温度、压力、体积和组分、状态的变化，变化的过程，过程的分类，状态方程，热和功，焓，自由能和熵等。化学热力学中要用到大量的偏微分关系式，徐光宪就把它们总结为便于记忆的四条规则。在此基础上，徐光宪建立了自己的物理化学框架：

> 我把所看到的几本物理化学教材和参考书的内容纳入我的框架中。我认为物理化学教材中最有启发性的是 Noyes and Sherril 著的 *Chemical Principles*。……别的教科书都把习题放在每一章的后面，只有这本书把习题穿插在教材内容之中，往往把下面要讲的一个定律，作为习题让学生自己去推导，所以它是一本引导学生自学最好的书。……并把它们纳入自己的框架。从此我自信物理化学读通了，过关了。我读通物理化学，使我终身受益。我不厌其烦地讲这些，只是想说明建立"知识框架"和"多做习题"的重要性。……

徐光宪从中学时代起，就在自己的头脑中逐渐建立起知识树、知识框架，既便于记忆，又便于把已知的知识和未知的联系起来。

6. 言传身教

中国传统教育在人才培养方面一向重视言传身教，重视身教重于言教。这一点在徐光宪的教学、科研过程中处处得以体现，同事、学生们对此印象深刻。

北大技物系教授赵深说："毕业后我留校工作，与先生的接触就更多了。他常说教好书的关键是对教材理解的深和透，这又需要对有关知识的广泛摄取。……初教课时，要把准备在课堂上说的每句话想好，准备在黑板上写的每一行字设计好。讲稿要写得细，细得像绣花，但要给学生留有思考的空间。要向有经验的教师学习，也要向学生学习。到学生中去，认真回答他们的问题。众多学生的思考会帮助自己更深地理解教材。这些论点对我以后的教学和科研工作一直起着重要的指导作用。"

我们从徐光宪保存至今的作业本、笔记本、讲义册（附有时间安排、测验题、期末总结等）等，一眼便可看出主人的严谨、认真、一丝不苟。曾经有幸见到过徐先生当年的 Noyes and Sherril 的 *Chemical Principles* 498 道习题本的欧阳辉同学的感受是"震撼"。那是在徐光宪发现了欧阳辉同学凭着小聪明上课不做笔记，下课不做作业之后，便请欧阳辉同学到自己家里来参观时所出示的。当时同学们都以为欧阳辉这下可要挨批了，等他回来后同学们问他是否挨骂，欧阳辉却说他受到了震撼。从此欧阳辉变了，开始认真做笔记，认真做作业了。许多年后，欧阳辉说起此事仍感慨不已。

徐光宪言传身教的治学严谨、尊重他人、精益求精、认真负责、平易近人、助人为乐等高尚品德和优良学风，在他的学生中得到了传承。

973 计划首席科学家严纯华院士，从做徐光宪的研究生，到接替徐光宪做北京大学稀土研究中心主任，跟随徐光宪学习、工作二十多年，感触尤深。他说："徐先生以他的学术睿智和对研究趋势的把握，不仅帮我确定了研究方向，还适时地传授研究方法，并在具体研究中给予点拨，使我能够不断地了解自己所学专业的理论和实验。……面对学生的错误和缺点，作为导师的他从不生硬地训导学生，而是用他独特的方式启发和引导学生，让我们自己来认识和改正错误。……其中的一件事迄今记忆犹新，它像一盏红灯，时刻警示于我心头，提醒着我，也提醒着我的同事和学生们。"这件事就是二十多年前徐光宪与严纯华在包钢的一次谈话，严纯华称之为"终身受益的一次谈话""一次影响我人生道路的谈话"。"这么多年过去了，徐先生当时与我谈话时的话语和神态依然清晰于我心，当我此刻在追忆并记述时，仿佛仍能听到徐先生那娓娓道来的声音……"今天，我们高兴地看到严纯华院士正在实现着他和徐光宪的愿望。

徐光宪乐于助人，追求共同幸福，他不仅资助生活困难或临时遇到灾病等危机的学生、同事，捐助希望工程，设立"霞光奖学金"，而且胸怀全局，大力支持兄弟单位的事业，如他助成南京大学配位化学研究所的成立，力排众议支持包头冶金研究所用一个萃取剂 P507，全萃取连续分离镧（La）、铈（Ce）、镨（Pr）、钕（Nd）、钐（Sm）、铕（Eu）、钆（Gd）轻中稀土元素的扩大试验通过鉴定，从而推动中国稀土事业的发展；积极推广串级萃取理论首次在冶金工业生产中实际应用；等等。他对兄弟单位的事业发展起到了切实的促进作用，加强了北京大学与兄弟单位的合作，也得到了兄弟单位的支持。徐光宪的科研集体与兄弟单位的良性互动、互助双赢的模式堪称科技界的楷模。如今，徐光宪的学生、中科院最年轻的院士之一的高松，正在传承着这一做法。高松做分子磁体研究，组里有一台价值昂贵的磁性测量仪器，这在1990年代末，国内没有几台，各兄弟单位做分子磁体的研究，只要有需要到他实验室来求助，高松就会花许多时间帮助测量，甚至帮助分析、处理资料，再现着徐光宪当年的情形，"大贤秉高鉴，公烛无私光"。

四　　霞光绚烂

1. 院士伉俪

徐光宪、高小霞同是浙江人，又在1940年同时考取了上海交大化学系。20世纪40年代末，他们先后赴美留学，分别攻读量子化学和分析化学。1951年徐光宪取得博士学位，适逢抗美援朝战争爆发，他们决心回国效力，为此徐光宪放弃了优越的工作条件和优厚的待遇，高小霞放弃了攻读博士学位的机会，义无反顾地回到刚刚成立不久、百废待兴、依然贫穷的祖国。在好友唐敖庆教授的介绍下来到北京大学，并一直在这里教书、科研，几十年从未离开。1964年，夫妇二人同时当选为第三届全国人大代表；1969年，同到江西鲤鱼洲干校劳动；1978年，同时当选为第五届全国政协委员，并同时连任第六、七届全国政协委员；1980年，同时当选中国科学院学部委员；1981年，同被批准为全国首批博士研究生导师，并受聘为第一、

徐光宪、高小霞院士合影

二届国务院学位委员会理科评审组成员；1989年，同受邀参加在澳大利亚召开的第三届亚洲太平洋化学大会……

中国科学院院士、中国工程院院士，是国家在科学技术方面的最高学术称号，具有崇高的荣誉和学术上的权威，是中华民族现今科技队伍的水平和声誉的代表，是中国科技人员中的卓然超群者。而在这凤毛麟角的院士中，相濡以沫半个多世纪的徐光宪、高小霞在1980年双双成为令人敬慕的一对院士伉俪。

几十年来，徐光宪在量子化学、萃取化学、稀土串级萃取及其工业应用等方面取得了丰硕而卓越的成就，获奖多项，并获2008年度国家最高科技奖。在此同时，高小霞教授一直从事分析化学的教学与科研，她在仪器分析、电化学分析、极谱分析等方面成就卓著。她创建的络合吸附波研究法，具有简便、灵敏、快速、省钱等特点，适合我国国情，具有中国特色，推动了国内同行对极谱催化波的研究，其中她开创的稀土元素极谱分析法的灵敏度比国外同类工作提高三四个数量级，受到国际上的重视。美国稀土学权威K. A. Gschneidner 和 L. Eyring 教授特邀高小霞教授撰写"稀土的极谱催化波分析"专章，收入他们主编的大型工具书稀土化学与物理手册 Handbook on the Physics and Chemistry of Rare Earths 第8卷，该手册已为国际稀土学界视为经典。她的《极谱催化波》《稀土农用与电分析化学》等成果受到同行的高度评价，她的研究成果曾获国家自然科学奖、国家教委科技进步奖、北京市科技进步奖等多项。

高小霞院士心灵手巧，早在1953年前后，她曾用K式电位计自行组装极谱仪，不仅节省开支，而且灵敏度提高500倍。在几十年的教学科研中，高小霞院士经常根据实验需要自己组装仪器设备。她这一优势曾给徐光宪先生转换科研方向有力的帮助。徐光宪回忆道：

> 如果没有高小霞的帮助，我要从理论研究转向实验研究，恐怕很不容易。只靠量子化学的一些基础，很可能在北大站不住脚。

可是高小霞说："我们俩是同行，在家里也经常探讨学术问题。他的基础好，我有些问题还要向他请教，我让他帮我查找资料，他总是很高兴地答应；他说我的字写得好，让我帮他抄写点什么，我也很乐意。"

高小霞还说："能够跟他在一块儿我很幸福。"虽然自己"记性好，不像他那么总是随时笔记,可是,真要一些确切的材料时,还得找他才有"。言语之中流露着对徐光宪的赞美。当谈到家庭生活时,高小霞说:"他很幽默,有时我想问题太专心了,他就会问我'你在那儿发什么傻呀?'年轻时我经常工作到午夜,现在年纪大了,有时工作到11点还不休息,他就会提醒我:'哎,黄牌警告啦。'他喜欢下围棋,闲暇时我会陪他对上一局。我呢,则喜欢看小说,古今中外的名著都愿意读。有时我们也出去散步,我坐在轮椅上,他推着我。我们互相尊重,互相帮助,生活得很幸福。"

1998年9月9日,高小霞院士病故,这是徐光宪最心碎的日子。然而耄耋之年的他很快疗好伤痛,又重新投入到他一生热爱的教学和科研事业中,真是不易。他说:

我一生中最满意、最幸福的是和高小霞相濡以沫度过的五十二年,就是无论在什么时候,我都能牵着她的手,一起为了共同的理想奋斗,不舍不弃。最大的遗憾是没有照顾好她,让她先我而去。

一幅"死生契阔,与子成说;执子之手,与子偕老"的中国传统画图真实地展现在眼前。

2. 不要提名字

徐光宪、高小霞伉俪总是全身心地投入教学和研究,对自己的生活则简单朴素为要。平日的穿着让学生看着有些寒酸,接受中央电视台《东方时空》节目采访时,高小霞穿的毛衣是朋友借给她的。1998年住院时正值炎热的夏天,她身上穿的还是不吸汗的已很少有人穿的的确良衬衣。对于享乐,他们有自己的看法,高小霞告诉女儿:"如今我们都70多岁了,还在工作,不会享受生活……什么是享受生活?我从来没想过,当我和你们的爸爸付出很大的艰辛,做的工作得到了社会的承认后,那种高兴的心情是一般人理解不了的。享受的快乐已经融进在我们的工作之中,我们已很满足了。"2009年1月9日,徐光宪登上国家最高科技奖领奖台,穿的仍是1980年出国考察时的那套深蓝色西装。领奖要到人民大会堂,由国家主席亲自颁发,隆重庄严。因此,他女儿要为他买一套新西装,但徐光宪说:"别买了,那么贵!"只让女儿买了两件新衬衫。就这样,徐光宪穿着那套已有三十个年头的西装潇洒地站在了人民大会堂的领奖台上,脸上洋溢着幸福的微笑。

徐光宪、高小霞自奉甚俭，近于吝啬，但对自己的邻居、同事从来都是尽心尽力给予帮助和关爱，常常慷慨解囊，给予接济；对学生更是视同子女，备加关爱。一位家庭困难的同学因病住院，他们得知后立即叫人送去2000元；过年过节，一些回不了家的学生常被高、徐两位邀请到家里共度节日；有时学生家属来京探亲，也被邀请到家做客；为帮助贫困地区儿童能上学读书，他们为希望工程先后捐款数次……谈起徐、高的为人为学，同事们、学生们无不敬佩。

1959年12月，徐光宪的《物质结构》一书由高等教育出版社出版了，徐光宪拿到稿费同夫人高小霞商量后，全部交给了系工会，用于补助生活困难的教职工。并一再嘱咐不要声张，请不要提自己的名字。当年的学生孙玉坤说："1960年我们国家进入了三年困难时期，全国人民都吃不饱，饿肚子。也就是在这一年，徐光宪先生把自己《物质结构》一书的稿费6000多元交给了北京大学技术物理系工会，让工会来救济一些困难教职工。6000多元在当时来说可是一个大数字。一个工人工资每月30多元，一个大学毕业生每月50多元。在困难时期，徐光宪先生家里上有老人、下有小孩子，

《物质结构》书影

但是他首先想到的不是自己和自己的家，而是技术物理系的广大教职工。这种克己奉公、助人为乐的精神实在令人敬佩。"

1960年代，同事吴瑾光老师因参加土法炼铀而中毒，她由于担心影响教学和科研任务，心情急躁，不能好好养病。徐光宪了解这种病不是单纯卧床休息能解决问题的，而且简单卧床休息容易产生苦闷情绪，机体机能衰退，不如做些轻微活动有利恢复健康。于是就安排吴瑾光半日工作，量力而行，在工作中转移注意力，有利于机体的恢复；而且与大家接触可以避免苦闷情绪，心情开朗，有利健康。吴瑾光说："这样使我能有好的心情养病，对我

病情好转是很关键的。……在我生病期间，因病假半休扣工资，又需要自费买药，徐先生亲自给我拿来他的工资，要我用来治病。徐先生对学生的照顾和关心，真让我们全家非常感动。"

徐光宪真心实意、不图名利帮助同事、同学的事迹不胜枚举。

3. 大年初一

春节在中国人心目中是第一大节日，因此，不能与家人一起过春节，总会留下遗憾。身处寂寞、病困之中的人在春节中独自一人，更是如此。如果此时有人嘘寒问暖，怎不令人终生难忘？

美国得克萨斯州立大学的化学与生物物理高级研究员黎健就有这样终生难忘的亲身经历："1989年的春节，同宿舍楼的青年教师都回家过年了，我们夫妇俩带着病重的孩子，挤在北大西北角一间小屋里，倾听着北风的呼啸，心中充满了悲苦和无奈。大年初一的清早，天还没有全亮，我就听见有人在楼道里呼喊我的名字，打开门一看，只见徐先生披着一身寒气，正站在门口。原来老先生十分惦记着我们，赶在上午其他学生和老师来给他拜年之前的一点空余时间，带着高先生为我们送来了他们亲自烹制的一只鸡、一盒八宝饭并附有400元钱。他们顶着寒风，骑着自行车，特意赶来看望我们，由于不知道我们的具体房间号码，老先生在拥挤黑暗的筒子楼楼道里，磕磕绊绊，从一楼到五楼，一声声呼喊着我的名字，找到我们的房间。面对此情此景，我和我爱人，不禁流下了感动的热泪。"

原来当年黎健是徐光宪的研究生，他的爱人在家乡生产，孩子在出生过程中受伤造成脑瘫。这一灾难几乎将黎健夫妇击垮。徐光宪知道后，建议他们把孩子接来北京治病，在北京治病的一年时间里，徐光宪不仅经常关心询问，而且每个月都要拿出100元钱来补贴他们。在20世纪80年代，这100元相当于一般教师一个月的工资，还是能解决些问题的。

徐光宪对学生后辈在校时关怀备至，离校后仍经常与他们互通信息，尽力帮助他们健康成长。黎健说："在我出国之后，他曾经给我写来八页的长信，向我们介绍国内和北大的发展和变化，教导我们要热爱祖国，为中国的科学事业贡献力量。这些教导，成为我们在海外尽自己的绵力为祖国和北大做一点贡献的鞭策和鼓励。"

4. 洗手间的灯光

徐光宪待人至诚，处处为他人着想。1988年，《中国科学》《科学通报》两刊编委会联合召开全体编委会议。除正常开会外，正副主编还要加班商议相关事宜，听取汇报，了解情况。徐光宪作为两刊的副主编，全程参与会议的筹备、主持等事项。会议闭幕的前一天晚上，正副主编会听取各小组汇报、研究会议总结等，直到深夜才结束，会议委托徐光宪作会议总结报告。一般情况下，由会议秘书组整理出一份总结报告初稿，然后报告人再加以修改即可。但是，年近古稀的徐光宪却加班开夜车自己亲手写，为了不影响同室同志的休息，徐光宪放着舒适、现成的办公桌、台灯不用，却关上洗手间的门在微弱灯光下埋头奋笔疾书。同室的原福州大学校长黄金陵，半夜起来看到徐光宪的床是空的有些纳闷，当他推开洗手间的门看到此情此景时，感动和不安一起涌上心头。多年后黄教授说起徐光宪对工作极端负责任、处处为他人着想的高尚品德时，仍然十分激动。

5. 为他人做嫁衣裳不辞辛苦

历来有人把编辑所做的帮别人修改文章的工作，称作"为他人做嫁衣裳"。但这项工作琐碎，费时间，许多人不愿为之。其实，当读者当欣赏到优美的、有益的作品时，都应该对作品背后的默默奉献的人们表示敬意。

徐光宪就经常为他人做嫁衣裳，他不仅要为自己的学生、同事修改文章，而且他曾是《北京大学学报（自然科学版）》《高等学校化学学报》《分子科学学报》《中国稀土学报》《中国科学》《科学通报》《无机化学学报》等学术刊物的主编、副主编、编委。徐光宪的多种兼职，压得他有时不得不在会议的空隙里为人修改文章。当年山西大学杨频教授曾将几大包书稿（82万字）送请徐光宪审阅并作序。徐先生在十分繁忙的情况下，认真审阅书稿，甚至徐先生去南方出差，还带上部分书稿，利用会议间隙的休息时间审阅。此书《性能—结构—化学键》由高等教育出版社于1987年出版，并于1992年获国家教委全国学术专著优秀奖。其实，徐光宪并不是对杨频偏爱，而是对来请求帮助的晚辈学者是有求必应的，因为在徐光宪看来培育后学超过前辈是他的心愿和责任。

1980年代初，许振华老师请徐光宪先生为他审阅一篇关于稀土大环配合物的合成与性质研究的文章。在送文章的同时，徐光宪要求他不但送文章，还要把相关的参考文献都送去，以便核查，徐光宪仔细阅读文献，认真修改文章，并动手改写了部分段落。徐光宪英文娴熟，对文章的英文摘要除仔细斟酌修改外，还用自己的打字机帮许振华打好。提起此事，许振华教授感动地说："他这种认真负责，无微不至关心别人的精神使我一直不能忘怀。"徐光宪甘心为他人做嫁衣裳的事不胜枚举。

6. 让与推

为了扶植晚辈、培养新人，徐光宪一贯对学生精心指导、严格要求，创造条件让学生承担重任，得到锻炼机会，帮助学生尽快成长。他的众多学生都有这种体会。1982年第四届国际量子化学大会在瑞典乌普萨拉举行，国家教育部组团参加，徐光宪是被邀请者之一。为了让年轻教师有机会与量子化学领域的国际著名学者接触与交流，增广见闻，开阔眼界，近距离了解世界水平，以利发展，徐光宪就把自己的名额让给了黎乐民。大家都知道，参加国际会议，了解世界发展的前沿，对每个与会者都是重要的，是难得的机会，一般都不会放弃。"在1988年承担国家自然科学基金重大项目课题时，他让我当项目负责人，以便有锻炼的机会，他自己只作为项目的参加者。1992年'稀土材料化学及应用'国家重点实验室成立时，由他当重点实验室的学术委员会主任和重点实验室主任是很合适和很自然的事情，但为了培养我，他让我当重点实验室主任。这样的例子还有很多，我的很多师兄弟也同样得到徐先生的扶植和提携。"黎乐民院士说。

高松院士在回忆徐光宪积极推动他参加学术会议的情景时说："徐先生对于像我这样的年轻人的品德修养和学术成长，倾注了大量心血。除了言传，先生更注重身教。我从先生的身上学到的不仅是如何做学问，更学到了如何做人。……1990年春，全国量子化学会议在山东济南召开，徐先生积极支持像我们这样在读研究生去参加这样的学术会议。会议期间，热情地介绍我与国内一些知名学者认识，并鼓励我与他们交流。"参加学术会议进行交流，是学习提高的大好机会，徐光宪一贯支持年轻人尽量参加。此外，徐光宪还很尊重学生的选择，鼓励他们开辟新的研究领域。高松读硕士生时，是跟随徐光宪、李标国从事多组分稀土串级萃取理论的计算和工业应用研究，到读博士时他想调整一下研究方向，就把这个想法给导师说了，当时他心里忐忑不安，担心挨批，因为原来的研究很需要人。"但恰恰相反，徐先生和李老师热情鼓励支持我进行新方向的研究，还请黎乐民老师指导我进行一些量化计算，在博士论文后期，又积极鼓励我进行 4f-3d 异金属分子的合成、结构与磁性研究。这些为我近年来的工作打下了比较扎实的基础……"正是徐光宪的精心培养，高松如今已是中国科学院最年轻的院士之一。

中国科学院上海有机化学研究所的陈敏伯研究员，至今记得被徐光宪"赶着鸭子上架"的事。那是在1985年，徐先生"强迫"他为应邀在北京科学会堂作报告的瑞典乌普萨拉大学的佩罗洛夫·鲁定教授做口译。鲁定是国际理论化学界赫赫有名的权威，曾任瑞典皇家科学院诺贝尔物理奖评判委员会成员、国际量子分子科学院首任主席，他是应当时的中国科学院院长卢嘉锡和吉林大学校长唐敖庆的联合邀请来华访问的。能聆听他的报告是一次难得的机会，如果能为他做口译，就要下些功夫尽量了解他的著作、学术思想，比只做个听众收获要大得多。因此，徐光宪想让自己曾经的学生陈敏伯去锻炼一下，就向卢、唐二老推荐了，结果陈敏伯有畏难情绪，因为陈对鲁定教授了解不多。为了让陈顺利完成任务又得到锻炼，徐光宪做了不少工作。陈敏伯说："当时徐先生一边仔细给我介绍鲁定教授的主要贡献，一边再三鼓励我：这是一次极好的学习和锻炼的机会，你一定不要错过。结果，一堂演讲翻译下来，我确实感到得益匪浅。"

事实上，不管徐光宪对学生或助手是加担子、推上坡，还是让名额，其目的只有一个，就是希望他们快快成材，好为国家服务，盼望国家早日富强起来。

7. 语惊四座

古今中外，凡心怀天下，公而忘私，俯仰无愧，心底坦荡之人，往往举止潇洒，遇事能做到气定神闲，与自私多欲，驰竞于荣利，耿耿于得失之辈，整天忧惧不安相反。即所谓"君子坦荡荡，小人长戚戚"。

"文化大革命"中，徐光宪受到无端牵连和迫害，被隔离审查近半年，身心遭到巨大的折磨和摧残，但他自始至终坚持原则，坚持实事求是。当时他的几位弟子也受到审查。北大技物系教授、原系主任高宏成仍然不能忘记，在一次批斗大会上，徐先生义正词严地大声说道："我保证自己百分之百不是特务，也保证他们（指另外两位科学家）不是特务。"真是语出惊四座，这在当时险恶的环境里，需要多大的勇气和毅力。"事情过去三四十年了，但高宏成仍感慨地说："徐先生为人正直、敢于坚持真理、坚持实事求是的人格魅力深深教育着我。"

8. 非常时期，风范依旧

2003年的春夏之交，"非典"袭击北京，同时也肆虐于其他几个地区。不少单位、学校放假隔离，人心惶惶，中华大地进入了非常时期，而战斗在保卫人民生命第一线的则是广大医务人员。大灾面前互相帮助、互相关爱，一方有难、八方支援，是中华民族的优良传统。北京大学工会及时做出决定，在北大新闻网上发布告示，号召全体教职员工"抗非典 献爱心"。4月30日上午，徐光宪打开电脑上网，校工会的号召闯入眼帘，他立即决定捐助。徐光宪的一贯做法是助人不愿留名，所以他不想到捐款现场，以免被媒体宣传，就给所在党支部李彦书记发个电子邮件，表示要以化学学院一教师的名义捐款一万元，因为收据需要实名，才不得已留下了自己的名字。他表示：

> 我主要是为医务人员的献身精神所感动。今年我国人民和政府遭受SARS的突然袭击，北大医学部附属人民医院、第三医院、北大医院等的医务人员在抗击非典中，不怕危险、不怕牺牲、勇敢担当责任。从新闻中看到许多医务人员顾不上自己家中的老人小孩，自觉奋勇地站到医护救治的第一线，为抢救SARS患者的生命做出了巨大贡献，有的甚至献出了生命。人民医院急诊科的丁秀兰大夫等献身事迹，使我非常感动。我想我们在后方的，也应该表示我们对医务人员的敬意。

这是徐光宪发自内心的朴实无华的真实想法。几十年来，每遇灾难发生，他和夫人都要慷慨伸出援助之手，这是我们大家都熟悉的他们的一贯风范。他们不仅给予困难者以经济援助，而且关心解决其精神上的困苦。所以徐光宪积极响应SARS期间北大团委及时组织的"网上读书计划"。5月24日北大校园网上出现了《徐光宪院士致北大离校和在校同学的一封信》，信中说：

> 我觉得这个计划方案很好。"终身学习，终身读书"已经成为知识

经济时代人们的共识。团委提出的读书计划，不仅仅是抗击非典的应急措施，而且可以为"终身学习"打好基础，意义是十分深远的。

信中徐光宪用唐敖庆、黄昆等老一辈科学家在西南联大那样艰苦的环境下刻苦学习，终成大器，为国家为人民做出巨大贡献的事迹为例，以及自己中学时期生病在家多做习题的经验，鼓励同学们自学成才。不几天，校园网上点击此信的人数超过四千人次，很快《科学时报》转载了此信，影响跨越了北大校园。徐光宪受到了鼓舞，觉得这是与同学交流的好办法，于是在6月2日北大校园网上又出现了徐光宪致同学的第二封信《让我们一起学习》。信中徐光宪首先告诉同学们，人的一生总会遇到许多困难的，学会使矛盾的一方（困难）向对立面（有利）转化的辩证法，将会受益终身。然后，他强调了创新的意义，而青少年的好奇心正是创新的源泉，所以好奇心非常可贵。他指出创新的第一步就是提出问题，要提出问题，就要有好奇心。徐光宪用自己亲身经历与同学们交流，亲切生动，平等对话，毫无居高临下说教之感，深受学生欢迎。徐光宪在信的最后写下这样的一段：

下面有几个问题，希望同学们用电子信箱gxu@pku.edu.cn回答我：

（1）你看了这封信有没有觉得浪费了你的时间？有哪些观点你不同意？哪些你同意？有没有什么收获？

（2）你是否同意"宇宙四要素"的观点。如果同意，我想一定有人也提出过，希望哲学系的同志们告诉我谁最先提出这个观点？以便以后我可以引用。如果不同意，希望能告诉我正确的提法应当如何？有什么参考文献？

（3）你是否同意信中对文学、艺术、哲学、宗教的说明。如果不同意，正确的提法应当如何？如能指出，非常感谢。

（4）你希望我们的讨论继续下去吗？你希望讨论些什么问题？

这是年过八旬的资深院士徐光宪写给青年学生的信，是那么谦虚、那么真诚、那么严谨，读者一定能够从中感悟到一颗滚烫的心，学会怎样做人、怎样处世、怎样做学问等。

徐光宪只是北大众多教师中的一位，是出色的一位，北大学子在这样的环境里，受优秀而丰富的精神滋养和睿智思想的熏陶，其成材也速，其成材也多。所以有人评论说:"我相信,燕园的学子们会在多年之后,依然记得《让我们一起学习》这篇在特定时期被几千名同学点击过的文章。徐光宪院士的学者风范、个人魅力,将会深深地影响北大年轻的学子们,这种潜移默化的作用,才是它真正意义所在。"

9. 霞光基金

徐光宪陪伴着高小霞一路走来,深知高小霞半工半读求学的不易,更能体会她特别关注贫困学生并多次捐助的心情,所以在2005年获得何梁何利科学技术成就奖后,徐光宪根据老伴的遗愿,从他们的名字中各取一字,设立了"北京大学化学学院霞光奖学金",专门奖励那些热爱祖国、勤奋学习、家庭贫困的本科生,使他们能完成学业,成长为年轻学者。每年8人,至今受奖学生已达48人。

徐光宪看着青年才俊一批批成长,实现了高小霞和自己的心愿,心里充满了欣慰、愉快。

霞光绚烂,余晖满天。

快乐曹宗巽

曹宗巽，1920年5月4日生，山东济南人，植物生理学家，北京大学教授。1940年毕业于清华大学生物学系，留校读研究生，兼任半时助教。1945年赴美入威斯康星大学研究生院学习，1948年获该校植物学及生物化学博士学位。曾任教于得克萨斯大学、亚特兰大大学、清华大学、北京大学。曾任中国植物生理学会常务理事，北京植物学会副理事长，国家教委教材委员会委员、学位委员会委员，《植物杂志》《植物学通报》主编，《植物生理学报》编委等职。她主持或参与的科研项目"花粉的生理学和生物化学研究""花粉与受精的生物化学""太谷核不育小麦的发现、鉴定与初步利用""钙信使系统对花粉萌发和花粉管生长的调控"等曾获北京大学、国家教委、国家科委等多项奖励。主要著作《植物生理学》（合作，上下册）获全国高等学校优秀教材奖，另有《花粉管向化性的研究》《兰科植物传粉后的生理生化变化》等论文200余篇。英国的《国际名人辞典》《中国当代名人录》《中华古今女杰谱》等都有曹宗巽的大名。

曹宗巽教授

一　别致的寿礼

1990年5月4日，曹宗巽教授七十大寿时，她收到了一份特别的礼物，那是一本本包含着从五十年代以来几代学生的照片和心声的相册。这可是个无价之宝。在这些相册中，有一个个熟悉的面容和身影。打开北京学生那一本，其卷首这样写着：

涵容　博大　守正　日新

敬爱的曹宗巽教授：

　　这是一本普通的小相册，但它记载着您的辛勤劳动。您为祖国的社会主义建设培养了一批植物生理学的教学和科研人才，他（她）们在不同的工作岗位上开花结果，这是您的骄傲和自豪。感谢您对祖国做出的贡献！

　　册内的相片是您培养的历届学生的部分代表，在您七十寿辰之际，他（她）们祝您健康长寿！

相册里面有"诗配画"，是每个学生在自选得意照旁，亲笔书写的发自内心的祝福或感激。读着这些诚挚的文字，不免心潮起伏。

敬爱的曹先生：

　　我们是在旧北大理学院植物学系认识了您，您是一位被羡慕的年轻教授，从那时起您成为我们学习植物生理学的启蒙老师，为我们现在从事植物生理学研究奠定了知识基础。是您指导我们完成了大学毕业论文，也是您把我们俩的名字放在一篇文章中发表了我们的第一篇学术论文，衷心感谢您对我们的培养和帮助。您是我们敬爱的导师和朋友。在您七十大寿之际，祝您生日愉快，健康长寿！

您的学生
李佳格　吴兆明

曹先生：

　　在老北大，您是一位最年轻的教授，教我们植物化学，您治学严谨，教学有方，且和蔼可亲。深受学生们的爱戴。四十年来，您已桃李满天下，真是可喜可贺。在您七十寿辰到来之际，祝您
　　健康长寿！

学　生
张汝伟　1990·4

在南京的学生们希望曹老师："当您小憩的时候，看看这本纪念册，就好像我们仍在您的身旁。"不少学生更把曹老师比作慈母：

我科研生涯的第一位启蒙导师，

您

对祖国无限深情，

献身科技，

严谨治学，

谆谆慈母心，

永是咱们的榜样，

并使学生终身受益。

贺敬爱的曹先生七十大寿

学　生
梁　峥　90·4·23

京师一别三十载，不意驹隙过华年。

忆得良师随左右，梦里犹见慈母颜。

学生焦德茂写于石头城锺山下

现任北京大学校长的许智宏院士，当年还在上海植物生理研究所任职，他在祝词中说：

敬爱的曹老师：

　　每当想起在北大的教室里聆听您的讲课，在您的办公室找您答疑，好像又回到了大学生的时代。一种无止境的求知欲，在驱使着您的学生在老师指引的科学道路上前进，探索绿色植物生长发育的奥秘。

祝您健康长寿！
您的学生（59级）许智宏

学生寄给曹宗巽的贺卡

在上海的学生们，永远不会忘记曹老师在植物生理学事业中的贡献，和对青年一代的教诲，他们希望这本相册能伴随敬爱的曹老师，并带去美好的回忆。其中称曹老师：

> 您是
> 自强不息的学者
> 诲人不倦的老师
> 开朗好客的主妇
> 平易近人的朋友
> ……

曹宗巽教授看着那昔日学生的照片和诚挚的言辞，想想他们有的年过半百，有的青春年少；有的是单位的骨干，有的已是自己教学、科研的合作伙伴；都一个个身体健康，成就良多，心里很是幸福甜蜜。这些相册被摆放在容易拿到的柜橱上，曹先生非常宝贝并常常翻看它们，那是自己心血浇灌的成果。每看必能给她快乐、甜美的回忆和话题。

二　爽朗的笑声

曹宗巽教授爱笑是出了名的，哪里有她哪里就有笑声，而她的笑声总是那么豪爽，那么开朗，那么富有感染力，那么令人难忘。这爽朗的笑声源自她自信、善良、乐观、豪爽的天性。

曹先生的课堂充满了轻松愉快，她妙语连珠，中英文并用，像讲故事一样把植物生殖生理过程的来龙去脉娓娓道来。学生们听得入神，不知不觉被老师引入知识的殿堂。

五十多年来，曹宗巽先生以极大的热情从事教学和科研，她认为科学家除了在科学研究方面出成果之外，培养出一支过硬的学术队伍同样重要。因为有了人，就可以培养出一代又一代的人才……为了培养学生，曹先生备课十分用心，她不仅将本学科的发展演变、历史脉络条分缕析地给学生讲解，使学生了解和掌握科学发展规律、前辈科学家的辛勤工作和为追求真理所进行的不懈努力，而且将最新的科研成果纳入课堂，启发学生的探索精神。曹先生从教半个多世纪培养了上千名本科生和数十名研究生。

曹先生善于改进和创造教学方法以提高教学效果。为了使学生便于记忆，曹先生曾学习解放军的经验，把一些内容编成顺口溜，如讲种子萌发一课时，用"种子出土，异养为主。淀粉转化，蛋白改组。苗齐苗壮，丰产基础"简单明了地阐明其中的变化过程，加上她表演化的讲解，学生们在愉快中汲取知识，记得更牢。

在她编写的《根系生理》《植物生殖生理》等讲义中，介绍地球上的生物由异养到自养的发展进程时，她运用唯物辩证法的观点指出，没有一个现象是凭空产生的。在生物的进化过程中，所有的新功能都是在旧有功能的基础上发展形成的，不是取消旧的功能，而是把它保留下来，加以发展变化。因此，所有今日的自养生物都有一定的异养潜力，这会在不同的时期以不同的程度表现出来。自养与异养是辩证的统一，它们之间的界限是相对的，有条件的。

因为植物学与农业生产关系密切，而我国又是一个农业大国，生产比较落后，为解决中国人的吃饭问题，曾经是政府的一大课题。曹先生非常注意科研与实际应用相结合，注意从生产实践上升到理论的总结工作。因为人们利用的大多是植物的生殖生长的产品——果实，所以深刻地了解植物的营养生长与生殖生长之间的生理实质，和它们相互转化的条件，从而有意识地利用这些矛盾，正确地处理它们之间的关系，对于农作物增产有重要意义。在农业生产中，可视栽培的目的不同，控制营养生长，促进生殖生长；或控制生殖生长，促进营养生长。她举出了我国农民实施的蹲苗、烤田、摘心、打杈、剪枝、环割等行之有效的措施，都涉及正确解决生殖生长与营养生长关系的问题。为了使学生理论联系实际，20世纪50年代曹先生就指导学生李佳格、金以丰、吴兆明等利用生物技术的方法，进行黄瓜性别分化的研究工作，其研究成果《在环境因子影响下黄瓜雌雄花比例之变化》发表在《北京大学学报（自然科学版）》1957年第2期上。在老师指导下的研究成果能够被承认，对学生是一个巨大的鼓舞，使学生对科研产生了兴趣，对他们以后的发展有良好的影响。吴兆明今天说起此事来仍然有些激动。

为了培养学生专心听讲，及时掌握课堂知识。几乎每堂课都少不了"quiz"一下，曹先生把她在国外学到的，行之有效的几分钟的小测验运用得恰到好处，而对"quiz"结果的点评，往往是趣味横生、满堂欢笑的。这给她的学生们留下了深刻的印象，并被传承。

三　不懈的追求

连小学加中学，总共受了七年学校教育的曹宗巽，为了考上洋气十足、赫赫有名的清华大学，在炎热的夏天，她在南屋地上铺上凉席，躺在上面补读《水浒传》。因为她听说清华的作文题目很古怪，有时要复述一段古典小说，有时则要对对子。1936年的暑假，曹宗巽到北京赶考，先报考了梦寐以求的清华大学，心里没底，又报考了北师大和北平大学女子文理学院。结果被三校录取，她当然到清华报到。在清华新生录取榜上，并列出现了曹宗震、曹宗巽两个与八卦相关的名字，引来不少议论，大多数以为是兄弟俩同科，其实是兄妹同榜，哥哥学号3367，妹妹学号3368，一时传为佳话。当时那种高兴劲无以言表，七十年后说起此事，曹先生仍然十分兴奋。

曹宗巽初入清华是在外文系，后转到生物系，从此生物学成了她一生的事业。在西南联大的艰苦岁月中，曹宗巽与其他同学一样，怀着为民族争生存、为国家争平等的强烈愿望发奋学习。1945年，她有机会赴美到威斯康星大学研究生院读书深造。那时黄皮肤的中国人处处受到歧视，连租房子都遭到冷遇。在"高级植物生物化学"课程中，一次试验课上曹宗巽做的实验精细准确，其所得数据很接近理论值，但教课的Stauffer教授竟不相信，并在实验报告上批写下"too good to be true"（太好了，不可能是真的）。这对曹宗巽刺激很大，她决心要为中国学生争口气，她放弃节假日的休息，拼命学习，终于以全优的成绩"straight A"通过各科考试，并在美国的 Plant Physiology 上发表了三篇高质量的论文《花粉管向化性的研究》《兰科植物传粉后的生理生化变化Ⅰ》和《兰科植物传粉后的生理生化变化Ⅱ》引起普遍关注，被认为是该领域出色的研究。直到今天，有时还被作为经典著作引用。她被称为植物有性生殖生理研究的开拓者。美国加州大学一位教授在信中说她的研究"是这方面工作的里程碑"。

1948年，曹宗巽以优异成绩获得威斯康星大学植物学及生物化学博士学位，后在得克萨斯大学、亚特兰大大学任教，生活、工作条件都不错。但1949年新中国的成立，给了无数海外游子报效祖国的机会，他们奔走相告，激动不已，纷纷通过各种渠道探听回国的可能性。曹宗巽和她的先生向仁生，同样经过曲折的道路，卖掉汽车买了船票，于1951年春，回到了阔别六年的祖国。

回国后,由于条件的限制,她的科研方向几经改变,但在她的不懈追求下,还是取得了丰硕的成果,尤其是在她年过花甲遇上改革开放的时机之后。她在指导博士生的同时,先后承担了国家教委重点课题、农业部重点课题、国家自然科学基金资助项目、"八五"重大项目、国家攀登计划项目等科研任务。完成了《花粉的生理学和生物化学研究》《花粉与受精的生物化学》《从三核型玉米花粉中大量分离制备生活精细胞》《兰州百合精细胞特异蛋白的研究》《玉米精细胞及体细胞原生质体表膜蛋白的比较》等大量论文。她与吴相钰教授合著的《植物生理学》(上下册)获1987年全国高等学校优秀教材奖;她主持的《花粉与受精的生物化学》获1988年国家教委科技进步奖二等奖;1997年,她合作研究的《钙信使系统对花粉萌发和花分管生长的调控》获国家教委科技进步奖二等奖;1998年,她协作研究的《太谷核不育小麦的发现、鉴定和初步利用》获得国家技术发明奖与农业部科技进步奖二等奖;等等。

四　多彩的人生

正当曹宗巽教授夫妇任职于美国亚特兰大大学,工作生活条件相当优裕的1950年,他们在《华侨日报》上读到了华罗庚先生的《归去来兮——给留美学生的一封公开信》,其中字字句句充满了炽热的爱国激情,海外游子的心弦无不被深深打动。曹宗巽教授夫妇本来就盼望回到祖国,此时心愿更加强烈,再加上周恩来总理代表中国政府发出的对海外留学生的召唤,刚届而立之年的曹宗巽教授夫妇,心情再也无法平静。归心似箭的年轻教授却遇到了美国的留难。然而,强烈的回国报效的热情鼓舞着他们冲破层层阻挠,经过无数曲折,终于在1951年春回到了祖国的怀抱,回到了风景秀丽、令人难忘的清华园。在清华大学任教不久,1952年随着全国高校院系调整,曹宗巽教授来到了有着悠久历史和良好学风的世界著名的北京大学。那时她是为数不多的年轻女教授、女博士,加上她活泼直爽的性格和朗朗的笑声,学生们很喜欢她的课程。

1950年代,是中国现代史上永远值得记忆的年代。刚刚成立的新中国,处处充满朝气,欣欣向荣。人们艰苦奋斗,努力向上,为把一穷二白的祖国建成繁荣昌盛的社会主义国家而愉快地流血流汗。教育战线也不例外,在欧美国家对我们采取封锁政策的情况下,学习苏联就成了当时的必由之路。普遍翻译和参考俄文资料便是当务之急,这对于习惯于使用英语的曹先生来说也是一个挑战。不过曹先生的英语娴熟,学习俄语也很快。她在1950年代至1960年代初编写的讲义中,除了主要使用英文资料外,还引用了大量的俄文资料。她亲手刻印的《根系生理教学大纲》《植物生殖生理教学大纲》等讲义,包含了曹先生的辛勤劳动,虽然纸质粗劣,但曹先生完好地保存到今天,使我们得以了解四五十年前的教学状况。曹先生这一时期的学生,日后大多成为了学科骨干、带头人,现任北大校长的许智宏院士就是曹先生这一时期的学生。他们感激老师的教诲,每逢曹先生寿诞,或中秋、新年、春节等喜庆之日,总有学生登门祝贺或看望,而更多的学生则是从世界各地寄来贺卡,此时曹先生便会融在幸福的海洋里。

曹宗巽一家祖孙三代,其乐融融

改革开放之后,年届花甲的曹先生的教学科研进入了"白金时代",被聘为首批博士生导师,学校为她配备了助手,并给予资金支持,积极开展与国际学术界的交流。1979年,她应邀出席了在母校威斯康星大学举行的第十届国际植物生长物质会议,并在会上作了《植物生长物质在性别和受精中的作用》的学术报告,报告全文收入会议论文集。1981年,她率教育部代表团，出席在澳大利亚举行的第十三届国际植物学会议，在大会上她作的学术报告是《识别蛋白属间杂交不亲和性》，国际学术刊物 Phytomorphology 刊载了报告全文。此后，曹先生又参加了"植物开花的操纵"等的国际学术会议，并与美国、荷兰的多所大学进行学术交流，有的成果已被国外的学术专著所吸收。

曹宗巽教授的学术造诣精深，她曾任中国植物生理学会第一、二、三届理事及常务理事，北京植物生理学会副理事长，《植物》杂志、《植物学通报》主编，《植物生理学报》编委，高等学校生物学教材编审委员会委员，国务院学位委员会委员等职。由于她在生殖生理研究领域的重要贡献，在国内外学术界享有声望，1989年，她被录入英国《国际名人辞典》，而后《中国当代名人录》《中华古今女杰谱》也在1991年收入了曹宗巽的名字。这一年她还获得了北京市归国华侨联合会颁发的"回国参加社会主义建设30年奖"和国家教委颁发的"从事高校科技工作40年奖"，奖状和奖牌上分别写着"心血沃神州 永葆赤子心"和"老骥伏枥 志在千里 桃李不言 下自成蹊"，这26个字是曹宗巽先生一生的真实写照，也是曹先生可以引以为豪和得到安慰的。

愿自得其乐、助人为乐、知足常乐的曹先生健康长寿！

（原载《北大的才女们》，北京大学出版社，2009）

健美喜勋

喜勋 1921 年生，江苏南通人，北京大学教授。1943 年毕业于南京金陵女子大学体育系。曾先后在南京师范学院、天津体育专科学校、河北女子师范学院、金陵女子大学、燕京大学、北京大学等校任教。曾任全国体操协会委员，北京市体操协会副主席、竞赛裁判委员会主席，全国大学生体协艺术体操、健美操协会副主席兼秘书长及北京市分会主席，上海体育学院客座教授，郑州大学兼职教授等。她的名字已收入《中国大百科全书·体育》《中国专家人才库》《中华体育英才创业功勋大辞库》等书中。主要著作有《艺术体操》《集体舞蹈》《艺术体操与美育》《轻器械体操》等。

喜勋教授

一 忠

喜勋出生于中医世家，家庭中中国传统文化气氛浓厚，她从小常听父辈讲述屈原、岳飞、文天祥、戚继光等忧国报国的故事。那"居庙堂之高，则忧其民；处江湖之远，则忧其君"，"先天下之忧而忧，后天下之乐而乐"的爱国情怀，不知不觉在她的心底扎下了根。所以她在教会学校崇美女中读书时，对中国教师、外国教师一样尊敬，从来没有媚外的心理和举动，从不接受和宣传其教义而只是尊重与学习西洋艺术知识。在日本侵略者占领南京时期，规定学校日文为必修课，遇见日本教员需要鞠躬 90 度行礼。对此规定，喜勋虽然心中抵触，但表面还要应付，于是她远远看见日本教员尽量绕道避开，而一旦与日本教员不期而遇时，就巧妙地将手中的书本掉落在地上，这样日本教员见她弯腰以为是在鞠躬，实则是在捡书。当年喜勋是上海精武女子篮球队队员，在沦陷的大上海，进行篮球比赛也要迎合洋人，当局要求精武队输球以博得洋人的欢心，喜勋与队友们却猛打猛冲硬是把洋人打输了，赢得了中国观众的喝彩。在天津体育专科学校任教时，学校为了找借口把同情、接近共产党的进步学生开除，竟要求老师给这些学生打不及格分，喜勋带头坚决反对，实事求是地给学生打分，保护了进步学生。

上海精武女子篮球队

喜勋从自身的体会认识到，强身才能强国，强身才能雪"东亚病夫"之耻。但一人强健是不够的，要大多数中国人都强健起来才行，所以她要努力做好体育教师工作，通过教学生开展群众体育运动就成了她的追求。在抗日战争胜利后的一段日子里，她宁愿失业在家，也不去工厂当工头（当时有人给她介绍这样的工作）。当再次走进学校后，她更加珍惜教学工作，对每一堂课都是精心构思，科学安排，充分利用好课堂的宝贵时间，力争使学生身心都得到健康的锻炼和发展。几十年来，喜勋教授的课堂总是充满爱意和温馨，对那些体质较差的学生，她更是关照备至，爱护有加。喜教授采取分解动作，并辅以多样性的相关辅助练习，一学期下来，班上竟没有了差生。学生们常常想起、说起她那双保护安全的有力的爱之手。喜勋教授热爱学生和同事。她是学校学术委员会委员，在评职称时有发言权，她对所审查的对象，要求必须名副其实。认为暂时不够条件的帮助其提高，对有真才实学确有水平者，不论资排辈，勇于推荐。喜勋教授忠于国家民族，忠于教育事业，忠于职责。

二 新

求新创新是人的天性，人类只有不断求新创新，社会才能发展进步。古语"汤之盘铭曰苟日新，日日新，又日新"。《大学》记述了古人的启发式、潜移默化式的教育方法，希望人们在沐浴时看到这日日新的自警之词，能由洗涤身上之污想到洗除心上之恶，使人身心焕发，日益进步向上。这日日新的思想被世代推广到各个领域，如所谓"诗文随世运，无日不趋新"。

不断求新创新是喜勋教授的风格之一。她的教学内容年年有充实，有改革，她组织带领的比赛项目年年有新创意，如选取新的音乐，编排新的动作。花甲之年的喜勋教授根据男女不同特点，设计了适合女生生理特点的走、跑、跳、攀、爬、越、游、平衡、障碍等十二种基本活动能力为主要内容的丰富多彩的运动项目。喜教授首创在体育教学活动中引入适当的音像资料。学生在或活泼、或舒展、或激扬、或奔放的乐曲中以屏幕上老师的示范动作为引导，愉快、兴奋地完成了动作。以往总盼着下课铃响的体育课，现在在不知不觉中就结束了，学生们不情愿地离开运动场。由于在身心舒畅愉悦中，人的机体会达到最佳状态，大大有利于人的个性的健康发展，学生们从中尝到了甜头，喜欢上体育课了。原来文弱的学生变健硕了，得病少了；原来很学究气的学生变活泼了，朝气蓬勃。她所教的女生身体素质大有提高。喜教授把自己和同事的教改实践成果进行总结，写成《北大女生体育教学改革》一文在《体育报》上发表，引起了同行们的广泛注意，全国各地的体育教师纷纷来北大观摩喜教授上课。

喜教授是中国第一位国际竞技体操女裁判，在她花甲之年，受国家体委体操处的委托，担当起了开拓推广我国艺术体操、健美操的重任。她根据多年的经验深深知道万事开头难，开个好头更难。但再难也必须有个好的开端，因为好的开端是成功的基础。有了好的开头，就成功了一半。为此，她根据项目的特点和具体情况向有关领导提议，在艺术体操比赛中采取裁判公开示分制。这一建议让领导为难，因为国际上这项运动比赛中尚未有公开示分的先例。喜教授则据理力争坚持公开示分是减少舞弊、保证公平公正的必要措施，而公平公正才能使艺术体操有发展的空间。一些项目出现不景气、萎缩，大都与比赛裁判缺乏公平公正有关，所以国际竞技体操比赛基本都采取公开示分制，其效果是肯定的。既然如此，我国可以先走一步，为什么非等到别人采取了，我们才跟上呢。喜教授言之有理的敢为人先的精神打动了有关领导，结果是公开示分制的艺术体操比赛，首先在起步晚的中国出现，而后在国际比赛中推广开来，这是少有的事情。

喜教授在上课

喜教授一生有许多创新业绩。20世纪50年代，她将俄文版的苏联《艺术体操等级动作图解》译成中文，出版后成为我国第一本艺术体操书籍。1959年我国第一届全运会，当时没有女子体操团体比赛评分规则，喜教授参与制订了一套评分规则，解决了急需，并被以后所应用。1950年代喜教授在北大组建了北大历史上第一支女子竞技体操队，1978年组建了北大第一支女子艺术体操队，1987年又组建了北大第一支女子健美操队，并编写了《北大女生体育教学大纲》进行教学改革。她的《艺术体操与美育》《艺术体操课的开设》发表后，一时间全国各高校代表纷纷前来北大访问，索要大纲。她在此基础上编写的《艺术体操教学大纲》1986年由上海教育出版社出版。1980年，在喜教授的倡议下，北京市举办了第一届北京市高校艺术体操比赛，其组织形式、奖励办法等都有所创新。她执教的北大艺术体操代表队，因技术娴熟、造型新颖、动作优美一举夺冠，并在此后北京市艺术体操比赛中蝉联十届冠军。一个项目蝉联十届冠军，在北大乃至在全国各高校中实属罕见。而全国大运会艺术体操、健美操比赛中，北大是第三、四、五届校长杯得主。1981年，我国举行第一届全国艺术体操选拔赛，喜教授出任总裁判，并连任五届总裁判和仲裁主任。1982年，喜教授协助国家体委审定了《艺术体操规则》，并举办了艺术体操裁判员、教练员培训班。1999～2003年，喜教授又连任全国健美操比赛的总裁判和仲裁主任。

三 实

喜教授的创新意识根植于中国精深的传统文化。她出生于中医世家，自幼受祖父、父亲言行熏陶。中国传统医学通称中医，它是中国传统文化的重要组成部分，是人类医学的瑰宝。中医的特点之一便是师古而不泥古，有信守，有革新，根据实际情况代有发展。同一类疾病，同一个祖方，对不同病人则药味有增替，分量有加减，而信守主旨不变。这些使喜教授获得启示，她知道根据具体的个人特点，采取不同的针对方法，才是取胜的关键。所以她在教学、训练中不仅依据教案、计划，而且更是依据实际情况，针对不同学生不同特点，采取不同变通措施，因材施教。不仅使同学体质得到增强，意志品质得到提升，而且使他们对体育产生兴趣。不少学生甚至将对体育的兴趣保持到晚年，并且将之传授给自己的学生，其学生再传授给学生，一代一代产生了连锁效应。

喜教授认为学生体育课主要是培养学生的走、跑、跳、攀、爬、越、游、平衡、躲闪、障碍等基本生活能力，在日常生活中遇到突发情况能保护自己，避开危险。所以不必用培养运动员的要求来训练一般学生，因为运动员，主要训练技术，而一般学生主要训练耐力、速度、灵敏、力量，以增强体质、培养意志。这个从实际出发的教学使学生终身受益。

说到终身受益，生物系1955级的戴灼华十分自豪，她得意地说：她现在走在路上回头率很高，人们看着一头华发的她，身材匀称、步态轻盈、富有弹性，浑身散发着活力，那目光中充满了惊奇和羡慕。数学系1956级的张立英轻松地介绍自己的"飞檐走壁"：她的邻居把钥匙忘在了家里，求她帮忙，她毫不犹豫跃上阳台从自家的阳台跨到邻居家的阳台进入室内开门。要知道当时她已是知天命之年，且在距地面约30米高的第11层楼上，别人都替她捏着一把汗，她却像当年在吊环上翻飞一样平常轻松地跨过去。地质系1957级学生阎月华的死里逃生更见体操训练的功底：1983年的一次车祸中，她被大卡车撞出去16米，当场昏了过去，当时的目击者包括警察都认为"这人完了！"然而她只是受伤而已。她回忆说，是平时练就的自我保护动作抱头、团身、前滚翻、后滚翻等，在那一刹那起了作用。

历来学校的体育课男女生教学内容区别不大，女生体育课的教学内容一般是在男生的教学科目减减难度。喜教授根据自己多年教学经验和自身的体会，认为这样教学内容不符合女生的生理特点，不适应女生心身发展的需求。于是她大胆地翻译、引进了苏联的《艺术体操等级动作图解》，并将之改造成"艺术体操教学大纲"，尝试用艺术体操取代部分田径项目的教学内容，在节奏欢快、舒展、奔放的音乐的伴随中喜教授亲自示范，课堂上的女生们顿时精神焕发，愉快活泼。经过一段的教学和训练，女生们开始变得纯朴坦诚、开朗大方、勇敢顽强了，并增强了责任感、荣誉感、集体主义精神。

在具体的教学中，喜教授根据学生的具体情况因人而异，有针对性地教，效果良好。如一个学生有一定的高低杠基础，但在做时不够认真，喜教授告诫她体育训练就是意志训练、作风训练，机会失去了，就不会再来，将来工作中也一样。对体育课兴趣不高的学生，喜教授就先教她们做游戏，结合生活、生产劳动的实际情况进行体育性质的教育以引起兴趣。在教英语系的学生体育课时，喜教授就采用双语。如此等等。学生尝到了体育锻炼的好处，培养了锻炼的习惯，身体素质有了切实的提高，喜教授的教学目的也就达到了。

在习惯于现成规范的环境中，要对实际进行改进则需要勇气。这一点喜教授不缺乏，她自小就有一个信念：不做传声筒、应声虫，不做他人的奴隶，要为自己的信念活。在喜教授组织的全国比赛中，曾有裁判员为本单位运动员打高分，结果被喜教授两次黄牌警告后罚下场，就连裁判长犯了错误她也不例外。为了比赛的公平公正，她敢于坚持公开示分制和对裁判员的"红、黄牌制"。为了切实提高学生体质，有利于学生的身心全面发展，她勇于将音像手段引入教学课堂。为了使她的教学理念让中小学生也受益，她还培养了不少中学体育教师，推广她精心编排新的少儿广播体操……喜教授的名声远播之后，更有不少爱好艺术体操、健美操，甚至爱好舞蹈的中小学生向她请教，请她指导。好苗子经名师点拨自然成长迅速。在喜教授保存的大量照片、录像资料中，我们可以饱览其累累硕果。

四 公

　　做人做事正直无私，出以公心，"背私为公"（《韩非子·五蠹》）是一种美德。而公平公正是事业发展成功的基础和保证。喜教授在受国家体委体操处委托，开拓推广艺术体操之初，为保证公平公正地开展活动，尤其是比赛活动，喜教授就向领导提出约法三章：第一，代表队和裁判员分开住；第二，代表队的领队不得给本省的裁判员下命令。如有发现裁判员给自己所在地区参赛者打过高分数的不公平情况，裁判员将被全国通报，以示惩戒。第三，采用公开示分制。开始领导难以接受，因为这样做有难度，并且艺术体操的公开示分在国际比赛中尚未实行。但在喜教授的坚持力争下，领导从善如流，三条照办了。由于有了这三条，保证比赛的公平公正，所以队员们刻苦努力，信心十足，知道自己的实力可以如实展现并得到认可，不会因"黑哨"而被埋没，所以比赛就格外认真，格外精彩，以至全国大学生第一届艺术体操、健美操比赛开赛后，主席台上的领导们就全神贯注地观看，而且越看越高兴，从头看到尾。这是十分难得的成功。大家都知道，领导工作十分繁忙，日理万机，一般运动会领导出席一下以示重视，看个开头，坐不了一会就会因事离开，这已成惯例。但这首届全国大学生艺术体操、健美操比赛却让领导坐住了，没离开。可是大家明白，这成功中有喜教授多少心血和汗水。她不仅亲自设计两操表演的路数，还要上下联络，组织、培训裁判员，等等。

　　在训练中，在比赛中，喜教授都认真观看并作详细的记录，所以能准确指出参赛者所做动作应该保持和应该改进的地方，提出应如何改进的方法。并能对裁判员的评判进行监督。所以学生们都愿意听取喜教授的指导，因为她的指导往往能收到立竿见影的效果。喜教授的教学日志、笔记展现了她教书育人的历程。难能可贵的是，她对运动场上所有的学生，都公平对待，一视同仁。因为她的教学理念是以增强学生体质、提高素质、培养意志品质为最终目的的。

　　喜教授实事求是，公正无私的作风在她的学生中得到传承。据中文系1956

级学生王绍新讲：记得有一年，北京高校女子体操比赛中，场地四角的四个裁判打出了完全相同的分数，全场观众对裁判员报以热烈的掌声，惊叹如此的一致，实为少见。原来这四个裁判员都是喜老师的学生，只是不同年级而已。她们从喜老师那里学到了同样的技术要求、统一的标准，而且秉承喜教授公平公正、对每个运动员一视同仁的操守。她们知道不这样做不仅有损自己的人格，也将违背竞赛的目的。喜老师常说，出一点偏差，就对不起运动员、教练员一年甚至几年的辛苦，也会把人引上歧途，所以不能有半点私心。

五　美

　　学校教育以德智体美四育为主要内容，它们互相联系，互相促进。德育、智育一向为人们所注重，而往往忽视体育和美育，尤其是美育长期以来被认为可有可无。但教育家、北京大学校长蔡元培先生认为体育与美育是养成学生健全人格必不可少的。健全人格包括强健的身体、精神和创造能力。蔡先生说，学生有了审美爱美的情趣，就"不但觉得人生很有意义，很有价值，就是治科学的时候，也一定添了勇敢活泼的精神"（《北京大学日刊》1921年2月23日）。德国哲学家黑格尔也说："审美带有令人解放的性质。"（《胸中之竹》）现代美学研究认为美育在人格修养和理论修养方面都有着重要意义，美与真、善并列成为哲学的三个范畴，而在19世纪之前美尚未达到此等荣耀的地位，美是随着人类文明进步逐渐受到重视的。审美活动是人类的精神活动之一，懂得欣赏美好事物，会养成珍惜、感受、表达的习惯和能力，美好事物能陶冶、调和人的性情，愉悦人的身心，使之达到生气勃勃、活力充盈的状态，使人的情感升华到更高的境界，去感悟生命的意义和价值，获得人生的趣味和智慧，更具创造能力。所以在科技、经济高度发展的今天，并不直接产生经济效益的美育受到了空前的关注。

　　艺术体操、健美操便是有意识地美化人身，使人发育成为匀称、协调、丰满、强健体形的活动。艺术体操、健美操在悦耳的音乐伴奏中，展现各种动态的艺术造型。健美的体态与优美的艺术造型融为一体。圈、球随着或恬静舒展、或优雅轻盈、或洒脱奔放、或泼辣有力的旋律，像在流动磁力吸引下，准确地在身体各部位滚动；长绳、彩带的挥舞抛接，连绵不断，似行云流水……婀娜多姿、生龙活虎的矫健动作是健与美的展现，是生命活力的赞颂，极具魅力。运动员和观众都在这美妙享受中得到陶冶，使之兴奋愉悦，神清气爽，活力迸发。因此艺术体操、健美操除培养动的、力的、形的等外在美之外，还培养人的果断、灵敏、坚毅、坚定等品质，使人具有谦虚、礼让、开朗、热情、乐观、克己为人、互谅互助等高尚道德品质，获得内在的心灵美，达到意境美感，感悟人生，感悟责任，感悟历史。

北大艺术体操队比赛归来奖杯多多

　　通过喜教授的训练，她的学生们大都受益匪浅，她们共同的感受是喜老师非常关心学生，体操队就像一个大家庭，来自不同系科的同学像亲姐妹一样，互相关心互相爱护。喻缨同学说："艺术体操能改变人的性格，改变了自己以往做事忙忙叨叨的状态，办事有节奏，不慌不忙了。""练艺术体操提高了审美观，有意识地控制和培养自己正确的体态，与不练大不同了，走起路来挺拔、大方、自信。"周晓同学认为："艺术体操伴奏优美音乐，对人的性格培养有好处。待人接物有礼貌，遵守时间，加强了纪律性和吃苦精神。互帮互学，助人为乐的优良作风得到发扬。没练艺体时，自己是个缩头缩脑，不敢说话，怕生的人，通过练艺术体操自己性格开朗多了，变得坚强多了。心情好时来练，感到心胸开阔；心情不好时来练，情绪得到改变，陶冶了情操。"方丽萍同学说："喜老师很关心同学，与体操队建立了很深的感情。自己体质增强了，学习效率提高了，性格开朗了，不驼背了（喜老师多次掰我的肩）。"钟霞同学说："练了四年，养成了习惯，不练就不舒服。队员之间像姐妹一样，是一个温暖的集体，一辈子都忘不了……练习时大脑得到放松、休息，学习效率提高了……练习艺术体操提高了审美意识，穿衣打扮给人以和谐美的印象，培养了人的气质……"

喜教授本人就是美的化身，打开《喜勋体育教学60年》，一副艺术健美的画卷就展现在眼前：学生舞动的身影、灿烂的笑容，展示出青春的活力；喜教授指导学生，培训教练员、裁判员，亲切而又热情。这类，美得真实，美得亲切，给人以欢快向上的力量，激起人们的奋发精神……

六　乐

喜教授心地善良，助人为乐，关心学生、同事、朋友，教学传授从不藏私。同事朋友高兴与之交往，学生们对年过古稀的她亲切地叫"喜奶奶"。登门看望、电话问候、请教的有全国各地的学生和朋友，其中不乏有年过花甲的老者，有风华正茂的青年，有含苞待放的少年。2006年12月30日，笔者有幸参加了喜教授与她学生们的一次聚会。那天，一场瑞雪把京城变成一片银白，盼望已久的冰雪美景让人心情陶醉。有打雪仗的，有照相的，有扫雪铲冰为方便出行的，有匆匆赶路的……在这人流中，有几位古稀老人兴冲冲地赶往她们的母校——北京大学，与自己的望九老师喜勋相聚。她们都是20世纪50年代北京大学女子体操队队员：屈翠辉（地质地理系，1953级，队长），沈玲（化学系，1953级），戴灼华（生物系，1955级，队长），王绍新（中文系，1956级，队长），张立英（数学系，1956级），阎月华（地质地理系，1957级，队长）。

早上八点二十，已是八十五岁高龄的喜勋教授，在儿子的陪同下，踏着瑞雪第一个来到了校史馆，她仍保持着几十年来上课、开会必提前到的习惯。谈起当年在喜老师指导下练习体操，个个脸上洋溢着幸福的笑，喜不自禁。在毛主席为普遍提高中国人民身体素质而发出的"发展体育运动，增强人们体质"号召下，当年她们大都取得了一级运动员或运动健将证书。谈起成就的取得，她们共同的感受是喜老师教学有方，总在关键的时候用简单而又关键的话给予指导，如在做高低杠下杠动作时，喜老师一句"抬头！收腹！推杠！"队员就能轻松跃下。戴灼华边说边示范，根据喜老师的指导"想象右手用线牵着左脚"，手脚就自然协调了起来了，绝不会手先脚后。说起喜老师充满爱心的手，大家更是七嘴八舌。她们忘不了跳马前、吊环下、平衡木边……总有喜老师那充满爱心的手在保护着她们。她们感激喜老师的严格训练，尤其是感谢喜老师培养她们养成公正无私、实事求是的作风，让她们生活得踏实而无遗憾。她们都是普通的学生，只不过爱好体育，课余在运动场上多花了一些时间而已，功课是绝不后人的。戴灼华眉飞色舞地谈她既是体操队队长，又是学习班长的体会：不仅练出了一副好身体，而且功课扎实，成绩优异。毕业后被分配到北京农业大学，不久被派去讲新课，那时她才25岁，而听讲者中年过半百者有好几位。回到北大后她曾先后讲授遗传学、数量遗传学、群体遗传学、生物统计学四门课，并受到同学们的欢迎，直到70岁才离开讲台。她感谢体操让她养成了克服困难、勇敢向上、要做就做好的做事风格，使她在身体和事业上都受益终身。

喜老师细心倾听着大家的高谈阔论，脸上洋溢着幸福的笑。看着这些身姿挺拔、步伐轻盈、思维敏捷、谈吐爽朗的学姐，哪能想到她们已年过古稀；看着步履稳健、精神焕发的喜教授，哪能想到她已是耄耋之年。

在这快乐的交流中，年已望九的喜教授仍然精力充沛、耳聪目明、思维敏捷、脑灵语清。喜教授健康快乐的生活、骄人的体态让人敬羡，因此常有人向她请教"秘诀"，喜教授毫无保留地告之："胸襟诚笃是长寿之本，心地善良是快乐之源。"她还把自己的体会总结为《寓健康长寿于吃穿玩乐保》，曾被多家报纸杂志发表、转载。现录于此，与世人共享。愿大家都有一个快乐的人生：

吃　粗茶淡饭素为主，杂粮营养来互补；瓜果肉蛋加豆腐，多式多样组食谱；

细嚼慢咽消化好，每顿控制八分饱；生冷饮料不贪口，喝茶提神又醒脑；

自循规律来养生，食补好来胜药补。

穿　不在华贵，舒适为宜；宽松轻软，淡雅大气；风格别致自设计，自我欣赏也得意。

随着气温勤更衣，不要死守老皇历；根据活动来着装，妨碍动作易受伤；

金玉首饰巧配衣，素淡自然有雅意；欲论何来为健美，三分包装七分气。

玩　玩心不野在休闲，炼身不蛮在量力；前进倒退漫步走，疏盘活血练太极；

韵律活动登山旅，健身乐园可适力。

我有"四迷"作消遣：

迷花、迷山、迷艺、迷新意。

兰花、水仙、仙客来，高风淡雅花飘逸。山川名胜景秀丽，结伴旅游旷神怡。

逛商场来赏布艺，剧场观舞加戏剧；摄影书法又绘画，玲珑雕刻我全迷；

标新立异新路启，编操编舞新颖迷。闯出新奇费脑汁，再苦再累我乐意。

乐　宽容大度，待人以诚；爱人如己，乐善好施。

好心不求报，自会有好兆；助人为乐很重要，自得其乐自有道。人问我的长寿歌，延年益寿好处多：

一乐解千愁，一笑百痛消。一唱肺腑旺，一读胸开朗。一游心神往，一练身心康。

一泄身舒畅，一舞友谊长。一睡精神爽，一饱养五脏。一忘淡名利，知足常乐好。

保　保是防来防是保，小病早把医生找；三分医来七分调，心态乐观最重要。

闲把医书瞧一瞧，预防知识应知晓；自防自救又自保，补品补药都不要。

吃穿玩乐加一保，自编信条健身宝；虽然做得不完好，生活质量有提高。

最后再言如何对待"老"：

思想先行最重要，几句赠言供参考：人老心不老，永葆青春面对老。

淡泊生死莫怕老，珍惜今日展明朝。一生奉献不算少，心安理得情绪好。

抓住健康这个宝，尽享人生乐逍遥！

（原载《北大的才女们》，北京大学出版社，2009）

石青云笑靥人生

　　石青云（1936~2002），四川合川人，北京大学教授，模式识别与图像数据库专家、中国科学院院士。1957年毕业于北京大学数学系并留校任教，1978年开始从事模式识别研究，1979年编写教材《图象恢复与数字滤波》，1980年相继提出"用于癌细胞识别的形状特征""树分类器设计方法"。1981年至1984年间，她建立了一类适于景物分析的属性扩展图文法，提出并实现了属性与随机树文法的高效误差校正句法分析算法及其对英文字符识别的应用。

石青云院士

1980年秋至1982年春，曾应邀作为美国普杜（Purdue）大学访问学者，在国际著名模式识别界权威傅京孙教授指导下进行研究。1980年代中期，她主持创建了北京大学视觉与听觉信息处理国家重点实验室，在国家自然科学基金、863高科技计划、国家"七五""八五""九五"科技攻关及攀登计划等多个项目与课题经费的支持下，取得多项具有国际先进水平的成果，先后获国家教委科技进步奖一等奖、国家科技进步奖二等奖、国家重点实验室先进个人金牛奖（两次）、何梁何利基金科技进步奖等奖项。石青云院士还被评选为北京大学优秀共产党员标兵、师德标兵，北京市优秀共产党员、先进工作者，全国职工职业道德十佳标兵等。她曾任国家自然科学基金委员会委员，国际模式识别学会理事，中国自动化学会常务理事，中国计算机学会人工智能与模式识别专业委员会副主任，中国图象图形学会副理事长，《模式识别与人工智能》《自动化学报》《信息与控制》等刊物编委，《高校应用数学学报》副主编，《中国图象图形学报》主编等职。主要著作、译作有《形式语言及其句法分析》《数字空间的数学形态学理论与应用》《石青云文集》等。

一　进军美国

世界科学中心自从20世纪20年代转移至美国，至今将近一个世纪了，在现代科学技术领域，美国一直居于前列。在科学技术成果和诺贝尔奖获得者人数方面，美国一直遥遥领先，世界许多国家包括中国在内，往往是美国出售不先进技术之地，也就是说许多国家花费高昂费用从美国取得技术转让为人们所习见。但是自从改革开放以来，有着数千年灿烂文化、为世界发展做出过巨大历史贡献的中华民族焕发了青春，经济、科技、体育等各项事业一日千里，飞速发展，中美科技差距正在发生改变。1990年10月，头号科技强国美国用上了中国北京大学石青云教授主持研究开发的指纹自动识别系统，这是世界上第一个在工作站实现全自动的适于民用的指纹自动识别系统。

北大的指纹自动识别系统，是在美国洛杉矶社会保障局"实现救济金发放控制"项目的公开招标中，战胜日本的NEC公司和北美的MORPHO（其研究和开发都在法国）而一举中标的。日本的NEC和北美的MORPHO都是世界知名电子产品厂商，其科技研发实力、产品的先进性以及市场占有率都令世人刮目相看，不过他们的指纹识别系统产品主要适用于公安刑侦的警用，系统庞大，不能全自动，需要进行人工干预，确认"他是谁"才能给出结果。而救济金项目是一个民用的指纹项目，因为它要解决"我是谁"的问题，是对人的身份进行鉴定，因此其精确度要求更高，还要全自动，不需人工干预，并在工作站即时给出结果来，这是NEC和MORPHO的警用系统，而石青云教授主持研发的具有独创算法的北大指纹识别系统完全符合要求。最终美国洛杉矶社会保障局理所当然地选择了北大指纹自动识别系统。美国当地媒体称："这是世界上第一个在工作站实现全自动的适于非公安应用的指纹自动识别系统。"该项研究居于国际领先地位，因其先进性、实用性等特点于1991年获国家教委科技进步奖一等奖，1993年获国家科技进步奖二等奖。

模式识别又称图象识别（pattern recognition），简单地说，就是根据研究对象的某些特征进行识别并分类。要做到对图象的识别和分类，就要对图象进行特征提取、特征选择及分类等，然后用统计方法来设计识别方案。因此模式识别研究涉及很多学科，需要综合各相关学科的知识和技术，仅数学领域就需要线性代数、矩阵论、信息论、规划论、函数论、概率统计、数理逻辑、形式语言等方面的知识。

中国大学最早的数学系——北京大学数学系，经系主任冯祖荀、江泽涵、段学复等著名数学大师的经营，人才辈出。特别是江泽涵先生，他从大局出发把自己的得力助手廖山涛等推荐给陈省身，把分来北大不久的程民德送出国深造，把他认为能干大事的吴文俊聘来北大又推荐到科学院数学所……江泽涵无私无偏和朴实严谨的品德培育了数学系的优良学风，又有申又枨、许宝騄、程民德、吴文俊、廖山涛、闵嗣鹤等名师任教，石青云在这个中国数学重镇受到了良好而严格的训练和优良学风的熏陶，为她日后承担大任打下了坚实的基础。石青云一生都不曾忘记学生期间在面试中被关"准备室"的经历。20世纪50年代的北京大学，普遍重视学生全面能力的培养，因此每门功课的考核，除笔试外，还要面试，即当着任课老师的面抽题并解答。有一次复变函数课上石青云思想不集中，课后又未及时复习，而她抽到的题目又恰恰是这堂课中关于一个反例的举证，真是哪壶不开提哪壶，她答不上来，她只好进"准备室"，直到憋出一个自己构思的答案，没想到她的这个创见受到了任课老师的鼓励，但从此她在课堂上再不敢有丝毫马虎。

二　后来居上

石青云教授1957年毕业后留在北大数学系任助教、讲师、副教授、教授，从教辅导课开始，到讲基础课、专门化课、带学生的毕业论文，同时参加众多相关的讨论班（北大数学系经常举办类似于西方Seminar的各种讨论班，以提高青年教师和高年级学生的学术水平，增广其见识的行之有效的方法，已有七十多年的传统）和科研项目。经过多年在教学科研第一线的磨炼，石青云练就了一身硬功夫。

1978年，中国开始以新的面貌出现于世界，科技教育界也迎来了新的春天，在这全国上下奋发图强，为建设现代化祖国而努力的潮流中，石青云教授在程民德先生引导下步入了模式识别领域。模式识别因其在天气预报、质量控制、指纹鉴定、遥感技术、国防科学、疾病诊断、地震探测等领域的广泛而诱人的应用前景，受到世界各国科学家的重视并热情投入研究。程民德先生站得高看得远，学术敏感性强，他早就注意了国际上有关模式识别研究的情况，与美国普杜大学教授、国际模式识别界的先驱、美籍华人傅京孙先生常有交流并成为好友。1979年程先生招收了一名硕士研究生，研究方向即指纹分类。

石青云教授由于其深厚的数学基础，和多年教学科研的经验，进入模式识别领域几个月后就编写了《图象恢复与数字滤波》教材，不久又做出了"用于癌细胞识别的形状特征"的研究成果，1980年出席在美国举行的第五届国际模式识别大会并在大会上作报告。石青云教授的研究能力和研究成果，被程民德先生介绍给句法模式识别的创始人傅京孙先生，傅先生很赏识。傅京孙先生从20世纪60年代初开始从事模式识别与机器智能方面的研究，以其辉煌的成就享誉世界，并在该领域起主导作用达二十五年之久。傅先生以丰富的学识和阅历看中石青云教授的能力与潜质，对她的研究非常感兴趣。就在她作《用于癌细胞识别的形状特征》报告之后不久，石青云教授应傅京孙先生的邀请进入普杜大学做访问学者，直接在傅先生指导下，在模式识别的前沿领域开展了深入的探索。在普杜大学一年半时间里，石青云教授进行了"树分类器设计方法"研究，建立了一类"属性扩展图文法"，实现了"属性树文法的误差校正句法分析"等三项前沿性成果，发表在 Pattern Recognition（vol. 16, no. 6）及 Information Sciences（Vol. 26）等国际权威性刊物上。在此期间，石青云教授注意到图象数据库是当时国际上一项新的前沿研究方向，理论与应用价值都很大，但国内尚未开展有关这方面的研究，于是1982年春，她谢绝了傅京孙先生的挽留，告别了普杜大学精良的设备、先进的实验条件回到了北京大学，开始了和同事们、学生们一起艰苦创业，在模式识别、图象数据库和计算机视觉方面进行探索，开展了一系列的理论与应用研究，先后承担了国家自然科学基金项目，863高技术项目，国家"七五""八五""九五"科技攻关项目，以及攀登计划项目等多项课题。石青云教授主持的图象数据库的理论与方法研究是国内该领域的先驱性工作，在国家自然科学基金的连续资助支持下取得了重要成果，她提出了新型图象数据结构CD表示，既有高数据压缩比，又便于图象运算，并取得了二维符号串ICON索引等重要结果，应用于图象数据库的相似性检索和空间关系推理。她主持的"模式识别图象数据"研究取得四项具有国际先进水平的成果，获国家"七五"科技攻关重大成果奖。其中地理信息系统，图象数据结构采用 CD 表示，有很强的综合信息检索和空间数据信息复合功能；同时研制成功体现最新技术思想的图象数据库管理系统和可视化图象查询语言，实现了图象操作和数据操作的统一处理，居国际领先地位。在对数字图象的离散几何性质的深入探索中，创造了从指纹数字灰度图象精确计算纹线局部方向，进而提取指纹特征信息的理论与算法。基于指纹方向图，石青云教授给出了快速纹型分类和准确提取指纹中心、三角、形态和细节特征的全套新算法，以及统一处理有中心和无中心情况的高效指纹匹配算法。进而研究成功技术先进的指纹自动识别系统 PU – AFIS 和 PU – ID，并实现了产业化，已被广泛应用于我国公安、保安、银行等领域。

百年校庆时江泽民等来校参观石青云汇报工作

在石青云教授的指纹自动识别系统推向市场之前，国内已有较早的较简单的指纹识别系统，并在一些城市有了一定数量的用户。而石青云教授研制的指纹自动识别系统问世之后，用户纷纷找上门来，迅速遍及各省市，在很短时间内该系统的市场占有率、破案数和破案率均居全国第一位，而后来居上。福建、浙江、江苏、湖北、四川、云南、广西、陕西、宁夏、内蒙古、吉林、广州、深圳、杭州、上海、石家庄等地运用该系统，短时间内破案数以千计，不仅迅速而且准确。如杭州 1996 年的几家珠宝店被盗案，在指纹自动识别系统的帮助下，短短数小时即告破，罪犯尚未来得及仔细观赏那些宝贝，其中包括一价值 60 多万元的鸡血石，即被擒获。石青云教授研制的公安刑侦用 PU－AFIS 指纹自动识别系统已在全国数十个省、市、自治区的公安系统推广应用。湖北宜昌市公安局采用该指纹自动识别系统较早，该市局领导认为，该系统除破案迅速准确外，还改变了干警们粗放型工作模式，提高了科技观念，促进了科技进步，对提高公安部门人员素质很有帮助。浙江省运用该系统建成省、地（市）二级指纹库，可以省、地（市）、县三级查询。在浙江已建成的一百多万人的指纹库中，要检索一枚现场指纹只要四分钟左右。2000 年，浙江省用该系统直接破案 3000 多起，连带破案达 1.2 万多起，2004 年直接破案量达 1.4 万起。破案量连续六年位居全国第一，浙江省被公安部树为指纹识别系统建设和应用的样板。云南省公安厅与北京大学共同完成的指纹自动识别系统远程查询、比对系统，采用先进的信息技术，实现了捺印指纹及现场指纹图象的高保真压缩与复现，能满足各种网络条件的传输要求。把远程的指纹传到异地库进行比对，再将比对结果反馈回来只需几秒钟。这是一项拥有自主知识产权的国际领先的成果。

石青云教授研制的非公安适用系统 PU－ID，应用于皇岗等口岸，每辆货车通关检测时间由四五分钟降为几秒钟，大大提高了通关效率，产生了巨大的经济效益。人们认为石青云教授创建的指纹自动识别系统是继王选教授创建的激光照排系统之后，又一个有着自主知识产权的民族品牌。有趣的是，石青云、王选二位教授分别于 1957 年、1958 年毕业于北京大学数学系，毕业时都是 21 岁，并先后当选为中国科学院院士。他们所从事的图形和图象信息压缩与计算机处理等研究，都取得了国际领先的成果，为民造了福，为国争了光。北大数学系被称为中国数学界的重镇，于此可见一斑。

指纹模式识别依据的是人的指纹"终生不变""人各不同"的特性。早期的指纹识别中，采用普通的图象处理方法提取指纹特征，基本上是基于二值化、细化的方法，不能严格计算指纹的纹线走向。因为指纹纹线走向构成的指纹方向图是数字空间的，是由图象的几何性质决定的。因此早期的指纹识别率低，速度慢，有很大的局限性。石青云教授主持研制的指纹自动识别系统，在深入研究了图象的几何性质基础上，设计出独特的方法，能够直接从指纹的灰度图象精确计算指纹的纹线方向，然后在方向图的基础上计算指纹的特征信息，包括形态特征、细节特征。在实际情况中，往往需要识别鉴定的指纹质量较差，比如有疤痕、脱皮等情况。能不能处理好较差指纹的细节特征，得到可靠的数据，是指纹识别过程中的一个关键。基于数字空间几何理论和独创的核心算法，石青云教授主持研制的指纹自动识别系统，可以根据指纹质量的实际情况进行处理，而且自动化程度高，所识别的准确率、处理速度，远远超过已有的指纹识别系统。举一个例子对比一下，可以给人以直接的印象。某同类系统用三班倒的工作方法，即人歇机不歇，用了5年时间，建成了一个约15万人的指纹库；石青云教授的系统，工作人员只工作8小时的正常班，1年之内却轻松建成了一个30万人的指纹库，其优势不言而喻。由于石青云教授主持研制的指纹自动识别系统的独创算法，在指纹分类、定位及形态与细节特征提取等方面不仅速度快、自动化程度高，而且识别的准确率高，处理速度快。因此后来居上，超过其他系统，在破案数、破案率、市场占有率等方面均为全国第一。

石青云教授在其指纹自动识别系统取得巨大成功的同时，又在掌纹识别、虹膜识别、人像识别等诸多生物识别方面进行探索，不断开拓前进。而这一切的前提，是她主持的一系列国际先进水平的基础研究，如基于小波分析的图象数据压缩研究，运用代数方法实现了具有紧支集双正交小波的构造和优选，以及同时支持无失真压缩和有失真压缩的小波变换，和以此为基础的基于感兴趣区域的图象压缩；在计算机视觉方面的研究中，得出由含曲面多面体景物的线画图定量恢复三维形态的原理和快速求解与误差校正算法，以及数字空间的数字形态学理论和算法；在信息安全、传输和可靠性研究中，建立了一般可逆线性变换整数实现的理论，所提出的"多成分变换"技术建议书被JPEG2000图象压缩国际标准采纳等。

石青云教授所获得的证书

三　感悟成功

石青云教授在模式识别、图象数据库系统和计算机视觉等方面进行了科技前沿探索研究，取得多项世界领先的成果，发表论文80余篇，专著多部。培养硕士、博士研究生和博士后50多名，这些学生已成国内外各领域的骨干力量或带头人。由于她教书育人、科研成果卓著,因此曾受到多次表彰和奖励。石青云教授于1990年和1994年两次获得国家重点实验室先进个人金牛奖、1991年获国家教委科技进步奖一等奖,1993年获国家科技进步奖二等奖、光华科技基金奖一等奖,1994年获北京市优秀教师奖,1996年获北京大学优秀共产党员标兵荣誉称号,1998年获何梁何利基金科技进步奖,1999年当选为北京市优秀共产党员,2000年获北京市先进工作者光荣称号,2001年被评为北京大学师德标兵、全国职工职业道德十佳标兵等。面对这样多的成绩和荣誉,石青云教授始终平和、谦逊、从容、淡定,没有半点沾沾自喜和狂傲。她谦虚地、客观冷静地认为:"我深切体会到,一个人的成长和在事业上能有所成就,离不开人民的哺育、国家的培养、长辈的提携、同事和学生乃至家庭的合作与支持。我能成为一个为国家作出一点奉献的人,正是这方方面面赐予我得以长进的机遇。我也清醒地意识到,伴随机遇而来的不都是成功,成功还需要经过自己的努力去实现。正因为这样,我也把时间看得很贵重。在身体好的时候,工作忙起来,每天干十多个小时是常事。了解我的人感觉我干活很拼命,也许是肩上总有担子压着,不干也不行。这样时间长了,工作不仅成了习惯,还有一种诱惑力,舍不得放下,家里有时还得提醒一下。"(《机遇的青眼》)

2001年6月,石青云教授(前中)和学生在一起

俗话说"一个篱笆三个桩,一个好汉三个帮",个人的力量再强也终归有限,尤其是在科学技术发展到今天的大科学时代,要搞好大的系统科学,

没有良好的团队,单凭个人是很难或者说不可能实现的。所以,就石青云教授的为人为学来看,她这段话是发自内心的真实感悟。她不曾忘记在合川女中因交不起学费,将要辍学时,是女中校长胡述英(后来才知道胡是中共地下党员)了解情况后,替她交了学费,使她得以回到学校继续学业;她不曾忘记在北大求学时,教数学分析和复变函数的陈杰老师让自己进"准备室"的严格训练,而陈老师可以陪伴她长达六七个小时直到她思索出答案;她不曾忘记在微分方程专业创始人申又枨教授指导下完成学年论文所受的锻炼;她不曾忘记程民德先生的引导和推荐;她不曾忘记模式识别与机器智能领域的先驱傅京孙先生的指导和提供的学习工作机会;她不曾忘记国家自然科学基金、"七五""八五""九五"计划和攀登计划、863高科技等项目资金的支持;等等。她时常关心着那个团结拼搏、和谐的像个大家庭一样的工作团队,这个团队由同事、学生组成,由她领队。直到她生命的最后时刻,她都对这个团队抱有坚定的信心,因为她已看到良好的风气在团队中形成,她非常优秀的大弟子封举富博士已顺利地从她肩上接过了重担,带领大家继续前进。所以她说,对现在这个新团队"我自己是很有信心的,我希望大家也要有信心"。

四 笑靥人生

同事、朋友、学生凡熟悉石青云教授的人,都对她那总是阳光灿烂的笑容印象深刻。我们所见到的石青云教授,总是笑容满面,充满阳光的。即是在得知自己患有卵巢癌之后,她依然如常地微笑着说:"既来之,则安之。有病就治呗。"然后忙着整理指纹识别核心算法的资料、安排课题组人员的工作、为住院治疗做准备等工作,一切都进行得从容不迫,有条不紊。

在医院的病床上,石青云教授为学生韦长江写了满满两页供上机编程用的有关图象压缩的矩阵方程;在病床上,她逐字逐句斟酌修改学生的博士答辩论文……

当她的身体稍有恢复重新走进办公室时,她笑着对大家说:"我又有时间可以工作了。"当有记者询问石教授怎样看待生与死时,出乎记者意料,她微笑着说:"我脑子里似乎没有这个问题。我其实是一个非常简单的人……我最大的兴趣是工作,只要有可能,我尽量要为国家多做点事。"

2002年12月9日，石青云教授与同事、朋友、学生、亲人告别，走入了永恒。之后，北京大学部分领导、师生与家属一起进行了追思。许智宏校长说："我们失去了一位可敬的院士，这对我们的事业是一个无法挽回的损失。"常务副校长迟惠生教授与石青云教授共同在北京大学视觉与听觉信息处理国家重点实验室工作多年，他介绍了石教授抱着很大的工作热情和希望，与疾病抗争长达九年。"她自己说，之所以治疗就是希望能够工作，既然现在已经无法再工作，不能再为国家做贡献了，那就不要再给国家增加负担了"。这是当她得知癌细胞已转移到脑中之后让丈夫黄槐成老师向医生转述她的意见，平静地放弃了治疗。为了不影响同事们的工作，按照她的嘱托，葬礼一切从简，当天便火化了。正如与她共事多年的朋友、系友杨芙清院士所说："多年以来，我们一起从事研究，从事教学，她考虑问题总是先想着怎么为科学发展做贡献，怎么为国家做贡献。从来不考虑自己能得到什么，从不宣扬自己，也从不说'这些是我做的'……"

感受更多的还是她的学生们，他们说，某一年元旦几位同学相约来到石老师家祝贺新年，结果她丈夫黄槐成老师告诉同学"她一大早就去机房了"。同学们手捧鲜花来到信息中心的计算机房时，看到的是石老师正埋头在编程序。当面对学生们的新年祝福时，石青云教授满脸幸福的笑。其实石青云教授在机房度过元旦、春节是常有的事。

石青云教授爱学生如子女，学生们也如家人一样不见外，逢年过节学生们常到石教授家去会一顿餐，她做的"红焖大虾""梅菜扣肉""麻婆豆腐"等常为学生们所回味。学生们称赞着老师的厨艺，老师又为学生们的努力向学、高水平的论文和创造性思维而笑逐颜开，大家其乐融融。

石青云的团队平时繁忙，加班是家常便饭，但也劳逸结合，每完成一个大课题都会放松一下，去爬山或郊游。而每年圣诞至新年之间，实验室总要搞一次联欢会，那是大家最轻松愉快的时光。每当此时，石青云教授总是开心地注视着她这个充满朝气、能出成果的年轻团队，漾起孩子般纯真的微笑。在一次联欢会上，石青云教授当众讲述了她自己的经历。她来自四川省合川县的一个贫寒之家，在女中校长的资助下艰难度过中学时代。1953年9月带着极其简陋的行装她独自北上来京求学。是在轮渡公司当工人的叔叔送她一件自己穿旧棉袄，才让她抗过了北京的严冬，这些磨炼为她以后求学、工作，以及经历各种运动"垫了底"，她再没有胆怯过。石青云教授坚信，苦、难都会过去，坚持下去就会有结果。有时候这苦和难不仅是物质条件上的，也可以是自己思想上的。比如算法研究，一旦钻进去，往往不容易脱出来，思维的惯性会带着人脑不停地运转，石青云教授的丈夫黄槐成老师就曾多次察觉妻子有时"走神"，说话会心不在焉，甚至答非所问，黄老师知道可能她又有了新的算法思路，不去打扰她，默默做好家务工作，帮她买衣服等，支持他这个有时像孩子一样的专注于事业的妻子。对此，石青云教授十分感激，庆幸自己有个善解人意、全心全意支持自己的丈夫和温暖和谐的家。说起这些她总是带着满足的笑，因为她对生活要求极其简单，衣着朴素到被戏称为"怀旧"。她处世质朴、不谙世故，人们说石青云的心理年龄非常年轻，说"她是一个未被污染的人"。学生们常常被她感动，因为在物欲横流的今天，石青云教授却能视而不见专注于自己的事业，真诚无私地奉献着。在学生和同事眼里，石老师的内心深处有着一片净土，称她是一位纯粹的学术导师，一个永远真诚的科学家。

石青云教授从事的核心算法研究，在一般人看来是一件枯燥的苦差事，可她从来不这么认为，她非常热爱她的工作，以极大的兴趣投入其中。丈夫黄槐成发现，要妻子离开所喜爱的模式识别算法研究她会痛苦，工作已经成了她生命的一部分，甚至是石青云教授治病的良药，因为当她驰骋于算法逻辑中时，周围的空间和时间似乎在她意识中消失，完全忘记了病痛。

一张一弛，文武之道。精力专注的时间太久了也会头脑麻木，为了提高休息质量，暂时转移注意力，以更有效地工作，石青云教授的办法是让思维在武侠小说中翱翔，跟随那些侠肝义胆的各色英豪，以独门绝技行侠仗义，打抱不平。石青云教授喜爱用读武侠小说的方式调剂生活、工作的做法，也为她的学生们所继承，一有新书即相互传阅。

（原载《北大的才女们》，北京大学出版社，2009）

校史杂谈

编修高等学校志刍议

一

查历代志书，所记一地之自然、社会、人文各个方面几乎无所不包，学校、教育则是内容之一。按今天的分类来说，"教育"是作为地方志中的专业志来写的。而高等教育则是教育专业志中的一部分，它与初等教育、中等教育、职业教育、成人教育等相并列。高等学校志则是高等教育中的一目。

一个学校修志，过去是不多见的。这次要求高等学校修校志，可说是个新特点。既然高校要独立修志，我们有必要探讨一下其意义何在。

教育与管理、科技并称为现代社会发展的三大要素。原因在于教育是培养各种人才的事业，而高等教育则负有培养政治、经济、军事、科技、管理等各行各业的高级专门人才的职责。而各种高级专门人才，在现代社会发展中具有决定性作用。因此，编修高校志、高教志，研究高等教育的历史和现状，总结经验，引出规律、鉴古知今、继往开来则是其重要意义之所在。难怪近代学者梁启超把方志看成"开物成务"的凭借，他在《龙游县志·序》中说："有良方志，然后有良史；有良史然后开物成务之业有所凭借。"这是很有道理的。这一论断用于高等学校志，我看也是适用的。

首先，编修校志的过程，就是对本校的历史及现代进行系统、全面、深入调查研究的过程。调查所获取的全面的系统的资料，将勾勒出本校发展得失利钝的轮廓，便于各级领导总结经验教训，扬长避短，以志为镜，做好工作，这就是志书的"存史"功能，而"存史"的意义可以从清代学者龚自珍的两句话"欲知大道，必先为史"，"灭人之国，必先去其史"得到充分说明。其次，编修校志的过程，还是对广大师生员工进行爱校教育、爱国教育、革命传统教育、艰苦奋斗教育、严谨学风教育等的过程。可以加强师生员工的责任感、使命感、紧迫感，有助于师生员工社会主义觉悟的提高，把精神文明建设提高到一个新水平（这一点对那些中国近现代教育艰难曲折的发展史知之不多的青年学生尤显重要）。再次，由于志书的特点，突出以资料说话，寓观点于资料之中等，这对于人们养成理论联系实际，说真话、不浮华、实事求是的优良作风大有裨益。最后，高等学校志的编修，将为高等教育志的编修提供方便，打下基础。而高等教育志的编修，将对整个高教系统产生深刻影响。所以，笔者认为高等学校志的编修是前有所启、后有所因、利国利民的好事，需要也值得我们认真做好的一件大事。

二

高等学校志，是地方志的一种，属专志范畴，因此，地方志的共同特点，诸如地域性、时代性、行业性、资料性、可靠性、连续性、严肃性、科学性等，在高等学校志中也都应得到体现。只不过高等学校不同于一般行政区划单位，自有高等学校独有的特点。

写高等学校志，不能离开教书育人这个中心。培养大批高级专门人才是高等学校的主要任务。这是高等学校独有的特点。尽管国家规定，高等学校要办成教学、科研两个中心，但第一位的任务还是教学，是通过教学培养大批人才。即使科学研究工作，在高等学校也不同于专门的科学研究机构如中国科学院的科研工作，更不同于工业企业中的科研院所的科研工作。高校的科研工作大多与其学科建设紧密相关，往往是开什么课就研究什么，研究什么就开什么课。教师往往交替或同时从事教学与科研两项工作。因此，不断用科研成果充实教材、促进教学、体现在高等学校的科研工作中。并且在许多情况下，科学研究工作是教师与学生共同进行的。因此，写高校科研工作，就不能不注意到这一点。

高等学校培养的是高级专门人才，因此它又区别于普及性的中等教育和初等教育等。高等学校的教学活动中，往往是教师课上提要勾玄，课下答疑解难，科研（包括实验）中引而不发，思想教育中点到为止。因此，高等学校的教育从教材内容到教学方式，从校园管理到师生关系，从社团活动到思想教育等，都更带有成年人的特点。学生自学、自办的主动性更大，教师则更多的是进行引导、启发和帮助。

同是高等学校，各校又有各校的特点。不仅各校历史长短不同，学校建立的背景不同，而且学校领导人的德、才、学、识对学校的影响，形成的学校风格、传统亦不相同。过去曾有一种说法，说北京街上的学生不用看校徽就能知道哪个是北大的，哪个是清华的。可见校风对于学生的气质、风度、精神面貌的形成有重要作用。不同学校的学科特色也很明显，从流传甚广的"北大物理、清华电机"的说法可得到印证。即使同一所学校不同时期也有不同的特征。比如政治运动的进行，社团活动的开展，新学科新课程的开设，学术带头人和科研成果的多寡及其学科分布，等等，无不体现着各个学校的特点。

特点鲜明是事物存在和发展的表现。因此，高等学校志的编修工作就须下功夫认真研究自己学校在哪些方面有特色，不同的历史时期又有哪些特点。如何体现或突出自己学校特有的事物，写出各具特色的校志来。

三

志书与其他书籍一样，有着自己的风格、体例、结构。下面仅就构成高等学校志的主要部分及各部分之间的联系作一简要分析。

在一般地方志中，属地理范畴的内容，如地理位置、行政区划、道路交通、地形地貌、地质矿藏、山川河流、气候物候、土壤植被、自然资源、自然灾害等占有重要的位置，是不可缺少的。但在高等学校志中，则变得不那么重要了，甚至可有可无的了。这是由于一所高等学校占地面积太小，又无特别地形地貌、气候物产可记。但是它所处的地理位置怎样，是否是科技文化中心，交通与通信是否方便，与产业区或者高新技术园区（或科学工业园区）的距离远近等，却不能忽视。这些地理条件，在今天的信息时代有着空前重要的意义，它们将影响着信息流量的大小、信息交换的程度以及信息环境的质量等，与一所高等学校的发展及其对社会的贡献关系密切。这是一个在高等学校志中应有但不必大书的部分。

管理工作无处不在，管理被称为现代社会发展的三大要素之一。在高等学校中，管理工作同样是头等重要的。学校管理的方针、指导思想、管理机构的组织形式及运行机制、管理系统人员构成情况、规章制度的制订执行与监督等，都将直接关系到学校的兴衰。因此，管理工作是校志中的重要部分，应在校志中放在较前的位置记述。

　　学校是以学生、教师为主体的，学校最重要的工作是教学活动，教学活动中教师占有主导地位。因此，高等学校志中教师的主导地位应得到反映，必须认真记述教师队伍的基本状况，如教师的年龄结构、专业结构、知识结构等是否合理，是否有利于今后的发展。教师职称职务的评聘以及工资制度等是否有利于调动教师的积极性，是否能为充分发挥教师的才能提供了机会等都需很好地反映。

　　没有学生就不成其为学校，招收学生的标准及条件，是保证教学质量的第一道关口。如果招生标准过低，或漫无标准，那么学生的程度不一，良莠不齐，将使教学工作难以进行。考查、考试、学位授予则是督促学生刻苦学习的手段。思想政治工作、社团组织及文体活动等则是为学生全面发展提供条件。毕业分配、工作去向将为学生施展才能提供机会，也是对学校工作的检验。因此，写好学生工作的各个环节将是校志中的重头戏。

　　高等学校，不搞科研只搞教学，教学质量是无法提高的。研究生教育尤其如此。作为从主要（或专门）从事学习，到主要（或专门）从事工作的过渡阶段，研究生学习中科研比重应该加大，以便使学生走出学校后能顺利适应工作的需要。教师也只有在不断探索新知识、新理论的科学研究活动中来提高自己，不断充实和丰富教材内容才能使教学质量步步提升。以科研促教学、科研中出人才是高等学校的一大特点，记述要不惜笔墨。改革开放以来，高校科研的一个新的时代特色是将科研成果进行技术开发，推向社会，使其尽快转化为生产力、转化成产品或商品。这也是需要认真记述的。

　　作为学校三大支柱之一的图书资料和仪器设备的，是一个学校水平的重要标志之一。图书收藏量、种类及借阅率，以及仪器设备的种类、数量、等级、完好及配套程度和使用、管理、供应等都直接与教学、科研活动密切相关，应有专章专节记述。

　　学校的一切工作都是在中国共产党组织的领导下，各民主党派参与下，工会、学生会等社团的共同努力下进行的。后勤保障、治安保卫、医疗卫生等在校志中也都有自己相应的位置，不可忽视。

　　高校志中的人物部分是值得着重写一写的。历史是由人物和事件构成的，其中的代表性优秀人物是一个学校学科特点、方向和水平的集中体现。历代评论志中的人物有"地以人贵、人以地传""人物为一郡之柱础、乡邦之光耀"的说法（兰鼎元：《鹿州全集》卷十二，"修志杂说"）。所以，这样的人物如果记述得当，其教化作用是非常强的。清代学者、方志专家章学诚认为在志书中记下那些"凛凛烈烈、有声有色"的人物，可以"使百世而下，怯者勇生，贪者廉立"，可以"有裨风教"是一点不错的。因此，高等学校志中，选取突出、鲜明、代表性强的各类人物加以记述其传记，是必须进行的。

大事记。由于志书要求横排纵写，形成了"志体横看"的特点，同时也带来了若干偏颇。黄炎培先生就认为，以往志书的不足在于"偏于横剖，而缺于纵贯，则因果之效不彰"（黄炎培主纂《川沙县志．导言》）。为了克服这种不足，应该开列大事表，以广参证，故后人有大事记的创设，作为志书的一条纵线，起到提要勾玄、包举大端的作用。这样纵横结合相得益彰，志书才比较完满。至于如何选列大事，则有徐无党的"五书"（大事则书，变古则书，非常则书，意有所启则书，后有所因则书）可资参考。关于大事记在志中的位置有前置和后置两种，目前前置为多，大都放在各编（或篇、章）之前。前置亦有两种，有的放在概述之后，如《萧山县志》《青州市志》等，也有放在概述之前的，如《建德县志》等。后置则是在各编（或篇、章）之后、附录之前列出大事记，现在出现了大事记后置的趋势。这种位置的前后并非原则问题，可视方便而定。不过这里要提的是，高校大事记不可单单囿于本校范围，有些影响全国的大背景材料，也要适当选列，以便参证。否则，有些事件孤立起来后人就不好理解了。

概述。它是处在志书正文最前面的部分，但却常常是最后写成的。这是因为概述的内容源于志中各篇，又要高于各篇，并能总摄全志，提纲挈领，简明准确地综述全志。写得好的概述，作者应是在对全志材料融会消化之后进行综合记述。在这里作者可以适当打破志书"述而不论"的成规，揭示联系、点明规律、策论方略、就实论虚。好的概述不仅能引起阅读兴趣，使人了解本校的"大势大略"，统揽全局，而且能给人以精神鼓舞。"述而不论"是志书的特点，但并不是死教条。《史记》中就有"太史公曰"可为编者按的先例。这种高屋建瓴的策论式概述写起来难度较大，但写好了作用也大，所以应力争写好，避免各篇章浓缩式、提要式的简单化、机械化的"拼盘式"乏味概述。

附录。志书正文的要求有一定规范，有些材料不好归入志书正文中，而又与本志有关，属于不便入志又不宜或不能舍弃者，往往录于志后。例如高等学校大都有附属中学、小学等，写入高校志显然不适合，但又不好舍，因为它毕竟是本校的一部分，所以用附录记下可以解决这个问题。另外，校志的纂修始末，主要参考文献之类也有必要交代，使读者不仅了解本校志的编纂源起、经过，而且可以对本校志的资料可靠性做出判断，提高实用性、避免盲目性等。

总之，一部志书内容包罗万象，设计可以多种多样，并无硬性模式，这里只是略举大端加以分析，是笔者的一点学习、工作体会。编修高等学校志是一件新工作，加之本人才疏学浅，所议之中不免有不妥不当甚至错误之处，敬请高明有以教我，以便提高，做好工作。

（在北京市高等学校修志工作研讨会上的报告，1991年12月；在全国高校史志工作研讨会上的论文，1992年9月）

著名作家罗曼·罗兰为著名作曲家贝多芬写的传记只有两万多字。我们写同样的书大约是他的十倍。

二　校史的体例与写法

1. 体例

目前已出版的校史大都是纪事本末类，人物小传或简介、大事记、表、志类在全书中所占比重很小，有的甚至不出现人物小传或简介。

那么校史能不能以传记为主兼以必要的表、志、大事记呢？我看完全可以。如钱穆先生的《中国近三百年学术史》，是以人物学术活动、学术传承及源流为中心的。全书共计专人学术传记17人，附传34人，共计51人，709页，约占全书厚度的85%，而学术史附表仅118页。当然它只是学术史，比校史更专，不过是可以借鉴的。

2. 写法

（1）选材

对我们来说选材极为重要。我认为学习《史记》的方法，选取对学校的教学、科研贡献最大、影响最大的写一两件即可，不必从出生写到去世。我试写了《钱玄同与简体字》《江绍原与迷信研究》等。给人突出印象是他最具代表性的学术成就和为人为学的精神、态度，至于什么"自幼聪颖好学"等意义不大，也就不必多费笔墨了。

（2）语言

前面说了"言之无文，行之不远"。文采飞扬自然能吸引读者，也就能起到更大的作用。但是我们大都是半路出家，有不少人还是从理科转过来的，不敢奢望文、史、哲三才兼备。但是我们可以勤补拙，多多学习，向高标准靠近。因为，取乎其上，得乎其中；取乎其中，得乎其下。

我想通过努力，是可以写出科学性、可读性不错的活的校史的。

以上考虑提出来就教于同行，请多指教。

（第8届全国高校校史研讨会上的报告，2003年11月20日）

发挥校史在爱国主义教育中的作用

一

爱祖国、爱人民，是每个公民应该具备的优良品德之一，古往今来，多少为民请命、为国立功甚至捐躯的模范英雄人物，为历代人民所赞颂、所崇敬。因此，爱国主义历来都是动员人民一致对外、鼓舞人民团结奋斗极富号召力的鲜艳旗帜，是人们理想、信念、人生观、价值观的具体体现之一，是德育教育的内容之一。中共中央宣传部，1994年8月向全国各地印发的《爱国主义教育实施纲要》中要求学校应将爱国主义教育活动列入德育工作计划，并要求把爱国主义教育贯穿于各项思想政治教育之中，作为社会主义精神文明建设的基础性工程，长期不懈地抓下去。

中共中央宣传部在《爱国主义教育实施纲要》中还指出，进行爱国主义教育的重点是广大青少年，学校则不言而喻成为爱国主义教育的重要场所。因此，《爱国主义教育实施纲要》要求各级各类学校，要把爱国主义教育的内容分解、贯穿到各相关学科的教学中去。"要抓好党的基本路线教育，中国近代、现代史和基本国情教育，中华民族传统美德和优秀传统文化教育。"各个学校的历史是中国近现代史的一部分，各个学校的优良学风、校风、优秀人物是中华民族优秀文化传统的一部分。因此，整理、研究校史，继承和发扬学校的优良传统，褒扬学校的优秀人物，师生员工会感到亲切、生动，从而激发起自豪感、责任感、使命感，培养起爱学校、爱祖国、爱人民的优良品德。

也许有人会说，一个小小的学校，地方不大，人员有限，学校的历史有什么可讲的？其实不然。学校虽小，但是青年集中的地方，大学尤其如此，青年历来是社会发展变革的生力军，知识分子是政治思想敏感的群体。知识青年在历史上所起的先锋作用,历来备受重视。

二

我们大家都知道,中国近代史上几次大的爱国运动都是从学校开始的,学生是先锋队。被历史学家称为中国近代史上学生爱国运动开端的"拒俄运动",1903年4～5月在京师大学堂及全国部分地区学校展开。京师大学堂学生,当得知沙俄不仅违背《交收东三省条约》,不按期撤兵,反而威逼清政府签订新的不平等条约以求霸占东三省的消息时,极为愤慨。在得到副总教习允许后,当即鸣钟上堂,师生纷纷登台演说利害,"言至痛哭流涕。同学齐声应许,震撼天地"。会后大学堂学生写了"上书管学大臣请代奏拒俄书"和"请政务处代奏争俄政疏",同时又发出《京师大学堂学生公致鄂垣各学堂书》主张"同为中国之人,当事中国之事",指出"东三省系我等四万万人之东三省。非政府私有之东三省",号召"与其坐而亡,不如争而亡"。当时清政府不允许学生与闻国事,学生们在"不言而坐视瓜分之惨而不忍"的情况下,为爱国心所驱使、尽了自己的一份历史责任。此后虽受到清政府的压制,京师大学堂的一部分学生毅然投笔从戎,奔赴关外,与东北人民一起组织武装抗俄,取名"东亚义勇队""关东保卫军""抗俄铁血会"等"小伙数百、大伙数千、最大伙数万"的抗俄武装。其中名声较大的有京师大学堂师范馆学生丁开璋(在校名丁作霖)、仕学馆学生朱锡麟、译学馆学生张榕等。这些拖长辫子的被称为老爷的学生在外来侵略者前表现的爱国精神,无疑仍是尔今尔后青年们的榜样。

1905年在抵制美货运动中,京师大学堂编印了《广劝抵制美约说》,天津学界发表《敬告天津学界中同志诸君》,共同揭露美帝残害华工,号召抵制美货;上海寰球中国学生会则发动会员抵制美货,力主废除美国限制华工条约;等等。这些都是学校历史上学生爱国运动的壮举。1919年著名的五四运动则是中国人民反帝反封建的新民主主义革命的冲锋号角,是中国现代史上光辉的一页;中国共产党成立前的北方第一个党支部,则是1920年10月在李大钊领导下在北京大学成立的北京共产主义小组;而北京大学马克思学说研究会在1920年3月诞生,为中国革命做了思想上的发动与准备;红军大学、延安抗大等更为新中国的成立之下灼灼功勋;等等。这些都说明青年学生集中的学校是新思想的传播地,学生是革命的先锋军。因此,校史是青年学生的教材之一,能从一个侧面生动地反映中华民族自强不息、百折不挠的奋斗精神。

三

学校是培养人才的地方,各个学校都为国家培养出数量不等的各类人才,他们不仅为中国的科学、技术、文化、教育、革命事业做出了历史性贡献,而且有的成为世界名人,为全人类的进步做出了贡献。我们举出几位著名学者为例。如冯祖荀、俞同奎、何育杰、秉志、胡先骕等京师大学堂的学生成为中国近现代数学、物理、化学、生物学的先驱。而后北京大学、复旦大学、北洋大学、浙江大学、南开大学、清华大学、交通大学、西南联大等等学校毕业的陈汉章、马寅初、沈雁冰、范文澜、王力、俞平伯、傅斯年、冯友兰、魏建功、罗常培、顾颉刚、朱自清、许德珩、罗家伦、孙云铸、杨钟健、乐森㟻、王鸿桢、裴文中、张文佑、许杰、黄汲清、唐敖庆、蒋明谦、马大猷、虞福春、郭永怀、邓稼先、周光召、牛满江、廖山涛、姜伯驹、王选、吴仲华、洪朝生、屠守锷、王竹溪、王淦昌、许宝騄、王大珩、赵九章、钱三强、钱伟长、江泽涵、陈省身、吴大猷、钱学森、杨振宁、李政道、朱光亚、赵忠尧等这些毕业于各大学的学者,几乎人人都有一部为祖国富强而刻苦求学、为民族利益而忘我奉献的动人故事。

秉志,字农山,河南开封正蓝旗满族,1909年(宣统元年)以平均分数79.1分毕于京师大学堂,随后考取官费留美,入康奈尔大学生物学系,1918年获哲学博士学位,1920年回国。历任南京高等师范学校、东南大学、厦门大学、中央大学、复旦大学、北京大学等校教授、名誉教授,中国科学社理事、生物研究所所长,北京静生生物调查所所长,中国动物学会理事长,中央研究院院士,中国科联常委,中国科协委员,中国科学院学部委员、动物学研究所研究员,以及北京博物学会、中国海洋湖沼学会、中国解剖学会、中国生理学会、中国地质学会、中国古生物学会等多种学术团体的委员、会员、理事。他还是全国政协首届特邀代表,全国人大第一、二、三届代表。1965年2月21日病逝于北京。

当秉志在京师大学堂读书时,他亲眼目睹欧美在华势力的嚣张气焰,看到自己的同胞遭受洋人欺压的悲惨状况，深为国家衰危、人民多难而痛心，更为列强逞凶中华而激愤。为寻求强国富民的途径，他每日除学好正课外，广泛浏览新书。他认为欧美各国之所以强盛，是由于教育与科学技术的发达。尤其"生物学关系民族兴衰"，"生物学为研究生命之科学，与人生关系至为显著"，要强国强种必须研究生物学，于是1909年他到康奈尔大学生物学系学习。他学习不忘救国，在美期间他积极参加华侨组织的反对日本"二十一条"、巴黎和会等各种爱国运动；他积极参与发起组织中国科学社，集资出版《科学》杂志。希望通过科学知识的传播，使国民破除迷信，达到国家富强的目的。他曾发表《生物学与民生问题》《竞存论略》等多种论著，用振聋发聩的文字唤起国人精诚团结，激越奋进。他认为，只要国民奋发图强，不仅能使国家民族免遭亡种之祸，且能转贫弱为优胜。

十年磨一剑。秉志先生学成归国，为实现他科学救国的理想，于1920年在南京高等师范学校创办我国第一个生物学系。不久他得到杨杏佛、范旭东等的帮助，于1922年又创办我国第一个生物学研究所——中国科学社生物学研究所。因为经费紧张，他常穿着打补丁的衣服，亲自带领学生采集、制作标本，自费购买仪器设备。他以高尚的品格吸引联络同道与他一起不拿薪水在所里从事研究。

1930年，日本一个团体到中国来，名义上进行生物调查，实际为其侵华作准备。秉志先生敏锐地感到来者不善，他立即组织力量，克服经济上的困难，赶在日本人之前入川。他的爱国行动得到知名爱国人士、民生公司经理卢作孚等爱国人士以及当地群众的大力支持和帮助，顺利完成任务，满载而归。日本人步步落后，其领队岸上谦吉也死在了四川。秉志先生这一行动引起日本帝国主义分子的仇恨，日本侵略军攻陷南京后，把秉志先生领导的生物所抢掠一空，并放火烧毁。秉志先生数载心血毁于一旦。他痛心而不灰心，由南京转到上海后，他席不暇暖，又立即在明复图书馆重建研究室。日本人得知他到了上海，就千方百计搜寻他，派特务收买他，企图拉他为日本侵略者做事。他不得不改名翟际潜、伏枥等发表文章，并蓄起胡须改变相貌与敌人周旋。他对一些在敌人面前摇尾乞怜、谄媚求荣、图谋私利、不为国家着想的学者深恶痛绝，非常鄙视，称他们为"科学之罪人"。

新中国成立后，他作为人民代表、生物学家，更关心人民的生活和生命。当1950年美帝出兵朝鲜，威胁我国安全，我国不得不抗美援朝、保家卫国时，秉志先生毅然将自己节衣缩食购买的房产全部捐献用于购置抗美援朝物资。为了根治血吸虫病，他于1953年8月写信给毛主席、朱总司令、周总理："倾因民间血吸虫病日益严重，秉志为良心所驱使，向卫生当局呼吁……今患病者日见其多……约为千万人左右，国家前途受其威胁……"在信中，他向国家最高领导提出消灭血吸虫的中间寄主钉螺的具体建议，尽到了一个忧国忧民科学家的职责。

秉先生的业绩是多方面的，是我国现代动物学研究的主要奠基人，生物学界的创业大师；是一位品德高尚、成就卓著、学生众多、值得推崇的一代宗师。他不仅开创了许多科学事业，而且培养出王家楫、张孟闻、伍献文、卢于道、郑集、孙宗彭等数十位学问大家、中国科学院学部委员，他一生为中国的科学事业做出了巨大贡献。这一切与他高度的爱国之心、强烈的民族自强自尊之心、渊博的学识、严肃认真一丝不苟的工作作风以及严于律己宽以待人、诚恳助人的态度是密不可分的。讲述这样一位伟大科学家、教育家的生动事例，对培养青年一代，启发青年学生如何安排自己的一生有着很好的启发作用。

在各大学校友中，像秉志先生这样堪为后辈师表、楷模的伟大学者不胜枚举，如为推翻三座大山，救国人于水火之中而抛头颅洒热血的李大钊、邓中夏；为祖国富强贡献学识，放弃国外优越条件，冲破重重阻力回归祖国的钱学森、李四光；为"兴办实业""富国强兵"，认为"一个国家要富强，离不开工业发达，而搞工业，离不开矿业的发达"，报考地质学系，选择地质科学为终生职业的谢家荣、许杰；在艰苦条件下因陋就简就地取材，用桉树油代替二甲苯，用云母片代替盖玻片，用包装箱和灯泡代替烘箱搞科研，教育学生奋发向上的张景钺、虞福春；在贫病交迫情况下不吃嗟来之食的朱自清；在日寇面前做有backbone（脊梁骨）的中国人的张景钺、崔之兰；在恶劣的学术环境中，坚持真理，不苟且的李汝祺、傅鹰；为了支援边疆民族教育，不顾体弱多病，放弃北京的优越条件而去条件艰苦的内蒙古教学的李继侗；为了祖国安全，建设国防而放弃研究有素的原专业投身于"两弹一星"的研究，在学术界"消失"的王淦昌、郭永怀、邓稼先；为祖国科技业事赶上世界先进水平而奋力拼搏积劳成疾，英年早逝的张广厚、蒋筑英、罗健夫；等等。这些生动亲切的材料是各学校历史的重要部分、光辉的篇章，我们为这些学校培养出这样的学生而自豪。对校史加以整理研究，传播于后人，对青年学生的教育作用将是巨大的，深远的，是培养健康全面发展的一代新人不可忽视的好教材。让我们充分用好校史这份宝贵的精神财富，为培养青年一代，为祖国的今天和明天服务。胡锦涛同志1994年11月21日在全国党史研究室主任会议上讲话时说："在当前进行爱国主义教育中，'从史入手'也是一个十分有效的方法。邓小平同志指出：'青年人不知道我们的历史，特别是中国革命、中国共产党的历史。'他强调'要用历史教育青年，教育人民'这是党的千秋大业的需要。党史工作者要积极配合宣传教育等部门把向人民群众、特别是青少年进行党史、革命史教育的重任担当起来。"我们校史工作者将响应中央的号召，贯彻中央的精神，努力工作，发挥校史在爱国主义教育中的作用，"以史鉴今，以史育人"，为培养"四有"新人贡献一份力量。

（在第四届全国高校校史研讨会上的报告，1995年6月）

《国立西南联合大学史料》编纂记

在纪念国立西南联合大学成立六十周年之际，历时六年之久，经数十人之手编纂而成的《国立西南联合大学史料》一套六卷与广大读者见面了。这是国内外学术界关注企盼已久的重要成果和纪念联大伟业的厚礼之一。回顾这六年来的编纂历程，确有值得记述、披露以告学界者。兹略陈如次。

一 筹备

1992 年初，我们在编纂《北京大学史料》的过程中，遇到西南联大时期史料如何处理的问题。我们想，如果能由北京大学、清华大学、南开大学、云南师范大学四校共同编纂，将能重振当年"维三校，如胶结，同艰难，共欢悦"的精神，同时也可资源共享、省时省力，避免各校自编的片面或疏漏。经过一段时间的筹划，北京大学党史校史研究室于 1992 年 5 月 23 日，同时致函清华大学、南开大学、云南师范大学询商共同编纂出版《西南联合大学史料》事宜，各校复函于 7 月中先后到齐，均表赞成，态度积极。于是四校校史研究人员的代表于 1992 年 10 月 23 日齐集北大，举行了《西南联合大学史料》筹编会议。经两天紧张而热烈地讨论，大家一致认为，西南联合大学是在特殊时期和环境下，以特殊方式办学，对中国文化教育事业做出特殊贡献，在中国现代文化教育史上占有重要地位，在海内外有着广泛影响的高等学府。联大结束半个多世纪以来，不少学者在探索、研究联大的办学经验、特色、贡献、意义等。因此，编纂出版一套完整、翔实、可靠的联大史料供学界利用，不仅很有意义和必要，也是四校责无旁贷的义务。为使史料的编纂工作顺利进行，会议建议由四校各出相等人数组成编委会，联络点设在北京大学党史校史研究室。

经协商并经四校批准，《西南联合大学史料》编委会于 1992 年 12 月 4 日成立。编委会主任王学珍（北京大学）；副主任张思敬（清华大学）、王文俊（南开大学）、林丽生（云南师范大学）；另外四校各再出三名委员，共16人（均为教授、副教授、研究员、副研究员）组成编委会。

1993年8月18日，编委会制订出《国立西南联合大学史料》编纂原则、计划等。原则指出，本史料的编纂工作以辩证唯物主义和历史唯物主义为指导，实事求是，忠实地反映西南联大的面貌和特点；史料来源以四校所藏档案为主，兼及云南省档案馆、中国第二历史档案馆的有关部分，及当时报刊的有关资料；四校通力合作，提供有关资料，承担相关部分。计划规定，本史料共分总览、会议记录、教学科研、教职员、学生、校舍及经费等六卷；各卷字数大体相当，约三十万字（结果六卷出齐共三百多万字）；于联大成立六十周年纪念日面世。

《国立西南联合大学史料》六卷

二 重温艰难而辉煌的岁月

几年来，我们翻阅着发黄变脆的档案、报刊，辨认着因年代久远而模糊的各种字体、笔迹，国家衰微、民族灾难深重的岁月又在眼前浮现：在日寇侵华的炮声中，北大、清华、南开师生被迫离开平津，辗转曲折迁往湖南，在长沙组成临时大学；未几，战事南移，学校不得不又西迁昆明。

一大堆租借、修葺房屋的契约、合同，诉说着昆明校舍的窘迫和时常搬家的艰难。校舍分散到"昆明有多大，西南联大就有多大"的地步，仍难以租借到够用的房屋。闻一多、华罗庚两教授，有一段时间不得不两家十几口人共用一室，中间用布帘隔开，形成一室两家的"布东考古布西算"的奇特格局。然而他们"专业不同心同仇"，为抗日救国，他们不顾空间的狭窄，路远奔波劳顿，仍全身心地投入教学和科研，为着"驱逐仇寇复神京"而培植和积蓄力量。

一页页沉重的经费报表、生活指数表、生活补贴报告等，展示着联大经费的奇缺。因无力购置足用的仪器设备、图书资料，教学科研不得不多方采用代替品，向中央研究院历史语言研究所借阅图书，用废弹药箱叠起做书桌、书架，即是旧日历、废讲义也翻转背面再用，连梅贻琦的许多讲稿、函件都是用废纸起草的。教职员们只能领到六七成薪水，还要扣除所得税、飞机捐、前方将士寒衣捐、买公债等，所剩无几的这点工资，在物价腾贵的昆明，一般只能维持十天半个月的生活。因此他们不得不卖衣卖字，甚至忍痛割爱将多年搜求珍藏的珍本书籍卖掉来维持生计。化学系教授黄子卿曾疟疾缠身经年，卖裘、卖书以购药，即所谓"既典征裘又典书"。患贫血病的史学家雷海宗教授曾昏倒在路上；书卖光了的袁复礼先生一日只能吃两顿饭。更有生物系教授吴韫珍、社会学系教授陶云逵，虽贫病交加仍坚持野外采集和边疆实地考察，终因工作辛劳、病体虚弱、营养极差、无力治疗，年届不惑而早逝……教员如此，学生更苦。由于联大学生多数来自战区或沦陷区，经济来源困难或基本断绝，加上昆明物价奇贵，他们中大多依靠可怜的贷金、救济金度日。因此，关于学生贷金、救济金的办法、条例等的讨论、制订等便是联大常委会、校务会中的重要议程之一。学校无力解决，学生们为填饱肚子不得不四处兼差，或卖盐、卖报、卖票，或做译员、校对、家庭教师，甚或去做油漆工、放炮报时……真是五花八门，只要能补贴度日，他们有事就做。即便如此，不少学生一日只能吃上两餐饭，因此常有学生在课堂上晕倒、病倒。

生活困苦还时常遭受日机轰炸。最紧张时一周需跑避五六次，因此上课时间常常改变。炸毁的校舍需修理，炸伤的师生要治疗……

1945年8月日寇投降后，艰苦的八年抗战结束了，全国人民渴望和平劳动建设家园。然而蒋介石却要消灭共产党发动内战。为了反对内战、和平建国，联大师生与昆明各界进行了反内战斗争。《告昆明全市人民书》《告全国人民书》《告美国人民书》《罢课宣言》《反内战口号》《为"一二·一"死难烈士举殡告全国同胞书》……一篇篇、一页页映射出那风雨如晦、特务横行、师生奋斗不息的日日夜夜。

殷忧思报国，多难想兴邦。联大师生亲身体验到国破家亡、民族被蹂躏的苦痛，决心为救国而教，为救国而学。他们以"刚毅坚卓"的精神抗争奋斗。捧读联大师生名录，你会发现其中许多是耳熟能详、闻名遐迩的各界名流。这里走出了诺贝尔物理学奖获得者李政道、杨振宁；也培养出了"决心掌握先进的科学技术使自己的国家强大起来"而留学欧美，学成后立即回国的邓稼先、郭永怀、唐敖庆、屠守锷、黄宏嘉等大批学者，及黄昆、朱光亚、肖伦、王鸿桢、廖山涛、张滂等上百名院士；八千名学生中先后有上千人参军抗日，为国效力。在育成桃李芬芳的同时，联大教师们也取得了累累硕果，不仅有华罗庚的《堆垒素数论》、周培源的《激流论》、吴大猷的《多原子分子振动光谱及结构》、张青莲的"重水之研究"、赵九章的"大气之涡旋运动"、孙云铸的《中国古生代地层之划分》、冯景兰的《川康滇铜矿纪要》、马大猷的《建筑中声音之涨落现象》、闻一多的《楚辞校补》、冯友兰的《新理学》、陈寅恪的《唐代政治史述论稿》、汤用彤的《汉魏两晋南北朝佛教史》等大批奠基性论著问世并获奖。与此同时，还开设中学教师短训班、西南讲座等为云南及西南地区培养与提高教学、科研力量。

1946年7月31日，西南联大结束使命，联大师范学院（今云南师大）留昆续办，作为西南联合大学对云南各界在滇八年中给予办学支持的答谢，云南人民把联大师范教授看成不走的西南联大倍加珍爱。云南各界《公送国立西南联合大学北归复校序》及赠北大、清华、南开三校屏联，对联大在滇办学八年的历史功绩给予很高的评价，并誉三校为北斗。联大在答云南各界的《惜别谢启》中感谢云南人民的厚爱与大力支持，表示"桃潭千尺，未足喻此深情"，一朝分别"室去临歧，难有琼瑶之报"；今日北返，将永远"瞻怀斯土"，企盼重晤。联大师生与云南人民的厚意深情，书不尽意，绵绵永存。

这一段难忘的艰难而辉煌的岁月，因《国立西南联合大学史料》的面世而再现，它将激励我们在新形势下为祖国富强努力奋斗。

三　几多喜悦，几多沉重

语言文字是反映时代特征的载体之一。现代的信息学、社会语言学、对比语言学等学科，通过语言与社会、语言在社会中的变化及其原因、语言与阶级阶层、语言与种族集团、语言与环境、语言与性别等研究，取得了不少新的成果。比如文中用"鼠""虎""掌"等，一望而知不是现代文，因为现代文中为"老鼠""老虎""巴掌"等。本史料所据原件距今已有半个多世纪之久，不是古文，但与今天的语言仍有着明显的区别，有些词语用法已不见于今，不妨称为"昔文"。为了不损失原件所载有的信息，把本史料编纂好，先后在北京大学四次、云南师大一次、南开大学一次召开有四校编委出席的讨论会（后两次有云南教育出版社的编辑参加），反复研讨会商，确定在基本保持文献原貌、不损失其所载历史文化信息的前提下，除一些必要的技术处理外，一般都一仍其旧。原文对于四十岁以上的读者来说，一般不会发生困难或误解，而对于熟悉计算机语言，不熟悉昔日汉语的青年人来说，则可能会有一定困难。因此《国立西南联合大学史料》编成出版后，作为编者不能不一则以喜，一则以惧。故在此作些说明，略以解忧。

1. 日期记法。为了省钱，当时电报中的月日多用一个字代替，如"鱼电""寒电"。为方便用户，当时电报局、机关办公处均置有代码表备查，如现在的电话号码、邮政编码簿。其代码所依据的是汉字韵目表，于今可在王云五总纂的《万有文库·佩文韵府》或王力编《古代汉语·诗韵常用字表》中查到。每日有1~5个字可代，如东、先、董、送、屋都可代表每月的一日，1~15日均有五字可代。铣、谏、叶三字均代表16日，17日亦有三字代表。18~29日，每日有二字可代，如有、径均代表25日。只有30日31日有唯一代号，它们分别是陷和世，且世字不在韵目表内，为特例。

电报中日期一般只记日不记月，如"鱼（6日）电悉"等。偶尔也有记月的，其月份则用十二支代表，如"酉艳电"，即10月29日电，等等。

2. 关于地名、机关名。随着历史进程，地名机关名也在不断变化。如今天的"越南"，历史上曾称"安南"，这是不少人都知道的。而昆明人熟悉的"财盛巷"（实地尚存），在本史料中都记为"才盛巷"，读者可能会产生疑问，据考并非为了减几笔、图省事将"财"记为"才"，而是另有雅意。原来当年这里先是联大总办公处，后是北京大学昆明办事处所在地，是联大教员经常出入之所，实为"人才茂盛"之地，并无"财源滚滚"。故此。至于旧时政府中审查官员资历以确定其级别、职位的铨叙部，于今读来多感陌生，因此名称久已不用，其实就是相当于今日人人皆知的组织部。

3. 昔日通行的简略语，如"教部""财部""澈查""准驳"等。教育部、财政部略为"教部""财部"，于今不用，但还可以明白，而"澈查"不仅今天无此说法，即是彻底清查、彻底审查，也用"彻"而不用"澈"，虽然词典中载明"彻底"同"澈底"，但到底后者于今少见。将批准和驳回略为"准驳"，则更显其晦。

4. 昔日的惯用字词。昔用"公同捐助",今用"共"不用"公"为"共同捐助";昔用"径拨""径洽""径行",今则多用"直接拨付""直接洽商",而"径行办理""径行答复"等于今仍有使用。至于"以去就力争"今已罕用,多使用"以去职或留任为条件去尽力争取",并非将"一"误为"以","就"亦非衍字。昔用"同等学力",今用"同等学历",其实细考起来,昔日重视能力似比今日重视经历更可取。

5. 人名。中国人名历来有姓、名、字、号、别号等部分组成,且有时又有或同音或近意的灵活运用,并不像今天为了户口管理等原因对名字的严格要求。如孟邻是蒋梦麟的号,并非把"梦"误为"孟"、"麟"误为"邻";李正武本是李整武,而方显廷、方显亭、方显庭实为一人,等等。

6. 数字。出版物中数字的用法几经规定,于今仍难完全一致,更何况半个世纪之前的非正式出版物,尤其各种会议记录,更是随记录人员的习惯而定,所以史料中有时阿文、有时中文,更有阿文中文混用,于今天的出版要求显然不合,如要改为适合今天要求的统一形式,好看是好看了,但是作为历史文献就会失去其应有的历史信息和价值。用字的习惯在判定《红楼梦》前八十回与后四十回并非出自同一作者之手不是很有功效吗?所以数字看上去有些乱,但大都未作整理。至于今天习惯用"一部分",昔日则常用"一部"省去"分"表示相同意思,甚或用"乙部",其中的"乙"并非甲乙丙之乙,乃"一"之惯写。

今昔文字随历史而演变,不仅中文如是,外文亦复如此,由于外文拼造新词容易,变化更快,新词更是层出不穷。这一方面反映了时代的进步,同时也给今人读昔文带来不便。如果以今绳昔,不仅注不胜注,而且有相当文史知识的读者还会感到烦琐。因此阅读本史料具备一定的文史知识或借助于相当的工具书(词典之类)将不成问题。虽然,编者心中仍不免惴惴,有几分沉重。

(原载《西南联大简讯》第26期,1999年8月)

相期俱努力，天地正烽尘*

——《国立西南联合大学图史》前言

国立西南联合大学是日本侵华战争的产物。

国立西南联合大学是由以天下国家为己任、肩负着求富求强、振兴国家历史使命的北京大学、清华大学、南开大学在抗日战争时期，被迫南迁联合组成的一所特别大学。

在抗战八年的艰苦岁月，在地处边陲的云南昆明，联大人满怀国仇家恨，以"刚毅坚卓"的精神，做出了卓然超群的业绩，为世人所注目。西南联大结束半个多世纪以来，海内外学者探索研究不断，人们思索着那么多个为什么：

为什么联大能一扫中国千百年来形成的"文人相轻"之陋习，而"维三校，如胶结，同艰难，共欢悦"？

为什么"饭甑凝尘腹半虚""既典征裘又典书"、菲衣恶食的联大教师们能不厌不倦，自敬其业，著书立说，研究学问，倾其所学培养学生？

为什么衣食不继，饿倒病倒仍坚持学习，甚至泡茶馆读书的联大学生们能成栋梁之材，而且那么多？

为什么几十年来每到联大校庆日，联大校友甚至家属，总是那么踊跃参与，并壮怀激烈地高唱那似战歌、似史诗、似催人战鼓的激扬悲壮的《联大校歌》？

为什么年高体衰、收入不丰、自奉甚俭且已离休退休的联大校友，自发捐资在西南边穷地区兴建了六所"西南联大希望小学"，并设有奖教金、奖学金？

……

---

* 《国立西南联合大学图史》本来计划作为抗战胜利60周年纪念物于2005年出版，但因故延后了，本文作为前言也作了小小改动，在收入本书时，恢复了原貌。

为了探寻这许多"为什么",多年以来,我们无数次拜访联大校友及其亲属,聆听他们激动人心的讲述。并翻阅了无数发黄变脆的档案、报刊、照片,辨认着因年代久远而模糊的各种笔迹、字体、景象、人物。国家衰微,民族灾难深重的岁月又在眼前浮现:耀武扬威的日本兵踏上了古都北京的城楼;南开大学一个学术机关竟被日本飞机炸成残垣断壁……在日寇侵华的枪炮声中,肩负着求富求强求新、振兴国家使命的北京大学、清华大学、南开大学,为保存国之一脉,不得不离开平津,辗转曲折迁往湖南,

《国立西南联合大学图史》书影

奉命在长沙组成临时大学;未几,战事西移,临大师生又被迫西迁昆明。其数百人的"湘黔滇步行团"师生,跨越三个省份,行程三千多里,完成了中国教育史上的空前壮举。他们一路采集标本,考察物产、民风,是一次不折不扣的"社会即学校,生活即教育"的实践。在湖南时,他们感受了"楚虽三户,亡秦必楚"(《史记·一》,第300页)"湘蛮子"的"吃得苦,挺得住,霸得蛮"的"便一成三户,壮怀难折"的英雄气概;经贵州时,他们体会了"天无三日晴,地无三里平,人无三分银"的恶劣环境和身受烟害黔民的忠厚、热诚、勤劳、善良;到云南后,这里的安宁、质朴、重文、爱美、不辞劳苦等纯朴的滇国风情,使师生们感到温暖和振奋。这些来自民间的亲身感受,极大地丰富了步行团师生的精神世界,磨砺了他们的意志,震撼了他们的心灵,使他们的思想得到了升华。步行团成员的磨炼经历成了联大师生的共同财富,在整个联大发酵、放大,成为"刚毅坚卓"的联大精神不可或缺的部分。

沿途一处处"断山疑画障,悬溜泻鸣琴""江作青罗带,山如碧玉簪"的大好河山,激发起师生们为国效命的激情;一片片罂粟花和不时见到的出售鸦片、烟枪、供香的商摊,使师生们忧心忡忡;一次次当地政府和民众的欢迎款待,使被视为"振兴民族的领导者"的广大师生感到肩头责任的沉重;各地人民生活贫困但顽强不屈、不可征服的精神,又给师生们以坚定的信念和力量……

涵容 博大 守正 日新

一张张租借、修葺房屋的契约、合同，诉说着联大校舍的窘迫和时常搬家的艰难。校舍分散到"昆明有多大，联大就有多大"的地步，仍难以租借到够用的房屋。闻一多、华罗庚两教授，为躲避空袭，有一段时间不得不两家人共用一间屋，中间用布帘隔开，形成一室两家的"布东考古布西算"的奇特格局。然而他们"专业不同心同仇"，为抗日救国，他们不顾空间的狭窄，不怕往返几十里上课路远奔波的劳顿，仍全身心地投入教学和科研，为着"驱逐仇寇复神京"后的中兴建国而培植和积蓄力量。

一页页沉重的经费报表、生活指数表、生活补贴报告等，展示着联大经费的奇缺。因无力购置足用的仪器设备、图书资料，教学科研不得不多方采用代替品，向中央研究院历史语言研究所借阅图书，用废弹药箱叠起做书桌、书架，即是旧日历、废讲义也常翻转背面再用，连梅贻琦常委的讲稿、函件也有用废纸起草的。教职员们只能领到六七成薪水，还要扣除所得税、飞机捐、前方将士寒衣捐、买公债等，所剩无几的这点工资，在物价腾贵的昆明，一般只能维持十天半个月的生活。因此名教授的他们不得不卖衣、卖字、制印、养猪、做肥皂，甚至忍痛割爱将多年搜求珍藏的珍本书籍卖掉来维持生计；教授夫人则绣手帕、挎包和做糕点出售，以补贴家用。化学系教授黄子卿曾疟疾缠身经年，卖衣、卖书以购药。患贫血病的史学家雷海宗教授曾昏倒在路上；书卖光了的袁复礼先生一日只能吃两顿饭。萧涤非教授因妻病家贫，不得不将未满周岁的女儿送人，临别洒泪赋诗："好去娇女儿，休牵弱母心。啼时声莫大，逗时笑宜深。"（《西南联大北京校友会简讯》第12期1992年10月，第28页）读来令人心碎。更有生物系教授吴韫珍、社会学系教授陶云逵，虽贫病交加仍坚持野外采集和边疆实地考察，终因工作辛劳、病体虚弱、营养极差、无力治疗，年届不惑即早逝……

教员如此，学生更苦。由于联大学生多数来自战区或沦陷区，经济来源困难或基本断绝，加上昆明物价奇贵，他们中大多依靠微薄的贷金、救济金度日。因此，关于学生贷金、救济金的办法、条例等的讨论、制订等便是联大常委会、校务会中的重要议程之一。学校无力解决，学生们为填饱肚子不得不四处兼差，或卖盐、卖报、卖票，或做译员、校对、家庭教师，甚或去做油漆工、放炮报时……真是五花八门，只要能补贴度日，他们有事就做。即使如此，不少学生一日只能吃上两餐饭，因此常有学生在课堂上晕倒、病倒。"但由于山河破碎，国难当前，心情沉重，大家都有一种学术上的责任

感，学风也沉潜笃实。同学们没有人混日子、不钻研的……"（《郑天挺学记》，第41页）

生活困苦还时常遭受日机轰炸。最紧张时一周需跑避五六次，因此上课时间不得不改变和缩短。1941年的一次空袭中，华罗庚教授竟遭"活埋"，险些丧命在躲避空袭的土洞中。

……

书生报国，笔扫千军。不能亲赴前线参加战斗的联大教师们，只有积极从事教学和科研。一摞摞各色卡片，一册册添满边白、粘有小条的讲稿展现着教师们认真备课，不断增入最新研究成果，丰富讲课内容，精益求精，身处乱世不仅不懈怠反而更加奋励的教学状态。

一本本著作在战火中问世，那是联大教师们的特别武器。他们知道，救国经世，必以精神之学问为根基，学术研究是立国兴邦的命脉所系。因此，执行"战时须作平时看"的方针，培育人才为战后复兴建国做准备，他们拼命研究，并多出成果。其中有华罗庚的开创性著作《堆垒素数论》；吴大猷的《多原子分子振动光谱及结构》被视为该领域的经典而使用几十年；张青莲的"重水之研究"、赵九章的"大气之涡旋运动"、孙云铸的《中国古生代地层之划分》、冯景兰的《川康滇铜矿纪要》、马大猷的《建筑中声音之涨落现象》、闻一多的《楚辞校补》、冯友兰的《新理学》、陈寅恪的《唐代政治史述论稿》、汤用彤的《汉魏两晋南北朝佛教史》等大批奠基性论著获教育部嘉奖。

一篇篇时文发表在《大公报》《中央日报》《云南日报》等报刊上，闪现着联大人的忧国忧民情怀。黄钰生的《开明的教育》、曾昭抡的《中国青年的出路》、华罗庚的《数学与思想训练》等在关怀、指引青年学生的成长；吴晗的《农业与政治》、费孝通的《屯兵于工》、潘光旦的《工与中国文化》《人口数量的一个政策》等在探讨工农业生产与国家政治、军事、文化的关系；而直接与抗日战争紧密结合的则有刘文典的《美日太平洋大战和小说》、闻一多的《可怕的冷静》、鲍觉民的《我国必须收复台湾》等，犹如一支支射天狼的长矢。

满腔公仇私仇、满怀国忧家忧的联大师生们不能不用上战场的劲头，团结无间、奋力竞赛地教与学。因为他们知道"要恢复失掉的家乡"，"抗战救国都要我们担当"，就必须"赶紧学习，赶紧准备"，"要利用宝贵的辰光"。

师生们还利用课余、假期到工厂、农村、部队用高亢的歌声和真情的表演宣传抗日，慰问抗日将士，开展民主运动，活跃校园生活。"会挽雕弓如满月"，东北望，"射天狼"，是他们当时的心境。他们感到只有这样才对得起前方的将士和人民，才算尽了自己一个国民的职责，才对得起自己的良心……

殷忧思报国，多难想兴邦。联大师生亲身体验到国破家亡、民族被蹂躏的苦痛，决心为救国而教，为救国而学。"相期俱努力，天地正烽尘。"（高启《与刘将军杜文学晚登西城》）他们以"刚毅坚卓"的精神团结奋斗。"宝剑锋自磨砺出，梅花香自苦寒来"，捧读联大师生名录，你会发现其中许多是耳熟能详、闻名遐迩的各界名流。这里走出了诺贝尔物理学奖获得者李政道、杨振宁；获得国家最高科技奖的黄昆、刘东生；为祖国做出杰出贡献的"两弹一星功勋奖章"获得者朱光亚、郭永怀、邓稼先、陈芳允、屠守锷、王希季等；还有唐敖庆、郑哲敏等大批院士。另外，联大八千名学生中，先后有上千人参军参战，为国效力，其中有梅贻琦常委的一儿一女一侄儿（梅祖彦、梅祖彤、梅祖培）。联大纪念碑勒英名八百余，万世流芳。

他们为抗击日寇，为了祖国繁荣强大做出了重要贡献，当年为救国发愤学习、雕弓满月射天狼的壮志得酬，为保存斯文一脉的历史重任尽了力。

1945年8月15日寇投降后，艰苦的八年抗战结束了，全国人民渴望和平劳动建设家园，然而蒋介石却要消灭共产党，发动内战。为了反对内战、和平建国，联大师生与昆明各界人士进行了反内战斗争。《告昆明全市人民书》《告全国人民书》《告美国人民书》《罢课宣言》《反内战口号》《为"一二·一"死难烈士举殡告全国同胞书》、闻一多教授的最后一次讲演……一篇篇、一页页映射出那风雨如晦、特务横行、师生奋斗不息的日日夜夜。

联大在做好本身工作的同时，还与云南省教育厅合作开办中学教师进修班、训练班、西南讲座等以培养、提高当地师资。还应云南大学熊庆来校长之请，先后有陈省身、华罗庚、曾昭抡、赵忠尧、张青莲、冯景兰、冯友兰、汤用彤、吴晗、赵诏熊、吴征镒、罗庸等联大教师到云大授课。云大在几年间由1937年的二院七系扩展为五院十八系、三个专修科、三个研究室，还有附设医院、天文台、农场等。联大在昆九年为云南所做的贡献在《公送国立西南联合大学北归复校序》中有生动的描述："联合大学之于滇，自师范学院、附属中学之设立，本省各级学校之协助，学术公开之演讲以及公私经画之匡襄，庶政百业之赞导，既至繁巨，不可以悉举……"结茅立舍的西南联大，"集诸科多数之专家，得悠长之岁月，或以修志躬莅其地，或受委托精研其事"，则是对联大教师为云南所做贡献的概括，如：罗常培、郑天挺等参加大理县志修纂，调查研究当地少数民族语言、经济、地理、民俗等；沈同教授以云南盛产之野果余甘为材料研究维生素 c 与造血机能的关系；工学院施嘉炀院长主持云南省水力发电勘测工作；化工系主任苏国桢教授创办恒通酒精厂；张大煜教授创办利滇化工厂；联大与云南有关部门合作进行"滇缅公路沿线木材之分布及强度研究"和"石佛铁路沿线社会经济状况调查"；等等。总之西南联大"留滇九年，凡所以导扬文化，恢宏学术者无不至，一时文教之盛，遂使昆明屹然为西南文化之中心"。

1946 年 7 月 31 日，西南联大结束，联大师范学院留昆续办，称国立昆明师范学院（今云南师范大学前身），作为西南联合大学对云南各界在八年中给予办学支持的答谢，几十年来云南人民一直把师院、师大看成不走的西南联大倍加珍爱。云南省、市商会《公送国立西南联合大学北归复校序》及赠北大、清华、南开三校屏联，对联大在滇办学的历史功绩给予很高的评价，誉为北斗。联大在答云南各界的《惜别谢启》中由衷地满怀深情地感谢云南人民的厚爱与大力支持，表示"桃潭千尺，未足喻此深情"，一朝分别"室去临歧，难有琼瑶之报"，今日北返，将永远"瞻怀斯土"，企盼重晤……联大师生与云南人民的厚意深情，书不尽意，绵绵永存……

希望本书的面世能生动再现这一段艰辛、辉煌、壮怀激烈的峥嵘岁月，并带给人们更多的信息、更多的思考、更多的启迪，作为研究西南联大之一助。它更将激励我们继承和发扬联大精神，在今天经济竞争、科技竞争、人才竞争等达到白热化的烽尘滚滚的新的世界形势下，为祖国的富强繁荣，为子孙后代不再经历那样的苦难而"相期俱努力"！

谨以此书作为抗日战争胜利六十周年纪念！

（《国立西南联合大学图史·前言》，云南教育出版社，2007）

西南联大办学理念初探

国立西南联合大学是由以天下国家为己任、肩负着求富求强、振兴国家历史使命的北京大学、清华大学、南开大学，在抗日战争时期被迫南迁组成的一所特别大学。三大学各有特点，但也有共同之处，即都重视高水平的师资，聘请名师任教，严格训练学生，育成大家、栋梁之才。在烽火连天的岁月，面对日寇侵略，首要的是不惧强敌的民族气节，或上前线浴血奋战，或在后方努力本业，为抗战救国的共同目标各尽所能。西南联大师生即在自己的岗位上，克服种种困难尽国民一分子之责，育成中兴国运之大批人杰，业绩卓然，为世人所瞩目。其所以如此，与联大养士养志、师尊道尊、与时俱进的办学理念是分不开的。

一 养士以养志为先

事实一再证明，一个人能有所作为，成就业绩，其智力因素固不可少，但人的志向、意志力可能更重要，更起决定性作用。故有"有志者事竟成""养士之道，首以养其志操为先"的说法。志向高远、意志刚毅、节操正直不阿，遇强敌和困难不动摇、不屈服、坚定不移、勇往直前的人，自身的潜能被艰苦的环境所激发，起到烈火淬钢的作用，能拼搏奋进，去完成非常之业。

西南联大的三位常委都是人中俊杰。张伯苓先生痛心国难而创办南开；蒋梦麟先生以自身真诚之心推进蔡校长思想自由、兼容并包的办学理念，并有担当有毅力为既定目标不计利害毁誉，勇往直前；梅贻琦先生在清华秉承大师是办学第一要素的治校思想。这三人在西南联大相互交融，各彰所长，取得了辉煌成就。

1938年1月27日，常委会第48次会议议决："本校迁移昆明时规定学生步行沿途作调查、采集等工作，且借以多习各地风土民情，务使迁移之举本身即是教育。"这跨越三个省份，行程三千多里的社会即学校、生活即教育的实践，极大地丰富了步行团师生的精神世界，磨砺了他们的意志，震撼了他们的心灵，使他们的思想得到升华。步行团的经历成了联大师生的共同财富，在整个联大发酵、放大，是形成"刚毅坚卓"联大精神的重要成分。

关于联大校训。根据教育部的要求，1938年10月6日，第89次常委会议议决："聘请冯友兰、朱自清、罗常培、罗庸、闻一多诸先生为编制本校校歌校训委员会委员，并请冯友兰先生为该委员会主席。"一目了然，五位名家大师担当此任，足见常委会的重视。经一再研讨，委员会提出"刚健笃实"四字作为校训上报常委会。1938年11月26日，第95次常委会议讨论议决："本校以'刚毅坚卓'为本校校训（通知、公布）。"

我们把两个校训进行对照，立刻看出"刚毅坚卓"比"刚健笃实"不仅内涵丰富得多，而且极具气势，适时、提气，与时偕行的精神跃然纸上。坚强、有力、务实的"刚健笃实"本不差，但刚强、坚毅、果敢、刻苦、卓然不群的"刚毅坚卓"更适合当时的气氛，也更符合联大人的精神面貌，更能表达联大人的心声。联大八年的历程，处处事事闪现着"刚毅坚卓"的精神和力量。直至今日，这体现联大人风骨的校训仍为人们所称道。

再看联大校歌。现在大家熟悉的是由罗庸作词、张清常作曲的联大校歌。实际上当时校歌有两首，除罗庸先生的《满江红》外，另有冯友兰先生的一首新体诗，其词曰：

> 西山苍苍，滇水茫茫，这已不是渤海太行，这已不是衡岳潇湘。同学们，莫忘记失掉的家乡，莫辜负伟大的时代，莫耽误宝贵的辰光。赶紧学习，赶紧准备，抗战建国都要我们担当。同学们，要利用宝贵的辰光，要创造伟大的时代，要恢复失掉的家乡。

歌词叙述了师生不忘背井离乡迁徙之苦，号召同学抓紧宝贵的时间学好本领，为复员建国做好准备。是一首好诗，但比较平铺直叙。再看罗庸的《满江红》：

> 万里长征，辞却了五朝宫阙。暂驻足，衡山湘水，又成离别。绝徼移栽桢干质，九州遍洒黎元血。尽笳吹弦诵在山城，情弥切。

千秋耻，终当雪；中兴业，须人杰。便"一成三户"，壮怀难折。多难殷忧新国运，动心忍性希前哲。待驱除寇仇，复神京，还燕碣。

　　读后顿生激扬悲壮之感。"其辞始叹南迁流离之苦，中颂师生不屈之壮志，终寄最后胜利之希望。"使人精神为之一振，很适合当时的气氛，很提气！确是一篇佳作。经数人为两歌词谱曲，几经试唱、试听，反复比较，最后选定罗庸的《满江红》词、张清常谱曲的这首作为联大校歌，第112次常委会议议决通过并公布。至今，每当唱起这似战歌、似史诗、似催人战鼓的激扬悲壮的联大校歌，人们便会充满斗志和激情。

　　联大校歌、校训是时代的产物，充满了抗战救国的激情。它鼓舞人的斗志，给人以力量，它曾激励过多少联大人拼搏奋进，为国家民族或效命疆场，或为建国栋梁。

二　敬教劝学，建国之大本

　　西南联大集北大、清华、南开三校之教员，其阵容之强大在国内首屈一指，在世界也属罕见。这些大师教学科研各有独到之处，并明了学术研究是立国兴邦的命脉所系。因此，为抗战救国、建国育才是他们的信念。他们坚信"千秋耻，终当雪"，应为"驱除仇寇复神京"，重建祖国大好山河做好准备。他们知道"致天下之治者在人才，成天下之才者在教化"。更明白培养中兴业所需之人才的责任，所以勤奋敬业，努力探索，严格要求，倾其所学，不遗余力培植后学，并不断提高自身的素养。

　　西南联大大师荟萃，学者云集。许多学生慕大师之名投奔联大，在联大又慕名选课。这是当时的特点之一。

　　闻一多先生是著名诗人、学者。其治学精神独到，"所见不与人同，而强于自信"。在联大他讲授《楚辞》《尔雅》《易经》《庄子》《唐诗》等课程。他曾赴美留学学习美术，每课必口讲指画，感情充沛，有声有色，文采飞扬，旁征博引，妙趣横生，引人入胜。闻先生讲课善于联系实际，在讲杜甫的《石壕吏》时，以亲身见闻告诉同学，他曾见一个士兵因病被弃自杀而失声痛哭，并愤怒质问：为什么隔了一千多年，我们现在比杜甫写《石壕吏》时更惨？他还常深沉地反复吟诵屈原《离骚》中的名句"长叹息以掩涕兮，哀民生之多艰！"学生深受感动，每有不知不觉已潸然泪下者。因此，闻先生的课堂总是座无虚席，有时教室外也围满了外系、外校的人，其受同学欢迎于此可见一斑。闻先生治学严谨，勤奋敬业，读书专精，很少下楼，故得一雅号"何妨一下楼主人"。他不断将研究成果加入课程中，每学期都有新意，所以同一课程，有的同学一听再听，印象深刻，获益良多。凡听过闻先生课的人，大都感觉不管多么古奥的辞章、艰涩的文句，先生总要校核准确，旁征博引，找出许多例证，使听课的人清清楚楚，明明白白。他不仅是字句注释的精当，还要把学生带到课文中的意境中，和作者声息相通。郭沫若曾评价说他："眼光的犀利，考索的赅博，立说的新颖而翔实，不仅是前无古人，恐怕是后无来者的。"

世界著名物理学家、中研院院长吴大猷曾任教联大物理系，住在离城约十里的岗头村，上课从未迟到或缺课。吴先生一面上课研究指导学生，一面照顾患有严重肺病而卧床的夫人陈冠世女士，生活十分艰难，不得不变卖衣物治病度日。即使如此，吴先生以"知其不可而为之"的精神，创造条件进行研究，在自己租屋旁边的泥墙泥地的房子里，用砖墩木架搭设一台摄谱仪，进行拉曼光谱实验。对吴先生的敬业精神，他的学生们深为感动，李政道、杨振宁、黄昆等院士几十年后对此仍记忆犹新。吴先生在此著成的《多原子分子的振动光谱而已结构》一书，成为该领域的经典著作，被应用半个多世纪，并获得1942年教育部一等奖。吴先生诚心教书，乐育英才，专情学术，蜚声四海。他在联大的学生中有诺贝尔物理奖获得者，有国家最高科学技术奖获得者，有"两弹一星功勋奖章"获得者以及多位院士。他们在取得成绩之后都说非常感谢吴先生，感谢在联大受到的教育和训练。

著名语言学家、联大中文系主任罗常培先生爱惜后学，严格要求，口传身授。带领学生步行深入云南崇山峻岭中的少数民族地区，进行考察，口问手记，收集资料。罗先生研究学术问题，总是先收集掌握丰富资料（包括已有文献和实际调查得来），然后仔细研读、比较，从中找出规律，小心得出结论。他继承当年胡适先生在北大强调的"有一分证据说一分话"的治学精神，要求自己和学生"有几分材料说几分话"。所以他的著作总是实事求是，为不二之论。他一反保守者不肯教授治学方法的所谓"鸳鸯绣出从君看，莫把金针度于人"，而绝不藏私，示人"金针"。他把自己行之有效的治学方法和心得总结为"读书八式"和"研究四要"传授给学生。罗先生教书育人，使学生们受益良多。有的学生说:"罗教授受人怀念,自是因为他讲课质量高,对所讲学科十分精通,并能(将之)有效地传授给别人……特别是他以自己的楷模说明一个人可以在一生中充分发挥自己的个性和才智,并以这样的榜样教育其他人更友爱、更谦逊、更有造诣、更有道德、更诚实、更平易近人……"

经济学家陈岱孙先生,由"Wants"讲起,从人们的经济活动的起源、动力,到效用、供求、价值等,用极简练的语言把课程的核心讲透,吸引学生畅游其中。现在中国的许多著名经济学家以是他的徒子、徒孙而自豪。

《庄子》研究专家刘文典先生,用生态平衡来解释《庄子·寓言》的"万物皆种也,以不同形祖禅,始卒若环,莫得其伦"。学生吴晓铃认为它"是再贴切不过的了!"而用 Natural Balance 解释"天均",指出万物循环变化的自然均齐状态是自然界的一环,乃是《庄子》的精髓。

历史学家雷海宗先生患贫血病曾晕倒在上课路上。但他给一年级新生讲中国通史,像说书人讲故事一样,由趣味引出知识,学生听得轻松愉快,其幽默生动的讲述,尽显渊博深厚的功力。

古文字大家唐兰先生讲课没有讲稿,全是即兴而论,像平常聊天,听者倍觉亲切,易于接受。他的课上不仅有学术见解,而且有治学方法,深受学生欢迎。听唐先生《说文解字》课的还有物理系王竹溪先生,这可能是王院士于1980年3月独力完成的250万字的《新部首大字典》的源头。

联大教师们不仅努力研究将新成果加入教材,而且想方设法力争采用世界先进水平的教材。如江泽涵教授使用的 W. Hurewicz 和 W. Wallman 合著 *DI-MENSION THEORY* 则是美国普林斯顿大学出版社于1941年出版的。由于新资料得来不易,江先生与其他教师组织讨论班共同学习研讨此书。

联大这些大师之所以警报迭起、衣食堪忧的恶劣环境中能如此看重学术,培植后学,是因为他们希望学生们在校多用一些工夫,多学习一些本领,将来能为国家多办一些事情,为国效力。他们是"敬教劝学,建国之大本;兴贤育才,为政之先务"的力行者。

三 善教者使人继其志

"善歌者使人继其声,善教者使人继其志",联大诸师的心血没有白费,联大诸生深受其益，达成了"安其学而亲其师，乐其友而信其道，是以虽离师辅而不反也"（《礼记·学记》）的效果，成材多多。据不完全统计，联大九年中，先后共有学生约八千人，其中参军参战为国效力的上千人。师生中后来成为中央研究院院士、中国科学院院士、中国工程院院士者约二百人。其中诺贝尔物理奖获得者二人（李政道、杨振宁），国家最高科学技术奖获得者三人（黄昆、刘东生、叶笃正），"两弹一星功勋奖章"获得者八人（郭永怀、赵九章、陈芳允、屠守锷、杨嘉墀、朱光亚、王希季、邓稼先），还有大批文史、政法、经济等人文学科优秀人才为祖国的发展强大，为世界科学事业做出了巨大贡献。可以说，联大九年办学是"时势造英雄"，其后的六十年是"英雄造时势"。《公送国立西南联合大学北归复校序》对联大办学特点作了高度概括和恰当评价："自联合大学南来，亲见其蒙艰难，贞锲而弗舍，举亨困、夷险、祸福，胥不能夺其志。因推阐其本末一贯之理，知夫施诸治学，则为一空倚傍，实事求是；见诸行事，则为知耻适义，独立无惧；反之于身，则富贵不淫，贫贱不移，威武不屈；推之于人，则为直道而行，爱之以德。盖析之则为个人之品格，合之则为一校之学风，其不志温饱，特全德表著之一端耳。观联合大学诸先生，类多在事数十年，乃至笃守以终身，是岂菲食恶衣所能尽哉！惟其然也，故能以不厌不倦者自敬其业，而业乃久；以不忧不惑者自乐其道，而道乃尊。夫然后教育事业之神圣，学术思想之尊严，乃有所丽，而可久维于不敝。"并预言"如是熏习而楷模焉，久与俱化，他日士气民风，奂然丕变，溯厥从来，知必有所由矣"。这预言虽然当时系指云南的情况，今天看来并不限于云南。

总之国立西南联合大学，秉北大、清华、南开三校的爱国、进步、民主、科学的优秀传统，发扬"兼容并包，思想自由"学术至上的学术民主之风，坚持养士养志、师尊道尊、与时俱进的办学理念，取得了历史性的巨大成功。国立西南联合大学实体虽已成为历史，但其精神，却永具青春活力，引人关注，给人启发。

（西南联大与现代中国学术研讨会报告，2007年11月10日，部分载《北京大学校报》第1132期）

关于西南联大研究的思考

在日寇入侵的特殊情况下组建的国立西南联合大学结束已经六十多年了,由于其卓越的业绩,却越来越为人们所注意,真可谓"花落春仍在"。20世纪80年代以来,随着西南联大北京校友会、云南校友会等的成立,国人开始对西南联大较多关注和研究,迄今只有二十多年的时间。时间虽短,但成果颇佳。据不完全统计,已发表回忆文章上千篇,研究文章数以百计,它们已汇集在《西南联大北京校友会简讯》《茹吹弦诵在春城》《茹吹弦诵情弥切》《难忘联大岁月》《国立西南联合大学八百学子从军回忆》《抗战时期文化名人在昆明》《西南联大在蒙自》《中国教育史上的一次创举》等文献中。由北京大学、清华大学、南开大学、云南师范大学有关人员联合编纂的《国立西南联合大学史料》《国立西南联合大学校史》《国立西南联合大学图史》等,为研究西南联大提供了翔实可靠的文字和图片资料。从个人自发研究到有组织、有计划搜集史料进行研究,进而发展到成立专门研究机构,如云南师范大学西南联大研究所等,经过多年的努力,对西南联大的深入细致研究已经有了基础。

任何伟大的工程、事业都是由许多细小的部分组成的,只有对各个细部精益求精,力求完美,整个工程、事业才可能完美。有些问题初看似小,但它可能联系着大问题。西南联大研究应进一步深化和细化,正所谓"圣人之所以极深而研几也,唯深也,故能通天下之志,唯几也,故能成天下之务"。"几"者,微也。联大总务长、明清史大家郑天挺教授为我们做出了榜样。

郑先生一生治学严谨,往往是从大处着眼,而从小处着手,一点一滴地梳理、考证,把结论建立在扎扎实实的基础之上,成为不移之论,这种"集合许多小胜为大胜"的学术战略,使大结论牢固不拔。如他的《清代皇室之氏族与血系》一文首先就"满洲"之词源,广征文籍,证以史实,《满洲源流考·卷一》载"满洲本部族名……满洲本作满珠,……每岁西藏献丹书皆称曼珠师利大皇帝……曼珠华言妙吉祥也……今汉字作满洲，盖因州字义近地名，假借用之遂相沿耳。实则部族而非地名……""号其部族为满洲"说明"满洲"乃部落名称，"与国无涉"，"近世强以满洲为地名，以统关外三省，更以之名国，于史无据，最为谬妄。满洲出于建州左卫，为女真支裔，即唐之靺鞨，周之肃慎，乃中华历史上宗族之一……"郑先生并进一步考证了满族在漫长的历史发展过程中与汉、蒙古、朝鲜等民族的密切关系，在"清代诸帝之血系"一节从太祖、世祖到穆宗、德宗诸帝的父系、母系之家族血统关系一一详考，结果表明"在宣宗以前累世均有新血素之参入，此与当时武功之奋张，文化之调融，不无关系。最趣者清世以龙兴东土朱果发祥之贵胄自炫，而不自知其为汉满蒙古之混合血统……"郑先生还通过"爱新觉罗得姓稽疑""满洲先世在元明之地位"等的考证，用具体历史事实说明满、汉、蒙古等各民族，在历史长河中，通过经济、政治、文化、婚姻等的交流，早已融合为一不可分割的、共同的中华民族。

"清代皇室之氏族与血系"题目似乎微小，不如"论东三省自古为中国领土不可分割的一部分"来得宏伟，但郑先生的论证，无可辩驳地说明满族是中华民族一分子，东三省是中国固有领土，给了妄图侵占东三省而制造"满洲国"的日本侵略者沉重一击。它关系着中华民族国土完整的大问题。

阅读郑先生的论著，我们不难发现，他这种从具体问题入手，以小见大，见微知著的"探微法"，对年轻学者更为合适。因为年轻学者知识经验、掌握资料有限，对小问题容易深入，便于把握，而对大问题往往照顾不周，难以深入。但也不能只局限于具体小问题而忘记大局，所以逐渐学会眼观全局，着手具体，前后照应，融会贯通才会学有大进。要做到郑先生这样大手笔写小文章，必须学养深厚，勤谨不懈，方能提纯精炼，深入一点，点面结合，以小见大。

科学研究的进展不外三方面的因素：新材料、新方法、新视角。郑天挺先生的论著在史学界享有很高的声誉，有不少成为不移之论，广为引用，但其论题往往并不宏大，细读之后则发现其深意，有以小见大，见微知著之感。因此，学界对郑先生的"探微法"评价甚高，称为大题小做。

我们再看他的《关于徐一夔〈织工对〉》一文。在这篇约八千字的文章中，首先，郑先生考察了徐一夔的行止，证明徐一夔在杭州多年，是有机会与织工聊天闲话的，文中所写织工的状况是真实可信的。这就不但确定了《织工对》的真实性，而且确定了事发地为杭州。

其次，郑先生翻检《始丰稿》发现其按年分组编排的规律。《织工对》被编在前稿第一卷内。而前稿卷一至卷三，除没有标明年月的以外，都在元至正二十七年（1367）以前。再参照丁丙所作《始丰稿跋》中说"前稿三卷……共五十四首，皆作于元至正间"可知《织工对》的写作年代应在元末至正年间。

接着郑先生从词汇学入手，考证"日佣为钱二百缗"关于工资一句中的"缗"字。缗是穿铜钱用的绳子，一串是一千文，一缗就是后来的一贯。而"缗"这个元代通俗惯用语，到明初由于钱法改变，钞值不同而不再沿用，改千钱为一贯，所以"缗"通行于元，"贯"通行于明。由此亦可推知《织工对》所记应为元朝末年之事。再参考徐一夔在明初的著述《夕佳楼记》（1378）、《俞子中墓碣》等中记述资费时全用若干"贯"，而不用若干"缗"，表明徐在使用"贯"与"缗"上是有时间区别的。在《织工对》中用"缗"而没有用"贯"，也说明它是在元末写成的，不是在明初。郑先生进而又从日工酬的多少和元末钞币贬值的情况甚于明初等来说明《织工对》记述的时代应是元末，不是明初。层层递推，使读者明确无误地认定事实发生的时代确在元朝末年。

为搞清楚《织工对》记述的是丝织业还是棉织业，郑先生从徐一夔的其他文章中没有找到直接说明，同住杭州的陶宗义、杨维贞、叶子奇等人的著作中也没有直接史料可资说明。郑先生只有从明代宋应星的《天工开物》、徐光启的《农政全书》、陈汝锜的《短书》等中有关织机、织工等情况的记述、图样来推断，知道当时棉麻织机与丝织机构造有别，织工人数不同。织棉麻时一机一人即够，织丝不起花纹时亦一机一人即可，而织丝绸提花则必须一机二人或三人。那么《织工对》中说的"杼机四五具""工十数人""工凡十人"，表明织工数多于织机数，甚至正好一机二工。可见是丝织业而不是棉麻织业。于是郑先生认为，徐一夔的《织工对》记述的是元末杭州丝织业的状况。

证明了《织工对》所记织工状况的年代、地域、行业有什么意义呢？原来这里联系着中国社会发展阶段的划分问题。历史学家吴晗早在1936年讨论中国资本主义萌芽问题的《十四世纪时之纺织工厂》一文中，就介绍了徐一夔的《织工对》。此后有关中国资本主义萌芽问题的论争中便不时会看到引用《织工对》的文字，但看法不一，意见分歧。有说《织工对》记述的是元末状况的，有说是明初的；有说是丝织业的，有说是棉织业的；等等，莫衷一是。郑先生这篇约8000千字的小题目文章，引证注释达101处之多，这严谨考证的结果具有很强的说服力，使这一悬案得以解决，为中国资本主义萌芽这一大课题的深入讨论做出了具体贡献，为学界所称道。

这里较为详细地介绍郑先生的"探微法"，意欲启发我们细致入微，使西南联大研究能进一步深入。

若干年来，许多学者已对西南联大的历史贡献、办学理念、联大精神等重要问题进行了宏观探讨，并取得了很好的成绩。研究历史是为了借鉴，启迪后人更好地前进。远大目标、中心理念是靠可操作的具体细部来实现的，通过我们深入细致的研究，使人们感到联大精神、办学理念是活灵活现的，实实在在的，可学可做的。正所谓"仁远乎哉？我欲仁，斯仁至矣"（《论语·述而》）。

在研究西南联大的过程中，我感到以下问题值得深化和细化。

1. 联大在滇八年对西南尤其对云南，对昆明的影响直至今天。1938年，西南联大师范学院成立。抗战胜利后原三校北返复员，联大师院留昆续办，经昆明师范学院、云南师范学院、云南师范大学至今已建校七十年矣。在七十年的岁月中，云南师大为国家培养了数以万计的优秀人才，对云南，对西南，乃至对全国的社会发展发挥了巨大的作用。这个宏观的说法如何细化、具体化，可否用统计结果表示？

联大与云南合办的各种培训班、短训班、免试保送生等共有多少人受益；三校复员时留赠的图书、仪器、标本、药品等具体数量，分配情况及作用；滇缅公路、石佛铁路沿线情况的调查研究，云南边疆种族地理研究，川、康、滇地质矿产研究等对云南发展的作用及影响；等等，都应深化、细化。

另外，联大人对云南的思维方式、生活习惯等影响及作用也都有深入研究的空间。

2. 在物质条件极端艰苦的情况下联大人精神风貌。1941年12月，由于昆明物价飞涨三十多倍，教职员工生活极端困难，教授会曾呈请联大常委会转呈教育部函，说明情况要求切实救济，称"自抗战以来，物价逐渐高涨，而国家给予同人等之报酬初则原薪尚有折扣，继则所加不过十分之一二，以视物价之增高，实属望尘莫及。同人等虽极力降低生活之标准，然尚须典卖借贷，始能自存于一时……"教授们知道世事艰难，要求不高"惟望每月薪津得依生活指数及战前十分之一二"。然而，当时全国艰难，历经近一年时间,至 1942 年 11 月,教育部以总字第 45388 号训令下发了《非常时期国立大学校长及各部分主管人员支给特别办公费标准》,根据任职分别给予数百元不等的特别费。虽然不能解决根本问题,但也不无小补。然而,联大的教务长、总务长、训导长、各院院长和系主任冯友兰、郑天挺等 25 名教授却拒绝接受。他们上书常委会请转呈教育部:"……盖同人等献身教育,原以研究学术,启迪后进为天职。于教课之外兼负一部分行政责任,亦视为当然之义务,并不希冀任何权利。自北大、清华、南开独立时已各有此良好风气,五年来联合三校于一堂,仍秉此一贯之精神,未尝或异。此未便接受特别办公费者一也;且际兹非常时期,从事教育者无不艰苦备尝,而以昆明一隅为尤甚,九儒十丐,薪水犹低于舆台,仰事俯畜,饔飧时虞其不给,徒以同尝甘苦,共体艰危,故虽啼饥号寒,尚不致因不均而滋怨。当局尊师重道,应一视同仁,统筹维持,倘只瞻顾行政人员,恐失平均之谊,且令受之者无以对同事。此未便接受特别办公费者二也。准此二端,敬请常务委员会鉴其困难,代向教育部辞谢……"这件事内涵颇多,大有文章可做。此类事情还有殷宏章先生退还中华教育文化基金董事会的补助金,以周济生活更为困难的杜增瑞、陈阅桢等;李继侗、张为申先生负责消费合作社工作,将因成绩显著而获的奖励物品转赠学生服务处等。这就不是个别人的高尚行为,而是联大人的群像。

3. 征辑中日战事史料问题。西南联大在昆明安顿下来不久,即 1938 年 12 月 9 日,全面抗战一年半之后,联大即致函北平图书馆协商合作组织"中日战事史料征辑会"事宜,北平图书馆副馆长袁同礼于 12 月 12 日复函联大表示完全同意,13 日梅贻琦常委主持常委会议决,请钱端升、冯友兰、姚从吾、刘崇鋐四先生代表联大参加"中日战事史料征辑会"。此后,联大陆续拨款,聘请人员参与其事。1943 年 3 月冯友兰休假期间,联大请雷海宗先生代理冯的"中日战事史料征辑会"委员职务……由于经费与人员得到保障,工作成绩斐然,先后完成《华北事变后青岛敌我动态》《抗战期中的云南》《平津线初期战况长编》《南昌沦陷纪事编》《华中伪组织》《陇海线战区史料长编》《桂南战事史料长编》《中日战事史料征辑会集刊》《中日战事史料征辑会入藏日文书目》等。

这件事所表现的联大学人的责任心、敏感性、认真度等具体的爱国行动及所发挥的作用,也是值得深入挖掘的。

4. 处分学生情况。因借书逾期不还而受处分者占了受处分学生的大部分。这一方面反映图书资料的窘迫，另一方面也反映学生和校方的无奈。

为解决借书逾期不还等事，常委会第223次会议议决将图书管理规则第九条修改为："擅携指定参考书出馆或闭馆时不还者，每次罚国币壹元加警告一次；不论连续与否，其警告满三次者，加记小过壹次；曾记小过贰次仍犯规者，除由图书馆主任报请常委会另予处分外，应停止其借书权六个月。"其中一例系因深恐图书被匿藏携带出校而擅自拘束同学行动，"虽谓为公益，究属不合，着＊＊＊记大过壹次"，体现的法制观念值得注意。

5. 联大的开放性。联大教授出国研究不曾间断，外国学者对联大时有访问，其具体情况、效果如何？

6. 遭日机轰炸遇难师生员工情况。1940年10月13日，日机27架轰炸昆明，清华大学办事处留守工友遇难；1941年12月18日工学院高以信先生及眷属在东门外遇难；等等。

7. 联大接受捐赠设立的杨秀豪、孙毓驷、朱秉诚、文池、黄梅美德夫人等奖学金情况。

8. 领受救济金、贷金、奖学金学生人数、所占比例及额度等。

9. 经费来源、额度、分配情况等。

10. 1942年，美国国会邀请联大教授赴美讲学，介绍中国人民抗战情况。

11. 教育部为华侨学生回国求学，酌给贷金，以维学业。为保国体，不接受英国政府救济等情况。

12. 军政部借聘联大教授吴大猷、华罗庚、曾昭抡赴美考察科技，带去学生孙本旺（数学），朱光亚、李政道（物理），王瑞駪、唐敖庆（化学）及其后续影响。

13. 史料补遗。《国立西南联合大学史料》出版十年来为广大读者提供了不少方便，得到了许多赞扬，但在应用过程中仍感些许遗憾。如由于种种原因，《国立西南联合大学史料》未能全面收入重要往来函电、部令、会议议决附件等。因此在研究中遇到一些细节问题，将不得不借助另外的工具，甚至再跑档案馆。不过已经看到了希望，据了解云南师范大学校史馆的老师们已在着手《国立西南联合大学史料》的补遗工作，我们期待着早日成功，为西南联大研究锦上添花。

以上拙见供研究西南联大者参考。

什么值得"北京大学万万岁"的欢呼

——读李大钊《本校成立第二十五年纪念感言》

大学历来作为新学理、新思想的发源地和文化知识的创新者与传播者，对国家民族的发展和繁荣做出了贡献，因而为社会所倚重。大学对国家社会的责任主要在于学术上的创新与发展。五四运动的激烈形式是短暂的，而文化创新、社会改造与进步却不是短时间内所能完成的。因此，五四之后新文化运动的干将们普遍对中国现状不满，而"欲谋改造如此切身的现状"又深感自身知识之不足，岂止不足，"知识欲望，更起绝大之饥荒"，为谋社会全体之幸福，他们深感必须"修养精深的学问，与伟大的人格，以与恶社会苦战"。作为当时大学的领导者，蒋梦麟、胡适等也都曾对北京大学二十多年来的历史进行反思，希望北大早日进入创造学术的新时代。

作为在中国传播马克思主义的第一人、中国共产党的创始人李大钊，首先是一位学者。他深知知识、思想、学术对社会发展的重要。因此，他敢说"只有学术上的发展，值得做大学的纪念。只有学术上的建树，值得'北京大学万万岁'的欢呼！"

我国自然科学奖一等奖已连续两届空缺的事实表明，当今社会的浮躁已影响到学术的发展，人们不再乐意坐冷板凳做新学理的艰苦探索，因而也将不再有重大的学术发现与创新，而这对一个民族是很危险的。我们重温李大钊同志的感言，也就具有了现实意义。作为中国学术重镇的北京大学，更应自省自励，一如既往，担负起学理、思想、文化创新的历史责任。

李大钊原文如下。

本校成立第二十五年纪念感言

（守　常）

我们很欢欣的很高兴的纪念这本校成立的第二十五年。

在这纪念日，本校同人合力预备些游艺、展览和演讲，固然是很有趣味的事。但我们自问，值得做一个大学二十五年纪念的学术上的贡献实在太贫乏了！这固然不是一朝一夕所能筹备的，可是我们却不能不在这一日立下宏愿，从学术的发明上预备将来的伟大的纪念品。

远的将来且不论。明年的纪念日，如果有些学术上的纪念作品，使全国学术界都能得到一点点有价值的纪念赠品，那就是本校的光荣了。

我以极诚挚的意思，祝本校学术上的发展。只有学术上的发展，值得做大学的纪念。只有学术上的建树，值得"北京大学万万岁"的欢呼！（《北京大学日刊》1922年12月17日）

(原载《北京大学学报（哲学社会科学版）》2004年第1期)

自省自励，致大致远

——读《国立北京大学卅一周年纪念刊》

科学巨匠爱因斯坦认为："有的人只看看报纸，最多也不过再读一些当代作家的书，这种人，在我看来，正像一个极端近视而又不屑戴眼镜的人。他完全依从他那个时代的偏见和风尚，因为他从来看不见也听不到别的任何东西。"而这样一个"得不到别人的思想和经验的激发"的人，"那末即使在最好的情况下，他所想的也不会有什么价值……"（《爱因斯坦文集》第三卷，第303页）由此看来，在这争创一流，为中华民族的伟大复兴贡献力量的今天，我们有必要温故以知新。

常言说：自知者明，自胜者强。北京大学前校长、中外知名的教育家蔡元培先生深谙此理。1929年，他已离开北大多年，并在忙于创建中央研究院，但他仍时时关注着他倾注了大量心血，并抱有极大希望的北京大学。因此，在北京大学历经磨难而恢复校名之后的1929年，时届北京大学三十一周年之际，蔡先生在百忙之中为《国立北京大学卅一周年纪念刊》写了一篇意味深长的序言。

他认为"自此以后"，北大"又将有一时期可以专心致志于按部就班的进展，而不致轻易摇动"。他诚恳地建议北大同人，为北大的发展计"至少应注意两点：一、要去尽虚荣心而发起自信心"；他以为北大"有一部分的人，好引过去北大的光荣，尤以五四一役为口头禅"，是没有认清其所以如此的真正原因，而盲目乐观，甚至有"贪天工以为己力之嫌疑"。蔡先生并不把北大的成就与自己在北大卓有成效的改革相联系（实际上是绝对相关的），而客观地指出，"北大过去中差强人意之举"的真正原因是"半由于人才之集中，半由于地位之特别，盖当时首都仅有此唯一之国立大学，故于不知不觉中当艰难之冲，而隐隐然取得领袖之资格"。现在形势大不同于以前，国中大学林立，且各有所长。后来者居上，也是有的。以往的成绩可以鼓舞人更加奋进，也可以使人陶醉而停滞不前。因此蔡先生指出北大"决不宜狃于以往的光荣，妄自尊大；要在有日进无疆的自信心，不凭藉何等地位，而自能崭露头角"。蔡先生建议的第二点是"要以学术为唯一之目的，而不要想包办一切"。众所周知，蔡先生是支持五四运动的，认为青年学生的爱国热情可嘉，说"本月四日之举，纯出于爱国之热诚"。但在校学生的首要任务是学好学业，为将来服务社会做准备，在校参与社会运动是不得已之举。在社会环境相对稳定时期，学生则应乘社会重任尚未加肩之时，"多做点学术上的预备"功夫，而不要等到"他日重任加身，始发不学无术的悔恨，就无及了"。这些话是语重心长的，因为他不愿意看到"黑发不知勤学早，白首方悔读书迟"的自古及今多少人曾痛悔"书到用时方恨少"的事情发生。蔡先生一贯主张人们应当按照社会分工，在校时不企图包办一切，而专治学术；走出校门步入社会，则要以所学本领为国家、民族的繁荣，为社会的进步尽责。

当年有这种认识的不只蔡先生一人。翻开《国立北京大学卅一周年纪念刊》遍是这种自省自励致大致远的文字。代理北大校长陈大齐先生在《我们今后的责任》一文中写道："大学本是研究高深学术的处所，大学的职务本在于发扬学术……自应在学术上努力。"陈先生还进一步指出"本校要想保持过去的光荣，并且发扬而光大之，唯一的方法只有在学术上努力做出些成绩来"。五四运动的干将、"常以来自北大为荣"的罗家伦怀着对母校的深厚感情和殷切希望提醒北大人："我们的眼睛不要转回头看，要向前看！"且以自己人不会见怪而不客气地说："我们不要专夸过去光荣的历史！我们要努力造将来光荣的历史！"他还特别指出："一个国立大学如有存在的理由，除非她能努力尽以下两种责任：（一）对于人类知识的总量有贡献。（二）能够适应民族的需要，求民族的生存。"这目标远大而不空泛，具体落实到为民族的生存和需要服务。因为任何头脑清醒的人都知道，只有自己的国家自己的民族繁荣昌盛了，才可能对人类有所贡献。罗家伦甚至还提出了数量概念："每年北大能够向世界学术界至少发表五十篇独书心裁的研究结果，至少出版三十种为世界学术界公认为第一流的书籍；北大造成的学者，固然是久炼成钢的学者，就是造成为社会服务的人，也是有雄厚学术准备，不是浮薄趋时的实行家。要到这个地步，北大对于人类对于中国民族，才算尽她的责任——如柏林、巴黎、剑桥、牛津在世界和他们的民族里所尽的一样……"他们这样说是因为他们认为"一个国家要想在国际上与其他各国取得同等的地位,其条件除掉坚甲利兵以外,还得要有倡明的学术;从事实上看,一国之学术之倡明与否,往往与其国在国际上地位之高下为正比例。……我们要想提高国际地位,同时要想对世界,对人类有所贡献,非得急谋倡明学术不可"。

百年以来,北京大学始终走在中国科学教育文化事业的前列,为中国现代化做出了应有的贡献,也得到了应有的荣誉,这其中自省自励致大致远的传统精神是重要的原因之一。正所谓"器大者声必闳,志高者意必远"。

(原载《北京大学学报(哲学社会科学版)》2004年第2期)

一德立而百善从之

中华民族传统文化十分重视道德修养，选用人才以人品道德为第一标准。就连被封建统治者看不起的推算历法、医药等技巧手艺也主张不传授给品德低下之徒，而教给品德高尚的人。因为品德低下者可能危害社会，而后者会造福众人。如《新唐书》上说："凡推步、卜、相、医、巧，皆技也。……君子能之，则不迁，不泥，不矜，不神；小人能之，则迁而入诸构碍，泥而弗通大方，矜以夸众，神以诬人，故前圣不以为教……"那么什么是君子，什么是小人呢？《汉武帝求茂才异等诏》中将人按照德与才的具备情况分为四等：德才兼备，谓之圣人；德胜才，谓之君子；才胜德，谓之小人；德才具亡，谓之愚人。人的才能在品德统帅下发挥作用，故有"德者才之帅，才者德之用"之说。所以从古至今，人们很看重人的品德。我们的教育工作一向主张德、智、体、美全面发展，并以德为首，遵循"一德立而百善从之"的古训。但在商品大潮的冲击下，很多人梦想一夜暴富，过分看重才能，忽视人品的"用能人"之风盛行一时，但很快也就出现了不少问题，有的"能人"把聘用自己的老总掀翻了；有的"能人"把自己送进了班房……因为某些"能人"才有余而德不足，属于才胜德的那类。

以往被称为清水衙门的科学教育界，在商品经济的大环境下也很难例外。把职务发明私下转让以获利，或带走原单位技术秘密而致富，或抄袭剽窃他人成果名利双收等情况时有发生。于是科技界的《道德规范》于九十年代首先被制定出来了。在人们眼中教育界是最后一块净土，然而民谚"黑蛇、白蛇、眼镜蛇"的流布，说明这块净土大有问题。因为不仅不规范的收费给许多求学者造成难以承受的负担，而且为了晋升职称、职务或获奖，甚至为选聘院士而不惜弄虚作假，走后门、拉选票甚至抄袭他人成果，发生学术腐败。这恶劣风气如得不到纠正，必然伤害到真正埋头苦干、扎扎实实做学问做贡献的人，打击他们的积极性，进而破坏我国科技教育事业的健康发展。这种丑恶现象在北大也有显现。为了把北大建成世界一流大学，为中华民族的伟大复兴做出应有的贡献，北京大学2001年3月29日召开了北京大学师德建设工作会议；2002年3月18日，《北京大学教师学术道德规范》公布实施，立即生效；3月19日中共北大党委发出了《关于在全校师生中开展师德学风教育的通知》，此后北大部分院系根据本单位的实际情况，制定了更具体的规范。全国情况也类似，目前不少省、市、自治区制定了各行各业的道德规范。这一切都说明大家已充分认识到道德建设与法制建设必须相辅相成，二者不可偏废。

伟大的爱因斯坦曾尖锐地指出，商品社会的个人竞争是一种"破坏性经济斗争"，他认为某些人在竞争中的情形"正像在一个蚂蚁窝里的个别蚂蚁之间的交战，说不上什么是为生存所必需的，人类社会中各个成员之间的情况也是这样"。因此他主张"应当防止向青年人鼓吹那种以习俗意义上的成功作为人生的目标。因为一个获得成功的人，从他的同胞那里所取得的，总是无可比拟地超过他对他们所作的贡献"（《爱因斯坦文集》第三卷）。爱因斯坦为我们指明了方向。

在社会转型期，之所以出现目前的状况，是有原因的。大致说来不外历史传统的断裂，主导基本认识的模糊，现实状态下的苦闷和对不确定的未来缺乏信心。现代人在享受着高度物质文明的种种便利的同时，精神上的压力与负担却十分沉重。环境污染，贫富悬殊，吸毒犯罪等社会问题，使人们内心失去平衡，灾难感、上当受骗、不安全感等时时袭来，人们甚至为能吃上安全放心的食品而发愁。有些人为了过上超人一等的优越生活，不择手段地用极大的精力和体力为之拼争，哪有时间和心情去理会那较高的内心生活和较纯洁的精神活动，所谓"胸罗宇宙，思接千古"的致远沉思简直成了奢侈之举。

难道人们真的会滑落下去吗？鉴古知今可知，那是不会的。社会总在前进，人类总在进步，社会的脊梁代代不乏其人。中华民族的优秀文化传统，总能启迪我们，"日日新，又日新"，"君子不患位之不尊，而患德之不崇；不耻禄之不夥，而耻智之不博"（《后汉书·张衡传》）总能激发我们的高尚追求；"德，福之基地；无德而福隆，犹无基而厚墉也，其坏无日矣"（《国语·晋语六》），总能警示我们不可滑坠下去。如果真要滑落，也还有无情的国法。即使"国法纵未及"，"公论安所逃"也在告诫我们，想想那一时不择手段得逞的窃喜，怎抵得遭众谴和自谴之后无尽的懊悔和烦恼？更不用说法律的制裁，铁窗的冷寂！还是让我们记住伟大的思想者屈原的话吧："善不由外来兮，名不可以虚作。孰无施而有报兮，孰不实而有获？"（《九章·抽思》）

（原载《北京大学学报（哲学社会科学版）》2004年第4期）

竞争与竞赛

竞争、竞争，现今几乎时时、人人都在说，而曾经熟为人知的、各方受益、大家共赢的"社会主义劳动竞赛"很少提起了。竞争的社会似乎已成定论，而且大都认为其源头是达尔文的《通过自然选择的物种起源》（*On the Origin of Species by Means of Natural Selection*）通常简称《物种起源》中的"物竞天择""适者生存"。事实上"物竞天择"一说自1859年公之于世后即引起了激烈的争论，不仅遭到宗教界的猛烈抨击，科学界的争论也是热火朝天，其争论的焦点之一便是它是否适用于人类本身。与达尔文同时提出进化论的另一位英国博物学家华莱士（Wallace, Alferd Russel, 1823～1913）就怀疑进化论是否适用于人类。英国动物学家奥温（Owen, Sir Richard, 1804～1892）、美国博物学家阿加西斯（Agassiz Jean Louis Rodolphe, 1807～1873）、德国病理学家魏尔啸（Virchow, Rudolph Carl, 1821～1902）等都曾极力反对进化论用于人类。挺身而出为达尔文学说进行战斗的是赫胥黎，因此他被称为"达尔文的斗犬"。尽管如此，赫氏还是"认为达尔文主义不能应用于人类社会"。他说："生物变化或进化的主要条件是变异和遗传，选择乃是选定某些变异并使它们的后代保存下来的手段"（《进化论与伦理学·导论》）。达尔文鉴于物竞天择之说可能被人们误解，"以为所谓优者胜者，即强梁武健之谓，以强者可以横行无忌，任意欺凌弱小，致有弱肉强食之卑鄙观念，以生物竞争之剧烈，而不顾道德，人类竟从而效尤也，乃复著《原人》（*Descent of Man*）一书，申言天演之真义，而以仁爱、忠诚、勇敢三者为动物团体所以固结，所以蕃息，所以永久生存之要素。人类乃动物之一，其所以永存于世而不致灭绝者，亦绝不能不需乎此三种美德。达氏用心可谓至仁，世人不察，动以弱肉强食，目为天演之现象，斥达尔文学说为残酷者，失之远矣"（秉志：《生物学与民族复兴》）。

在秉志先生看来，《原人》一书是《物种起源》的续篇，合起来才为完整的达尔文思想。可惜的是现今人们大都熟知"物竞天择""适者生存"的《物种起源》(由严复译著《天演论》转知),而大都不知道《原人》(在北大图书馆未查到《原人》或 Descent of Man)。但是严复的《天演论》并不是赫氏的《进化论与伦理学》(冯友兰《从赫胥黎到严复》),而是其节译或改写,是"精译'天演论',略去'人伦'"(汪荣祖《严复的翻译》)。严复把赫氏原作中对人类社会与生物界的分隔和对人类社会强调伦理的观念略去了。严复着眼于"物竞天择,适者生存",其意可能在"使读焉者怵焉知变"(《吴汝纶序》),因为他看出中国不变将亡。经严复这样取舍之后,其产生的实际效果与赫氏原著基本取向大相径庭。赫氏认为,人类理想的社会"不是让生存竞争自由进行,而是要排除这种竞争"(《进化论与伦理学·导论》)。如果全面了解进化论的含义,是否可以这样说,竞争是动物界的事,而竞赛才是人类的事。人不能只为自己而不顾他人死活,动物却可以。大象能抛弃患有先天性心脏病的小象,以保种群的发展;人不会遗弃患病的子女,否则将受到道德、良心、社会舆论的谴责。因此,秉志先生主张加强教育事业,提高民智,以"民胞物与"为指导,为人类摆脱弱肉强食、战争侵略达到永久和平而努力的思想,是中国传统文化的哲学思考,具有现实意义。应用于今天,大概就是程郁缀先生《提倡良性竞争》一文(《北京大学学报(哲学社会科学版)》2005年第3期)所倡导的精神:"在大目标一致的大前提下,以竞争对手为合作伙伴,与人为善而不是与人为恶,以邻为友而不是以邻为壑……一句话,我们提倡阳光下的竞争,提倡公开公平公正的竞争。只有这样的竞争,才能使竞争双方在竞争中一起提高;只有这样的竞争,才能使我们共同的事业在竞争中一起繁荣兴旺。"

程文的主旨是针对社会科学术界的,其实学术界并不独立于社会环境之外。如今在竞争的名义下,甚至以"为了生存"为借口,不顾他人健康乃至生命死活而造假或恃强凌弱。生活中人们常遭受到假冒伪劣产品带来的苦恼或不幸,人们的吃、穿、住、行等生活必需条件无不受到威胁,危及生命的事例时有报道……这样的社会环境怎能不反映到学术界?因此,学术界自律固然很重要,更重要的恐怕还是整个社会环境的清明。关于好的社会环境赫氏指出需要"良心"这个"社会的看守人"来进行约束,同时还要用法律和道德来约束人们之间的生存斗争。因为"自我约束""是每个社会存在的基本条件",否则"就会破坏那个社会"(《进化论与伦理学·导论》)。由此看来,此处程郁缀先生提倡的良性竞争其实就是竞赛。不要让我们熟悉的曾经给我们带来实实在在效率和效果的,大家受益的"社会主义劳动竞赛"消失掉。

(原载《北京大学学报(哲学社会科学版)》2005年第4期)

中庸调和是大智慧

——关于李大钊等"调和论"的思考（论纲）

首先引用蔡元培先生的一段话：

> 就是书里面的短处，我不大去搜寻他，我止注意于我所认为有用的或可爱的材料。
>
> ——蔡元培：《我的读书经验》

今年是五四运动90周年，本文仅就五四前后李大钊等的"调和论"作些分析。

一 五四时期李大钊等的调和论

一定社会的文化是一定社会的经济、政治的反映，同时文化又反作用于经济、政治。因此，在社会变革时期，作为思想发动的文化敏感往往更为显著。自清末的维新变法运动以来，围绕如何才能使国家由弱变强，学术界争论不断。由于当时知识分子对国外的真实情况了解不多，大都像雾里看花，模模糊糊，而一旦争论起来又各走极端，不顾偏激地强调自己的论点，强批对方。有时也知道对方并不全错，有可取之处，但争论者毫不相让，只管奋臂向前，把自己和对方推向更远的两端。这时有谁看出极端不可取，应取各家之长交流融合，走中庸之道的话，谁就成了两边攻击的靶子，两边不讨好。因此，敢于提出中和、调和，坚持中庸之道，是要有勇气的。我们看到，历史往往是在极端之间艰难地走过中间的曲折道路。

五四前，调和之声一直不断，五四后更为高涨，其中以既了解中国文化又了解西方文化的梁启超、杜亚泉、李大钊、章士钊等的调和论影响最大。

早在1902年，梁启超在《新民说》中就认为："世界上万事之现象，不外两大主义：一曰保守，二曰进取。人之运用此二主义者，或偏取甲，或偏取乙，或两者并起而相冲突，或两者并存而相调和。偏取其一，未有能立者也。有冲突则必有调和，冲突者，调和之先驱也。善调和者，斯为伟大国民……"①

1917年4月，伧父（杜亚泉）在《东方杂志》上发表《战后东西文明之调和》一文认为："此次大战，使西洋文明，露显著之破绽。"然而，东洋文明亦有劣点，他"平情而论，则东西洋之现代生活，皆不能认为圆满的生活；即东西洋之现代文明，皆不能许为模范的文明"。他希望东西文明交融调和，能互取所长，弃其所短，创生出一种新文明。不过对于皆呈病态的东西文明，"缺点之补足，病处之治疗，乃人类协同之事业，不问人种与国民之同异"，当一致觉悟，共同努力才能收效。② 一年以后，杜亚泉又在《迷乱之现代人心》（载《东方杂志》十五卷四号）中指出，不要一味拒绝、阻遏西洋文明，应该"尽力输入西洋学说，使其融合于吾固有文明之中"。③

1917年8月，李大钊针对激烈的争论提出自己的看法："调和云者，即各人与其一群之中，因其执性所近，对于政治或学术，择一得半之位，认定保守和进步为其确切不移之信念；同时复认定此等信念，宜为并存，匪可灭尽，正如车有两轮，鸟有两翼，而相牵相挽以驰驱世界于进化之轨道也。"④ 在李大钊看来，世界的进化不管政治与学术，都是新与旧，保守与进步共同相互作用的结果："旧云保守云者乃与新云进步云者比较而出，其中绝无褒贬之意，亦无善恶之分；如必以新者为善、旧者为恶，进步为褒、保守为贬，则非为客感所中，即不谙进化之理者也。盖进化之道，非纯恃保守，亦非纯恃进步；非专赖乎新，亦非专赖乎旧。试观社会或政治上之种种企图，问有徒谋改进而毫不顾固有之秩序而有改进之成功者乎？问有徒守固陋而不稍加改良而能永存者乎？历史所诏，欲兴其一，二者必当共起。"⑤ 李大钊确信宇宙和人类社会的进化离不开新旧的相互挽进与推演，他反复阐述这一观点："宇宙进化的机轴，全由两种精神运之以行，正如车有两轮，鸟有两翼，

---

① 梁启超：《新民说》，《新民时代：梁启超文选》，百花文艺出版社，2002，第50页。
② 伧父：《战后东西文明之调和》，《五四前后东西文化问题论战文选》，中国社会科学出版社，1985，第26～27页。
③ 伧父：《迷乱之现代人心》，《五四前后东西文化问题论战文选》，第47页。
④ 李大钊：《辟伪调和》，《李大钊文集》（上），人民出版社，1984，第503页。
⑤ 李大钊：《辟伪调和》，《李大钊文集》（上），第504页。

一个是新的，一个是旧的。但这两种精神活动的方向，必须是代谢的，不是固定的；是合体的，不是分立的，才能于进化有益。"① "宇宙进化，全仗新旧二种思潮，互相挽进，互相推演，仿佛象两个轮子运着一辆车一样；又象一个鸟仗着两翼，向天空飞翔一般。我确信这两种思潮，都是人群进化所必要的，缺一不可。我确信这两种思潮，都应该知道须和他反对的一方面并存共进，不可妄想灭尽反对的势力，以求独自横行的道理。我确信万一有一方面若存这种妄想，断断乎不能如愿，徒得一个与人无伤、适以自败的结果。我又确信这二种思潮，一方面要有容人并存的雅量，一方面要有自信独守的坚操。"② 在这里李大钊连用四个"我确信"，可见他的信念是经过深思熟虑的，而不是随便说说的。

1918年底，密切注视国际、国内形势的梁启超前往欧洲游历考察，这时第一次世界大战刚刚结束。他"出游之主要目的，在考察战后世界文明变迁之迹，以归饷国民"。③ "非仅欲一饱眼界，实欲亲历战事最烈之地，亲见于斯役任绝大牺牲之民族，藉以吸取此互助之新精神，领略此世界之新文化也……余此行颇愿发抒我华人民之心理，使他民族之领会；并愿挹取欧美、日本互助之新空气，携归我国，藉与世界之新文化，有所尽力也。"④ 在欧洲梁启超接触到、看到的人和事，归国后写成《游欧心影录》，其中他描写了欧战后，欧洲各国人民生活必需品处处缺乏，交通大半停摆，物价飞涨，生活日难一日，罢工风潮此伏彼起，不少人以为世界末日到了，悲观情绪到处可见，处处可闻"等你们把中国文明输进来救拔我们"之声。⑤ 出生于美国的英国诗人、诺贝尔文学奖获得者托马斯·艾略特的《荒原》（*The Waste Land*）就尖刻地描绘第一次世界大战后西方世界的荒唐、贫乏、幻灭的精神生活。因此，梁启超感到中国人要引用西洋的科学方法，研究我们自己文化，互相补充，建造出一种新文化。我们要解放思想，应该"拿西洋的文明来扩充我的文明，又要拿我的文明去补助西洋的文明，叫他化合起来成一种

---

① 李大钊：《新的！旧的！》，《李大钊文集》（上），第537页。
② 李大钊：《新旧思潮之激战》，《李大钊文集》（上），第660页。
③ 梁启超：《在巴黎万国报界联合会欢迎会演说词》，《饮冰室合集》集外文（中），北京大学出版社，2005，第812页。
④ 梁启超：《在协约国民协会演说词》，《饮冰室合集》集外文（中），第799页。
⑤ 梁启超：《游欧心影录》，《五四前后东西文化问题论战文选》，第349页。

新文明"。① 我以为他这里"化合"的意思是要两种文明交流融合，然后产生一种新的文明。正与李大钊的"调和"的意思相同。

在张君劢与丁在君关于科学与人生观的争论中，梁启超再一次指出："在君过信科学万能，正和君劢之轻蔑科学同一错误。""觉得他们各有偏宕之处"，虽都能各明一义，"可惜排斥别方面太过"，② 是不可取的。

1925 年，章士钊重申他在 1919 年的观点，认为社会是在不断调和中发展进化的，所谓"调和者社会进化至精之义也。社会无日不在进化之中，即社会之利益、希望、情感、嗜好，无日不在调和之中。……挹彼注此，逐渐改善，新旧相衔，斯成调和"。③ 他认为文化与国民生活状况息息相关，它与地域、人种、时代等有关。而所谓新旧，则不仅是犬牙交错，互相衔接的，而且"新者早无形孕育于旧者之中"，人类在"厌常与笃旧"的矛盾中，"时乃融会贯通而趋于一"。④

此外，得风气之先的先行者孙中山，因深知近代西方文明的弊端，而一贯主张把西方现代文明与中国传统文明相结合，以创造出超过欧美的新文明。他说："欲使外国之资本主义，以造成中国之社会主义，而调和此两种人类进化之经济能力，使之互相为用，以促进将来之文明也。"⑤ 此乃调和之强音。

二 中庸、调和：中国传统哲学的一朵奇葩

在五四前后不断发出调和之声并不奇怪，因为调和、中和、中庸思想本来就是中国传统文化中的重要组成部分。我国先哲认为："不偏谓之中，不易谓之庸。中者天下之正道，庸者天下之定理。"又说："中也者天下之大本也，和也者天下之达道也。致中和，天地位焉，万物育焉。"⑥ 也就是说中庸是指不偏不倚、无过无不及、恰当适度的行为规范。显然这一要求是很高的，也是不易做到的。虽然如此，人们还是把调和、中和、中庸作为追求的目标，因为人类历史正是在不断调和中演进的。远的不说，近代大家蔡元

---

① 梁启超：《游欧心影录》，《五四前后东西文化问题论战文选》，第 371 页。
② 梁启超：《人生观与科学》，《中国现代思想史资料简编》（二），浙江人民出版社，1982，第 276～279 页。
③ 孤桐：《新旧》，《五四前后东西文化问题论战文选》，第 625、627 页。
④ 孤桐：《评新文化运动》，《五四前后东西文化问题论战文选》，第 633～635 页。
⑤ 孙中山：《建国方略》，《孙中山选集》（上），人民出版社，1956，第 338 页。
⑥ 《中庸》，《四书五经·中庸》，中国书店，1985，第 1 页。

培、冯友兰等就一再推崇中庸之道。蔡元培先生在《中华民族与中庸之道》中不赞成托尔斯泰的极端不抵抗主义；也不赞成尼采的极端强权主义；不赞成卢梭的极端放任论；也不赞成霍布斯的极端干涉论。他指出凡是与中庸之道不合的极端学说，"一经试验，辄失败；而为中庸之道，常为多数人所赞同，而且较为持久"。[①] 所以，他在出任北京大学校长之后，一再引用《中庸》的重要命题"万物并育而不相害，道并行而不相悖"[②]来说明办大学就是要对各家学说兼容并包。蔡元培的"思想自由，兼容并包"的办学方针，取得了巨大成功，备受称赞。作为蔡元培的学生，冯友兰十分推崇蔡先生，晚年更把中庸之道看作极高明的境界而自期，手书"阐旧邦以辅新命，极高明而道中庸"条幅高悬堂中。冯友兰多次引用"有象斯有对，对必反其为；有反斯有仇，仇必和而解"（《正蒙·太和》）称赞宋代学者张横渠的"仇必和而解"的哲学思想，指出人类历史是向着"仇必和而解"的方向发展的，"这就是中国哲学的传统和世界哲学的未来"（《中国哲学史新编》第七册）。

三 关于李大钊等的调和论的思考

很长一段时间以来，不知为什么，中庸之道似乎成了贬义词，只要不跟着极端走，便被斥为中庸之道，被冷落、排斥，甚至被批判。实际上在前述的几人中，除李大钊、孙中山之外，都不同程度地遭到批判。蔡元培虽礼赞中庸之道，却未受到批判，是因为他没有参加东西文化的大论战。在当年的争论中，持调和论者也许如批判者所指"实为守旧"另有目的，但在今天看来，他们的调和论不无可取之处。在今天的改革大潮中，新文化运动中的调和之声，听来颇觉有些意味。

例如，当年批判旧文化旧道德的一个口号"打倒孔家店"，对此李大钊就曾声明："余之抨击孔子，非抨击孔子之本身，乃抨击孔子为历代君主所雕塑之偶像的权威也；非抨击孔子，乃抨击专制政治之灵魂也。"[③] 在中国历史上，批孔的时候少，尊孔的时候多，今天仍在大祭孔，可见人们的认识是会反复的。胡适也曾说："新文化运动的一件大事业就是思想的解放。我们

[①] 蔡元培：《中华民族与中庸之道》，《蔡元培全集》第6卷，浙江教育出版社，1997，第74页。
[②] 《中庸》，《四书五经·中庸》，第15页。
[③] 李大钊：《自然的伦理观与孔子》，《李大钊文集》（上），第264页。

当日批评孔孟,弹劾程朱,反对孔教,否认上帝,为的是要打倒一尊的门户,解放中国的思想,提倡怀疑的态度和批评的精神而已。"① 作为新文化运动主阵地的《新青年》第七卷第一号(1919 年 12 月 1 日)发表本志宣言,主张开展民众运动改造社会创造新时代;号召尊重科学,破除迷信;倡导尊重女子的人格和权利,开创新社会新生活;等等。胡适在本号撰文提出研究问题、输入学理、整理国故、再造文明的主张。至于一般人所说的东西文明,在李大钊看来是各有长短,不分高低的:"平情论之,东西文明,互有长短,不宜妄为轩轾于其间。……将来二种文明,果常在冲突轧轹之中,抑有融会调和之日……"② 这里我们看到,李大钊内心是希望东西文明互相交流融合的,不过李大钊认为东西文明之调和是有条件的。他说:"愚确信东西文明调和之业,必至二种文明本身各有彻底之觉悟,而以异派之所长补本身之所短,世界新文明始有焕扬光彩、发育完成之一日。"③ 今天是否到了李大钊所说的各自正确认识自身,彻底觉悟到需用"异派之所长补本身之所短"的时候了呢?

在金融海啸冲击下,西方发达国家一些报刊载文称,马克思对不受约束的资本主义的批判正在得到确证,《资本论》悄然热销。《环球时报》描述了"欧美人学中国人过日子"的情形,表示要学习中国式的理财观念,放弃美国式的超前消费,希望过踏踏实实的日子。越来越多的美国人对华尔街的高薪感到愤怒,美国富商索罗斯抨击了美国消费者的过度享乐,认为美国消费习惯应该做出重大调整,人们感到了"帝国末日""奢华可耻"……这些都是西方文明的重要方面。于是我们有些人以为看到了市场经济失败的证据,又加重了对市场经济的怀疑,希望政府的计划和管理作用加大。对此有人担心计划思维回潮、政府管理强化,甚至私营经济遭到排斥,于是表示"我们依然信奉市场经济"(《文摘报》2008 年 10 月 23 日)。其实,自有人类历史以来,一直是自然经济、市场经济,计划经济只不过在部分国家存在了才几十年,相对于发育了几百年的市场经济应该算是新事物。按照有些人的观点,新的总比旧的好,推论起来,自然得到计划经济优于市场经济的结论。然而,实践证明各有利弊,否则难以解释1949 年以前(市场经济)和以后(计划经济)的中国的经济状况。新中国的单一计划经济是对旧中国的自由市场经济的反动,在开始实施的

---

① 胡适:《新文化运动与国民党》,《胡适文集》(5),北京大学出版社,1998,第 579 页。
② 李大钊:《东西文明根本之异点》,《李大钊文集》(上),第 560 页。
③ 李大钊:《东西文明根本之异点》,《李大钊文集》(上),第 571 页。

最初一段时间，曾显示过巨大的威力，生产发展，人们安居乐业，社会一派繁荣景象。然而随着生产的发展，经济状况的变化，发现单一的计划经济与单一的自由市场经济一样各有长短，需要互补。于是进行改革，提出了中国特色的市场经济，这实际是在寻找一种新的经济模式，或可称为"新的亚细亚生产方式"。正如清人龚自珍所指出的"一祖之法无不敝"，"自古及今，法无不改，势无不积，事例无不变迁，风气无不转移"。① 改革开放三十年的经验表明，中国特色的市场经济，应该是吸取自由市场经济与计划经济各自的合理部分而融合之。三十年的改革实践，还是处于幼稚期，但是已经显示出它的生命力。不可能回到单一的计划经济。同样，也不可能走向单一的自由市场经济。正如李大钊所说："宇宙进化，全仗新旧二种思潮，互相挽进，互相推演，仿佛象两个轮子运着一辆车一样；又象一个鸟仗着两翼，向天空飞翔一般。我确信这两种思潮，都是人群进化所必要的，缺一不可。我确信这两种思潮，都应该知道须和他反对的一方面并存共进，不可妄想灭尽反对的势力，以求独自横行的道理。我确信万一有一方面若存这种妄想，断断乎不能如愿，徒得一个与人无伤、适以自败的结果。我又确信这二种思潮，一方面要有容人并存的雅量，一方面要有自信独守的坚操。"

我们不妨略作回顾，更能了解先哲们深邃睿智的思想。1933年，《申报月刊》曾就中国现代化问题发动讨论，公开征文，各界名流踊跃参加，共收到各种论文26篇，并于7月份刊出"中国现代化问题号"特辑。据统计，"完全赞成走私人资本主义道路即个人主义道路的，只有1篇；倾向于社会主义方式的约有5篇；认为应兼采资本主义与社会主义两者之长，或主张采取既非资本主义又非社会主义形式，即主张混合方式的，约有9篇；未正面回答采取何种方式而强调或专论工业化、产业革命、国民经济改造为先决条件的文章也有5篇之多；没有明确回答问题或讨论其他问题的，有3篇"。② 可见赞成调和方式的占大比例。这说明什么呢？

远的不说，从1970年代起，由于我国台湾、香港以及韩国、新加坡经济的高速发展，被称为"亚洲四小龙"，而这些地区都是儒家文化占支配地位的，于是不少学者认为儒家思想有利于现代化，开始否定马克斯·韦伯

---

① 《龚自珍全集·前言》，上海人民出版社，1975，第7页。
② 罗荣渠：《中国近百年来现代化思潮演变的反思》，《从"西化"到现代化》，北京大学出版社，1990，第14~15页。

(MaxWeber)的学说;与此同时,有人把中国经济的落后的原因归之于儒家文化传统的过于强大,归之于计划经济。然而,随着金融危机的到来,人们又开始反思,又重新捧读起《资本论》来……不同国家的现代化过程都反映了一个共同点,那就是"没有一个社会能与其传统截然分开","所有社会多是过渡及二元的;他们代表传统与现代融合的各种程度,在现代化过程中不是一切传统的特质都该摧毁。最成功的现代化也是能将传统及现代因素融合的最好的过程"。所以,"在现代化的过程中,为求社会的稳定,某些传统的特质必须维持下去,而且这些特质还可能更受到重视"。① 对于中国近百年来现代化思潮演变作过深入研究的罗荣渠教授曾指出,虽然历史上各种折中调和观点一直受到批判,"但中国的现实思想生活却正是沿着折衷的道路在走着……成功的现代化是一个双向运动过程,传统因素与现代因素相反相成。失败或不成功的现代化则是一个单向运动过程"。②

1970年代,美国政治家萨缪尔·亨廷顿指出,民主的不足与过度均不可取,即符合中庸的观点。

现今的中国正在迈向现代化,经济模式改革刚刚开始,还存在种种不尽如人意之处,其实社会的各个方面,如公平与效率、竞争与互助、生产与分配、利他与利己等到底该怎么进行,社会对此都有争论,都需要不断探索创新。只不过采取怎样的态度才有利于事业的前进,是需要考虑的。在这里,我再次推荐蔡元培"多闻,择其善者而从之"的做法,做事也和读书一样:"就是书里面的短处,我不大去搜寻他,我止注意于我所认为有用的或可爱的材料。"③ 认真考虑一下不同意见、不同理论、不同体制中的合理因素,将其吸收过来,为我所用不好吗?加强沟通,消除隔膜,不要再"彼有此求两不知"。

轰动全球的美国伯纳德·麦道夫事件、中国的三鹿奶粉事件、危及全球的金融海啸等害人害己事件的发生,促人思考。有人认为其原因之一,可能与个人主义不加约束,恶性膨胀,导致不计后果,只顾追求利润的最大化有关。那么是否有合理的利润呢?为什么不求合理的(中庸的)利润而要最大(极端的)呢?不要计划,看到什么赚钱就干什么,一窝蜂地上,导致低水平重复建设,结果是不

---

① 高慕轲:《中国政治现代化运动中的改革与革命》,《中国现代化历程的探索》,北京大学出版社,1992,第265页。
② 罗荣渠:《中国近百年来现代化思潮演变的反思》,《从"西化"到现代化》,第33页。
③ 蔡元培:《我的读书经验》,《蔡元培全集》(8),浙江教育出版社,1997,第32页。

可避免的浪费和倒闭。这是我们需要的吗？公平与效率、生产与分配等矛盾威胁社会稳定发展，我们应该如何应对？看来中庸与调和是一条坦途。

现如今，西方人学习汉语的热潮高过以往，希望到中国发展和居住的人越来越多，资金大量投入中国市场等现象，是否从不同侧面说明他们认同中国特色的即调和计划和市场的经济模式呢？我们万不可盲目乐观，以目前的状况为满足。我们不能再像多年以来，急于摆脱贫困只知道达尔文的《物种起源》中"物竞天择""适者生存"，而对其续篇、强调人伦的 Descent of Man（《原人》）一无所知。① 亦不宜急于求成，只赞赏亚当·斯密的《富国论》，而忽略了他的《道德情操论》，因为我们的目标是建成有集中又有民主、有纪律又有自由、有共同目标又有个人目标、国家富强人民幸福的现代化民主国家。因为"社会不可能存在于随时准备互相伤害的那些人之间。那种伤害开始之时，就是互相怨恨与憎恶发生之时，所有维系社会的绳子就会被拉扯得四分五裂，而组成社会的各个不同成员也将因为他们的情感不调和所产生的激烈倾轧与对抗，而被逼得四处散落飘零"。其实人类仍在不成熟阶段，东西方互相雾里看花，朦朦胧胧，并未把到对方的真脉。出路只能是加强交流，相互借鉴，不断调和，不断创新，找出适合各自国家民族特点的新模式。而不是互相攻击，妄想灭尽反对的势力，以求独自横行。李大钊忠告"万一有一方面若存这种妄想，断断乎不能如愿，徒得一个与人无伤、适以自败的结果"。这是何等的智慧。我们应该解放思想，冲破习惯，不必一听"调和"二字顿生恐惧和反感。其实只有大智慧、高境界才能做到中庸调和。对于国内的生产与分配、公平与效率等也是如此，必须找到调和平衡点，正如温家宝总理所说："如果一个社会的经济发展成果不能真正分流到大众手中，那么它在道义上将是不得人心的，而且是有风险的，因为它注定会威胁到社会的稳定。对于我们来说，第一是发展，第二是科学、协调地发展。我们要特别重视社会公正与正义。"② 对我们的正确道路需要自信与坚持，如李大钊所说"要有自信独守的坚操"。

（本文原载《五四的历史与历史中的五四》，北京大学出版社，2010年1月）

---

① 郭建荣：《竞争与竞赛》，《北京大学学报（哲学社会科学版）》2006年第5期，第160页。
② 《亚当·斯密论"正义"》，《文摘报》，2008年9月21日。

附　录

1. 《北京大学与日本研究——〈东亚近代化历程中的杰出人物〉》，日本，1996。
2. 《梅花香自苦寒来——读〈西南联大教育史〉》，《联大简讯》第 20 期，1996 年 10 月。
3. 《众多学科　开拓者的摇篮》，《北京大学校刊》1996 年 11 月 15 日。
4. 《蔡元培校长（一）》，《北京大学校刊》1997 年 4 月 5 日；
5. 《蔡元培校长（二）》，《北京大学校刊》1997 年 4 月 15 日；
6. 《蔡元培校长（三）》，《北京大学校刊》1997 年 5 月 15 日；
7. 《蔡元培校长（四）》，《北京大学校刊》1997 年 6 月 25 日；
8. 《学习蔡校长　重视方法论》，《高教论坛》1998 年第 1 期。
9. 《京师大学堂说略》，《文史知识》1998 年第 5 期。
10. 《北大——中国现代化进程中的明星》，《中国青年报》1998 年 5 月 9 日。
11. 《北京大学国学门的变迁》，《文史知识》1999 年第 4、5 期。
12. 《百年国学与北大》，《东方杂志》1999 年第 9 期。
13. 《从〈滇行记〉说起》，《北京大学学报（哲学社会科学版）》1999 年第 5 期。
14. 《对蔡元培美育思想的再认识》，《高教论坛》1999 年第 3 期。
15. 《关于秉志先生早期学历的一点史料补证》，《中国科技史料》2002 年第 2 期。
16. 《曾昭抡俞大纲居住过的北京大学燕东园 30 号》，《北京名人故居·海淀卷》，北京出版社，2011。
18. 《江泽涵居住过的北京大学燕南园 51 号》，《北京名人故居·海淀卷》，北京出版社，2011。
19. 《一清如水——徐光宪》，《国家最高科技奖获得者传记》，中国科学技术出版社，2013。

后 记

1991年9月初,我走进综合档案室(后改为档案馆)查阅档案,从此正式开始了对北京大学历史的探寻、研究,转眼二十多年过去了。

北大历史资源丰富,是个金矿,有许多宝贵经验值得挖掘、研究、总结、借鉴,如果能做好这个工作,则有助于理清中国近现代科技教育事业的发生和发展。研究历史,史料是第一位的,我首先从查档案开始,因为它的价值最高。为了避免片面性,须兼及当时的报刊、著述及回忆录等资料。由于文献浩繁,非我一人力所能及,后来又聘请了离退休的贺寿銮、尔联泊、朱飞云、沈承昌等同志帮忙。由于年代久远,历经战乱,文物文献随所属单位的分合、迁移,散失很多。为尽可能搜集资料,我们奔波于北京大学图书馆、档案馆,国家档案馆、图书馆,首都图书馆,北京市档案馆等处,调阅档案数千卷。此外查阅了《清实录》《光绪朝东华录》《清朝续文献通考》《谕折汇存》《皇朝蓄艾文编》《皇朝经世文新编》《清光绪朝文献汇编》《光绪政要》《德宗实录》《清代档案史料丛编》《政艺丛书》《大清光绪新法令》《大清宣统新法令》《戊戌变法》《戊戌变法档案史料》《清史稿》《学部官报》《直隶教育官报》《京报》《顺天时报》《申报》《大公报》《东方杂志》《教育杂志》《教育世界》《中国近代学制史料》《清代七百名人传》《北京大学廿周年纪念册》等。这些资料不无鲁鱼亥豕、墨色模糊之处,对此我们尽可能进行了订补;对年代不详者,进行了考证,酌予注明;文出多处者,则互相参核。原文多非现代汉语,为方便读者,对原文予以句读标点,并按简体字排印。工作量之大可想而知。

十年间陆续编辑出版了《北京大学史料》(四卷)、《北京大学纪事》、《国立西南联合大学史料》等共约一千万字,其间主编出版了《中国科学技术年表》。

退休后主持编写了《国立西南联合大学图史》《北大的大师们》《北大

涵容 博大 守正 日新

的学子们》《北大的才女们》，参与了《北京大学图史》的部分工作。在从事校史研究的二十多年中，接待、回答了校内外、国内外的来访者、咨询者无算；帮助鉴别、辨认相关老照片、文件、手迹等无算；多次参加相关学术研讨会，并作报告；多次为校内外单位演讲。撰写有关北大的文章近百篇发表在《北京大学学报》《北京大学校报》《文史精华》《大地》《东方杂志》《神州》《绍兴文理学院学报》《电影新闻》《中国科技史料》《高教论坛》《文史知识》《中国青年报》《中华读书报》《光明日报》《北京日报》《西南联大简讯》《国学研究》等报刊。探寻北大二十多年共出版有关北大的文章、史料等约 1200 万字。近几年来，时有关注北大的读者尤其是校友建议，要求我将散见的文字编辑成册，以免读者搜寻之苦，也为研究北大者提供方便。为不让校内外关注北大的人们失望，从中遴选若干，略作订补，并插入相关照片，辑成一册，算是我探询北大的一个小结。

为了方便读者查阅，将未收入本书的有关北大的部分文字附录于后。在此对关心、支持北大的朋友们表示衷心的感谢！

责任编辑吴超先生付出的辛劳使本书增色良多，特致谢忱！

郭建荣
2013 年 3 月 17 日

图书在版编目(CIP)数据

涵容 博大 守正 日新：我眼中的北京大学／郭建荣著.
—北京：社会科学文献出版社，2013.9
ISBN 978 - 7 - 5097 - 4895 - 4

Ⅰ.①涵… Ⅱ.①郭… Ⅲ.①北京大学 - 校史 - 文集
Ⅳ.①G649.281 - 53

中国版本图书馆CIP数据核字（2013）171034号

涵容 博大 守正 日新
——我眼中的北京大学

著　　者／郭建荣

出 版 人／谢寿光
出 版 者／社会科学文献出版社
地　　址／北京市西城区北三环中路甲29号院3号楼华龙大厦
邮政编码／100029

责任部门／人文分社 (010) 59367215　　　责任编辑／吴　超
电子信箱／renwen@ssap.cn　　　　　　　　责任校对／李佳佳　王建龙
项目统筹／吴　超　　　　　　　　　　　　　责任印制／岳　阳
经　　销／社会科学文献出版社市场营销中心 (010) 59367081　59367089
读者服务／读者服务中心 (010) 59367028

印　装／三河市东方印刷有限公司
开　本／787mm×1092mm　1/16　　　　　印　张／39
版　次／2013年9月第1版　　　　　　　　字　数／650千字
印　次／2013年9月第1次印刷
书　号／ISBN 978 - 7 - 5097 - 4895 - 4
定　价／169.00元

本书如有破损、缺页、装订错误，请与本社读者服务中心联系更换
▲ 版权所有　翻印必究